AF840309

Reinhild Carolin Müller **Arbeitsstätten planen**

Arbeitsstätten planen

nach Arbeitsstättenverordnung,
Technischen Regeln für Arbeitsstätten (ASR)
und Bauordnungsrecht

Textausgabe mit Einführung

mit 12 Abbildungen und 6 Tabellen

Reinhild Carolin Müller
Obergewerberätin, Großhansdorf

RM Rudolf Müller

Bibliografische Information der Deutschen Nationalbibliothek

Die Deutsche Nationalbibliothek verzeichnet diese Publikation in der Deutschen Nationalbibliografie; detaillierte bibliografische Daten sind im Internet über http://dnb.d-nb.de abrufbar.

© 2025 RM Rudolf Müller Medien GmbH & Co. KG, Stolberger Straße 84, 50933 Köln, info@rudolf-mueller.de
Alle Rechte vorbehalten.

Jede Verwendung der hier veröffentlichen Inhalte ist außerhalb der Grenzen des UrhG ohne Zustimmung des im Impressum genannten Rechteinhabers unzulässig und strafbar. Die Inhalte dürfen nicht zur Entwicklung, zum Training, zur Anreicherung und/oder Anwendung von – insbesondere generativen – KI-Systemen, verwendet werden. Die Nutzung der Inhalte für Text- und Data-Mining ist ausdrücklich vorbehalten und daher untersagt.

Maßgebend für das Anwenden von Regelwerken, Richtlinien, Merkblättern, Hinweisen, Verordnungen usw. ist deren Fassung mit dem neuesten Ausgabedatum, die bei der jeweiligen herausgebenden Institution erhältlich ist. Zitate aus Normen, Merkblättern usw. wurden, unabhängig von ihrem Ausgabedatum, in neuer deutscher Rechtschreibung abgedruckt.

Aus Gründen der besseren Lesbarkeit wird bei Personenbezeichnungen und personenbezogenen Hauptwörtern die männliche Form verwendet. Entsprechende Begriffe gelten im Sinne der Gleichbehandlung grundsätzlich für alle Geschlechter. Die verkürzte Sprachform hat nur redaktionelle Gründe und beinhaltet keine Wertung.

Das vorliegende Werk wurde mit größter Sorgfalt erstellt. Verlag, Herausgeber und Autoren können dennoch für die inhaltliche und technische Fehlerfreiheit, Aktualität und Vollständigkeit des Werkes keine Haftung übernehmen.

Wir freuen uns, Ihre Meinung über dieses Fachbuch zu erfahren. Bitte teilen Sie uns Ihre Anregungen, Hinweise oder Fragen per E-Mail: fachmedien.architektur@rudolf-mueller.de

Lektorat: Mona Grosche, Bonn
Satz und Umschlaggestaltung: WMTP Wendt-Media Text-Processing GmbH, Birkenau
Druck und Bindearbeiten: Westermann Druck Zwickau GmbH, Zwickau
Printed in Germany

ISBN 978-3-481-04795-5 (Buch-Ausgabe), Produktionscharge *001
ISBN 978-3-481-04796-2 (E-Book-Ausgabe als PDF)
ISBN 978-3-481-04797-9 (Buch mit E-Book als PDF), Produktionscharge *001

PEFC-zertifiziert
Dieses Produkt stammt aus nachhaltig bewirtschafteten Wäldern, Recycling und kontrollierten Quellen
PEFC
PEFC/04-31-3513
www.pefc.co.uk

Vorwort

Die Planung von Arbeitsstätten stellt Architektinnen und Architekten, Ingenieurinnen und Ingenieure und Verantwortliche in der Bauplanung vor eine komplexe Aufgabe: Sie müssen nicht nur die Vorgaben der Landesbauordnungen und Normen berücksichtigen, sondern auch die anspruchsvollen Anforderungen des Arbeitsstättenrechts sowie die Technischen Regeln für Arbeitsstätten (ASR) umsetzen.

Diese zentralen rechtlichen Vorgaben sind eine unverzichtbare Grundlage für alle, die sichere und gesundheitsgerechte Arbeitsumgebungen schaffen möchten.

Um den Planenden von Arbeitsstätten die Anforderungen für planungsrelevante Elemente besser zugänglich zu machen, sind in dieser Ausgabe die Texte der Arbeitsstättenverordnung (ArbStättV) und die zugehörigen Technischen Regeln im Originaltext (Stand 11/2024) abgedruckt.

Der Text der Arbeitsstättenverordnung wird durch qualifizierte Verweise zu den ASR ergänzt. Diese führen Sie

- direkt zu der mit dem Paragrafen verbundenen ASR, z. B.
  ▸ **ASR A 1.5 Fußböden**
- auf einen die Verordnung konkretisierenden Abschnitt einer ASR, z. B.
  ▸ **ASR A1.5 Fußböden**
  Nr. 8 Reinigung
- auf einen die Verordnung konkretisierenden Absatz eines Abschnitts einer ASR, der keine Überschrift enthält, z. B.
  ▸ **ASR A1.7 Türen und Tore**
  Nr. 5 Abs. 6
- Kursiv gesetzte Titel in einem Verweis weisen auf einen planungsrelevanten Parameter innerhalb eines Abschnitts oder eines Absatzes in der genannten ASR hin, z.B.
  ▸ **ASR A1.5 Fußböden**
  Anhang 2 *Bewertungsgruppen für Rutschgefahr für Arbeitsräume, -bereiche u.a.*

Im E-Book sind die Verweise direkt mit den angegebenen Abschnitten in den ASR verlinkt.

Ergänzt wird die Textausgabe durch eine Einführung, die die Unterschiede und das Zusammenspiel von Arbeitsstätten- und Bauordnungsrecht detailliert erläutert und auf wichtige Fragestellungen für die Bauplanung eingeht.

Die Einführung führt durch die rechtlichen Grundlagen, definiert zentrale Begriffe und zeigt, wie konkurrierende und kollidierende Regelungen behandelt werden können.

Im weiteren Verlauf werden praxisorientierte Hinweise zu den Abweichungsmöglichkeiten gegeben und erläutert, wie die Technischen Regeln für Arbeitsstätten (ASR) erarbeitet werden. Besonders hervorzuheben ist die Rolle der Architektinnen und Architekten bei der Gefährdungsbeurteilung – ein Aspekt, der nicht nur rechtliche, sondern auch planerische Verantwortung impliziert.

Ausgewählte Anforderungen des Arbeitsstättenrechts, wie u. a. Barrierefreiheit, Bewegungsflächen, Fluchtwege oder Sicherheitskennzeichnung, werden mit Blick auf die Praxis dargestellt und sind mit konkreten Planungsansätzen verbunden. Sie zeigen die Unterschiede und Verzahnungen der arbeitsstättenrechtlichen Anforderungen im Vergleich zum Bauordnungsrecht auf.

Eine Planungshilfe führt durch die wichtigsten Anforderungen und dient den Planungsverantwortlichen als wertvolle Unterstützung.

Diese Textausgabe von ArbStättV und ASR ist durch die Kombination ein Nachschlagewerk und zugleich ein praxisorientierter Leitfaden, der Architektinnen und Architekten, Ingenieurinnen und Ingenieuren sowie Verantwortlichen in der Bauplanung Sicherheit und Orientierung bei der Umsetzung des Arbeitsstättenrechts bietet.

Großhansdorf, Januar 2025 R. Carolin Müller

Inhalt

Hinweis zur Planungshilfe

Die im Kapitel 5 abgebildete Planungshilfe finden Sie als Download unter https://www.baufachmedien.de/fachbuch-arbeitsstaetten-planen.html#buch.

Zum Öffnen der Datei ist ein Kennwort erforderlich.

Ihr persönliches Kennwort lautet: MwkM1146!

Einführung

1 Arbeitsstättenrecht und Bauordnungsrecht

1.1 Schutzziele und Grundsätze

Die Arbeitsstättenverordnung (ArbStättV) ist als Ergänzung zum Bauordnungsrecht die zentrale rechtliche Grundlage für die bauliche Gestaltung von Arbeitsstätten. Die in der ArbStättV formulierten Vorgaben dienen dazu, das Schutzziel „Sicherheit und Schutz der Gesundheit der Beschäftigten beim Einrichten und Betreiben von Arbeitsstätten" zu erreichen. Die Vorgaben beschränken sich auf Mindestanforderungen zu allen planungsrelevanten Elementen einer Arbeitsstätte. Planende finden konkrete Detailangaben erst unterhalb der Normebene, in den Technischen Regeln für Arbeitsstätten (ASR). Das bietet für den Einzelfall einen Gestaltungsspielraum, der an die im Arbeitsschutzgesetz (ArbSchG) verankerten Grundsätze geknüpft ist.

Mit den Regelungen des Bauordnungsrechts wird das Schutzziel verfolgt, bauliche Anlagen zu errichten, von denen keine Gefahr für die Menschen und die Umwelt ausgeht. Das Bauordnungsrecht nimmt in den §§ 3 und 52 der Musterbauordnung (MBO) dafür die Bauherrschaft und weitere am Bau Beteiligte in die Pflicht.

Dieses Schutzziel ist begründet in der europäischen Bauproduktenverordnung VO 305/2011/EU, deren Anhang nach dem EuGH-Urteil C-100/13 von 2014 als Leitbild gilt.

Daraus lassen sich u. a. folgende Grundlagen ableiten:

- Bauwerke müssen als Ganzes und in ihren Teilen für deren Verwendungszweck tauglich sein.
- Gesundheit und Sicherheit der involvierten Personen ist während des gesamten Lebenszyklus der Bauwerke Rechnung zu tragen.
- Grundanforderungen an Bauwerke müssen bei normaler Instandhaltung über einen wirtschaftlich angemessenen Zeitraum erfüllt sein.

Durch die ArbStättV werden gleich 4 europäische Richtlinien in nationales Recht umgesetzt. In der Hauptsache handelt es sich um die Mindestanforderungen der Europäischen Richtlinie RL 89/654/EWG.

Die ArbStättV konkretisiert das ArbSchG in Bezug auf das sogenannte Einrichten und Betreiben einer Arbeitsstätte. Die in diesem Rechtsgebiet enthaltenen Anforderungen richten sich an die Arbeitgeber bzw. die Person, die für die Sicherheit und den Gesundheitsschutz der Beschäftigten im Betrieb die Verantwortung trägt. Werden Arbeitsaufgaben fremdvergeben, müssen die Arbeitgeber beider Firmen dafür sorgen, dass die Beschäftigten durch entsprechende Schutzmaßnahmen bei ihrer Arbeit vor Gefährdungen geschützt sind. Dafür braucht es verlässliche Absprachen zwischen den Vertragspartnern zur Aufteilung der Aufgaben im Arbeitsschutz und vor allem zum Regelungsbedarf für den Einzelfall.

Die unterschiedliche Adressierung im Arbeitsstättenrecht und im Bauordnungsrecht kann Schwierigkeiten bereiten, wenn die Bauherrschaft und der spätere Arbeitgeber unterschiedliche Personen sind.

Wird das zu planende Bauobjekt nach Fertigstellung von der Bauherrschaft selbst genutzt, fließen die nutzungsspezifischen Anforderungen gezielt in das Gesamtkonzept ein und es sind keine Umsetzungsschwierigkeiten zu erwarten. Dabei wird vorausgesetzt, dass die Anforderungen für diese Arbeitsstätte den Planenden und der Bauherrschaft bekannt sind.

Das gilt auch, wenn die Bauherrschaft zwar das Bauobjekt nicht selbst nutzt, aber die Nutzerschaft bekannt ist und die konkreten und spezifischen Anforderungen an die spätere Arbeitsstätte in der Planungsphase festgeschrieben und umgesetzt werden.

Wenn aber die Nutzerschaft während der Planungs- und Ausführungsphase nicht feststeht oder die Bauherrschaft das Planungsobjekt verkauft, sind in der Planungsphase die nutzungsspezifischen Anforderungen nicht oder nur teilweise bekannt. Dann können diese folglich nur in dem Umfang berücksichtigt werden, in dem sie bekannt sind. Je nachdem, wie sich die spätere Nutzung gestaltet, sind Umbaumaßnahmen erforderlich oder die Nutzungseinheit eignet sich ggf. nicht für Nutzungen, wenn weitergehende Ausstattungsanforderungen dafür erforderlich sind.

Die Schutzziele der beiden Rechtsgebiete widersprechen sich aber nicht; desgleichen gilt für die enthaltenen materiellen Anforderungen. Das Arbeitsstättenrecht ergänzt quasi die Vorgaben für Bauwerke bzw. für Teile davon, wenn diese speziell als Arbeitsstätte genutzt werden sollen. Viele dieser Nutzungen werden im Bauordnungsrecht den sogenannte Sonderbauten zugeordnet (§ 2 Abs. 4 MBO). Für Sonderbauten sieht die MBO vor, dass im Einzelfall besondere Anforderungen erforderlich sein können, um genannte Schutzziele zu erreichen (§ 51 MBO).

Genau solche besonderen Anforderungen werden u. a. im Arbeitsstättenrecht genannt.

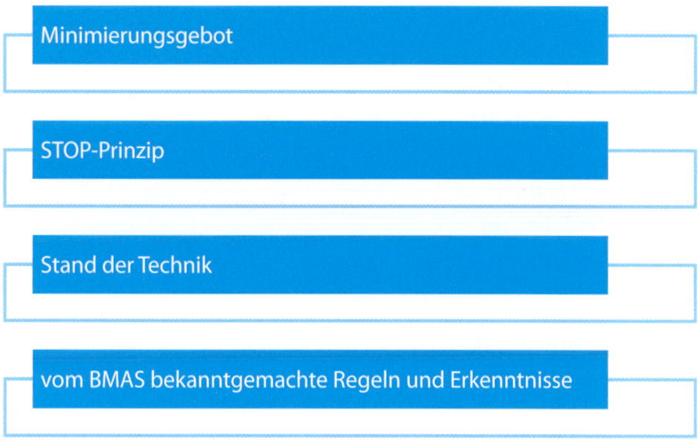

Abb. 1.1: Grundsätze nach § 4 ArbSchG und § 3a ArbStättV

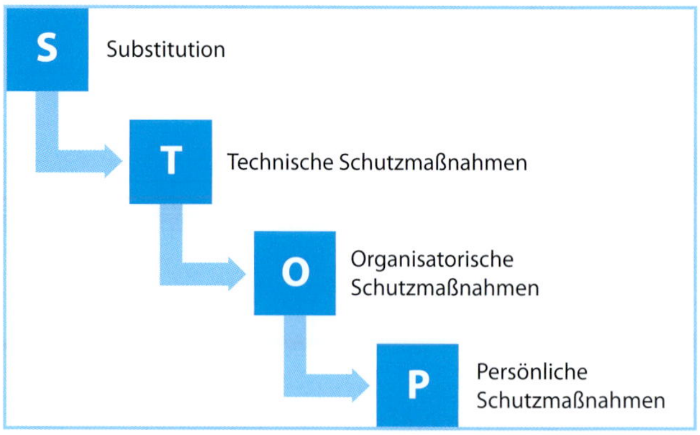

Abb. 1.2: Das STOP-Prinzip

In beiden Rechtsgebieten ist verankert, dass jeweils das höhere Schutzniveau für den Schutz von Menschen/Beschäftigten gilt.

Im Text der ArbStättV werden keine konkreten Maßzahlen und Detailanforderungen genannt. Das verschafft den Arbeitgebern und den Planenden Spielraum für Entscheidungen zur Gestaltung und für den Betrieb der Arbeitsstätte. Dieser Gestaltungsspielraum ist an einen Rahmen geknüpft:

Die Grundsätze – benannt in § 4 ArbSchG und § 3a ArbStättV – **die Arbeitgeber immer bei der Wahl auf den Betrieb zugeschnittener Schutzmaßnahmen zu berücksichtigen haben,** sind **in der Abb. 1.1 dargestellt.**

Exkurs: Minimierungsgebot

Bei der Arbeit sind Gefährdungen für das Leben sowie für die physische und psychische Gesundheit möglichst zu vermeiden. Verbleibende Gefährdungen sind so gering wie möglich zu halten. Da sich durch Innovationen neue Maßnahmen ergeben (können), ist der Arbeitgeber grundsätzlich gefordert, die Wirksamkeit der für den Betrieb festgelegten Schutzmaßnahmen zu überprüfen und an den Stand der Technik anzupassen.

Exkurs: STOP-Prinzip

Bei der Wahl der Schutzmaßnahmen ist das STOP-Prinzip zu beachten (siehe Abb. 1.2). Als Erstes ist zu überlegen, ob die Gefahrenquelle beseitigt werden kann, beispielsweise, ob ein Gefahrstoff durch einen weniger gefährlichen ersetzt oder eine Absturzgefahr ausgeschlossen werden kann. Ist dies nicht möglich, haben technische vor organisatorischen Schutzmaßnahmen Vorrang. Persönliche Schutzmaßnahmen gelten als nachrangig oder werden zusätzlich gewählt, wenn die technischen und organisatorischen nicht ausreichen.

Exkurs: Stand der Technik

Der Stand der Technik ist der Entwicklungsstand fortschrittlicher Verfahren, Einrichtungen oder Betriebsweisen, der die praktische Eignung einer Maßnahme zur Gewährleistung der Sicherheit und zum Schutz der Gesundheit der Beschäftigten als gesichert erscheinen lässt. Bei der Bestimmung des Stands der Technik sind insbesondere vergleichbare Verfahren, Einrichtungen oder Betriebsweisen heranzuziehen, die mit Erfolg in der Praxis erprobt worden sind. Gleiches gilt für die Anforderungen an die Arbeitsmedizin und die Hygiene.

1.2 Konkurrenz- und Kollisionsregeln

Wie schon erwähnt, sind einige planungsrelevante Elemente für eine Arbeitsstätte nur im Arbeitsstättenrecht oder im Bauordnungsrecht konkretisiert. In diesen Fällen ergeben sich aus formalrechtlicher Sicht keine Umsetzungsprobleme bei der Bauplanung.

Wenn Anforderungen zu einem planungsrelevanten Element in beiden Rechtsgebieten zu finden sind, regeln formalrechtliche Festlegungen in Art. 31 Grundgesetz und in § 3 Abs. 4 ArbStättV, welche Anforderung Vorrang hat.

Gesetzliche Regelungen des Bundesrechts haben Vorrang vor denen des Landesrechts (Art. 31 GG). Diese sogenannte „Kollisionsregel" gibt Anforderungen des Arbeitsstättenrechts den Vorrang, da es sich um ein Bundesrecht handelt.

Wenn also Anforderungen für planungsrelevante Elemente in beiden Rechtsgebieten zu finden sind, gelten in der Regel die Anforderungen in der ArbStättV und in den ASR.

Wenn aber mit einer Anforderung aus einer anderen für die Planung des Bauvorhabens relevanten Rechtsvorschrift ein höheres Schutzniveau erreicht wird, ist diese anzuwenden (§ 3 Abs. 4 ArbStättV).

In der Regel gelten für planungsrelevante Elemente von Arbeitsstätten die Anforderungen des Arbeitsstättenrechts, aber nur wenn in anderen Rechtsvorschriften keine Anforderungen zu finden sind, die ein höheres Schutzniveau gewährleisten können.

Zu Konstruktion und Standsicherheit sind beispielsweise weitergehende Anforderungen im Bauordnungsrecht zu finden. Hier konkurrieren die Rechtsvorschriften des Bauordnungsrechts nicht mit denen des Arbeitsstättenrechts. Das Gleiche gilt für die meisten Anforderungen für den baulichen und technischen Brandschutz. Allerdings sind die Anforderungen zu Haupt- und Nebenfluchtwegen (ASR A2.3 „Fluchtwege und Notausgänge") weitergehender als die zu Rettungswegen. In Arbeitsstätten sind dann die Anforderungen des Arbeitsstättenrechts anzuwenden.

Maßgaben zur Ausstattung der Arbeitsstätte mit Handfeuerlöschern, erforderlichen Löscheinheiten und Löschklassen sind in der ASR A 2.2 „Maßnahmen gegen Brände" zu finden, aber nicht im Bauordnungsrecht. Hier ergänzt das Arbeitsstättenrecht das Bauordnungsrecht.

Exkurs: Konkurrenzregel im GEG

Auch das Gebäudeenergiegesetz (GEG) enthält eine Konkurrenzregelung: In § 10 Abs. 3 GEG ist festgelegt, dass öffentlich-rechtliche Vorschriften zur Standsicherheit, zum Schallschutz, zum Arbeitsschutz oder zum Schutz der Gesundheit Vorrang haben.

In der Planungspraxis kann es trotz Konkurrenz- und Kollisionsregeln zu Konflikten und Umsetzungsproblemen kommen, wenn u. a.

- die Anforderungen des Arbeitsstättenrechts nicht bekannt sind oder nicht in der von Gesetzgebenden gemeinten Weise interpretiert werden,
- qualitative Anforderungen, wie „gesundheitlich zuträgliche Atemluft" für ein planungsrelevantes Element benannt sind,
- zu einem planungsrelevanten Element nicht alle Anforderungen in einer einzigen Technischen Regel zu finden sind,
- die Anforderungen des Arbeitsstättenrechts im Genehmigungsverfahren nicht ausreichend berücksichtigt werden,
- Gebäude bzw. Nutzungseinheiten umgenutzt werden,
- nachträglich technische Einbauten, wie raumlufttechnische Anlagen oder Akustikdecken installiert werden,
- es durch Bautoleranzen z. B. zu Veränderungen der Deckenhöhe o. Ä. kommt,
- sich im Laufe der Jahre das Betriebskonzept einer Firma ändert,
- sich die Arbeitsabläufe ändern, z. B. durch Integration neuerer Technik oder Expansion der Produktion.

Das Spannungsfeld der Anforderungen aus den beiden Rechtsgebieten beschäftigt schon seit längerer Zeit die Experten. Dazu wurde sogar ein Rechtsgutachten zum Zusammenwirken von Arbeitsstätten- und Bauordnungsrecht erstellt (vgl. www.baua.de/DE/Themen/Arbeitsgestaltung/Arbeitsstaetten/Arbeitsstaettenrecht-Bauordnungsrecht.html)

Des Weiteren wurde bereits eine Machbarkeitsstudie zur BIM-basierten Planungshilfe zur Umsetzung des Arbeitsstättenrechts durchgeführt (vgl. https://www.baua.de/DE/Angebote/Publikationen/Berichte/F2471).

2 Die Arbeitsstättenverordnung (ArbStättV) und ihre Technischen Regeln für Arbeitsstätten (ASR)

Die ArbStättV ist eine der derzeit 11 Verordnungen, die auf Grundlage der in § 18 Abs. 1 und 2 des ArbSchG bestehenden Verordnungsermächtigung erlassen wurde.

Mit diesen allgemeinen Schutzzielen und Anforderungen in der Arbeitsstättenverordnung werden die Mindestvorschriften der folgenden 4 EG-Richtlinien in nationales Recht umgesetzt:

- EG-Arbeitsstättenrichtlinie 89/654/EWG über Mindestvorschriften für Sicherheit und Gesundheitsschutz in Arbeitsstätten
- Richtlinie 92/58/EWG über Mindestvorschriften über die Sicherheits- und Gesundheitsschutzkennzeichnung am Arbeitsplatz
- Anhang IV Teil A und B der Richtlinie 92/57/EWG über die auf zeitlich begrenzte oder ortsveränderliche Baustellen anzuwendenden Mindestvorschriften für Sicherheit und Gesundheitsschutz
- EU-Richtlinie 90/270/EWG über die Mindestvorschriften bezüglich der Sicherheit und des Gesundheitsschutzes bei der Arbeit an Bildschirmgeräten

Exkurs: EG-Arbeitsstättenrichtlinie 89/654/EWG

Ausgewählte bauliche bzw. technische Vorschriften aus dem Anhang I der o. g. EG-Richtlinie, die zum Teil wortgleich ins Arbeitsstättenrecht übernommen wurden:

„2. Gebäude für Arbeitsstätten müssen eine der Nutzungsart entsprechende Konstruktion und Festigkeit aufweisen.

4.4 Notausgangstüren müssen sich nach außen öffnen.

6.1 In umschlossenen Arbeitsräumen muss unter Berücksichtigung der Arbeitsverfahren und der körperlichen Beanspruchung der Arbeitnehmer ausreichend gesundheitlich zuträgliche Atemluft vorhanden sein.

8.1. Die Arbeitsstätten müssen möglichst ausreichend Tageslicht erhalten und mit Einrichtungen für eine der Sicherheit und dem Gesundheitsschutz der Arbeitnehmer angemessene künstliche Beleuchtung ausgestattet sein.

18.2.3. Wenn Duschen nach Ziffer 18.2.1 erster Unterabsatz nicht erforderlich sind, müssen ausreichende und angemessene Waschgelegenheiten mit fließendem Wasser (erforderlichenfalls mit warmem Wasser) in der Nähe des Arbeitsplatzes und der Umkleideräume vorhanden sein."

2.1.1 Die Inhalte der Arbeitsstättenverordnung

Der Inhalt der aktuell geltenden ArbStättV von 2004 mit der letzten Änderung, die im März 2024 im Bundesministerialblatt (BGBl) bekannt gemacht wurde, gliedert sich in 10 Paragrafen und einen Anhang mit 6 Abschnitten.

Zunächst wird das Verordnungsziel genannt. Es folgen eine Beschreibung des Anwendungsbereichs und Begriffsbestimmungen in den ersten beiden Paragrafen.

Hier finden sich die Inhalte der übrigen Paragrafen in Übersicht:

- § 3 thematisiert die für den Arbeitgeber verpflichtende Gefährdungsbeurteilung.
- § 3a nennt generelle Vorschriften zum „Einrichten und Betreiben von Arbeitsstätten" und für Belange von Menschen mit Behinderungen, wenn diese beschäftigt werden.
- § 4 legt „Besondere Anforderungen an das Betreiben von Arbeitsstätten" fest, zur Mängelbeseitigung und Hygiene sowie zu Sicherheitseinrichtungen, Notfallmaßnahmen und Erste-Hilfe-Maßnahmen.
- § 5 nennt Regelungen zum Nichtraucherschutz in Arbeitsstätten.
- In § 6 sind Inhalte festgelegt, zu denen Beschäftigte mindestens einmal jährlich wiederkehrend und bei Veränderungen in der Arbeitsstätte und deren Betriebsweise zu unterweisen sind.
- Die §§ 7 und 8 befassen sich mit Festlegungen zum Ausschuss für Arbeitsstätten und dessen Aufgaben sowie mit Übergangsvorschriften, die nicht mit dem Bestandsschutz des Bauordnungsrechts zu verwechseln sind.
- In § 9 werden Ordnungswidrigkeiten aufgezählt, auf deren Grundlage die staatlichen Arbeitsschutzaufsichtsbehörden Bußgelder verhängen können. Werden in Abs. 1 genannte Ordnungswidrigkeiten vorsätzlich begangen, liegt eine Straftat vor.

Der Anhang der ArbStättV beinhaltet 6 Abschnitte, die Maßnahmen und Anforderungen für das Einrichten und Betreiben von Arbeitsstätten festlegen:

- Der 1. Abschnitt befasst sich mit „Allgemeinen Anforderungen" u. a. zu Konstruktion der Arbeitsstätte und zu Bewegungsflächen.
- Unter Nummer 2 werden „Maßnahmen zum Schutz vor besonderen Gefahren" bestimmt.
- Im 3. Abschnitt sind unter „Arbeitsbedingungen" konkrete Arbeitsumgebungsbedingungen (u. a. Beleuchtung und Sichtverbindung, Raumtemperatur, Lüftung und Lärm) genannt.
- Sanitär-, Pausen- und Bereitschaftsräume, Kantinen, Erste-Hilfe-Räume und Unterkünfte werden gesondert in Abschnitt 4 behandelt.
- Im Abschnitt 5 werden „Ergänzende Anforderungen und Maßnahmen für besondere Arbeitsstätten und Arbeitsplätze" festgelegt.
- Im Abschnitt 6, der mit der Änderung der ArbStättV im Jahr 2016 ergänzt wurde, erfolgte mit „Maßnahmen zur Gestaltung von Bildschirmarbeitsplätzen" die weitgehende Übernahme der damit außer Kraft gesetzten Bildschirmarbeitsverordnung.

Die Anforderungen stellen einerseits bauliche und technische Schutzmaßnahmen dar, aber andererseits auch organisatorische. Fokussiert wird nicht nur auf die räumlichen Gegebenheiten, sondern auch auf Arbeitsorganisation und betriebliche Abläufe. Letztere werden allerdings von den baulichen und technischen Gegebenheiten beeinflusst und können daher nicht gänzlich getrennt voneinander betrachtet werden.

2.1.2 Zentrale Begriffsdefinitionen des Arbeitsstättenrechts und ihre Bedeutung für die Bauplanung

Eine **Arbeitsstätte** umfasst alle Bereiche eines Betriebes, zu denen Beschäftigte im Rahmen ihrer Tätigkeit Zugang haben. Welche Bereiche damit gemeint sind, ist in § 2 Abs. 1 und 2 ArbStättV zu finden.

Die Definition des **Arbeitsplatzes** hat sich mit der Änderung der Arbeitsstättenverordnung von 2016 geändert – der sogenannte Zeitbezug ist entfallen: Arbeitsplätze werden nun als *„Bereiche, in denen Beschäftigte im Rahmen ihrer Arbeit tätig sind"* definiert (§ 2 Abs. 4 ArbStättV).

Die Tätigkeitsbereiche der Arbeitsstätte können im Gebäude, in Räumen oder im Freien lokalisiert sein. Es spielt auch keine Rolle, wie häufig die Tätigkeit dort ausgeführt wird oder wie lange die Tätigkeit dauert. Unter anderem hebt die ASR A2.1 „Schutz vor Absturz und herabfallenden Gegenständen, Betreten von Gefahrenbereichen" in Nr. 3.12 diese Definition hervor.

Dazu hat das Bundesministerium für Arbeit und Soziales (BMAS) Anfang 2024 eine sogenannte Erkenntnis des ASTA veröffentlicht und alle bis dato kursierende Auslegungen aufgehoben, einschließlich des Auslegungshinweises in den Leitlinien zur Arbeitsstättenverordnung (LV 40), die vom Länderausschuss für Arbeitsschutz und Sicherheitstechnik (LASI) herausgegeben wurde.

Es wird in der o. g. Erkenntnis des ASTA erklärt, dass dem Ganzen die Differenzierung der Anforderungen an Arbeitsplätze, Arbeitsräume und weitere Bereiche (Verkehrswege, Pausenräume usw.) zugrunde liegt. In allen Bereichen einer Arbeitsstätte und an allen Arbeitsplätzen müssen Beschäftigte immer – ohne zeitliche oder räumliche Beschränkung – u. a. vor Absturz und herabfallenden Gegenständen und Witterungseinflüssen sowie weiteren Gefährdungen geschützt sein und sie müssen im Gefahrfall zu jeder Zeit die Arbeitsstätte selbsttätig verlassen können.

Arbeitsräume sind Räume, in denen Arbeitsplätze dauerhaft eingerichtet sind.

Ein Arbeitsraum muss nicht ausschließlich von ein und denselben beschäftigten Personen genutzt werden, wie es in einem klassisch genutzten Büroraum mit fest eingerichteten Bildschirmarbeitsplätzen der Fall ist. Ein Klassenzimmer ist beispielsweise auch ein Arbeitsraum mit dauerhaft eingerichteten Arbeitsplätzen, auch wenn sich einzelne Lehrkräfte an einem Schultag nur 1 oder 2 Unterrichtsstunden darin aufhalten.

Für die Bauplanung sind diese Definitionen wichtig, weil für die einzelnen Bereiche der Arbeitsstätte bestimmte Anforderungen erfüllt werden müssen. In Arbeitsräumen müssen u. a. ausreichend Tageslicht und eine Sichtverbin-

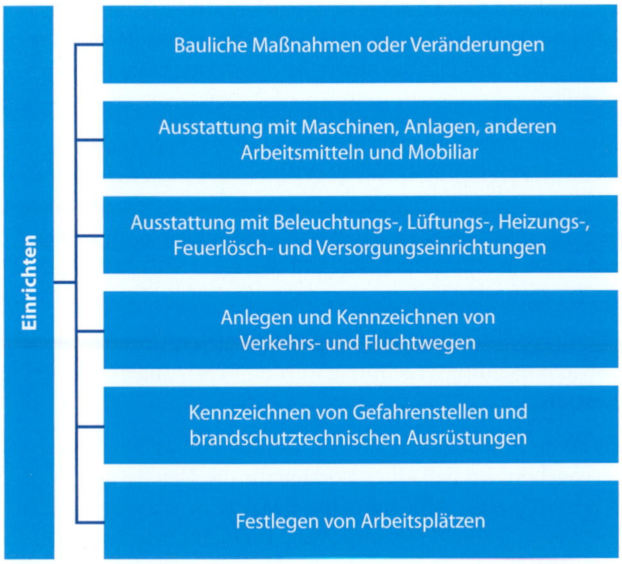

Abb. 2.1: Einrichten umfasst das Bereitstellen und Ausgestalten einer Arbeitsstätte.

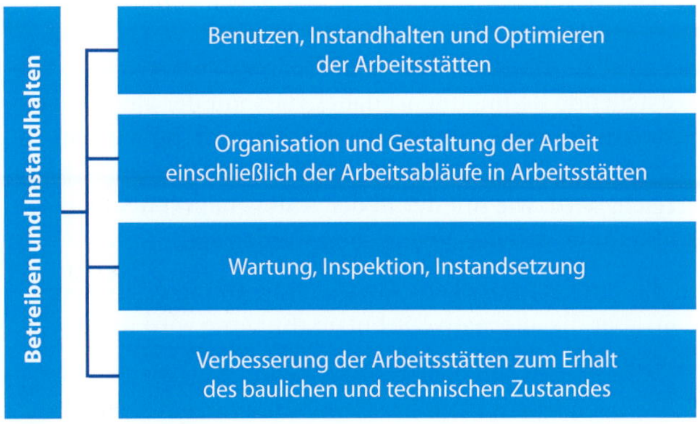

Abb. 2.2: Betreiben und Instandhalten einer Arbeitsstätte

dung nach außen vorhanden sein sowie eine gesundheitlich zuträgliche Raumtemperatur und genügend zuträgliche Atemluft.

Dies gilt im Übrigen auch für Pausenräume.

Exkurs: Einrichten und Betreiben

Mit „Einrichten" ist das Bereitstellen und Ausgestalten einer Arbeitsstätte gemeint (§ 2 Abs. 9 ArbStättV), wie in der Abb. 2.1 dargestellt.

Eine Arbeitsstätte kann ohne Instandhaltung nicht langfristig betrieben werden. Daher werden die beiden Begriffe Betreiben und Instandhalten in Abb. 2.2 zusammen dargestellt (§ 2 Abs. 10 und 11 ArbStättV).

2.2 Technische Regeln – Konkretisierungen unterhalb der Normebene

Die Technischen Regeln für Arbeitsstätten (ASR) konkretisieren die Anforderungen in der ArbStättV. Sie geben den Stand der Technik zum Zeitpunkt der Regelsetzung wieder. Eine absolute Rechtsverbindlichkeit haben diese Mindestanforderungen nicht.

Vermutungswirkung (§ 3a Abs. 1 ArbstV): Ein Arbeitgeber kann annehmen, dass die Vorgaben der ArbStättV erfüllt sind, wenn die für den Betrieb nötigen in den ASR genannten Schutzmaßnahmen umgesetzt sind.

Die Technischen Baubestimmungen sind ebenso allgemeine anerkannte Regeln und gesicherte wissenschaftliche Erkenntnisse, die nach MBO (§ 85a MBO) beachtet werden müssen. Abweichungen sind zulässig, wenn die Schutzziele (§ 3 MBO) eingehalten werden.

2.3 Abweichungsmöglichkeiten von einer Anforderung der ArbStättV oder einer Technischen Regel für ASR

2.3.1 Abweichung von einer in der ArbStättV oder im Anhang genannten Anforderung

Möchte ein Arbeitgeber von Vorschriften, die in der ArbStättV und ihrem Anhang genannt sind, abweichen, ist ein Antrag gemäß § 3a Abs. 3 ArbStättV bei der zuständigen Behörde zu stellen. Die zuständige Behörde kann Ausnahmen zulassen. Maßgeblich ist, dass in den Ausführungen der antragstellenden Personen Folgendes plausibel belegt ist:

- Mit der alternativen Schutzmaßnahme wird das gleiche Schutzniveau erreicht wie mit der Schutzmaßnahme/Anforderung, von der abgewichen werden soll.
- Die in der ArbStättV geforderte Schutzmaßnahme/Anforderung führt zu einer unverhältnismäßigen Härte in diesem Einzelfall.
- Die Abweichung ist mit dem Schutz der Beschäftigten vereinbar.

An diesen 3 Bedingungen ist klar zu erkennen, dass die behördliche Entscheidung zu einem Abweichungsantrag an die im Antrag ausgeführten Betriebsbedingungen und den antragstellenden Arbeitgeber/die Geschäftsführung gebunden ist. Eine Übertragung auf eine nachfolgende Nutzerschaft ist nicht möglich, auch wenn es sich um die gleiche Betriebsart handelt.

Ein Antrag an die zuständige Behörde auf Abweichung gemäß § 3a Abs. 3 ArbStättV ist an 3 Bedingungen geknüpft. Der Antrag muss erneut gestellt werden, wenn sich Rahmenbedingungen oder die Nutzerschaft ändern.

2.3.2 Abweichung von einer in einer Technischen Regel für Arbeitsstätten genannten Schutzmaßnahme

Wie schon in Kapitel 2.2 ausgeführt, gibt eine Technische Regel für Arbeitsstätten den Stand der Technik zum Zeitpunkt der Regelsetzung wieder.

Es ist den Verantwortlichen für den Arbeitsschutz im Betrieb gemäß § 3a Abs. 1 ArbStättV möglich, von einer in einer ASR angegebenen Schutzmaßnahme abzuweichen. Die feststehende Bedingung ist dabei, dass mit der alternativen Schutzmaßnahme mindestens das gleiche Schutzniveau an Sicherheit und Schutz für die Beschäftigten bei der Arbeit erreicht wird, wie mit der in der ASR genannten Schutzmaßnahme, von der abgewichen werden soll.

In diesem Fall muss kein Abweichungsantrag gestellt werden, aber die alternative Schutzmaßnahme wird in der Gefährdungsbeurteilung dokumentiert.

In wenigen Fällen kann der Grund, warum ein Arbeitgeber von einer in einer ASR genannten Schutzmaßnahme abweichen möchte, auch der sein, dass sich der Stand der Technik schneller geändert hat, als dieser über den Erstellung- bzw. Änderungsprozess in die Technischen Regeln aufgenommen werden konnte. Einer Abweichung von der ASR in der Gefährdungsbeurteilung steht dann bei vorhandener Dokumentation nichts entgegen, denn es wird davon ausgegangen, dass das Schutzniveau über dem der in der entsprechenden ASR aufgeführten Schutzmaßnahme liegt. Der Arbeitgeber würde mit dieser Abweichung den Maßgaben des Arbeitsschutzgesetzes folgen, da der neueste Stand der Technik sowie das Minimierungsgebot beachtet werden.

Eine Abweichung von einer in einer ASR genannten Schutzmaßnahme ist möglich, wenn mit der alternativ gewählten Schutzmaßnahme mindestens das gleiche Schutzniveau erreicht wird. Der Arbeitgeber ist verpflichtet, dies in der Gefährdungsbeurteilung darzustellen und zu dokumentieren.

2.4 Verfahren zum Erlassen von Technischen Regeln für Arbeitsstätten (ASR)

Die ASR konkretisieren die in der ArbStättV und ihrem Anhang genannten allgemeine Schutzziele und Anforderungen.

Als einer der Arbeitsschutzausschüsse des Bundesministeriums für Arbeit und Soziales (BMAS) berät der ASTA (Ausschuss für Arbeitsstätten) das BMAS zu allen Fragen der Sicherheit und der Gesundheit der Beschäftigten in Arbeitsstätten.

Die Geschäfte des ASTA führt die Bundesanstalt für Arbeitsschutz und Arbeitsmedizin (BAuA). Eine fortlaufende Aufgabe des ASTA ist es, dem Stand der Technik, der Arbeitsmedizin und der Hygiene entsprechende Regeln sowie sonstige gesicherte wissenschaftliche Erkenntnisse für die Sicherheit und Gesundheit der Beschäftigten in Arbeitsstätten zu ermitteln.

Um ASR neu erstellen zu lassen oder bestehende Technische Regeln aktualisieren zu lassen, setzt der ASTA Projektgruppen ein. Diese setzen sich aus Vertretenden der zuständigen Länderbehörden, der Unfallversicherungsträger und Sachverständigen sowie Vertretenden der Wissenschaft, der Arbeitgeber sowie der Gewerkschaften zusammen.

Darüber hinaus werden Erklärungen von Sachverhalten und Interpretationen von Begrifflichkeiten, wenn diese als gesicherte wissenschaftliche Erkenntnisse gelten, als solche auf den Internetseiten der BAuA veröffentlicht. In Bezug auf Arbeitsstätten sind diese auf den Internetseiten des ASTA zu finden.

Die Ergebnisse der vom ASTA eingesetzten Projektgruppen sowie Forschungsergebnisse werden in Sitzungen des ASTA beraten.

Gefasste Beschlüsse des ASTA werden an das BMAS weitergegeben. Im Fall einer Vorlage für die Neufassung oder Änderung einer ASR muss das BMAS erst zustimmen. Danach erfolgt die Veröffentlichung im Gemeinsamen Ministerialblatt (GMBl). Nach der Veröffentlichung im GMBl ist eine Neufassung oder Änderung einer ASR gültig und muss von den arbeitgebenden Personen umgesetzt werden. Einen Bestandschutz wie im Baurecht sieht das Arbeitsstättenrecht nicht vor.

Im März 2022 wurden sehr umfangreiche Änderungen zum Themenkomplex „Fluchtwege und Verkehrswege“ durch die Bekanntgabe im GMBl finalisiert. Diese beinhalteten die Neufassungen, Änderungen von ASR und auch die Aufhebung einer ASR (siehe https://www.baua.de/DE/Angebote/Regelwerk/ASR/Flucht-und-Verkehrswege).

Aber auch danach wurde das Regelwerk stetig weiterentwickelt. Seit der Veröffentlichung der ASR A6 „Bildschirmarbeit“ im GMBl im Juli 2024 stehen den arbeitgebenden Personen 21 ASR als Hilfestellungen für Sicherheit und Gesundheit der Beschäftigten beim Einrichten und Betreiben von Arbeitsstätten zur Verfügung.

Weitere Beschlüsse des ASTA aus dem Jahr 2024 sind die Änderungen in der ASR A1.8 „Verkehrswege“ zu Treppen in Schulen und die Änderungen in der ASR A2.3 „Fluchtwege und Notausgänge“ über Vorgaben zu dynamischen optischen Sicherheitsleitsystemen, Ermöglichung von mit Notstromaggregat betriebenen Sicherheitsbeleuchtungen, Klarstellungen zu Ausgängen von Nebenfluchtwegen und zur Mindestbreite von Hauptfluchtwegen im Anschluss an Treppenräume.

Exkurs: Arbeitsstättenrichtlinien versus Technische Regeln für Arbeitsstätten (ASR)

Technische Regeln für Arbeitsstätten (ASR) sind nicht mit Arbeitsstättenrichtlinien zu verwechseln. Die ASR konkretisieren die ArbStättV von 2004 in der aktuell gültigen Fassung. Sie haben die nicht mehr gültigen Arbeitsstättenrichtlinien, die die Arbeitsstättenverordnung von 1975 konkretisierten, vollständig abgelöst. Bei einer Bauplanung sind generell die aktuell gültigen gesetzlichen Rechtsvorschriften anzuwenden.

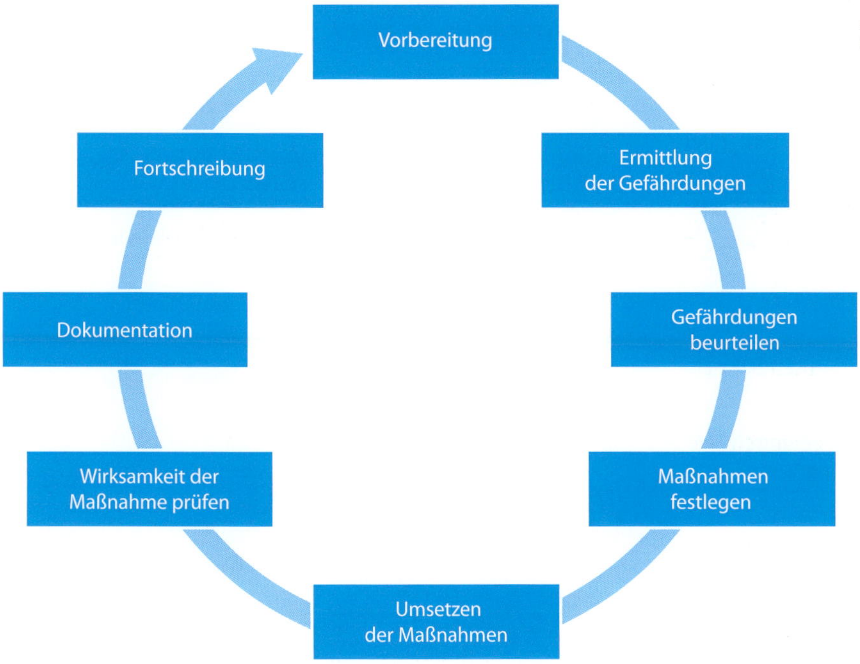

Abb. 2.3: Schema: Prozessschritte der Gefährdungsbeurteilung

2.5 Die Rolle der Architekten bei der Gefährdungsbeurteilung

Der Arbeitgeber ist für die Durchführung der Gefährdungsbeurteilung einer Arbeitsstätte verantwortlich. Gefährdungen, die sich aus dem Einrichten und Betreiben einer Arbeitsstätte ergeben, sind nur ein Teil aller in Frage kommenden Gefährdungen einer Arbeitsstätte.

Wenn der Arbeitgeber sich nicht ausreichend mit dem Arbeitsstättenrecht auskennt, bedarf es fachkundiger Beratung. Ein Architekt gilt als fachkundig bezüglich der baulichen und technischen Anforderungen einer Arbeitsstätte. Je nach Bauvorhaben ist es zu empfehlen, weitere fachkundige Personen einzubeziehen, wie die Fachkraft für Arbeitssicherheit.

Aufgabe der Architekten ist die fachkundige Beratung des Arbeitgebers zu baulichen und technischen Anforderungen des Arbeitsstättenrechts.

Eine arbeitsstättenrechtskonforme Bauplanung, Bauausführung und Baubeschreibung der Architekten und bauplanungsberechtigen Ingenieure bildet die Grundlage der Gefährdungsbeurteilung zu diesem Rechtsgebiet und deren Dokumentation. Dabei ist es egal, ob es sich bei dem Bauvorhaben um einen Neubau handelt oder um weitreichende bauliche und/oder technische Veränderungen einer Arbeitsstätte.

Das folgende Schema „Prozessschritte der Gefährdungsbeurteilung" in Abb. 2.3 orientiert sich an den Ausführungen der BAuA. Auf der Internetseite BAuA – Prozessschritte der Gefährdungsbeurteilung – Bundesanstalt für Arbeitsschutz und Arbeitsmedizin sind unter **Prozessschritte der Gefährdungsbeurteilung** Erläuterungen zu den einzelnen Prozessschritten zu finden.

(https://www.baua.de/DE/Themen/Arbeitsgestaltung/Gefaehrdungsbeurteilung/Handbuch-Gefaehrdungsbeurteilung/Grundlagenwissen/Prozessschritte-der-Gefaehrdungsbeurteilung)

2.6 Keine Bauplanung von Arbeitsstätten ohne Beachtung des Arbeitsstättenrechts

Wenn bauliche Anlagen, für die das Bauordnungsrecht gilt, geplant und gebaut bzw. umgebaut werden sollen, gibt das Bauordnungsrecht den Rahmen vor.

Für die Architekten und bauplanungsberechtigen Ingenieure sind immer dann bei den Planungen eines Bauvorhabens die Regelungen des Arbeitsstättenrechts zu beachten, wenn eine bauliche Anlage in Teilen oder insgesamt als Arbeitsstätte dienen soll.

In allen Nutzungseinheiten eines Gebäudes, in denen Arbeitsstätten vorgesehen sind, findet das Arbeitsstättenrecht Anwendung. Es ist dabei unerheblich, ob die Nutzerschaft in der Planungsphase bereits feststeht oder nicht.

Auch wenn im Baugenehmigungsverfahren eines Bundeslandes die Prüfung des Arbeitsstättenrechts erst beantragt werden müsste oder aus anderen verfahrenstechnischen Gründen die Prüfung der Anforderungen des Arbeitsstättenrechts nicht vorgesehen ist, sind bauliche und technische Anforderungen des Arbeitsstättenrechts zu berücksichtigen. Dies ist wichtig, damit bei Inbetriebnahme der Arbeitsstätte die Mindestvorschriften der Arbeitsstättenverordnung eingehalten werden können.

Grundlage für eine stimmige Bauplanung sind ausreichende Informationen zur zukünftigen Arbeitsstätte und zu den Betriebsabläufen. Nur wenn alle relevanten Informationen und Unterlagen durch die Bauherrschaft zur Verfügung gestellt werden, kann eine für die spätere Nutzung geeignete Arbeitsstätte konzeptioniert werden.

Neben dem arbeitstäglichen betrieblichen Ablauf eines Betriebes sind auch Instandhaltungs-, Wartungs- und Reinigungsarbeiten an Aufbauten auf dem Dach sowie im Gebäude, an der Fassade und auf Außenflächen eines Betriebes zu betrachten. Alle erforderlichen Arbeiten müssen sicher auszuführen sein, egal ob diese Arbeiten von Beschäftigten des betreffenden Betriebes, Zeit-Arbeitnehmenden oder Beschäftigten von Auftrag nehmenden Dienstleistungsunternehmen erledigt werden.

Auch der Erfolg eines Genehmigungsverfahrens hängt stark davon ab, ob die eingereichten Bauvorlagen aussagekräftig, eindeutig und stimmig sind. Wenn am Baugenehmigungsverfahren beteiligte Fachbehörden Nachforderungen melden und/oder die zuständige Baubehörde selbst Nachforderungen zu fehlenden oder unvollständigen Bauvorlagen stellen muss, verlängert dies das gesamte Vorhaben von der Planung bis zur Inbetriebnahme. Das Ganze kann sogar mit einem ablehnenden Bescheid enden, wenn die relevanten Mindestvorschriften für den Einzelfall nicht erfüllbar sind.

3 Rechtsvorschriften und Übergangsregelungen für die Bauplanung von Arbeitsstätten

3.1 Relevante Rechtsvorschriften

Für Arbeitsstätten gelten, wie bereits ausgeführt, bundesrechtliche sowie landesrechtliche Vorgaben.

Grundlegend für jedes Bauvorhaben sind

- Landesbauordnung (LBO) des jeweiligen Bundeslandes,
- Bauvorlagenverordnung (BauVorlVO) des jeweiligen Bundeslandes,
- Bauproduktenverordnung (BauPVO),
- Arbeitsstättenverordnung (ArbStättV).

Alle Landesbauverordnungen (LBO) setzen die Musterbauordnung (MBO) um und unterscheiden sich geringfügig im Rahmen des gewährten Gestaltungsspielraums.

Zusammen mit den jeweils dazugehörigen technischen Bauvorschriften bilden diese das Grundgerüst für die Bauplanung einer baulichen Anlage bzw. Nutzungseinheit – das betrifft u. a. bauliche Anforderungen zur Konstruktion und Standfestigkeit und zum baulichen und technischen Brandschutz. Sie gelten für alle (baulichen) Anlagen und damit branchenübergreifend für alle Arbeitsstätten.

Auf landesrechtlicher Ebene wurden für bestimmte Betriebsarten spezielle bauliche und technische Regelungen getroffen.

Weitere spezielle Arbeitsschutzanforderungen, die zusätzlich zum Arbeitsstättenrecht für bestimmte Betriebsarten in Frage kommen, sind in Verordnungen, die aufgrund der Verordnungsermächtigung des Arbeitsschutzgesetzes erlassen wurden, und deren Technischen Regeln zu finden.

Davon sind u. a.

- mikrobiologische oder chemische Labore,
- Arztpraxen,
- Apotheken,
- chemische Produktionsstätten,
- explosionsgefährdete Bereiche in Arbeitsstätten,
- Arbeiten, bei denen eine Absturzgefahr besteht,
- Arbeitsbereiche, in denen Beschäftigte einem Schalldruckpegel von 80 dB(A) und mehr ausgesetzt sind,

betroffen.

Tabelle 3.1: Für die Bauplanung von Arbeitsstätten optional zu beachtende Rechtsvorschriften

Bundesrecht	Landesrecht
Gefahrstoffverordnung (GefStoffV)	Versammlungsstättenverordnung (VStättVO)
Biostoffverordnung (BioStoffV)	Schulbaurichtlinie (SchulBauR)
Betriebssicherheitsverordnung (BetrSichV)	Industriebaurichtlinie (IndBauRL)
Lärm- und Vibrations-Arbeitsschutzverordnung (LärmVibrationsArbSchV)	Gaststättenverordnung (GastV)
Arbeitsschutzverordnung zu künstlicher optischer Strahlung (OStrV)	Verkaufsstättenverordnung (VkVO)
	Denkmalschutz der Länder
	weitere technische Verordnungen und Baurichtlinien der Länder

Wie die ArbeitStättV werden auch alle weiteren Verordnungen, die auf dem Arbeitsschutzgesetz basieren, durch Technische Regeln konkretisiert. Auch diese enthalten neben organisatorischen, bauliche bzw. technische Maßnahmen. Die Tabelle 3.2 gibt einen nicht abschließenden Überblick.

Tabelle 3.2: Verordnungen und deren technische Regeln mit zusätzlichen Maßnahmen für spezielle Arbeitsräume/Arbeitsplätze

Verordnung	Technische Regel
Betriebssicherheitsverordnung (BetrSichV)	TRBS 2121 „Gefährdung von Beschäftigten durch Absturz – Allgemeine Anforderungen"
Gefahrstoffverordnung (GefStoffV)	TRGS 201 „Einstufung und Kennzeichnung bei Tätigkeiten mit Gefahrstoffen"
	TRGS 500 „Schutzmaßnahmen"
	TRGS 526 „Laboratorien"
Biostoffverordnung (BioStoffV)	TRBA 100 „Schutzmaßnahmen für Tätigkeiten mit biologischen Arbeitsstoffen in Laboratorien"
	TRBA 250 „Biologische Arbeitsstoffe im Gesundheitswesen und in der Wohlfahrtspflege"
Lärm-Vibrations-Arbeitsschutzverordnung (LärmVibrationsArbSchV)	TRLV „Lärm" Teil 3
Arbeitsschutzverordnung zu künstlicher optischer Strahlung (OstrV)	TROS „IOS" Teil 3 Technische Regeln zur Arbeitsschutzverordnung zu künstlicher optischer Strahlung (TROS)

3.2 Übergangsregelungen vs. Bestandsschutz

Einen Bestandsschutz im klassischen Sinn gibt es für Arbeitsstätten nicht (§ 8 ArbStättV). Einer der Grundsätze, den Arbeitgeber gemäß § 4 ArbSchG anwenden müssen, ist das bereits erwähnte Minimierungsgebot: Demnach sind arbeitsbedingte Gefährdungen für Beschäftigte so weit wie möglich zu minimieren, sofern sie nicht generell auszuschließen sind. Der Arbeitgeber muss bei Änderung einer ASR die Gefährdungsbeurteilung zu dem geänderten Teil der ASR wiederholen. Das heißt, der Arbeitgeber ist gefordert, bei Änderungen im Arbeitsstättenrecht konkret zu prüfen, ob diese Änderungen für die eigene Arbeitsstätte relevant sind. Wenn ja, können die geänderten Regelungen entweder mit den bestehenden, baulichen und technischen Rahmenbedingungen und Schutzmaßnahmen erfüllt werden oder es sind Anpassungen oder weitere Schutzmaßnahmen notwendig, damit die Arbeitsstätte auch weiterhin den Anforderungen der Arbeitsstättenverordnung entspricht.

Betreffen die geänderten Regelungen bauliche und technische Gegebenheiten der Arbeitsstätte, sind diese spätestens dann anzupassen, wenn die Arbeitsstätte wesentlich geändert oder umgebaut wird. Unter einer wesentlichen Änderung versteht man einen Umbau, eine Erweiterung o. Ä. in betreffenden Bereichen der Arbeitsstätte. In der LASI-Veröffentlichung LV 40 „Leitlinien für Arbeitsstätten" von 2020 wird unter Nr. 15 erklärt, wann eine wesentliche Erweiterung, ein wesentlicher Umbau bzw. eine wesentliche Änderung vorliegt.

Für zu planende Neubauvorhaben ist dies in erster Linie nicht relevant. Denn in der Regel bestehen keine zwingenden Beschränkungen, nicht nach den beschriebenen Grundsätzen und aktuellen gesetzlichen Rechtsvorschriften zu planen und zu bauen.

In der Tabelle 3.3 sind wichtige Übergangsvorschriften dargestellt.

4 Ausgewählte Anforderungen des Arbeitsstättenrechts für die Planung von Arbeitsstätten

4.1 Barrierefreie Gestaltung von Arbeitsstätten

Wenn Personen mit Beeinträchtigungen/Behinderungen beschäftigt werden, muss der Arbeitgeber entsprechende weitergehende Schutzmaßnahmen im Betrieb umsetzen, vor allem in den Bereichen des Betriebes, zu dem die betreffende Person aufgrund ihrer Arbeitsaufgabe Zugang haben muss (§ 3a Abs. 2 ArbStättV und ASR A3a.2).

Für ein Bauvorhaben, bei dem von der Bauherrschaft dazu keine Informationen gegeben werden können, da beispielsweise konkret noch kein Beschäftigungsverhältnis dieser Art vorliegt, wird es schwierig, im Voraus bauliche und technische Maßnahmen umzusetzen.

Tabelle 3.3: Wichtige Übergangsvorschriften

Rechtsquelle: Anforderung zu	Aussage der Übergangsregelung
§ 8 ArbStättV: u. a. bis 20.12.1996 eingerichtete Arbeitsstätten	Die Fristen galten bis zum 31.12. 2020 und sind damit abgelaufen.
ASR A1.8, Nr. 4.2 Abs. 3 – 6: Mindestbreite von Verkehrswegen	Für Gebäude, die bis zum 30.09.2022 errichtet wurden bzw. deren Errichtung bis dahin begonnen wurde, gilt Folgendes, bis diese wesentlich erweitert oder umgebaut werden: • Lichte Mindestbreite bis 5 Personen: 0,875 m • Lichte Mindestbreite an Durchgängen und Türen: 0.85 m
ASR A1.8 Nr. 4.5 Abs. 10: Handlauf	In Arbeitsstätten, die bis zum 30.6.2013 errichtet worden sind oder deren Bauantragstellung bis zu diesem Termin erfolgt ist, müssen Treppen erst mit mehr als 4 Stufen (Steigungen) mindestens einen Handlauf haben, soweit das Bauordnungsrecht der Länder keine darüber hinaus gehenden Anforderungen stellt.
ASR A2.3, Nr. 5 Abs. 7 – 9: Mindestbreite von Hauptfluchtwegen	Für Gebäude, die bis zum 30.09.2022 errichtet wurden bzw. deren Errichtung bis dahin begonnen wurde, gilt Folgendes, bis diese wesentlich erweitert oder umgebaut werden: • Lichte Mindestbreite bis 5 Personen von Hauptfluchtwegen: 0,875 m • Lichte Mindestbreite an Durchgängen und Türen von Hauptfluchtwegen: 0,85 m • Lichte Mindestbreite von Türen von Toilettenzellen, Toilettenräumen mit nur einer Tür: 0,50 m
ASR A2.3, Nr. 9 Abs. 3: Sicherheitsbeleuchtung für Fluchtwege muss innerhalb von 5 s 50 % und innerhalb von 60 s 100 % der erforderlichen Beleuchtungsstärke erreichen.	Dieses gilt nicht für bereits vorhandene Sicherheitsbeleuchtungsanlagen in Gebäuden, die bis zum 30.04.2025 errichtet worden sind oder deren Bauantragstellung bis dahin erfolgt ist, sowie Sicherheitsbeleuchtungsanlagen, die aus betriebstechnischen Gründen über ausschließlich mit Verbrennungsmotoren betriebene Netzersatzanlagen versorgt werden (GMBl 2022, S. 227, zuletzt geändert GMBl 2024, S. 913).
Anhang der ArbStättV, Nr. 3.4 Abs. 3: Sichtverbindung nach außen	Bis zum 03.12.2016 eingerichtete Arbeitsräume, Pausenräume und Bereitschaftsräume oder wenn deren Einrichtung bis zu diesem Datum begonnen wurde, dürfen ohne Sichtverbindung betrieben werden, bis diese wesentlich umgebaut oder erweitert werden.
ASR A3.4, Nr. 2 Abs. 2	Räume ohne Sichtverbindung, die bis zum 03.12.2016 eingerichtet oder deren Einrichtung bis zu diesem Datum begonnen wurde, dürfen ohne Sichtverbindung betrieben werden, bis diese wesentlich umgebaut oder erweitert werden (z. B. Arbeiten an der Außenwand).

Um spätere Umrüstungen leichter zu realisieren, empfiehlt es sich, die folgenden 5 Grundsätze bei Neuplanungen von Arbeitsstätten nach Möglichkeit generell zu berücksichtigen:

- Stufen- und Schwellenlosigkeit,
- genügend Bewegungsfläche,
- Breite der Verkehrs- und Fluchtwege, ausreichende Durchgangsbreite an Türen,
- Automatisierung, geringe Bedienkräfte,
- Zwei-Sinne-Prinzip

In der ASR V3a.2 „Barrierefreie Gestaltung von Arbeitsstätten" sind die Anhänge zu den einzelnen Technischen Regeln für Arbeitsstätten mit zusätzlichen Maßnahmen für die barrierefreie Gestaltung von Arbeitsplätzen zusammengefasst. Bislang sind noch nicht für alle ASR entsprechende Anhänge erarbeitet worden, daher befindet sich die ASR V3a.2 in laufender Fortschreibung. Die bislang veröffentlichten Anhänge zu ASR findet man in der ASR V3a.2 (GMBl 2012, S. 663, zuletzt geändert GMBl 2023, S. 652).

Ergänzende Anforderungen

- ASR A1.2 „Raumabmessungen und Bewegungsflächen"
- ASR A1.3 „Sicherheits-und Gesundheitsschutzkennzeichnung"
- ASR A1.6 „Fenster, Oberlichter, lichtdurchlässige Wände"
- ASR A1.7 „Türen und Tore"
- ASR A1.8 „Verkehrswege"
- ASR A2.2 „Maßnahmen gegen Brände"
- ASR A2.3 „Fluchtwege und Notausgänge"
- ASR A4.2 „Pausen- und Bereitschaftsräume"
- ASR A4.2 „Erste-Hilfe-Räume, Mittel und Einrichitungen zur Ersten Hilfe"
- ASR A4.4 „Unterkünfte"
- Anhang A4 bezüglich Kantinen

Abb. 4.1: Überblick über ergänzende Anforderungen zur Barrierefreiheit in ASR V3a.2

Die konkreten Maßnahmen, die im Einzelfall erforderlich sind, richten sich nach den individuellen Erfordernissen der Person mit Behinderung.

Die in der ASR V3a.2 angegebenen Maße unterscheiden sich nicht wesentlich von den in der DIN-Norm 18040-1 genannten. Es werden aber zusätzliche Inhalte in der ASR V3a.2 aufgeführt, für die in der DIN-Norm 18040-1 keine Regelungen getroffen sind: Beispielsweise fordert die ASR V3a.2 für Kleinwüchsige an Treppen zusätzliche Handläufe in einer Höhe von 0,65 Metern anzubringen.

4.2 Nichtraucherschutz

Arbeitgeber sind nach § 5 ArbStättV verpflichtet, die Beschäftigten durch wirksame Schutzmaßnahmen vor Gesundheitsgefahren wie Rauche und Dämpfe von Tabak- und Cannabisprodukten inklusive elektronischer Zigaretten zu schützen (§ 5 ArbStättV).

Es kann u. a. aus Gründen des Brandschutzes ein generelles Rauch- und Dampfverbot für die zu planende Arbeitsstätte oder in Teilen des Betriebes erforderlich sein.

Wenn Rauchen und Dampfen im Freien mit den betrieblichen Bedingungen vereinbar sind, eignen sich Rauch- bzw. Dampfpavillons.

Sollen Räume für Rauchende innerhalb des Gebäudes eingerichtet werden, muss wirksam verhindert werden, dass o. g. Rauche und Dämpfe in Flure und andere Räume ziehen. Daraus resultiert nach § 5 ArbStättV; ASR A3.6, Nr. 4.2 Abs. 6; ASR A3.6, Nr. 6.1), dass Rauchräume oder -bereiche

- unabhängig belüftet werden müssen und
- baulich abgetrennt werden müssen – generell ohne Verbindung durch Zwischendecken zu Nebenräumen.

Wird der Raum häufig und von vielen Rauchenden genutzt, kann beispielsweise durch Unterdruck (erzeugt durch eine RLT-Anlage) verhindert werden, dass verqualmte Luft beim Öffnen der Zugangstür in den angrenzenden Gebäudebereich zieht.

Rauchkabinen sind nur geeignet, wenn die Wirksamkeit der lüftungstechnischen Komponenten vom Hersteller nachgewiesen werden kann. Alle Komponenten müssen regelmäßig gereinigt, gewartet und instand gehalten werden, dabei ist der regelmäßige Filterwechsel inbegriffen.

4.3 Bewegungsflächen am Arbeitsplatz

Grundsätzlich sind bei der Bemessung der Grundflächen für Arbeitsräume immer die Anzahl der Arbeitsplätze entscheidend. Diese dürfen sich nicht mit Verkehrs- und Fluchtwegen, Stellflächen für Arbeitsmittel u. ä., Funktionsflächen von Arbeitsmitteln, Einbauten und Einrichtungen und ggf. darüber hinaus erforderlichen Sicherheitsabständen überschneiden. Die wichtigsten Maße im Überblick zeigt Abb. 4.2.

Die **Raumhöhe** muss nach ASR A2.1 in Abhängigkeit von der Raumgröße mindestens 2,50 Meter betragen. Die Staffelungen der Raumhöhen sind unter ASR A2.1, Nr. 6 Abs. 2 zu finden.

Mindestgrundfläche für einen Arbeitsraum	8 m² + 6 m² für jeden weiter Arbeitsplatz
Mindestbewegungsfläche am Arbeitsplatz	1,50 m²
Mindesttiefe und Breite der Bewegungsfläche	1,00 m
Mindesttiefe der Bewegungsfläche im Sitzen und Stehen	1,00 m
Mindesttiefe der Bewegungsfläche mit stehender nicht aufrechter Körperhaltung	1,20 m
Mindestbreite der Bewegungsfläche im Sitzen und Stehen	1,00 m
Mindestbreite der Bewegungsfläche für nebeneinander angeordnete Arbeitsplätze	1,20 m
Mindestraumhöhe (siehe Ausführungen im nachfolgenden Text)	2,50 m

Abb. 4.2: Mindestmaße am Arbeitsplatz

Der § 47 der MBO sieht für Aufenthaltsräume eine Raumhöhe von 2,40 Metern vor.

Bei Nutzungsänderungen kann es hier zu Schwierigkeiten kommen, wenn ein vormals anders genutzter (Aufenthalts-)Raum mit einer Raumhöhe von 2,40 Metern nun zum Arbeitsraum werden soll.

Lösungen bei zu niedrigen Raumhöhen bieten 3 in der ASR A2.1 aufgezeigte Abweichungsmöglichkeiten.

Es muss dann eine zur Abweichung durchgeführte Gefährdungsbeurteilung erfolgt sein und die verringerte Raumhöhe darf nicht die Sicherheit und den Gesundheitsschutz oder das Wohlbefinden der Beschäftigten beeinträchtigen.

Hier folgen die Abweichungsmöglichkeiten im Überblick:

1. Die in ASR A2.1, Nr. 6 Abs. 2 genannten Raumhöhen können um 0,25 Meter herabgesetzt werden, wenn die Gefährdungsbeurteilung belegt, dass die Reduzierung der Raumhöhe mit der Sicherheit und dem Gesundheitsschutz der Beschäftigten vereinbar ist. Eine Raumhöhe von 2,50 Metern darf aber nicht unterschritten werden, es sei denn 2. trifft zu (ASR A2.1, Nr. 6 Abs. 3).
2. Wenn in einem Arbeitsraum bis 50 Quadratmeter überwiegend leichte und sitzende Tätigkeiten ausgeführt werden, kann die Raumhöhe auf das im Landesbaurecht angegebene Maß herabgesetzt werden (ASR A2.1, Nr. 6 Abs. 4).
3. Hat ein Arbeitsraum eine Schrägdecke, gelten die Bestimmungen des Landesbaurechts, sofern über den Arbeitsplätzen und über den freien Bewegungsflächen die erforderliche Raumhöhe eingehalten werden kann (ASR A2.1, Nr. 6 Abs. 6).

Für lichte Höhen von Verkehrs- und Fluchtwegen gelten die Bestimmungen der ASR A1.8 „Verkehrswege" bzw. der ASR A2.3 „Fluchtwege und Notausgänge".

Neben der Sicherheit und dem Gesundheitsschutz sowie dem Wohlbefinden der Beschäftigten spielt bei der Raumhöhe vor allem das Luftvolumen im Raum eine Rolle. Je nach Tätigkeit ist ein **freier Luftraum** ohne Einbauten für jeden Beschäftigten einzuplanen:

- 12 Quadratmeter bei überwiegend sitzender Tätigkeit
- 15 Quadratmeter bei überwiegend nicht sitzender Tätigkeit
- 18 Quadratmeter bei schwerer körperlicher Arbeit

Bereits bei der Planung der Deckenhöhe sollten immer Einbauten wie Akustikdecken berücksichtigt werden, die unter Umständen die Raumhöhe verringern können.

4.4 Sicherheits- und Gesundheitsschutzkennzeichnung

Mit der ASR A1.3 „Sicherheits- und Gesundheitsschutzkennzeichnung" wird die Richtlinie 92/58/EWG über Mindestvorschriften über die Sicherheits- und Gesundheitsschutzkennzeichnung am Arbeitsplatz in nationales Recht umgesetzt. Die festgelegten Sicherheits- und Gesundheitsschutzkennzeichnungen sind darin abgebildet, einschließlich der Inhalte und der Gestaltung des Flucht- und Rettungsplans.

Die Sicherheitszeichen kollidieren nicht mit dem Bauordnungsrecht.

Wenn Gefahrstoffe in Behältern und Rohrleitungen zu kennzeichnen sind sowie Orte, Räume oder umschlossene Bereiche einer Arbeitsstätte, die zur Lagerung von Gefahrstoffen vorgesehen sind, ist zusätzlich die Technische Regel für Gefahrstoffe TRGS 201 „Einstufung und Kennzeichnung bei Tätigkeiten mit Gefahrstoffen" zu beachten.

4.5 Fußböden

Der Begriff Fußboden umfasst im Arbeitsstättenrecht die statisch wirksame Tragschicht, den Fußbodenaufbau, die Oberfläche und – falls diese verwendet werden – auch Auflagen wie Matten, Roste und Teppiche (ASR A1.5, Nr. 3.1).

Fußböden sind sicher zu gestalten und müssen den betrieblichen Anforderungen entsprechend ausgewählt und gestaltet werden. Dabei spielen u. a. Trittsicherheit, Tragfähigkeit, Rutschhemmung und Vermeidung von Stolperstellen eine Rolle.

Im Anhang 2 der ASR A1.5 „Fußböden" sind verschiedenen Arbeitsräumen, Arbeitsbereichen und betrieblichen Verkehrswegen, in denen mehr oder weniger gleitfähige Medien auf den Fußböden zu erwarten sind, Bewertungsgruppen der Rutschhemmung zugeordnet. Diese sind als Planungshilfe sehr geeignet und stehen in keinem Konkurrenzverhältnis zur MBO.

4.6 Verkehrswege

Die Gestaltung der Verkehrswege eines Betriebes richtet sich nach den Erfordernissen im Betriebsalltag. So müssen generell bestimmte Mindestbreiten und -höhen bei Verkehrswegen eingehalten werden, die sich in erster Linie nach der Anzahl der sie nutzenden Personen richten und die die Art der Nutzung berücksichtigen.

In der ASR A1.8 „Verkehrswege", Nr. 4.2 Tabelle 2, „Lichte Mindestbreiten der Wege für den Fußgängerverkehr", werden auch abweichende Mindestmaße für besondere Bereiche, wie Gänge zur Instandhaltung und Rangierwege, festgelegt.

In der ASR A1.8, Nr. 4.2 Abs. 10 wird die lichte Höhe über Verkehrswegen mit 2,10 Metern angegeben, geringe Abweichungen sind festgelegt.

„Die Mindesthöhe über Verkehrswegen für den Fahrzeugverkehr ergibt sich aus der größten Höhe des Fahrzeugs einschließlich Ladung in Transportstellung sowie dem stehenden oder sitzenden Fahrer." (ASR A1.8 „Verkehrswege", Nr. 4.3 Abs. 7)

Verkehrswege sind übersichtlich zu führen und sie müssen normalerweise waagerecht verlaufen. Um unvermeidbare Höhenunterschiede innerhalb eines Geschosses o. Ä. auszugleichen sind **Schrägrampen** die erste Wahl. Bei der Ausgestaltung der Neigung muss die Nutzungsart berücksichtigt werden.

Es ist zwar in ASR A1.8 „Verkehrswege", Nr. 4.1 Tabelle 1 „Maximale Neigung für unterschiedliche Nutzungsarten von Schrägrampen" eine Abweichung von Nummer 4 gemäß Bauordnungsrecht der Länder z. B. bei Garagen möglich, aber auch hier muss bei der Planung die Nutzung im Blick behalten werden.

Ist beispielsweise eine Anlieferung nur über eine (Tief-)Garage möglich, müssen sehr häufig beladene Transporthilfen über Schrägrampen bewegt werden. Bei der Wahl der Längsneigung muss dies unbedingt berücksichtigt werden, damit der Transportvorgang sicher erfolgen kann. Um die sichere Gestaltung solcher und ähnlicher Betriebsbereiche zu gewährleisten, wird dafür in o. g. Tabelle der ASR die Gefährdungsbeurteilung verlangt.

An diesem Beispiel wird erneut deutlich, wie wichtig konkrete Informationen zum Betrieb und zu den Arbeitsabläufen für die Bauplanung sind.

Eine **Treppe** ist in der ASR A1.8 „Verkehrswege“ als „fest mit dem Bauwerk verbundenes, unbewegbares Bauteil“ mit mindestens einem Treppenlauf definiert. Ein Treppenlauf wiederum ist die ununterbrochene Folge von mindestens 3 Treppenstufen zwischen 2 Ebenen.

„Treppen müssen:
1. *einen Handlauf haben [angebracht in einer Höhe zwischen 0,80 und 1,15 m],*
2. *an beiden Seiten Handläufe haben, wenn die Stufenbreite mehr als 1,5 m beträgt und* zusätzlich
3. *Zwischenhandläufe haben, mit denen die Stufenbreite in zwei gleiche Breitenabschnitte unterteilt wird, wenn der Abstand zwischen den Handläufen mehr als 4,0 beträgt.“*

(ASR A1.8 „Verkehrswege“ Nr. 4.5 Abs. 10)

Weiterhin verlangt ASR A1.8 „Verkehrswege“, Nr. 4.2 Abs. 9:

„Unmittelbar vor und hinter Türen müssen Treppen und Stufen einen Abstand von mindestens 1,0 m, bei aufgeschlagener Tür einen Abstand von mindestens 0,5 m einhalten.“

In der ASR A1.8 „Verkehrswege,“ Nr. 4.2 Abb. 2 sind verschiedene bauliche Situationen von Treppen zu Türöffnungen und entsprechende Abstandsmaße dargestellt.

Auf die sichere Gestaltung von Treppen in Arbeitsstätten wird großer Wert gelegt, um Unfälle auf Treppen möglichst zu vermeiden. Damit sie leicht und sicher zu begehen sind, ist die Auftrittsfläche ausreichend groß, eben, rutschhemmend, erkennbar und tragfähig zu gestalten. Darüber hinaus muss der Abstand zwischen 2 Stufen mit dem Schrittmaß übereinstimmen, um Stolpern zu vermeiden.

Als besonders sicher begehbar gelten erwiesenermaßen Treppen, deren Stufen einen Auftritt von 29 cm und eine Steigung von 17 cm aufweisen (ASR A1.8, Nr. 4.5 Abs. 4).

In ASR A1.8 „Verkehrswege“, Nr. 4.5 Tab. 4 sind Auftritte und Steigungen für unterschiedlicher Treppen zu finden.

Hilfstreppen dürfen nur für gelegentliche Arbeiten verwendet werden, aber sie dienen nicht der arbeitstäglichen Nutzung. Hilfstreppen sollen zur erhöhten Sicherheit mit 2 Handläufen ausgestattet sein und nur von unterwiesenen Personen benutzt werden (ASR A1.8 „Verkehrswege“, Nr. 4.5 Abs.5).

Die Broschüre „Funktionelle, sichere und nutzerfreundliche Treppen“ der BAuA bietet viele wertvolle Gestaltungshinweise für Treppen (www.baua.de/dok/669136).

Verkehrswege auf dem Betriebsgelände bzw. durchs Freie führende Verkehrswege müssen der Art der Nutzung entsprechend ausgelegt und bei jeder Witterung nutzbar sein.

Entsprechend der Art der Nutzung sind für Fußgängerwege Schutzmaßnahmen gegen Witterungseinflüsse nach dem STOP-Prinzip zu wählen. Eine Überdachung oder ein Windschutz sind Beispiele für technische Schutzmaßnahmen, die als Erstes in Betracht zu ziehen sind.

In vielen Betrieben kreuzen sich Fußgänger- und Fahrzeugverkehr. Hier spielen Übersichtlichkeit und Abgrenzung eine wichtige Rolle.

Fußgängerwege, die durch das Freie zu anderen Gebäuden auf einem Betriebsgelände führen, sind baulich abzugrenzen oder abzusetzen oder mindestens durchgehend zu kennzeichnen.

Wichtig ist auch, darauf zu achten, dass Wege für den Fahrzeugverkehr in einem Mindestabstand von 1,00 Meter an Türen und Toren, Durchgängen, Durchfahrten und Treppenaustritten vorbeigeführt werden (ASR A1.8 „Verkehrswege“, Nr. 4.3).

In ASR A1.8 „Verkehrswege“, Nr. 4.3 sind Berechnungshilfen für Verkehrswegbreiten und Sicherheitszuschlägen zu finden.

Wenn Gefährdungen im Verlauf von Verkehrswegen nicht durch technische Maßnahmen verhindert oder beseitigt werden können oder Gefährdungen durch den Fahrzeugverkehr aufgrund unübersichtlicher Betriebsverhältnisse (z. B. durch Arbeits- und Lagerflächen ohne feste Einbauten) gegeben sind, müssen die Verkehrswege gemäß ASR A1.3 „Sicherheits- und Gesundheitsschutzkennzeichnung“ deutlich erkennbar gekennzeichnet werden (ASR A1.8 „Verkehrswege“, Nr. 4.4).

Für Neubauten und Planungen eines Betriebsgeländes sind unübersichtliche Betriebsverhältnisse zu vermeiden und es gilt, Gefährdungen vorzugsweise mit technischen Maßnahmen zu begegnen. Es ist ratsam, für größere Betriebsgelände ein Verkehrswegekonzept zu erstellen.

Die ASR A1.8 „Verkehrswege“ enthält darüber hinaus Anforderungen an Steigeisengänge und Steigleitern, Laderampen sowie Fahrtreppen und Fahrsteige, auf die an dieser Stelle nur verwiesen wird.

4.7 Schutz vor Absturz – Schutzmaßnahmen für Arbeiten auf Dächern und an Fassaden

4.7.1 Maße für Umwehrungen

„Eine Absturzgefahr besteht bei einer Absturzhöhe von mehr als 1 Meter“ (Anhang der ArbStättV, Nr. 2.1 Abs. 1). Zur Sicherung von Absturzkanten dienen Umwehrungen. Eine Umwehrung muss nach Arbeitsstättenrecht (ArbStättR) 1 Meter betragen. Dieses Maß unterscheidet sich zur MBO um 10 Zentimeter.

Gemäß ASR 2.1 „Schutz vor Absturz und herabfallenden Gegenständen, betreten von Gefahrenbereichen", Nr. 5.1 darf die Höhe der Umwehrungen bei Brüstungen bis auf 0,80 Meter verringert werden, wenn die Tiefe der Umwehrung mindestens 0,20 Meter beträgt und durch die Tiefe der Brüstung ein gleichwertiger Schutz gegen Absturz gegeben ist.

Tabelle 4.1: Maße für Umwehrungen

Absturzhöhe	Höhe der Umwehrung nach ArbStättR	Höhe der Umwehrung nach MBO
ab 1 m	1 m	0,9 m
ab 12 m	1,1 m	1,1 m

4.7.2 Bauliche und technische Maßnahmen für Arbeiten auf Dächern und an Fassaden

Die BAuA führte eine Analyse der tödlichen Arbeitsunfälle der Jahre 2009 bis 2022 durch. Im Ergebnis konnte ein Drittel dieser Unfälle insgesamt auf Abstürze zurückgeführt werden. Ein Viertel von diesen abgestürzten und dadurch zu Tode gekommenen Betroffenen fiel von Dächern oder brach durch Lichtkuppeln. Meistens fehlten die Sicherungsmaßnahmen.

Diese Auswertung zeigt, dass immer noch viel zu bewegen ist, um sichere Arbeitsplätze auf Dächern und an Fassaden zu schaffen. Auch die Architekten und bauplanungsberechtigen Ingenieure können hier einen großen Beitrag mit weitreichender präventiver Wirkung leisten.

Vor dem Hintergrund der vielen Absturzunfälle müsste es zum Standard werden, bereits in frühen Planungsphasen eines Bauvorhabens mit hoher Priorität ein Konzept für Arbeiten auf dem Dach und an den Fassaden mit den geeigneten baulichen bzw. technischen Schutzmaßnahmen zu entwerfen.

Werden erst im fortgeschrittenen Planungsstadium eines größeren Bauvorhabens Schutzmaßnahmen gegen Absturz für Arbeiten auf dem Dach eingeplant, können unter Umständen die Grundsätze des Arbeitsschutzgesetzes im Konzept für die Dach- und/oder Fassadenarbeiten nicht bzw. nur schwer umgesetzt werden. Schwachstellen können dabei z. B. Verbindungsbauten oder Engstellen an Dachvorsprüngen darstellen.

Für alle Schutzmaßnahmen und insbesondere solche gegen Absturz sind das Minimierungsgebot, der Stand der Technik sowie das STOP-Prinzip maßgebend (§ 4 ArbSchG).

Je nachdem, welche Aufbauten auf dem Dach instand gehalten, gereinigt und gewartet werden müssen, sind geeignete bauliche und technische Maßnahmen zu realisieren. Diese zwangsläufig wirksamen Einrichtungen verhindern einen Absturz auch ohne bewusstes Mitwirken einer beschäftigten Person.

Die im Folgenden – nicht abschließend – aufgezählten Maßnahmen gelten als guter Standard.

Bauliche und technische Maßnahmen für Arbeiten auf Dächern und an Fassaden:

- Sicherer, festinstallierter Aufgang auf das Dach/zu den Arbeitsbereichen ist gewährleistet.
- Verkehrswege auf dem Dach – inklusive der Zuwegung und des Ausgangs – sind breit genug, um Werkzeug und Materialen mitzuführen, die bei den Arbeiten erforderlich sind und nicht auf andere Weise an den Bestimmungsort gebracht werden können.
- Verkehrswege auf dem Dach sind durchsturzsicher und gekennzeichnet.
- Es werden keine Spindeltreppen oder Steigleitern verwendet, wenn Werkzeuge und Materialien mitgeführt werden müssen.
- Eine Umwehrung ist an der Dachkante vorhanden.
- Es sind Absturzsicherungssysteme vorgesehen.
- Sicher einhängbare Auffangnetze stehen zur Verfügung.
- Dachoberlichter sind umwehrt und aus durchsturzsicherem Glas.
- Absperrungen gewährleisten, dass Verkehrswege und Arbeitsplätze mindestens 2 Meter von der Dachkante/Absturzkante entfernt sind und auch bei Glätte sicher genutzt werden können.
- Befahranlagen sind vorgesehen.
- Befahrbare Außenflächen bieten tragfähige und sichere Aufstellflächen für Hubarbeitsbühnen. Die Genehmigungsfähigkeit wird in der Planungsphase mit der zuständigen Behörde abgestimmt, falls sich die Aufstellfläche auf öffentlichem Grund befindet.
- Für Grünpflegearbeiten an Fassaden sind beispielsweise Befahranlagen mit Arbeitskorb, gegen Absturz gesicherte Laufwege und Arbeitsplattformen vorgesehen.

In der unter ASR A2.1, Nr. 4.2 skizzierten „Rangfolge der Maßnahmen zum Schutz vor Absturz" wird persönliche Schutzausrüstung gegen Absturz (PSAgA) als individuelle Schutzmaßnahme für die Fälle genannt, wenn keine Absturzsicherungen oder Auffangeinrichtungen eingerichtet werden können. In Ausnahmefällen kann dann für kurzzeitige Dacharbeiten PSAgA verwendet werden. Dafür müssen aber geeignete Anschlageinrichtungen vorhanden sein.

Bei einem Neubauvorhaben oder einem das Dach betreffenden wesentlichen Gebäudeumbaus geht man davon aus, dass bauliche und technische Schutzmaßnahmen gegen Absturz umgesetzt werden können.

Grundsätzlich sollten bei der Umbauplanung alle möglichen Auswirkungen des Vorhabens vor der baulichen Ausführung durchdacht werden, damit vormals sichere Arbeitsmethoden u. a. bei Reinigungs- und Instandhaltungsarbeiten nicht durch die baulichen Änderungen außer Kraft gesetzt werden.

4.7.3 Einsatz von Leitern

Der Einsatz von Leitern für Instandhaltung, Wartung und Reinigung von Dächern und Fassaden muss als nachrangig betrachtet werden.

In der TRBS 2121-2 sind die Rahmenbedingungen für den Einsatz von Leitern bei Dacharbeiten festgehalten.

Eine für die entsprechenden Arbeiten auf Dächern und an Fassaden geeignete Leiter kommt demnach nur in Frage,

- wenn die standsichere, tragfähige Aufstellung der Leiter möglich ist,
- wenn die Arbeitsbereiche vom sicheren Stand auf der Leiter, ohne sich hinauslehnen zu müssen, erreicht werden können,
- wenn Arbeiten von der Leiter aus nur zeitweilig (maximal 2 Stunden pro Arbeitsschicht) ausgeführt werden,
- wenn durch Umgebungs- und Witterungsverhältnisse die Sicherheit und Gesundheit der Beschäftigten während der zeitweilig ausgeführten Arbeiten nicht beeinträchtigt wird.

Leitern sind als hochgelegene Arbeitsplätze nur bis zu einer Standhöhe von 2 Metern zulässig. Bei einer Standhöhe zwischen 2 und 5 Metern können Leitern dann eingesetzt werden, wenn es sich um zeitweilige Arbeiten mit geringer Gefährdung handelt und die Verwendung anderer, sicherer Arbeitsmittel nicht verhältnismäßig wäre. Voraussetzung dafür ist aber eine Überprüfung der Arbeiten mittels Gefährdungsbeurteilung, deren Resultat die sichere Durchführung der Arbeiten ist.

Wenn Leitern für Instandhaltung, Wartung und Reinigung eines Gebäudes eingesetzt werden sollen, müssen die vorgenannten Rahmenbedingungen für den Einsatz von Leitern im Konzept berücksichtigt werden.

Nach § 3 Abs. 2 Nr. 3 der Baustellenverordnung (BaustellV) sind Instandhaltungs-, Wartungs- und Reinigungsarbeiten in die verpflichtend zu erstellende Unterlage für spätere Arbeiten aufzunehmen. In der Richtlinie zum Arbeitsschutz auf Baustellen (RAB 32) wird dies konkretisiert.

Exkurs: Wie werden Richtlinien für Arbeiten auf Baustellen erarbeitet?

Allgemein wurden die Richtlinien für Arbeiten auf Baustellen (RAB) vom Ausschuss für Sicherheit und Gesundheit auf Baustellen (ASGB) erarbeitet. Diese Aufgabe inklusive deren Überarbeitung hat der ASTA übernommen. Die RAB konkretisieren die Baustellenverordnung (BaustellV), die wiederum auf der Verordnungsermächtigungsgrundlage des Arbeitsschutzgesetzes erlassen wurde. Damit gehören die Baustellenverordnung und die Richtlinien zum Bundesrecht.

Die BaustellV gilt für alle Bauvorhaben, bei denen eine oder mehrere bauliche Anlagen errichtet, geändert oder abgebrochen werden. Die Baustellenverordnung richtet sich an die Bauherrschaft, die ein Bauvorhaben veranlasst.

4.7.4 Unterlage für spätere Arbeiten (RAB 32)

Die Unterlage für erforderliche spätere Arbeiten (RAB 32) soll ein Koordinator nach § 3 Abs. 2 der BaustellV während der Planung der Ausführungen des Bauvorhabens erstellen. Falls die ausführende Bauplanung von der konstruierenden Bauplanung getrennt erfolgt, muss die Zusammenarbeit bzw. frühzeitige Einbeziehung der koordinierenden Person geregelt werden, damit geltende Standards eingehalten werden können.

Um die späteren Arbeiten an der baulichen Anlage sicher und gesundheitsgerecht durchzuführen, müssen wichtige Angaben systematisch dokumentiert werden, wie:

- Informationen zur Häufigkeit der wiederkehrenden späteren Arbeiten (Instandhaltung)
- Wartungs- und Reinigungskonzepte
- Pläne, aus denen Ausführung und Lage von sicherheitstechnischen Einrichtungen entnommen werden können, z. B. Dachaufsichtspläne oder „Sekurantenpläne"
- Pläne, aus denen hervorgeht, welche Außenflächen befahrbar sind, z. B. Aufstellflächen für Hubarbeitsbühnen
- Herstellerinformationen z. B. für Lichtkuppeln, Anschlagösen, Seilsicherungssysteme

4.8 Maßnahmen gegen Brände

Das Arbeitsstättenrecht und das Bauordnungsrecht ergänzen sich in Bezug auf die Brandschutzmaßnahmen. In der ASR A2.2 „Maßnahmen gegen Brände" sind Maßgaben zur Ausstattung der Arbeitsstätte mit Handfeuerlöschern, erforderlichen Löscheinheiten und Löschklassen zu finden.

Die Anhänge 1 bis 3 der ASR A2.2 bieten Anwendungsbeispiele, u. a. zur Ermittlung der Grundausstattung mit Feuerlöscheinrichtungen, mit unterschiedlichen Rahmenbedingungen und Brandgefährdungen.

4.9 Fluchtwege und Notausgänge

Das Bauordnungsrecht legt die Anforderungen zu notwendigen Treppenräumen, Brandabschnitten, Widerstandsklassen für Wände, Türen usw. fest. Diese dienen dem Schutz der Beschäftigten und allen sonstigen anwesenden Personen und werden im Arbeitsstättenrecht nicht wiederholt.

Wie schon in Kapitel 1.2 ausgeführt, sind die Anforderungen für Fluchtwege weitgehender als die für Rettungswege festgelegten Anforderungen im Bauordnungsrecht.

Bei Konkurrenz von Anforderungen des Bauordnungsrechts und des Arbeitsstättenrechts gilt immer die Anforderung mit dem höheren Schutzniveau. (Art. 31 Grundgesetz und § 3 Abs. 4 ArbStättV) Das bedeutet, in Arbeitsstätten gelten die Anforderungen für Fluchtwege.

Wenn bei Neubauten konkrete Informationen zur künftigen Nutzung vorliegen, sind wenige Umsetzungsschwierigkeiten zu erwarten. Im Falle einer Umnutzung einer Büro-Nutzungseinheit zu einer Betriebsart, für die ein baulicher Nebenfluchtweg erforderlich ist, kann es schwierig sein einen Nebenfluchtweg zu realisieren, da die zweiten Rettungswege nach dem Baurecht nicht immer ins Freie führen, sondern Möglichkeiten zum Anleitern für die Feuerwehr darstellen (siehe Abb. 4.3).

Folgende Anforderungen gelten für Fluchtwege:

Fluchtwege (Haupt- und Nebenfluchtwege) sind mit den im Bauordnungsrecht definierten Rettungswegen identisch, wenn diese selbstständig begangen werden können. Zu den Fluchtwegen gehören auch die nach dem Bauordnungsrecht notwendigen Flure und Treppenräume, notwendige

Treppen sowie die Notausgänge (und mögliche Notausstiege in Nebenfluchtwegen).

Ausgleichsstufen in Fluchtwegen sind aus Sicherheitsgründen nicht zulässig. Wenn es baulich nicht möglich ist, die Stufen durch Rampen zu ersetzen, müssen die Stufen besonders sicher gestaltet werden, z. B. durch rutschfesten Belag, akkugepufferte Stufenbeleuchtung, beidseitige Handläufe, u. Ä. (§§ 3, 3a, 4 ArbStättV, Nr. 2.3 des Anhangs zur ArbStättV in Verbindung mit ASR A 2.3).

Nebenfluchtwege (vormals zweite Fluchtwege) sind zusätzliche Fluchtwege, die ebenfalls in einen gesicherten Bereich führen oder ins Freie führen.

Als **gesicherte Bereiche** innerhalb eines Gebäudes gelten benachbarte Brandabschnitte und notwendige Treppenräume, deren Anforderungen im Bauordnungsrecht festgelegt sind.

Als gesicherte Bereiche außerhalb von Gebäuden gelten z. B. Außentreppen, begehbare Dachflächen oder offene Gänge, vorausgesetzt diese sind im Gefahrenfall ausreichend lang sicher benutzbar **und führen ins Freie** (ASR A2.3, Nr. 3.7).

Das Freie im Sinne der ASR 2.3 ist ein sicherer Bereich außerhalb eines Gebäudes, in dem Personen durch den Gefahrenfall nicht beeinträchtigt werden. Dies ist gegeben, wenn auf dem Betriebsgelände oder auf öffentlichen Verkehrsflächen ein sicherer Abstand erreicht werden kann.

Nicht als das Freie gelten nach ASR A2.3, Nr. 3.5 beispielsweise:

- **Innenhöfe, die keinen ausreichenden Schutz im Gefahrenfall bieten**
- **Dachflächen**
- **Balkone**

Hier ist ein relevanter Unterschied zu den Rettungswegen nach dem Bauordnungsrecht. Rettungswege können auf Rettungsbalkonen oder auf Dachflächen enden, an denen die Feuerwehr anleitern kann.

Ein **Notausgang** führt im Verlauf eines Hauptfluchtweges in einen gesicherten Bereich oder direkt ins Freie.

Notausstiege sind nur im Verlauf eines Nebenfluchtweges vorgesehen und führen aus einem Raum oder Gebäude heraus.

Türen im Verlauf von Fluchtwegen umfassen alle Türen, die sich entlang des gesamten Fluchtweges befinden, einschließlich der Türen von Notausgängen.

Nebenfluchtwege sind nötig, wenn die Gefahr besteht, dass der Hauptfluchtweg im Gefahrfall nicht mehr sicher begehbar ist. Das ist beispielsweise der Fall, wenn

- der Hauptfluchtweg durch Bereiche mit erhöhter Brandgefährdung führt,
- Gefährdungen durch Lagerung oder Verwendung von Gefahrstoffen in der Nähe der Hauptfluchtwege vorhanden sind,
- Einwirkungen durch gefährliche Arbeiten vorhanden sind, z. B. in Aufstellräumen für Dampfkesselanlagen,
- bei einer hohen Anzahl von Personen im Hauptfluchtweg eine geordnete Flucht nicht mehr möglich ist,

Abb.4.3: Auf dem Foto ist ein baulicher Rettungsweg nach Bauordnungsrecht zu sehen. Dieser gilt nicht als Nebenfluchtweg, da er an der Dachkante endet und die Feuerwehr anleiten muss.

- bei Produktions-, Lagerräumen oder Werkstätten die Grundfläche mehr als 200 Quadratmeter beträgt,
- bei sonstigen Arbeitsräumen die Grundfläche mehr als 400 Quadratmeter beträgt, z. B. Großraumbüros bzw. Kombibüros (wie etwa Open-Space-Büros, Coworking Spaces),
- andere Rechtsvorschriften entsprechende Anforderungen stellen, z. B. in Versammlungsstätten, Schulen, Kindertageseinrichtungen,
- andere betriebsspezifische Bedingungen vorliegen (ASR A2.3, Nr. 6 Abs. 1).

Oftmals steht bei der Planung von Gebäuden oder Nutzungseinheiten für Arbeitsstätten die konkrete Nutzung bzw. die Nutzenden noch nicht fest. Auch wenn vorerst nur Nutzungen geplant werden sollen, für die geringe bauliche und technische Anforderungen gelten, erscheint es ratsam, mindestens die Möglichkeit eines baulichen Nebenfluchtweges einzuplanen. Damit kann bei einer Vermietung das Spektrum der Nutzungen auch in späteren Zeiten flexibler gehalten werden, d. h. es kann auf geänderte Nutzungsbedarfe besser reagiert werden. Ein nachträglicher Bau eines Nebenfluchtweges ist immer mit Kosten verbunden, aber ohne vorausschauende Planung meistens unmöglich.

Für **Laboratorien** bestimmt die TRGS 526, Nr. 6.2.2, dass Fluchtwege und Ausgänge in ausreichender Zahl vorhanden sein müssen, und zwar unter Berücksichtigung der örtlichen Gegebenheiten, der verwendeten Stoffe sowie Arbeitsverfahren, Fluchtwege und Ausgänge.

Fluchtwege dürfen nur dann über einen benachbarten Raum führen, wenn dieser Raum auch im Gefahrfall während des Betriebes ein sicheres Verlassen ohne fremde Hilfe ermöglicht (TRGS 526, Nr. 6.2.3).

Türen von Laboratorien müssen ein Sichtfenster haben und in Fluchtrichtung aufschlagen. Schiebetüren sind für Laboratorien nicht zulässig.

Die **Mindestbreiten für Fluchtwege** sind in der ASR A2.3, Nr. 5 Tabelle 1 zu finden.

Die Fluchtweglängen richten sich nach der im Bereich vorhandenen Brandgefährdung und danach, ob selbsttä-

nach ASR A2.3 „Fluchtwege und Notausgänge“, Nr. 5, Abs. 2 für Räume		nach MIndBauRL, Nr. 5.6
ohne oder mit normaler Brandgefährdung	bis 35 m	• bei einer mittleren lichten Höhe von bis zu 5 m höchstens 35 m • bei einer mittleren lichten Höhe von mindestens 10 m höchstens 50 m Entfernung
mit erhöhter Brandgefährdung mit selbsttätigen Feuerlöscheinrichtungen	bis 35 m	
erhöhter Brandgefährdung ohne selbsttätige Feuerlöscheinrichtungen	bis 25 m	
in denen eine Gefährdung durch explosionsgefährliche Stoffe besteht	bis 10 m	

Abb. 4.4: Fluchtweglängen nach ASR A2.3 „Fluchtwege und Notausgänge“ und MIndBauRL

tige Feuerlöscheinrichtungen vorhanden sind oder nicht (ASR A2.3, Nr. 5 Abs. 2).

ASR A2.3, Nr. 5 Abs. 5 lässt zu, dass z. B. in Industriebauten längere Hauptfluchtweglängen zulässig sind (siehe Muster-Industriebau-Richtlinie, [MIndBauRL]).

Die Fluchtweglängen nach MIndBauRL und ASR A2.3 zeigt Abb. 4.4.

Ein **Flucht- und Rettungsplan** ist immer dann angebracht, wenn z. B. erhöhte (Brand-)Gefährdungen in der Arbeitsstätte vorhanden sind oder sich in der Arbeitsstätte häufig ein hoher Anteil ortsunkundiger Personen aufhält (ASR A2.3, Nr. 10). Die Gestaltungsanforderungen für den Flucht- und Rettungsplan sind in der ASR A1.3 zu finden.

Regelungen zur **Kennzeichnung der Fluchtwege und Notausgänge**, Notausstiege, Sammelstellen usw. sind in der ASR A2.3 „Fluchtwege und Notausgänge“, Nr. 8.1 festgelegt. Die verschiedenen zu verwendenden Sicherheitszeichen – insbesondere Rettungszeichen und Brandschutzzeichen – sind in der ASR A1.3 zu finden.

Sicherheitsbeleuchtung ist nicht für alle Arbeitsstätten erforderlich.

Grundsätzlich sind nach Bauordnungsrecht notwendige Treppenhäuser ohne Fenster in Gebäuden mit einer Höhe nach § 2 Abs. 3 Satz 2 MBO von mehr als 13 Metern mit einer Sicherheitsbeleuchtung auszustatten. (§ 35 MBO) Das gilt unabhängig von der Nutzung des Gebäudes.

In Versammlungsstätten ist gemäß Versammlungsstättenverordnung der Länder eine Sicherheitsbeleuchtung vorgeschrieben.

Ob darüber hinaus eine Sicherheitsbeleuchtung in einer Arbeitsstätte erforderlich ist, richtet sich nach den Rahmenbedingungen der Arbeitsstätte. Eine Sicherheitsbeleuchtung dient nach Arbeitsstättenrecht dazu, bei Ausfall der Allgemeinbeleuchtung die Arbeitsstätte gefahrlos verlassen zu können und zur Vermeidung von Gefährdungen bei der Flucht.

Abb. 4.5: Rettungszeichen „E 002 Notausgang (rechts)“ mit einem Richtungspfeil als Zusatzzeichen

In folgenden Fällen ist daher eine Sicherheitsbeleuchtung bei

- hoher Personenbelegung,
- großer Flächenausdehnung (Hallen, Großraumbüros, Verkaufsstätten),
- fehlendem Tageslicht (z. B. Räume unter Erdgleiche, innenliegende Treppenräume und Flure),
- betrieblichen Gründen für Dunkelheit (z. B. Fotolabor),
- Anwesenheit ortsunkundiger Personen (z. B. Kunden, Besucher),
- erhöhter Gefährdung (z. B. durch Stolpern und Stürzen, auf Treppen) und
- unübersichtlicher Fluchtwegführung (z. B. bei Fluchtwegen mit häufigen Richtungsänderungen)

angebracht (ASR A2.3, Nr. 9).

Die Kennzeichnung der Fluchtwege und Notausgänge mit Sicherheitszeichen und (falls erforderlich) der Sicherheitsbeleuchtung können durch ein **optisches Sicherheitsleitsystem** ergänzt, aber nicht ersetzt werden. Mit einem optischen Sicherheitsleitsystem werden vor allem bei Verrauchung die bessere Orientierung und das schnelle Verlassen der Arbeitsstätte im Gefahrfall unterstützt.

Als unterschiedliche Ausführungen stehen

- langnachleuchtende optische Sicherheitsleitsysteme,
- elektrisch betriebene Sicherheitsleitsysteme und
- dynamische optische Sicherheitsleitsysteme

zur Verfügung, deren Eignung im Einzelfall zu prüfen ist.

Dynamische optische Sicherheitsleitsysteme können die Richtungsangabe ändern. Sie kommen beispielsweise zum Einsatz, wenn in Überflutungsgebieten bei Hochwasser bestimmte Notausgangstüren nicht nutzbar sind und in dem Fall die Fluchtwegführung verändert wird. Bei der Wahl eines dynamischen optischen Sicherheitsleitsystems ist darauf zu achten, dass sich die Richtungsangaben der Sicherheitszeichen nicht mit den Richtungsangaben des dynamischen optischen Sicherheitsleitsystems widersprechen.

Treppen im Verlauf von Hauptfluchtwegen **müssen** über gerade Läufe verfügen. Treppen im Verlauf von Nebenfluchtwegen **sollen** ebenfalls gerade Läufe haben (ASR A2.3 „Fluchtwege und Notausgänge", Nr. 5 Abs. 13 und Nr. 6.2 Abs. 2).

Beim Konzipieren eines Nebenfluchtweges und der Entscheidung, ob eine andere Treppenform zulässig ist, muss darauf geachtet werden, welche Personengruppen auf den Nebenfluchtweg angewiesen sind. Nur wenn die sichere Benutzung gewährleistet ist, können andere Treppenformen als gerade Läufe in Betracht kommen.

Zu bevorzugen sind dann Wendeltreppen (mit möglichst großem Auge) gegenüber Spindeltreppen. Spindeltreppen sind gegenüber Steigleitern und Steigleitern gegenüber Steigeisengängen vorzuziehen (ASR A2.3 „Fluchtwege und Notausgänge", Nr. 6.2 Abs. 2 und 3).

Die Broschüre „Funktionelle, sichere und nutzerfreundliche Treppen" (siehe www.baua.de/dok/669136) gilt auch nach der Neufassung der ASR A2.3 „Fluchtwege und Notausgänge" mit Bekanntgabe im März 2022 weiterhin und kann als arbeitswissenschaftliche Erkenntnis herangezogen werden.

In Kapitel 5.3 der o. g. Broschüre wird ausgeführt, dass als Flucht- und Rettungswege grundsätzlich nur Treppen mit geraden Läufen gelten. Wendel- und Spindeltreppen sind nur im Nebenfluchtweg (vormals zweiter Fluchtweg) und nur in begründeten Einzelfällen zulässig. Und zwar ist das immer dann der Fall, wenn das Ergebnis der Gefährdungsbeurteilung deren sichere Benutzung im Gefahrenfall erwarten lässt.

Weiterführende Informationen u. a. zum Fachgutachten zu Fluchtwegen in Arbeitsstätten bietet die folgende Internetseite: https://www.baua.de/DE/Themen/Arbeitsgestaltung/Arbeitsstaetten/Fluchtwege/Fluchtwege.html.

Mit **Türen im Verlauf von Fluchtwegen** sind alle Türen gemeint, die vom Beginn des Fluchtweges bis ins Freie oder in einen gesicherten Bereich benutzt werden müssen. Dazu zählen demzufolge auch die Notausgangstüren.

Die Anforderung *„Türen von Notausgängen müssen sich nach außen öffnen"* ist bereits im Anhang II der Richtlinie 89/654/EWG, Nr. 4.4 zu finden.

Von dieser grundsätzlichen Forderung sollte nur in wenigen Einzelfällen abgewichen werden. Die Gefährdungsbeurteilung muss in diesen Einzelfällen zu dem Ergebnis führen, dass aufgrund der Gegebenheiten in der Arbeitsstätte keine Gefährdung durch die Aufschlagrichtung nach innen besteht oder dass durch die Aufschlagrichtung nach außen eine Gefahr entsteht.

Anforderungen an Türen in Fluchtwegen
Türen und Tore im Verlauf von Fluchtwegen und Notausgängen lassen sich leicht und ohne Hilfsmittel öffnen.
Manuell betätigte Türen von Notausgängen müssen nach außen aufschlagen.
Manuell betätigte Türen und Tore müssen in Fluchtrichtung aufschlagen, wenn eine erhöhte Gefährdung (Kriterien siehe ASR A2.3 „Fluchtwege und Notausgänge", Nr. 7 Abs. 6) vorliegt.
Aus betrieblichen Gründen verschlossene Türen und Tore in Notausgängen müssen mit einer Einrichtung, z. B. einem Panikschloss, ausgestattet sein, damit beim Betätigen des Türdrückers o. Ä. die Tür bzw. das Tor sofort entriegelt wird.
Elektrische Verriegelungsmechanismen müssen den „Technischen Baubestimmungen für Elektrische Verriegelungssysteme für Türen in Rettungswegen" entsprechen: Durch einen Notaustaster wird die Tür bzw. das Tor entriegelt, ein Stromausfall löst automatisch die Entriegelung aus.
Notausgänge dürfen nicht als manuell betätigte Karussell- und Schiebetüren ausgeführt sein.
Im Verlauf von Fluchtwegen sind manuell betätigte Karussell- und Schiebetüren zu vermeiden.

Abb. 4.6: Anforderungen an Türen in Fluchtwegen

Weitergehende Regelungen dazu sind in der ASR A2.3 „Fluchtwege und Notausgänge", Nr. 7 zu finden.

4.10 Beleuchtung und Sichtverbindung

4.10.1 Ausreichend Tageslicht in Arbeitsräumen

Es dürfen nur solche Räume als Arbeitsräume genutzt werden, die möglichst ausreichend Tageslicht erhalten und eine Sichtverbindung nach außen haben. Die Arbeitsstättenverordnung nennt lediglich 5 Ausnahmen, für die diese Anforderung nicht gilt:

1. Betriebs-, produktions- oder bautechnische Gründe stehen dem Tageslicht oder der Sichtverbindung nach außen entgegen.
2. Beschäftigte halten sich nicht über einen längeren Zeitraum zur Verrichtung ihrer Tätigkeit in den Räumen auf oder müssen sich dort nur kurzzeitig aufhalten (Archive, Lager-, Maschinen-, Nebenräume, Teeküchen).
3. Die Räume liegen vollständig unter Erdgleiche (Tiefgaragen, kulturelle Einrichtungen, Verkaufsräume, Schank- und Speiseräume).
4. Die Räume befinden sich in Bahnhofs- oder Flughafenhallen, Passagen oder Einkaufszentren.
5. Die Räume haben eine Grundfläche von mindestens 2.000 Quadratmetern und erhalten Tageslicht, z. B. über Oberlichter.

Mit dem unbestimmtem Rechtsbegriff **möglichst ausreichend Tageslicht** ist laut LV 40 Leitlinie zur Arbeitsstättenverordnung des Länderausschusses für Arbeitsschutz und Arbeitsmedizin (LASI) gemeint, dass es im Einzelfall hinreichende Gründe geben kann, die eine Beleuchtung mit

Tageslicht einschränken oder ausschließen, wie beispielsweise Reinräume oder klassische Fotolabore.

Nach dem Arbeitsstättenrecht hat der Arbeitgeber keine freie Wahl, ob ein Arbeitsraum natürlich oder künstlich beleuchtet wird. In diesem Punkt besteht ein Widerspruch zur DIN EN 12464-1 „Licht und Beleuchtung – Beleuchtung von Arbeitsstätten", Teil I „Arbeitsstätten in Innenräumen". Diese DIN wird bei der Bauplanung verwendet (siehe Fachbeitrag ARP 11/2023 Das Regelwerk zur Arbeitsstättenbeleuchtung).

Für die Arbeitgeber sind die Regelungen zur Beleuchtung in der ArbStättV und ASR A 3.4 „Beleuchtung und Sichtverbindung nach außen" maßgeblich.

Tageslicht kann über

- Fenster (ermöglichen zusätzlich eine Sichtverbindung nach außen),
- Dachoberlichter,
- lichtdurchlässige Bauteile und
- Lichtleitsysteme

in einen Arbeitsraum gelangen.

Keine Ersatzmaßnahmen für Tageslicht sind hingegen

- Tageslichtleuchten,
- künstliche Beleuchtung und
- künstlich biologische Beleuchtung.

Tageslicht hat eine positive Wirkung auf den zirkadianen Rhythmus des Menschen, der für diverse Stoffwechselmechanismen und damit für die Gesundheitserhaltung unverzichtbar ist. Daher hat Tageslicht am Arbeitsplatz auch einen so hohen Stellenwert.

Da Tageslichtleuchten diese Wirkung nicht erzielen, gelten sie aus arbeitsstättenrechtlicher Sicht nicht als Ersatz für Tageslicht.

Nach der ASR A3.4 „Beleuchtung und Sichtverbindung" Nr. 5.1 Abs. 3 gilt die Anforderung nach ausreichend Tageslicht als erfüllt, wenn

- am Arbeitsplatz ein Tageslichtquotient von > 2 Prozent, bei Dachoberlichtern > 4 Prozent erreicht wird oder
- das Verhältnis von lichtdurchlässiger Fläche (Fenster, Tür- und Wand) zur Raumgrundfläche von 1:10 (~1:8 Rohbaumaße) gegeben ist.

Fenster sind eine grundlegende Forderung des Bauordnungsrechts: Aufenthaltsräume müssen ausreichend belüftet und mit Tageslicht belichtet werden können.

Sie müssen Fenster mit einem Rohbaumaß der Fensteröffnungen von mindestens einem Achtel der Nettogrundfläche des Raumes einschließlich der Nettogrundfläche verglaster Vorbauten und Loggien haben (§ 47 MBO).

An dieser Stelle sei auf ein im März 2024 veröffentlichtes Projektergebnis einer BAuA-Projektgruppe zu Lichtschächten und deren Einfluss auf die Tageslichtversorgung in Arbeitsräumen hingewiesen (Ermittlung von Beurteilungswerten für Lichtschächte zur Versorgung von Arbeitsräumen mit ausreichendem Tageslicht – Kurzbericht – BauA, https://www.baua.de/DE/Angebote/Publikationen/Fokus/Lichtschaechte).

Abb. 4.7: Giebeldach über einem Durchgang eines denkmalgeschützten Gebäudes als Beispiel für Beleuchtung mit Tageslicht

Es wurde in dem Kurzbericht u. a. belegt, dass durch enge Bebauung in unteren Geschossen eines Gebäudes der Tageslichtquotient von 2 Prozent in Räumen kaum oder gar nicht erreicht wird. Somit ist das Verhältnis von Fensterfläche zur Netto-Grundfläche von 1:10 unter den Gegebenheiten kein geeignetes Maß, um die geforderte Beleuchtungsstärke mit Tageslicht in Arbeitsbereichen eines Raumes zu erreichen. Durch z. B. lichtlenkende Gläser oder verspiegelte Schachtwände können die Lichtverhältnisse in Arbeitsräumen der unteren Geschosse verbessert werden.

Die Forderung, Arbeitsplätze möglichst fensternah anzuordnen, hat in unteren Geschossen eine große Bedeutung (ASR A3.4 „Beleuchtung und Sichtverbindung", Nr. 5.1 Abs. 3).

Der Umgang mit den neuen Erkenntnissen zu Lichtschächten muss noch geklärt werden. Aber es ist zu erwarten, dass in absehbarer Zeit eine arbeitswissenschaftliche Erkenntnis oder eine Anpassung der ASR A 3.4 „Beleuchtung und Sichtverbindung" erfolgen wird.

Bei der Planung von Neubauten geht man generell davon aus, dass die Anforderungen in der ASR A3.4 „Beleuchtung und Sichtverbindung", Nr. 5.1 Abs. 3 eingehalten werden können.

In Einzelfällen einer Nutzungsänderung oder in den benannten Ausnahmen, für die die Anforderungen nach Tageslicht und Sichtverbindung nach außen nicht in Gänze anwendbar sind, ist ein Ausgleich vorzusehen. Eine bauliche Ausgleichsmaßnahme für die nicht ausreichende Versorgung mit Tageslicht und einer Sichtverbindung nach außen in einem Arbeitsraum ist ein Pausenraum, der diese Anforderungen erfüllt. Unter anderem deshalb müssen Pausenräume generell diese Anforderungen erfüllen (Anhang zur ArbStättV, Nr. 3.4 Abs. 2).

4.10.2 Sichtverbindung nach außen

Die Anforderung „Sichtverbindung nach außen" ist im Bauordnungsrecht nicht benannt. Diese wird aber durch Fenster in Arbeitsräumen erfüllt.

In der ArbStättV wurde mit deren Änderung im Jahr 2016 (BGBl. I S. 2681) eine Übergangsregelung bezogen auf die Sichtverbindung nach außen aufgenommen. Räume, die bis zum 03.12.2016 eingerichtet worden waren oder mit deren Einrichtung begonnen wurde, können ohne Sichtverbindung nach außen weiter betrieben werden, bis diese wesentlich erweitert oder umgebaut werden (Anhang zur ArbStättV, Nr. 3.4 Abs. 3).

Die Konkretisierungen zur Anforderung „Sichtverbindung nach außen" wurden erst 2023 in die ASR A3.4 „Beleuchtung und Sichtverbindung" aufgenommen.

Im Folgenden werden die wichtigsten Anforderungen zur Sichtverbindung nach außen aufgezählt:

- Die Durchsicht durch die als Sichtverbindung nach außen dienende Glasfläche muss verzerrungsfrei und farbneutral sein.
- Sonnen-, Blend- und Sichtschutzsysteme müssen rückziehbar sein, d. h. die Beschäftigten sollen die Nutzung dieser Systeme selbst beeinflussen können.
- Glasflächenanteile, die mit nichtrückziehbaren sichtbehindernden Fassadenelementen ausgestattet sind, gelten nicht als Sichtverbindung nach außen. Fliegengitter sind möglich.
- Die Fläche der durchsichtigen Glasfläche ist abhängig von der Raumgröße:
  Raumgrundfläche bis 600 Quadratmeter:
  1/10 der Raumgrundfläche
  Raumgrundfläche > 600 Quadratmeter:
  wenigstens 60 Quadratmeter

> **Je nach Grundrissgestaltung und Nutzung ist es möglich, die Anforderungen nur auf Teile des Gesamtraumes zu beziehen, wie z. B. die Nutzung des fensternahen Bereiches eines Lagers als Arbeitsbereich.**

- Die Mindestfläche der durchsichtigen Glasfläche ist abhängig von der Raumtiefe:
  Raumtiefe bis 5 Meter: Fläche > 1,25 Quadratmeter
  Raumtiefe größer als 5 Meter: Fläche > 1,5 Quadratmeter

Eine Sichtverbindung nach außen durch einen anderen Raum hindurch ist an folgende Bedingungen geknüpft (ASR A3.4 „Beleuchtung und Sichtverbindung", Nr. 4.2):

- Die Anforderung an ausreichend Tageslicht muss in allen Räumen erfüllt sein (sowohl in dem Raum, durch den hindurch die Sichtverbindung nach außen realisiert wird als auch in dem dahinterliegenden Raum).
- Die Sichtverbindung muss tatsächlich ins Freie gegeben sein.
- Die Fläche der Sichtverbindung errechnet sich aus der Grundfläche aller Räume, denen die Sichtverbindung dient.

Der Anhang 1 der ASR A3.4 „Beleuchtung und Sichtverbindung" bietet Entscheidungshilfen für Sichtverbindungen nach außen.

4.10.3 Künstliche Beleuchtung

Tageslicht ist der künstlichen Beleuchtung vorzuziehen. Künstliche Beleuchtung wird aus Sicht des Arbeitsstättenrechts benötigt, wenn das Tageslicht für die Sehaufgabe nicht ausreicht.

Generell kann eine Sehaufgabe mit Tageslicht bei gleichem Niveau der lichttechnischen Parameter leichter bewältigt werden.

Im Anhang 3 der ASR A3.4 „Beleuchtung und Sichtverbindung" sind Beleuchtungsanforderungen, insbesondere die Mindestwerte der erforderlichen Beleuchtungsstärke E (in lx) für Tätigkeiten, Arbeitsplätze, Arbeitsräume und Bereiche in Gebäuden zu finden.

4.11 Raumtemperatur, Hitze im Sommer

Arbeitsräume müssen während der Betriebszeiten so zu temperieren sein, dass der menschliche Wärmehaushalt ausgeglichen ist bzw. eine „gesundheitlich zuträgliche Raumtemperatur" vorherrscht (ASR A3.5 „Raumtemperatur", Nr. 4.1, Abs. 2).

In der ASR A3.5 werden außer der Luftfeuchte keine weiteren Klimafaktoren wie Wärmestrahlung oder Luftgeschwindigkeiten konkret betrachtet. Wenn diese Klimafaktoren an einem Arbeitsplatz/in einem Arbeitsraum eine Rolle spielen und demzufolge die entsprechende Lufttemperatur bei bestimmten Körperhaltungen bei der Arbeit und der Arbeitsschwere nicht erreicht werden kann, müssen die Klimagrößen einzeln oder als Klimasummenmaß betrachtet werden.

In ASR A3.5, Nr. 4.2, Tabellen 1 und 2 sind Mindestwerte für die Lufttemperatur in Arbeitsräumen in Abhängigkeit zur Arbeitsschwere und Körperhaltung bei der Arbeit angegeben.

Entsprechende bauliche und technische Maßnahmen sind grundlegend dafür, dass sich Arbeitsräume oder Produktionsbereiche – auch bei hohen Außentemperaturen – während der Nutzung temperieren lassen:

- Isolierung und Dämmung der Wände, Decken und Fußböden gegen Wärme, Kälte sowie gegen Feuchtigkeit
- Heizungsanlage
- Raumlufttechnische Anlage, um Wärmelasten aus den Arbeitsbereichen abzuführen
- Sonnenschutzsysteme
  - Sonnenschutzvorrichtungen, die das Fenster von außen beschatten (z. B. Jalousien oder hinterlüftete Markisen)
  - Vorrichtungen, die reflektieren und im Zwischenraum der Verglasung angeordnet sind
  - Sonnenschutzvorrichtungen (hell oder hochreflektierend), die innenliegen
  - Sonnenschutzverglasungen

Weitere Maßnahmen zum Klima am Arbeitsplatz sind hier zu finden: www.baua.de/DE/Themen/Arbeitsgestaltung/Physikalische-Faktoren/Klima-am-Arbeitsplatz/Sommertipps.

Konkretere Vorgaben zu den einzelnen Komponenten wie die Dämmung konkret auszuführen ist, sind im Arbeitsstättenrecht nicht geregelt. Zu diesem Thema enthalten das Bauordnungsrecht und weitere Gesetze zum Klimaschutz konkretere Vorgaben.

4.12 Lüftung

Die Anforderungen an die Belüftung von Arbeitsstätten richtet sich nach diversen betrieblichen Gegebenheiten. Je nach spezifischer Nutzung und den Produktionsbedingungen, Arbeitsverfahren, sowie der Anzahl der anwesenden Personen in der Arbeitsstätte ist zuerst zu entscheiden, ob eine natürliche Belüftung über Fenster, Oberlichter u. Ä. ausreicht oder ob eine Raumlufttechnische Anlage erforderlich ist.

Die Lüftung muss so dimensioniert sein, dass während der Nutzungsdauer in umschlossenen Arbeitsräumen gesundheitlich zuträgliche Atemluft in ausreichender Menge vorhanden ist (ASR A3.6 „Lüftung", Nr. 4.1 Abs. 1). Um diesen Grundsatz bzw. dieses Ziel für eine Arbeitsstätte zu realisieren, benötigen die Planenden neben den o. g. Angaben zu betrieblichen Gegebenheiten auch Angaben zu Stofflasten, Wärmelasten und Feuchtelasten, die arbeitsbedingt auftreten können sowie zur Arbeitsschwere. Spielen Stoff-, Wärme- oder Feuchtelasten keine Rolle, kann die CO_2-Konzentration in der Raumluft als Orientierungsmaß dienen: Bei der Arbeit sollen 1.000 Parts per million (ppm) CO_2 nicht überschritten werden.

Wenn die natürliche Lüftung über Fenster u. Ä. nicht ausreicht, sind raumlufttechnische Anlagen (RLT-Anlagen) erforderlich, um entsprechende Wärme-, Feuchte- und Stofflasten aus den Arbeitsräumen zu entfernen.

Für diese bestehen folgende Erfordernisse:

- Wärme-, Feuchte- und Stofflasten sind möglichst an der Quelle zu erfassen und abzuführen.
- Raumlufttechnische Anlagen müssen jederzeit funktionsfähig sein.
- Störungen müssen über eine Warneinrichtung angezeigt werden.
- Zuluft und Abluft für raumlufttechnische Anlagen müssen so konzipiert sein, dass die gesamte Raumluft ausgetauscht werden kann.
- Störende Zugluft in den Aufenthaltsbereichen und an den Arbeitsplätzen ist zu vermeiden.
- Abluft aus Räumen mit Stoff-, Feuchte- und/oder Wärmelasten darf nur dann als Umluft genutzt werden, wenn Gesundheitsgefahren und Belästigungen ausgeschlossen werden können. Die Nutzung der Abluft aus Küchen, Sanitärräumen und Raucherräumen ist grundsätzlich ausgeschlossen.

Für die Dimensionierung der Lüftungsplanung stehen im Arbeitsstättenrecht nur wenige Maßzahlen zur Verfügung.

In der ASR A3.6 „Lüftung", Nr. 5.2 Tabelle 3 sind für die natürliche Lüftung die Mindestöffnungsflächen für kontinuierliche Lüftung und für Stoßlüftung gelistet.

Die ASR A4.1 „Sanitärräume" benennt in

- Nr. 5.1 Tabelle 1: Mindestquerschnitte für freie Lüftung von Toilettenräumen,
- Nr. 6.1 Tabelle 3: Mindestquerschnitte für freie Lüftung von Waschräumen und
- Nr. 7.1 Tabelle 6: Mindestquerschnitte für freie Lüftung von Umkleideräumen.

Wenn eine Lüftungstechnische Anlage in Toiletten-, Wasch- oder Umkleideräumen genutzt wird, muss diese $11 m^3/(h\ m^2)$ erreichen (ASR A4.1 „Sanitärräume", Nr. 5.1 Abs. 1, Nr. 6.1 Abs. 3, Nr. 7.1 Abs. 1).

Für die konkrete Lüftungsplanung sind die grundsätzlichen Normen zur Lüftungsplanung und die Herstellerangaben der raumlufttechnischen Komponenten zu beachten.

4.13 Lärm

Die Arbeitsstättenverordnung schreibt vor, dass der Schalldruckpegel an den Arbeitsplätzen so niedrig wie möglich gehalten werden muss, wobei die Art des Betriebes Berücksichtigung findet (Anhang zur ArbStättV, Nr. 3.7).

Parallel zu den Vorgaben der ArbStättV enthält die Verordnung zum Schutz der Beschäftigten vor Gefährdungen durch Lärm und Vibrationen (LärmVibrationsArbSchV) u. a. Regelungen zu den 2 Auslösewerten für den Tages-Lärmexpositionspegel 80 und 85 dB(A) und zur besonderen Berücksichtigung impulsförmiger Schallereignisse noch Auslösewerte von 135 und 137 dB für den C-bewerteten Spitzenschalldruckpegel.

Diese Schalldruckpegel treten häufig in Produktionsbereichen unterschiedlicher Branchen bzw. industriellen Arbeitsstätten auf. Für die Planung derartiger Arbeitsstätten ist auf lärmmindernde Gestaltung und Einrichtung der Arbeitsstätten und Arbeitsplätze zu achten.

Generell müssen Planende im Vorfeld spezifische Information über den Betrieb und die Arbeitsweisen erhalten, u. a. ob durch alternative Arbeitsverfahren die Exposition der Beschäftigten durch Lärm verringert bzw. der Schalldruckpegel gemindert werden kann. Wenn dies nicht möglich ist, kommen technische Maßnahmen zur Luftschallminderung, beispielsweise Abschirmungen oder Kapselungen der Maschinen/Anlagen(teile), in Betracht. Diese sind bei der Planung einer entsprechenden Arbeitsstätte zu berücksichtigen.

Lärmbereiche oberhalb des Auslösewertes von 85 dB(A) müssen zudem gekennzeichnet werden (ASR A1.3 „Sicherheits- und Gesundheitsschutzkennzeichnung" Anhang 1 Nr. 3 Gebotszeichen M003).

Seit 2011 liegen mit der ASR A3.7 „Lärm" auch Konkretisierungen zu Schutzmaßnahmen unterhalb des Auslösewertes von 80 dB(A) vor. Denn auch länger andauernde Schalldruckpegel unter 80 dB(A) können negative Lärmwirkungen zur Folge haben. Der Anhang 1 der ASR A3.7 Lärm bietet eine Übersicht zu extra-auralen und reversiblen auralen Lärmwirkungen.

Die ASR A3.7 definiert 3 Tätigkeitskategorien, bei denen Konzentration und Sprachverstehen eine unterschiedliche Gewichtung haben. In der nachfolgenden Tabelle 4.2 sind Tätigkeitskategorien mit beispielhaften Tätigkeitsmerkmalen und dem dazu gehörenden maximalen Beurteilungspegel benannt (ASR A3.7, Nr. 3.16 und Nr. 5.1).

Zu diesen Tätigkeitskategorien sind in der ASR A3.7 „Lärm", Nr. 6 tabellarisch verschiedene Raumarten mit empfohlenen Höchstwerten für Hintergrundgeräusche (A-bewertete äquivalente Dauerschallpegel in dbb[A]) aufgeführt.

Tabelle 4.2: Maximale Beurteilungspegel für Tätigkeitskategorien

Tätigkeitskategorie	**Beispielhafte Tätigkeitsmerkmale**	**Beurteilungspegel in dB(A)**
I Hohe Konzentration und Sprachverständlichkeit	Schöpferisches Denken, starke Zuwendung zum Arbeitsgegenstand oder -ablauf, starker Entscheidungsdruck	55
II Mittlere Konzentration und Sprachverständlichkeit	Mittlere andauernde Konzentration, Allgemeine Bürotätigkeit, leichte wiederkehrende Tätigkeiten	70
III Geringe Konzentration und Sprachverständlichkeit	Industrielle und gewerbliche Tätigkeiten	Soweit wie möglich zu reduzieren, Lärmminderungsmaßnahmen, siehe auch LärmVibrationsArbSchV

Auch zu Nachhallzeiten sind unter Nr. 5.2 der ASR A3.7 „Lärm" Werte zu finden, die in den folgenden Arbeitsräumen nicht überschritten werden sollen. Wie in Tabelle 4.3 dargestellt, wird dazu die Nachhallzeit T in den Oktavbändern von 250 Hz bis 2.000 Hz im unbesetzten Raum gemessen.

Tabelle 4.3: Maximale Nachhallzeit für gängige Büroräume bzw. -konzepte

Arbeitsraum	**Maximale Nachhallzeit in T**
Callcenter	T = 0,5 s
Mehrpersonen- und Großraumbüro	T = 0,6 s
Ein- oder Zweipersonenbüro	T = 0,8 s

Für Räume in Bildungsstätten ist unter Nr. 5.2.2 ASR A3.7 „Lärm" eine Berechnungsformel für die Nachhallzeit T inklusive eines Berechnungsbeispiels zu finden.

In ASR A3.7, Nr. 8 werden als technische Maßnahmen raumakustische Maßnahmen genannt, wenn sich die Lärmquelle nicht mindern lässt. Wirkt der Lärm von außen auf eine Arbeitsstätte oder auf einen entsprechenden Arbeitsraum ein, ist zu überlegen, ob durch Dämmung, Entkoppelung, Dämpfung mit Baustoffen bzw. durch akustisch wirksame Gestaltung der Wände, Fenster, Türen und Dächer der Schalldruckpegel wesentlich reduziert werden kann.

Der Anhang 2 der ASR A3.7 Lärm bietet eine Liste der Schallabsorptionsgrade α von Baustoffen und raumakustisch wirksamen Einbauten für die Oktavbänder von 250 Hertz bis 2.000 Hertz.

4.14 Sanitärräume

Unter dem Begriff Sanitärräume werden Toilettenräume, Umkleide- und Waschräume zusammengefasst. Diese sind wichtige Bestandteile von Arbeitsstätten und müssen u. a. entsprechend der Anzahl der Beschäftigten dimensioniert werden.

Bauliche Maßnahmen, die für Sanitärräume allgemein gelten:

- Die Deckenhöhe muss 2,50 Meter betragen.
- Ein Sichtschutz von außen muss gegeben sein, d. h. Einsichtnahme ist zu verhindern.
- Eine ausreichende Be- und Entlüftung muss gewährleistet sein.
- Wenn eine Lüftungstechnische Anlage genutzt wird, muss „Abluftvolumenstrom von 11 $m^3/(h\ m^2)$ erreicht" werden (ASR A4.1, Nr. 5.1 Abs. 1 und Nr. 6.1 Abs. 3 und Nr. 7.1 Abs. 1).
- In der Regel sind für weibliche und männliche Geschlechter getrennte Toilettenräume Waschräume bzw. Umkleideräume zur Verfügung zu stellen; in Betrieben mit bis zu 9 Beschäftigten kann auf die Trennung nach Geschlechtern verzichtet werden, wenn die getrennte Nutzung sichergestellt ist.
- Werden Bodenabläufe benötigt, müssen diese einen Geruchsverschluss haben.

Exkurs: Unisex-Toiletten zulässig?

In den FAQs auf der Internetseite der Bundesanstalt für Arbeitsschutz und Arbeitsmedizin (BAuA) zum **Einrichten und Betreiben von Sanitärräumen in Arbeitsstätten** sind Antworten u. a. zu folgenden Fragestellungen zu finden:

Sind „Unisex-Toiletten" zulässig? Wann sind Waschräume erforderlich? (Siehe dazu: https://www.baua.de/DE/Themen/Arbeitsgestaltung/Arbeitsstaetten/FAQ/FAQ)

4.14.1 Toilettenräume

Der Arbeitgeber hat Toiletten für Beschäftigte bereitzustellen.

Für Beschäftigte und Betriebsfremde sind getrennte Toiletten vorzusehen. Die BAuA führt auf o. g. Internetseite aus, dass für eine Arbeitsstätte, in der regelmäßig betriebsfremde Personen Toiletten nutzen müssen, entsprechend separate und gekennzeichnete Toilettenräume für Besuchende vorzusehen sind. Dies soll bereits bei der Planung der Arbeitsstätte berücksichtigt werden.

Getrennte Toilettenräume für Beschäftigte und Betriebsfremde werden auch in anderen Rechtsverordnungen gefordert, wie zum Beispiel in der Gaststättenverordnung: Ab einer Gastraumfläche von 50 Quadratmetern sind separate Toiletten für die Gäste vorzusehen.

Bei Tätigkeiten mit biologischen Arbeitsstoffen in Arbeitsbereichen des Gesundheitswesens und der Wohlfahrtspflege sind die Toiletten für Beschäftiget in der Arbeitsstätte so zu planen, dass Patienten dazu keinen Zugang haben (TRBA 250, Nr. 4.2.2 Abs. 1). Durch diese bauliche Maßnahme soll eine Übertragung von Krankheitserregern sicher vermieden werden.

Wie viele Toiletten für Beschäftigte in einer Arbeitsstätte benötigt werden, richtet sich nach der Anzahl der Beschäftigten. Zudem richtet es sich danach, ob die Toiletten von den Beschäftigten gleichzeitig, beispielsweise wegen entsprechender Pausentaktung, genutzt werden müssen oder ob die Arbeitsaufgaben es erlauben, die Arbeit bei Bedarf zu unterbrechen. In der ASR A4.1 „Sanitärräume", Nr. 5.2 Tabelle 2 sind die Mindestzahlen von Toiletten einschließlich Urinale und Handwaschgelegenheiten, gestaffelt nach der Anzahl der nutzenden Personen, gelistet.

Abmessungsbeispiele von einbündigen und zweibündigen Toilettenanlagen sind unter Nr. 5.3 der ASR A4.1 zu finden.

Zusätzliche bauliche Maßnahmen für Toilettenräume sind folgende:

- Sie liegen in der Nähe der ständigen Arbeitsplätze, Pausen-, Bereitschafts-, Wasch- oder Umkleideräume.
- Die Weglänge darf 100 Meter nicht überschreiten, Toilettenräume haben im gleichen Gebäude wie ständige Arbeitsplätze zu sein, und zwar vom ständigen Arbeitsplatz nicht mehr als eine Etage entfernt.
- Der Weg vom ständigen Arbeitsplatz soll nicht durchs Freie führen.
- Mindestquerschnitte für die Lüftung sind entsprechend ASR A4.1, Nr. 5.1 Tab. 1 einzuhalten.
- Oberflächen und Fußböden sind leicht zu reinigen.
- Toilettenräume mit direktem Zugang zu Arbeits-, Pausen-, Bereitschafts-, Wasch-, Umkleide- oder Erste-Hilfe-Räumen benötigen einen Vorraum, in dem sich kein Urinal befinden darf.
- Arbeitsräume, die u. a. hygienischen Anforderungen unterliegen, dürfen nicht direkt an einen Toilettenraum angrenzen.

Es empfiehlt sich, Sanitärräume nicht zu knapp zu bemessen, wenn zu erwarten ist, dass zukünftig die Anzahl der Beschäftigten noch steigen könnte oder um ggf. andere Nutzungen in der Nutzungseinheit zu realisieren.

4.14.2 Waschräume

Waschräume in Arbeitsstätten sind erforderlich, wenn eine der folgenden Bedingungen vorliegt:

- mäßig schmutzende Tätigkeiten (Kategorie A),
- stark schmutzende Tätigkeiten (Kategorie B),
- sehr stark schmutzende Tätigkeiten,
- Tätigkeiten mit stark geruchsbelästigenden Stoffen,
- Tätigkeiten bei Hitze, Kälte oder Nässe,
- schwere körperliche Arbeiten oder
- gesundheitliche Gründe (Kategorie C).

Kategorien erläutert die ASR A4.1 unter Nr. 6.1.

Für die Kategorien A, B und C stehen in der ASR A4.1 unter Nr. 6.2 die Tabellen 4, 5.1 und 5.2 zur Verfügung, in denen die Mindestanzahl von Wasch- und Duschplätzen, gestaffelt nach der Anzahl der Beschäftigten, festgelegt sind.

Zusätzliche bauliche Maßnahmen für Waschräume:

- Nähe zu den Arbeitsplätzen
- Weg von den Arbeitsplätzen in Gebäuden zu den Waschräumen nicht länger als 300 Meter
- Weg nicht durchs Freie
- Wände und Oberflächen leicht zu reinigen und zu desinfizieren
- Oberflächen von Fußböden auch im feuchten Zustand rutschhemmend
- Abmessungen siehe ASR A4.1, Nr. 6.3 Abb. 5
- Lufttemperatur in Waschräumen mit installierten Duschen während der Nutzungsdauer mindestens + 24 Grad Celsius (ASR A3.5, Nr. 4.2)

4.14.3 Umkleideräume

In einer Arbeitsstätte sind Umkleideräume zu realisieren, wenn das Tragen von Arbeitskleidung erforderlich ist. Werden keine Umkleideräume benötigt, ist für jede beschäftigte Person eine Kleiderablage zu planen.

Wenn Arbeitskleidung und Schutzkleidung für die Arbeiten erforderlich sind, werden separate Kleiderschränke für persönliche Kleidung und Gegenstände benötigt. Der Platzbedarf für die Spinde ist bei der Planung der Raumgröße zu bedenken. In den Umkleideräumen muss nach ASR A4.1 „Sanitärräume", Nr. 7.3 zusätzlich zu Verkehrswegen und Funktionsflächen für jede anwesende Person eine freie Bodenfläche von 0,5 Quadratmetern zur Verfügung stehen.

Idealerweise haben Wasch- und Umkleideräume unmittelbaren Zugang zueinander; mit leichter Erreichbarkeit ist eine Entfernung von 10 Metern gemeint. Der direkte Weg darf nicht durchs Freie führen oder durch Arbeitsräume.

Für Hitzearbeitsplätze gilt eine verringerte Entfernung zwischen Arbeitsplatz und Umkleideraum von maximal 100 Metern.

In Arbeitsbereichen von Betrieben, in denen Gefahrstoffe oder Biostoffe nicht verschleppt werden dürfen oder die Produktion in Reinräumen stattfindet, ist eine räumliche Schwarz-Weiß-Trennung erforderlich. Dabei sind 2 Umkleideräume mit einem Waschraum verbunden oder durch ein mit dem Arbeitsbereich verbundenes Schleusensystem zum An- und Ablegen der Arbeits- und Schutzkleidung. Die Regelungen für diese Arbeitsbereiche richten sich nach den Festlegungen der Gefahrstoffverordnung oder Biostoffverordnung und den dazugehörenden technischen Regeln oder ggf. weiteren gesetzlichen Vorgaben (siehe Anhang zur ArbStättV, Nr. 4.1 Abs. 3 und 4).

4.15 Pausenräume und -bereiche

Ein Pausenraum oder ein Pausenbereich muss immer zur Verfügung stehen, wenn 10 Beschäftigte gleichzeitig in der Arbeitsstätte arbeiten. Zeitarbeitnehmende sowie Beschäftigte von Fremdfirmen, die länger als 6 Stunden pro Tag im Betrieb arbeiten, sind in die Kalkulation mit einzubeziehen. Beschäftigte, die überwiegend außerhalb der Arbeitsstätte beschäftigt sind und Teilzeitkräfte, die nicht länger als 6 Stunden täglich arbeiten, zählen nicht dazu.

Unabhängig von der Anzahl der Beschäftigten muss ein Pausenraum oder ein Pausenbereich zur Verfügung stehen, wenn Sicherheits- und Gesundheitsgründe dies erfordern.

In der ASR A4.2 „Pausen- und Bereitschaftsräume", Nr. 4.1 Abs. 3 sind Beispiele wie

- Arbeiten mit erhöhter Gesundheitsgefährdung in Hitze, Kälte, Nässe oder Staub,
- Überschreitung der Auslösewerte für Lärm und Vibration,

- Gefährdung beim Umgang mit biologischen Arbeitsstoffen und Gefahrstoffen,
- überwiegende Arbeiten im Freien,
- schwere körperliche Arbeit,
- stark schmutzende Tätigkeiten,
- andauernde, einseitig belastende Körperhaltung,
- Arbeitsräume ohne Tageslicht,
- Arbeitsräume/-bereiche zu denen Kunden, Publikum usw. Zugang haben

genannt.

In der ASR A4.2 „Pausen und Bereitschaftsräume" ist unter Nr. 4.1 Abb. 1 eine Entscheidungshilfe zu finden, mit der ermittelt werden kann, ob in einem Planungsobjekt ein Pausenraum notwendig ist oder eine Pausenbereich ausreicht.

Räumliche Anforderungen für Pausenräume und Pausenbereiche:

1. Mindestens 6 Quadratmeter (gilt für Pausenraum)
2. 1,00 Quadratmeter Grundfläche pro beschäftigte Person, die den Raum gleichzeitig mit weiteren Personen nutzt inkl. Tisch und Sitzgelegenheit, aber ohne Einrichtungsgegenstände, Zugänge, Verkehrswege
3. Lichte Raumhöhe 2,50 Meter
4. Höchstens 55 dB(A)
5. Sichtverbindung nach außen (für Pausenraum ein Muss, für Pausenbereich empfohlen)
6. Möglichst ausreichend Tageslicht
7. Ausreichend temperiert
8. Gesundheitlich zuträgliche Atemluft in ausreichender Menge
9. Leichte und sichere Erreichbarkeit über Verkehrswege, max. 100 Meter entfernt, max. 5 Minuten je Wegstrecke
10. Keine Gefährdung durch Herabfallende Gegenstände oder unter schwebenden Lasten
11. Frei von arbeitsbedingten Störungen, z. B. Produktionsabläufe, Publikumsverkehr, Telefonaten

Exkurs: Pausenräume

Kantinen können als Pausenraum genutzt werden, wenn diese die räumlichen Anforderungen für Pausenräume und Pausenbereiche 1 bis 9 erfüllen.

4.16 Bildschirmarbeit

Zu der im Jahr 2016 in die ArbStättV aufgenommene Bildschirmarbeitsverordnung wurde die konkretisierende ASR A6 „Bildschirmarbeit" im Juli 2024 im GMBl 2024, S. 470 veröffentlich. Der Titel „Bildschirmarbeit" suggeriert bereits, dass darin nicht nur bauliche und technische Maßnahmen aufgeführt sind.

Gleich unter den Aufzählungen der Anwendungsbereiche in Nr. 2 wird zu relevanten ASR Bezug genommen, die grundlegende, bei der Planung von Bildschirmarbeitsplätzen (BAP) zu beachtende bauliche und technische Maßnahmen beinhalten:

- ASR A1.2 „Raumabmessungen und Bewegungsflächen"
- ASR A3.4 „Beleuchtung und Sichtverbindung"
- ASR A3.5 „Raumtemperatur"
- ASR A3.6 „Lüftung"
- ASR A3.7 „Lärm"

Bildschirmarbeitsplätze (BAP) sind nach ArbStättV, § 2 Abs. 5 Arbeitsplätze, die sich in Arbeitsräumen befinden und die mit mindestens einem Bildschirmgerät und mit sonstigen Arbeitsmitteln wie z. B. Mobiliar (Arbeitsfläche, Arbeitsstuhl, Telefon usw.) ausgestattet sind.

Für die Planung von Arbeitsräumen mit BAP sind vor allem die folgenden Anforderungen relevant:

- **Bewegungsflächen**
  Unmittelbar vor der Arbeitsfläche bedarf es einer freien Bewegungsfläche von mindestens 1,50 Quadratmetern (Breite und Tiefe mindestens 1.000 Millimeter). Nebeneinander angeordnete Arbeitsplätze erfordern eine Breite der freien Bewegungsfläche von mindestens 1.200 Millimetern (ASR A6, Nr. 6.3.9 Abs. 3).
  Diese Bewegungsflächen dürfen nicht durch Funktionsflächen von Einrichtungen, Einbauten u. Ä. oder durch Verkehrswege/Fluchtwege eingeschränkt sein.
  In der ASR A1.2, Anhang 2 sind diverse Gestaltungsbeispiele für Arbeitsplätze in Büroräumen zu finden.
- **Beleuchtungskonzept**
  Das Beleuchtungskonzept für Arbeitsräume muss ausreichend Tageslicht und Sichtverbindung nach außen gewährleisten. Entsprechend der Sehaufgabe bedarf es zusätzlicher künstliche Beleuchtung – für den Raum und an den Arbeitsplätzen. Die erforderlichen Beleuchtungsstärken am BAP sind gemäß ASR A 3.4 auszulegen. Blendung und Reflexionen durch Oberflächen und Mobiliar sowie Sonnenlicht sind auszuschließen.
- **Raumtemperatur und Lüftung**
  In der ASR A3.5, Tabelle 1 sind die Mindestwerte der Lufttemperatur in Arbeitsräumen angegeben: Für Tätigkeiten in überwiegend sitzender Körperhaltung beträgt dieser Mindestwert +20 Grad Celsius.
  Die ASR A6 weist auf die mögliche Wärmeentwicklung durch Arbeitsgeräte hin. Dies muss im Lüftungskonzept berücksichtigt werden. Wenn Wärmelasten mittels natürlicher Lüftung nicht abgeführt werden können, dann ist eine raumlufttechnische Anlage erforderlich. Wichtig ist, auch die Erwärmung durch Hitze im Sommer zu berücksichtigen und bauliche sowie vor allem in/an sonnenexponierten Gebäudeteilen technische Hitze- und Sonnenschutzmaßnahmen vorzusehen.
- **Lärmminderungsmaßnahmen**
  Es muss abgewogen werden, ob Lärmminderungsmaßnahmen durch z. B. die Gestaltung der Wände, des Fußbodens und des Mobiliars erforderlich sind. Für Großraumbüros ist zu überlegen, ob eine Lärmprognose zu erstellen ist, um an den BAP niedrige dB(A) gemäß ASR A3.7 Lärm zu erreichen.

5 Planungshilfe für Arbeitsstätten

(Zutreffendes ankreuzen/markieren, ggf. ergänzen)

1 Bauvorhaben/Nutzungsart

☐ Neubau

☐ Nutzungsänderung

☐ Umbau von Teilen einer bestehenden Arbeitsstätte

☐ Antragstellung bei zuständiger Baubehörde erforderlich

☐ Im Genehmigungsverfahren ist eine Stellungnahme/ Prüfung nach ArbStättR vorgesehen

2 Nutzungsart/Betriebskonzeption

Anzahl der Beschäftigten in der Arbeitsstätte/in der stärksten Schicht:

....

Maximal anwesende Betriebsfremde zu Betriebszeiten:

....

Arbeitszeiten/Schichtplanung:

....

Spezielle Vorgaben für die Nutzungs- bzw. Betriebsart (siehe Kapitel 3 Tabellen 1 und 2):

....

Betriebskonzept/benötigte Informationen von der Bauherrschaft:

- Arbeits- und Betriebsabläufe
- Produktflüsse
- Wo werden Arbeiten ausgeführt?
- Erforderliche Arbeitsräume, Produktionsräume
- Technische Anlagen, Maschinen inklusive Herstellerangaben
- Anzahl der Beschäftigten, die realistischerweise für alle Arbeits- und Betriebsabläufe benötigt werden
- Gefahrbringende Tätigkeiten und wo werden diese ausgeführt
- Betriebliche Besonderheiten

Planungsrelevante Elemente

3 Außenbereich

☐ Außenbereich

☐ Außenfläche mit Verkehrswegen, Fußgängern Fahrzeugverkehr, Parkfläche(n), Lagerfläche(n), Lieferverkehr, Rangierverkehr, Schrägrampen, Anlieferung, ...
(Zutreffendes unterstreichen/markieren, ggf. ergänzen)

☐ Arbeitsplätze im Freien
Wo arbeiten Beschäftigte außerhalb von Arbeitsräumen (Arbeitsplätze – ohne Zeitbezug siehe Erklärung in Kapitel 2.2)?
Gefährdungen in unmittelbarer Nähe dieser Arbeitsplätze:

....

☐ Fluchtwege, Sammelplatz, Zufahrt und Flächen für Rettungskräfte

☐ Wartung/Instandhaltung/Reinigung im Außenbereich: Fassade, Glasflächen und Fenster, Verkehrswege, Grünflächen, Terrassen, Balkone ...
(Zutreffendes unterstreichen/markieren, ggf. ergänzen)

☐ Bauliche/Technische Maßnahmen zur Absturzsicherung (siehe Kapitel 4.7):

☐ ....

4 Gebäude

☐ Gesamtes Gebäude wird als Arbeitsstätte genutzt

☐ Teilnutzung des Gebäudes: Lage:

Größe der Nutzungseinheit: ....

☐ Art der Nutzung in der Nachbarschaft

4.1 Arbeitsräume/Produktionsräume

☐ ausreichendes Tageslicht und Sichtverbindung nach außen

☐ künstliche Beleuchtung gemäß Sehaufgabe

☐ gesundheitlich zuträgliche Atemluft: ....

Natürliche Belüftung/RLT-Anlage, wenn Stofflasten, Feuchtelasten oder Wärmelasten nicht abgeführt werden können:

☐ Gesundheitlich zuträgliche Raumtemperatur

☐ Lärmschutzmaßnahmen

☐ Bewegungsfläche am Arbeitsplatz

☐ Fußböden
Rutschhemmklassen: ....

☐ Lärmschutzmaßnahmen

☐ Verkehrswege

☐ Schrägrampen

☐ Treppen

☐ Bildschirmarbeitsplätze

☐ ....

4.2 Fluchtwege/Notausgänge

☐ Notwendige Treppenräume und Brandabschnitte

☐ Hauptfluchtweg

☐ erhöhte Brandgefährdung/explosionsfähige Bereiche (Kapitel 4.9)

☐ Nebenfluchtweg

☐ Fluchtweglänge(n)

☐ Kennzeichnung

☐ Sicherheitsbeleuchtung

☐ optische Sicherheitsleitsystem

☐ ....

4.3 Sanitär- und Pausenräume

☐ Toilettenräume und deren Anzahl

☐ Waschraum (Ausstattung, Waschplätze/Dusche)

☐ Umkleideräume/Kleiderablage/Schließfächer

☐ Pausenraum/Pausenbereich

4.4 zusätzliche Räume und Bedarfe

☐ barrierefreie Gestaltung

☐ Liegemöglichkeit für Schwangere

☐ Bereitschaftsräume

☐ Erste-Hilfe-Räume

☐ Unterkünfte

☐ Raucherraum/Raucherpavillon im Außenbereich

☐ ....

5 Abweichungsantrag

☐ Abweichungsantrag nach § 3a Abs. 3 ArbStättV

Folgende Anforderung der ArbStättV kann nicht eingehalten werden:

....

Begründung, warum mit der alternativen Maßnahme mindestens das gleiche Schutzniveau erreicht wird, wie mit der in der ASR genannten, von der abgewichen werden soll:

....

Zusätzliche flankierende Maßnahmen:

....

Verordnung über Arbeitsstätten (Arbeitsstättenverordnung – ArbStättV)

vom 12. August 2004 (BGBl. 2004 Teil I Nr. 44, Seite 2179);
letzte Änderung vom 27. März 2024 (BGBl. I Nr. 109)

Aufgrund des § 18 des Arbeitsschutzgesetzes vom 7. August 1996 (BGBl. I S. 1246), der zuletzt durch Artikel 179 der Verordnung vom 25. November 2003 (BGBl. I S. 2304) geändert worden ist, verordnet die Bundesregierung sowie aufgrund des § 66 Satz 3 und des § 68 Abs. 2 Nr. 3 des Bundesberggesetzes vom 13. August

1980 (BGBl. I S. 1310), von denen § 66 Satz 3 durch Artikel 8 Nr. 2 des Gesetzes vom 6. Juni 1995 (BGBl. I S. 778) eingefügt und § 68 Abs. 2 zuletzt durch Artikel 123 Nr. 2 Buchstabe a der Verordnung vom 25. November 2003 (BGBl. I S. 2304) geändert worden sind, verordnet das Bundesministerium für Wirtschaft und Arbeit:

Verordnung über Arbeitsstätten

(Arbeitsstättenverordnung – ArbStättV)*)

Inhaltsübersicht

*) Diese Verordnung dient der Umsetzung

1. der EG-Richtlinie 89/654/EWG des Rates vom 30. November 1989 über Mindestvorschriften für Sicherheit und Gesundheitsschutz in Arbeitsstätten (Erste Einzelrichtlinie im Sinne des Artikels 16 Absatz 1 der Richtlinie 89/391/EWG) (ABl. EG Nr. L 393 S. 1) und
2. der Richtlinie 92/58/EWG des Rates vom 24. Juni 1992 über Mindestvorschriften für die Sicherheits- und/oder Gesundheitsschutzkennzeichnung am Arbeitsplatz (Neunte Einzelrichtlinie im Sinne des Artikels 16 Absatz 1 der Richtlinie 89/391/EWG) (ABl. EG Nr. L 245 S. 23) und
3. des Anhangs IV (Mindestvorschriften für Sicherheit und Gesundheitsschutz auf Baustellen) der Richtlinie 92/57/EWG des Rates vom 24. Juni 1992 über die auf zeitlich begrenzte oder ortsveränderliche Baustellen anzuwendenden Mindestvorschriften für die Sicherheit und den Gesundheitsschutz (Achte Einzelrichtlinie im Sinne des Artikels 16 Absatz 1 der Richtlinie 89/391/EWG) (ABl. EG Nr. L 245 S. 6).

§ 1 Ziel, Anwendungsbereich

(1) Diese Verordnung dient der Sicherheit und dem Schutz der Gesundheit der Beschäftigten beim Einrichten und Betreiben von Arbeitsstätten.

(2) Für folgende Arbeitsstätten gelten nur § 5 und der Anhang Nummer 1.3:
1. Arbeitsstätten im Reisegewerbe und im Marktverkehr,
2. Transportmittel, die im öffentlichen Verkehr eingesetzt werden,
3. Felder, Wälder und sonstige Flächen, die zu einem land- oder forstwirtschaftlichen Betrieb gehören, aber außerhalb der von ihm bebauten Fläche liegen.

(3) Für Gemeinschaftsunterkünfte außerhalb des Geländes eines Betriebes oder einer Baustelle gelten nur
1. § 3,
2. § 3a und
3. Nummer 4.4 des Anhangs.

(4) Für Telearbeitsplätze gelten nur:
1. § 3 bei der erstmaligen Beurteilung der Arbeitsbedingungen und des Arbeitsplatzes,
2. § 6 und der Anhang Nummer 6,

▸ ASR A6 Bildschirmarbeit

soweit der Arbeitsplatz von dem im Betrieb abweicht. Die in Satz 1 genannten Vorschriften gelten, soweit Anforderungen unter Beachtung der Eigenart von Telearbeitsplätzen auf diese anwendbar sind.

(5) Der Anhang Nummer 6 gilt nicht für:
1. Bedienerplätze von Maschinen oder Fahrerplätze von Fahrzeugen mit Bildschirmgeräten,
2. tragbare Bildschirmgeräte für die ortsveränderliche Verwendung, die nicht regelmäßig an einem Arbeitsplatz verwendet werden,
3. Rechenmaschinen, Registrierkassen oder andere Arbeitsmittel mit einer kleinen Daten- oder Messwertanzeigevorrichtung, die zur unmittelbaren Benutzung des Arbeitsmittels erforderlich ist und
4. Schreibmaschinen klassischer Bauart mit einem Display.

(6) Diese Verordnung ist für Arbeitsstätten in Betrieben, die dem Bundesberggesetz unterliegen, nur für Bildschirmarbeitsplätze einschließlich Telearbeitsplätze anzuwenden.

(7) Das Bundeskanzleramt, das Bundesministerium des Innern, für Bau und Heimat, das Bundesministerium für Verkehr und digitale Infrastruktur, das Bundesministerium für Umwelt, Naturschutz und nukleare Sicherheit, das Bundesministerium der Verteidigung oder das Bundesministerium der Finanzen können, soweit sie hierfür jeweils zuständig sind, im Einvernehmen mit dem Bundesministerium für Arbeit und Soziales und, soweit nicht das Bundesministerium des Innern, für Bau und Heimat selbst zuständig ist, im Einvernehmen mit dem Bundesministerium des Innern, für Bau und Heimat Ausnahmen von den Vorschriften dieser Verordnung zulassen, soweit öffentliche Belange dies zwingend erfordern, insbesondere zur Aufrechterhaltung oder Wiederherstellung der öffentlichen Sicherheit. In diesem Fall ist gleichzeitig festzulegen, wie die Sicherheit und der Schutz der Gesundheit der Beschäftigten nach dieser Verordnung auf andere Weise gewährleistet werden.

§ 2 Begriffsbestimmungen

(1) Arbeitsstätten sind:
1. Arbeitsräume oder andere Orte in Gebäuden auf dem Gelände eines Betriebes,
2. Orte im Freien auf dem Gelände eines Betriebes,
3. Orte auf Baustellen,

sofern sie zur Nutzung für Arbeitsplätze vorgesehen sind.

(2) Zur Arbeitsstätte gehören insbesondere auch:

1. Orte auf dem Gelände eines Betriebes oder einer Baustelle, zu denen Beschäftigte im Rahmen ihrer Arbeit Zugang haben,
2. Verkehrswege, Fluchtwege, Notausgänge, Lager-, Maschinen- und Nebenräume, Sanitärräume, Kantinen, Pausen- und Bereitschaftsräume, Erste-Hilfe-Räume, Unterkünfte sowie
3. Einrichtungen, die dem Betreiben der Arbeitsstätte dienen, insbesondere Sicherheitsbeleuchtungen, Feuerlöscheinrichtungen, Versorgungseinrichtungen, Beleuchtungsanlagen, raumlufttechnische Anlagen, Signalanlagen, Energieverteilungsanlagen, Türen und Tore, Fahrsteige, Fahrtreppen, Laderampen und Steigleitern.

(3) Arbeitsräume sind die Räume, in denen Arbeitsplätze innerhalb von Gebäuden dauerhaft eingerichtet sind.

(4) Arbeitsplätze sind Bereiche, in denen Beschäftigte im Rahmen ihrer Arbeit tätig sind.

(5) Bildschirmarbeitsplätze sind Arbeitsplätze, die sich in Arbeitsräumen befinden und die mit Bildschirmgeräten und sonstigen Arbeitsmitteln ausgestattet sind.

(6) Bildschirmgeräte sind Funktionseinheiten, zu denen insbesondere Bildschirme zur Darstellung von visuellen Informationen, Einrichtungen zur Datenein- und ausgabe, sonstige Steuerungs- und Kommunikationseinheiten (Rechner) sowie eine Software zur Steuerung und Umsetzung der Arbeitsaufgabe gehören.

(7) Telearbeitsplätze sind vom Arbeitgeber fest eingerichtete Bildschirmarbeitsplätze im Privatbereich der Beschäftigten, für die der Arbeitgeber eine mit den Beschäftigten vereinbarte wöchentliche Arbeitszeit und die Dauer der Einrichtung festgelegt hat.

▶ **ASR A6 Bildschirmarbeit**
Nr. 6.4.2 Vereinbarung zwischen Arbeitgeber und Beschäftigten nach § 2 Absatz 7 ArbStättV

Ein Telearbeitsplatz ist vom Arbeitgeber erst dann eingerichtet, wenn Arbeitgeber und Beschäftigte die Bedingungen der Telearbeit arbeitsvertraglich oder im Rahmen einer Vereinbarung festgelegt haben und die benötigte Ausstattung des Telearbeitsplatzes mit Mobiliar, Arbeitsmitteln einschließlich der Kommunikationseinrichtungen durch den Arbeitgeber oder eine von ihm beauftragte Person im Privatbereich des Beschäftigten bereitgestellt und installiert ist.

▶ **ASR A6 Bildschirmarbeit**
Nr. 6.4 Ergänzende Anforderungen an die Gestaltung von Telearbeitsplätzen

(8) Gemeinschaftsunterkünfte im Sinne dieser Verordnung sind Unterkünfte innerhalb oder außerhalb des Geländes eines Betriebes oder einer Baustelle, die

1. den Beschäftigten durch den Arbeitgeber oder auf dessen Veranlassung durch Dritte entgeltlich oder unentgeltlich zur Verfügung gestellt werden und
2. von mehreren Beschäftigten und insgesamt von mindestens vier Personen gemeinschaftlich genutzt werden.

(9) Einrichten ist das Bereitstellen und Ausgestalten der Arbeitsstätte. Das Einrichten umfasst insbesondere

1. bauliche Maßnahmen oder Veränderungen,
2. das Ausstatten mit Maschinen, Anlagen, anderen Arbeitsmitteln und Mobiliar sowie mit Beleuchtungs-, Lüftungs-, Heizungs-, Feuerlösch- und Versorgungseinrichtungen,
3. das Anlegen und Kennzeichnen von Verkehrs- und Fluchtwegen sowie das Kennzeichnen von Gefahrenstellen und brandschutztechnischen Ausrüstungen und
4. das Festlegen von Arbeitsplätzen.

(10) Das Betreiben von Arbeitsstätten umfasst das Benutzen, Instandhalten und Optimieren der Arbeitsstätten sowie die Organisation und Gestaltung der Arbeit einschließlich der Arbeitsabläufe in Arbeitsstätten.

(11) Instandhalten ist die Wartung, Inspektion, Instandsetzung oder Verbesserung der Arbeitsstätten zum Erhalt des baulichen und technischen Zustandes.

(12) Stand der Technik ist der Entwicklungsstand fortschrittlicher Verfahren, Einrichtungen oder Betriebsweisen, der die praktische Eignung einer Maßnahme zur Gewährleistung der Sicherheit und zum Schutz der Gesundheit der Beschäftigten gesichert erscheinen lässt. Bei der Bestimmung des Stands der Technik sind insbesondere vergleichbare Verfahren, Einrichtungen oder Betriebsweisen heranzuziehen, die mit Erfolg in der Praxis erprobt worden sind. Gleiches gilt für die Anforderungen an die Arbeitsmedizin und die Hygiene.

(13) Fachkundig ist, wer über die zur Ausübung einer in dieser Verordnung bestimmten Aufgabe erforderlichen Fachkenntnisse verfügt. Die Anforderungen an die Fachkunde sind abhängig von der jeweiligen Art der Aufgabe. Zu den Anforderungen zählen eine entsprechende Berufsausbildung, Berufserfahrung oder eine zeitnah ausgeübte entsprechende berufliche Tätigkeit. Die Fachkenntnisse sind durch Teilnahme an Schulungen auf aktuellem Stand zu halten.

§ 3 Gefährdungsbeurteilung

▶ **ASR V3 Gefährdungsbeurteilung**
Nr. 3 Begriffsbestimmung
Nr. 4.2.1 Einrichten von Arbeitsstätten
Nr. 5 Prozessschritte der Gefährungsbeurteilung

▶ **ASR A6 Bildschirmarbeit**
Nr. 5.1 Gefährdungsbeurteilung

(1) Bei der Beurteilung der Arbeitsbedingungen nach § 5 des Arbeitsschutzgesetzes hat der Arbeitgeber zunächst festzustellen, ob die Beschäftigten Gefährdungen beim Einrichten und Betreiben von Arbeitsstätten ausgesetzt sind oder ausgesetzt sein können. Ist dies der Fall, hat er alle möglichen Gefährdungen der Gesundheit und Sicherheit der Beschäftigten zu beurteilen und dabei die Auswirkungen der Arbeitsorganisation und der Arbeitsabläufe in der Arbeitsstätte zu berücksichtigen. Bei der Gefährdungsbeurteilung hat er die physischen und psychischen Belastungen sowie bei Bildschirmarbeitsplätzen insbesondere die Belastungen der Augen oder die Gefährdung des Sehvermögens der Beschäftigten zu berücksichtigen. Entsprechend dem Ergebnis der Gefährdungsbeurteilung hat der Arbeitgeber Maßnahmen zum Schutz der Beschäftigten gemäß den Vorschriften dieser Verordnung einschließlich ihres Anhangs nach dem Stand der Technik, Arbeitsmedizin und Hygiene festzulegen. Sonstige gesicherte arbeitswissenschaftliche Erkenntnisse sind zu berücksichtigen.

▶ **ASR V3 Gefährdungsbeurteilung**
Anhang Erläuterungen mit Beispielen zu den Gefährdungsfaktoren

▶ **ASR A6 Bildschirmarbeit**
Nr. 4 Belastungen und Gefährdungen bei Tätigkeiten an Bildschirmgeräten
Nr. 5.1 Gefährdungsbeurteilung

(2) Der Arbeitgeber hat sicherzustellen, dass die Gefährdungsbeurteilung fachkundig durchgeführt wird. Verfügt der Arbeitgeber nicht selbst über die entsprechenden Kenntnisse, hat er sich fachkundig beraten zu lassen.

▶ **ASR V3 Gefährdungsbeurteilung**
Nr. 4.1 Fachkunde

(3) Der Arbeitgeber hat die Gefährdungsbeurteilung vor Aufnahme der Tätigkeiten zu dokumentieren. In der Dokumentation ist anzugeben, welche Gefährdungen am Arbeitsplatz auftreten können und welche Maßnahmen nach Absatz 1 Satz 4 durchgeführt werden müssen.

▶ **ASR V3 Gefährdungsbeurteilung**
Nr. 5.7 Dokumentation
Nr. 5.7.2 *Mindestanforderungen an die Dokumentation*

§ 3a Einrichten und Betreiben von Arbeitsstätten

(1) Der Arbeitgeber hat dafür zu sorgen, dass Arbeitsstätten so eingerichtet und betrieben werden, dass Gefährdungen für die Sicherheit und die Gesundheit der Beschäftigten möglichst vermieden und verbleibende Gefährdungen möglichst gering gehalten werden. Beim Einrichten und Betreiben der Arbeitsstätten hat der Arbeitgeber die Maßnahmen nach § 3 Absatz 1 durchzuführen und dabei den Stand der Technik, Arbeitsmedizin und Hygiene, die ergonomischen Anforderungen sowie insbesondere die vom Bundesministerium für Arbeit und Soziales nach § 7 Absatz 4 bekannt gemachten Regeln und Erkenntnisse zu berücksichtigen. Bei Einhaltung der bekannt gemachten Regeln ist davon auszugehen, dass die in dieser Verordnung gestellten Anforderungen diesbezüglich erfüllt sind. Wendet der Arbeitgeber diese Regeln nicht an, so muss er durch andere Maßnahmen die gleiche Sicherheit und den gleichen Schutz der Gesundheit der Beschäftigten erreichen.

- **ASR V3a2** **Barrierefreie Gestaltung von Arbeitsstätten**
- **ASR A1.2** **Raumabmessungen und Bewegungsflächen**
- **ASR A1.3** **Sicherheits- und Gesundheitsschutzkennzeichnung**
- **ASR A1.5** **Fußböden**
- **ASR A1.6** **Fenster, Oberlichter, lichtdurchlässige Wände**
- **ASR A1.7** **Türen und Tore**
- **ASR A1.8** **Verkehrswege**
- **ASR A2.1** **Schutz vor Absturz und herabfallenden Gegenständen, Betreten von Gefahrenbereichen**
- **ASR A2.2** **Maßnahme gegen Brände**
- **ASR A2.3** **Fluchtwege und Notausgänge**
- **ASR A3.4** **Beleuchtung und Sichtverbindung**
- **ASR A3.6** **Lüftung**
- **ASR A3.7** **Lärm**
- **ASR A4.1** **Sanitärräume**
- **ASR A4.2** **Pausen- und Bereitschaftsräume**
- **ASR A4.3** **Erste-Hilfe-Räume, Mittel und Einrichtungen zur Ersten Hilfe**
- **ASR A4.4** **Unterkünfte**
- **ASR A5.2** **Anforderungen an Arbeitsplätze und Verkehrswege auf Baustellen im Grenzbereich zum Straßenverkehr – Straßenbaustellen**
- **ASR A6** **Bildschirmarbeit**

(2) Beschäftigt der Arbeitgeber Menschen mit Behinderungen, hat er die Arbeitsstätte so einzurichten und zu betreiben, dass die besonderen Belange dieser Beschäftigten im Hinblick auf die Sicherheit und den Schutz der Gesundheit berücksichtigt werden. Dies gilt insbesondere für die barrierefreie Gestaltung von Arbeitsplätzen, Sanitär-, Pausen- und Bereitschaftsräumen, Kantinen, Erste-Hilfe-Räumen und Unterkünften sowie den zugehörigen Türen, Verkehrswegen, Fluchtwegen, Notausgängen, Treppen und Orientierungssystemen, die von den Beschäftigten mit Behinderungen benutzt werden.

- **ASR V3a.2**
- **ASR A1.3** **Sicherheits- und Gesundheitsschutzkennzeichnung** Nr. 4 Abs. 10
- **ASR A2.3** **Fluchtwege und Notausgänge** Nr. 5, Abs. 15 *Durchgänge und Türen im Verlauf von Hauptfluchtwegen*

(3) Die zuständige Behörde kann auf schriftlichen Antrag des Arbeitgebers Ausnahmen von den Vorschriften dieser Verordnung einschließlich ihres Anhanges zulassen, wenn

1. der Arbeitgeber andere, ebenso wirksame Maßnahmen trifft oder
2. die Durchführung der Vorschrift im Einzelfall zu einer unverhältnismäßigen Härte führen würde und die Abweichung mit dem Schutz der Beschäftigten vereinbar ist.

Bei der Beurteilung sind die Belange der kleineren Betriebe besonders zu berücksichtigen.

(4) Anforderungen in anderen Rechtsvorschriften, insbesondere im Bauordnungsrecht der Länder, gelten vorrangig, soweit sie über die Anforderungen dieser Verordnung hinausgehen.

§ 4 Besondere Anforderungen an das Betreiben von Arbeitsstätten

(1) Der Arbeitgeber hat die Arbeitsstätte instand zu halten und dafür zu sorgen, dass festgestellte Mängel unverzüglich beseitigt werden. Können Mängel, mit denen eine unmittelbare erhebliche Gefahr verbunden ist, nicht sofort beseitigt werden, hat er dafür zu sorgen, dass die gefährdeten Beschäftigten ihre Tätigkeit unverzüglich einstellen.

▸ **ASR A3.4 Beleuchtung und Sichtverbindung** Nr. 9 Betrieb, Instandhaltung orientierende Messung

▸ **ASR A1.7 Türen und Tore** Nr. 10 Instandhaltung einschließlich sicherheitstechnischer Prüfung

(2) Der Arbeitgeber hat dafür zu sorgen, dass Arbeitsstätten den hygienischen Erfordernissen entsprechend gereinigt werden. Verunreinigungen und Ablagerungen, die zu Gefährdungen führen können, sind unverzüglich zu beseitigen.

▸ **ASR A1.5 Fußböden** Nr. 8 Reinigung

▸ **ASR A4.1 Sanitärräume**

▸ **ASR A4.4 Unterkünfte** Nr. 4 Abs. 6

(3) Der Arbeitgeber hat die Sicherheitseinrichtungen, insbesondere Sicherheitsbeleuchtung, Brandmelde- und Feuerlöscheinrichtungen, Signalanlagen, Notaggregate und Notschalter sowie raumlufttechnische Anlagen instand zu halten und in regelmäßigen Abständen auf ihre Funktionsfähigkeit prüfen zu lassen.

▸ **ASR A2.3 Fluchtwege und Notausgänge** Nr. 9 Sicherheitsbeleuchtung

(4) Der Arbeitgeber hat dafür zu sorgen, dass Verkehrswege, Fluchtwege und Notausgänge ständig freigehalten werden, damit sie jederzeit benutzbar sind. Der Arbeitgeber hat Vorkehrungen zu treffen, dass die Beschäftigten bei Gefahr sich unverzüglich in Sicherheit bringen und schnell gerettet werden können. Der Arbeitgeber hat einen Flucht- und Rettungsplan aufzustellen, wenn Lage, Ausdehnung und Art der Benutzung der Arbeitsstätte dies erfordern. Der Plan ist an geeigneten Stellen in der Arbeitsstätte auszulegen oder auszuhängen. In angemessenen Zeitabständen ist entsprechend diesem Plan zu üben.

▸ **ASR A1.3 Sicherheits- und Gesundheitsschutzkennzeichnung** Anhang 3

▸ **ASR A1.8 Verkehrswege**

▸ **ASR A2.3 Fluchtwege und Notausgänge** Nr. 4–10

(5) Der Arbeitgeber hat beim Einrichten und Betreiben von Arbeitsstätten Mittel und Einrichtungen zur Ersten Hilfe zur Verfügung zu stellen und regelmäßig auf ihre Vollständigkeit und Verwendungsfähigkeit prüfen zu lassen.

▸ **ASR A4.3 Erste-Hilfe-Räume, Mittel und Einrichtungen zur Ersten Hilfe**

§ 5 Nichtraucherschutz

(1) Der Arbeitgeber hat die erforderlichen Maßnahmen zu treffen, damit die nicht rauchenden Beschäftigten in Arbeitsstätten wirksam vor den Gesundheitsgefahren durch Rauche und Dämpfe von Tabak- und Cannabisprodukten sowie elektronischen Zigaretten geschützt sind. Soweit erforderlich, hat der Arbeitgeber ein allgemeines oder auf einzelne Bereiche der Arbeitsstätte beschränktes Rauchverbot zu erlassen.

▸ **ASR A3.6 Lüftung** Nr. 4.2 Stofflasten

(2) In Arbeitsstätten mit Publikumsverkehr hat der Arbeitgeber beim Einrichten und Betreiben von Arbeitsräumen der Natur des Betriebes entsprechende und der Art der Beschäftigung angepasste technische oder organisatorische Maßnahmen nach Absatz 1 zum Schutz der nicht rauchenden Beschäftigten zu treffen.

§ 6 Unterweisung der Beschäftigten

(1) Der Arbeitgeber hat den Beschäftigten ausreichende und angemessene Informationen anhand der Gefährdungsbeurteilung in einer für die Beschäftigten verständlichen Form und Sprache zur Verfügung zu stellen über

1. das bestimmungsgemäße Betreiben der Arbeitsstätte,
2. alle gesundheits- und sicherheitsrelevanten Fragen im Zusammenhang mit ihrer Tätigkeit,
3. Maßnahmen, die zur Gewährleistung der Sicherheit und zum Schutz der Gesundheit der Beschäftigten durchgeführt werden müssen, und
4. arbeitsplatzspezifische Maßnahmen, insbesondere bei Tätigkeiten auf Baustellen oder an Bildschirmgeräten,

und sie anhand dieser Informationen zu unterweisen.

(2) Die Unterweisung nach Absatz 1 muss sich auf Maßnahmen im Gefahrenfall erstrecken, insbesondere auf

1. die Bedienung von Sicherheits- und Warneinrichtungen,
2. die Erste Hilfe und die dazu vorgehaltenen Mittel und Einrichtungen und
3. den innerbetrieblichen Verkehr.

(3) Die Unterweisung nach Absatz 1 muss sich auf Maßnahmen der Brandverhütung und Verhaltensmaßnahmen im Brandfall erstrecken, insbesondere auf die Nutzung der Fluchtwege und Notausgänge. Diejenigen Beschäftigten, die Aufgaben der Brandbekämpfung übernehmen, hat der Arbeitgeber in der Bedienung der Feuerlöscheinrichtungen zu unterweisen.

▸ **ASR A2.2 Maßnahmen gegen Brände**

▸ **ASR A2.3 Fluchtwege und Notausgänge**

(4) Die Unterweisungen müssen vor Aufnahme der Tätigkeit stattfinden. Danach sind sie mindestens jährlich zu wiederholen. Sie haben in einer für die Beschäftigten verständlichen Form und Sprache zu erfolgen. Unterweisungen sind unverzüglich zu wiederholen, wenn sich die Tätigkeiten der Beschäftigten, die Arbeitsorganisation, die Arbeits- und Fertigungsverfahren oder die Einrichtungen und Betriebsweisen in der Arbeitsstätte wesentlich verändern und die Veränderung mit zusätzlichen Gefährdungen verbunden ist.

§ 7 Ausschuss für Arbeitsstätten

(1) Beim Bundesministerium für Arbeit und Soziales wird ein Ausschuss für Arbeitsstätten gebildet, in dem fachkundige Vertreter der Arbeitgeber, der Gewerkschaften, der Länderbehörden, der gesetzlichen Unfallversicherung und weitere fachkundige Personen, insbesondere der Wissenschaft, in angemessener Zahl vertreten sein sollen. Die Gesamtzahl der Mitglieder soll 16 Personen nicht überschreiten. Für jedes Mitglied ist ein stellvertretendes Mitglied zu benennen. Die Mitgliedschaft im Ausschuss für Arbeitsstätten ist ehrenamtlich.

(2) Das Bundesministerium für Arbeit und Soziales beruft die Mitglieder des Ausschusses und die stellvertretenden Mitglieder. Der Ausschuss gibt sich eine Geschäftsordnung und wählt den Vorsitzenden aus seiner Mitte. Die Geschäftsordnung und die Wahl des Vorsitzenden bedürfen der Zustimmung des Bundesministeriums für Arbeit und Soziales.

(3) Zu den Aufgaben des Ausschusses gehört es,

1. dem Stand der Technik, Arbeitsmedizin und Hygiene entsprechende Regeln und sonstige gesicherte wissenschaftliche Erkenntnisse für die Sicherheit und Gesundheit der Beschäftigten in Arbeitsstätten zu ermitteln,
2. Regeln und Erkenntnisse zu ermitteln, wie die Anforderungen dieser Verordnung erfüllt werden können, sowie Empfehlungen für weitere Maßnahmen zur Gewährleistung der Sicherheit und zum Schutz der Gesundheit der Beschäftigten auszuarbeiten und
3. das Bundesministerium für Arbeit und Soziales in allen Fragen der Sicherheit und der Gesundheit der Beschäftigten in Arbeitsstätten zu beraten.

Bei der Wahrnehmung seiner Aufgaben soll der Ausschuss die allgemeinen Grundsätze des Arbeitsschutzes nach § 4 des Arbeitsschutzgesetzes berücksichtigen. Das Arbeitsprogramm des Ausschusses für Arbeitsstätten wird mit dem Bundesministerium für Arbeit und Soziales abgestimmt. Die Sitzungen des Ausschusses sind nicht öffentlich. Beratungs- und Abstimmungsergebnisse des Ausschusses sowie Niederschriften der Untergremien sind vertraulich zu behandeln, soweit die Erfüllung der Aufgaben, die den Untergremien oder den Mitgliedern des Ausschusses obliegen, dem nicht entgegenstehen. Der Ausschuss arbeitet eng mit den anderen Ausschüssen beim Bundesministerium für Arbeit und Soziales zusammen.

(4) Das Bundesministerium für Arbeit und Soziales kann die vom Ausschuss nach Absatz 3 ermittelten Regeln und Erkenntnisse sowie Empfehlungen im Gemeinsamen Ministerialblatt bekannt machen.

(5) Die Bundesministerien sowie die zuständigen obersten Landesbehörden können zu den Sitzungen des Ausschusses Vertreter entsenden. Diesen ist auf Verlangen in der Sitzung das Wort zu erteilen.

(6) Die Geschäfte des Ausschusses führt die Bundesanstalt für Arbeitsschutz und Arbeitsmedizin.

§ 8 Übergangsvorschriften

(1) Soweit für Arbeitsstätten,

1. die am 1. Mai 1976 eingerichtet waren oder mit deren Einrichtung vor diesem Zeitpunkt begonnen worden war oder
2. die am 20. Dezember 1996 eingerichtet waren oder mit deren Einrichtung vor diesem Zeitpunkt begonnen worden war und für die zum Zeitpunkt der Einrichtung die Gewerbeordnung keine Anwendung fand,

in dieser Verordnung Anforderungen gestellt werden, die umfangreiche Änderungen der Arbeitsstätte, der Betriebseinrichtungen, Arbeitsverfahren oder Arbeitsabläufe notwendig machen, gelten hierfür bis zum 31. Dezember 2020 mindestens die entsprechenden Anforderungen des Anhangs II der Richtlinie 89/654/EWG des Rates vom 30. November 1989 über Mindestvorschriften für Sicherheit und Gesundheitsschutz in Arbeitsstätten (ABl. EG Nr. L 393 S. 1). Soweit diese Arbeitsstätten oder ihre Betriebseinrichtungen wesentlich erweitert oder umgebaut oder die Arbeitsverfahren oder Arbeitsabläufe wesentlich umgestaltet werden, hat der Arbeitgeber die erforderlichen Maßnahmen zu treffen, damit diese Änderungen, Erweiterungen oder Umgestaltungen mit den Anforderungen dieser Verordnung übereinstimmen.

Wichtige in den Arbeitsstättenregeln genannte Übergangsvorschriften:

- Anhang zur ArbStättV Nr. 3.4 Abs. 3 *zu Sichtverbindung nach außen*
- **ASR A1.8 Verkehrswege** Nr. 4.2 Abs. 3–6
- **ASR A2.3 Fluchtwege und Notausgänge** Nr. 5 Abs. 7–9
- **ASR A3.4 Beleuchtung und Sichtverbindung** Nr. 2 Abs. 2

(2) Bestimmungen in den vom Ausschuss für Arbeitsstätten ermittelten und vom Bundesministerium für Arbeit und Soziales im Gemeinsamen Ministerialblatt bekannt gemachten Regeln für Arbeitsstätten, die Anforderungen an den Arbeitsplatz enthalten, gelten unter Berücksichtigung der Begriffsbestimmung des Arbeitsplatzes in § 2 Absatz 2 der Arbeitsstättenverordnung vom 12. August 2004 (BGBl. I S. 2179), die zuletzt durch Artikel 282 der Verordnung vom 31. August 2015 (BGBl. I S. 1474) geändert worden ist, solange fort, bis sie vom Ausschuss für Arbeitsstätten überprüft und erforderlichenfalls vom Bundesministerium für Arbeit und Soziales im Gemeinsamen Ministerialblatt neu bekannt gemacht worden sind.

§ 9 Straftaten und Ordnungswidrigkeiten

(1) Ordnungswidrig im Sinne des § 25 Absatz 1 Nummer 1 des Arbeitsschutzgesetzes handelt, wer vorsätzlich oder fahrlässig

1. entgegen § 3 Absatz 3 eine Gefährdungsbeurteilung nicht richtig, nicht vollständig oder nicht rechtzeitig dokumentiert,
2. entgegen § 3a Absatz 1 Satz 1 nicht dafür sorgt, dass eine Arbeitsstätte in der dort vorgeschriebenen Weise eingerichtet ist oder betrieben wird,
3. entgegen § 3a Absatz 1 Satz 2 in Verbindung mit Nummer 4.1 Absatz 1 des Anhangs einen dort genannten Toilettenraum oder eine dort genannte mobile, anschlussfreie Toilettenkabine nicht oder nicht in der vorgeschriebenen Weise zur Verfügung stellt,
4. entgegen § 3a Absatz 1 Satz 2 in Verbindung mit Nummer 4.2 Absatz 1 des Anhangs einen dort genannten Pausenraum oder einen dort genannten Pausenbereich nicht oder nicht in der vorgeschriebenen Weise zur Verfügung stellt,

4a. entgegen § 3a Absatz 1 Satz 2 in Verbindung mit Nummer 4.4 Absatz 1 Satz 1 des Anhangs eine Unterkunft in den Fällen der Nummer 4.4 Absatz 1 Satz 3 des Anhangs nicht oder nicht rechtzeitig zur Verfügung stellt,

4b. entgegen § 3a Absatz 1 Satz 2 in Verbindung mit Nummer 4.4 Absatz 4 Satz 1 des Anhangs eine Unterbringung in einer Gemeinschaftsunterkunft nicht, nicht richtig, nicht vollständig oder nicht rechtzeitig dokumentiert,

5. entgegen § 3a Absatz 2 eine Arbeitsstätte nicht in der dort vorgeschriebenen Weise einrichtet oder betreibt,
6. entgegen § 4 Absatz 1 Satz 2 nicht dafür sorgt, dass die gefährdeten Beschäftigten ihre Tätigkeit unverzüglich einstellen,
7. entgegen § 4 Absatz 4 Satz 1 nicht dafür sorgt, dass Verkehrswege, Fluchtwege und Notausgänge freigehalten werden,
8. entgegen § 4 Absatz 5 ein Mittel oder eine Einrichtung zur Ersten Hilfe nicht zur Verfügung stellt,
9. entgegen § 6 Absatz 4 Satz 1 nicht sicherstellt, dass die Beschäftigten vor Aufnahme der Tätigkeit unterwiesen werden.

Wer durch eine in Absatz 1 bezeichnete vorsätzliche Handlung das Leben oder die Gesundheit von Beschäftigten gefährdet, ist nach § 26 Nummer 2 des Arbeitsschutzgesetzes strafbar.

Anhang
Anforderungen und Maßnahmen an Arbeitsstätten nach § 3 Absatz 1

Inhaltsübersicht

1 Allgemeine Anforderungen

1.1 Anforderungen an Konstruktion und Festigkeit von Gebäuden

Gebäude für Arbeitsstätten müssen eine der Nutzungsart entsprechende Konstruktion und Festigkeit aufweisen.

1.2 Abmessungen von Räumen, Luftraum

▸ **ASR A1.2 Raumabmessungen und Bewegungsflächen**

(1) Arbeitsräume, Sanitär-, Pausen- und Bereitschaftsräume, Kantinen, Erste-Hilfe-Räume und Unterkünfte müssen eine ausreichende Grundfläche und eine, in Abhängigkeit von der Größe der Grundfläche der Räume, ausreichende lichte Höhe aufweisen, sodass die Beschäftigten ohne Beeinträchtigung ihrer Sicherheit, ihrer Gesundheit oder ihres Wohlbefindens die Räume nutzen oder ihre Arbeit verrichten können.

▸ **ASR A4.4 Unterkünfte** Nr. 5.2 Abs. 1 Tab. Mindestnutzflächen pro Bewohner

(2) Die Abmessungen der Räume richten sich nach der Art ihrer Nutzung.

▸ **ASR A1.2 Raumabmessungen und Bewegungsflächen** Nr. 5.1 Bewegungsflächen der Beschäftigten am Arbeitsplatz

(3) Die Größe des notwendigen Luftraumes ist in Abhängigkeit von der Art der physischen Belastung und der Anzahl der Beschäftigten sowie der sonstigen anwesenden Personen zu bemessen.

▸ **ASR A1.2 Raumabmessungen und Bewegungsflächen** Nr. 7 Luftraum

1.3 Sicherheits- und Gesundheitsschutzkennzeichnung

▸ **ASR A1.3 Sicherheits- und Gesundheitsschutzkennzeichnungen**

(1) Unberührt von den nachfolgenden Anforderungen sind Sicherheits- und Gesundheitsschutzkennzeichnungen einzusetzen, wenn Gefährdungen der Sicherheit und Gesundheit der Beschäftigten nicht durch technische oder organisatorische Maßnahmen vermieden oder ausreichend begrenzt werden können. Das Ergebnis der Gefährdungsbeurteilung und die Maßnahmen nach § 3 Absatz 1 sind dabei zu berücksichtigen.

(2) Die Kennzeichnung ist nach der Art der Gefährdung dauerhaft oder vorübergehend nach den Vorgaben der Richtlinie 92/58/EWG des Rates vom 24. Juni 1992 über Mindestvorschriften für die Sicherheits- und/oder Gesundheitsschutzkennzeichnung am Arbeitsplatz (Neunte Einzelrichtlinie im Sinne des Artikels 16 Absatz 1 der Richtlinie 89/391/EWG) (ABI. EG Nr. L 245 S. 23) auszuführen. Diese Richtlinie gilt in der jeweils aktuellen Fassung. Wird diese Richtlinie geändert oder nach den in dieser Richtlinie vorgesehenen Verfahren an den technischen Fortschritt angepasst, gilt sie in der geänderten im Amtsblatt der Europäischen Gemeinschaften veröffentlichten Fassung nach Ablauf der in der Änderungs- oder Anpassungsrichtlinie festgelegten Umsetzungsfrist. Die geänderte Fassung kann bereits ab Inkrafttreten der Änderungs- oder Anpassungsrichtlinie angewendet werden.

1.4 Energieverteilungsanlagen

Anlagen, die der Versorgung der Arbeitsstätte mit Energie dienen, müssen so ausgewählt, installiert und betrieben werden, dass die Beschäftigten vor dem direkten oder indirekten Berühren spannungsführender Teile geschützt sind und dass von den Anlagen keine Brand- oder Explosionsgefahr ausgehen. Bei der Konzeption und der Ausführung sowie der Wahl des Materials und der Schutzvorrichtungen sind Art und Stärke der verteilten Energie, die äußeren Einwirkbedingungen und die Fachkenntnisse der Personen zu berücksichtigen, die zu Teilen der Anlage Zugang haben.

1.5 Fußböden, Wände, Decken, Dächer

ASR A1.5 Fußböden

(1) Die Oberflächen der Fußböden, Wände und Decken der Räume müssen so gestaltet sein, dass sie den Erfordernissen des sicheren Betreibens entsprechen sowie leicht zu reinigen sind. Arbeitsräume müssen unter Berücksichtigung der Art des Betriebes und der physischen Belastungen eine angemessene Dämmung gegen Wärme und Kälte sowie eine ausreichende Isolierung gegen Feuchtigkeit aufweisen. Auch Sanitär-, Pausen- und Bereitschaftsräume, Kantinen, Erste-Hilfe-Räume und Unterkünfte müssen über eine angemessene Dämmung gegen Wärme und Kälte sowie eine ausreichende Isolierung gegen Feuchtigkeit verfügen.

ASR A1.5 Fußböden
Nr. 4 Allgemeines
Nr. 8 Reinigung

(2) Die Fußböden der Räume dürfen keine Unebenheiten, Löcher, Stolperstellen oder gefährlichen Schrägen aufweisen. Sie müssen gegen Verrutschen gesichert, tragfähig, trittsicher und rutschhemmend sein.

ASR A1.5 Fußböden
Nr. 5–7 *Schutzmaßnahmen gegen Stolpern, Ausrutschen, besondere physikalische Einwirkungen*
Anhang 2 *Bewertungsgruppen für Rutschgefahr für Arbeitsräume, -bereiche u. a.*

(3) Durchsichtige oder lichtdurchlässige Wände, insbesondere Ganzglaswände in Arbeitsräumen oder im Bereich von Verkehrswegen, müssen deutlich gekennzeichnet sein. Sie müssen entweder aus bruchsicherem Werkstoff bestehen oder so gegen die Arbeitsplätze in Arbeitsräumen oder die Verkehrswege abgeschirmt sein, dass die Beschäftigten nicht mit den Wänden in Berührung kommen und beim Zersplittern der Wände nicht verletzt werden können.

ASR A1.6 Fenster, Oberlichter, lichtdurchlässige Wände

(4) Dächer aus nicht durchtrittsicherem Material dürfen nur betreten werden, wenn Ausrüstungen benutzt werden, die ein sicheres Arbeiten ermöglichen.

ASR A2.1 Schutz vor Absturz und herabfallenden Gegenständen, Betreten von Gefahrenbereichen

1.6 Fenster, Oberlichter

ASR A1.6 Fenster, Oberlichter, lichtdurchlässige Wände

(1) Fenster, Oberlichter und Lüftungsvorrichtungen müssen sich von den Beschäftigten sicher öffnen, schließen, verstellen und arretieren lassen. Sie dürfen nicht so angeordnet sein, dass sie in geöffnetem Zustand eine Gefahr für die Beschäftigten darstellen.

ASR A1.6 Fenster, Oberlichter, lichtdurchlässige Wände
Nr. 4 Sicherheitsanforderungen bei Planung und Auswahl
Anhang Einsatz von Sicherheitsglas

(2) Fenster und Oberlichter müssen so ausgewählt oder ausgerüstet und eingebaut sein, dass sie ohne Gefährdung der Ausführenden und anderer Personen gereinigt werden können.

ASR A1.6 Fenster, Oberlichter, lichtdurchlässige Wände
Nr. 5 Reinigung, Instandhaltung einschließlich Prüfungen

1.7 Türen, Tore

ASR A1.7 Türen und Tore

(1) Die Lage, Anzahl, Abmessungen und Ausführung insbesondere hinsichtlich der verwendeten Werkstoffe von Türen und Toren müssen sich nach der Art und Nutzung der Räume oder Bereiche richten.

ASR A1.7 Türen und Tore
Nr. 5 Auswahl von Türen und Toren

(2) Durchsichtige Türen müssen in Augenhöhe gekennzeichnet sein.

ASR A1.7
Türen und Tore
Nr. 5 Abs. 6, 7

(3) Pendeltüren und -tore müssen durchsichtig sein oder ein Sichtfenster haben.

(4) Bestehen durchsichtige oder lichtdurchlässige Flächen von Türen und Toren nicht aus bruchsicherem Werkstoff und ist zu befürchten, dass sich die Beschäftigten beim Zersplittern verletzen können, sind diese Flächen gegen Eindrücken zu schützen.

ASR A1.7
Türen und Tore
Nr. 5 Abs. 6

(5) Schiebetüren und -tore müssen gegen Ausheben und Herausfallen gesichert sein. Türen und Tore, die sich nach oben öffnen, müssen gegen Herabfallen gesichert sein.

ASR A1.7
Türen und Tore
Nr. 7.1 Sicherung gegen Abstürzen der Flügel

Nr.7.2 Sicherung gegen Herausfallen der Flügel

(6) In unmittelbarer Nähe von Toren, die vorwiegend für den Fahrzeugverkehr bestimmt sind, müssen gut sichtbar gekennzeichnete, stets zugängliche Türen für Fußgänger vorhanden sein. Diese Türen sind nicht erforderlich, wenn der Durchgang durch die Tore für Fußgänger gefahrlos möglich ist.

(7) Kraftbetätigte Türen und Tore müssen sicher benutzbar sein. Dazu gehört, dass sie
a) ohne Gefährdung der Beschäftigten bewegt werden oder zum Stillstand kommen können,
b) mit selbsttätig wirkenden Sicherungen ausgestattet sind,
c) auch von Hand zu öffnen sind, sofern sie sich bei Stromausfall nicht automatisch öffnen.

ASR A1.7
Türen und Tore
Nr. 6 Sicherung gegen mechanische Gefährdungen

(8) Besondere Anforderungen gelten für Türen im Verlauf von Fluchtwegen (Nummer 2.3).

1.8 Verkehrswege

ASR A1.8
Verkehrswege

(1) Verkehrswege, einschließlich Treppen, fest angebrachte Steigleitern und Laderampen müssen so angelegt und bemessen sein, dass sie je nach ihrem Bestimmungszweck leicht und sicher begangen oder befahren werden können und in der Nähe Beschäftigte nicht gefährdet werden.

ASR A1.8
Verkehrswege
Nr. 4 Einrichten von Verkehrswegen

(2) Die Bemessung der Verkehrswege, die dem Personenverkehr, Güterverkehr oder Personen- und Güterverkehr dienen, muss sich nach der Anzahl der möglichen Benutzer und der Art des Betriebes richten.

ASR A1.8
Verkehrswege
Nr. 4.2 Abs. 1, Tab. 2 Lichte Mindestbreite der Wege für den Fußgängerverkehr

Nr. 4.3 Abs. 3, Tab. 3 Mindestmaße von Sicherheitszuschlägen

(3) Werden Transportmittel auf Verkehrswegen eingesetzt, muss für Fußgänger ein ausreichender Sicherheitsabstand gewahrt werden.

ASR A1.8
Verkehrswege
Nr. 4.3 Wege für Fahrzeugverkehr

(4) Verkehrswege für Fahrzeuge müssen an Türen und Toren, Durchgängen, Fußgängerwegen und Treppenaustritten in ausreichendem Abstand vorbeiführen.

ASR A1.8
Verkehrswege
Nr. 4.3 Abs. 2

(5) Soweit Nutzung und Einrichtung der Räume es zum Schutz der Beschäftigten erfordern, müssen die Begrenzungen der Verkehrswege gekennzeichnet sein.

ASR A1.8
Verkehrswege
Nr. 4.4 Kennzeichnung und Abgrenzung von Verkehrswegen

(6) Besondere Anforderungen gelten für Fluchtwege (Nummer 2.3).

ASR A2.3
Fluchtwege und Notausgänge

1.9 Fahrtreppen, Fahrsteige

▸ **ASR A1.8 Verkehrswege**

Fahrtreppen und Fahrsteige müssen so ausgewählt und installiert sein, dass sie sicher funktionieren und sicher benutzbar sind. Dazu gehört, dass die Notbefehlseinrichtungen gut erkennbar und leicht zugänglich sind und nur solche Fahrtreppen und Fahrsteige eingesetzt werden, die mit den notwendigen Sicherheitsvorrichtungen ausgestattet sind.

▸ **ASR A1.8 Verkehrswege** Nr. 4.8 Fahrtreppen und Fahrsteige

1.10 Laderampen

▸ **ASR A1.8 Verkehrswege**

(1) Laderampen sind entsprechend den Abmessungen der Transportmittel und der Ladung auszulegen.

▸ **ASR A1.8 Verkehrswege** Nr. 4.7 Laderampen

(2) Sie müssen mindestens einen Abgang haben; lange Laderampen müssen, soweit betriebstechnisch möglich, an jedem Endbereich einen Abgang haben.

▸ **ASR A1.8 Verkehrswege** Nr. 4.7 Abs. 3

(3) Sie müssen einfach und sicher benutzbar sein. Dazu gehört, dass sie nach Möglichkeit mit Schutzvorrichtungen gegen Absturz auszurüsten sind; das gilt insbesondere in Bereichen von Laderampen, die keine ständigen Be- und Entladestellen sind.

1.11 Steigleitern, Steigeisengänge

▸ **ASR A1.8 Verkehrswege**

Steigleitern und Steigeisengänge müssen sicher benutzbar sein. Dazu gehört, dass sie

▸ **ASR A1.8 Verkehrswege** Nr. 4.6 Steigeisengänge und Steigleitern

a) nach Notwendigkeit über Schutzvorrichtungen gegen Absturz, vorzugsweise über Steigschutzeinrichtungen verfügen,
b) an ihren Austrittsstellen eine Haltevorrichtung haben,
c) nach Notwendigkeit in angemessenen Abständen mit Ruhebühnen ausgerüstet sind.

2 Maßnahmen zum Schutz vor besonderen Gefahren

2.1 Schutz vor Absturz und herabfallenden Gegenständen, Betreten von Gefahrenbereichen

▸ **ASR A2.1 Schutz vor Absturz und herabfallenden Gegenständen, Betreten von Gefahrenbereichen** Nr. 5–6 *Maßnahmen*

(1) Arbeitsplätze und Verkehrswege, bei denen eine Absturzgefahr für Beschäftigte oder die Gefahr des Herabfallens von Gegenständen besteht, müssen mit Schutzvorrichtungen versehen sein, die verhindern, dass Beschäftigte abstürzen oder durch herabfallende Gegenstände verletzt werden können.

(2) Arbeitsplätze und Verkehrswege, die an Gefahrenbereiche grenzen, müssen mit Schutzvorrichtungen versehen sein, die verhindern, dass Beschäftigte in die Gefahrenbereiche gelangen.

(3) Die Arbeitsplätze und Verkehrswege nach den Absätzen 1 und 2 müssen gegen unbefugtes Betreten gesichert und gut sichtbar als Gefahrenbereiche gekennzeichnet sein. Zum Schutz derjenigen, die diese Bereiche betreten müssen, sind geeignete Maßnahmen zu treffen.

2.2 Maßnahmen gegen Brände

ASR A2.2 Maßnahmen gegen Brände

(1) Arbeitsstätten müssen je nach
a) Abmessung und Nutzung, der Brandgefährdung vorhandener Einrichtungen und Materialien,
b) der größtmöglichen Anzahl anwesender Personen

mit einer ausreichenden Anzahl geeigneter Feuerlöscheinrichtungen und erforderlichenfalls Brandmeldern und Alarmanlagen ausgestattet sein.

ASR A2.2 Maßnahmen gegen Brände
Nr. 4 Eignung von Feuerlöschern und Löschmitteln
Nr. 4.2 Abs. 2, Tab. 2 Zuordnung des Löschvermögens zu Löschmitteleinheiten
Nr. 5 Ausstattung für alle Arbeitsstätten
Nr. 5.2 Abs. 2 Tab. 3 Löschmitteleinheiten in Abhängigkeit von der Grundfläche der Arbeitsstätte
Nr. 6 Ausstattung von Arbeitsstätten mit erhöhter Brandgefährdung

(2) Nicht selbsttätige Feuerlöscheinrichtungen müssen als solche dauerhaft gekennzeichnet, leicht zu erreichen und zu handhaben sein.

ASR A2.2 Maßnahmen gegen Brände
Nr. 5.3 Anforderungen an die Bereitstellung von Feuerlöscheinrichtungen

(3) Selbsttätig wirkende Feuerlöscheinrichtungen müssen mit Warneinrichtungen ausgerüstet sein, wenn bei ihrem Einsatz Gefahren für die Beschäftigten auftreten können.

ASR A2.2 Maßnahmen gegen Brände
Nr. 5.3 Anforderungen an die Bereitstellung von Feuerlöschern

2.3 Fluchtwege und Notausgänge

ASR A2.3 Fluchtwege und Notausgänge

(1) Fluchtwege und Notausgänge müssen
a) sich in Anzahl, Anordnung und Abmessung nach der Nutzung, der Einrichtung und den Abmessungen der Arbeitsstätte sowie nach der höchstmöglichen Anzahl der dort anwesenden Personen richten,
b) auf möglichst kurzem Weg ins Freie oder, falls dies nicht möglich ist, in einen gesicherten Bereich führen,
c) in angemessener Form und dauerhaft gekennzeichnet sein.

ASR A2.3 Fluchtwege und Notausgänge
Nr. 4 Allgemeine Anforderungen
Nr. 5 Abs. 6, Tab. 1 Lichte Mindestbreiten von Hauptfluchtwegen
Nr. 5 Abs. 15 Tab.2 Lichte Mindestbreiten von Treppen

Sie sind mit einer Sicherheitsbeleuchtung auszurüsten, wenn das gefahrlose Verlassen der Arbeitsstätte für die Beschäftigten, insbesondere bei Ausfall der allgemeinen Beleuchtung, nicht gewährleistet ist.

ASR A3.4 Beleuchtung und Sichtverbindung
Nr. 8 Sicherheitsbeleuchtung für Tätigkeiten, Arbeitsplätze, Arbeitsräume und Bereiche

(2) Türen im Verlauf von Fluchtwegen oder Türen von Notausgängen müssen
a) sich von innen ohne besondere Hilfsmittel jederzeit leicht öffnen lassen, solange sich Beschäftigte in der Arbeitsstätte befinden,
b) in angemessener Form und dauerhaft gekennzeichnet sein.

ASR A2.3 Fluchtwege und Notausgänge
Nr. 7 Anforderungen an Türen und Tore im Verlauf von Fluchtwegen

Türen von Notausgängen müssen sich nach außen öffnen lassen. In Notausgängen, die ausschließlich für den Notfall konzipiert und ausschließlich im Notfall benutzt werden, sind Karussell- und Schiebetüren nicht zulässig.

3 Arbeitsbedingungen

3.1 Bewegungsfläche

ASR A1.2 Raumabmessungen und Bewegungsflächen

(1) Die freie unverstellte Fläche am Arbeitsplatz muss so bemessen sein, dass sich die Beschäftigten bei ihrer Tätigkeit ungehindert bewegen können.

ASR A1.2 Raumabmessungen und Bewegungsflächen
Nr. 4 Allgemeines

(2) Ist dies nicht möglich, muss den Beschäftigten in der Nähe des Arbeitsplatzes eine andere ausreichend große Bewegungsfläche zur Verfügung stehen.

ASR A1.2 Raumabmessungen und Bewegungsflächen
Nr. 4 Abs. 4

3.2 Anordnung der Arbeitsplätze

Arbeitsplätze sind in der Arbeitsstätte so anzuordnen, dass Beschäftigte
a) sie sicher erreichen und verlassen können,
b) sich bei Gefahr schnell in Sicherheit bringen können,
c) durch benachbarte Arbeitsplätze, Transporte oder Einwirkungen von außerhalb nicht gefährdet werden.

3.3 Ausstattung

(1) Jedem Beschäftigten muss mindestens eine Kleiderablage zur Verfügung stehen, sofern keine Umkleideräume vorhanden sind.

(2) Kann die Arbeit ganz oder teilweise sitzend verrichtet werden oder lässt es der Arbeitsablauf zu, sich zeitweise zu setzen, sind den Beschäftigten am Arbeitsplatz Sitzgelegenheiten zur Verfügung zu stellen. Können aus betriebstechnischen Gründen keine Sitzgelegenheiten unmittelbar am Arbeitsplatz aufgestellt werden, obwohl es der Arbeitsablauf zulässt, sich zeitweise zu setzen, müssen den Beschäftigten in der Nähe der Arbeitsplätze Sitzgelegenheiten bereitgestellt werden.

3.4 Beleuchtung und Sichtverbindung

(1) Der Arbeitgeber darf als Arbeitsräume nur solche Räume betreiben, die möglichst ausreichend Tageslicht erhalten und die eine Sichtverbindung nach außen haben. Dies gilt nicht für

1. Räume, bei denen betriebs-, produktions- oder bautechnische Gründe Tageslicht oder einer Sichtverbindung nach außen entgegenstehen,
2. Räume, in denen sich Beschäftigte zur Verrichtung ihrer Tätigkeit regelmäßig nicht über einen längeren Zeitraum oder im Verlauf der täglichen Arbeitszeit nur kurzzeitig aufhalten müssen, insbesondere Archive, Lager-, Maschinen- und Nebenräume, Teeküchen,
3. Räume, die vollständig unter Erdgleiche liegen, soweit es sich dabei um Tiefgaragen oder ähnliche Einrichtungen, um kulturelle Einrichtungen, um Verkaufsräume oder um Schank- und Speiseräume handelt,
4. Räume in Bahnhofs- oder Flughafenhallen, Passagen oder innerhalb von Kaufhäusern und Einkaufszentren,
5. Räume mit einer Grundfläche von mindestens 2000 Quadratmetern, sofern Oberlichter oder andere bauliche Vorrichtungen vorhanden sind, die Tageslicht in den Arbeitsraum lenken.

▸ **ASR A3.4 Beleuchtung und Sichtverbindung**
Anhang 1, a)
Anhang 1, b)
Anhang 1, c)

(2) Pausen- und Bereitschaftsräume sowie Unterkünfte müssen möglichst ausreichend mit Tageslicht beleuchtet sein und eine Sichtverbindung nach außen haben. Kantinen sollen möglichst ausreichend Tageslicht erhalten und eine Sichtverbindung nach außen haben.

▸ **ASR A3.4 Beleuchtung und Sichtverbindung**
Anhang 2 Mögliche Ausgleichsmaßnahmen bei unzureichender Sichtverbindung

▸ **ASR A4.2 Pausen- und Bereitschaftsräume**
Nr. 4.1 Abs. 10

▸ **ASR A4.4 Unterkünfte**
Nr. 5.1 Abs. 4

(3) Räume, die bis zum 3. Dezember 2016 eingerichtet worden sind oder mit deren Einrichtung begonnen worden war und die die Anforderungen nach Absatz 1 Satz 1 oder Absatz 2 nicht erfüllen, dürfen ohne eine Sichtverbindung nach außen weiter betrieben werden, bis sie wesentlich erweitert oder umgebaut werden.

(4) In Arbeitsräumen muss die Stärke des Tageslichteinfalls am Arbeitsplatz je nach Art der Tätigkeit reguliert werden können.

▸ **ASR A3.4 Beleuchtung und Sichtverbindung**
Nr. 5.2 Maßnahmen zur Begrenzung der Blendung

(5) Arbeitsstätten müssen mit Einrichtungen ausgestattet sein, die eine angemessene künstliche Beleuchtung ermöglichen, sodass die Sicherheit und der Schutz der Gesundheit der Beschäftigten gewährleistet sind.

(6) Die Beleuchtungsanlagen sind so auszuwählen und anzuordnen, dass dadurch die Sicherheit und die Gesundheit der Beschäftigten nicht gefährdet werden.

▸ **ASR A 3.4 Beleuchtung und Sichtverbindung**
Nr. 9.1 Betrieb
Nr. 9.2 Instandhaltung

(7) Arbeitsstätten, in denen bei Ausfall der Allgemeinbeleuchtung die Sicherheit der Beschäftigten gefährdet werden kann, müssen eine ausreichende Sicherheitsbeleuchtung haben.

▸ **ASR A2.3 Fluchtwege und Notausgänge**
Nr. 9 Sicherheitsbeleuchtung

▸ **ASR A3.4 Beleuchtung und Sichtverbindung**
Nr. 8 Sicherheitsbeleuchtung für Tätigkeiten, Arbeitsplätze, Arbeitsräume und Bereiche

3.5 Raumtemperatur

ASR 3.5 Raumtemperatur

(1) Arbeitsräume, in denen aus betriebstechnischer Sicht keine spezifischen Anforderungen an die Raumtemperatur gestellt werden, müssen während der Nutzungsdauer unter Berücksichtigung der Arbeitsverfahren und der physischen Belastungen der Beschäftigten eine gesundheitlich zuträgliche Raumtemperatur haben.

ASR 3.5 Raumtemperatur
Nr. 4.2 Tab. 1 Mindestwerte der Lufttemperatur in Arbeitsräumen
Nr. 4.2 Tab. 2 Arbeitsschwere

(2) Sanitär-, Pausen- und Bereitschaftsräume, Kantinen, Erste-Hilfe-Räume und Unterkünfte müssen während der Nutzungsdauer unter Berücksichtigung des spezifischen Nutzungszwecks eine gesundheitlich zuträgliche Raumtemperatur haben.

ASR 3.5 Raumtemperatur
Nr. 4.2 Abs. 4
ASR 4.2 Pausen- und Bereitschaftsräume
Nr. 4.1 Abs. 11
ASR 4.4 Unterkünfte
Nr. 5.1 Abs. 3

(3) Fenster, Oberlichter und Glaswände müssen unter Berücksichtigung der Arbeitsverfahren und der Art der Arbeitsstätte eine Abschirmung gegen übermäßige Sonneneinstrahlung ermöglichen.

ASR A3.4 Beleuchtung
Nr. 4.2.1 Abs. 2
Nr. 5.2 Maßnahmen zur Begrenzung der Blendung
ASR 3.5 Raumtemperatur
Nr. 4.3 Übermäßige Sonneneinstrahlung
ASR 4.2 Pausen- und Bereitschaftsräume
Nr. 4.1 Abs. 11

3.6 Lüftung

ASR A3.6 Lüftung

(1) In Arbeitsräumen, Sanitär-, Pausen- und Bereitschaftsräumen, Kantinen, Erste-Hilfe-Räumen und Unterkünften muss unter Berücksichtigung des spezifischen Nutzungszwecks, der Arbeitsverfahren, der physischen Belastungen und der Anzahl der Beschäftigten sowie der sonstigen anwesenden Personen während der Nutzungsdauer ausreichend gesundheitlich zuträgliche Atemluft vorhanden sein.

ASR 3.6 Lüftung
Nr. 4 Luftqualität
ASR 4.1 Sanitärräume
Nr. 5.1 Abs. 1
Nr. 5.1 Abs. 1, Tab. 1 Mindestquerschnitt für freie Lüftung von Toilettenräumen
Nr. 6.1 Abs. 3
Nr. 6.1 Abs. 3, Tab. 3 Mindestquerschnitt für freie Lüftung von Waschräumen
Nr. 7.1 Abs. 1
Nr. 7.1 Abs. 1,Tab. 6 Mindestquerschnitt für freie Lüftung von Umkleideräumen
ASR 4.2 Pausen- und Bereitschaftsräume
Nr. 4.1 Abs. 11

(2) Ist für das Betreiben von Arbeitsstätten eine raumlufttechnische Anlage erforderlich, muss diese jederzeit funktionsfähig sein und die Anforderungen nach Absatz 1 erfüllen. Bei raumlufttechnischen Anlagen muss eine Störung durch eine selbsttätige Warneinrichtung angezeigt werden. Es müssen Vorkehrungen getroffen sein, durch die die Beschäftigten im Fall einer Störung gegen Gesundheitsgefahren geschützt sind.

ASR 3.6
Lüftung
Nr. 6 Raumlufttechnische Anlagen
Nr. 6.7 Maßnahmen bei Störung von Raumlufttechnischen Anlage

(3) Werden raumlufttechnische Anlagen verwendet, ist sicherzustellen, dass die Beschäftigten keinem störenden Luftzug ausgesetzt sind.

ASR 3.6
Lüftung
Nr. 5.2 Abs. 4
Nr. 6.5 Raumluftgeschwindigkeit

(4) Ablagerungen und Verunreinigungen in raumlufttechnischen Anlagen, die zu einer unmittelbaren Gesundheitsgefährdung durch die Raumluft führen können, müssen umgehend beseitigt werden.

ASR 3.6
Lüftung
Nr. 6.6 Inbetriebnahme, Wartung und Prüfung

3.7 Lärm

ASR A3.7
Lärm

In Arbeitsstätten ist der Schalldruckpegel so niedrig zu halten, wie es nach der Art des Betriebes möglich ist. Der Schalldruckpegel am Arbeitsplatz in Arbeitsräumen ist in Abhängigkeit von der Nutzung und den zu verrichtenden Tätigkeiten so weit zu reduzieren, dass keine Beeinträchtigungen der Gesundheit der Beschäftigten entstehen.

ASR 3.7
Lärm
Nr. 5.1 Maximal zulässige Beurteilungspegel
Nr. 5.2 Raumakustische Anforderungen
Nr. 7.2 Ermittlung der raumakustischen Anforderungen durch Abschätzung
Nr. 8 Maßnahmen zum Lärmschutz
Nr. 8.1 Technische Schutzmaßnahmen
Anhang 2 Abschätzung der raumakustischen Kennwerte in Ergänzung zu Abschnitt 7.2

4 Sanitär-, Pausen- und Bereitschaftsräume, Kantinen, Erste-Hilfe-Räume und Unterkünfte

4.1 Sanitärräume

ASR A4.1
Sanitärräume

(1) Der Arbeitgeber hat Toilettenräume zur Verfügung zu stellen. Toilettenräume sind für Männer und Frauen getrennt einzurichten oder es ist eine getrennte Nutzung zu ermöglichen. Toilettenräume sind mit verschließbaren Zugängen, einer ausreichenden Anzahl von Toilettenbecken und Handwaschgelegenheiten zur Verfügung zu stellen. Sie müssen sich sowohl in der Nähe der Arbeitsräume als auch in der Nähe von Kantinen, Pausen- und Bereitschaftsräumen, Wasch- und Umkleideräumen befinden. Bei Arbeiten im Freien und auf Baustellen mit wenigen Beschäftigten sind mobile, anschlussfreie Toilettenkabinen in der Nähe der Arbeitsplätze ausreichend.

ASR A4.1
Sanitärräume
Nr. 5 Toilettenräume

(2) Der Arbeitgeber hat – wenn es die Art der Tätigkeit oder gesundheitliche Gründe erfordern – Waschräume zur Verfügung zu stellen. Diese sind für Männer und Frauen getrennt einzurichten oder es ist eine getrennte Nutzung zu ermöglichen. Bei Arbeiten im Freien und auf Baustellen mit wenigen Beschäftigten sind Waschgelegenheiten ausreichend.

ASR A4.1 Sanitärräume
Nr. 6 Waschräume

Waschräume sind

a) in der Nähe von Arbeitsräumen und sichtgeschützt einzurichten,

Nr. 6.2 Abs. 2
Tab. 4 Mindestanzahl von Waschplätzen bei Kategorie A

b) so zu bemessen, dass die Beschäftigten sich den hygienischen Erfordernissen entsprechend und ungehindert reinigen können; dazu müssen fließendes warmes und kaltes Wasser, Mittel zum Reinigen und gegebenenfalls zum Desinfizieren sowie zum Abtrocknen der Hände vorhanden sein,

Nr. 6.2 Abs. 2 Tab. 5.1 Mindestanzahl von Wasch- und Duschplätzen bei Kategorie B

c) mit einer ausreichenden Anzahl geeigneter Duschen zur Verfügung zu stellen, wenn es die Art der Tätigkeit oder gesundheitliche Gründe erfordern.

Nr. 6.2 Abs. 2 Tab. 5.2 Mindestanzahl von Wasch- und Duschplätzen bei Kategorie C

Sind Waschräume nicht erforderlich, müssen in der Nähe des Arbeitsplatzes und der Umkleideräume ausreichende und angemessene Waschgelegenheiten mit fließendem Wasser (erforderlichenfalls mit warmem Wasser), Mitteln zum Reinigen und zum Abtrocknen der Hände zur Verfügung stehen.

Nr. 6.2 Bereitstellung

(3) Der Arbeitgeber hat geeignete Umkleideräume zur Verfügung zu stellen, wenn die Beschäftigten bei ihrer Tätigkeit besondere Arbeitskleidung tragen müssen und es ihnen nicht zuzumuten ist, sich in einem anderen Raum umzukleiden. Umkleideräume sind für Männer und Frauen getrennt einzurichten oder es ist eine getrennte Nutzung zu ermöglichen.

ASR A4.1 Sanitärräume
Nr. 7 Umkleideräume

Umkleideräume müssen

a) leicht zugänglich und von ausreichender Größe und sichtgeschützt eingerichtet werden; entsprechend der Anzahl gleichzeitiger Benutzer muss genügend freie Bodenfläche für ungehindertes Umkleiden vorhanden sein,
b) mit Sitzgelegenheiten sowie mit verschließbaren Einrichtungen ausgestattet sein, in denen jeder Beschäftigte seine Kleidung aufbewahren kann.

Kleiderschränke für Arbeitskleidung und Schutzkleidung sind von Kleiderschränken für persönliche Kleidung und Gegenstände zu trennen, wenn die Umstände dies erfordern.

(4) Wasch- und Umkleideräume, die voneinander räumlich getrennt sind, müssen untereinander leicht erreichbar sein.

ASR A4.1 Sanitärräume
Nr. 6.1 Abs. 5

4.2 Pausen- und Bereitschaftsräume

ASR A4.2 Pausen- und Bereitschaftsräume

(1) Bei mehr als zehn Beschäftigten oder wenn die Sicherheit und der Schutz der Gesundheit es erfordern, ist den Beschäftigten ein Pausenraum oder ein entsprechender Pausenbereich zur Verfügung zu stellen. Dies gilt nicht, wenn die Beschäftigten in Büroräumen oder vergleichbaren Arbeitsräumen beschäftigt sind und dort gleichwertige Voraussetzungen für eine Erholung während der Pause gegeben sind. Fallen in die Arbeitszeit regelmäßig und häufig Arbeitsbereitschaftszeiten oder Arbeitsunterbrechungen und sind keine Pausenräume vorhanden, so sind für die Beschäftigten Räume für Bereitschaftszeiten einzurichten. Schwangere Frauen und stillende Mütter müssen sich während der Pausen und, soweit es erforderlich ist, auch während der Arbeitszeit unter geeigneten Bedingungen hinlegen und ausruhen können.

ASR A4.2 Pausen- und Bereitschaftsräume
Nr. 4 Pausenräume und Pausenbereiche

Nr. 4.1 Abb. 1 Ermittlung der Notwendigkeit von Pausenräumen oder Pausenbereichen

Nr. 6 Einrichtungen für schwangere Frauen und stillende Mütter

(2) Pausenräume oder entsprechende Pausenbereiche sind

ASR A4.2 Pausen- und Bereitschaftsräume
Nr. 4.1

a) für die Beschäftigten leicht erreichbar an ungefährdeter Stelle und in ausreichender Größe bereitzustellen,

Nr. 4.1 Abs. 5 bis Abs. 9

b) entsprechend der Anzahl der gleichzeitigen Benutzer mit leicht zu reinigenden Tischen und Sitzgelegenheiten mit Rückenlehne auszustatten,

Nr. 4.1 Abs. 12

c) als separate Räume zu gestalten, wenn die Beurteilung der Arbeitsbedingungen und der Arbeitsstätte dies erfordern.

Nr. 4.1 Abb. 1

(3) Bereitschaftsräume und Pausenräume, die als Bereitschaftsräume genutzt werden, müssen dem Zweck entsprechend ausgestattet sein.

ASR A4.2 Pausen- und Bereitschaftsräume
Nr. 5 Bereitschaftsräume

4.3 Erste-Hilfe-Räume

ASR A4.3 Erste-Hilfe-Räume, Mittel und Einrichtungen zur Ersten Hilfe

(1) Erste-Hilfe-Räume oder vergleichbare Bereiche sind entsprechend der Art der Gefährdungen in der Arbeitsstätte oder der Anzahl der Beschäftigten, der Art der auszuübenden Tätigkeiten sowie der räumlichen Größe der Betriebe zur Verfügung zu stellen.

ASR A4.3 Erste-Hilfe-Räume, Mittel und Einrichtungen zur Ersten Hilfe
Nr. 6 Erste Hilfe Räume und vergleichbare Einrichtungen

(2) Erste-Hilfe-Räume müssen an ihren Zugängen als solche gekennzeichnet und für Personen mit Rettungstransportmitteln leicht zugänglich sein.

ASR A1.3 Sicherheits- und Gesundheitsschutzkennzeichnung
Anhang 1 Nr. 4

(3) Sie sind mit den erforderlichen Mitteln und Einrichtungen zur Ersten Hilfe auszustatten. An einer deutlich gekennzeichneten Stelle müssen Anschrift und Telefonnummer der örtlichen Rettungsdienste angegeben sein.

ASR A4.3 Erste-Hilfe-Räume, Mittel und Einrichtungen zur Ersten Hilfe
Nr. 6.2 Ausstattung von Erste-Hilfe-Räumen und vergleichbaren Einrichtungen

(4) Darüber hinaus sind überall dort, wo es die Arbeitsbedingungen erfordern, Mittel und Einrichtungen zur Ersten Hilfe aufzubewahren. Sie müssen leicht zugänglich und einsatzbereit sein.

ASR A4.3 Erste-Hilfe-Räume, Mittel und Einrichtungen zur Ersten Hilfe
Nr. 4 Mittel zur Ersten Hilfe

4.4 Unterkünfte

ASR A4.4 Unterkünfte

(1) Der Arbeitgeber hat angemessene Unterkünfte für Beschäftigte zur Verfügung zu stellen, gegebenenfalls auch außerhalb des Geländes eines Betriebes oder einer Baustelle, wenn es aus Gründen der Sicherheit, zum Schutz der Gesundheit oder aus Gründen der menschengerechten Gestaltung der Arbeit erforderlich ist. Die Bereitstellung angemessener Unterkünfte kann insbesondere wegen der Abgelegenheit der Arbeitsstätte, der Art der auszuübenden Tätigkeiten oder der Anzahl der im Betrieb beschäftigten Personen erforderlich sein. Sie ist stets erforderlich, wenn den Beschäftigten im Zusammenhang mit der Anwerbung oder Entsendung zur zeitlich befristeten Erbringung einer vertraglich geschuldeten Arbeitsleistung die Bereitstellung oder Vermittlung einer Unterbringung in Gemeinschaftsunterkünften in Aussicht gestellt wird und zu erwarten ist, dass der Beschäftigte die Verpflichtung zur Erbringung seiner Arbeitsleistung anderenfalls nicht eingehen würde. Kann der Arbeitgeber erforderliche Unterkünfte innerhalb des Geländes eines Betriebes oder einer Baustelle nicht zur Verfügung stellen, hat er für eine andere angemessene Unterbringung der Beschäftigten außerhalb des Geländes eines Betriebes oder einer Baustelle zu sorgen. Wird die Unterkunft als Gemeinschaftsunterkunft außerhalb des Geländes eines Betriebes oder einer Baustelle durch den Arbeitgeber oder auf dessen Veranlassung durch Dritte zur Verfügung gestellt, so hat der Arbeitgeber auch in diesem Fall für die Angemessenheit der Unterkunft zu sorgen.

ASR A4.4 Unterkünfte
Nr. 4

(2) Unterkünfte müssen entsprechend ihrer Belegungszahl und der Dauer der Unterbringung ausgestattet sein mit:

1. Wohn- und Schlafbereich (Betten, Schränken, Tischen, Stühlen),
2. Essbereich,
3. Sanitäreinrichtungen.

▸ **ASR A4.4 Unterkünfte** Nr. 5

(3) Wird die Unterkunft von Männern und Frauen gemeinsam benutzt, ist dies bei der Zuteilung der Räume zu berücksichtigen.

▸ **ASR A4.4 Unterkünfte** Nr. 4 Abs. 4

(4) Der Arbeitgeber hat die Unterbringung von Beschäftigten in Gemeinschaftsunterkünften innerhalb oder außerhalb des Geländes eines Betriebes oder einer Baustelle nach den Sätzen 2 und 3 zu dokumentieren. In der Dokumentation sind anzugeben:
1. die Adressen der Gemeinschaftsunterkünfte,
2. die Unterbringungskapazitäten der Gemeinschaftsunterkünfte,
3. die Zuordnung der untergebrachten Beschäftigten zu den Gemeinschaftsunterkünften sowie
4. der zugehörige Zeitraum der Unterbringung der jeweiligen Beschäftigten.

Die Dokumentation muss ab Beginn der Bereitstellung der Gemeinschaftsunterkünfte am Ort der Leistungserbringung verfügbar sein. Die Dokumentation ist nach Beendigung der Unterbringung vier Wochen aufzubewahren.

5 Ergänzende Anforderungen und Maßnahmen für besondere Arbeitsstätten und Arbeitsplätze

5.1 Arbeitsplätze in nicht allseits umschlossenen Arbeitsstätten und Arbeitsplätze im Freien

Arbeitsplätze in nicht allseits umschlossenen Arbeitsstätten und Arbeitsplätze im Freien sind so einzurichten und zu betreiben, dass sie von den Beschäftigten bei jeder Witterung sicher und ohne Gesundheitsgefährdung erreicht, benutzt und wieder verlassen werden können. Dazu gehört, dass diese Arbeitsplätze gegen Witterungseinflüsse geschützt sind oder den Beschäftigten geeignete persönliche Schutzausrüstungen zur Verfügung gestellt werden. Werden die Beschäftigten auf Arbeitsplätzen im Freien beschäftigt, so sind die Arbeitsplätze nach Möglichkeit so einzurichten, dass die Beschäftigten nicht gesundheitsgefährdenden äußeren Einwirkungen ausgesetzt sind.

5.2 Baustellen

▸ **ASR A5.2 zu Straßenbaustellen**
Anforderungen an Arbeitsplätze und Verkehrswege auf Baustellen im Grenzbereich zum Straßenverkehr – Straßenbaustellen

Zusätzlich sind in den im Folgenden gelisteten Arbeitsstättenregeln in jeweils einem Kapitel weitere Anforderungen für das Arbeiten auf Baustellen zu finden:

▸ **ASR A4.4 Unterkünfte** Nr. 6

▸ **ASR A4.3 Erste-Hilfe-Räume, Mittel und Einrichtungen zur Ersten Hilfe** Nr. 8

▸ **ASR A4.2 Pausen- und Bereitschaftsräume** Nr. 7

▸ **ASR A4.1 Sanitärräume** Nr. 8

▸ **ASR A3.6 Lüftung** Nr. 7

▸ **ASR A3.5 Raumtemperatur** Nr. 5

▸ **ASR A3.4 Beleuchtung und Sichtverbindung** Nr. 8

▸ **ASR A2.3 Fluchtwege und Notausgänge** Nr. 10

▸ **ASR A2.2 Maßnahmen gegen Brände** Nr. 7

▸ **ASR A2.1 Schutz vor Absturz und herabfallenden Gegenständen, Betreten von Gefahrenbereichen** Nr. 8

▸ **ASR A1.8 Verkehrswege** Nr. 7

▸ **ASR A1.5 Fußböden** Nr. 9

(1) Die Beschäftigten müssen

a) sich gegen Witterungseinflüsse geschützt umkleiden, waschen und wärmen können,

▸ **ASR A4.1 Sanitärräume** Nr. 8

b) über Einrichtungen verfügen, um ihre Mahlzeiten einnehmen und gegebenenfalls auch zubereiten zu können,

▸ **ASR A4.2 Pausen- und Bereitschaftsräume** Nr. 7

c) in der Nähe der Arbeitsplätze über Trinkwasser oder ein anderes alkoholfreies Getränk verfügen können.

▸ **ASR A4.2 Pausen- und Bereitschaftsräume** Nr. 7

Weiterhin sind auf Baustellen folgende Anforderungen umzusetzen:

d) Sind Umkleideräume nicht erforderlich, muss für jeden regelmäßig auf der Baustelle anwesenden Beschäftigten eine Kleiderablage und ein abschließbares Fach vorhanden sein, damit persönliche Gegenstände unter Verschluss aufbewahrt werden können.

▸ **ASR A4.1 Sanitärräume** Nr. 8

e) Unter Berücksichtigung der Arbeitsverfahren und der physischen Belastungen der Beschäftigten ist dafür zu sorgen, dass ausreichend gesundheitlich zuträgliche Atemluft vorhanden ist.

▸ **ASR A3.6 Lüftung** Nr. 7

f) Beschäftigte müssen die Möglichkeit haben, Arbeitskleidung und Schutzkleidung außerhalb der Arbeitszeit zu lüften und zu trocknen.

▸ **ASR A4.1 Sanitärräume** Nr. 7.4

g) In regelmäßigen Abständen sind geeignete Versuche und Übungen an Feuerlöscheinrichtungen und Brandmelde- und Alarmanlagen durchzuführen.

▸ **ASR A2.2 Maßnahmen gegen Brände** Nr. 7

(2) Schutzvorrichtungen, die ein Abstürzen von Beschäftigten an Arbeitsplätzen und Verkehrswegen auf Baustellen verhindern, müssen vorhanden sein:

1. unabhängig von der Absturzhöhe bei
   a) Arbeitsplätzen am und über Wasser oder an und über anderen festen oder flüssigen Stoffen, in denen man versinken kann,
   b) Verkehrswegen über Wasser oder anderen festen oder flüssigen Stoffen, in denen man versinken kann,
2. bei mehr als ein Meter Absturzhöhe an Wandöffnungen, an freiliegenden Treppenläufen und -absätzen sowie
3. bei mehr als zwei Meter Absturzhöhe an allen übrigen Arbeitsplätzen.

▸ **ASR A2.1 Schutz vor Absturz und herabfallenden Gegenständen, Betreten von Gefahrenbereichen** Nr. 8

▸ **ASR A5.2 Anforderungen an Arbeitsplätze und Verkehrswege auf Baustellen im Grenzbereich zum Straßenverkehr – Straßenbaustellen**

Bei einer Absturzhöhe bis zu drei Metern ist eine Schutzvorrichtung entbehrlich an Arbeitsplätzen und Verkehrswegen auf Dächern und Geschossdecken von baulichen Anlagen mit bis zu 22,5 Grad Neigung und nicht mehr als 50 Quadratmeter Grundfläche, sofern die Arbeiten von hierfür fachlich qualifizierten und körperlich geeigneten Beschäftigten ausgeführt werden und diese Beschäftigten besonders unterwiesen sind. Die Absturzkante muss für die Beschäftigten deutlich erkennbar sein.

(3) Räumliche Begrenzungen der Arbeitsplätze, Materialien, Ausrüstungen und ganz allgemein alle Elemente, die durch Ortsveränderung die Sicherheit und die Gesundheit der Beschäftigten beeinträchtigen können, müssen auf geeignete Weise stabilisiert werden. Hierzu zählen auch Maßnahmen, die verhindern, dass Fahrzeuge, Erdbaumaschinen und Förderzeuge abstürzen, umstürzen, abrutschen oder einbrechen.

▸ **ASR A5.2 Anforderungen an Arbeitsplätze und Verkehrswege auf Baustellen im Grenzbereich zum Straßenverkehr – Straßenbaustellen**

(4) Werden Beförderungsmittel auf Verkehrswegen verwendet, so müssen für andere, den Verkehrsweg nutzende Personen ein ausreichender Sicherheitsabstand oder geeignete Schutzvorrichtungen vorgesehen werden. Die Wege müssen regelmäßig überprüft und gewartet werden.

ASR A5.2 Anforderungen an Arbeitsplätze und Verkehrswege auf Baustellen im Grenzbereich zum Straßenverkehr – Straßenbaustellen

(5) Bei Arbeiten, aus denen sich im besonderen Maße Gefährdungen für die Beschäftigten ergeben können, müssen geeignete Sicherheitsvorkehrungen getroffen werden. Dies gilt insbesondere für Abbrucharbeiten sowie Montage- oder Demontagearbeiten.

Zur Erfüllung der Schutzmaßnahmen des Satzes 1 sind

a) bei Arbeiten an erhöhten oder tiefer gelegenen Standorten Standsicherheit und Stabilität der Arbeitsplätze und ihrer Zugänge auf geeignete Weise zu gewährleisten und zu überprüfen, insbesondere nach einer Veränderung der Höhe oder Tiefe des Arbeitsplatzes,
b) bei Aushubarbeiten, Brunnenbauarbeiten, unterirdischen oder Tunnelarbeiten die Erd- oder Felswände so abzuböschen, zu verbauen oder anderweitig so zu sichern, dass sie während der einzelnen Bauzustände standsicher sind; vor Beginn von Erdarbeiten sind geeignete Maßnahmen durchzuführen, um die Gefährdung durch unterirdisch verlegte Kabel und andere Versorgungsleitungen festzustellen und auf ein Mindestmaß zu verringern,
c) bei Arbeiten, bei denen Sauerstoffmangel auftreten kann, geeignete Maßnahmen zu treffen, um einer Gefahr vorzubeugen und eine wirksame und sofortige Hilfeleistung zu ermöglichen; Einzelarbeitsplätze in Bereichen, in denen erhöhte Gefährdung durch Sauerstoffmangel besteht, sind nur zulässig, wenn diese ständig von außen überwacht werden und alle geeigneten Vorkehrungen getroffen sind, um eine wirksame und sofortige Hilfeleistung zu ermöglichen,
d) beim Auf-, Um- sowie Abbau von Spundwänden und Senkkästen angemessene Vorrichtungen vorzusehen, damit sich die Beschäftigten beim Eindringen von Wasser und Material retten können,
e) bei Laderampen Absturzsicherungen vorzusehen,
f) bei Arbeiten, bei denen mit Gefährdungen aus dem Verkehr von Land-, Wasser- oder Luftfahrzeugen zu rechnen ist, geeignete Vorkehrungen zu treffen.

Abbrucharbeiten, Montage- oder Demontagearbeiten, insbesondere der Auf- oder Abbau von Stahl- oder Betonkonstruktionen, die Montage oder Demontage von Verbau zur Sicherung von Erd- oder Felswänden oder Senkkästen sind fachkundig zu planen und nur unter fachkundiger Aufsicht sowie nach schriftlicher Abbruch-, Montage- oder Demontageanweisung durchzuführen; die Abbruch-, Montage- oder Demontageanweisung muss die erforderlichen sicherheitstechnischen Angaben enthalten; auf die Schriftform kann verzichtet werden, wenn für die jeweiligen Abbruch-, Montage- oder Demontagearbeiten besondere sicherheitstechnische Angaben nicht erforderlich sind.

(6) Vorhandene elektrische Freileitungen müssen nach Möglichkeit außerhalb des Baustellengeländes verlegt oder freigeschaltet werden. Wenn dies nicht möglich ist, sind geeignete Abschrankungen, Abschirmungen oder Hinweise anzubringen, um Fahrzeuge und Einrichtungen von diesen Leitungen fern zu halten.

6 Maßnahmen zur Gestaltung von Bildschirmarbeitsplätzen

ASR A6 Bildschirmarbeit

6.1 Allgemeine Anforderungen an Bildschirmarbeitsplätze

ASR A6 Bildschirmarbeit

(1) Bildschirmarbeitsplätze sind so einzurichten und zu betreiben, dass die Sicherheit und der Schutz der Gesundheit der Beschäftigten gewährleistet sind. Die Grundsätze der Ergonomie sind auf die Bildschirmarbeitsplätze und die erforderlichen Arbeitsmittel sowie die für die Informationsverarbeitung durch die Beschäftigten erforderlichen Bildschirmgeräte entsprechend anzuwenden.

(2) Der Arbeitgeber hat dafür zu sorgen, dass die Tätigkeiten der Beschäftigten an Bildschirmgeräten insbesondere durch andere Tätigkeiten oder regelmäßige Erholungszeiten unterbrochen werden.

▸ **ASR A6 Bildschirmarbeit**
Nr. 5.3 Unterbrechung der Tätigkeit am Bildschirmgerät

(3) Für die Beschäftigten ist ausreichend Raum für wechselnde Arbeitshaltungen und -bewegungen vorzusehen.

▸ **ASR A6 Bildschirmarbeit**
Nr. 6.3.9 Raum für wechselnde Arbeitshaltung und Bewegung
Nr. 6.3.11 Referenzsitzhaltung

(4) Die Bildschirmgeräte sind so aufzustellen und zu betreiben, dass die Oberflächen frei von störenden Reflexionen und Blendungen sind.

▸ **ASR A6 Bildschirmarbeit**
Nr. 6.3.14 Beleuchtung

(5) Die Arbeitstische oder Arbeitsflächen müssen eine reflexionsarme Oberfläche haben und so aufgestellt werden, dass die Oberflächen bei der Arbeit frei von störenden Reflexionen und Blendungen sind.

(6) Die Arbeitsflächen sind entsprechend der Arbeitsaufgabe so zu bemessen, dass alle Eingabemittel auf der Arbeitsfläche variabel angeordnet werden können und eine flexible Anordnung des Bildschirms, des Schriftguts und der sonstigen Arbeitsmittel möglich ist. Die Arbeitsfläche vor der Tastatur muss ein Auflegen der Handballen ermöglichen.

▸ **ASR A6 Bildschirmarbeit**
Nr. 6.3.10 Arbeitsflächen

(7) Auf Wunsch der Beschäftigten hat der Arbeitgeber eine Fußstütze und einen Manuskripthalter zur Verfügung zu stellen, wenn eine ergonomisch günstige Arbeitshaltung auf andere Art und Weise nicht erreicht werden kann.

▸ **ASR A6 Bildschirmarbeit**
Nr. 6.3.13 Vorlagenhalter und Fußstütze

(8) Die Beleuchtung muss der Art der Arbeitsaufgabe entsprechen und an das Sehvermögen der Beschäftigten angepasst sein; ein angemessener Kontrast zwischen Bildschirm und Arbeitsumgebung ist zu gewährleisten. Durch die Gestaltung des Bildschirmarbeitsplatzes sowie der Auslegung und der Anordnung der Beleuchtung sind störende Blendungen, Reflexionen oder Spiegelungen auf dem Bildschirm und den sonstigen Arbeitsmitteln zu vermeiden.

▸ **ASR A6 Bildschirmarbeit**
Nr. 6.3.14 Beleuchtung

(9) Werden an einem Arbeitsplatz mehrere Bildschirmgeräte oder Bildschirme betrieben, müssen diese ergonomisch angeordnet sein. Die Eingabegeräte müssen sich eindeutig dem jeweiligen Bildschirmgerät zuordnen lassen.

▸ **ASR A6 Bildschirmarbeit**
Nr. 6.3.3 Mehrere Bildschirme oder Bildschirmgeräte am Arbeitsplatz

(10) Die Arbeitsmittel dürfen nicht zu einer erhöhten, gesundheitlich unzuträglichen Wärmebelastung am Arbeitsplatz führen.

▸ **ASR A6 Bildschirmarbeit**
Nr. 6.3.15 Wärmebelastung

6.2 Allgemeine Anforderungen an Bildschirme und Bildschirmgeräte

(1) Die Text- und Grafikdarstellungen auf dem Bildschirm müssen entsprechend der Arbeitsaufgabe und dem Sehabstand scharf und deutlich sowie ausreichend groß sein. Der Zeichen- und der Zeilenabstand müssen angemessen sein. Die Zeichengröße und der Zeilenabstand müssen auf dem Bildschirm individuell eingestellt werden können.

▸ **ASR A6 Bildschirmarbeit**
Nr. 6.1.1 Anforderungen an die Zeichendarstellung auf Bildschirmen und Bildschirmgeräten

(2) Das auf dem Bildschirm dargestellte Bild muss flimmerfrei sein. Das Bild darf keine Verzerrungen aufweisen.

(3) Die Helligkeit der Bildschirmanzeige und der Kontrast der Text- und Grafikdarstellungen auf dem Bildschirm müssen von den Beschäftigten einfach eingestellt werden können. Sie müssen den Verhältnissen der Arbeitsumgebung individuell angepasst werden können.

▸ **ASR A6 Bildschirmarbeit**
Nr. 6.1.4 Helligkeit und Kontrast

(4) Die Bildschirmgröße und -form müssen der Arbeitsaufgabe angemessen sein.

ASR A6 Bildschirmarbeit Nr. 6.3.2 Anforderungen an Bildschirme

(5) Die von den Bildschirmgeräten ausgehende elektromagnetische Strahlung muss so niedrig gehalten werden, dass die Sicherheit und die Gesundheit der Beschäftigten nicht gefährdet werden.

ASR A6 Bildschirmarbeit Nr. 5.1 Abs. 7

6.3 Anforderungen an Bildschirmgeräte und Arbeitsmittel für die ortsgebundene Verwendung an Arbeitsplätzen

(1) Bildschirme müssen frei und leicht dreh- und neigbar sein sowie über reflexionsarme Oberflächen verfügen. Bildschirme, die über reflektierende Oberflächen verfügen, dürfen nur dann betrieben werden, wenn dies aus zwingenden aufgabenbezogenen Gründen erforderlich ist.

ASR A6 Bildschirmarbeit Nr. 6.1 Allgemeine Anforderungen an Bildschirme und Bildschirmgeräte

(2) Tastaturen müssen die folgenden Eigenschaften aufweisen:

1. sie müssen vom Bildschirm getrennte Einheiten sein,
2. sie müssen neigbar sein,
3. die Oberflächen müssen reflexionsarm sein,
4. die Form und der Anschlag der Tasten müssen den Arbeitsaufgaben angemessen sein und eine ergonomische Bedienung ermöglichen,
5. die Beschriftung der Tasten muss sich vom Untergrund deutlich abheben und bei normaler Arbeitshaltung gut lesbar sein.

ASR A6 Bildschirmarbeit Nr. 6.3.5 Eingabemittel Tastatur

(3) Alternative Eingabemittel (zum Beispiel Eingabe über den Bildschirm, Spracheingabe, Scanner) dürfen nur eingesetzt werden, wenn dadurch die Arbeitsaufgaben leichter ausgeführt werden können und keine zusätzlichen Belastungen für die Beschäftigten entstehen.

ASR A6 Bildschirmarbeit Nr. 6.3.8 Alternative Eingabemittel

6.4 Anforderungen an tragbare Bildschirmgeräte für die ortsveränderliche Verwendung an Arbeitsplätzen

ASR A6 Bildschirmarbeit Nr. 6.5 Regelmäßige ortsveränderliche Verwendung von tragbaren Bildschirmen

(1) Größe, Form und Gewicht tragbarer Bildschirmgeräte müssen der Arbeitsaufgabe entsprechend angemessen sein.

ASR A6 Bildschirmarbeit Nr. 6.5.1 Allgemeine Anforderungen

(2) Tragbare Bildschirmgeräte müssen
1. über Bildschirme mit reflexionsarmen Oberflächen verfügen und
2. so betrieben werden, dass der Bildschirm frei von störenden Reflexionen und Blendungen ist.

(3) Tragbare Bildschirmgeräte ohne Trennung zwischen Bildschirm und externem Eingabemittel (insbesondere Geräte ohne Tastatur) dürfen nur an Arbeitsplätzen betrieben werden, an denen die Geräte nur kurzzeitig verwendet werden oder an denen die Arbeitsaufgaben mit keinen anderen Bildschirmgeräten ausgeführt werden können.

(4) Tragbare Bildschirmgeräte mit alternativen Eingabemitteln sind den Arbeitsaufgaben angemessen und mit dem Ziel einer optimalen Entlastung der Beschäftigten zu betreiben.

(5) Werden tragbare Bildschirmgeräte ortsgebunden an Arbeitsplätzen verwendet, gelten zusätzlich die Anforderungen nach Nummer 6.1.

6.5 Anforderungen an die Benutzerfreundlichkeit von Bildschirmarbeitsplätzen

(1) Beim Betreiben der Bildschirmarbeitsplätze hat der Arbeitgeber dafür zu sorgen, dass der Arbeitsplatz den Arbeitsaufgaben angemessen gestaltet ist. Er hat insbesondere geeignete Softwaresysteme bereitzustellen.

▸ **ASR A6 Bildschirmarbeit**
Nr. 6 Gestaltungsanforderungen
Nr. 6.2 Softwareergonomie

(2) Die Bildschirmgeräte und die Software müssen entsprechend den Kenntnissen und Erfahrungen der Beschäftigten im Hinblick auf die jeweilige Arbeitsaufgabe angepasst werden können.

(3) Das Softwaresystem muss den Beschäftigten Angaben über die jeweiligen Dialogabläufe machen.

(4) Die Bildschirmgeräte und die Software müssen es den Beschäftigten ermöglichen, die Dialogabläufe zu beeinflussen. Sie müssen eventuelle Fehler bei der Handhabung beschreiben und eine Fehlerbeseitigung mit begrenztem Arbeitsaufwand erlauben.

Eine Kontrolle der Arbeit hinsichtlich der qualitativen oder quantitativen Ergebnisse darf ohne Wissen der Beschäftigten nicht durchgeführt werden.

Technische Regeln für Arbeitsstätten (Arbeitsstättenregeln – ASR)

Inhaltsübersicht

ASR V3 »Gefährdungsbeurteilung«

Ausgabe: Juli 2017

(Gemeinsames Ministerialblatt, S. 390)

Die Technischen Regeln für Arbeitsstätten (ASR) geben den Stand der Technik, Arbeitsmedizin und Hygiene sowie sonstige gesicherte arbeitswissenschaftliche Erkenntnisse für das Einrichten und Betreiben von Arbeitsstätten wieder.

Sie werden vom Ausschuss für Arbeitsstätten ermittelt bzw. angepasst und vom Bundesministerium für Arbeit und Soziales im Gemeinsamen Ministerialblatt bekannt gemacht.

Diese ASR V3 konkretisiert im Rahmen des Anwendungsbereichs die Anforderungen der Verordnung über Arbeitsstätten. Bei Einhaltung der Technischen Regeln kann der Arbeitgeber insoweit davon ausgehen, dass die entsprechenden Anforderungen der Verordnung erfüllt sind. Wählt der Arbeitgeber eine andere Lösung, muss er damit mindestens die gleiche Sicherheit und den gleichen Gesundheitsschutz für die Beschäftigten erreichen.

Inhalt

1 Zielstellung

Diese ASR konkretisiert die Anforderungen an die Gefährdungsbeurteilung nach § 3 Arbeitsstättenverordnung (ArbStättV) im Rahmen der Beurteilung der Arbeitsbedingungen nach Arbeitsschutzgesetz (ArbSchG). Sie beschreibt eine Vorgehensweise zur Durchführung dieser Gefährdungsbeurteilung nach § 3 ArbStättV.

2 Anwendungsbereich

Diese ASR gilt für die Durchführung der Gefährdungsbeurteilung beim Einrichten und Betreiben von Arbeitsstätten sowie bei Telearbeitsplätzen gemäß § 2 Absatz 7 ArbStättV bei der erstmaligen Beurteilung der Arbeitsbedingungen und des Arbeitsplatzes soweit der Arbeitsplatz von dem im Betrieb abweicht.

Hinweis:

In dieser ASR V3 sind die Anforderungen an die Gefährdungsbeurteilung für die Belange von Menschen mit Behinderungen berücksichtigt.

3 Begriffsbestimmungen

3.1 Die **Gefährdungsbeurteilung** nach § 3 ArbStättV ist die auf das Einrichten und Betreiben der Arbeitsstätte ausgerichtete systematische Ermittlung und Beurteilung aller möglichen Gefährdungen der Beschäftigten einschließlich der Festlegung der erforderlichen Maßnahmen für Sicherheit und Gesundheit bei der Arbeit.

3.2 Eine **Gefährdung** bezeichnet die Möglichkeit eines Gesundheitsschadens oder einer gesundheitlichen Beeinträchtigung ohne bestimmte Anforderungen an deren Ausmaß oder Eintrittswahrscheinlichkeit.

3.3 Eine **Gefahr** bezeichnet eine Sachlage, die bei ungehindertem Ablauf des zu erwartenden Geschehens mit hinreichender Wahrscheinlichkeit zu einem Gesundheitsschaden oder einer gesundheitlichen Beeinträchtigung führt.

3.4 **Wechselwirkung** im Sinne dieser ASR ist die gegenseitige Beeinflussung von Gefährdungen oder Maßnahmen, wodurch sich Ausmaß und Art der Gefährdung verändern können.

4 Allgemeine Grundsätze

(1) Die Gefährdungsbeurteilung dient insbesondere als:

- Instrument zur Beurteilung der Arbeitsbedingungen,
- Grundlage zur Entscheidungsfindung, ob und welche Maßnahmen des Arbeitsschutzes notwendig sind,
- Handlungskonzept für die Verbesserung von Sicherheit und Gesundheitsschutz in der Arbeitsstätte (siehe Punkt 5, Abb. 1).

Hinweis:

In Verbindung mit Neubau oder baulichen Änderungen von Arbeitsstätten können im Rahmen der Gefährdungsbeurteilung wichtige und maßgebende Parameter, Rahmenbedingungen und Qualitäten beschrieben und festgelegt werden. Die Gefährdungsbeurteilung kann den Planern für das Einrichten (Entwurfsplanung) wichtige Gestaltungshinweise geben (siehe Punkt 4.2.1).

(2) Die Gefährdungsbeurteilung ist systematisch und fachkundig durchzuführen, insbesondere:

- beim Einrichten von Arbeitsstätten und
- beim Betreiben von Arbeitsstätten.

(3) Die Gefährdungsbeurteilung ist vor Aufnahme der Tätigkeiten durchzuführen und zu dokumentieren.

(4) Sie ist zu überprüfen und bei Bedarf zu aktualisieren, insbesondere:

- bei wesentlichen Veränderungen in der Arbeitsstätte, z. B.:
  - der Umgestaltung der bestehenden Arbeitsstätte,
  - der Festlegung von Arbeitsplätzen,
  - der Änderung von Arbeitsverfahren,
  - der Änderung der Arbeitsabläufe und der Arbeitsorganisation,
  - im Zusammenhang mit dem Einsatz anderer Arbeitsmittel oder Arbeitsstoffe,
  - im Zusammenhang mit der Änderung oder Beschaffung von Maschinen, Geräten und Einrichtungen,
  - im Zusammenhang mit Instandhaltung,
- bei der Änderung von relevanten Rechtsvorschriften oder von Technischen Regeln,
- bei neuen arbeitswissenschaftlichen Erkenntnissen bzw. Veränderungen des Standes der Technik, Arbeitsmedizin und Hygiene,
- nach dem Erkennen von kritischen Situationen (z. B. Beinahe-Unfällen, Fehlzeiten infolge arbeitsbedingter Gesundheitsbeeinträchtigungen sowie Erkenntnissen aus der arbeitsmedizinischen Vorsorge),
- nach Bekanntwerden einer Behinderung bei Beschäftigten oder
- nach Arbeitsunfällen und Berufskrankheiten.

4.1 Fachkunde

(1) Der Arbeitgeber hat sicherzustellen, dass die Gefährdungsbeurteilung fachkundig durchgeführt wird. Verfügt der Arbeitgeber nicht selbst über die entsprechenden Kenntnisse, hat er sich fachkundig beraten zu lassen.

(2) Fachkundig ist, wer über die zur Erfüllung der in dieser Technischen Regel bestimmten Aufgaben erforderlichen Fachkenntnisse verfügt. Zu den Anforderungen zählen eine entsprechende Berufsausbildung, Berufserfahrung oder eine zeitnah ausgeübte entsprechende berufliche Tätigkeit. Die Fachkenntnisse sind durch Teilnahme an Schulungen oder Unterweisungen auf aktuellem Stand zu halten.

(3) Umfang und Tiefe der notwendigen Kenntnisse, z. B. über das einschlägige Vorschriften- und Regelwerk, insbesondere die Technischen Regeln für Arbeitsstätten, können in Abhängigkeit von der zu beurteilenden Gefährdung unterschiedlich sein.

(4) Fachkundig im Sinne von Absatz 2 können insbesondere betriebliche Führungskräfte oder die Fachkraft für Arbeitssicherheit oder die Betriebsärztin oder der Betriebsarzt sein.

(5) Die Anforderungen an die Fachkunde sind abhängig von den zu beurteilenden Gefährdungen und müssen im Sinne dieser ASR nicht in einer Person vereinigt sein. Zur fachkundigen Durchführung der Gefährdungsbeurteilung gehören konkrete Kenntnisse der zu beurteilenden Arbeitsstätten und Tätigkeiten.

4.2 Gegenstand der Gefährdungsbeurteilung

Bei der Durchführung der Gefährdungsbeurteilung für Arbeitsstätten sind in Bezug auf das Einrichten sowie auf das Betreiben unterschiedliche Sachverhalte von Bedeutung. Der Arbeitgeber hat die mit der Arbeitsstätte verbundenen Gefährdungen unabhängig voneinander zu ermitteln und zu beurteilen. Mögliche Wechselwirkungen sind zu berücksichtigen. Sie können sich insbesondere auch im Zusammenwirken mit Arbeitsmitteln, Arbeitsstoffen, Arbeitsabläufen bzw. der Arbeitsorganisation sowie den Gefährdungsfaktoren gemäß Punkt 5.2.2 ergeben.

4.2.1 Einrichten von Arbeitsstätten

(1) Einrichten ist das Bereitstellen und Ausgestalten der Arbeitsstätte. Es umfasst u. a.:

- bauliche Maßnahmen oder Veränderungen, insbesondere Neu- und Umbau sowie Erweiterungsmaßnahmen von Arbeitsstätten,
- das Ausstatten mit Maschinen, Anlagen, Bildschirmgeräten, Mobiliar, anderen Arbeitsmitteln sowie Beleuchtungs-, Lüftungs-, Heizungs-, Feuerlösch- und Versorgungseinrichtungen,
- das Anlegen und Kennzeichnen von Verkehrs- und Fluchtwegen, Kennzeichnen von Gefahrenstellen und brandschutztechnischen Ausrüstungen sowie
- das Festlegen von Arbeitsplätzen unter Berücksichtigung der geplanten Tätigkeiten.

(2) Die Integration des Arbeitsschutzes in die Planung von Arbeitsstätten ist von grundlegender Bedeutung. Nach dem Einrichten einer Arbeitsstätte lassen sich Veränderungen nur mit einem zusätzlichen Aufwand realisieren. Um dies zu vermeiden, sind zweckmäßigerweise bereits im Planungsprozess von Neu- oder Umbauten die Nutzung der Arbeitsstätte und der Stand der Technik, Arbeitsmedizin und Hygiene sowie die ergonomischen Anforderungen zu ermitteln und als Anforderung an die Arbeitsstätte festzuhalten. Werden Grundsätze der barrierefreien Gestaltung bereits bei der Planung von Arbeitsstätten berücksichtigt, können vorausschauende Lösungen die Kosten für eine nachträgliche Anpassung und einen aufwendigen Umbau von Arbeitsstätten bei einer künftigen Beschäftigung von Menschen mit Behinderungen verringern oder vermeiden.

(3) Im Rahmen der Gefährdungsbeurteilung müssen Abnutzungserscheinungen und ggf. vorhandene Wirkungsgradverluste von getroffenen Maßnahmen des Arbeitsschutzes berücksichtigt werden (z. B. Beleuchtung, Lüftung, Sonnenschutz, Kennzeichnung), damit die Schutzziele der ArbStättV dauerhaft und zuverlässig erreicht werden.

(4) Die Festlegung von Arbeitsplätzen ist notwendig, damit arbeitsplatzbezogene Gestaltungsmaßnahmen getroffen werden können (z. B. Zugänge zu den Arbeitsplätzen, Bewegungsflächen, Anordnung der Leuchten).

(5) Bei der prospektiven Betrachtung ist auch die Nutzung durch unterschiedliche Personengruppen (siehe Punkt 5.1 Absätze 5 und 6) zu berücksichtigen.

(6) Die Veränderung der Leistungsvoraussetzungen der Beschäftigten im Verlauf der Nutzungsdauer der Arbeitsstätte kann einen Einfluss auf die Planung haben (z. B. kann eine Verringerung des individuellen Sehvermögens bei zunehmendem Alter der Beschäftigten eine höhere Anforderung an die Beleuchtungsqualität erfordern).

(7) Beabsichtigt ein Arbeitgeber eine bauliche Anlage zur Nutzung als Arbeitsstätte zu mieten oder zu erwerben, so ist es angezeigt, vor der Einrichtung des Objekts anhand einer Gefährdungsbeurteilung zu prüfen, ob die Vorgaben der ArbStättV eingehalten werden können. Sonst ist ggf. keine oder nur eine eingeschränkte Nutzung möglich.

(8) Sofern vorhanden, sind die Informationen zu Sicherheit und Gesundheitsschutz aus der nach Baustellenverordnung geforderten Unterlage für mögliche spätere Arbeiten, z. B. Reinigung oder Instandhaltung, zu berücksichtigen.

4.2.2 Betreiben von Arbeitsstätten

(1) Das Betreiben von Arbeitsstätten umfasst das Benutzen, Instandhalten und Optimieren der Arbeitsstätten, die Organisation und die Gestaltung von Arbeits- und Fertigungsverfahren sowie der Arbeitsabläufe in der Arbeitsstätte.

(2) Der Arbeitgeber hat sicherzustellen, dass die Arbeitsstätte nach dem Stand der Technik, Arbeitsmedizin und Hygiene sowie den ergonomischen Anforderungen betrieben wird. Dieses gilt auch für angemietete Objekte (z. B. Büroflächen, Verkaufsräume, Produktions- oder Lagerräume).

(3) In der Gefährdungsbeurteilung müssen auch Situationen berücksichtigt werden, die vom Normalbetrieb abweichen (z. B. Störungen, Stromausfälle, extreme Witterungseinflüsse).

(4) Weiterhin sind Gefährdungen zu ermitteln und zu beurteilen, mit denen z. B. bei Bränden, Unfällen, Überfällen oder sonstigen Betriebsstörungen zu rechnen ist (z. B. Gestaltung von Fluchtwegen und Notausgängen, Flucht- und Rettungspläne).

5 Prozessschritte der Gefährdungsbeurteilung

Die Prozessschritte werden in der folgenden Abbildung 1 dargestellt.

5.1 Vorbereiten

(1) Die Gefährdungsbeurteilung ist je nach Art der Tätigkeiten in der Arbeitsstätte durchzuführen. Daher kann es erforderlich sein, eine Gliederung (z. B. in Arbeitsbereiche oder Tätigkeitsgruppen) vorzunehmen.

(2) Wenn von Beschäftigten arbeitsbereichsübergreifende Tätigkeiten (z. B. Hausmeistertätigkeiten, Instandhaltung, Reinigung) ausgeführt werden, ist zu prüfen, ob diese Tätigkeiten gesondert zu betrachten sind.

(3) Bei gleichartigen Arbeitsbedingungen können Arbeitsplätze oder Tätigkeiten innerhalb einer Arbeitsstätte zusammengefasst betrachtet werden.

(4) Erforderlichenfalls sind Tätigkeiten so zu erfassen, dass auch ihre Dauer bzw. Häufigkeit (z. B. temporär, täglich, quartalsweise, jährlich) erkennbar sind.

(5) Es ist zu berücksichtigen, ob in der Arbeitsstätte besondere Personengruppen beschäftigt werden (z. B. Praktikanten, Jugendliche, werdende oder stillende Mütter, Leiharbeitnehmer, Beschäftigte ohne ausreichende Deutschkenntnisse, Menschen mit Behinderungen).

(6) Gefährdungen durch sonstige in der Arbeitsstätte anwesende Personen (z. B. Beschäftigte von Fremdfirmen, Beschäftigte im Rahmen von Dienst- und Werkverträgen, Besucher, Kunden) sind zu berücksichtigen.

(7) In Arbeitsstätten, in denen Beschäftigte mehrerer Arbeitgeber tätig werden, haben sich diese Arbeitgeber bei der Festlegung von Maßnahmen zur Vermeidung gegenseitiger Gefährdungen der Beschäftigten abzustimmen (z. B. auf Baustellen, Bürogemeinschaften).

(8) Für Telearbeitsplätze gilt nur der Anhang Nummer 6 »Maßnahmen zur Gestaltung von Bildschirmarbeitsplätzen« der ArbStättV soweit der Arbeitsplatz von dem im Betrieb abweicht.

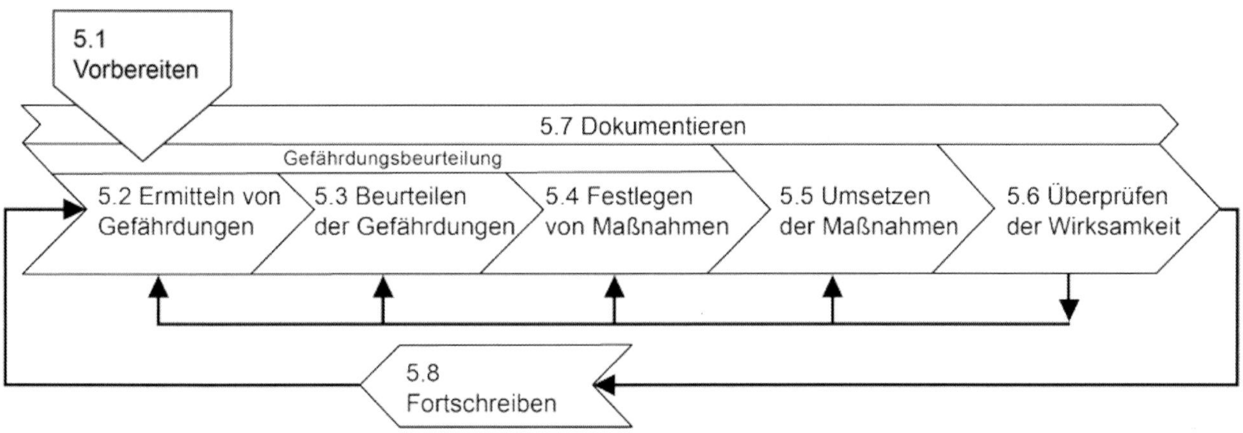

Abb. 1: Schematische Darstellung der Prozessschritte der Gefährdungsbeurteilung

5.2 Ermitteln von Gefährdungen

(1) Ziel der Ermittlung ist die systematische Identifizierung von möglichen Gefährdungen, deren Quellen und gefahrbringenden Bedingungen.

(2) Das Ermitteln beinhaltet die Erfassung des Planungs- oder Ist-Zustandes (z. B. durch Beobachten, Befragen, Messen, Berechnen oder Abschätzen) sowie die anschließende Benennung und Beschreibung der Gefährdungen.

5.2.1 Vorgehensweise beim Ermitteln von möglichen Gefährdungen

(1) Zur fachkundigen Ermittlung von möglichen Gefährdungen sind systematisch alle unter Punkt 5.1 »Vorbereiten« festgelegten Arbeitsbereiche, Tätigkeitsgruppen, Personengruppen sowie bereichsübergreifende Arbeitsaufgaben bezüglich der Gefährdungsfaktoren gemäß Punkt 5.2.2 und deren Wechselwirkungen (siehe Punkt 4.2) zu betrachten.

Bei der Ermittlung von möglichen Gefährdungen (siehe Definition, Punkt 3.2) werden keine bestimmten Anforderungen an das Ausmaß oder die Eintrittswahrscheinlichkeit eines Gesundheitsschadens oder einer gesundheitlichen Beeinträchtigung gestellt.

(2) Sofern es zur fachkundigen Informationsgewinnung erforderlich ist, sind die relevanten Quellen heranzuziehen, z. B.:

- das einschlägige Vorschriften- und Regelwerk, insbesondere die Technischen Regeln für Arbeitsstätten sowie weitere Technische Regeln,
- branchenspezifische Regeln und Informationen sowie Gefährdungs- und Belastungskataloge insbesondere der Unfallversicherungsträger,
- Herstellerinformationen (z. B. Bedienungsanleitungen, Gebrauchsanleitungen, Betriebsanleitungen),
- vorhandene Verfahrens-, Arbeits- und Betriebsanweisungen,
- Aufzeichnungen und Erkenntnisse über Unfälle, Erkrankungen, Behinderungen, Schadensfälle, kritische Situationen, Beinahe-Unfälle,
- Betriebsbegehungsprotokolle, Arbeitsschutzausschussprotokolle, dokumentierte Befragungsergebnisse, Prüfbücher, Unterlagen für Instandhaltung (z. B. gemäß BaustellV bzw. RAB 32 »Unterlage für spätere Arbeiten«),
- Baugenehmigungen und mitgeltende Unterlagen (z. B. Brandschutzkonzepte),
- behördliche Anordnungen,
- Berechnungsprognosen oder Protokolle durchgeführter Messungen (z. B. zu Lärm, Klima, Gefahrstoffen),
- Erfahrungswerte von vergleichbaren Arbeitsplätzen oder
- Angaben aus Datenbanken.

(3) Zur Ermittlung der Gefährdung beim Einrichten und Betreiben von Arbeitsstätten können z. B. folgende Methoden einzeln oder kombiniert angewandt werden:

- Prüfung von Planungsunterlagen, Bauzeichnungen und -plänen,
- Abschätzen von Messgrößen anhand von Technischen Unterlagen (z. B. Maschinenkennzahlen, Emissionskennzahlen),
- Durchführung von Modellrechnungen, Simulationen, Profilvergleichsverfahren u. ä.,
- Besichtigung der betrieblichen Gegebenheiten (z. B. mit Erfassung der Arbeitsorganisation, der Arbeitsabläufe, der Arbeitszeiten, der einzelnen Tätigkeiten, der Arbeitsmittel, Arbeitsverfahren, Arbeitsstoffe sowie des Arbeitsumfelds),
- Messungen zur Feststellung von räumlichen Gegebenheiten, Ermittlung von Konzentrationen, Temperaturen, Emissionen usw. oder
- Befragungen von Beschäftigten, Führungskräften und weiteren Arbeitsschutzakteuren.

5.2.2 Gefährdungsfaktoren

Beim Ermitteln von möglichen Gefährdungen sind insbesondere die im Anhang mit arbeitsstättenbezogenen Beispielen und Erläuterungen aufgeführten Gefährdungsfaktoren relevant.

5.3 Beurteilen von Gefährdungen

Um die Sicherheit und den Gesundheitsschutz der Beschäftigten bei der Arbeit zu gewährleisten und kontinuierlich zu verbessern, hat der Arbeitgeber die ermittelten Gefährdungen systematisch dahingehend zu beurteilen, ob Maßnahmen des Arbeitsschutzes erforderlich sind. Für das Beurteilen der Gefährdung im Hinblick auf das zu erreichende Schutzziel nach ArbStättV sind zunächst Beurteilungsmaßstäbe erforderlich, die in der Regel aus dem einschlägigen Vorschriften- und Regelwerk sowie aus der Fachliteratur abzuleiten sind (siehe Punkt 5.3.1 Absätze 1 bis 3).

Fehlen solche Beurteilungsmaßstäbe müssen diese betrieblich vereinbart werden (siehe Punkt 5.3.1 Absatz 4).

Anhand dieser Beurteilungsmaßstäbe erfolgt danach das Beurteilen der Gefährdungen (siehe Punkt 5.3.2).

5.3.1 Ermittlung von Beurteilungsmaßstäben

Bei der Ermittlung bzw. Festlegung dieser Maßstäbe ist in folgender Reihenfolge vorzugehen:

1. Zunächst ist zu prüfen, ob die in der ArbStättV aufgeführten Schutzziele durch Technische Regeln für Arbeitsstätten konkretisiert werden.

   Sofern in den Technischen Regeln für Arbeitsstätten Anforderungen, Maße oder Werte vorhanden sind, bilden diese einen konkreten Maßstab für das Beurteilen der Gefährdung. Bei Einhaltung dieses konkreten Maßstabs und einer diesem Maßstab entsprechenden Maßnahmenumsetzung erlangt der Arbeitgeber nach § 3a Absatz 1 Satz 3 ArbStättV die Vermutungswirkung, dass die Anforderungen erfüllt sind.

2. Sofern in den Technischen Regeln für Arbeitsstätten keine Anforderungen, Maße oder Werte zu finden sind, ist zu prüfen, ob für die betrachtete Gefährdung andere gesicherte arbeitswissenschaftliche Erkenntnisse existieren, die insbesondere Angaben zu Grenz-, Schwellen- oder Richtwerten enthalten. Es kann sich dabei z. B. um Veröffentlichungen der

Unfallversicherungsträger, der Bundesanstalt für Arbeitsschutz und Arbeitsmedizin (BAuA) oder des Länderausschusses für Arbeitsschutz und Sicherheitstechnik (LASI) handeln.

3. Fehlen gesicherte arbeitswissenschaftliche Erkenntnisse, insbesondere mit Angaben zu Grenz-, Schwellen- oder Richtwerten, so ist zu prüfen, ob zumindest arbeitswissenschaftliche Erkenntnisse mit qualitativen Maßstäben verfügbar sind, z. B. Forschungsberichte, wissenschaftliche Veröffentlichungen sowie einschlägige Normen.

4. Betriebliche Beurteilungsmaßstäbe sind vom Arbeitgeber eigenständig zu entwickeln und zu verwenden, wenn anhand der in den Nummern 1 bis 3 beschriebenen Vorgehensweise keine verwendbaren Beurteilungsmaßstäbe ermittelt werden können. Dabei sind insbesondere folgende Aspekte zu berücksichtigen:
   - Art, Ausmaß, Dauer und Häufigkeit einer Exposition,
   - gefahrbringende Bedingungen, durch die eine Gefährdung bei der Arbeit wirksam werden kann (z. B. Umgebungsbedingungen, Zeitdruck, Unordnung, Verschleiß),
   - durch Qualifikation und Unterrichtung oder Unterweisung erworbene Befähigung der Beschäftigten, eine Gefährdung rechtzeitig wahrzunehmen und einschätzen zu können.

5.3.2 Durchführung der Beurteilung

Der vorliegende Planungs- oder Ist-Zustand mit den ermittelten Gefährdungen wird anhand des gemäß Punkt 5.3.1 herangezogenen Beurteilungsmaßstabs beurteilt.

Beim Beurteilen der Gefährdungen sind insbesondere einzubeziehen:

- alle den Gefährdungen ausgesetzten Beschäftigten, einschließlich besonderer Personengruppen (siehe Punkt 5.1 Absatz 5),
- die Gefährdungen durch die Anwesenheit sonstiger Personen in der Arbeitsstätte (siehe Punkt 5.1 Absatz 6),
- alle Betriebszustände, neben dem Normalbetrieb z. B. auch Auf-, Um- und Abbau, Reinigung, Instandhaltung,
- die Erkennbarkeit und Vermeidbarkeit einer Gesundheitsgefährdung Wichtige Merkmale sind insbesondere:
  - unmittelbare oder nur mittelbare (z. B. durch Messinstrumente oder Warneinrichtungen) Wahrnehmbarkeit der Gefährdung,
  - beaufsichtigter oder unbeaufsichtigter Betrieb,
  - schnelles oder langsames Auftreten der Gefährdung (z. B. Schnelllauftore),
  - technisch oder organisatorisch bedingte Einschränkungen, sich der Gefährdung entziehen zu können (z. B. Behinderung durch persönliche Schutzausrüstung (PSA), Zwangsverriegelung von Schutztüren).
- Wechselwirkungen

  Die Gefährdungsfaktoren sind sowohl einzeln als auch im Zusammenhang zu beurteilen.

5.3.3 Ergebnis der Beurteilung der Gefährdungen

(1) Folgende Beurteilungsergebnisse sind möglich:

1. Maßnahmen sind erforderlich:
   - Das Ergebnis der Beurteilung erfordert unverzüglich Maßnahmen.

     Es besteht eine unmittelbare Gefahr für die Gesundheit, z. B. Absturz an ungesicherten Absturzkanten. Es müssen unverzüglich geeignete Maßnahmen zur Beseitigung bzw. Reduzierung der Gefährdung ergriffen werden.
   - Das Ergebnis der Beurteilung erfordert Maßnahmen.

   Es besteht eine Gesundheitsgefährdung, z. B. durch unzureichende Lüftung, Raumtemperatur, Beleuchtung. Geeignete Maßnahmen zur Beseitigung bzw. Reduzierung der Gefährdung müssen ergriffen werden.
2. Der unter Punkt 5.3.1 ermittelte Beurteilungsmaßstab ist eingehalten.

(2) Eine Verbesserung von Sicherheit und Gesundheitsschutz ist anzustreben (vgl. ArbSchG), z. B. Installation einer Strahlungsheizung statt Konvektionsheizung in Werkstätten, Verbesserung der Bürogestaltung.

5.4 Festlegen von Maßnahmen

5.4.1 Allgemeine Grundsätze für die Festlegung von Maßnahmen

(1) Die beim Beurteilen der Gefährdungen gewonnenen Erkenntnisse bilden die Basis für das Festlegen der erforderlichen Maßnahmen des Arbeitsschutzes.

(2) Die Maßnahmen müssen dem Stand der Technik, Arbeitsmedizin und Hygiene sowie den Anforderungen der Ergonomie entsprechen und insbesondere sind die vom Bundesministerium für Arbeit und Soziales nach § 7 Absatz 4 ArbStättV bekannt gemachten Regeln und Erkenntnisse zu berücksichtigen. Gesicherte arbeitswissenschaftliche Erkenntnisse sind zu berücksichtigen. Die Maßnahmen müssen geeignet sein, die ermittelten Gefährdungen zu beseitigen bzw. soweit zu reduzieren, dass das Schutzziel erreicht wird.

(3) Werden die in den Technischen Regeln für Arbeitsstätten genannten Maßnahmen eingehalten, so ist davon auszugehen, dass die Schutzziele der ArbStättV erreicht werden. Es gilt die Vermutungswirkung.

(4) Weicht der Arbeitgeber von den in den Technischen Regeln genannten Maßnahmen ab oder fehlen diese, muss er durch andere Maßnahmen die gleiche Sicherheit und den gleichen Schutz der Gesundheit der Beschäftigten erreichen. Dies ist nach Punkt 5.7 zu dokumentieren.

(5) Die Unterweisung der Mitarbeiter hinsichtlich der möglicherweise verbleibenden Gefährdungen sowie ggf. der Auswirkung der festgelegten Maßnahme bzw. deren Umsetzung ist integraler Bestandteil der jeweiligen Maßnahme.

(6) Beim Festlegen von Maßnahmen sind die Zusammenhänge bzw. die Wechselwirkungen aus den resultierenden Gefährdungsfaktoren von Arbeitsstätte, Arbeitsplatz, Arbeitsmitteln, Arbeitsstoffen, Arbeitsorganisation und Arbeitsaufgabe zu berücksichtigen.

(7) Sollten sich bedingt durch Maßnahmen zur Beseitigung bzw. Reduzierung von Gefährdungen neue Gefährdungen für die Beschäftigten ergeben, sind auch diese in die Gefährdungsbeurteilung einzubeziehen (z. B. bei vorgesehener Installation einer Absauganlage die Beurteilung der neuen Geräuschquelle).

5.4.2 Maßnahmenhierarchie

(1) Bei der Auswahl der Maßnahmen hat der Arbeitgeber den im ArbSchG festgelegten Grundsatz der Vermeidung von Gefährdungen zu prüfen und wenn möglich umzusetzen (z. B. belastende Wärmequelle aus Arbeitsbereich entfernen).

(2) Soweit die Vermeidung von Gefährdungen gemäß Absatz 1 nicht möglich ist, muss beim Festlegen von Maßnahmen die folgende Maßnahmenhierarchie berücksichtigt werden (siehe Abb. 2).

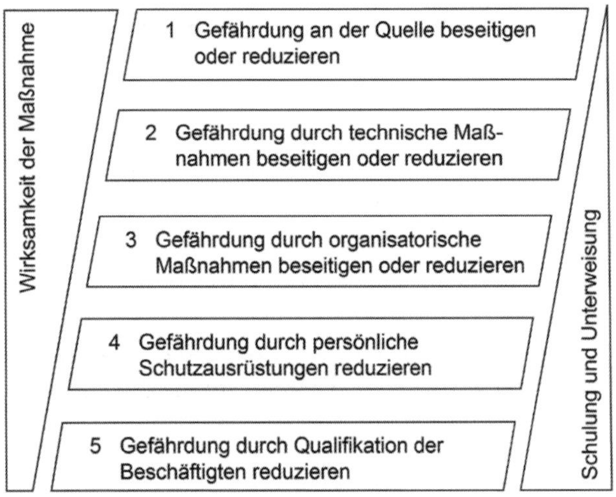

Abb. 2: Maßnahmenhierarchie

1. Zunächst ist zu prüfen, ob Gefährdungen an den Quellen zu beseitigen oder zu reduzieren sind (z. B. belastende Wärme unmittelbar abführen oder ein Gerät mit geringerer Wärmeentwicklung wählen).
2. Ist dies nicht möglich, ist zu prüfen, ob die Gefährdungen durch technische Maßnahmen zu beseitigen oder zu reduzieren sind (z. B. Klimatisierung der Arbeitsräume, Wärmeschutzschilde, Luftschleier).
3. Sind technische Maßnahmen nicht möglich, ist zu prüfen, ob die Gefährdungen durch organisatorische Maßnahmen zu beseitigen oder zu reduzieren sind (z. B. Änderung von Arbeitsabläufen, um die Aufenthaltsdauer im wärmebelasteten Arbeitsbereich zu vermeiden bzw. zu verringern, wie etwa durch Rotation von Mitarbeitern oder durch das Festlegen von Entwärmungsphasen in geeigneten Räumen).
4. Sind organisatorische Maßnahmen nicht möglich, ist zu prüfen, ob die Gefährdungen durch den Einsatz von persönlicher Schutzausrüstung zu vermeiden oder zu reduzieren sind (z. B. PSA gegen Absturz).
5. Sind die vorgenannten Maßnahmen nicht möglich, ist zu prüfen, ob die Schutzziele durch Qualifikation der Beschäftigten zu erreichen sind.

(3) Zur Erreichung des Schutzziels kann es erforderlich sein, Maßnahmen zu kombinieren. Dabei sind die Hierarchiestufen zu beachten.

(4) Im Einzelfall können Maßnahmen aus einer niedrigeren Hierarchiestufe eine gleichwertige Schutzwirkung erreichen (z. B. regelmäßige Unterbrechung der Tätigkeiten in durch Sommerhitze belasteten Räumen anstatt Klimatisierung).

5.5 Umsetzen von Maßnahmen

(1) Die festgelegten Maßnahmen sind entsprechend Punkt 5.3.3 zu priorisieren und umzusetzen.

(2) Wurde eine Entscheidung für eine Maßnahme getroffen, sind die hieraus resultierenden Umsetzungsschritte zu konkretisieren.

Hinweis:

Falls erforderlich, ist für umfangreichere Maßnahmen eine Ablaufplanung zu erstellen, in der z. B. Zeitziele, Übergangsmaßnahmen, festgelegte Termine, Verantwortliche und andere Beteiligte genannt werden.

5.6 Überprüfen der Wirksamkeit der Maßnahmen

(1) Die Umsetzung und Wirksamkeit der festgelegten Maßnahmen sind zu überprüfen. Dabei ist festzustellen, ob die Maßnahmen vollständig umgesetzt wurden und dazu geführt haben, die Gefährdungen zu beseitigen bzw. hinreichend zu reduzieren, und ob gegebenenfalls neue Gefährdungen entstanden sind. Die Prüfung kann z. B. durch Beobachten, Messen oder Befragen (siehe Punkt 5.2) erfolgen.

(2) Sollten weitere oder andere Maßnahmen erforderlich sein, weil z. B. trotz der Umsetzung der festgelegten Maßnahmen Schutzziele nicht erreicht werden, dann sind die vorherigen Teilschritte entsprechend Abbildung 1 (siehe Punkt 5) zu wiederholen.

5.7 Dokumentation

5.7.1 Grundsätze der Dokumentation

(1) Die Dokumentation gemäß § 3 Absatz 3 ArbStättV ist Bestandteil der Unterlagen nach § 6 ArbSchG. Sie muss vor Aufnahme der Tätigkeiten vorliegen.

(2) Die Dokumentation dient mit als Grundlage für die Planung und Gestaltung der betrieblichen Prozesse, z. B. für Neu- und Umbauten, Unterweisungen, Betriebsanweisungen. Sie erleichtert es, Verantwortliche und Termine in Hinblick auf Maßnahmen des Arbeitsschutzes nachvollziehbar festzuhalten.

(3) Sie ist die Basis für die Arbeit der betrieblichen Akteure im Arbeitsschutz (insbesondere Arbeitgeber, verantwortliche Personen nach § 13 ArbSchG (z. B. Führungskräfte), Betriebs- und Personalräte, Fachkräfte für Arbeitssicherheit, Betriebsärzte und Sicherheitsbeauftragte) sowie des Arbeitsschutzausschusses.

(4) Die Dokumentation erfolgt schriftlich und kann als Papierdokument oder in elektronischer Form vorliegen. Sie muss in einer verbindlichen Version verfügbar sein.

(5) Werden Hilfen zur Dokumentation der Gefährdungsbeurteilung, z. B. der Unfallversicherungsträger, verwendet, sind sie an die betrieblichen Bedingungen anzupassen. Insbesondere ist sicherzustellen, dass alle Betriebsteile und Tätigkeiten (ggf. auch unterschiedliche Betriebszustände, z. B. Instandhaltung) erfasst werden.

(6) Der Umfang der Dokumentation richtet sich z. B. nach der Betriebsgröße, Betriebsstruktur oder Art und Ausmaß der Gefährdungen. Insbesondere

- in kleinen Betrieben, bei überschaubaren Strukturen oder bei geringen Gefährdungen kann die Dokumentation gemäß Punkt 5.7.2 ausreichen.
- bei komplexeren Situationen und hohem Gefährdungspotential müssen der Dokumentation erforderlichenfalls weitere Unterlagen zugeordnet werden (siehe Punkt 5.7.3).

Hinweis:

Die Dokumentation kann die Grundlage für die erforderliche Abstimmung sein, z. B.:

- *bei Zusammenarbeit von Beschäftigten mehrerer Arbeitgeber in einer Arbeitsstätte,*
- *bei gemeinsamer Nutzung einer Arbeitsstätte durch mehrere Arbeitgeber,*
- *zur Information weiterer in der Arbeitsstätte anwesender Personen.*

5.7.2 Mindestanforderungen

(1) Die Dokumentation muss mindestens Folgendes enthalten:

- die jeweilige Bezeichnung der erfassten Arbeitsplätze, Arbeitsbereiche und Tätigkeiten sowie ggf. der zusammengefassten gleichartigen Arbeitsplätze oder Tätigkeiten,
- die jeweils festgestellten Gefährdungen,
- die Ergebnisse der Beurteilung der festgestellten Gefährdungen,
- die bezogen auf die festgestellten Gefährdungen jeweils festgelegten Maßnahmen (inklusive Umsetzung siehe Punkt 5.5 Absatz 2) sowie
- das Ergebnis der Wirksamkeitsüberprüfung.

(2) Aus den im Rahmen der Gefährdungsbeurteilung erstellten bzw. aus den mitgeltenden Unterlagen (z. B. Organigramme, Dienstverteilungspläne, Pflichtenübertragung) müssen die für die Durchführung der Gefährdungsbeurteilung und die Wirksamkeitskontrolle Verantwortlichen sowie das Datum der Erstellung bzw. der Aktualisierung hervorgehen.

5.7.3 Weitere Unterlagen

Um die erforderliche Plausibilität und Aussagefähigkeit der Dokumentation zu erreichen, kann es erforderlich sein, weitere, im Verlaufe der Gefährdungsbeurteilung verwendete oder erstellte Unterlagen der Dokumentation beizufügen oder auf diese Unterlagen zu verweisen. Solche Unterlagen können z. B. sein:

- die für umfangreichere Maßnahmen erstellte Ablaufplanung (siehe Punkt 5.5),
- Ausführungen, auf welche betriebliche Situation (z. B. Einrichten, Normalbetrieb, Instandhaltung, Reinigung) sich die Gefährdungen beziehen,
- die für die Ergebnisse der einzelnen Prozessschritte relevanten Unterlagen (z. B. Messprotokolle, Erkenntnisse aus Gesundheitsberichten, Unfallberichte),
- die verwendeten Beurteilungsmaßstäbe (siehe Punkt 5.3.1),
- Dokumente, aus denen die Entscheidungsfindung hervorgeht, wenn z. B. konkurrierende Schutzziele oder Maßnahmen abgewogen wurden,
- Angabe der Personen, die an der Gefährdungsbeurteilung beteiligt waren.

Hinweise:

1. *Hinsichtlich der Beteiligungsrechte der betrieblichen Interessenvertretung gelten die Bestimmungen des Betriebsverfassungsgesetzes bzw. der jeweiligen Personalvertretungsgesetze.*
2. *Der Arbeitgeber hat sicherzustellen, dass Betriebsärzte und Fachkräfte für Arbeitssicherheit zur Erfüllung ihrer Aufgaben nach den Bestimmungen des Arbeitssicherheitsgesetzes auf die Dokumentation zugreifen können.*

5.8 Fortschreiben

Die Gefährdungsbeurteilung ist kontinuierlich zu überprüfen und zu aktualisieren. Dazu sind insbesondere die in Punkt 4 Absatz 4 aufgeführten Grundsätze und Anlässe zu berücksichtigen.

6 Abweichende/ergänzende Anforderungen für Baustellen

(1) Auf Baustellen ist ergänzend zu Punkt 5.1 Absatz 7 der Sicherheits- und Gesundheitsschutzplan nach § 3 Absatz 2 Nummer 2 Baustellenverordnung in der Planungsphase zu berücksichtigen.

(2) Auf Baustellen kann ergänzend zu Punkt 5.7.3 der Sicherheits- und Gesundheitsschutzplan nach § 3 Absatz 3 Nummer 3 Baustellenverordnung für die Ausführungsphase eine weitere Unterlage der Dokumentation der Gefährdungsbeurteilung sein.

Ausgewählte Literaturhinweise

- GDA – Gemeinsame Deutsche Arbeitsschutzstrategie: Leitlinie Gefährdungsbeurteilung und Dokumentation (http://www.gda-portal.de)
- Informationsportal der BAuA zur Gefährdungsbeurteilung: (http://www.gefaehrdungsbeurteilung.de)

Anhang

Erläuterungen mit Beispielen zu den Gefährdungsfaktoren

Bei der Gefährdungsbeurteilung im Sinne der ArbStättV und dieser ASR ist insbesondere das Auftreten folgender Gefährdungen zu prüfen.

1 Mechanische Gefährdungen

Mechanische Gefährdungen können z. B. sein:

- Sturz- und Stolperstellen (z. B. durch die Beschaffenheit des Fußbodens, des Bodenbelags, der Auftrittsfläche; durch Steigungen oder Gefälle in Verkehrswegen; Feuchtigkeitsanfall, Verschmutzungen, witterungsbedingte Glätte),
- Absturzstellen (z. B. an höher gelegenen Arbeitsplätzen und Verkehrswegen – auch bei Reinigung oder Instandhaltung – einschließlich Rampen, Treppen und Steigleitern; Hindurchbrechen beim Betreten von Dächern, Decken, Oberlichtern; in Bereichen, die an Wasserflächen, Becken o. ä. angrenzen),
- bewegte Transportmittel/Arbeitsmittel (z. B. durch die Beschaffenheit der Verkehrswege und der Kreuzungsbereiche (Abmessungen, Oberflächen, Beleuchtung, Einsehbarkeit); bei gemeinsamer Nutzung von Verkehrswegen durch Fußgänger und Fahrzeuge),
- Quetsch- und Scherstellen (z. B. an kraftbetriebenen Fenstern, Türen und Toren; an kraftbetriebenen Regalen, Fahrtreppen und -steigen),
- herabfallende Gegenstände (z. B. aufgrund der Anordnung von Lagerflächen oberhalb von Arbeitsplätzen und Verkehrswegen),
- gefährliche Oberflächen (z. B. Ecken, Kanten, raue Oberflächen von Gebäuden/Bauteilen; Schneiden an feststehenden oder beweglichen Bauteilen).

2 Elektrische Gefährdungen

Elektrische Gefährdungen können z. B. sein:

- elektrischer Schlag oder Störlichtbögen bei Annäherung an oder bei direkter Berührung von Spannung führenden Teilen elektrischer Anlagen (z. B. Freileitungen, Fahrdrähte, Sammelschienen). In Bezug auf Arbeitsstätten kann dies vorkommen z. B. bei Arbeiten an elektrischen Anlagen, der Beladung von Eisenbahnwaggons, Arbeiten auf Baustellen im Hoch- bzw. Tiefbau oder bei Arbeiten in Umspannwerken.

3 Gefahrstoffe

Gefährdungen durch Gefahrstoffe im Sinne der ArbStättV können z. B. sein:

- Innenraumluftverunreinigungen durch einen schadstoffbelasteten Baukörper bzw. schadstoffbelastete Baumaterialien, raumlufttechnische Anlagen oder Einrichtungsgegenstände, z. B. Formaldehyd oder andere Aldehyde, Holzschutzmittel, Flammschutzmittel, Fasern, Biozide, Weichmacher, organische Lösemittel (VOC), Passivrauchen am Arbeitsplatz,
- Verdrängung der Atemluft, z. B. in Bereichen mit sauerstoffreduzierter Atmosphäre, beim Einsatz von Sauerstoff verdrängenden Gasen als Löschmittel.

4 Biologische Arbeitsstoffe (Biostoffe)

Biologische Gefährdungen im Sinne der ArbStättV durch Verunreinigungen und Ablagerungen können z. B. sein:

- Schimmelpilz-Wachstum in Räumen,
- Verkeimung in raumlufttechnischen Anlagen oder Klimaanlagen,
- Hygieneaspekte in Arbeits- oder Sanitärräumen,
- Legionellen-Vermehrung in Trinkwasseranlagen (Aerosolbildung).

5 Brand- und Explosionsgefährdungen

Brand- und Explosionsgefährdungen können z. B. sein:

- leicht entflammbare Materialien (z. B. Verpackungen, Dekorationsmaterialien, Vorhänge) in Verbindung mit einer wirksamen Zündquelle (z. B. offene Flammen, heiße Oberflächen, Funkenschlag),
- Ansammlung brennbarer Rückstände (z. B. Fette, Stäube) in lüftungstechnischen Anlagen,
- sichtbare Ablagerungen von brennbarem Staub auf Böden und Arbeitsgeräten.

6 Thermische Gefährdungen

Thermische Gefährdungen können z. B. sein:

- berührbare heiße oder kalte Oberflächen (z. B. von heißen/kalten Rohrleitungen, Heizeinrichtungen an Arbeitsplätzen oder direkt an Verkehrswegen und Durchgängen),
- heiße oder kalte Medien (z. B. Heißdampf, heiße oder kalte Flüssigkeiten), die aus zur Arbeitsstätte gehörenden Anlagen austreten und in Arbeitsbereiche und Verkehrswege gelangen können.

7 Gefährdungen durch spezielle physikalische Einwirkungen

Gefährdungen durch spezielle physikalische Einwirkungen können z. B. sein:

- Lärm und Vibrationen an Arbeitsplätzen bei entsprechenden baulichen Gegebenheiten (z. B. Raumabmessungen, Beschaffenheit von Wänden, Böden, Decken und weiteren Oberflächen, Raumakustik, Übertragung von Körperschall und Vibrationen durch den Baukörper),
- natürliche optische Strahlung (Sonnenstrahlung) bei Arbeiten im Freien.

8 Gefährdungen durch Arbeitsumgebungsbedingungen

Gefährdungen durch Arbeitsumgebungsbedingungen können z. B. sein:

- Hitze (hohe Temperaturen am Arbeitsplatz), z. B. aufgrund direkter Sonneneinstrahlung, hoher Außentemperaturen, technologisch bedingter Wärmequellen,
- Kälte, z. B. bei Arbeiten in Kühlräumen oder in tiefkalten Arbeitsbereichen, bei Arbeiten im Freien,
- Klima, z. B. bei häufigem Tätigkeitswechsel oder starken Schwankungen der Raumtemperatur zwischen »warm« und »kalt«, durch Zugluft,
- Luftqualität, z. B. bei hoher Belegung von Arbeitsräumen oder bei Geruchsbelastung,
- Beleuchtung, z. B. aufgrund geringer Beleuchtungsstärke, starker Reflektion, Blendung, Lichtfarbe, Übergänge zwischen hellen und dunklen Bereichen, Schlagschatten, geringem Tageslichtanteil,
- Anordnung und Gestaltung der Arbeitsplätze sowie der Pausen-, Bereitschafts- und Sanitärräume, z. B. deren Zugänglichkeit und Größe, Beeinflussung durch benachbarte Arbeitsplätze und Bereiche.

In Gefahr- oder Notfällen können zusätzliche Gefährdungen entstehen z. B. durch:

- Anordnung und Beschaffenheit der Feuerlöscheinrichtungen, der Melde- und Alarmierungseinrichtungen, der Erste-Hilfe-Einrichtungen sowie der Sicherheits- und Gesundheitsschutzkennzeichnung,
- Art und Anzahl der Fluchtmöglichkeiten, Länge, Breite und Verlauf der Fluchtwege; Beleuchtung und Kennzeichnung der Wege.

9 Gefährdungen durch physische Belastung/Arbeitsschwere

Physische Gefährdungen im Sinne der ArbStättV können z. B. sein:

- Zwangshaltungen (insbesondere durch Arbeiten im Hocken, im Knien, mit Rumpfbeugen, mit Verdrehen oder über Kopf),
- Sitzen oder Stehen ohne die Möglichkeit des Haltungswechsels (z. B. bei Bildschirmarbeit),
- manuelle Transporte über Schwellen, Treppen oder Rampen.

10 Gefährdungen durch psychische Faktoren

Durch die Gestaltung der Arbeitsstätte bedingte psychische Gefährdungen können z. B. sein:

- Lärm, z. B. Maschinenlärm aus benachbarten Arbeitsbereichen, Signale aus benachbarten Bereichen, tonhaltige Geräusche der Lüftung,
- Klima, z. B. Zugluft, häufige Temperaturschwankungen,
- Vibrationen, z. B. aus benachbarten Maschinenhallen,
- schlechte Wahrnehmbarkeit von Signalen oder Anzeigen, z. B. in Leitwarten, Leitstellen,
- Beleuchtung, z. B. Lichtfarbe, Flimmern,
- räumliche Gestaltung von Büroarbeitsplätzen, z. B. in Großraumbüros, Callcentern,
- die Arbeitsorganisation und Arbeitsablaufgestaltung,
- nicht den ergonomischen Grundsätzen entsprechende Softwaregestaltung,
- Raum- oder Gebäudenutzungskonzepte, die den Arbeitsabläufen nicht angemessen sind.

11 Gefährdungen durch sonstige Einwirkungen

Sonstige Gefährdungen können z. B. sein:

- Gewaltandrohung oder Gewaltanwendung in Behörden, Kliniken, Kreditinstituten, Spielhallen, Verkaufsstellen, Tankstellen usw.,
- Tiere, z. B. beißen, treten, quetschen, schlagen, stechen,
- Pflanzen, z. B. stechen, schneiden, sensibilisieren.

3.2.12 ASR V3a.2 »Barrierefreie Gestaltung von Arbeitsstätten«

Ausgabe August 2012; letzte Änderung März 2023

(Gemeinsames Ministerialblatt 2012 Nr. 37, Seite 660; 2023 Nr. 31, Seite 652)

Die Technischen Regeln für Arbeitsstätten (ASR) geben den Stand der Technik, Arbeitsmedizin und Hygiene sowie sonstige gesicherte wissenschaftliche Erkenntnisse für die Sicherheit und Gesundheit der Beschäftigten beim Einrichten und Betreiben von Arbeitsstätten wieder.

Sie werden vom **Ausschuss für Arbeitsstätten** ermittelt bzw. angepasst und vom Bundesministerium für Arbeit und Soziales im Gemeinsamen Ministerialblatt bekannt gemacht.

Diese ASR V3a.2 konkretisiert im Rahmen ihres Anwendungsbereichs Anforderungen der Verordnung über Arbeitsstätten. Bei Einhaltung dieser Technischen Regel kann der Arbeitgeber davon ausgehen, dass die entsprechenden Anforderungen der Verordnung erfüllt sind. Wählt der Arbeitgeber eine andere Lösung, muss er damit mindestens die gleiche Sicherheit und den gleichen Schutz der Gesundheit für die Beschäftigten erreichen.

Inhalt

Diese ASR V3a.2 wird fortlaufend ergänzt.

1 Zielstellung

Diese ASR konkretisiert die Anforderungen gemäß § 3a Abs. 2 der Arbeitsstättenverordnung. Danach hat der Arbeitgeber Arbeitsstätten so einzurichten und zu betreiben, dass die besonderen Belange der dort beschäftigten Menschen mit Behinderungen im Hinblick auf die Sicherheit und den Gesundheitsschutz berücksichtigt werden.

2 Anwendungsbereich

(1) Das Erfordernis nach barrierefreier Gestaltung von Arbeitsstätten im Hinblick auf die Sicherheit und den Gesundheitsschutz ergibt sich immer dann, wenn Menschen mit Behinderungen beschäftigt werden. Die Auswirkung der Behinderung und die daraus resultierenden individuellen Erfordernisse sind im Rahmen der Gefährdungsbeurteilung für die barrierefreie Gestaltung der Arbeitsstätte zu berücksichtigen. Es sind die Bereiche der Arbeitsstätte barrierefrei zu gestalten, zu denen die Beschäftigten mit Behinderungen Zugang haben müssen.

(2) Sind in bestehenden Arbeitsstätten die im Rahmen der Gefährdungsbeurteilung nach Absatz 1 ermittelten technischen Maßnahmen zur barrierefreien Gestaltung mit Aufwendungen verbunden, die offensichtlich unverhältnismäßig sind, so kann der Arbeitgeber auch durch organisatorische oder personenbezogene Maßnahmen die Sicherheit und den Gesundheitsschutz der Beschäftigten mit Behinderungen in vergleichbarer Weise sicherstellen.

(3) Die Pflichten des Arbeitgebers aus Absatz 1 beziehen sich nicht nur auf im Betrieb namentlich bekannte schwerbehinderte Beschäftigte, sondern auf alle Beschäftigten mit einer Behinderung. Eine Behinderung kann demnach auch dann vorliegen, wenn eine Schwerbehinderung nicht besteht (der Grad der Behinderung also weniger als 50 beträgt) oder die Feststellung einer Behinderung nicht beantragt worden ist.

Hinweise:

1. *Erforderliche Anpassungsmaßnahmen von Arbeitsstätten richten sich für schwerbehinderte Beschäftigte und diesen gleichgestellte Beschäftigte mit Blick auf das behinderungsgerechte Einrichten und Betreiben von Arbeitsstätten zudem nach § 164 Absatz 4 Nummer 4 Sozialgesetzbuch Neuntes Buch Rehabilitation und Teilhabe von Menschen mit Behinderungen (SGB IX, zuletzt geändert durch Art. 3 Absatz G v. 9.10.2020).*
2. *Das Erfordernis nach einer barrierefreien Gestaltung der Arbeitsstätte ergibt sich nicht, wenn Beschäftigte mit einer Behinderung trotz einer barrierefreien*

ASR V3a.2

Gestaltung nicht zur Ausführung der erforderlichen Tätigkeiten fähig sind und diese Fähigkeiten auch nicht erwerben können.

3 Begriffsbestimmungen

3.1 Eine **Behinderung** liegt vor, wenn Menschen langfristige körperliche, seelische, geistige oder Sinnesbeeinträchtigungen haben, welche sie in Wechselwirkung mit einstellungs- und umweltbedingten Barrieren an der gleichberechtigten Teilhabe an der Gesellschaft hindern können. Als langfristig gilt ein Zeitraum, der mit hoher Wahrscheinlichkeit länger als sechs Monate andauert. Behinderungen können z. B. sein: eine Gehbehinderung, eine Lähmung, die die Benutzung einer Gehhilfe oder eines Rollstuhls erforderlich macht, Kleinwüchsigkeit oder eine starke Seheinschränkung, die sich mit üblichen Sehhilfen wie Brillen bzw. Kontaktlinsen nicht oder nur unzureichend kompensieren lässt. Zu Behinderungen zählen z. B. auch Schwerhörigkeit oder erhebliche Krafteinbußen durch Muskelerkrankungen.

3.2 Eine **barrierefreie Gestaltung der Arbeitsstätte** ist gegeben, wenn bauliche und sonstige Anlagen, Transport- und Arbeitsmittel, Systeme der Informationsverarbeitung, akustische, visuelle und taktile Informationsquellen und Kommunikationseinrichtungen für Beschäftigte mit Behinderungen in der allgemein üblichen Weise, ohne besondere Erschwernisse und grundsätzlich ohne fremde Hilfe auffindbar, zugänglich und nutzbar sind. Hierbei ist die Nutzung behinderungsbedingt notwendiger Hilfsmittel zulässig (in Anlehnung an § 4 des Gesetzes zur Gleichstellung von Menschen mit Behinderungen – Behindertengleichstellungsgesetz (BGG)).

3.3 Das **Zwei-Sinne-Prinzip** ist ein Prinzip der alternativen Wahrnehmung. Alle Informationen aus der Umwelt werden vom Menschen über die Sinne aufgenommen. Fällt ein Sinn aus, ist die entsprechende Informationsaufnahme durch einen anderen Sinn notwendig. Informationen müssen deshalb nach dem Zwei-Sinne-Prinzip mindestens für zwei der drei Sinne »Hören, Sehen, Tasten« zugänglich sein (z. B. gleichzeitige optische und akustische Alarmierung).

3.4 **Visuelle Zeichen** sind sichtbare Zeichen. Das sind kodierte Signale, z. B. Schriften, Bilder, Symbole, Handzeichen oder Leuchtzeichen (z. B. Warnleuchten).

3.5 **Akustische Zeichen** sind hörbare Zeichen. Das sind kodierte Signale, z. B. Schallzeichen (z. B. Sirene), Sprache oder Laute.

3.6 **Taktile Zeichen** sind fühl- oder tastbare Zeichen. Fühlbare Zeichen sind kodierte Signale, z. B. Bodenindikatoren, Rippen- oder Noppenplatten. Tastbare Zeichen ermöglichen eine Verständigung mit erhabenen Schriften und Symbolen (z. B. Braille'sche Blindenschrift, geprägte Reliefpläne).

4 Allgemeines

(1) Die Maßnahmen zur barrierefreien Gestaltung sind durch die individuellen Erfordernisse der Beschäftigten mit Behinderungen bestimmt. Hierbei sind technische Maßnahmen vorrangig durchzuführen.

(2) Ist das Vorliegen der Behinderung und ihrer Auswirkungen auf die Sicherheit und den Gesundheitsschutz nicht offensichtlich, kann der Arbeitgeber Informationen über zu berücksichtigende Behinderungen von Beschäftigten z. B.

- direkt von den behinderten Beschäftigten,
- durch die Schwerbehindertenvertretung,
- durch das betriebliche Eingliederungsmanagement,
- durch die Gefährdungsbeurteilung oder
- durch Erkenntnisse aus Begehungen durch die Fachkraft für Arbeitssicherheit oder den Betriebsarzt

erhalten.

(3) Zum Ausgleich einer nicht mehr ausreichend vorhandenen Sinnesfähigkeit (insbesondere Sehen oder Hören) ist das Zwei-Sinne-Prinzip zu berücksichtigen.

(4) Zum Ausgleich nicht ausreichend vorhandener motorischer Fähigkeiten sind barrierefrei gestaltete alternative Maßnahmen vorzusehen, z. B.

- das Öffnen einer Tür mechanisch mit Türgriffen und zusätzlich elektromechanisch mit Tastern oder durch Näherungsschalter oder
- das Überwinden eines Höhenunterschiedes mittels Treppe und zusätzlich einer Rampe oder eines Aufzugs.

Hinweise:

1. *An Arbeitsstätten, die ganz oder teilweise öffentlich zugänglich sind, stellt das Bauordnungsrecht der Länder auch dann Anforderungen an die Barrierefreiheit, wenn dort keine Menschen mit Behinderungen beschäftigt sind.*
2. *Werden Grundsätze des barrierefreien Bauens bereits bei der Planung von Baumaßnahmen berücksichtigt, können vorausschauende Lösungen die Kosten für eine nachträgliche Anpassung und einen aufwendigen Umbau von Arbeitsstätten bei einer künftigen Beschäftigung von Menschen mit Behinderungen verringern oder vermeiden.*

5 Maßnahmen

Die in den folgenden Anhängen genannten Anforderungen ergänzen die jeweils genannte ASR hinsichtlich der barrierefreien Gestaltung von Arbeitsstätten. Am Ende der Absätze wird in Klammern auf den jeweils betreffenden Abschnitt der in Bezug genommenen ASR verwiesen.

Anhang A1.2

Ergänzende Anforderungen zur ASR A1.2 »Raumabmessungen und Bewegungsflächen«

zu 4 Allgemeines

(1) Bei der Festlegung der Grundflächen von Arbeitsräumen sind die besonderen Belange von Beschäftigten mit Behinderungen so zu berücksichtigen, dass sie ohne Beeinträchtigung ihrer Sicherheit, ihrer Gesundheit oder

ihres Wohlbefindens ihre Arbeit verrichten können. Je nach Auswirkung der Behinderung ist insbesondere auf Nutzbarkeit der Arbeitsräume zu achten. (ASR A1.2 Pkt. 4 Abs. 1)

(2) Für die Ermittlung der Grundflächen und Höhen des notwendigen Bewegungsfreiraumes am Arbeitsplatz sind in Abhängigkeit von den individuellen Erfordernissen der Beschäftigten mit Behinderungen erforderlichenfalls weitere Zuschläge zu berücksichtigen, z. B. für individuelle Hilfsmittel wie Prothesen, Unterarmgehhilfen oder Sauerstoffgeräte. (ASR A1.2 Pkt. 4 Abs. 3)

zu 5 Grundflächen von Arbeitsräumen

(3) In Abhängigkeit von den individuellen Erfordernissen der Beschäftigten mit Behinderungen sind zusätzliche Flächen notwendig, z. B. für persönliche Assistenz, Assistenzhund (z. B. Blindenführhund), medizinische Hilfsmittel oder Elektrorollstuhl. (ASR A1.2 Pkt. 5 Abs. 3)

(4) Für Rollatoren, Rollstühle oder Gehhilfen von Beschäftigten sind gegebenenfalls zusätzliche Stellflächen erforderlich, z. B. im Fall des Umsetzens vom Rollstuhl auf einen Arbeitsstuhl. Sofern Abstellplätze für Rollstühle außerhalb des Arbeitsraumes eingerichtet werden, z. B. im Eingangsbereich, ist für das Umsetzen von einem Außen- auf einen Innenrollstuhl eine Umsetzfläche von mindestens 1,50 m × 1,80 m notwendig. (ASR A1.2 Pkt. 5 Abs. 1)

zu 5.1 Bewegungsflächen der Beschäftigten am Arbeitsplatz

(5) Wenn sich Beschäftigte am Arbeitsplatz von einem Rollstuhl auf einen Arbeitsstuhl umsetzen müssen, ist eine Bewegungsfläche von mindestens 1,50 m × 1,50 m erforderlich. Die Bewegungsflächen für das Umsetzen dürfen sich mit zusätzlich notwendigen Flächen nach Absatz 3 und zusätzlichen Stellflächen nach Absatz 4 überlagern (siehe Abbildung 1). (ASR A1.2 Pkt. 5.1.1 Abs. 2)

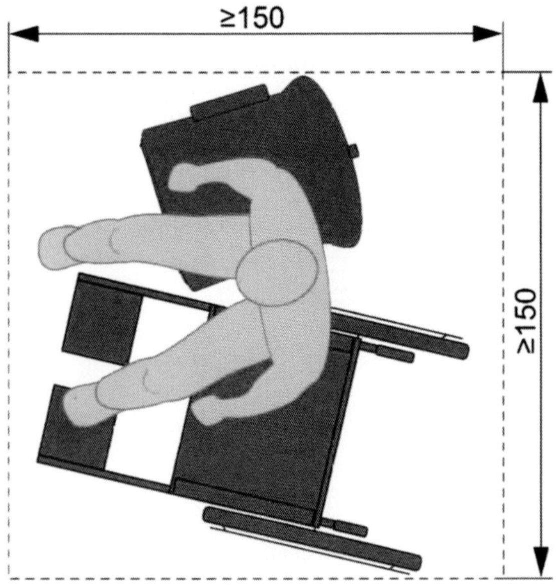

Abb. 1: Mindestgröße der Bewegungsfläche für das Umsetzen am Arbeitsplatz (Maße in cm)

(6) Für Beschäftigte, die einen Rollstuhl benutzen, muss die Bewegungsfläche bei Nichtunterfahrbarkeit von Ausrüstungs- und Ausstattungselementen mindestens 1,50 m × 1,50 m und bei Unterfahrbarkeit mindestens 1,50 m × 1,20 m (siehe Abbildung 2) betragen. (ASR A1.2 Pkt. 5.1.2)

(7) Für nebeneinander angeordnete Arbeitsplätze gilt Absatz 6, sofern sich zwischen diesen Arbeitsplätzen Trennwände befinden. Sind Trennwände nicht vorhanden, reicht eine Breite der Bewegungsfläche von 1,20 m aus, wenn dabei die Erreichbarkeit des Arbeitsplatzes gewährleistet ist. (ASR A1.2 Pkt. 5.1.4)

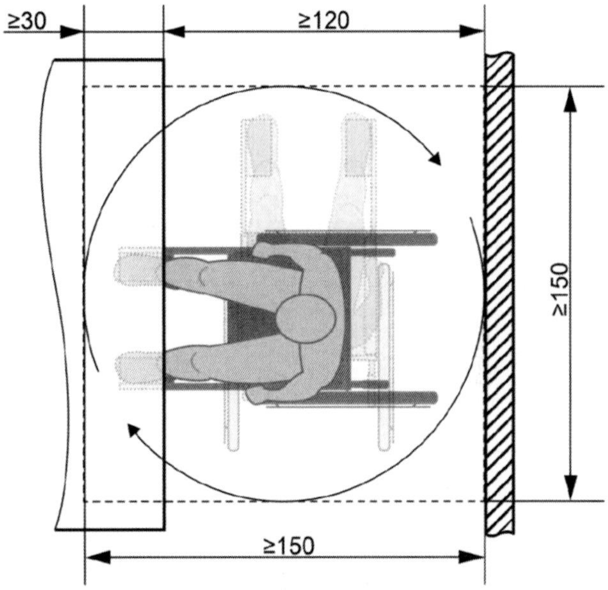

Abb. 2: Überlagerung von Stell- und Bewegungsflächen bei Unterfahrbarkeit von Ausrüstungs- und Ausstattungselementen (Maße in cm)

zu 5.2 Flächen für Verkehrswege

(8) Ergänzende Anforderungen an Flächen für Verkehrswege sind im Anhang A1.8: Ergänzende Anforderungen zur ASR A1.8 »Verkehrswege« und für Fluchtwege im Anhang A2.3: Ergänzende Anforderungen zur ASR A2.3 »Fluchtwege und Notausgänge, Flucht- und Rettungsplan« enthalten. (ASR A1.2 Pkt. 5.2)

Hinweis: Ergänzende Anforderungen an Flächen an Türen sind im Anhang A1.7: Ergänzende Anforderungen zur ASR A1.7 »Türen und Tore« enthalten.

zu 5.5 Flächen für Sicherheitsabstände

(9) Für Beschäftigte, die einen Rollstuhl benutzen muss zur Vermeidung von Ganzkörperquetschungen bei seitlicher Anfahrbarkeit der Sicherheitsabstand mindestens 0,90 m betragen. (ASR A1.2 Pkt. 5.5)

ASR V3a.2

Anhang A1.3

Ergänzende Anforderungen zur ASR A1.3 »Sicherheits- und Gesundheitsschutzkennzeichnung«

(1) Bei der Sicherheits- und Gesundheitsschutzkennzeichnung sind die Belange der Beschäftigten mit Behinderungen so zu berücksichtigen, dass die sicherheitsrelevanten Informationen verständlich übermittelt werden. Zum Ausgleich einer nicht mehr ausreichend vorhandenen Sinnesfähigkeit ist das Zwei-Sinne-Prinzip zu berücksichtigen. Dies wird erreicht, indem

- für Beschäftigte, die visuelle Zeichen nicht wahrnehmen können, ersatzweise taktile oder akustische Zeichen bzw.
- für Beschäftigte, die akustische Zeichen nicht wahrnehmen können, ersatzweise taktile oder visuelle Zeichen

eingesetzt werden.

(2) Die Sicherheitsaussagen der Sicherheitszeichen (ASR A1.3 Punkt 5.1, Anhang 1) müssen für Beschäftigte mit Sehbehinderung im Sinne des Absatzes 1 taktil erfassbar oder hörbar dargestellt werden, z. B.

- auf Reliefplänen oder -grundrissen, indem ihre Registriernummer (z. B. M014 für »Kopfschutz benutzen«) in Braille'scher Blindenschrift oder »Profilschrift« dargestellt ist,
- mit funkgestützten Informations- oder Leitsystemen (z. B. RFID-Technologie, In-house-Navigations- und -Informationssystem).

(3) Die Sicherheitszeichen bzw. Schriftzeichen sowie die Kennzeichnung von Behältern und Rohrleitungen mit Gefahrstoffen gemäß Tabelle 3 der ASR A1.3 sind zu vergrößern, falls die Sehbehinderung eines Beschäftigten dies erfordert. (ASR A1.3 Punkt 5.1 Abs. 9; Punkt 7 Abs. 2)

(4) Sicherheitszeichen müssen für Rollstuhlbenutzer und Kleinwüchsige aus ihrer Augenhöhe erkennbar sein. (ASR A1.3 Punkt 5.1 Abs. 6)

(5) Für blinde Beschäftigte müssen taktile Kennzeichnungen in einem ausreichenden Abstand von Hindernissen und Gefahrenstellen vorhanden sein (z. B. taktil erkennbare Bodenmarkierungen bei unterlaufbaren Treppen oder Fußleisten an Absturzsicherungen). (ASR A1.3 Punkt 5.2)

(6) Für blinde Beschäftigte sind Fahrwegbegrenzungen auf dem Boden taktil erfassbar auszuführen, z. B. durch erhabene Markierungsstreifen oder unterschiedlich strukturierte Oberflächen. (ASR A1.3 Punkt 5.3 Abs. 1)

(7) Für Beschäftigte mit Hörbehinderung gemäß Absatz 1 sind die Sicherheitsaussagen der Schallzeichen taktil erfassbar oder visuell darzustellen, z. B. Vibrationsalarm (Mobiltelefon). (ASR A1.3 Punkt 5.5)

(8) Ergänzende Anforderungen an Flucht- und Rettungspläne sind in Anhang A2.3: Ergänzende Anforderungen zur ASR A2.3 »Fluchtwege und Notausgänge, Flucht- und Rettungsplan« im Absatz 5 enthalten.

Anhang A1.6

Ergänzende Anforderungen zur ASR A1.6 »Fenster, Oberlichter, lichtdurchlässige Wände«

(1) Bei der Festlegung der Anordnung und Gestaltung der Fenster, Oberlichter und lichtdurchlässigen Wände sind die besonderen Anforderungen von Beschäftigten mit Behinderungen zu berücksichtigen. Je nach Einbausituation und Auswirkung der Behinderung ist insbesondere auf Wahrnehmbarkeit, Erkennbarkeit, Erreichbarkeit und Nutzbarkeit zu achten.

(2) Für sehbehinderte und blinde Beschäftigte sind Gefährdungen durch geöffnete Fensterflügel im Aufenthaltsbereich oder im Bereich von Verkehrswegen, z. B. durch eine Begrenzung des Öffnungswinkels oder eine Absperrung des Öffnungsbereiches, während der Öffnungsdauer zu vermeiden. (ASR A1.6 Punkt 4.1.1 Absatz 4)

(3) Bedienelemente von Fenstern und Oberlichtern (z. B. Griffe oder Kurbeln bei Handbetätigung und Taster oder Schalter bei Kraftbetätigung), die von Beschäftigten mit Behinderungen benutzt werden müssen, sind je nach Auswirkung der Behinderung gemäß den Absätzen 4 bis 7 wahrnehmbar, erkennbar, erreichbar und nutzbar zu gestalten.

(4) **Wahrnehmbarkeit** und **Erkennbarkeit der Funktion** der Bedienelemente sind gegeben, wenn sie für Beschäftigte mit Sehbehinderung visuell kontrastierend und für blinde Beschäftigte taktil erfassbar gestaltet sind.

(5) **Erreichbarkeit** der Bedienelemente ist gegeben, wenn für kleinwüchsige Beschäftigte, für Beschäftigte, die einen Rollstuhl benutzen, und für Beschäftigte deren Hand-/Arm-Motorik eingeschränkt ist, Bedienelemente in einer Höhe von 0,85 bis 1,05 m angeordnet sind. Für Beschäftigte, die einen Rollstuhl benutzen, müssen Bedienelemente so angeordnet sein, dass bei seitlicher Anfahrbarkeit ein Gang mit einer Breite von mindestens 0,90 m vorhanden ist (Abb. 1).

Hinweis: Die Erreichbarkeit der Bedienelemente darf durch Einbauten (z. B. Heizkörper, Fensterbänke) nicht eingeschränkt werden.

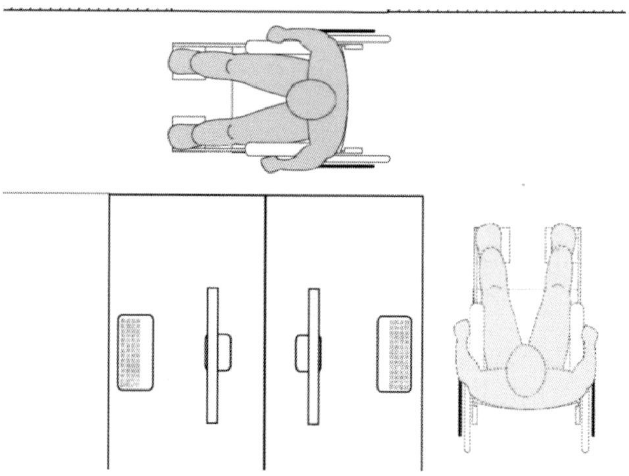

Abb. 1: Mindestbreite bei seitlicher Anfahrbarkeit (Maß in cm)

(6) **Nutzbarkeit** der Bedienelemente für **handbetätigte** Fenster und Oberlichter:

- Für die Nutzbarkeit von Bedienelementen von handbetätigten Fenstern und Oberlichtern soll für Beschäftigte mit Einschränkungen der Hand-/Arm-Motorik die Kraftübertragung durch Formschluss zwischen Hand und Bedienelement unterstützt werden. Kombinierte Bewegungen, z. B. gleichzeitiges Drehen und Ziehen, sollen vermieden werden bzw. in Einzelbewegungen ausführbar sein.
- Für Beschäftigte mit Einschränkungen der Hand-/Arm-Motorik sowie für Beschäftigte, die eine Gehhilfe oder einen Rollstuhl benutzen, darf der maximale Kraftaufwand für das Öffnen oder Schließen von handbetätigten Fenstern oder Oberlichtern nicht mehr als 30 N betragen. Das maximale Drehmoment für handbetätigte Beschläge darf nicht größer als 5 Nm sein. Können die Maximalwerte für Kraft oder Drehmoment nicht eingehalten werden, sind alternative Maßnahmen, z. B. Griffverlängerungen oder kraftbetätigte Fenster und Oberlichter, vorzusehen.

(7) **Nutzbarkeit** der Bedienelemente für **kraftbetätigte** Fenster und Oberlichter ist gegeben, wenn für Beschäftigte mit Einschränkungen der Hand-/Arm-Motorik die aufzubringende Kraft für die Bedienung der Schalter und Taster 5 N nicht überschreitet.

(8) Sofern die Maßnahmen nach den Absätzen 4 bis 7 nicht geeignet sind, die Bedienelemente von Fenstern und Oberlichtern zu benutzen, sollen Fernsteuerungen (z. B. Fernbedienungen) eingesetzt werden.

(9) Werden akustische oder optische Warnsignale als Schutzmaßnahme gegen mechanische Gefährdungen beim Öffnen und Schließen von kraftbetätigten Fenstern und Oberlichtern eingesetzt, ist für sehbehinderte und blinde Beschäftigte sowie für Beschäftigte mit Hörbehinderung das Zwei-Sinne-Prinzip anzuwenden. (ASR A1.6 Punkt 4.1.2 Absatz 1, 3. Spiegelstrich)

(10) Die Kennzeichnung durchsichtiger, nicht strukturierter Flächen von lichtdurchlässigen Wänden muss auch für Beschäftigte, die einen Rollstuhl benutzen, und für kleinwüchsige Beschäftigte aus ihrer Augenhöhe erkennbar sein. Diese Kennzeichnung kann z. B. aus 8 cm breiten durchgehenden Streifen bestehen, die in einer Höhe von 40 bis 70 cm über dem Fußboden angebracht sind. Für Beschäftigte mit Sehbehinderung ist die Kennzeichnung visuell kontrastierend zu gestalten. (ASR A1.6 Punkt 4.3 Absatz 1)

Anhang A1.7

Ergänzende Anforderungen zur ASR A1.7 »Türen und Tore«

(1) Bei den Festlegungen zur Anordnung der Türen und Tore sowie deren Abmessungen sind die besonderen Anforderungen von Beschäftigten mit Behinderungen zu berücksichtigen. Je nach Auswirkung der Behinderung ist insbesondere auf Erkennbarkeit, Erreichbarkeit, Bedienbarkeit und Passierbarkeit zu achten.

(2) Erkennbarkeit wird erreicht, indem Türen für blinde Beschäftigte taktil wahrnehmbar (z. B. taktil eindeutig erkennbare Türblätter oder -zargen) und für Beschäftigte mit einer Sehbehinderung visuell kontrastierend gestaltet sind. Hierbei ist insbesondere auf den Kontrast zwischen Wand und Tür sowie zwischen Bedienelement und Türflügel zu achten.

(3) Erreichbarkeit von Drehflügeltüren ist gegeben, wenn für Beschäftigte, die eine Gehhilfe oder einen Rollstuhl benutzen, eine freie Bewegungsfläche sowie eine seitliche Anfahrbarkeit gemäß Abb. 1 gewährleistet wird. Wird die Bewegungsfläche, in die die Tür nicht aufschlägt, durch eine gegenüberliegende Wand begrenzt, muss die Breite der Bewegungsfläche von 120 cm auf 150 cm erhöht werden.

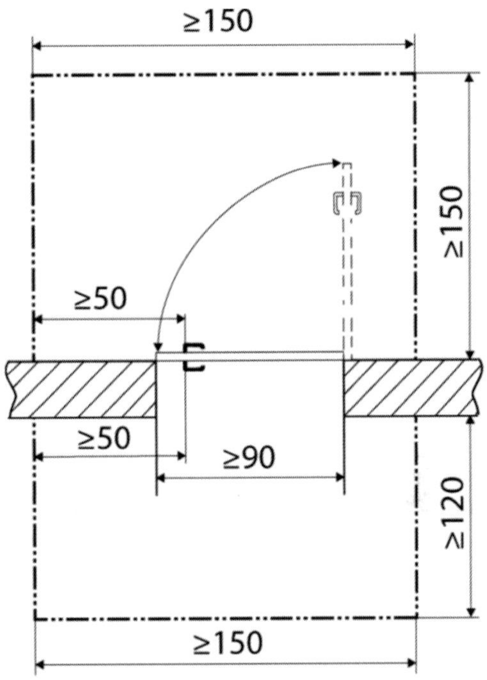

Abb. 1: Freie Bewegungsfläche sowie seitliche Anfahrbarkeit vor Drehflügeltüren (Maße in cm)

(4) Erreichbarkeit von Schiebetüren ist gegeben, wenn für Beschäftigte, die eine Gehhilfe oder einen Rollstuhl benutzen, eine freie Bewegungsfläche sowie eine seitliche Anfahrbarkeit gemäß Abb. 2 gewährleistet wird. Werden die Bewegungsflächen durch gegenüberliegende Wände begrenzt, muss die Breite der Bewegungsflächen von 120 cm auf 150 cm erhöht werden.

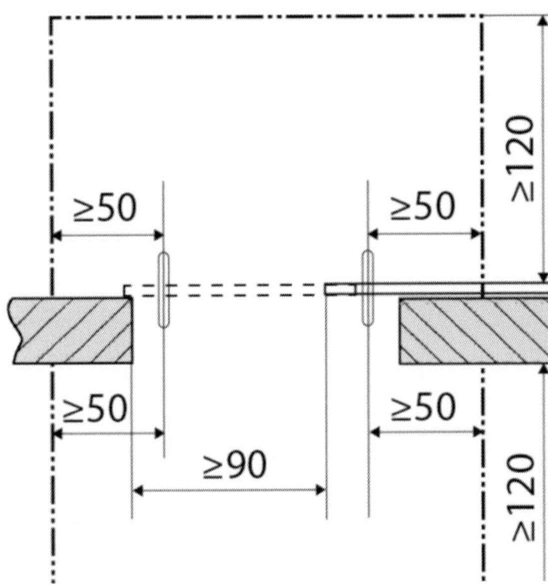

Abb. 2: Freie Bewegungsfläche sowie seitliche Anfahrbarkeit vor Schiebetüren (Maße in cm)

(5) Neben manuell betätigten Karusselltüren ist für Beschäftigte, die eine Gehhilfe oder einen Rollstuhl benutzen, und für blinde Beschäftigte eine Drehflügel- oder eine Schiebetür anzuordnen.

(6) Kraftbetätigte Karusselltüren können von Beschäftigten, die eine Gehhilfe oder einen Rollstuhl benutzen, genutzt werden, wenn insbesondere folgende Bedingungen erfüllt sind:

- Die Geschwindigkeit der Drehbewegung muss den Bedürfnissen dieser Beschäftigten angepasst werden können.
- Ein automatisches Zurücksetzen der reduzierten Geschwindigkeit darf frühestens nach einer Drehung der Tür um 360° möglich sein.
- Diese Karusselltüren sind baulich so zu dimensionieren, dass sie in gerader Durchfahrt befahren werden können und an jeder Stelle der Durchfahrt eine ausreichend große Bewegungsfläche von 1,30 m Länge × 1,00 m Breite gewährleistet ist.
- NOT-HALT-Einrichtungen (z. B. Schalter, Taster, Sensoren) müssen erreichbar und bedienbar sein.
- Die Gestaltung (z. B. Material, Struktur) des Bodenbelages innerhalb dieser Karusselltüren darf die Bewegung eines Rollstuhls oder eines Rollators in der vorgesehenen Richtung nicht beeinflussen.

Für blinde Beschäftigte ist neben kraftbetätigten Karusselltüren eine Drehflügel- oder Schiebetür anzuordnen.

(7) Die Anforderungen an Schlupftüren in Torflügeln entsprechen denen an Drehflügeltüren.

(8) Werden Bewegungsmelder als Türöffner verwendet, sind bei deren Betrieb die Belange von kleinwüchsigen (Unterlaufen), blinden (Tastbereich des Langstockes) und gehbehinderten (Gehgeschwindigkeit) Beschäftigten zu berücksichtigen.

(9) Bedienelemente von Türen und Toren, z. B. Türgriffe, Schalter, elektronische Zugangssysteme (z. B. Kartenleser), Notbehelfseinrichtungen (Abschalt- und NOT-HALT-Einrichtungen), »Steuerungen mit Selbsthaltung« (Impulssteuerung) und »Steuerungen ohne Selbsthaltung« (Totmannsteuerung), müssen wahrnehmbar, erkennbar, erreichbar und nutzbar sein.

- **Wahrnehmbarkeit** und **Erkennbarkeit** der Funktion werden erreicht, wenn Bedienelemente für sehbehinderte Beschäftigte kontrastreich und für blinde Beschäftigte taktil erfassbar gestaltet sind. Dabei ist ein unbeabsichtigtes Auslösen zu vermeiden. Für sehbehinderte und blinde Beschäftigte sind Sensortasten nicht zulässig.
- **Erreichbarkeit** für kleinwüchsige Beschäftigte und für Beschäftigte, die einen Rollstuhl benutzen und deren Hand-/Arm-Motorik eingeschränkt ist, ist gegeben, wenn Bedienelemente grundsätzlich in einer Höhe von 0,85 m angeordnet sind. Schlösser und Türgriffe können z. B. leichter erreicht und benutzt werden bei Verwendung von Beschlaggarnituren, bei denen das Schloss oberhalb des Türgriffes angeordnet ist.
- **Erreichbarkeit** für Beschäftigte, die einen Rollstuhl benutzen, ist gegeben, wenn Bedienelemente so angeordnet sind, dass eine freie Bewegungsfläche bei frontaler Anfahrbarkeit von mindestens 1,50 m × 1,50 m und bei seitlicher Anfahrbarkeit von mindestens 1,50 m × 1,20 m vorhanden ist (analog Abb. 1). Dabei müssen die Bedienelemente von kraftbetätigten Drehflügeltüren und Toren mindestens 2,50 m vor der in den Bewegungsraum aufschlagenden Tür und 1,50 m in der Gegenrichtung angebracht sein. Bedienelemente von kraftbetätigten Schiebetüren müssen sich bei frontaler Anfahrt mindestens 1,50 m vor und hinter der Schiebetür befinden.
- **Nutzbarkeit** ist gegeben, wenn für Beschäftigte mit Einschränkung der Hand-/Arm-Motorik die maximal aufzuwendende Kraft zur Bedienung von Schaltern und Tastern 5,0 N beträgt.
- Für die **Nutzbarkeit** von Türgriffen soll für Beschäftigte mit Einschränkungen der Hand-/Arm-Motorik die Kraftübertragung durch Formschluss zwischen Hand und Bedienelement unterstützt werden (z. B. ergonomisch geformte Griffe). Drehgriffe (z. B. Knäufe) oder eingelassene Griffe sollen nicht verwendet werden. Eine kombinierte Bewegung (z. B. gleichzeitiges Drehen und Drücken) soll vermieden werden bzw. in Einzelbewegungen ausführbar sein.
- Für das Zuziehen von Türen ist für Beschäftigte, die einen Rollstuhl benutzen, eine horizontale Griffstange als Schließhilfe geeignet.

(10) Für Beschäftigte, die eine Gehhilfe oder einen Rollstuhl benutzen oder deren Hand-/Arm-Motorik eingeschränkt ist, darf der maximale Kraftaufwand für das Öffnen von handbetätigten Türen und Toren zur Einleitung einer Bewegung, z. B. des Türblatts, und für die Bedienung handbetätigter Beschläge, z. B. des Drückers, nicht mehr als 25 N betragen. Das maximale Moment für handbetätigte Beschläge darf nicht größer als 2,5 Nm sein. Können die Maximalwerte für Kraft oder Drehmoment nicht eingehalten werden, sind kraftbetätigte Türen und Tore vorzusehen.

Bei sensorisch gesteuerten Türen und Toren ist für sehbehinderte und blinde Beschäftigte sicherzustellen, dass keine Gefährdung durch das Öffnen des Flügels entsteht. Das kann erreicht werden, indem der Flügel rechtzeitig geöffnet wird oder, falls der Flügel in einen quer verlaufenden Verkehrsweg aufschlägt, beim Öffnen ein akustisches Signal ertönt.

(11) Durch das selbstständige Schließen von Türen mit Türschließern dürfen für Beschäftigte, die eine Gehhilfe oder einen Rollstuhl benutzen oder deren Hand-/Arm-Motorik eingeschränkt ist, keine Gefährdungen entstehen. Dies kann z. B. durch die Einstellung der Schließverzögerung erreicht werden.

(12) Für Beschäftigte, die einen Rollator oder Rollstuhl benutzen oder eine Fußhebeschwäche haben, sind untere Tür- oder Toranschläge und Schwellen zu vermeiden. Sind diese technisch erforderlich, dürfen sie nicht höher als 20 mm sein. Dieser Höhenunterschied ist durch Schrägen anzugleichen (Abb. 3).

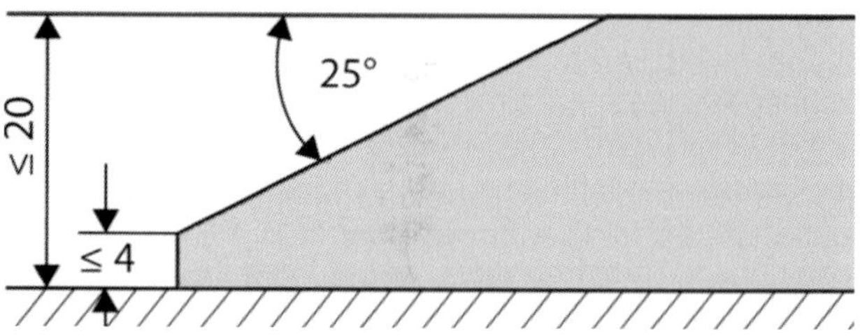

Abb. 3: Schräge an einer Tür- oder Torschwelle (Maße in mm)

(13) Für Beschäftigte, die einen Rollstuhl benutzen, ist eine lichte Durchgangsbreite von Türen und Toren von mindestens 0,90 m erforderlich. (abweichend von ASR A1.7 Punkt Abs. 6)

(14) Bei Ausfall der Antriebsenergie darf für Beschäftigte mit eingeschränkter Hand-/Arm-Motorik der Kraftaufwand zum manuellen Öffnen kraftbetätigter Türen und Tore zur Einleitung einer Bewegung und ebenso für die Bedienung handbetätigter Beschläge nicht mehr als 25 N betragen. Das maximale Moment für die Bedienung handbetätigter Beschläge darf nicht größer als 2,5 Nm sein. Falls dies nicht erreicht werden kann, sind durch die Gefährdungsbeurteilung alternative Maßnahmen festzulegen (z. B. zweiter Ausgang Patenschaften). (abweichend von ASR A1.7 Punkt 5 Abs. 2 Satz 1)

(15) Ergänzende Anforderungen hinsichtlich der Kennzeichnung von Türen und Toren im Einbahnverkehr sind in dieser ASR im Anhang A1.3 enthalten. (ASR A1.7 Punkt 5 Abs. 4)

(16) Flügel von Türen und Toren, die zu mehr als drei Viertel ihrer Fläche aus einem durchsichtigen Werkstoff bestehen, müssen durch Sicherheitsmarkierungen so gekennzeichnet sein, dass sie für Beschäftigte mit Sehbehinderung, Beschäftigte die einen Rollstuhl benutzen, und für kleinwüchsige Beschäftigte aus deren Augenhöhe erkennbar sind (ASR A1.7 Punkt 5 Abs. 7). Sicherheitsmarkierungen können z. B. aus 8 cm breiten durchgehenden Streifen bestehen, die in einer Höhe von 40 bis 70 cm und 120 bis 160 cm angebracht sind. Die Hauptschließkante von rahmenlosen Glas-Drehflügeltüren ist visuell kontrastierend zu gestalten.

(17) Ist eine Quetschgefährdung für Beschäftigte, die einen Rollstuhl benutzen, zwischen den hinteren Kanten der Flügel (Nebenschließkanten) von kraftbetätigten Schiebetüren, -toren und festen Teilen der Umgebung beim Betrieb nicht bereits durch Maßnahmen nach ASR A1.7 Punkt 6 Abs. 1 auszuschließen, müssen Sicherheitsabstände von ≥ 900 mm nach Abb. 4 eingehalten werden. (abweichend von ASR A1.7 Punkt 6 Abs. 7 Abb. 2 und 3)

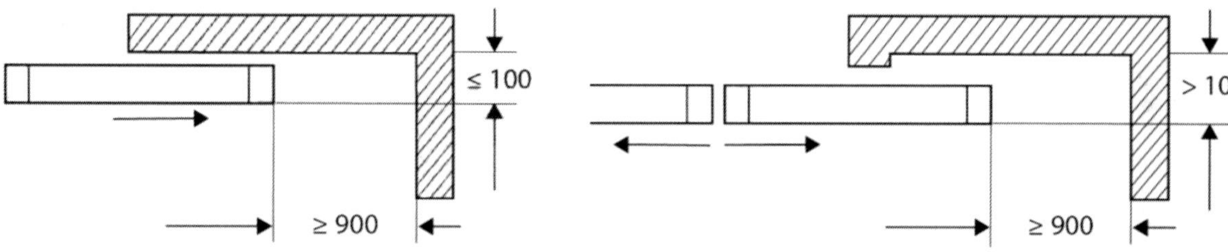

Abb. 4: Vermeiden von Quetschgefährdungen zum Schutz von Beschäftigten, die einen Rollstuhl benutzen (Maße in mm)

(18) Für Beschäftigte, die einen Rollstuhl benutzen, müssen Quetschstellen zwischen dem Flügel und festen Teilen der Umgebung an kraftbetätigten Dreh- und Faltflügeltüren oder -toren vermieden werden. Dazu muss der hinter dem Flügel gelegene Bereich bei größtmöglicher Flügelöffnung über seine gesamte Tiefe eine lichte Weite von mindestens 900 mm aufweisen (Abb. 5) (abweichend zu ASR A1.7 Punkt 6 Abs. 8). Kann dieser Wert nicht eingehalten werden, sind weitere Sicherheitsmaßnahmen (siehe ASR A1.7 Punkt 6 Abs. 1) notwendig.

(19) Der Kraftaufwand für das manuelle Öffnen von kraftbetätigten Schiebetüren, Schnelllauftoren und Karusselltüren im Verlauf von Fluchtwegen bei Ausfall der Kraftbetätigung, z. B. bei Ausfall der Energiezufuhr, richtet sich nach Abs. 14. (abweichend von ASR A1.7 Punkt 9 Abs. 1 und Punkt 10.1 Abs. 3)

(20) Weitere Bestimmungen zur barrierefreien Gestaltung von Türen und Toren im Verlauf von Fluchtwegen sind im Anhang A2.3 dieser ASR enthalten.

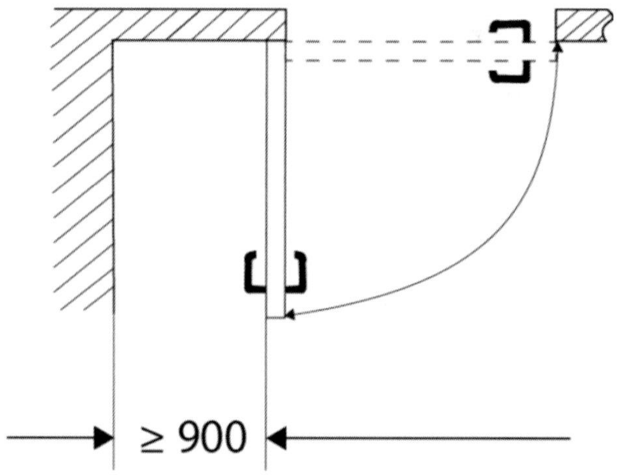

Abb. 5: Vermeiden von Quetschgefährdung (Maße in mm)

Anhang A1.8

Ergänzende Anforderungen zur ASR A1.8 »Verkehrswege«

zu 4.1 Allgemeines

(1) Beim Einrichten und Betreiben von Verkehrswegen sind die besonderen Anforderungen von Beschäftigten mit Behinderungen zu berücksichtigen. Je nach Auswirkung der Behinderung ist insbesondere auf Wahrnehmbarkeit, Erkennbarkeit und Nutzbarkeit zu achten.

(2) Die Querneigung von Verkehrswegen, die von Beschäftigten mit einem Rollator oder einem Rollstuhl benutzt werden, darf nicht mehr als 2,5 % betragen. (ASR A1.8 Punkt 4.1 Abs. 2)

(3) Schrägrampen (geneigte Verkehrswege nach ASR A1.8 Punkt 3.23), die von Beschäftigten mit einem Rollator oder einem Rollstuhl benutzt werden, dürfen eine Längsneigung von 6 % nicht überschreiten. Bei einer Längsneigung von mehr als 3 % sind ab 10 m Länge Podeste mit einer nutzbaren Länge von mindestens 1,50 m vorzusehen. Bei mehr als 6 % Neigung ist die Nutzbarkeit des Verkehrsweges durch geeignete Maßnahmen herzustellen. Geeignet sind z. B. ein Hublift oder ein Elektrorollstuhl, ggf. eine assistierende Person. (ASR A1.8 Punkt 4.1 Abs. 4)

Hinweis: Eine Rampe gemäß DIN 18040-1 Nr. 4.3.8 ist eine spezielle bauliche Anlage, die nicht in dieser ASR behandelt wird.

(4) Für Beschäftigte, die einen Rollator oder einen Rollstuhl benutzen und für Beschäftigte, die eine Fußhebeschwäche haben, müssen Verkehrswege schwellenlos sein. Sind Schwellen technisch unabdingbar, dürfen sie nicht höher als 20 mm sein. Dieser Höhenunterschied ist durch Schrägen anzugleichen. Eine Gestaltungslösung enthält Anhang A1.7: Ergänzende Anforderungen zur ASR A1.7 »Türen und Tore« Abs. 12. (ASR A1.8 Punkt 4.1 Abs. 5)

(5) Für Beschäftigte, die einen Rollator oder einen Rollstuhl benutzen, muss an Schrägrampen, einschließlich deren Podesten, das seitliche Abkommen, Kippen und Abstürzen verhindert werden. Dies kann z. B. mit einer seitlichen Begrenzung, wie einem Radabweiser (Höhe mindestens 0,10 m) oder einer Wand erfolgen. (ASR A1.8 Punkt 4.1 Abs. 6)

(6) Verkehrswegkreuzungen und -einmündungen müssen für Beschäftigte mit Behinderungen je nach Auswirkung der Behinderung wahrnehmbar und erkennbar sein. Wahrnehmbarkeit und Erkennbarkeit werden erreicht, wenn diese Bereiche für Beschäftigte mit Sehbehinderung visuell kontrastierend gestaltet sind. Für blinde Beschäftigte ist das Zwei-Sinne-Prinzip anzuwenden, z. B. durch ein zusätzliches akustisches Signal an Schranken oder Ampeln oder durch taktile Markierungen (z. B. Bodenmarkierung). (ASR A1.8 Punkt 4.1 Abs. 7)

(7) Wird als verkehrssichernde Maßnahme an Verkehrswegkreuzungen und -einmündungen ein Drehkreuz verwendet, ist für Beschäftigte, die eine Gehhilfe oder einen Rollstuhl benutzen, ein alternativer Verkehrsweg einzurichten. (ASR A1.8 Punkt 4.1 Abs. 7)

(8) Bei Maßnahmen des Winterdienstes ist zu berücksichtigen, dass für Beschäftigte, die einen Rollator oder einen Rollstuhl benutzen, die beräumte Breite des Verkehrsweges eine sichere Benutzbarkeit gewährleistet. Wenn notwendig, sind bei beeinträchtigenden Witterungseinflüssen vorhandene kontrastierende oder taktile Markierungen für sehbehinderte und blinde Beschäftigte frei zu halten oder geeignete temporäre Ersatzmaßnahmen zu treffen. (ASR A1.8 Punkt 4.1 Abs. 8)

zu 4.2 Wege für den Fußgängerverkehr

(9) Für Beschäftigte, die eine Gehhilfe oder einen Rollstuhl benutzen, müssen Verkehrswege unabhängig von der Anzahl der Personen im Einzugsgebiet ausreichend breit sein. Mögliche Begegnungsfälle, Richtungswechsel und Rangiervorgänge sind zu berücksichtigen. (abweichend von ASR A1.8 Tabelle 2)

(10) Die Mindestbreite von Verkehrswegen ergibt sich für Beschäftigte, die eine Gehhilfe oder einen Rollstuhl benutzen, aus den Breiten von Fluchtwegen nach Anhang A2.3: Ergänzende Anforderungen zur ASR A2.3 »Fluchtwege und Notausgänge, Flucht- und Rettungsplan«, Abs. 2.

Für den Begegnungsfall von Beschäftigten, die einen Rollstuhl benutzen

- mit anderen Personen ist eine Verkehrswegbreite von 1,50 m,
- mit anderen Personen, die einen Rollstuhl benutzen, ist eine Verkehrswegbreite von 1,80 m

zu gewährleisten.

Abweichend davon ist eine Verkehrswegbreite von 1,00 m ausreichend, wenn der Verkehrsweg bis zur nächsten Begegnungsfläche einsehbar ist. Die Begegnungsfläche muss für den Begegnungsfall von Beschäftigten, die einen Rollstuhl benutzen,

- mit anderen Personen mindestens 1,50 m × 1,50 m und
- mit anderen Personen, die einen Rollstuhl benutzen, mindestens 1,80 m × 1,80 m

betragen. (abweichend von ASR A1.8 Tab. 2)

Hinweis: Die Bewegungsflächen vor Türen sind zu berücksichtigen (siehe Anhang A1.7: Ergänzende Anforderungen zur ASR A1.7 »Türen und Tore« Abs. 3 und 4).

(11) Für Beschäftigte, die einen Rollator oder einen Rollstuhl benutzen, müssen Gänge zu persönlich zugewiesenen Arbeitsplätzen, Wartungsgänge und Gänge zu gelegentlich benutzten Betriebseinrichtungen mindestens 0,90 m breit sein. Dies kann auch für Beschäftigte, die Gehhilfen benutzen, notwendig sein. Ist eine Nutzung der Gänge nur von einer Seite möglich (»Sackgasse«),

- ist eine Wendemöglichkeit (mindestens 1,50 m × 1,50 m) einzurichten oder
- soll die Länge für das Rückwärtsfahren 3 m nicht überschreiten.

Die Breiten von Verkehrswegen in Nebengängen von Lagereinrichtungen sind im Rahmen der Gefährdungsbeurteilung festzulegen, müssen aber mindestens den Werten nach Tabelle 2 der ASR A1.8 entsprechen.

(12) Für Beschäftigte, die einen Rollator oder einen Rollstuhl benutzen, sind zum Überwinden von nicht vermeidbaren Ausgleichsstufen alternative Maßnahmen zu treffen, z. B. Treppensteighilfen, Treppenlifte oder Plattformaufzüge.(ASR A1.8 Punkt 4.2 Abs. 3)

(13) Für Beschäftigte mit Sehbehinderung müssen Ausgleichsstufen auf Verkehrswegen visuell kontrastierend und für blinde Beschäftigte durch taktil erfassbare Bodenstrukturen gestaltet sein.

Hinweis: Für Beschäftigte mit motorischen Einschränkungen ist im Rahmen der Gefährdungsbeurteilung zu prüfen, ob an Ausgleichsstufen auf Verkehrswegen Handläufe erforderlich sind.

zu 4.3 Wege für den Fahrzeugverkehr

(14) Für Beschäftigte, die einen Rollator oder einen Rollstuhl benutzen, muss der Randzuschlag mindestens Z_1 = 0,90 m betragen. Abweichend davon kann der Randzuschlag für den ausschließlichen Fahrzeugverkehr auf bis zu 0,50 m reduziert werden, wenn

- die Fahrgeschwindigkeit auf 6 km/h begrenzt und ein Ausweichen möglich ist oder
- das Fahrzeug mit einem Personenerkennungssystem ausgestattet ist.

(ASR A1.8 Punkt 4.3 Abs. 3)

(15) Die Summe aus doppeltem Rand- und einfachem Begegnungszuschlag darf auch bei einer geringen Anzahl von Verkehrsbegegnungen nicht herabgesetzt werden. (abweichend von ASR A1.8 Punkt 4.3 Abs. 4)

(16) Personenerkennungssysteme müssen so ausgeführt und angeordnet sein, dass auch Beschäftigte, die eine Gehhilfe, einen Rollstuhl oder einen Langstock benutzen sowie kleinwüchsige Beschäftigte rechtzeitig erkannt werden. (ASR A1.8 Punkt 4.3 Abs. 9 und 10)

zu 4.4 Kennzeichnung und Abgrenzung von Verkehrswegen

(17) Lassen sich Gefährdungen im Verlauf von Verkehrswegen nicht durch technische Maßnahmen verhindern oder beseitigen oder ergeben sich Gefährdungen durch den Fahrzeugverkehr aufgrund unübersichtlicher Betriebsverhältnisse, sind diese Verkehrswege für Beschäftigte mit Behinderung nach Anhang A1.3: Ergänzende Anforderungen zur ASR A1.3 »Sicherheits- und Gesundheitsschutzkennzeichnung« zu kennzeichnen. (ASR A1.8 Punkt 4.4 Abs. 1)

(18) Die Abgrenzung zwischen niveaugleichen Verkehrswegen und umgebenden Arbeits- und Lagerflächen sowie zwischen Wegen für den Fußgänger- und Fahrzeugverkehr muss

- für Beschäftigte mit Sehbehinderung visuell kontrastierend,
- für blinde Beschäftigte nach dem Zwei-Sinne-Prinzip, z. B. durch taktil erfassbare Bodenstrukturen oder akustische Warnsysteme, gestaltet sein. (ASR A1.8 Punkt 4.4 Abs. 2)

zu 4.5 Treppen

(19) Für Beschäftigte, die einen Rollator oder einen Rollstuhl benutzen, sind an Treppen alternative Maßnahmen zu treffen, z. B. Schrägrampen, Treppensteighilfen, Treppenlifte, Plattformaufzüge oder Aufzüge.

(20) Für Beschäftigte mit Sehbehinderung müssen die erste und letzte Stufe des Treppenlaufs mindestens an der Stufenvorderkante visuell kontrastierend gestaltet und erkennbar sein.

(21) Für blinde Beschäftigte ist die oberste Stufe von Treppenläufen am Beginn der Antrittsfläche (siehe Abb. 2) über die gesamte Treppenbreite taktil erfassbar zu gestalten, z. B. durch unterschiedliche Bodenstrukturen.

(22) Für blinde Beschäftigte muss gewährleistet sein, dass Treppen unterhalb einer lichten Höhe von 2,10 m nicht unterlaufen werden können. Dies kann erreicht werden z. B. mit Umwehrungen, Brüstungen, Pflanzkübeln oder durch Möblierung.

(23) Für Beschäftigte mit Gehbehinderung, z. B. mit einer Fußhebeschwäche, müssen Treppen geschlossene Stufen haben. Unterschneidungen sind grundsätzlich nicht zulässig. Abweichend davon ist bei geschlossenen Stufen mit schrägen Setzstufen eine Unterschneidung (*u*) von maximal 2 cm zulässig (siehe Abb. 1). Ausgenommen sind Treppen, die ausschließlich als Fluchtweg in Abwärtsrichtung genutzt werden. (abweichend von ASR A1.8 Abb. 4)

Abb. 1: Unterschneidung an einer schrägen Setzstufe

(24) Für Beschäftigte, deren motorische Einschränkungen es erfordern (z. B. einseitige Armlähmung), müssen Treppen beidseitig Handläufe haben, die nicht unterbrochen sind. Die Handläufe sollen in einer Höhe von 0,80 m bis 0,90 m angeordnet sein, gemessen lotrecht von der Oberkante des Handlaufs zur Stufenvorderkante. (ASR A1.8 Punkt 4.5 Abs. 10)

(25) Für blinde Beschäftigte und Beschäftigte mit Sehbehinderung müssen die Enden der wandseitigen Handläufe am Anfang und Ende von Treppen um das Maß des Auftritts an der An- bzw. Austrittsfläche fortgeführt werden (Abb. 2). Am Treppenauge darf der Handlauf nicht um das Maß des Auftritts fortgeführt werden. Die Enden der Handläufe sollen abgerundet sein und nach unten oder zur Wandseite auslaufen. Halterungen für Handläufe sollen an der Unterseite angeordnet sein.

(26) Für Beschäftigte mit Sehbehinderung sollen Handläufe sich visuell kontrastierend vom Hintergrund abheben.

(27) Für blinde Beschäftigte sollen an Handläufen taktile Informationen zur Orientierung angebracht sein, z. B. die Stockwerkbezeichnung.

(28) Für kleinwüchsige Beschäftigte sind zusätzliche Handläufe in einer Höhe von 0,65 m vorzusehen.

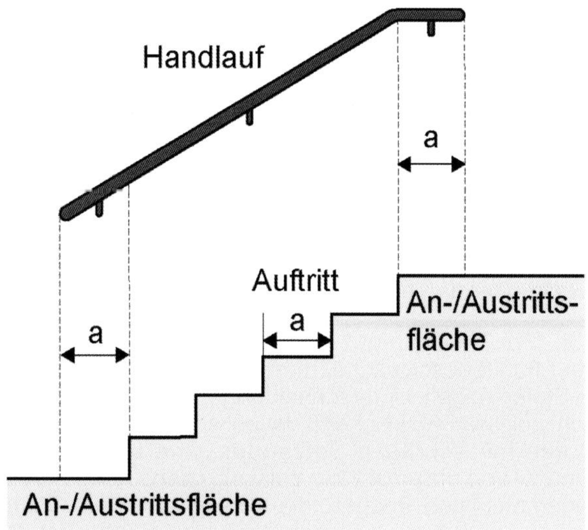

Abb. 2: Gestaltung der Handläufe an Treppen

zu 4.6 Steigeisengänge und Steigleitern und Laderampen

(29) Sollen Steigeisengänge, Steigleitern oder Laderampen von Beschäftigten mit Behinderungen benutzt werden, sind im Rahmen der Gefährdungsbeurteilung entsprechend den Auswirkungen der Behinderungen im Einzelfall geeignete Maßnahmen zu treffen.

zu 4.7 Fahrtreppen und Fahrsteige

(30) Für Beschäftigte mit motorischen Einschränkungen, für Beschäftigte mit Sehbehinderung und für blinde Beschäftigte sind Fahrtreppen bzw. Fahrsteige nutzbar, wenn die Geschwindigkeit maximal 0,5 m/s beträgt. An Fahrtreppen ist ein Vorlauf von mindestens drei Stufen erforderlich.

(31) Für Beschäftigte mit Sehbehinderung muss der Übergang zwischen Stauraum und Fahrtreppe bzw. Fahrsteig visuell kontrastierend gestaltet sein, z. B. durch eine hinterleuchtete Fuge oder durch eine farbliche Gestaltung des Kamms.

(32) Für blinde Beschäftigte muss gewährleistet sein, dass Fahrtreppen und Fahrsteige unterhalb einer lichten Höhe von 2,10 m nicht unterlaufen werden können. Dies kann erreicht werden z. B. mit Umwehrungen, Brüstungen, Pflanzkübeln oder durch Möblierung.

Anhang A2.2

Ergänzende Anforderungen zur ASR A2.2 »Maßnahmen gegen Brände«

(1) Beim Einrichten und Betreiben von Arbeitsstätten mit Brandmelde- und Feuerlöscheinrichtungen sowie bei weiteren Maßnahmen zur Erkennung und Bekämpfung von Entstehungsbränden sowie zur Alarmierung sind die besonderen Belange von Beschäftigten mit Behinderungen zu berücksichtigen. Je nach Auswirkung der Behinderung ist insbesondere auf Wahrnehmbarkeit, Erkennbarkeit, Erreichbarkeit und Nutzbarkeit zu achten.

(2) Bei der Festlegung von Maßnahmen zur Alarmierung sind die Belange der Beschäftigten mit Behinderungen so zu berücksichtigen, dass die sicherheitsrelevanten Informationen verständlich wahrgenommen werden. Die Alarmierung von Beschäftigten mit Seh- oder Hörbehinderungen erfordert die Berücksichtigung des Zwei-Sinne-Prinzips.

Dies wird erreicht, indem

1. für Beschäftigte, die visuelle Alarmsignale nicht wahrnehmen können, ersatzweise akustische oder taktile Alarmsignale, z. B. Sprachalarmanlagen, akustische Signalgeber (z. B. Hupen, Sirenen) oder Vibrationsalarm mit mobilen Endgeräten bzw.
2. für Beschäftigte, die akustische Alarmsignale nicht wahrnehmen können, ersatzweise taktile oder visuelle Alarmsignale, z. B. Vibrationsalarm mit mobilen Endgeräten, Funkmelder, digitale Melder oder Anzeige auf Bildschirmen

eingesetzt werden. (ASR A2.2 Abschnitt 5.1 Absätze 1 und 3)

(3) Nichtautomatische Brandmelder müssen für Beschäftigte mit Behinderungen wahrnehmbar, erkennbar, erreichbar und nutzbar sein. Dies kann z. B. durch nachfolgend aufgeführte Maßnahmen erreicht werden.

1. Wahrnehmbarkeit und Erkennbarkeit sind gegeben, wenn sie für Beschäftigte mit Sehbehinderung visuell kontrastierend und für blinde Beschäftigte taktil erfassbar gestaltet sind.
2. Erreichbarkeit ist für Beschäftigte, die einen Rollstuhl benutzen, gegeben, wenn die Anfahrbarkeit gewährleistet ist.
3. Erreichbarkeit der Bedienelemente (wandmontiert oder Rufsäulen) ist gegeben, wenn sie für kleinwüchsige Beschäftigte und für Beschäftigte, die einen Rollstuhl benutzen, in einer Höhe von 0,85 m bis 1,05 m angeordnet sind.
4. Bei der Nutzung der nichtautomatischen Brandmelder sind die Belange der Beschäftigten mit Behinderungen so zu berücksichtigen, dass der Notruf verständlich übermittelt werden kann. Dies kann z. B. erreicht werden, indem
   a) Beschäftigte mit Sprach- oder Hörbehinderung einen vorgefertigten Notruf absetzen können (z. B. Telefon mit Notrufeinrichtung, Notfallfax),
   b) Beschäftigte, deren Hand-Arm-Motorik eingeschränkt ist, die Meldeeinrichtungen benutzen können, z. B. mit Sprachsteuerung, oder
   c) Beschäftigte mit Sehbehinderung und blinde Beschäftigte ein Telefon mit Notruftaste nutzen können.

(4) Bei der Verteilung und Anbringung der Feuerlöscheinrichtungen innerhalb der Arbeitsstätte sind im Rahmen der Organisation des Brandschutzes die besonderen Belange von Beschäftigten mit Behinderungen zu berücksichtigen.

Dies kann z. B. erreicht werden, wenn:

1. für Beschäftigte, die einen Rollstuhl benutzen, die Anfahrbarkeit gewährleistet ist,
2. für Beschäftigte, die einen Rollstuhl benutzen und für kleinwüchsige Beschäftigte die Benutzung der Feuerlöscheinrichtungen in einer Griffhöhe von 0,80 m bis 1,05 m möglich ist, oder

3. für Beschäftigte mit Einschränkungen der Hand-Arm-Motorik oder mit Krafteinbußen durch Muskel- und Nervenerkrankungen zusätzlich ein Feuerlöscher mit geringerem Gewicht an ihrem Arbeitsplatz bereitgestellt wird.

(ASR A2.2 Abschnitt 5.3)

(5) Für die notwendigen Maßnahmen zum Schutz vor Entstehungsbränden einschließlich der Verhaltensregeln im Brandfall (z. B. Evakuierung von Gebäuden) können besondere organisatorische Maßnahmen für Beschäftigte mit Behinderungen erforderlich sein. Ein Beispiel ist die Benennung einer ausreichenden Anzahl eingewiesener Personen, die gegebenenfalls im Gefahrenfall die Beschäftigten mit Behinderungen auf bestehende oder sich abzeichnende Gefahren oder Störungen hinweisen, sie begleiten oder ihnen behilflich sind (Patenschaften). Die notwendigen Maßnahmen sind im Rahmen der Gefährdungsbeurteilung im Einzelfall zu ermitteln und mit den an den organisatorischen Maßnahmen beteiligten Beschäftigten abzustimmen. (ASR A2.2 Abschnitt 7.1)

(6) Für Beschäftigte mit einer Seh- oder Hörbehinderung müssen die Informationen (z. B. Brandschutzordnung, »Regeln für das Verhalten im Brandfall« im Flucht- und Rettungsplan nach ASR A1.3 »Sicherheits- und Gesundheitsschutzkennzeichnung«) nach dem Zwei-Sinne-Prinzip übermittelt werden. Bei Beschäftigten mit kognitiven Behinderungen ist auf die verständliche Übermittlung zu achten, z. B. durch Leichte Sprache.«

Anhang A2.3

Ergänzende Anforderungen zur ASR A2.3 »Fluchtwege und Notausgänge«

(1) Bei Festlegung der Anordnung und Abmessungen der Fluchtwege und Notausgänge sind die besonderen Anforderungen von Personen mit Behinderungen zu berücksichtigen. (ASR A2.3 Punkt 5 Abs. 1)

(2) Im Falle des Bewegens in Fluchtrichtung ohne Begegnung ist für Personen mit Behinderung, die eine Gehhilfe oder einen Rollstuhl benutzen, eine lichte Mindestbreite für Fluchtwege von 1,00 m erforderlich. Dabei darf die lichte Breite des Fluchtweges stellenweise für das Einzugsgebiet

- bis fünf Personen für Einbauten, Einrichtungen oder Türen,
- bis 20 Personen für Türen

auf nicht weniger als 0,90 m reduziert werden. Ist eine Fluchtrichtung vorgesehen, bei der eine Begegnung mit anderen Personen mit Behinderung stattfindet, ist eine Mindestbreite für Fluchtwege von 1,50 m erforderlich. (abweichend von ASR A2.3 Punkt 5 Abs. 6)

(3) Vor Türen und Toren im Fluchtweg sind für Personen mit Behinderung, die eine Gehhilfe oder einen Rollstuhl benutzen, freie Bewegungsflächen sowie eine seitliche Anfahrbarkeit gemäß Abb. 1 erforderlich. Bei einer zusätzlichen Einschränkung der Hand-/Arm-Motorik ist zu prüfen, ob bei Wandstärken größer als 0,26 m eine Betätigung des Türdrückers möglich ist. Bei Einschränkungen der visuellen Wahrnehmung ist auf den Kontrast zwischen Wand und Tür sowie zwischen Bedienelement und Türflügel zu achten. (ASR A2.3 Punkt 7 Abs. 1)

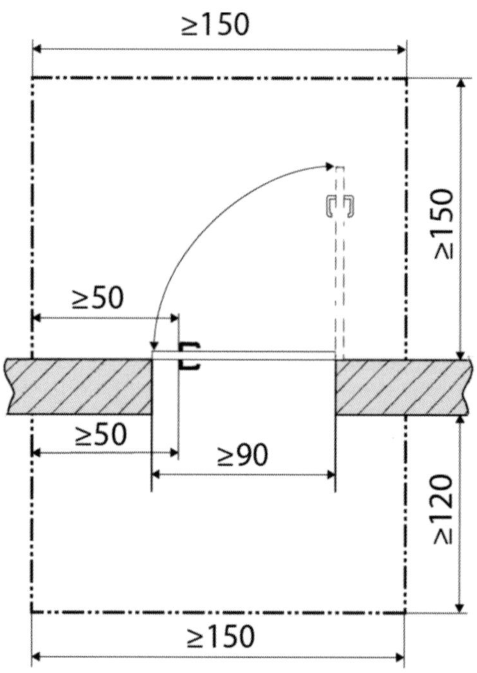

Abb. 1: Freie Bewegungsfläche sowie seitliche Anfahrbarkeit vor Drehflügeltüren im Fluchtweg (Maße in cm)

(4) Sofern in gesicherten Bereichen in Treppenräumen ein kurzzeitiger Zwischenaufenthalt von Personen mit Behinderung, die eine Gehhilfe oder einen Rollstuhl benutzen, zu erwarten ist, müssen diese so ausgeführt sein, dass die Mindestbreite der Fluchtwege nicht eingeschränkt wird. (ASR A2.3 Punkt 4 Abs. 8)

(5) Bei der Gestaltung von Flucht- und Rettungsplänen sind die Belange der Beschäftigten mit Behinderungen so zu berücksichtigen, dass die für sie sicherheitsrelevanten Informationen verständlich übermittelt werden. Dies wird z. B. erfüllt, wenn

- Beschäftigten mit Sehbehinderung nach Anhang A1.3 Abs. 2 gestaltete Informationen ausgehändigt sind,
- für Beschäftigte mit Sehbehinderung die Größe der Zeichen gemäß Tabelle 3 der ASR A1.3 erhöht ist oder
- für Rollstuhlbenutzer und Kleinwüchsige die Flucht- und Rettungspläne aus ihrer Augenhöhe erkennbar sind.

(ASR A1.3 Punkt 6; ASR A2.3 Punkt 10 Abs. 2)

(6) Führen Fluchtwege durch Schrankenanlagen mit Drehkreuz, muss für Personen mit Behinderung, die eine Gehhilfe oder einen Rollstuhl benutzen, ein alternativer Fluchtweg vorhanden sein. (abweichend von ASR A2.3 Punkt 4 Abs. 7)

(7) Für Beschäftigte, die einen Rollstuhl benutzen und deren Hand-/Arm-Motorik eingeschränkt ist, dürfen Bedienelemente einschließlich der Entriegelungseinrichtungen maximal eine Höhe von 0,85 m haben. Im begründeten Einzelfall sind andere Maße zulässig. Der maximale Kraftaufwand darf nicht mehr als 25 N oder 2,5 Nm betragen. Können die Maximalwerte für Kraft und Drehmoment nicht eingehalten werden, sind elektrische Entriegelungssysteme vorzusehen. Dabei muss die Not-Auf-Taste in einer Höhe von 0,85 m und mindes-

tens 2,50 m vor der aufschlagenden Tür und 1,50 m in Gegenrichtung angebracht sein. (abweichend von ASR A2.3 Punkt 7 Abs. 1)

(8) Die Alarmierung von Beschäftigten mit Seh- oder Hörbehinderungen, die gefangene Räume nutzen, erfordert die Berücksichtigung des Zwei-Sinne-Prinzips. (ASR A2.3 Punkt 4 Abs. 12)

(9) Für ein sicheres Verlassen ins Freie oder in einen gesicherten Bereich können besondere organisatorische Maßnahmen für Beschäftigte mit Behinderungen erforderlich sein. Das ist z. B. die Benennung einer ausreichenden Anzahl eingewiesener Personen, die gegebenenfalls im Gefahrfall die Beschäftigten mit Behinderungen auf bestehende oder sich abzeichnende Gefahren oder Beeinträchtigungen hinweisen, sie begleiten oder ihnen behilflich sind (Patenschaften). Die notwendigen Maßnahmen sind im Rahmen der Gefährdungsbeurteilung im Einzelfall zu ermitteln und mit den an der organisatorischen Maßnahme beteiligten Beschäftigten abzustimmen.

(10) Bei Räumungsübungen sind die Belange der Beschäftigten mit Behinderungen zu berücksichtigen, z. B. Anwendung von Evakuierungshilfen. (ASR A2.3 Punkt 11 Abs. 2)

(11) Bei optischen Sicherheitsleitsystemen sind die Belange von Beschäftigten mit Sehbehinderung so zu berücksichtigen, dass die sicherheitsrelevanten Informationen auf andere Art verständlich übermittelt werden. Dies kann dadurch erreicht werden, dass diese Informationen, dem Zwei-Sinne-Prinzip folgend, zusätzlich zum visuellen über einen anderen Sinneskanal durch taktile Zeichen oder Schallzeichen aufgenommen werden können.

Möglichkeiten, die Informationen des optischen Sicherheitsleitsystems für Beschäftigte mit Sehbehinderung taktil erfassbar oder hörbar zu ergänzen sind z. B.:

- dynamisch-akustische Fluchtleitsysteme, z. B. höher oder tiefer werdende Tonfolgen für aufwärts oder abwärts führende Treppen, schneller werdende Tonfolgen für die Weiterleitung im Gebäude oder Sprachansagen zur Richtungsorientierung, oder
- Profilierung der Leitmarkierung ggf. mit Fluchtrichtungserkennung, z. B. durch deren Anstrichdicke, Riffelprofile, Einwebungen oder durch thermische Verbindung von profilierten langnachleuchtenden Leitmarkierungen in Fußbodenbelägen. Bei Leitmarkierungen in Fußböden sind Stolperstellen und Rutschgefährdungen zu vermeiden (siehe ASR A1.5 »Fußböden«). (ASR A2.3 Punkt 8.4)

Anhang A3.4/7

gestrichen

Bei optischen Sicherheitsleitsystemen sind die Belange von Beschäftigten mit Sehbehinderung so zu berücksichtigen, dass die sicherheitsrelevanten Informationen auf andere Art verständlich übermittelt werden. Dies kann dadurch erreicht werden, dass diese Informationen, dem Zwei-Sinne-Prinzip folgend, zusätzlich zum visuellen über einen anderen Sinneskanal durch taktile Zeichen oder Schallzeichen aufgenommen werden können.

Möglichkeiten, die Informationen des optischen Sicherheitsleitsystems für Beschäftigte mit Sehbehinderung taktil erfassbar oder hörbar zu ergänzen, sind z. B.:

- dynamisch-akustische Fluchtleitsysteme, z. B. höher oder tiefer werdende Tonfolgen für aufwärts oder abwärts führende Treppen, schneller werdende Tonfolgen für die Weiterleitung im Gebäude oder Sprachansagen zur Richtungsorientierung, oder
- Profilierung der Leitmarkierung ggf. mit Fluchtrichtungserkennung, z. B. durch deren Anstrichdicke, Riffelprofile, Einwebungen oder durch thermische Verbindung von profilierten langnachleuchtenden Leitmarkierungen in Fußbodenbelägen. Bei Leitmarkierungen in Fußböden sind Stolperstellen und Rutschgefährdungen zu vermeiden. (siehe ASR A1.5/1,2 »Fußböden«)

Anhang A4.2

Ergänzende Anforderungen zur ASR A4.2 »Pausen- und Bereitschaftsräume«

(1) Beim Einrichten und Betreiben von Pausenräumen, Pausenbereichen und Bereitschaftsräumen sowie von Einrichtungen zum Hinlegen und Ausruhen für schwangere Frauen und stillende Mütter sind die besonderen Belange von Beschäftigten mit Behinderungen zu berücksichtigen. Je nach Auswirkung der Behinderung ist insbesondere auf Wahrnehmbarkeit, Erkennbarkeit, Erreichbarkeit und Nutzbarkeit zu achten.

(2) Wahrnehmbarkeit und Erkennbarkeit nach Absatz 1 sind gegeben, wenn Kennzeichnungen für Beschäftigte mit Sehbehinderung z. B. visuell kontrastierend gestaltet sind. Auch für blinde Beschäftigte ist das Zwei-Sinne-Prinzip anzuwenden, z. B. mit einer taktil erfassbaren Kennzeichnung an der Tür. Zusätzlich ist ein Mobilitätstraining möglich.

(3) Wahrnehmbarkeit und Erkennbarkeit der Funktion sowie Nutzbarkeit von Bedienelementen (z. B. Zapfstelle, Schalter für Beleuchtung und Lüftung) sind gegeben, wenn sie für Beschäftigte mit Sehbehinderung z. B. visuell kontrastierend und für blinde Beschäftigte z. B. taktil erfassbar gestaltet sind. Zusätzlich ist ein Mobilitätstraining möglich.

(4) Nutzbarkeit nach Absatz 1 ist in Bezug auf die Übermittlung von Informationen (z. B. die Erreichbarkeit im Bereitschaftsfall, Alarmierung im Notfall) gegeben, wenn für Beschäftigte mit einer Seh- oder Hörbehinderung das Zwei-Sinne-Prinzip angewendet wird.

(5) Für Beschäftigte, die einen Rollstuhl benutzen, ist für den Zugang eine lichte Durchgangsbreite der Tür gemäß Absatz 13 Anhang A1.7: Ergänzende Anforderungen zur ASR A1.7 »Türen und Tore« zu gewährleisten. Schrägrampen zum Ausgleich von Höhenunterschieden sind gemäß Absatz 3 Anhang A1.8: Ergänzende Anforderungen zur ASR A1.8 »Verkehrswege« zu gestalten.

(6) Für Rollatoren, Rollstühle oder Gehhilfen von Beschäftigten sind gegebenenfalls zusätzliche Flächen (z. B. Bewegungsflächen für das Umsetzen, Abstellflächen) erforderlich. Für das Umsetzen vom Rollstuhl auf eine andere Sitzgelegenheit ist eine Bewegungsfläche von mindestens 1,50 m x 1,50 m erforderlich (siehe Abbildung 1).

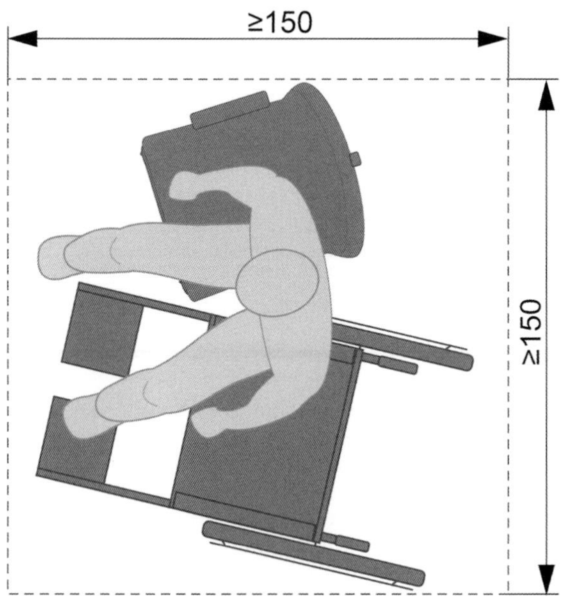

Abb. 1: Mindestgröße der Bewegungsfläche für das Umsetzen (Maße in cm)

(7) In Abhängigkeit von den individuellen Erfordernissen der Beschäftigten mit Behinderungen sind gegebenenfalls über Absatz 6 hinausgehende zusätzliche Flächen notwendig, z. B. für persönliche Assistenz, Assistenzhund (z. B. Blindenführhund), medizinische Hilfsmittel oder Elektrorollstuhl.

(8) Für Beschäftigte, die einen Rollstuhl benutzen, muss die Bewegungsfläche bei Nichtunterfahrbarkeit von Ausstattungselementen mindestens 1,50 m x 1,50 m und bei Unterfahrbarkeit mindestens 1,50 m x 1,20 m betragen (siehe Abbildung 2).

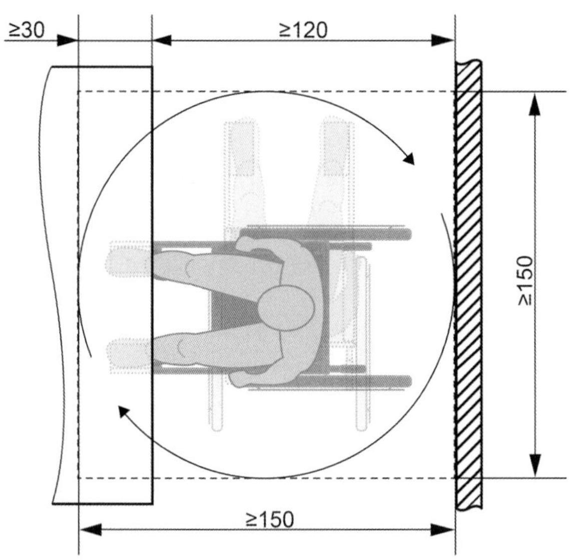

Abb. 2: Überlagerung von Stell- und Bewegungsflächen bei Unterfahrbarkeit von Ausstattungselementen (Maße in cm)

(9) Werden Einrichtungen für das Wärmen und Kühlen von Lebensmitteln benutzt, bestimmen die individuellen Erfordernisse der Beschäftigten mit Behinderungen die Maßnahmen zur barrierefreien Gestaltung. Dies kann für Beschäftigte, die einen Rollstuhl benutzen, z. B. bei frontaler Anfahrt durch Unterfahrbarkeit der Nutzungsfläche und Berücksichtigung der Greifhöhe erreicht werden (siehe Abbildungen 3 und 4). (ASR A4.2 Abschnitt 4.1 Absatz 12)

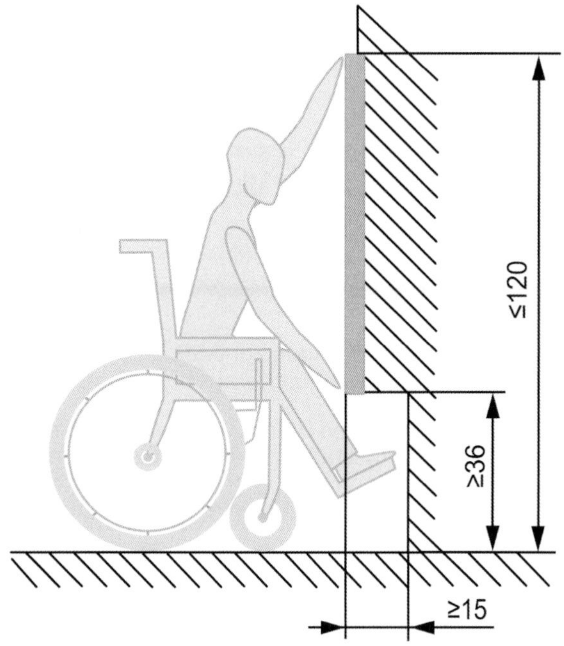

Abb. 3: Greifhöhe (Maße in cm)

(10) Für Beschäftigte, die einen Rollstuhl benutzen, müssen Nutzungsflächen unterfahrbar sein (siehe Abbildung 4).

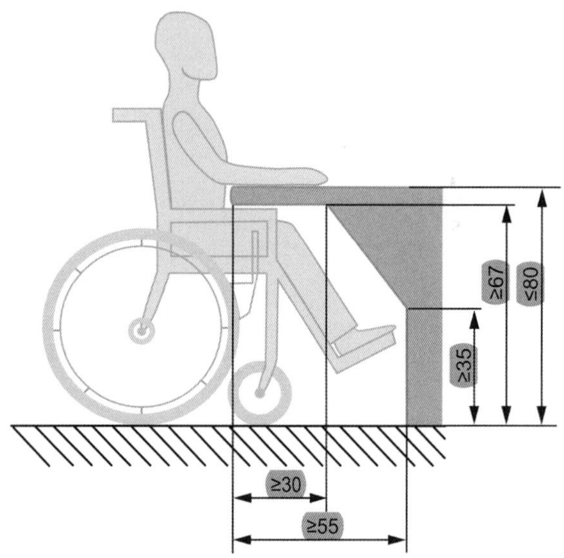

Abb. 4: Unterfahrbarkeit Nutzungsfläche (Maße in cm)

(11) Für kleinwüchsige Beschäftigte müssen Tische und Sitzgelegenheiten nutzbar sein, z. B. durch Anpassen der Sitzhöhe sowie Bereitstellen einer Fußstütze und Aufstiegshilfe.

(12) Unabhängig von der Anzahl der Beschäftigten ist ein Pausenraum oder Pausenbereich zur Verfügung zu stellen, wenn die Art einer Behinderung dies erfordert. Das kann der Fall sein, wenn Beschäftigte mit psychischer Behinderung, Echter Migräne oder Tinnitus eine Rückzugsmöglichkeit benötigen. Sollen Pausenräume außerhalb der festgelegten Pausenzeiten für andere Zwecke genutzt werden, sind die Bedarfe von Beschäftigten mit Behinderungen nach einer Rückzugsmöglichkeit vorrangig zu berücksichtigen. (ASR A4.2 Abschnitt 4.1 Absätze 2 und 3, Abschnitt 4.2 Absatz 1)

(13) Pausenräume und Pausenbereiche sollen unabhängig von der Entfernung innerhalb von 5 Minuten erreichbar sein (zu Fuß, mit Hilfsmitteln oder mit betrieblich zur Verfügung gestellten Verkehrsmitteln). (abweichend von ASR A4.2 Abschnitt 4.1 Absatz 5)

(14) Müssen Liegen von Beschäftigten mit Behinderungen genutzt werden, bestimmen deren individuelle Erfordernisse die Ausstattung der Liege, z. B. Höhenverstellbarkeit, Breite, Auflage, Griffe. (ASR A4.2 Abschnitt 5 Absatz 5)

Anhang A4.3

Ergänzende Anforderungen zur ASR A4.3 »Erste-Hilfe-Räume, Mittel und Einrichtungen zur Ersten Hilfe«

(1) Beim Einrichten und Betreiben von Erste-Hilfe-Räumen und bei der Ausstattung der Arbeitsstätte mit Mitteln und Einrichtungen zur Ersten Hilfe sind die besonderen Belange von Beschäftigten mit Behinderungen zu berücksichtigen.

Hinweis: Ist im Rahmen der Organisation der Ersten Hilfe oder im Ergebnis der Gefährdungsbeurteilung festgelegt worden, dass Beschäftigte mit Behinderungen Aufgaben der Ersten Hilfe übernehmen, müssen die Mittel und Einrichtungen zur Ersten Hilfe durch sie wahrnehmbar, erkennbar, erreichbar und benutzbar sein.

(2) Bei der Verteilung und Anbringung der Verbandkästen innerhalb der Arbeitsstätte sind im Rahmen der Organisation der Ersten Hilfe die besonderen Belange von Beschäftigten mit Behinderungen zu berücksichtigen.

Dies kann z. B. erreicht werden, indem:

- für Beschäftigte, die einen Rollstuhl benutzen, die Anfahrbarkeit gegeben ist,
- für Beschäftigte, die einen Rollstuhl benutzen und für kleinwüchsige Beschäftigte die Benutzung der Verbandkästen in einer Höhe von 0,85 m bis 1,05 m möglich ist oder
- für Beschäftigte mit einer Geh- oder Sehbehinderung ein zusätzlicher Verbandkasten an ihrem Arbeitsplatz bereitgestellt wird.

(ASR A4.3 Punkt 4 Abs. 3 und 4)

(3) Meldeeinrichtungen müssen für Beschäftigte mit Behinderungen wahrnehmbar, erkennbar, erreichbar und nutzbar sein. Dies kann z. B. durch nachfolgend aufgeführte Maßnahmen erreicht werden.

- **Wahrnehmbarkeit** und **Erkennbarkeit** der Meldeeinrichtungen sind gegeben, wenn sie für Beschäftigte mit Sehbehinderung visuell kontrastierend und für blinde Beschäftigte taktil erfassbar gestaltet sind.
- **Erreichbarkeit** der Meldeeinrichtungen ist für Beschäftigte, die einen Rollstuhl benutzen, gegeben, wenn die Anfahrbarkeit gewährleistet ist.
- **Erreichbarkeit** der Bedienelemente der Meldeeinrichtungen (wandmontiert oder Rufsäulen) ist gegeben, wenn sie für kleinwüchsige Beschäftigte und für Beschäftigte, die einen Rollstuhl benutzen, in einer Höhe von 0,85 m bis 1,05 m angeordnet sind.
- Bei der **Nutzung** von Meldeeinrichtungen sind die Belange der Beschäftigten mit Behinderungen so zu berücksichtigen, dass der Notruf verständlich übermittelt werden kann. Dies kann z. B. erreicht werden, indem
  - Beschäftigte mit Sprach- oder Hörbehinderung einen vorgefertigten Notruf absetzen können (z. B. Telefon mit Notrufeinrichtung, Notfallfax),
  - Beschäftigte, deren Hand-Arm-Motorik eingeschränkt ist, die Meldeeinrichtungen benutzen können, z. B. mit Sprachsteuerung, oder
  - Beschäftigte mit Sehbehinderung und blinde Beschäftigte ein Telefon mit Notruftaste nutzen können.

(ASR A4.3 Punkt 5.1)

(4) Für Beschäftigte, die einen Rollstuhl benutzen, ist für den Zugang zum Erste-Hilfe-Raum eine lichte Durchgangsbreite der Tür gemäß Absatz 3 Anhang A1.7: Ergänzende Anforderungen zur ASR A1.7 »Türen und Tore« zu gewährleisten. Schrägrampen zum Ausgleich von Höhenunterschieden sind gemäß Absatz 3 Anhang A1.8: Ergänzende Anforderungen zur ASR A1.8 »Verkehrswege« zu gestalten. (ASR A4.3 Punkt 6.1 Abs. 5).«

Anhang A4.4

Ergänzende Anforderungen zur ASR A4.4 »Unterkünfte«

(1) Werden Beschäftigte mit Behinderungen in Unterkünften untergebracht, so sind deren besondere Belange so zu berücksichtigen, dass Sicherheit und Gesundheitsschutz gewährleistet sind.

(2) Werden bestehende Einrichtungen, wie Küchen, Vorratsräume, sanitäre Einrichtungen und Mittel zur Ersten Hilfe, von Beschäftigten mit Behinderungen benutzt, bestimmen deren individuelle Erfordernisse die Maßnahmen zur barrierefreien Gestaltung. (ASR A4.4 Punkt 4 Absatz 3)

(3) Bei der Übermittlung der Informationen (z. B. Brandschutzordnung, Alarmplan) hat der Arbeitgeber das Zwei-Sinne-Prinzip anzuwenden, wenn Bewohner mit einer Seh- oder Hörbehinderung untergebracht sind. (ASR A4.4 Punkt 4 Absatz 6)

(4) Sollen bestehende Einrichtungen, wie Hotels und Pensionen, von Beschäftigten mit Behinderungen als Unterkunft genutzt werden, bestimmen deren individuelle Erfordernisse die Möglichkeit der Nutzung. (ASR A4.4 Punkt 4 Absatz 7)

(5) Werden Beschäftige untergebracht, die einen Rollstuhl benutzen, muss in jedem Raum, ausgenommenen dem Windfang, eine freie Bewegungsfläche von mindestens 1,50 × 1,50 m vorhanden sein. Für Beschäftigte, die eine Gehhilfe oder einen Rollator benutzen, ist eine freie Bewegungsfläche von mindestens 1,20 × 1,20 m vorzusehen. Werden zwei oder mehr Beschäftigte untergebracht, die einen Rollator oder einen Rollstuhl benutzen, ist die freie Bewegungsfläche entsprechend anzupassen. (ASR A4.4 Punkt 5.2 Absatz 1 sowie Punkt 5.4 Absatz 6 Satz 3)

(6) Die Möglichkeit zum Waschen, Trocknen und Bügeln von Kleidung sowie die Zubereitungs-, Aufbewahrungs-, Kühl- und Spülgelegenheiten müssen für blinde Beschäftigte, Kleinwüchsige und für Beschäftigte, die einen Rollstuhl benutzen, erreichbar und benutzbar sein. (ASR A4.4 Punkt 5.4 Absätze 7 und 8)

Hinweis: Für die barrierefreie Gestaltung von Unterkünften gelten zudem die in dieser ASR V3a.2 in den jeweiligen Anhängen beschriebenen ergänzenden Anforderungen.

Anhang A4

Ergänzende Anforderungen zu Nummer 4 des Anhangs der Arbeitsstättenverordnung bezüglich »Kantinen«

(1) Eine Kantine ist ein Raum innerhalb der Arbeitsstätte, der zur Bereitstellung und Aufnahme von Speisen und Getränken insbesondere für die Beschäftigten vorgesehen ist, z. B. Betriebsrestaurant, Cafeteria, Bistro. Falls dazu angrenzende Bereiche im Freien gehören, z. B. Terrassen, sind die nachfolgenden Anforderungen auch dort entsprechend zu berücksichtigen.

(2) Beim Einrichten und Betreiben von Kantinen sind die besonderen Belange von Beschäftigten mit Behinderungen zu berücksichtigen. Je nach Auswirkung der Behinderung ist insbesondere auf Auffindbarkeit, Wahrnehmbarkeit, Erkennbarkeit, Erreichbarkeit und Nutzbarkeit der Kantine zu achten.

(3) Die Auffindbarkeit von Kantinen kann erforderlichenfalls für Beschäftigte mit Sehbehinderung und für blinde Beschäftigte z. B. durch ein geeignetes Informations- und Leitsystem hergestellt werden. Dabei ist das Zwei-Sinne-Prinzip zu berücksichtigen. Alternativ ist ein Mobilitätstraining möglich.

(4) Wahrnehmbarkeit und Erkennbarkeit von Informationen zu Inhaltsstoffen von Lebensmitteln oder zu Preisen, z. B. auf dem Speiseplan, sind für Beschäftigte mit Sinneseinschränkungen bei Anwendung des Zwei-Sinne-Prinzips gegeben. Das wird erreicht:

1. für Beschäftigte mit Sehbehinderung z. B. durch eine blendungs- und reflexionsfreie, visuell kontrastierende Gestaltung und eine den Erfordernissen angepasste Schriftgröße sowie
2. für blinde Beschäftigte z. B. durch Brailleschrift oder eine akustische Übermittlung.

Die Informationen können auch barrierefrei zur Verfügung gestellt werden, z. B. über mobile Anwendungen (z. B. Apps auf Smartphone), per E-Mail oder über das Intranet/Internet.

Hinweise:

1. Wahrnehmbarkeit und Erkennbarkeit von Informationen zu Speisen und Getränken werden für Beschäftigte mit kognitiven Behinderungen über eine bildliche Darstellung (z. B. Fotos oder Symbole) erleichtert.

2. Die Berechnung der Schriftgröße erfolgt in Abhängigkeit von insbesondere Sehabstand, Sehschärfe (Visus), Beleuchtung, Textart (z. B. Lesetext, Fußnote als Konsultationstext) und Schriftart (möglichst ohne Serifen). Zur Ermittlung können z. B. Berechnungstools genutzt werden, wie Schriftgrößenrechner (https://www.leserlich.info/werkzeuge/schriftgroessenrechner/).

3. Wahrnehmbarkeit und Erkennbarkeit von Speisen und Getränken in Theken und Auslagen werden durch eine gleichmäßige, blendungsfreie und schattenarme Ausleuchtung erleichtert.

(5) Wahrnehmbarkeit und Erkennbarkeit der Funktion sowie die Nutzbarkeit von Geräten, z. B. von Aufwerteautomaten, Kassensystemen und Kartenlesegeräten, sind sicherzustellen. Das wird durch Anwendung des Zwei-Sinne-Prinzips erreicht, z. B. indem die Bedienelemente:

1. für Beschäftigte mit Sehbehinderungen visuell kontrastierend gestaltet und
2. für blinde Beschäftigte z. B. taktil erfassbar sind.

Die Funktionsauslösung muss wahrnehmbar zurückgemeldet werden, z. B. durch Quittierton, Druckpunkt oder Lichtsignal.

(6) Die Anforderungen an die Alarmierung der Beschäftigten mit einer Seh- oder Hörbehinderung sind im Absatz 2 des Anhangs A2.2 »Ergänzende Anforderungen zur ASR A2.2 ‚Maßnahmen gegen Brände'« geregelt.

(7) Die Kantine soll leicht und direkt erreichbar sein (zu Fuß, mit Hilfsmitteln oder mit betrieblich zur Verfügung gestellten Verkehrsmitteln).

(8) Die Verkehrswege zur und in der Kantine sind gemäß Anhang A1.8 »Ergänzende Anforderungen zur ASR A1.8 ‚Verkehrswege'«, Türen und sonstige Durchgänge gemäß Anhang A1.7 »Ergänzende Anforderungen zur ASR A1.7 ‚Türen und Tore'« zu gestalten. Dabei sind auch die Anforderungen der Anhänge A1.3 »Ergänzende Anforderungen zur ASR A1.3 ‚Sicherheits- und Gesundheitsschutzkennzeichnung'« und A2.3 »Ergänzende Anforderungen zur ASR A2.3 ‚Fluchtwege und Notausgänge'« zu berücksichtigen.

(9) Für Rollatoren, Rollstühle oder Gehhilfen von Beschäftigten sind gegebenenfalls Stell-/Bewegungsflächen in der Kantine erforderlich, z. B. für das Umsetzen vom Rollstuhl auf eine andere Sitzgelegenheit. Dafür ist eine Bewegungsfläche von mindestens 1,50 m x 1,50 m erforderlich (siehe Abbildung 1). Für Rollatoren und Gehhilfen ist eine Bewegungsfläche von mindestens 1,20 m x 1,20 m ausreichend.

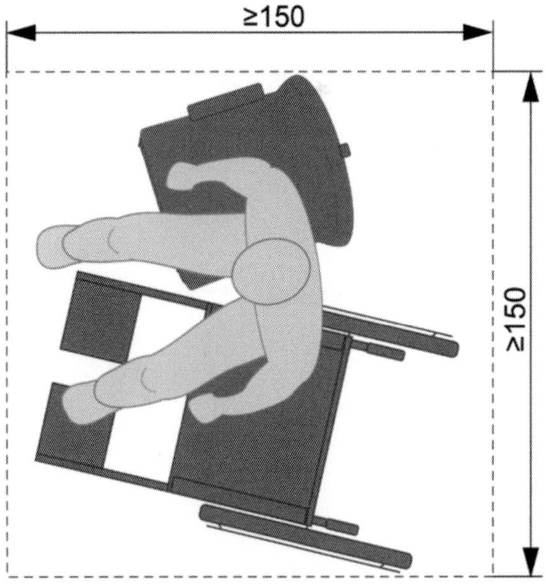

Abb. 1: Mindestgröße der Bewegungsfläche für Rollstühle beim Umsetzen in der Kantine (Maße in cm)

(10) In Abhängigkeit von den individuellen Erfordernissen der Beschäftigten mit Behinderungen sind zusätzliche Flächen in der Kantine notwendig, z. B. für einen Elektrorollstuhl oder einen Assistenzhund (z. B. Blindenführhund).

(11) Für Beschäftigte, die einen Rollstuhl benutzen, muss die Bewegungsfläche bei Nichtunterfahrbarkeit von Ausstattungselementen mindestens 1,50 m x 1,50 m und bei Unterfahrbarkeit mindestens 1,50 m x 1,20 m betragen (siehe Abbildung 2).

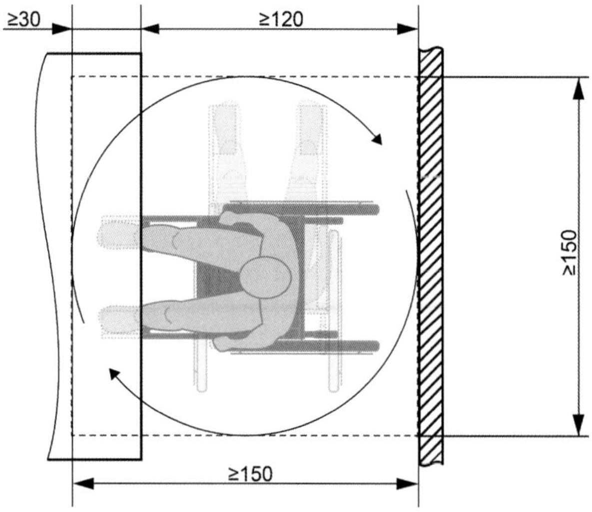

Abb. 2: Überlagerung von Stell- und Bewegungsflächen bei Unterfahrbarkeit von Ausstattungselementen (Maße in cm)

(12) Die Nutzbarkeit aller notwendigen Einrichtungen und Ausstattungen einer Kantine ist gegeben, wenn z. B.:

1. für Beschäftigte, die einen Rollstuhl benutzen und für kleinwüchsige Beschäftigte die Speisepläne oder Preisangaben aus ihrer Augenhöhe erkennbar sind,

2. für Beschäftigte, die einen Rollstuhl benutzen, die Greifhöhe im Bereich zwischen 40 cm und 120 cm liegt. Die optimale Greifhöhe liegt bei 85 cm. Warme/kalte Speisen und offene Getränke müssen in einer Greifhöhe angeboten werden, die bei der Handhabung keine Gefährdungen hervorruft. Ist eine frontale Anfahrt erforderlich, muss eine Unterfahrbarkeit von mindestens 35 cm Höhe und 15 cm Tiefe gegeben sein. Die Erreichbarkeit ist bei einer Greiftiefe von maximal 40 cm bei frontaler oder seitlicher Anfahrt gewährleistet (siehe Abbildung 3).

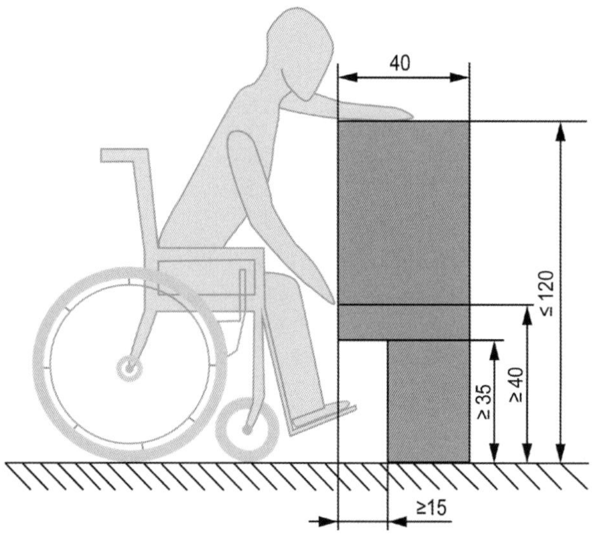

Abb. 3: Greifhöhe, Greiftiefe und Unterfahrbarkeit (Maße in cm)

3. für kleinwüchsige Beschäftigte die in Nummer 2 genannten Maße angewendet werden,

4. für Beschäftigte, die einen Rollator oder eine Gehhilfe benutzen, der Weg z. B. zu Besteckkästen, Selbstbedienungstresen und Geschirrrückgabe sowie zu Zubereitungs- und Aufwärmmöglichkeiten für Speisen mindestens 80 cm breit ist. Wird ein Wendevorgang erforderlich, ist eine zusätzliche Fläche von 1,20 m x 1,20 m vorzusehen.

5. für Beschäftigte, die einen Rollstuhl benutzen, der Weg z. B. zu Besteckkästen, Selbstbedienungstresen und Geschirrrückgabe sowie zu Zubereitungs- und Aufwärmmöglichkeiten für Speisen mindestens 90 cm breit ist. Wird ein Wendevorgang erforderlich, ist eine zusätzliche Fläche von 1,50 m x 1,50 m vorzusehen.

6. für Beschäftigte mit Einschränkungen der Hand-Arm-Motorik die Hygiene-Schutz-Klappen (sogenannte Spuck-Niesschutz-Klappen) an einer Warenausgabe z. B. mit einer Offenhaltung oder Schließverzögerung ausgestattet sind.

(13) Für Beschäftigte, die aufgrund einer Behinderung eine bestimmte Diät einhalten müssen, sind gegebenenfalls Einrichtungen für das Wärmen und Zubereiten von Lebensmitteln zur Verfügung zu stellen. Dabei muss für Beschäftigte, die einen Rollstuhl benutzen, bei frontaler Anfahrt die Unterfahrbarkeit gegeben sein (siehe Abbildung 4). Die Nutzbarkeit von z. B. Wasserkocher oder Mikrowelle ist innerhalb einer Fläche von maximal 80 cm Breite x 40 cm Tiefe zu gewährleisten (siehe Abbildung 5).

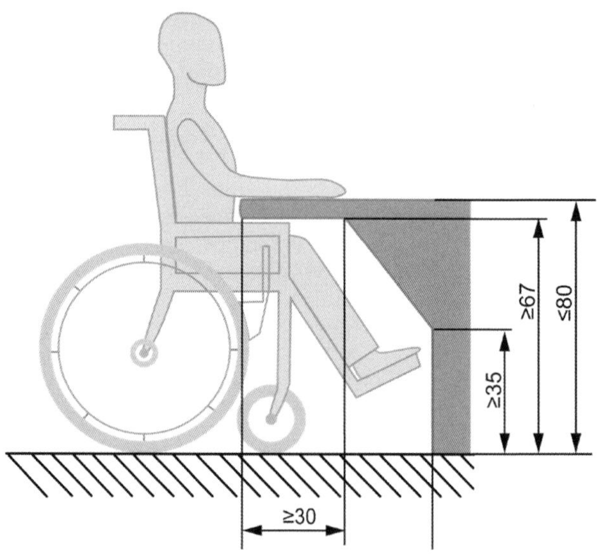

Abb. 4: Unterfahrbarkeit der Nutzungsfläche (Maße in cm)

ASR V3a.2

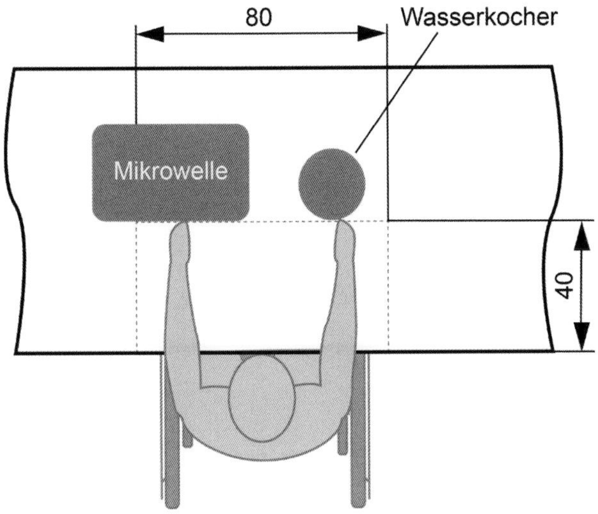

Abb. 5: Greifbereich auf der Nutzungsfläche (Maße in cm)

(14) Kann aufgrund der Behinderungsart (z. B. Beschäftigte, die motorisch eingeschränkt sind oder einen Rollstuhl benutzen) das Tablett nicht transportiert werden, ist an der Essenausgabe eine Transporthilfe, z. B. ein Tablett-Transportwagen, zur Verfügung zu stellen.

(15) Für kleinwüchsige Beschäftigte müssen Tische und Sitzgelegenheiten nutzbar sein, z. B. durch Anpassen der Sitzhöhe sowie Bereitstellen einer Fußstütze und Aufstiegshilfe. Für Beschäftigte, die einen Rollstuhl benutzen, muss die Unterfahrbarkeit gegeben sein (siehe Abbildung 4).

(16) Sind Hoch- bzw. Stehtische vorhanden, müssen in deren räumlicher Nähe für kleinwüchsige Beschäftigte und für Beschäftigte, die einen Rollstuhl benutzen, für sie nutzbare Tische bereitgestellt werden, z. B. Stehtische mit zwei unterschiedlichen Ebenen.

(17) Wenn es die Art der Behinderung (z. B. Echte Migräne, Autismus-Spektrum-Störung, Hörbehinderung) erfordert, sind Beschäftigte vor störendem oder belästigendem Lärm zu schützen, z. B. durch Bereitstellung eines ruhigen Bereichs oder durch raumakustische Maßnahmen.

ASR V3a.2

3.2.17 ASR A1.2 »Raumabmessungen und Bewegungsflächen«

Ausgabe September 2013; letzte Änderung März 2022

(Gemeinsames Ministerialblatt 2013 Nr. 46, Seite 910; 2022, Nr. 9–11 Seite 241)

Die Technischen Regeln für Arbeitsstätten (ASR) geben den Stand der Technik, Arbeitsmedizin und Hygiene sowie sonstige gesicherte wissenschaftliche Erkenntnisse für die Sicherheit und Gesundheit der Beschäftigten beim Einrichten und Betreiben von Arbeitsstätten wieder.

Sie werden vom **Ausschuss für Arbeitsstätten** ermittelt bzw. angepasst und vom Bundesministerium für Arbeit und Soziales im Gemeinsamen Ministerialblatt bekannt gemacht.

Diese ASR A1.2 konkretisiert im Rahmen ihres Anwendungsbereichs Anforderungen der Verordnung über Arbeitsstätten. Bei Einhaltung dieser Technischen Regel kann der Arbeitgeber davon ausgehen, dass die entsprechenden Anforderungen der Verordnung erfüllt sind. Wählt der Arbeitgeber eine andere Lösung, muss er damit mindestens die gleiche Sicherheit und den gleichen Schutz der Gesundheit für die Beschäftigten erreichen.

Inhalt

1 Zielstellung

Diese Arbeitsstättenregel konkretisiert die Anforderungen an Raumabmessungen von Arbeitsräumen und Bewegungsflächen in § 3a Absatz 1 der Arbeitsstättenverordnung sowie insbesondere in den Punkten 1.2 und 3.1 des Anhanges der Arbeitsstättenverordnung.

2 Anwendungsbereich

(1) Diese Arbeitsstättenregel gilt für das Einrichten und Betreiben von Arbeitsräumen.

(2) Die Abmessungen aller weiteren Räume, wie Sanitärräume (ASR A4.1), Pausen- und Bereitschaftsräume (ASR A4.2), Erste-Hilfe-Räume (ASR A4.3) und Unterkünfte (ASR A4.4) richten sich gemäß Punkt 1.2 Absatz 2 des Anhangs der Arbeitsstättenverordnung nach der Art ihrer Nutzung.

Hinweis:
Für die barrierefreie Gestaltung der Raumabmessungen und Bewegungsflächen gilt die ASR V3a.2 »Barrierefreie Gestaltung von Arbeitsstätten«, Anhang A1.2: Ergänzende Anforderungen zur ASR A1.2 »Raumabmessungen und Bewegungsflächen«.

3 Begriffsbestimmungen

3.1 **Bewegungsflächen** sind zusammenhängende unverstellte Bodenflächen am Arbeitsplatz, die mindestens erforderlich sind, um den Beschäftigten bei ihrer Tätigkeit wechselnde Arbeitshaltungen sowie Ausgleichsbewegungen zu ermöglichen.

3.2 **Bewegungsfreiraum** ist der zusammenhängende unverstellte Raum am Arbeitsplatz, der mindestens erforderlich ist, um den Beschäftigten bei ihrer Tätigkeit wechselnde Arbeitshaltungen sowie Ausgleichsbewegungen zu ermöglichen.

3.3 **Gänge zu den Arbeitsplätzen** sind Verkehrswege, die dem ungehinderten Zutritt zu den persönlich zugewiesenen Arbeitsplätzen dienen (siehe ASR A1.8 »Verkehrswege«).

3.4 **Gänge zu gelegentlich benutzten Betriebseinrichtungen** sind Verkehrswege, die dem ungehinderten Zutritt zur Nutzung von Betriebseinrichtungen (z. B. Heizungen, Fenster, Elektroversorgung) dienen (siehe ASR A1.8 »Verkehrswege«).

3.5 **Stellflächen** sind die Bodenflächen, die für Arbeitsmittel (z. B. Roh-, Hilfs- und Betriebsstoffe, Produkte des jeweiligen Arbeitsschrittes, Arbeitsstühle, Arbeitswagen, Werkzeugcontainer, Hebemittel), Einbauten, Einrichtungen und sonstige Gegenstände (z. B. Abfälle) benötigt werden, unabhängig davon, ob diese den Boden berühren oder nicht.

3.6 **Funktionsflächen** sind die Bodenflächen, die von beweglichen Teilen von Arbeitsmitteln, Einbauten und Einrichtungen überdeckt werden.

3.7 **Flächen für Sicherheitsabstände** sind die Bodenflächen an Arbeitsplätzen, Arbeitsmitteln, Einbauten und Einrichtungen, die erforderlich sind, um Gefährdungen von Beschäftigten zu vermeiden.

3.8 **Zellenbüros** sind als Einzel- oder Mehrpersonenbüros in der Regel entlang der Fassade angeordnet und über einen gemeinsamen Flur zugänglich. Mehrpersonenbüros umfassen in der Regel bis sechs Büro- oder Bildschirmarbeitsplätze.

3.9. **Gruppenbüros** sind für die Einrichtung von in der Regel bis zu 25 Büro- oder Bildschirmarbeitsplätzen vorgesehene fensternahe Raumeinheiten, die mit Stellwänden oder flexiblen Raumgliederungssystemen deutlich voneinander abgegrenzt werden.

3.10. **Großraumbüros** sind organisatorische und räumliche Zusammenfassungen von Büro- oder Bildschirmarbeitsplätzen auf einer 400 m^2 oder mehr umfassenden Grundfläche, die mit Stellwänden gegliedert sein können.

3.11. **Kombibüros** sind in der Regel Kombinationen aus Zellenbüro und Großraumbüro. Die »Arbeitskojen« sind in der Regel mit je einem Beschäftigten besetzt, um einen Gemeinschaftsraum mit Besprechungsecken, Registraturen, Serviceeinrichtungen, Teeküchen u. a. gruppiert und durch Glaswände und -türen mit dem Gemeinschaftsraum verbunden.

4 Allgemeines

(1) Arbeitsräume müssen eine ausreichende Grundfläche und Höhe sowie einen ausreichenden Luftraum aufweisen. Damit soll sichergestellt sein, dass die Beschäftigten ohne Beeinträchtigung ihrer Sicherheit, ihrer Gesundheit oder ihres Wohlbefindens ihre Arbeit verrichten können.

(2) Am Arbeitsplatz muss ausreichend Bewegungsfreiraum vorhanden sein, sodass Beschäftigte alle Arbeitsaufgaben erledigen können und nicht, z. B. durch Einbauten, Einrichtungen oder sonstige Gegenstände, in ihrer Bewegungsfreiheit eingeschränkt sind.

(3) Ausgangspunkt für die Ermittlung der Grundflächen und Höhen des notwendigen Bewegungsfreiraumes sind die Körpermaße des Menschen. Die in dieser ASR aufgeführten Werte stellen das Minimum für Bewegungsfreiräume dar, wobei Zuschläge von Kleidung und Körperbewegungen berücksichtigt sind. Weitere Zuschläge z. B. für persönliche Schutzausrüstungen oder für die Handhabung von Arbeitsgegenständen und Arbeitsmitteln sind erforderlichenfalls festzulegen.

(4) Für bestimmte Arbeitsplätze, z. B. Kassenarbeitsplätze, Schulungs- und Besprechungsarbeitsplätze, Arbeitsplätze in Operationsbereichen, können aufgrund ihrer spezifischen betriebstechnischen oder ergonomischen Anforderungen von den Regelungen dieser ASR abweichende Gestaltungen notwendig sein. Diese sind im Rahmen einer Gefährdungsbeurteilung zu ermitteln und festzulegen. Hierfür können branchenspezifische Hilfen herangezogen werden (siehe Punkt Ausgewählte Literaturhinweise).

5 Grundflächen von Arbeitsräumen

(1) Die erforderlichen Grundflächen für Arbeitsräume ergeben sich aus folgenden Flächen:

- Bewegungsflächen der Beschäftigten am Arbeitsplatz,
- Flächen für Verkehrswege einschließlich der Fluchtwege und Gänge zu den Arbeitsplätzen und zu gelegentlich benutzten Betriebseinrichtungen,
- Stellflächen für Arbeitsmittel, Einbauten und Einrichtungen,
- Funktionsflächen für alle Betriebs- bzw. Benutzungszustände von Arbeitsmitteln, Einbauten und Einrichtungen und
- Flächen für Sicherheitsabstände, soweit sie nicht bereits in den Stell- oder Funktionsflächen berücksichtigt sind.

Beispiele für erforderliche Grundflächen von Arbeitsplätzen sind in den Anhängen 1 und 2 dargestellt.

(2) Bei der Bemessung der Grundfläche der Arbeitsräume sind entsprechend der Anzahl der Arbeitsplätze und der Tätigkeit zusätzlich zu den erforderlichen Flächen nach Absatz 1 die Einhaltung des Mindestluftraums nach Punkt 7 sowie gegebenenfalls weitere Anforderungen, z. B. an die Luftqualität (siehe ASR A3.6 »Lüftung«) oder an die Akustik, zu berücksichtigen.

(3) Unabhängig von Absatz 1 und von der Tätigkeit dürfen als Arbeitsräume nur Räume genutzt werden, deren Grundflächen mindestens 8 m^2 für einen Arbeitsplatz zuzüglich mindestens 6 m^2 für jeden weiteren Arbeitsplatz betragen.

(4) Für Büro- und Bildschirmarbeitsplätze ergibt sich bei Einrichtung von Zellenbüros als Richtwert ein Flächenbedarf von 8 bis 10 m^2 je Arbeitsplatz einschließlich Möblierung und anteiliger Verkehrsflächen im Raum. Für Großraumbüros ist angesichts des höheren Verkehrsflächenbedarfs und ggf. größerer Störwirkungen (z. B. akustisch, visuell) von 12 bis 15 m^2 je Arbeitsplatz auszugehen. Beispielhafte Gestaltungslösungen zu den einzelnen Bürotypen sind dem Anhang 2 zu entnehmen.

5.1 Bewegungsflächen der Beschäftigten am Arbeitsplatz

5.1.1 Allgemeine Anforderungen

(1) Zur Festlegung der Bewegungsfläche sind alle während der Tätigkeit einzunehmenden Körperhaltungen zu berücksichtigen.

(2) Die Bewegungsfläche muss mindestens 1,50 m^2 betragen. Ist dies aus betriebstechnischen Gründen nicht möglich, muss den Beschäftigten in der Nähe des Arbeitsplatzes eine mindestens 1,50 m^2 große Bewegungsfläche zur Verfügung stehen (siehe Abb. 1).

Abb. 1: Mindestgröße der Bewegungsfläche im Sitzen und Stehen
(Quelle: VBG Hamburg [www.vbg.de])

5.1.2 Sitzende und stehende Tätigkeiten

Die Tiefe und die Breite der Bewegungsfläche für Tätigkeiten im Sitzen und Stehen müssen mindestens 1,00 m betragen (siehe Abb. 2 und 3).

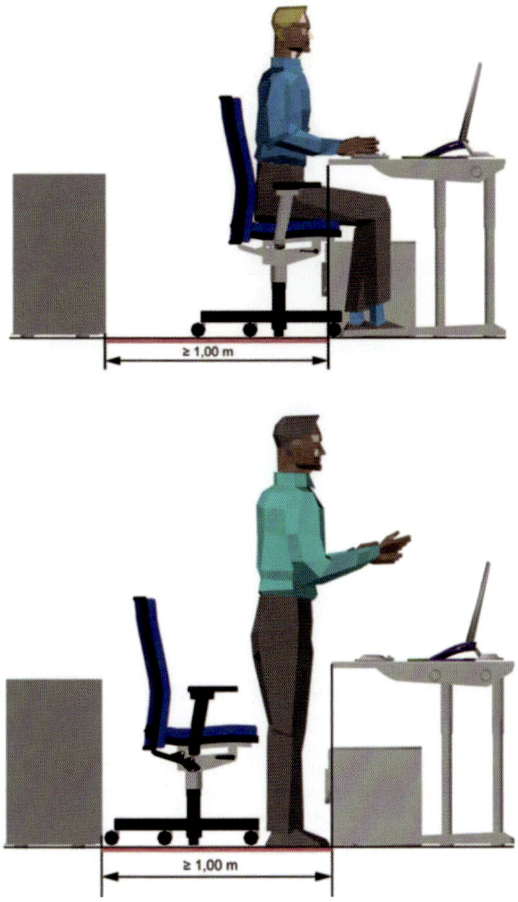

Abb. 2: Mindesttiefe der Bewegungsfläche im Sitzen und Stehen
(Quelle: VBG Hamburg [www.vbg.de])

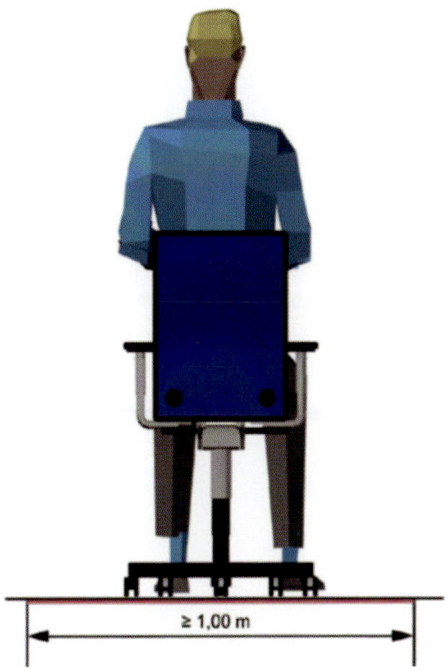

Abb. 3: Mindestbreite der Bewegungsfläche im Sitzen und Stehen
(Quelle: VBG Hamburg [www.vbg.de])

5.1.3 Tätigkeiten mit anderen Körperhaltungen

(1) Die Tiefe der Bewegungsfläche an Arbeitsplätzen mit stehender nicht aufrechter Körperhaltung muss mindestens 1,20 m betragen (siehe Abb. 4).

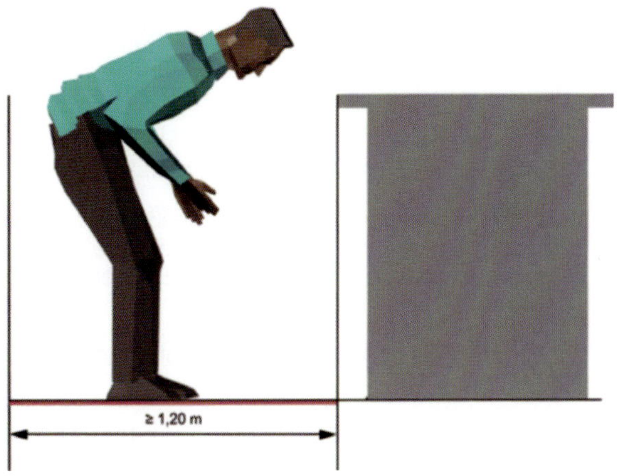

Abb. 4: Mindesttiefe der Bewegungsfläche für Arbeitsplätze mit stehender nicht aufrechter Körperhaltung (Quelle: VBG Hamburg [www.vbg.de])

(2) Für Beschäftigte, die für ihre Tätigkeit andere Körperhaltungen einnehmen müssen, sind die Maße für die Bewegungsfläche im Rahmen der Gefährdungsbeurteilung gesondert zu ermitteln und festzulegen.

5.1.4 Nebeneinander angeordnete Arbeitsplätze

Sind mehrere Arbeitsplätze unmittelbar nebeneinander angeordnet, muss die Breite der Bewegungsfläche an jedem Arbeitsplatz mindestens 1,20 m betragen (siehe Abb. 5).

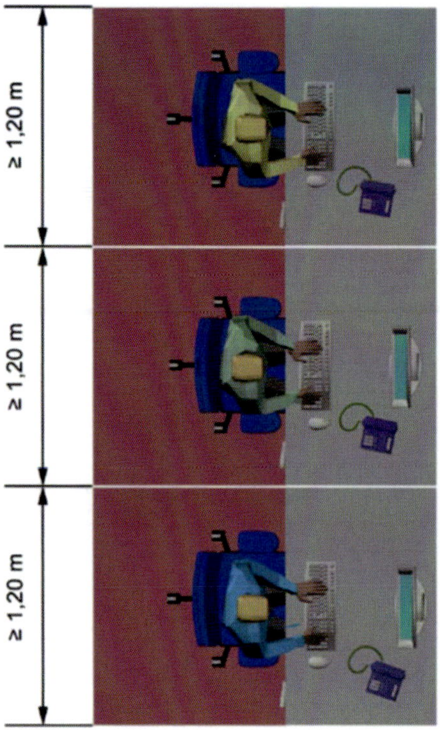

Abb. 5: Breite der Bewegungsfläche für nebeneinander angeordnete Arbeitsplätze mit sitzender oder stehender Körperhaltung
(Quelle: VBG Hamburg [www.vbg.de])

5.1.5 Überlagerung von Bewegungsflächen

(1) Bewegungsflächen dürfen sich nicht überlagern mit:

- Bewegungsflächen anderer Arbeitsplätze,
- Flächen für Verkehrswege, einschließlich Fluchtwegen und Gängen zu anderen Arbeitsplätzen und Gängen zu gelegentlich genutzten Betriebseinrichtungen,
- Stellflächen für Arbeitsmittel, Einbauten und Einrichtungen,
- Funktionsflächen für Arbeitsmittel, Einbauten und Einrichtungen und
- Flächen für Sicherheitsabstände.

(2) Abweichend von Absatz 1 ist eine Überlagerung der Bewegungsfläche am Arbeitsplatz des jeweiligen Nutzers möglich mit:

- Stellflächen von selbst benutzten mobilen Arbeitsmitteln,
- Funktionsflächen von selbst benutzten Arbeitsmitteln, Einbauten und Einrichtungen (z. B. Schrankauszüge und -türen, Fensterflügel) und
- Flächen für Sicherheitsabstände (z. B. am Schrankauszug, siehe Abb. 10).

Dabei darf es zu keiner Beeinträchtigung der Sicherheit, der Gesundheit oder des Wohlbefindens der Beschäftigten kommen.

5.2 Flächen für Verkehrswege

(1) Maße zu Höhen und Breiten von Verkehrswegen einschließlich Gängen zu den Arbeitsplätzen und gelegentlich benutzten Betriebseinrichtungen sind in der ASR A1.8 »Verkehrswege« geregelt.

(2) Maße zu Höhen und Breiten von Fluchtwegen sind in der ASR A2.3 »Fluchtwege und Notausgänge« geregelt.

5.3 Stellflächen für Arbeitsmittel, Einbauten und Einrichtungen

Stellflächen müssen entsprechend den äußeren Abmessungen der Arbeitsmittel, Einbauten und Einrichtungen berücksichtigt werden (siehe Abb. 6 und 7).

Abb. 6: Stellfläche eines Schrankes
(Quelle: VBG Hamburg [www.vbg.de])

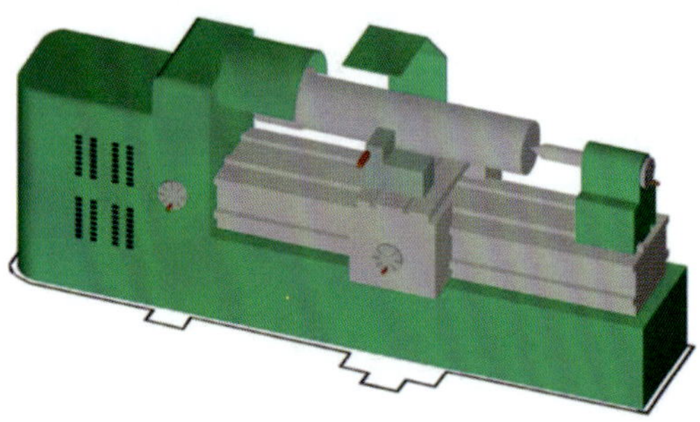

Abb. 7: Stellfläche einer Drehmaschine
(Quelle: VBG Hamburg [www.vbg.de])

5.4 Funktionsflächen für Arbeitsmittel, Einbauten und Einrichtungen

Für die Ermittlung der Funktionsflächen müssen die Flächen für alle Betriebszustände, z. B. auch für Instandhaltung und Werkzeugwechsel, berücksichtigt werden (siehe Abb. 8 und 9).

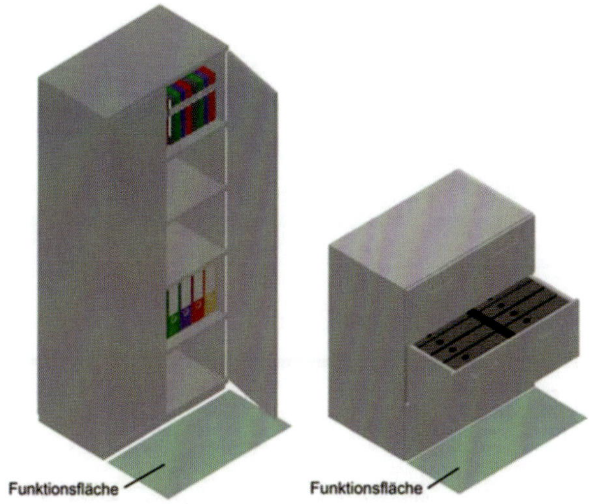

Abb. 8: Funktionsflächen von Schränken
(Quelle: VBG Hamburg [www.vbg.de])

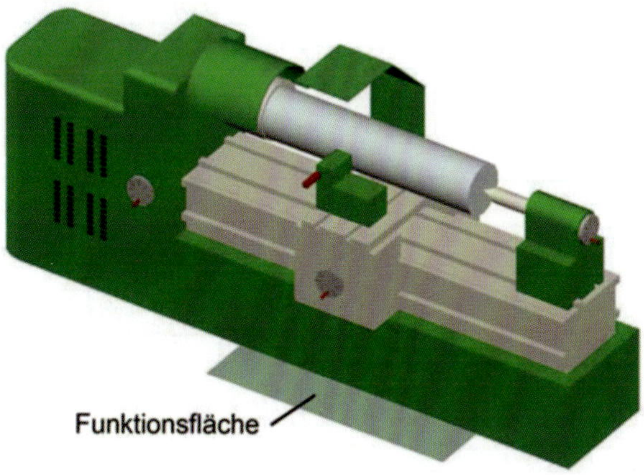

Abb. 9: Funktionsfläche für den Schlitten einer Drehmaschine
(Quelle: VBG Hamburg [www.vbg.de])

5.5 Flächen für Sicherheitsabstände

Flächen zur Einhaltung von notwendigen Sicherheitsabständen, soweit diese nicht bereits in den Stell- oder Funktionsflächen berücksichtigt sind, sind im Rahmen der Gefährdungsbeurteilung festzulegen (siehe Abb. 10). Zur Vermeidung von Ganzkörperquetschungen muss der Sicherheitsabstand mindestens 50 cm betragen. Weitere Hinweise dafür können z. B. aus den Herstellerangaben entnommen werden.

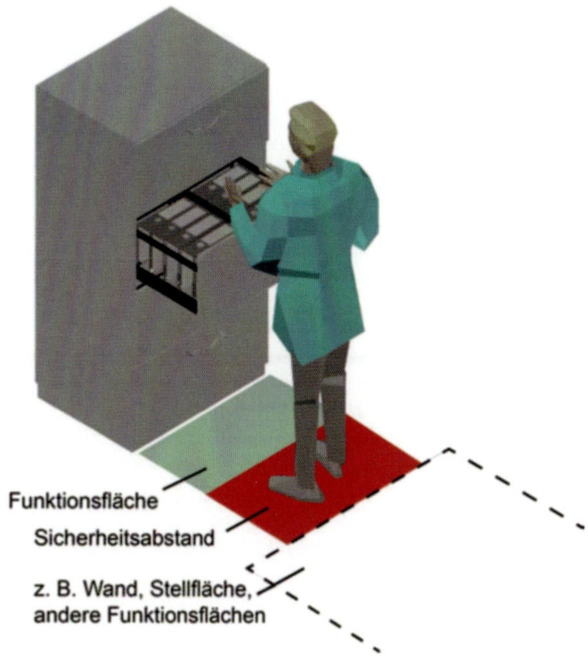

Abb. 10: Beispiel für Funktionsfläche und Sicherheitsabstand zur Benutzung eines Schrankes
(Quelle: VBG Hamburg [www.vbg.de])

6 Lichte Höhen von Arbeitsräumen

(1) Die erforderliche lichte Höhe von Räumen ist abhängig von:

- den Bewegungsfreiräumen für die Beschäftigten,
- der Nutzung der Arbeitsräume,
- den technischen Anforderungen, z. B. Platzbedarf für Lüftung und Beleuchtung, und
- den Erfordernissen hinsichtlich des Wohlbefindens der Beschäftigten.

(2) In Abhängigkeit von der Grundfläche muss die lichte Höhe von Arbeitsräumen betragen:

- bei bis zu 50 m² mindestens 2,50 m
- bei mehr als 50 m² mindestens 2,75 m
- bei mehr als 100 m² mindestens 3,00 m
- bei mehr als 2000 m² mindestens 3,25 m

(3) Die in Absatz 2 genannten Maße können um 0,25 m herabgesetzt werden, wenn keine gesundheitlichen Bedenken bestehen. Das ist im Rahmen der Gefährdungsbeurteilung zu ermitteln. Eine lichte Höhe von 2,50 m darf jedoch nicht unterschritten werden.

(4) Unabhängig von Absatz 3 kann in Arbeitsräumen bis zu 50 m² Grundfläche, in denen überwiegend leichte oder sitzende Tätigkeit ausgeübt wird, die lichte Höhe auf das nach Landesbaurecht zulässige Maß herabgesetzt werden, wenn dies mit der Nutzung der Arbeitsräume vereinbar ist.

(5) Bei Unterschreitung der lichten Höhen nach Absatz 2 darf es zu keiner Beeinträchtigung der Sicherheit, der Gesundheit oder des Wohlbefindens der Beschäftigten kommen.

(6) Sollen Räume mit Schrägdecken als Arbeitsräume genutzt werden, müssen die Anforderungen an Aufenthaltsräume mit Schrägdecken nach Landesbaurecht erfüllt sein. Über den Arbeitsplätzen und freien Bewegungsflächen sind die Anforderungen der Absätze 2 bis 5 einzuhalten. Für die Anforderungen an die lichte Höhe von Verkehrswegen und Fluchtwegen gelten die Bestimmungen der ASR A1.8 »Verkehrswege« bzw. der ASR A2.3 »Fluchtwege und Notausgänge«.

7 Luftraum

(1) Arbeitsräume sind so einzurichten, dass der freie, durch das Volumen von Einbauten nicht verringerte Luftraum für jeden ständig anwesenden Beschäftigten mindestens

- 12 m³ bei überwiegend sitzender Tätigkeit,
- 15 m³ bei überwiegend nichtsitzender Tätigkeit und
- 18 m³ bei schwerer körperlicher Arbeit

beträgt.

(2) Wenn sich in Arbeitsräumen neben den ständig anwesenden Beschäftigten auch andere Personen nicht nur vorübergehend aufhalten, ist für jede zusätzliche Person ein Mindestluftraum von 10 m³ vorzusehen. Dies gilt nicht für Verkaufsräume, Schank- und Speiseräume in Gaststätten, Schulungs- und Besprechungsräume sowie für Unterrichtsräume in Schulen.

Anhang 1

Beispiel für die Grundfläche eines Arbeitsplatzes in einer Fertigungsstätte

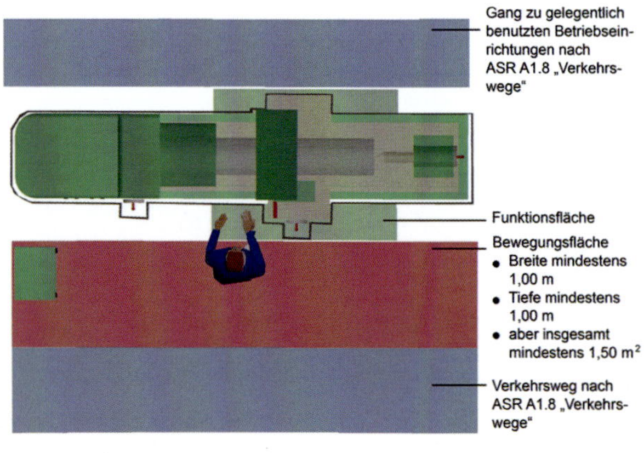

Abb. 11: Grundriss
(Quelle: VBG Hamburg [www.vbg.de])

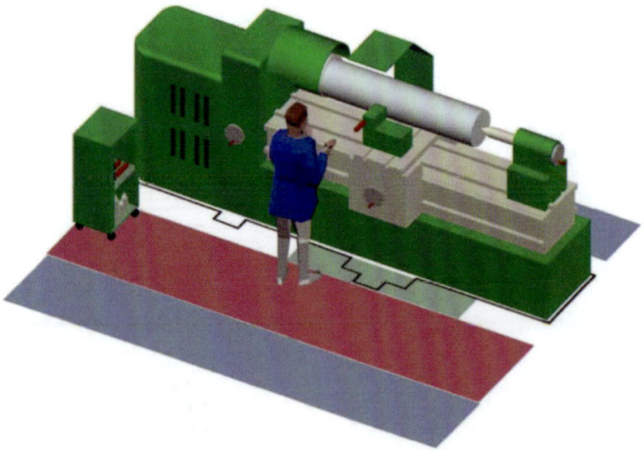

Abb. 12: 3D-Ansicht
(Quelle: VBG Hamburg [www.vbg.de])

Anhang 2

Beispiele für Grundflächen von Arbeitsplätzen in Büroräumen

Zellenbüros/Einzelbüros

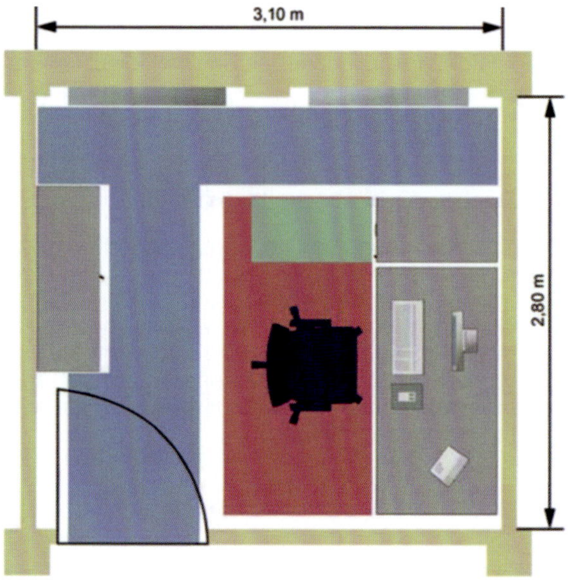

Abb. 13: Zellenbüro/Einzelbüro Beispiel 1
(Quelle: VBG Hamburg [www.vbg.de])

Beispiel für ein Zellenbüro (Einzelbüros entlang der Fassade angeordnet und über einen gemeinsamen Flur zugänglich) jeweils mit Sitz-/Steharbeitstisch, Rollcontainer in Arbeitstischhöhe und Schiebetürenschrank

Flächenbedarf pro Arbeitsplatz: 8,68 m²

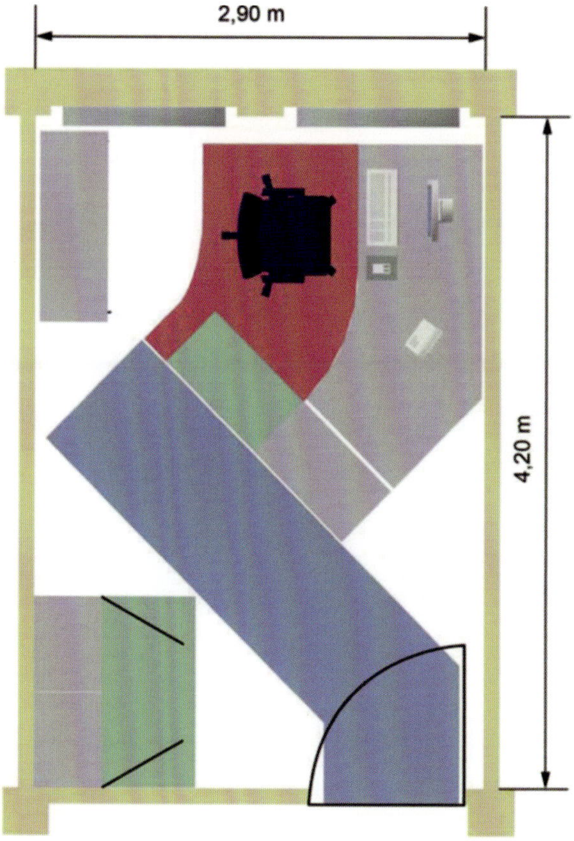

Abb. 14: Zellenbüro/Einzelbüro Beispiel 2
(Quelle: VBG Hamburg [www.vbg.de])

Beispiel für heute übliche Büroarbeit (Kombination zwischen Bildschirmarbeit und »klassischer« Bürotätigkeit)

Flächenbedarf pro Arbeitsplatz: 12,18 m²

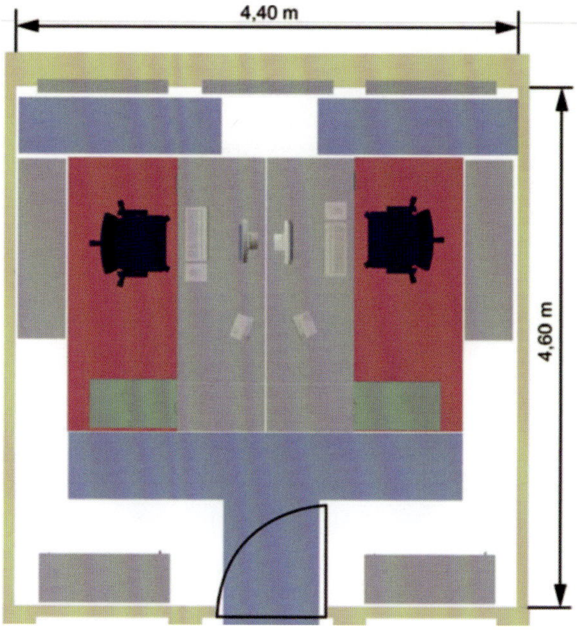

Abb. 15: Zwei-Personen-Büro
(Quelle: VBG Hamburg [www.vbg.de])

Beispiel für ein Zwei-Personen-Büro jeweils mit Sitz-/Steharbeitstisch, Rollcontainer in Arbeitstischhöhe, Regalen und Schiebetürenschränken

Flächenbedarf pro Arbeitsplatz: 10,12 m²

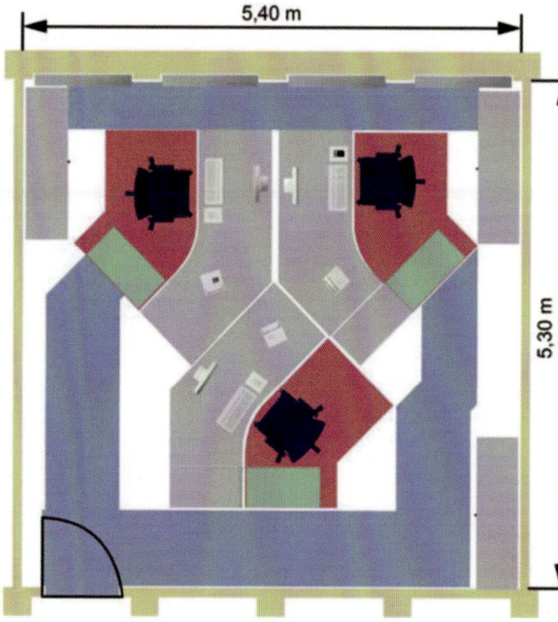

Abb. 16: Drei-Personen-Büro
(Quelle: VBG Hamburg [www.vbg.de])

In diesem Beispiel bestand die Notwendigkeit, ein Zwei-Personen-Büro mit einem dritten Arbeitsplatz auszustatten. Durch den Austausch alter CRT-Monitore durch moderne LCD-Bildschirme konnte die Arbeitsplatztiefe von 1000 auf 800 mm verringert werden. Auch konnte auf Flügeltürenschränke durch die inzwischen üblichen ONLINE-Dokumente verzichtet werden.

Flächenbedarf pro Arbeitsplatz: 9,54 m²

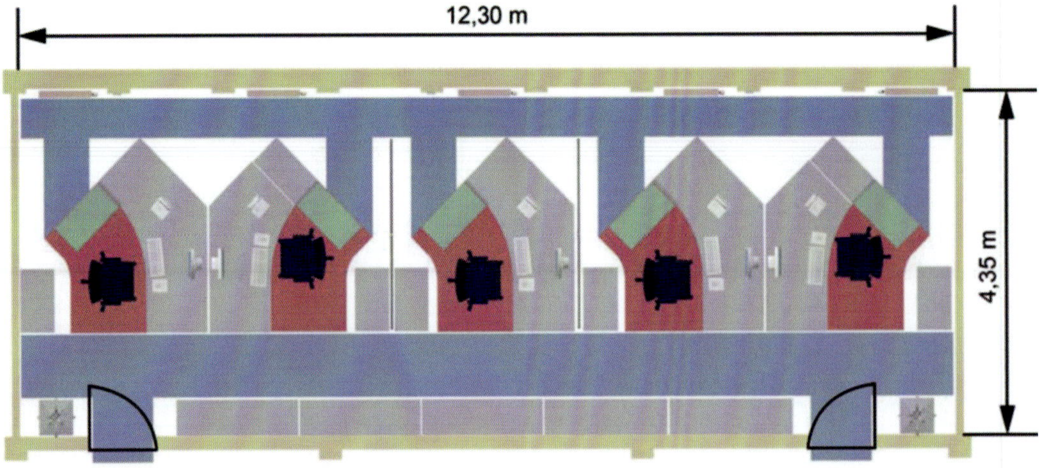

Abb. 17: Gruppenbüro
(Quelle: VBG Hamburg [www.vbg.de])

Die Ausstattung in diesem Gruppenbüro beschränkt sich auf Arbeitstisch mit Freiformplatte, Rollcontainer am Arbeitstisch, Querrollladenschrank und Schiebetürenschränken zur gemeinsamen Nutzung.

Flächenbedarf pro Arbeitsplatz: 10,70 m²

Kombibüro

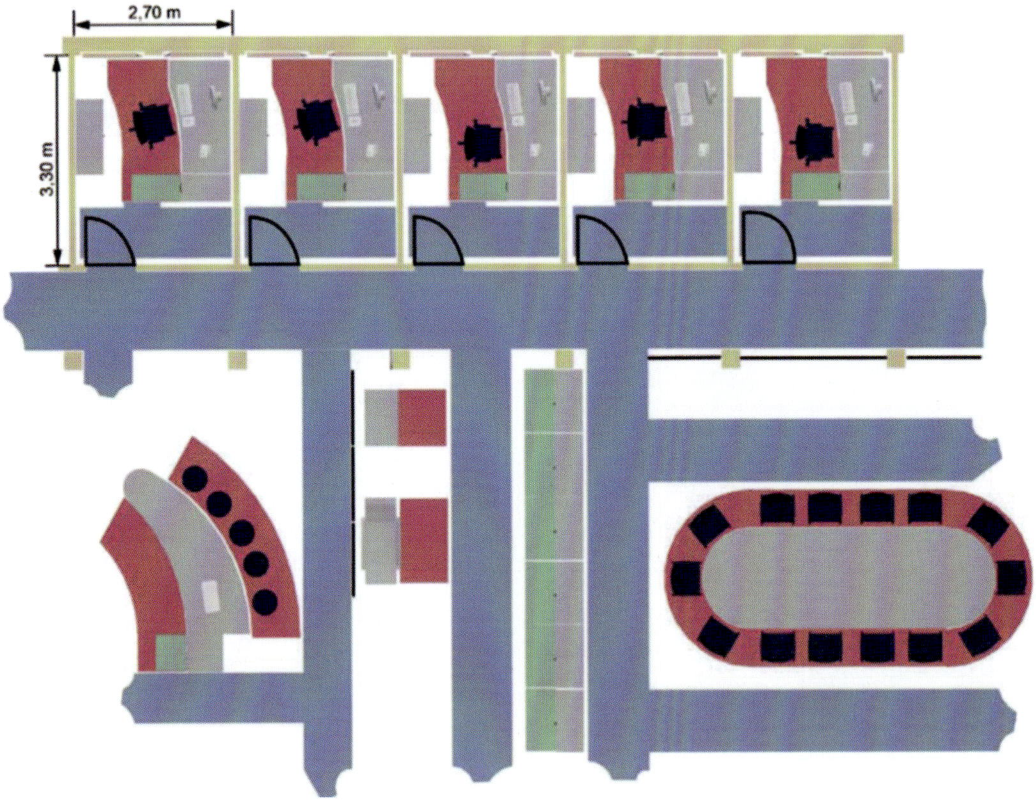

Abb. 18: Kombibüro
(Quelle: VBG Hamburg [www.vbg.de])

Das Kombibüro in diesem Beispiel nimmt insgesamt viel Grundfläche pro Arbeitsplatz in Anspruch, jedoch ist der »individuelle« Flächenbedarf pro Einzelbürozelle (Arbeitstisch, Rollcontainer, Schiebetürenschrank) relativ gering.

Flächenbedarf pro Arbeitsplatz: 8,91 m²

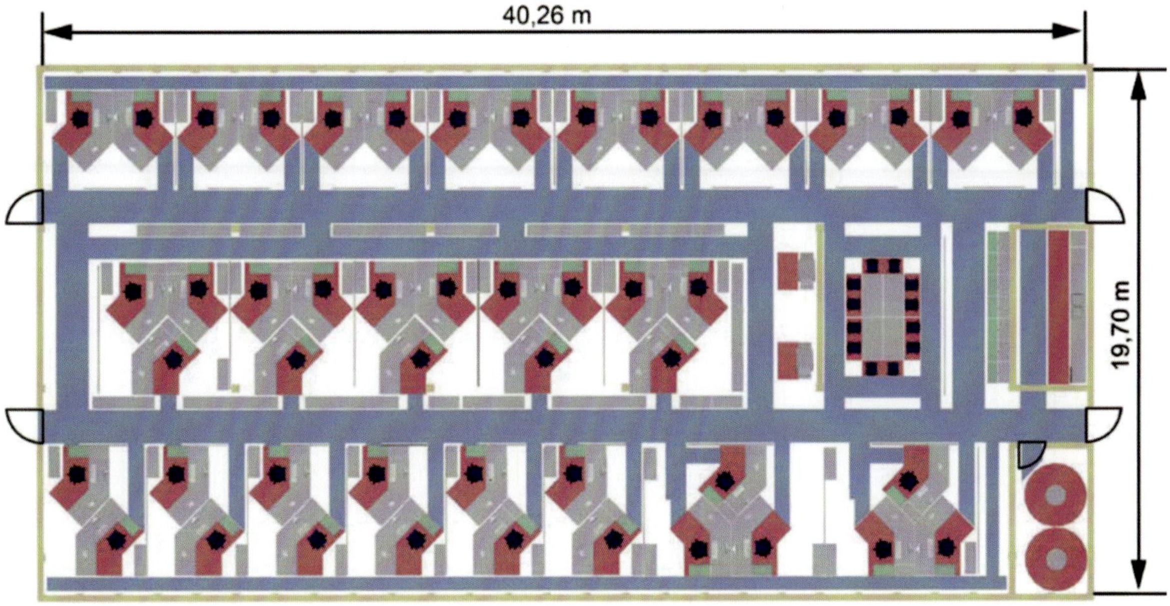

Abb. 19: Großraumbüro
(Quelle: VBG Hamburg [www.vbg.de])

In diesem Beispiel eines Großraumbüros sind die Arbeitsplätze ausgestattet mit Arbeitstischen, Rollcontainern, persönlichen Schiebetürenschränken und Schiebetürenschränken zur gemeinsamen Nutzung. Außerdem sind Funktionsflächen wie Besprechungsraum, Teeküche und Kommunikationsraum berücksichtigt.

Flächenbedarf pro Arbeitsplatz: 16,18 m²

Literaturhinweise

Informationen der Unfallversicherungsträger

- DGUV Information 208-002 Sitz-Kassenarbeitsplätze 10/2015
- DGUV Information 208-003 Steh-Kassenarbeitsplätze 03/2014, aktualisiert 05/2015
- DGUV Information 215-441 Büroraumplanung, Hilfen für das systematische Planen und Gestalten von Büros 09/2016
- DGUV Information 207-017 Neu- und Umbauplanung im Krankenhaus unter Gesichtspunkten des Arbeitsschutzes 09/2011
- DGUV Information 215-410 Bildschirm- und Büroarbeitsplätze, Leitfaden für die Gestaltung 09/2015

Veröffentlichungen des Länderausschusses für Arbeitsschutz und Sicherheitstechnik (LASI-Veröffentlichungen)

- LV 20 Handlungsanleitung zur Beurteilung der Arbeitsbedingungen an Kassenarbeitsplätzen, Oktober 1999
- LV 50 Bewegungsergonomische Gestaltung von andauernder Steharbeit, März 2009

Weitere Literaturstellen

Handlungshilfen:

- INFO-MAP: Büroräume planen (VBG), Juni 2009
- Arbeitswissenschaftliche Erkenntnisse Nr. 106: Die systemische Beurteilung von Bildschirmarbeit (BAuA) 1. Auflage. Bremerhaven 1999
- Quartbroschüre: Qualifizierung, Q 6 Büroraumtypen und Ergonomieprobleme. Humanisierung in Büro und Verwaltung (BAuA) 1. Auflage. Dortmund: 2001 (vergriffen)

3.2.1 ASR A1.3: »Sicherheits- und Gesundheitsschutzkennzeichnung«

Ausgabe Februar 2013; letzte Änderung März 2022

(Gemeinsames Ministerialblatt 2013 Nr. 16, Seite 334; 2022 Nr. 9–11, S. Seite 242)

Die Technischen Regeln für Arbeitsstätten (ASR) geben den Stand der Technik, Arbeitsmedizin und Hygiene sowie sonstige gesicherte wissenschaftliche Erkenntnisse für die Sicherheit und Gesundheit der Beschäftigten beim Einrichten und Betreiben von Arbeitsstätten wieder.

Sie werden vom **Ausschuss für Arbeitsstätten** ermittelt bzw. angepasst und vom Bundesministerium für Arbeit und Soziales im Gemeinsamen Ministerialblatt bekannt gemacht.

Diese ASR A1.3 konkretisiert im Rahmen ihres Anwendungsbereichs Anforderungen der Verordnung über Arbeitsstätten. Bei Einhaltung dieser Technischen Regel kann der Arbeitgeber davon ausgehen, dass die entsprechenden Anforderungen der Verordnung erfüllt sind. Wählt der Arbeitgeber eine andere Lösung, muss er damit mindestens die gleiche Sicherheit und den gleichen Schutz der Gesundheit für die Beschäftigten erreichen.

Die vorliegende Technische Regel ASR A1.3 schreibt die Technische Regel ASR A1.3 (GMBl 2007, S. 674) fort und wurde unter Federführung des ehemaligen Fachausschusses »Sicherheitskennzeichnung« der Deutschen Gesetzlichen Unfallversicherung (DGUV) in Anwendung des Kooperationsmodells (vgl. Leitlinienpapier[1]) zur Neuordnung des Vorschriften- und Regelwerks im Arbeitsschutz vom 31. August 2011) erarbeitet.

Inhalt

1 Zielstellung

Diese ASR konkretisiert die Anforderungen für die Sicherheits- und Gesundheitsschutzkennzeichnung in Arbeitsstätten. Nach § 3 a der Arbeitsstättenverordnung in Verbindung mit Ziffer 1.3 des Anhangs sind Sicherheits- und Gesundheitsschutzkennzeichnungen dann einzusetzen, wenn die Risiken für Sicherheit und Gesundheit anders nicht zu vermeiden oder ausreichend zu minimieren sind. Diese ASR konkretisiert auch die Gestaltung von Flucht- und Rettungsplänen gemäß § 4 Abs. 4 Arbeitsstättenverordnung.

1) http://www.gda-portal.de/de/VorschriftenRegeln/VorschriftenRegeln.html

2 Anwendungsbereich

Mit Inkrafttreten der Arbeitsstättenverordnung wird die Richtlinie 92/58/EWG[2]) über Mindestvorschriften für die Sicherheits- und Gesundheitsschutzkennzeichnung am Arbeitsplatz über einen gleitenden Verweis für den Geltungsbereich der Arbeitsstättenverordnung in nationales Recht umgesetzt. Die Anwendung dieser ASR erfüllt die Mindestanforderungen der Richtlinie 92/58/EWG.

Die Gestaltung der Sicherheits- und Gesundheitsschutzkennzeichnung einschließlich der Gestaltung von Flucht- und Rettungsplänen wird in dieser ASR geregelt. Die Notwendigkeit einer Sicherheits- und Gesundheitsschutzkennzeichnung und von Flucht- und Rettungsplänen sowie von Sicherheitsleitsystemen ist im Rahmen der Gefährdungsbeurteilung zu prüfen.

Hinweis:

Für die barrierefreie Gestaltung der Sicherheits- und Gesundheitsschutzkennzeichnung gilt die ASR V3a.2 »Barrierefreie Gestaltung von Arbeitsstätten«, Anhang A1.3: Ergänzende Anforderungen zur ASR A1.3 »Sicherheits- und Gesundheitsschutzkennzeichnung«.

3 Begriffsbestimmungen

3.1 **Sicherheits- und Gesundheitsschutzkennzeichnung** ist eine Kennzeichnung, die – bezogen auf einen bestimmten Gegenstand, eine bestimmte Tätigkeit oder eine bestimmte Situation – jeweils mittels eines Sicherheitszeichens, einer Farbe, eines Leucht- oder Schallzeichens, verbaler Kommunikation oder eines Handzeichens eine Sicherheits- und Gesundheitsschutzaussage (Sicherheitsaussage) ermöglicht.

3.2 **Sicherheitszeichen** ist ein Zeichen, das durch Kombination von geometrischer Form und Farbe sowie grafischem Symbol eine bestimmte Sicherheits- und Gesundheitsschutzaussage ermöglicht.

3.3 **Verbotszeichen** ist ein Sicherheitszeichen, das ein Verhalten, durch das eine Gefahr entstehen kann, untersagt.

3.4 **Warnzeichen** ist ein Sicherheitszeichen, das vor einem Risiko oder einer Gefahr warnt.

3.5 **Gebotszeichen** ist ein Sicherheitszeichen, das ein bestimmtes Verhalten vorschreibt.

2) Richtlinie 92/58/EWG des Rates über Mindestvorschriften für die Sicherheits- und/oder Gesundheitsschutzkennzeichnung am Arbeitsplatz (Neunte Einzelrichtlinie im Sinne von Artikel 16 Absatz 1 der Richtlinie 89/391/EWG) vom 24. Juni 1992 (ABl. EU Nr. L 245 S. 23)

3.6 **Rettungszeichen** ist ein Sicherheitszeichen, das den Flucht- und Rettungsweg oder Notausgang, den Weg zu einer Erste-Hilfe-Einrichtung oder diese Einrichtung selbst kennzeichnet.

3.7 **Brandschutzzeichen** ist ein Sicherheitszeichen, das Standorte von Feuermelde- und Feuerlöscheinrichtungen kennzeichnet.

3.8 **Zusatzzeichen** ist ein Zeichen, das zusammen mit einem der unter Nummer 3.2 beschriebenen Sicherheitszeichen verwendet wird und zusätzliche Hinweise liefert.

3.9 **Kombinationszeichen** ist ein Zeichen, bei dem Sicherheitszeichen und Zusatzzeichen auf einem Träger aufgebracht sind.

3.10 **Grafisches Symbol** ist eine Darstellung, die eine Situation beschreibt oder ein Verhalten vorschreibt und auf einem Sicherheitszeichen oder einer Leuchtfläche angeordnet ist.

3.11 **Sicherheitsfarbe** ist eine Farbe, der eine bestimmte, auf die Sicherheit bezogene Bedeutung zugeordnet ist.

3.12 **Leuchtzeichen** ist ein Zeichen, das von einer Einrichtung mit durchsichtiger oder durchscheinender Oberfläche erzeugt wird, die von hinten erleuchtet wird und dadurch als Leuchtfläche erscheint oder selbst leuchtet.

3.13 **Schallzeichen** ist ein kodiertes akustisches Signal ohne Verwendung einer menschlichen oder synthetischen Stimme, z. B. Hupen, Sirenen oder Klingeln.

3.14 **Verbale Kommunikation** ist eine Verständigung mit festgelegten Worten unter Verwendung einer menschlichen oder synthetischen Stimme.

3.15 **Handzeichen** ist eine kodierte Bewegung und Stellung von Armen und Händen zur Anweisung von Personen, die Tätigkeiten ausführen, die ein Risiko oder eine Gefährdung darstellen können.

3.16 **Erkennungsweite** ist der größtmögliche Abstand zu einem Sicherheitszeichen, bei dem dieses noch lesbar und hinsichtlich Form und Farbe erkennbar ist.

3.17 Ein **langnachleuchtendes Sicherheitszeichen** ist ein durch Licht angeregtes Sicherheitszeichen, das nach Ausfall der Allgemeinbeleuchtung ohne weitere Energiezufuhr nachleuchtet.

Hinweis:

Obwohl die Sicherheitsfarben Rot und Grün im nachleuchtenden Zustand nicht dargestellt werden können, bleiben graphisches Symbol und geometrische Form erhalten und es besteht ein Sicherheitsgewinn gegenüber den nicht langnachleuchtenden Sicherheitszeichen.

4 Allgemeines

(1) Schon bei der Planung von Arbeitsstätten ist eine erforderliche Sicherheits- und Gesundheitsschutzkennzeichnung (z. B. bei der Erstellung von Flucht- und Rettungsplänen) so weit wie möglich zu berücksichtigen.

(2) Die Sicherheits- und Gesundheitsschutzkennzeichnung darf nur für Hinweise im Zusammenhang mit Sicherheit und Gesundheitsschutz verwendet werden.

(3) Die Kennzeichnungsarten (z. B. Leuchtzeichen, Handzeichen, Sicherheitszeichen) sind entsprechend der Gefährdungsbeurteilung auszuwählen.

(4) Für ständige Verbote, Warnungen, Gebote und sonstige sicherheitsrelevante Hinweise (z. B. Rettung, Brandschutz) sind Sicherheitszeichen insbesondere entsprechend Anhang 1 zu verwenden. Sicherheitszeichen können als Schilder, Aufkleber oder als aufgemalte Kennzeichnung ausgeführt werden. Diese sind dauerhaft auszuführen (z. B. für die Standorte von Feuerlöschern).

(5) Hinweise auf zeitlich begrenzte Risiken oder Gefahren sowie Notrufe zur Ausführung bestimmter Handlungen (z. B. Brandalarm) sind durch Leucht-, Schallzeichen oder verbale Kommunikation zu übermitteln.

(6) Wenn zeitlich begrenzte risikoreiche Tätigkeiten (z. B. Anschlagen von Lasten im Kranbetrieb, Rückwärtsfahren von Fahrzeugen mit Personengefährdung) ausgeführt werden, sind Anweisungen mittels Handzeichen entsprechend Anhang 2 oder verbaler Kommunikation vorzunehmen.

(7) Verschiedene Kennzeichnungsarten dürfen gemeinsam verwendet werden, wenn im Rahmen der Gefährdungsbeurteilung festgestellt wird, dass eine Kennzeichnungsart allein zur Vermittlung der Sicherheitsaussage nicht ausreicht. Bei gleicher Wirkung kann zwischen verschiedenen Kennzeichnungsarten gewählt werden.

(8) Die Wirksamkeit einer Kennzeichnung darf nicht durch eine andere Kennzeichnung oder durch sonstige betriebliche Gegebenheiten beeinträchtigt werden (z. B. keine Verwendung von Schallzeichen bei starkem Umgebungslärm).

(9) Kennzeichnungen, die für ihre Funktion eine Energiequelle benötigen, müssen für den Fall, dass diese ausfällt, über eine selbsttätig einsetzende Notversorgung verfügen, es sei denn, dass bei Unterbrechung der Energiezufuhr kein Risiko mehr besteht (z. B. wenn bei Netzausfall der Schließvorgang eines elektrisch betriebenen Tores unterbrochen wird und gleichzeitig die Sicherheitskennzeichnung – Warnleuchte, Hupe – ausfällt).

(10) Ist das Hör- oder Sehvermögen von Beschäftigten eingeschränkt (z. B. beim Tragen von persönlichen Schutzausrüstungen), ist eine geeignete Kennzeichnungsart ergänzend oder alternativ einzusetzen.

(11) Zur Kennzeichnung und Standorterkennung von Material und Ausrüstung zur Brandbekämpfung sind Brandschutzzeichen nach Anhang 1 zu verwenden.

(12) Die Beschäftigten sind vor Arbeitsaufnahme und danach in regelmäßigen Zeitabständen über die Bedeutung der eingesetzten Sicherheits- und Gesundheitsschutzkennzeichnung zu unterweisen. Insbesondere ist über die Bedeutung selten eingesetzter Kennzeichnungen zu informieren. Für Einweiser, die Handzeichen nach Punkt 5.7 anwenden, ist eine spezifische Unterweisung erforderlich. Die Unterweisung sollte jährlich erfolgen, sofern sich nicht aufgrund der Ergebnisse der Gefähr-

dungsbeurteilung andere Zeiträume ergeben. Darüber hinaus muss auch bei Änderungen der eingesetzten Sicherheits- und Gesundheitsschutzkennzeichnung eine Unterweisung erfolgen.

(13) Der Arbeitgeber hat durch regelmäßige Kontrolle und gegebenenfalls erforderliche Instandhaltungsarbeiten dafür zu sorgen, dass Einrichtungen für die Sicherheits- und Gesundheitsschutzkennzeichnung wirksam sind. Dies gilt insbesondere für Leucht- und Schallzeichen, langnachleuchtende Materialien sowie technische Einrichtungen zur verbalen Kommunikation (z. B. Lautsprecher, Telefone). Die zeitlichen Abstände der Kontrollen sind im Rahmen der Gefährdungsbeurteilung festzulegen.

5 Kennzeichnung

5.1 Sicherheitszeichen und Zusatzzeichen

(1) Sicherheitszeichen und Zusatzzeichen müssen den festgelegten Gestaltungsgrundsätzen nach Tabelle 1 bzw. 2 entsprechen. Die Bedeutung von geometrischer Form und Sicherheitsfarbe für Sicherheitszeichen sind der Tabelle 1 zu entnehmen.

(2) Für die in Anhang 1 festgelegten Sicherheitsaussagen dürfen nur die entsprechend zugeordneten Sicherheitszeichen verwendet werden. Es besteht die Möglichkeit der Verwendung von Zusatzzeichen, die der Verdeutlichung besonderer Situationen oder der Konkretisierung der Sicherheits- und Gesundheitsschutzaussage dienen.

(3) Brandschutzzeichen können in Verbindung mit einem Richtungspfeil als Zusatzzeichen nach Abb. 1 verwendet werden.

Abb. 1: Richtungspfeile für Brandschutzzeichen

(4) Rettungszeichen für Mittel und Einrichtungen zur Ersten Hilfe können in Verbindung mit einem Richtungspfeil als Zusatzzeichen nach Abb. 2 verwendet werden.

Abb. 2: Richtungspfeile für Rettungszeichen sowie für Mittel und Einrichtungen zur Ersten Hilfe

(5) Eine Anhäufung von Sicherheitszeichen ist zu vermeiden. Ist das Sicherheitszeichen nicht mehr notwendig, ist dieses zu entfernen.

Tabelle 1: Kombination von geometrischer Form und Sicherheitsfarbe und ihre Bedeutung für Sicherheitszeichen

Geometrische Form	Bedeutung	Sicherheitsfarbe	Kontrastfarbe zur Sicherheitsfarbe	Farbe des grafischen Symbols	Anwendungsbeispiele
 Kreis mit Diagonalbalken	Verbot	Rot	Weiß[a]	Schwarz	– Rauchen verboten – Kein Trinkwasser – Berühren verboten
 Kreis	Gebot	Blau	Weiß[a]	Weiß[a]	– Augenschutz benutzen – Schutzkleidung benutzen – Hände waschen
 gleichseitiges Dreieck mit gerundeten Ecken	Warnung	Gelb	Schwarz	Schwarz	– Warnung vor heißer Oberfläche – Warnung vor Biogefährdung – Warnung vor elektrischer Spannung

Geometrische Form	Bedeutung	Sicherheitsfarbe	Kontrastfarbe zur Sicherheitsfarbe	Farbe des grafischen Symbols	Anwendungsbeispiele
Quadrat	Gefahrlosigkeit	Grün	Weiß[a]	Weiß[a]	– Erste Hilfe – Notausgang – Sammelstelle
Quadrat	Brandschutz	Rot	Weiß[a]	Weiß[a]	– Brandmeldetelefon – Mittel und Geräte zur Brandbekämpfung – Feuerlöscher

[a] Die Farbe Weiß schließt die Farbe für langnachleuchtende Materialien unter Tageslichtbedingungen, wie in ISO 3864-4, Ausgabe März 2011 beschrieben, ein.

Die in den Spalten 3, 4 und 5 bezeichneten Farben müssen den Spezifikationen von ISO 3864-4, Ausgabe März 2011 entsprechen. Es ist wichtig, einen Leuchtdichtekontrast sowohl zwischen dem Sicherheitszeichen und seinem Hintergrund als auch zwischen dem Zusatzzeichen und seinem Hintergrund zu erzielen (z. B. Lichtkante).

Tabelle 2: Geometrische Form, Hintergrundfarben und Kontrastfarben für Zusatzzeichen

Geometrische Form	Bedeutung	Hintergrundfarbe	Kontrastfarbe zur Hintergrundfarbe	Farbe der zusätzlichen Sicherheitsinformation
Rechteck	Zusatzinformationen	Weiß	Schwarz	beliebig
		Farbe des Sicherheitszeichens	Schwarz oder Weiß	

(6) Sicherheitszeichen sind deutlich erkennbar und dauerhaft anzubringen. Deutlich erkennbar bedeutet unter anderem, dass Sicherheitszeichen in geeigneter Höhe – fest oder beweglich – anzubringen sind und die Beleuchtung (natürlich oder künstlich) am Anbringungsort ausreichend ist. Verbots-, Warn- und Gebotszeichen müssen sichtbar, unter Berücksichtigung etwaiger Hindernisse am Zugang zum Gefahrbereich, angebracht werden. Besonders in lang gestreckten Räumen (z. B. Fluren) sollen Rettungs- bzw. Brandschutzzeichen in Laufrichtung jederzeit erkennbar sein (z. B. Winkelschilder).

(7) Ist eine Sicherheitsbeleuchtung nicht vorhanden, muss die Erkennbarkeit der notwendigen Rettungs- und Brandschutzzeichen durch Verwendung von langnachleuchtenden Materialien auch bei Ausfall der Allgemeinbeleuchtung erhalten bleiben. Langnachleuchtende Sicherheitszeichen müssen mindestens die Anforderungen der DIN 67510-1:2020-05, Klasse C, erfüllen. Die ausreichende Anregung der langnachleuchtenden Materialien ist sicherzustellen, z. B. hinsichtlich Dauer, Art und Intensität der Beleuchtung.

(8) Sicherheitszeichen müssen aus solchen Werkstoffen bestehen, die gegen die Umgebungseinflüsse am Anbringungsort widerstandsfähig sind. Bei der Auswahl der Werkstoffe sind unter anderem mechanische Einwirkungen, feuchte Umgebung, chemische Einflüsse, Lichtbeständigkeit, Versprödung von Kunststoffen sowie Feuerbeständigkeit zu berücksichtigen.

(9) Bei der Auswahl von Sicherheitszeichen ist der Zusammenhang zwischen Erkennungsweiten und Größe der Sicherheitszeichen bzw. Schriftzeichen zu berücksichtigen (Tabelle 3). Für innenbeleuchtete Sicherheitszeichen in Dauerlichtschaltung verdoppelt sich die Erkennungsweite bei gleichbleibender Zeichengröße.

Tabelle 3: Vorzugsgrößen von Sicherheits-, Zusatz- und Schriftzeichen für beleuchtete Zeichen, abhängig von der Erkennungsweite

<table>
<tr><th>Erkennungsweite [m]</th><th>Schriftzeichen (Ziffern und Buchstaben) Schriftgröße (h) [mm]</th><th>Verbots- und Gebotszeichen Durchmesser (d) [mm]</th><th>Warnzeichen Basis (b) [mm]</th><th>Rettungs-, Brandschutz- und Zusatzzeichen Höhe (a) [mm]</th></tr>
<tr><td>0,5</td><td>2</td><td>12,5</td><td>25</td><td>12,5</td></tr>
<tr><td>1</td><td>4</td><td>25</td><td>50</td><td rowspan="2">25</td></tr>
<tr><td>2</td><td>8</td><td>50</td><td rowspan="2">100</td></tr>
<tr><td>3</td><td>10</td><td rowspan="2">100</td><td rowspan="3">50</td></tr>
<tr><td>4</td><td>14</td><td rowspan="3">200</td></tr>
<tr><td>5</td><td>17</td><td rowspan="4">200</td></tr>
<tr><td>6</td><td>20</td><td rowspan="5">100</td></tr>
<tr><td>7</td><td>23</td><td rowspan="3">300</td></tr>
<tr><td>8</td><td>27</td></tr>
<tr><td>9</td><td>30</td><td rowspan="4">300</td></tr>
<tr><td>10</td><td>34</td><td rowspan="3">400</td></tr>
<tr><td>11</td><td>37</td><td rowspan="5">150</td></tr>
<tr><td>12</td><td>40</td></tr>
<tr><td>13</td><td>44</td><td rowspan="4">400</td><td rowspan="7">600</td></tr>
<tr><td>14</td><td>47</td></tr>
<tr><td>15</td><td>50</td></tr>
<tr><td>16</td><td>54</td><td rowspan="5">200</td></tr>
<tr><td>17</td><td>57</td><td rowspan="8">600</td></tr>
<tr><td>18</td><td>60</td></tr>
<tr><td>19</td><td>64</td></tr>
<tr><td>20</td><td>67</td><td rowspan="11">900</td></tr>
<tr><td>21</td><td>70</td><td rowspan="10">300</td></tr>
<tr><td>22</td><td>74</td></tr>
<tr><td>23</td><td>77</td></tr>
<tr><td>24</td><td>80</td></tr>
<tr><td>25</td><td>84</td><td rowspan="6">900</td></tr>
<tr><td>26</td><td>87</td></tr>
<tr><td>27</td><td>90</td></tr>
<tr><td>28</td><td>94</td></tr>
<tr><td>29</td><td>97</td></tr>
<tr><td>30</td><td>100</td></tr>
</table>

5.2 Sicherheitsmarkierungen für Hindernisse und Gefahrstellen

(1) Die Kennzeichnung von Hindernissen und Gefahrstellen ist durch gelb-schwarze oder rot-weiße Streifen (Sicherheitsmarkierungen) deutlich erkennbar und dauerhaft auszuführen (siehe Abb. 3). Die Streifen sind in einem Neigungswinkel von etwa 45° anzuordnen. Das Breitenverhältnis der Streifen beträgt 1 : 1. Die Kennzeichnung soll den Ausmaßen der Hindernisse oder Gefahrstellen entsprechen.

Abb. 3: Sicherheitsmarkierungen

(2) Gelb-schwarze Streifen sind vorzugsweise für ständige Hindernisse und Gefahrstellen zu verwenden (z. B. Stellen, an denen besondere Gefahren des Anstoßens, Quetschens, Stürzens bestehen). Bei langnachleuchtender Ausführung wird die Erkennbarkeit der Hindernisse bei Ausfall der Allgemeinbeleuchtung erhöht.

(3) Rot-weiße Streifen sind vorzugsweise für zeitlich begrenzte Hindernisse und Gefahrstellen zu verwenden (z. B. Baugruben).

(4) An Scher- und Quetschkanten mit Relativbewegung zueinander sind die Streifen gegensinnig geneigt zueinander anzubringen.

5.3 Markierungen von Fahrwegen

(1) Die Kennzeichnung von Fahrwegsbegrenzungen ist farbig, deutlich erkennbar sowie durchgehend auszuführen. Wird die Markierung auf dem Boden angebracht, so kann dies z. B. durch mindestens 5 cm breite Streifen oder durch eine vergleichbare Nagelreihe (mindestens drei Nägel pro Meter), in einer gut sichtbaren Farbe – vorzugsweise Weiß oder Gelb – mit ausreichendem Kontrast zur Farbe der Bodenfläche erreicht werden.

(2) Eine Verwendung von langnachleuchtenden Produkten für die Markierung von Fahrwegen hat den Vorteil, dass bei Ausfall der Allgemeinbeleuchtung die Sicherheitsaussage für eine bestimmte Zeit aufrechterhalten bleibt.

5.4 Leuchtzeichen

(1) Leuchtzeichen sind deutlich erkennbar anzubringen. Die Helligkeit (Leuchtdichte) der abstrahlenden Fläche muss sich von der Leuchtdichte der umgebenden Flächen deutlich unterscheiden, ohne zu blenden.

(2) Leuchtzeichen dürfen nur bei Vorliegen von zu kennzeichnenden Gefahren oder Hinweiserfordernissen in Betrieb sein. Die Sicherheitsaussage von Leuchtzeichen darf nach Wegfall der zu kennzeichnenden Gefahr nicht mehr erkennbar sein. Dies kann durch Verdecken der abstrahlenden Fläche erreicht werden.

(3) Leuchtzeichen für eine Warnung dürfen intermittierend (»blinkend«) nur dann betrieben werden, wenn eine unmittelbare Gefahr droht. Diese Forderung bedeutet, dass warnende Leuchtzeichen kontinuierlich oder intermittierend, hinweisende Leuchtzeichen ausschließlich kontinuierlich betrieben werden dürfen.

(4) Wird ein intermittierend betriebenes Warnzeichen anstelle eines Schallzeichens oder zusätzlich eingesetzt, müssen die Sicherheitsaussagen identisch sein.

5.5 Schallzeichen

(1) Schallzeichen müssen deutlich wahrnehmbar und ihre Bedeutung betrieblich festgelegt und eindeutig sein.

(2) Schallzeichen müssen so lange eingesetzt werden, wie dies für die Sicherheitsaussage erforderlich ist.

(3) Ein betrieblich festgelegtes Notsignal muss sich von anderen betrieblichen Schallzeichen und von den beim öffentlichen Alarm verwendeten Signalen unverwechselbar unterscheiden. Der Ton des betrieblich festgelegten Notsignals soll kontinuierlich sein.

5.6 Verbale Kommunikation

Die verbale Kommunikation muss kurz, eindeutig und verständlich formuliert sein. Im Rahmen der Gefährdungsbeurteilung ist für besondere Einsatzsituationen die Verwendung von technischen Einrichtungen (z. B. Lautsprecher, Megafon) festzulegen.

5.7 Handzeichen

(1) Handzeichen müssen eindeutig eingesetzt werden, leicht durchführbar und erkennbar sein und sich deutlich von anderen Handzeichen unterscheiden. Handzeichen, die mit beiden Armen gleichzeitig erfolgen, müssen symmetrisch gegeben werden und dürfen nur eine Aussage darstellen.

(2) Für die in Anhang 2 aufgeführten Bedeutungen von Handzeichen dürfen nur die dort zugeordneten Handzeichen verwendet werden.

(3) Einweiser müssen geeignete Erkennungszeichen, vorzugsweise in gelber Ausführung, tragen (z. B. Westen, Kellen, Manschetten, Armbinden, Schutzhelme). Um eine gute Wahrnehmung zu erzielen, können Erkennungszeichen je nach Einsatzbedingungen (z. B. langnachleuchtend oder retroreflektierend) ausgeführt sein.

6 Gestaltung von Flucht- und Rettungsplänen

(1) Flucht- und Rettungspläne (Beispiel siehe Anhang 3) müssen eindeutige Anweisungen zum Verhalten im Gefahrenfall enthalten sowie den Weg an einen sicheren Ort darstellen. Flucht- und Rettungspläne müssen aktuell, übersichtlich, ausreichend groß und mit Sicherheitszeichen nach Anhang 1 gestaltet sein.

(2) Flucht- und Rettungspläne müssen graphische Darstellungen enthalten über:

1. den Gebäudegrundriss oder Teile davon,
2. den Verlauf der Hauptfluchtwege,
3. die Lage der Erste-Hilfe-Einrichtungen,
4. die Lage der Brandschutzeinrichtungen,
5. den Standort des Betrachters und soweit vorhanden
6. die Lage der Ausgänge von Nebenfluchtwegen und
7. die Lage der Sammelstellen.

(3) Regeln für das Verhalten im Brandfall und bei Unfällen müssen direkt auf dem Flucht- und Rettungsplan dargestellt oder in dessen Nähe angebracht werden.

(4) Aus dem Plan muss ersichtlich sein, welche Fluchtwege von einem Arbeitsplatz oder dem jeweiligen Standort aus zu nehmen sind, um in einen sicheren Bereich oder ins Freie zu gelangen. In diesem Zusammenhang sind Sammelstellen zu kennzeichnen. Außerdem sind Kennzeichnungen für Standorte von Erste-Hilfe- und Brandschutzeinrichtungen in den Flucht- und Rettungsplan aufzunehmen. Zur sicheren Orientierung ist der Standort des Betrachters im Flucht- und Rettungsplan zu kennzeichnen.

(5) Soweit auf einem Flucht- und Rettungsplan nur ein Teil des Gebäudegrundrisses dargestellt ist, muss eine Übersichtskizze die Lage im Gesamtkomplex verdeutlichen. Der Grundriss in Flucht- und Rettungsplänen ist vorzugsweise im Maßstab 1 : 100 darzustellen. Die Plangröße ist an die Grundrissgröße anzupassen und sollte das Format DIN A3 nicht unterschreiten. Für besondere Anwendungsfälle, z. B. Hotel- oder Klassenzimmer, kann auch das Format DIN A4 verwendet werden. Der Flucht- und Rettungsplan muss farbig angelegt sein.

(6) Flucht- und Rettungspläne müssen – bezogen auf den Anbringungsort – lagerichtig gestaltet werden.

7 Kennzeichnung von Lagerbereichen sowie von Behältern und Rohrleitungen mit Gefahrstoffen

(1) Die Einstufung und Kennzeichnung von Gefahrstoffen in Behältern und Rohrleitungen hat gemäß den Regelungen der Gefahrstoffverordnung, insbesondere der TRGS 201 »Einstufung und Kennzeichnung bei Tätigkeiten mit Gefahrstoffen« zu erfolgen.

(2) Hinsichtlich der Erkennungsweite ist Tabelle 3 anzuwenden. Bei der Verwendung von Gefahrensymbolen zusammen mit der Gefahrenbezeichnung an Rohrleitungen ist zu berücksichtigen, dass üblicherweise das Verhältnis der Höhe des kombinierten Zeichens zu seiner Breite ungefähr 1,4 : 1 beträgt.

(3) Orte, Räume oder umschlossene Bereiche, die für die Lagerung erheblicher Mengen gefährlicher Stoffe oder Zubereitungen verwendet werden, sind mit einem geeigneten Warnzeichen nach Anhang 1 zu versehen oder gemäß TRGS 201 »Einstufung und Kennzeichnung bei Tätigkeiten mit Gefahrstoffen« zu kennzeichnen.

Anhang 1

Sicherheitszeichen und Sicherheitsaussagen (nach DIN EN ISO 7010 »Graphische Symbole – Sicherheitsfarben und Sicherheitszeichen – Registrierte Sicherheitszeichen«, Ausgabe Juli 2020 und DIN 4844-2 »Graphische Symbole – Sicherheitsfarben und Sicherheitszeichen – Teil 2: Registrierte Sicherheitszeichen«, November 2021)

1 Verbotszeichen

 P001 Allgemeines Verbotszeichen[1]	 P002 Rauchen verboten	 P003 Keine offene Flamme; Feuer, offene Zündquelle und Rauchen verboten	 P004 Für Fußgänger verboten
 P005 Kein Trinkwasser	 P006 Für Flurförderfahrzeuge verboten	 P007 Kein Zutritt für Personen mit Herzschrittmachern oder implantierten Defibrillatoren[2]	 P009 Aufsteigen verboten (in der Bedeutung von »Besteigen für Unbefugte verboten«)
 P010 Berühren verboten	 P011 Mit Wasser löschen verboten	 P012 Keine schwere Last[3]	 P013 Eingeschaltete Mobiltelefone verboten

1) Dieses Zeichen darf nur in Verbindung mit einem Zusatzzeichen angewendet werden, das das Verbot konkretisiert.
2) Das Verbot gilt auch für sonstige Implantate.
3) »Schwer« ist abhängig von dem Zusammenhang, in dem das Sicherheitszeichen verwendet werden soll. Das Sicherheitszeichen ist erforderlichenfalls in Verbindung mit einem Zusatzzeichen anzuwenden, das die maximale zulässige Belastung konkretisiert) z. B. max. 100 kg)

 P014 Kein Zutritt für Personen mit Implantaten aus Metall	 P015 Hineinfassen verboten	 P016 Mit Wasser spritzen verboten	 P020 Aufzug im Brandfall nicht benutzen
 P021 Mitführen von Hunden verboten[1])	 P022 Essen und Trinken verboten	 P023 Abstellen oder Lagern verboten	 P024 Betreten der Fläche verboten
 P027 Personenbeförderung verboten	 P028 Benutzen von Handschuhen verboten	 P031 Schalten verboten	 D-P006 Zutritt für Unbefugte verboten[2])
 P048 Laufen verboten[3])			

1) Das Verbot gilt auch für andere Tiere.
2) Aus DIN 4844-2 »Grafische Symbole – Sicherheitsfarben und Sicherheitszeichen«, Ausgabe November 2021
3) Das Verbot gilt auch für Rennen, Springen oder Hüpfen, normales Gehen ist erlaubt.

2 Warnzeichen

W001 Allgemeines Warnzeichen[1])	W002 Warnung vor explosionsgefährlichen Stoffen	W003 Warnung vor radioaktiven Stoffen oder ionisierender Strahlung	W004 Warnung vor Laserstrahl

W005 Warnung vor nicht ionisierender Strahlung	W006 Warnung vor magnetischem Feld	W007 Warnung vor Hindernissen am Boden	W008 Warnung vor Absturzgefahr

W009 Warnung vor Biogefährdung	W010 Warnung vor niedriger Temperatur/Frost	W011 Warnung vor Rutschgefahr	W012 Warnung vor elektrischer Spannung
	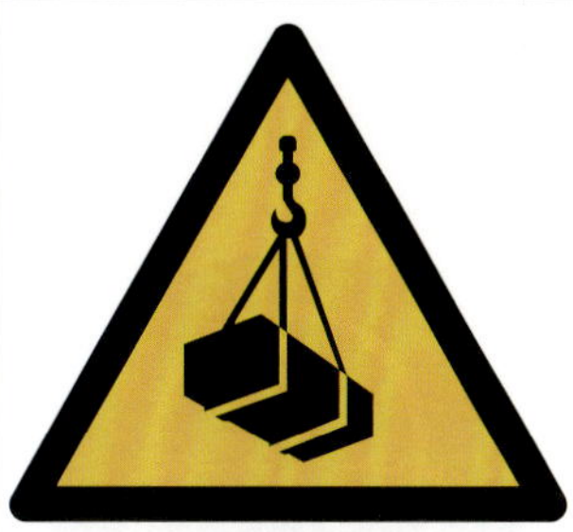		
W014 Warnung vor Flurförderfahrzeugen	W015 Warnung vor schwebender Last	W016 Warnung vor giftigen Stoffen	W017 Warnung vor heißer Oberfläche

1) Dieses Zeichen darf nur in Verbindung mit einem Zusatzzeichen angewendet werden, das die Gefahr konkretisiert.

 W018 Warnung vor automatischem Anlauf	 W019 Warnung vor Quetschgefahr	 W021 Warnung vor feuergefährlichen Stoffen	 W023 Warnung vor ätzenden Stoffen
 W024 Warnung vor Handverletzungen	 W025 Warnung vor gegenläufigen Rollen[1])	 W026 Warnung vor Gefahren durch das Aufladen von Batterien	 W027 Warnung vor optischer Strahlung
 W028 Warnung vor brandfördernden Stoffen	 W029 Warnung vor Gas-flaschen	 D-W021 Warnung vor explosions-fähiger Atmo-sphäre[2])	

3 Gebotszeichen

 M001 Allgemeines Gebotszeichen[3])	 M003 Gehörschutz benutzen	 M004 Augenschutz benutzen	 M008 Fußschutz benutzen

1) Die Warnung gilt auch für Einzugsgefahren anderer Art.
2) Aus DIN 4844-2 »Grafische Symbole – Sicherheitsfarben und Sicherheitszeichen«, Ausgabe November 2021
3) Dieses Zeichen darf nur in Verbindung mit einem Zusatzzeichen angewendet werden, welches das Gebot konkretisiert.

 M009 Handschutz benutzen	 M010 Schutzkleidung benutzen	 M011 Hände waschen	 M012 Handlauf benutzen
 M013 Gesichtsschutz benutzen	 M014 Kopfschutz benutzen	 M015 Warnweste benutzen	 M017 Atemschutz benutzen
 M018 Auffanggurt benutzen	 M020 Rückhaltesystem benutzen	 M021 Vor Wartung oder Reparatur frei-schalten	 M022 Handschutzmittel benutzen
 M023 Übergang benutzen	 M024 Fußgängerweg benutzen	 M026 Schutzschürze benutzen	 M053 Rettungsweste benutzen

4 Rettungszeichen

E001 Notausgang (links)[1]

E002 Notausgang (rechts)[1]

E003 Erste Hilfe

E004 Notruftelefon

E007 Sammelstelle

E009 Arzt

E010 Automatisierter Externer Defibrilator (AED)

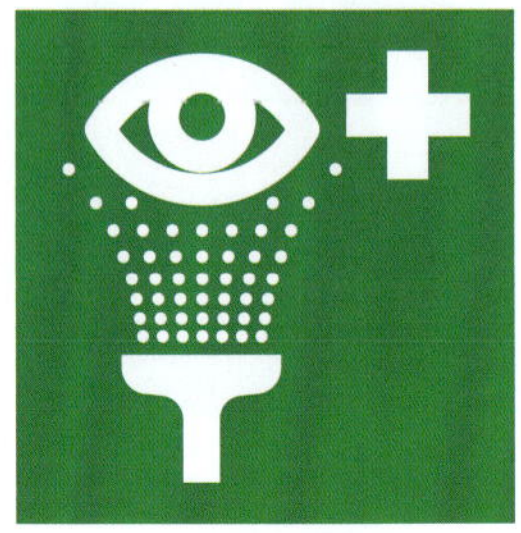

E011 Augenspüleinrichtung

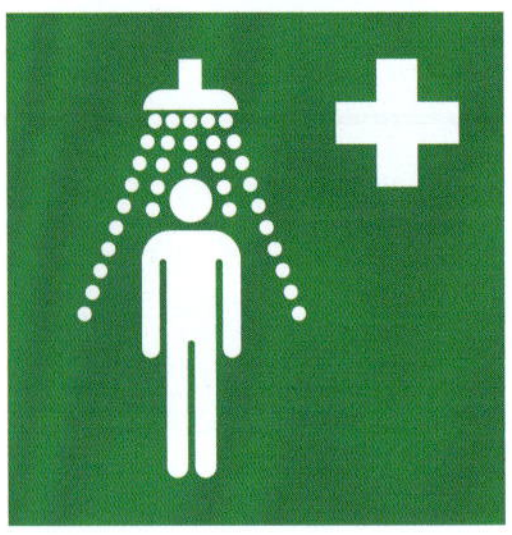

E012 Notdusche

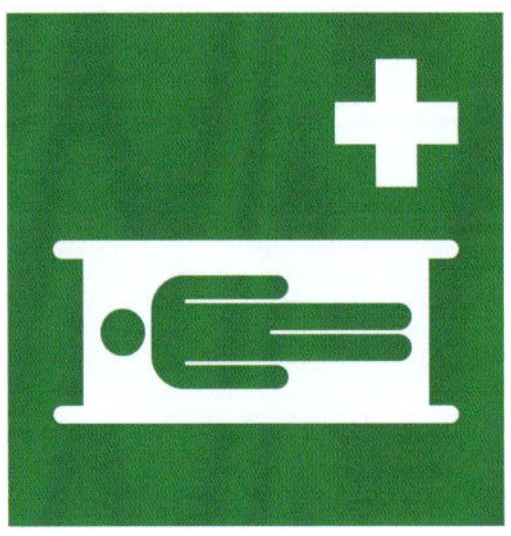

E013 Krankentrage

E016 Notausstieg mit Fluchtleiter

E061 Wasser-Rettungsausrüstung

D-E019 Notausstieg[2]

E033 Schiebetür öffnet nach rechts

E034 Schiebetür öffnet nach links

Beispiel für Notausgang (E002) mit Zusatzzeichen (Richtungspfeil)

Beispiel für Notausgang (E002) mit Zusatzzeichen (Richtungspfeil)

1) Dieses Rettungszeichen darf nur in Verbindung mit einem Zusatzzeichen (Richtungspfeil, Abb. 2) verwendet werden.

2) Aus DIN 4844-2 »Grafische Symbole – Sicherheitsfarben und Sicherheitszeichen«, Ausgabe November 2021

5 Brandschutzzeichen

 F001 Feuerlöscher	 F002 Löschschlauch	 F003 Feuerleiter	 F004 Mittel und Geräte zur Brandbekämpfung
 F005 Brandmelder	 F006 Brandmeldetelefon		

Anhang 2

Handzeichen

1 Allgemeine Handzeichen

Bedeutung	Beschreibung	Bildliche Darstellung	Vereinfachte Darstellung
Achtung Anfang Vorsicht	Rechten Arm nach oben halten, Handfläche zeigt nach vorn		
Halt Unterbrechung Bewegung nicht weiter ausführen	Beide Arme seitwärts waagerecht ausstrecken, Handflächen zeigen nach vorn		
Halt – Gefahr	Beide Arme seitwärts waagerecht ausstrecken, Handflächen zeigen nach vorn und Arme abwechselnd anwinkeln und strecken		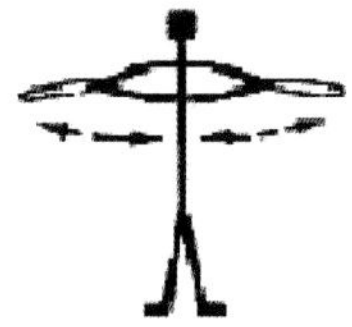

2 Handzeichen für Bewegungen – vertikal

Bedeutung	Beschreibung	Bildliche Darstellung	Vereinfachte Darstellung
Heben Auf	Rechten Arm nach oben halten, Handfläche zeigt nach vorn und macht eine langsame, kreisende Bewegung		
Senken Ab	Rechten Arm nach unten halten, Handfläche zeigt nach innen und macht eine langsame kreisende Bewegung		
Langsam	Rechten Arm waagerecht ausstrecken, Handfläche zeigt nach unten und wird langsam auf- und abbewegt		

3 Handzeichen für Bewegungen – horizontal

Bedeutung	Beschreibung	Bildliche Darstellung	Vereinfachte Darstellung
Abfahren	Rechten Arm nach oben halten, Handfläche zeigt nach vorn und Arm seitlich hin- und herbewegen		
Herkommen	Beide Arme beugen, Handflächen zeigen nach innen und mit den Unterarmen heranwinken		
Entfernen	Beide Arme beugen, Handflächen zeigen nach außen und mit den Unterarmen wegwinken		
Rechts fahren – vom Einweiser aus gesehen	Den rechten Arm in horizontaler Haltung leicht anwinkeln und seitlich hin- und herbewegen	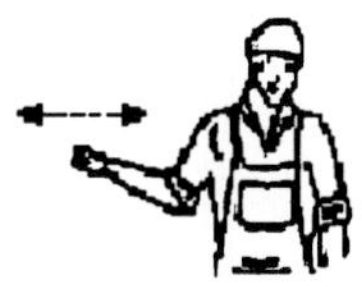	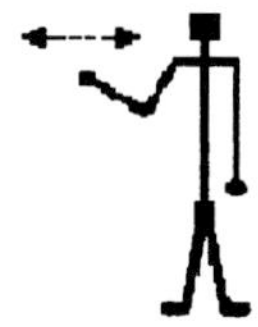
Links fahren – vom Einweiser aus gesehen	Den linken Arm in horizontaler Haltung leicht anwinkeln und seitlich hin- und herbewegen	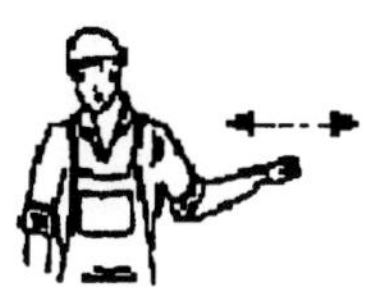	
Anzeige einer Abstandsverringerung	Beide Handflächen parallel halten und dem Abstand entsprechend zusammenführen		

Anhang 3 Beispiel eines Flucht- und Rettungsplans

(nach DIN ISO 23601 »Sicherheitskennzeichnung – Flucht- und Rettungspläne«, Ausgabe November 2021)

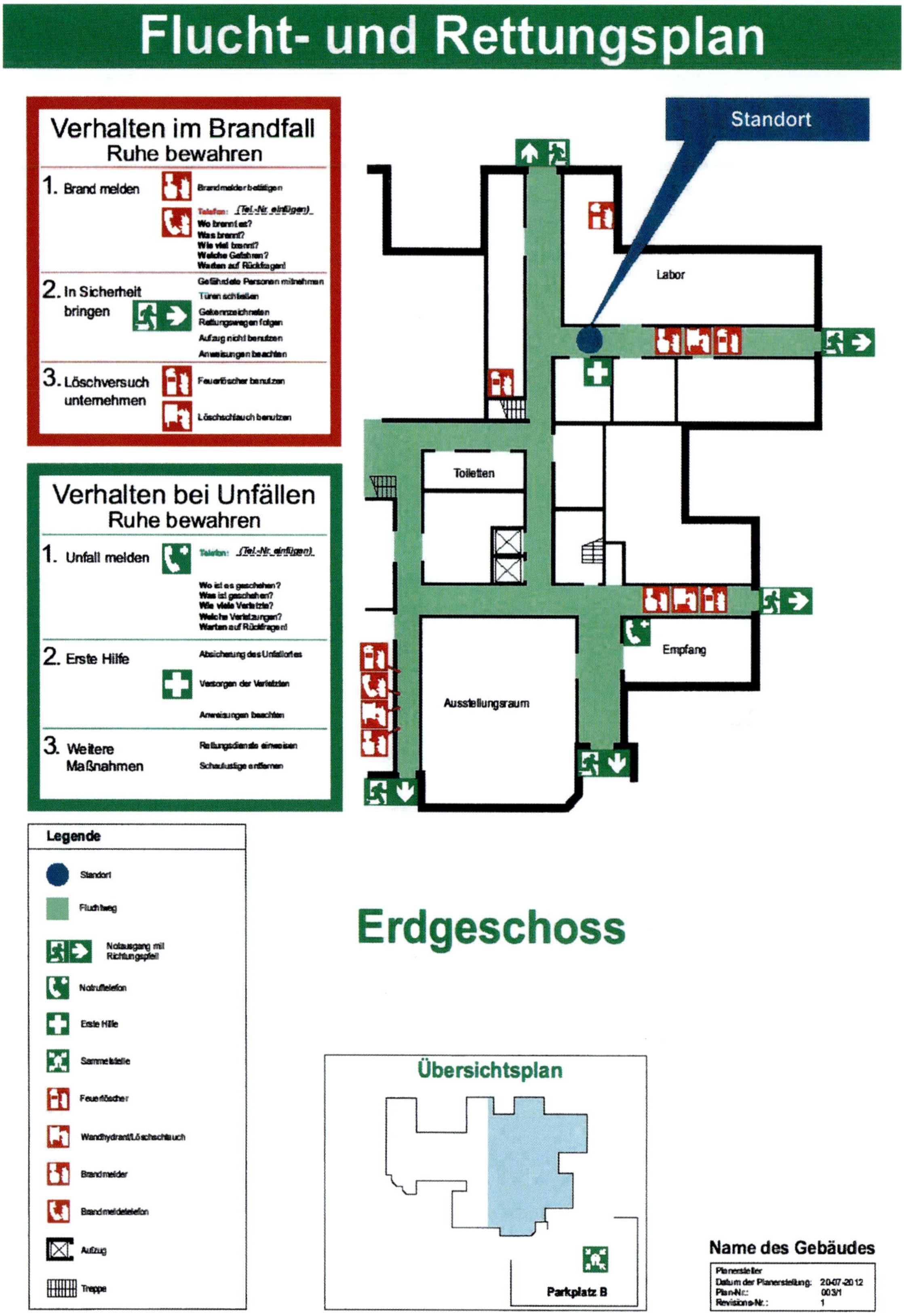

3.2.16 ASR A1.5 »Fußböden«

Ausgabe März 2022

(Gemeinsames Ministerialblatt 2022 Nr. 9–11, Seite 199)

Die Technischen Regeln für Arbeitsstätten (ASR) geben den Stand der Technik, Arbeitsmedizin und Hygiene sowie sonstige gesicherte wissenschaftliche Erkenntnisse für die Sicherheit und Gesundheit der Beschäftigten beim Einrichten und Betreiben von Arbeitsstätten wieder.

Sie werden vom **Ausschuss für Arbeitsstätten** ermittelt bzw. angepasst und vom Bundesministerium für Arbeit und Soziales im Gemeinsamen Ministerialblatt bekannt gemacht.

Diese ASR A1.5 konkretisiert im Rahmen ihres Anwendungsbereichs Anforderungen der Verordnung über Arbeitsstätten. Bei Einhaltung dieser Technischen Regel kann der Arbeitgeber davon ausgehen, dass die entsprechenden Anforderungen der Verordnung erfüllt sind. Wählt der Arbeitgeber eine andere Lösung, muss er damit mindestens die gleiche Sicherheit und den gleichen Schutz der Gesundheit für die Beschäftigten erreichen.

Die Anhänge der vorliegenden Technischen Regel beruhen auf der DGUV Regel 108-003 »Fußböden in Arbeitsräumen und Arbeitsbereichen mit Rutschgefahr« des Sachgebiets »Bauliche Einrichtungen und Leitern« im Fachbereich »Handel und Logistik« der Deutschen Gesetzlichen Unfallversicherung (DGUV). Der Ausschuss für Arbeitsstätten hat die grundlegenden Inhalte der Anhänge der DGUV Regel 108-003 in Anwendung des Kooperationsmodells (vgl. Leitlinienpapier[1] zur Neuordnung des Vorschriften- und Regelwerks im Arbeitsschutz vom 31. August 2011) als ASR in sein Regelwerk übernommen.

Inhalt

1) http://www.gda-portal.de/de/VorschriftenRegeln/VorschriftenRegeln.html

1 Zielstellung

Diese Arbeitsstättenregel konkretisiert die Anforderungen für das Einrichten und Betreiben von Fußböden nach § 3a Absatz 1 und § 4 Absatz 2 sowie nach Nummer 1.5 Absätze 1 und 2 des Anhangs der Arbeitsstättenverordnung.

2 Anwendungsbereich

Diese Arbeitsstättenregel gilt für das Einrichten und Betreiben von Fußböden in Arbeitsstätten.

Hinweis:

Zusätzliche Anforderungen an die barrierefreie Gestaltung werden zu einem späteren Zeitpunkt als Anhang in die ASR V3a.2 »Barrierefreie Gestaltung von Arbeitsstätten« eingefügt.

3 Begriffsbestimmungen

3.1 **Fußböden** im Sinne dieser Arbeitsstättenregel umfassen nicht nur die statisch wirksame Tragschicht, den Fußbodenaufbau und die Oberfläche, sondern auch Auflagen, z. B. Matten, Roste oder Teppiche.

3.2 Eine **Rutschgefahr** liegt vor, wenn aufgrund einer zu geringen Rutschhemmung der Fußbodenoberfläche, einerunmittelbaren Änderung der Rutschhemmung der Fußbodenoberfläche oder des Verrutschens eines Bodenbelages, die Möglichkeit des Ausrutschens von Beschäftigten oder Wegrutschens von Fahrzeugen oder Einrichtungsgegenständen besteht.

Rutschhemmung ist eine Eigenschaft der Fußbodenoberfläche, die das Ausrutschen wirksam verhindert.

3.3 **Gleitfördernde Stoffe** sind Verunreinigungen, die die Rutschgefahr erhöhen, da sie die Reibung zwischen Schuh oder Fuß und Boden verringern. Hierzu zählen z. B. Nässe, Schnee, Glatteis, Laub, Öle, Fette, Wachse, Stäube, Krumen, Abfälle, Lebensmittelreste, die witterungs-, produktions- oder verhaltensbedingt auf den Fußboden gelangen.

3.4 Eine **gefährliche Schräge** liegt vor, wenn der Fußboden aufgrund seiner Neigung bzw. Steigung nicht mehr sicher betrieben, also begangen, befahren oder zum Abstellen genutzt werden kann.

Hinweis:

Anforderungen an die Begeh- und Befahrbarkeit von Schrägrampen enthält die ASR A1.8 »Verkehrswege«.

3.5 **Stolperstellen** sind Änderungen der Oberfläche in begehbaren Bereichen des Fußbodens, durch die erhöhte Sturzgefährdungen hervorgerufen werden. Stolperstellen entstehen z. B. durch Höhenunterschiede, die an Absätzen oder durch Unebenheiten oder an Übergängen von der Waagerechten in ein Gefälle oder eine Steigung der Fußbodenoberfläche auftreten. Unter ebenen Bedingungen in Räumen gelten bereits Höhenunterschiede von mehr als 4 mm als Stolperstelle. Auch bei Spaltenbreiten von mehr als 20 mm im Fußboden sowie bei der Verwendung von Rosten mit einer Maschenteilung von mehr als 35 mm x 51 mm liegen Stolperstellen vor. Eine Stolperstelle kann auch temporär auftreten, z. B. aufgrund einer Durchbiegung an der Verbindungsstelle verschiedener Fußböden.

3.6 Der Fußboden ist **tragfähig,** wenn er eine der Nutzungsart entsprechende Konstruktion und Festigkeit aufweist und auch das Aufbringen von Lasten, z. B. durch das Aufstellen von Einrichtungen oder durch das Befahren mit Transportmitteln, nicht zu Beschädigungen, zur Bildung von Unebenheiten oder zu Gefährdungen von Beschäftigten in darunterliegenden Bereichen aufgrund der Ablösung von Fußbodenteilen führt.

3.7 Ein Fußboden ist **trittsicher,** wenn dessen Eigenschaften, z. B. Festigkeit, Belastbarkeit, Ebenheit, Rutschhemmung, ein sicheres Begehen ermöglichen. Deshalb ist bei der Beurteilung, inwieweit eine Trittsicherheit gegeben ist, die übliche Art der Gehaufgabe zu berücksichtigen, z. B. die Gehgeschwindigkeiten, die Art des genutzten Schuhwerks oder das ggf. erforderliche Tragen von Lasten. Weiterhin können auch visuelle Eindrücke die beim Begehen von Fußböden erforderliche Einschätzung der Fußbodenoberfläche und das Erkennen ggf. vorhandener Mängel erschweren und so die Trittsicherheit negativ beeinflussen, z. B. Aufmerksamkeit erfordernde Ereignisse außerhalb des Fußbodenbereichs oder ein unregelmäßiges Fußbodendesign.

3.8 **Unebenheiten** in einem Fußboden sind Höhenabweichungen innerhalb des Bereichs, auf der der Schuh oder Fuß aufsetzt, nach oben oder unten, die beim Begehen zu Gefährdungen führen oder Höhenabweichungen innerhalb eines von Fahrzeugen oder Transportmitteln genutzten Bereichsnach oben oder unten, die beim Befahren zu Gefährdungen führen.

Vertiefungen sind entsprechende Höhenabweichungen nach unten. Unebenheiten oder Vertiefungen wie Löcher, Dellen oder nicht abgedeckte Rinnen führen in der Regel zu Stolper- oder Umknickgefahren oder aufgrund der Ansammlung von Flüssigkeiten zu Rutschgefahren. Keine Gefährdungen sind in der Regel beim Begehen regelmäßig angeordneter Vertiefungen, die eine Profilierung ergeben und die keine Stolperstelle darstellen, zu erwarten, wie Bodenfliesen mit Verdrängungsraum oder Gitterroste.

3.9 Die **R-Gruppe** ist ein Maßstab für den Grad der Rutschhemmung auf der Grundlage des mittels des in Anhang 1 beschriebenen Verfahrens ermittelten mittleren Neigungswinkels. Bodenbeläge werden in Abhängigkeit von ihrer Rutschhemmung in fünf R-Gruppen (von R 9 bis R 13) unterteilt, wobei Bodenbeläge mit der R-Gruppe R 9 den geringsten und mit der R-Gruppe R 13 den höchsten Anforderungen an die Rutschhemmung genügen.

3.10 Der **Verdrängungsraum** eines Bodenbelags ist der zur Gehebene hin offene Hohlraum unterhalb der Gehebene zur Aufnahme oder Ableitung von gleitfördernden Stoffen. Der Verdrängungsraum wird nach der Größe seines Aufnahmevolumens in V 4 bis V 10 unterteilt. Die Zahlenangabe nach dem Buchstaben »V« bezeichnet die Größe des Aufnahmevolumens. Sie wird in cm^3/dm^2 angegeben.

4 Allgemeines

(1) Fußböden müssen so beschaffen sein, instandgehalten und gereinigt werden, dass sie unter Berücksichtigung der Art der Nutzung, der betrieblichen Verhältnisse und der Witterungseinflüsse sicher benutzt werden können.

(2) Durch regelmäßige Begehungen ist sicherzustellen, dass auch in selten genutzten Bereichen Mängel zeitnah erkannt werden können. Festgestellte Mängel müssen unverzüglich beseitigt werden. Können Mängel, mit denen eine unmittelbare erhebliche Gefahr verbunden ist, nicht sofort beseitigt werden, darf dieser Fußbodenbereich nicht genutzt werden, z. B. im Falle einer fehlenden Abdeckung einer Bodenöffnung. Die Gefahrstelle ist gemäß Absatz 13 zu kennzeichnen und erforderlichenfalls abzusichern.

(3) Fußböden in Räumen dürfen keine Unebenheiten, Vertiefungen, Stolperstellen oder gefährlichen Schrägen aufweisen. Sie müssen gegen Verrutschen bzw. Kippen (z. B. bei Abdeckungen) gesichert, tragfähig, trittsicher und rutschhemmend sein.

(4) Fußböden sollen ohne Neigung angelegt werden. Außerhalb von dauerhaft eingerichteten Arbeitsplätzen sind davon funktionelle Neigungen ausgenommen, z. B. zur Ableitung von Flüssigkeiten oder zur Überbrückung von Höhenunterschieden, z. B. mit begehbaren Schrägrampen.

(5) Von Fußböden dürfen keine gesundheitlichen Gefährdungen und sollen keine spürbaren elektrostatischen Aufladungen oder unzuträglichen Gerüche ausgehen. Unzuträgliche Gerüche und gesundheitliche Gefährdungen können beispielsweise durch Ausdünstungen bzw. Emissionen aus Fußbodenmaterialien, Klebstoffen und Konservierungsmitteln verursacht werden oder z. B. bei Nutzungsänderungen von Arbeitsstätten entstehen. Empfehlenswert ist daher die Auswahl emissionsarmer Materialien.

(6) Fußböden müssen gegen die zu erwartenden Einwirkungen, z. B. durch Säuren, Laugen, Hitze oder Vibrationen, so beständig sein, dass die erforderlichen Eigenschaften erhalten bleiben.

(7) Können Flüssigkeiten oder Gefahrstoffe auf den Fußboden gelangen, darf er diese Stoffe nicht so aufnehmen und speichern, dass sich hierdurch Gefährdungen für die Beschäftigten ergeben, z. B. durch Emissionen, Schimmelpilze oder Brandgefahren.

(8) Sofern in Räumen mit Gefahrstoffen oder biologischen Arbeitsstoffen umgegangen wird, ist der Fußboden so zu gestalten, dass ein unbemerktes Ansammeln derartiger Stoffe in Bereichen, die mit den in diesen Räumen vorgesehenen Reinigungsverfahren nicht erreicht werden können, ausgeschlossen ist. Dies kann z. B. durch einen geschlossenen und mit abgerundeten

Übergängen zu den Wänden und ggf. zu den Einrichtungen versehenen Fußboden erreicht werden (Kehlsockel).

(9) Die optische Gestaltung der Fußbodenoberflächen darf das sichere Begehen oder Befahren nicht beeinträchtigen. Beispielsweise sind durch detailreiche oder unregelmäßige oder hochglänzende Designs sowie durch Motive, die zu optischen Täuschungen führen, Beeinträchtigungen möglich.

(10) In Bereichen, die im Rahmen ihrer üblichen Nutzung durchgehend begangen werden müssen, dürfen sich die Fußbodenoberflächen hinsichtlich ihrer Rutschhemmung nicht so voneinander unterscheiden, dass es zu Stolper- und Rutschgefahren kommen kann.

Dies kann gegeben sein, wenn sich angrenzende Fußbodenoberflächen hinsichtlich der Rutschhemmung unterscheiden:

1. um mehr als eine R-Gruppe bei zwei angrenzenden Bereichen.
2. um mehr als zwei R-Gruppen, wenn der Übergang zu einer anderen Rutschhemmung deutlich erkennbar oder zu erwarten ist (z. B. bei Türdurchgängen oder -durchfahrten).

Bestehen aufgrund unterschiedlicher Rutschhemmungen Stolper- oder Rutschgefahren, sind geeignete Maßnahmen zu treffen, wie Übergangsbereiche, die in Laufrichtung mindestens 1,5 m lang sind.

Hinweis:

Es wird empfohlen die Rutschhemmung eines Fußbodens innerhalb eines Arbeitsbereiches möglichst gleichmäßig zu gestalten, z. B. indem andere Oberflächenbeschaffenheiten innerhalb des Fußbodens, wie Abdeckungen, Markierungen oder aufgeklebte Folien, sich nicht um mehr als eine R-Gruppe voneinander unterscheiden.

(11) Ablaufrinnen in Fußböden von Verkehrswegen, z. B. zur Ableitung von Flüssigkeiten, müssen unter Berücksichtigung der Art der Verkehrsmittel, der Art des Transportgutes und der ggf. gleichzeitigen Nutzung durch Fußgänger so gestaltet und in den Fußboden integriert sein, dass sie den zu erwartenden Belastungen standhalten und eine sichere Benutzung der Verkehrswege gewährleistet ist. Dies ist gegeben, wenn Belastungen, z. B. das Überfahren mit schweren Fahrzeugen oder mit Flurförderzeugen mit harten Transportrollen, nicht zu Verformungen oder Beschädigungen der Ablaufrinnen und dadurch zu Stolper- oder Rutschgefahren führen.

(12) An dauerhaft eingerichteten Arbeitsplätzen, an denen andauernde Steharbeit erforderlich ist, muss der Fußboden ausreichend wärmegedämmt (siehe Abschnitt 7 Absatz 1) und zur Verminderung der Belastungen des Skelett- und Bewegungssystems ausreichend stoßdämpfend und elastisch sein. Sofern dies nicht gegeben ist, muss der jeweilige Arbeitsplatz mit einem entsprechenden Bodenbelag ausgestattet werden. Die Verwendung von Fußbodenauflagen darf nicht zur Entstehung von Stolperstellen führen.

Um andauernde Steharbeit handelt es sich spätestens dann, wenn die jeweilige Tätigkeit über einen Zeitraum von mehr als 4 Stunden im Stehen ausgeführt werden muss und dabei nur geringe Ausgleichsbewegungen und kein Wechsel zwischen Stehen, Gehen oder Sitzen möglich ist.

Ein ausreichend wärmedämmender, stoßdämpfender und elastischer Fußboden bzw. Bodenbelag ist auch für Tätigkeiten empfehlenswert, die ein längeres Stehen erfordern, aber keine andauernde Steharbeit darstellen.

Hinweis:

Der Länderausschuss für Arbeitsschutz und Sicherheitstechnik (LASI) hat zur Unterstützung der betrieblichen Umsetzung der Gefährdungsbeurteilung die Handlungsanleitung LV 50 »Bewegungsergonomische Gestaltung von andauernder Steharbeit« herausgegeben. Mit ihrer Hilfe lassen sich Bewertungsmaßstäbe für Belastung durch Steharbeit anhand von Dauer und Ausmaß ableiten.

(13) Fußbodenstellen, an denen sich die Gefahr des Stolperns oder Ausrutschens technisch nicht vermeiden lässt, z. B. wenn die erforderliche Rutschhemmung kurzzeitig herabgesetzt ist und sich die Ursachen hierfür nicht unverzüglich beseitigen lassen, wie nach einer Feuchtreinigung, sind entsprechend der ASR A1.3 »Sicherheits- und Gesundheitsschutzkennzeichnung« zu kennzeichnen. Hierzu haben sich Warnaufsteller bewährt. Erforderlichenfalls ist der betreffende Bereich zusätzlich abzusperren.

5 Schutzmaßnahmen gegen Stolpern

(1) Eine geeignete Maßnahme zur Vermeidung von Stolperstellen an Höhenunterschieden bis 2 cm ist z. B. eine Anschrägung mit einem Winkel von höchstens 25°, z. B. bei Kanten an Bodenbelägen. Größere Höhenunterschiede sollen durch begehbare Schrägrampen überbrückt werden, die den an Verkehrswege bzw. Fluchtwege gerichteten Anforderungen der Arbeitsstättenverordnung entsprechen (siehe z. B. ASR A1.8 »Verkehrswege« und ASR A2.3 »Fluchtwege und Notausgänge«).

(2) Leisten, Abdeckungen, Ablauföffnungen, Ablaufrinnen, Profile oder Ähnliches in begehbaren Bereichen von Fußböden müssen so gestaltet und installiert sein, dass sich hierdurch keine Stolpergefahren ergeben. Dies ist beispielsweise gegeben, wenn sie kipp- und trittsicher, bündig sowie höhengleich mit der Fußbodenoberfläche verlegt und ausreichend fest im Fußboden verankert sind.

(3) Anschluss- und Versorgungsleitungen müssen so verlegt sein, dass sie keine Stolperstellen bilden. Dies kann z. B. durch Verlegung außerhalb von Verkehrswegen bzw. Fluchtwegen, Arbeitsplätzen bzw. Arbeitsbereichen, Bewegungsflächen etc. erreicht werden (z. B. durch Verlegung entlang an Einrichtungsgegenständen, Wänden oder Decken). Eine weitere Möglichkeit wäre die Sicherstellung einer ausreichenden Anzahl von Anschlussmöglichkeiten in einer geeigneten Lage (z. B. durch Anbringen einer Steckdose im näheren Umfeld der Verbrauchseinrichtung, um dadurch auf dem Boden liegende Kabel zu vermeiden).

(4) Technisch und baulich nicht vermeidbare Stolperstellen, z. B. die Türschwelle von einem Raum, dessen Fußboden als Auffangwanne ausgeführt sein muss, sind neben der nach Abschnitt 4 Absatz 13 erforderlichen Kennzeichnung ggf. durch weitere Schutzmaßnahmen, z. B. durch Absperrungen oder Handläufe, zu sichern.

6 Schutzmaßnahmen gegen Ausrutschen

(1) Fußbodenoberflächen müssen unter Berücksichtigung der Art der Nutzung sowie der zu erwartenden gleitfördernden Stoffe so eingerichtet werden, dass eine sichere Benutzung möglich ist. Während des Betriebes können sich Rutschgefahren durch nicht beseitigte Verunreinigungen oder durch eine Abnutzung der Fußbodenoberfläche ergeben.

Rutschgefahren sind vorranging durch geeignete Fußböden und Fußbodenbeläge zu vermeiden. Geeignete Fußböden für den jeweiligen Einsatzbereich sind in Anhang 2 »Anforderungen an die Rutschhemmung von Fußböden« dieser ASR aufgeführt. Für Arbeitsräume, -bereiche und betriebliche Verkehrswege sind bei gemischten Tätigkeiten die R-Gruppe und der Verdrängungsraum entsprechend der hauptsächlichen Tätigkeit auszuwählen.

Hinweise:

1. *Auch wenn für einen Fußboden Anhang 2 nicht gilt, da der Fußboden nicht mit gleitfördernden Stoffen in Kontakt kommt, wird empfohlen, sich hinsichtlich der erforderlichen Rutschhemmung an den in Anhang 2 zum jeweiligen Bereich genannten Werten zu orientieren.*
2. *Betriebsspezifische Tätigkeiten oder Arbeitsverfahren können eine höhere R-Gruppe oder einen größeren Verdrängungsraum erfordern, als nach Anhang 2 für den jeweiligen Arbeitsbereich angegeben. Die ermittelten Teilbereiche sind dann dementsprechend dauerhaft oder temporär (z. B. mit Matten, Roste) auszurüsten.*

(2) Verkehrswege im Außenbereich müssen bei witterungsbedingten Rutschgefahren entsprechend der Nutzung angemessen gereinigt und gegebenenfalls gestreut werden.

(3) Gebäudeeingänge sind so einzurichten, dass der Eintrag von Schmutz und Nässe nicht zu Rutschgefahren führt. Dazu eignet sich eine ausreichend große Überdachung über Gebäudeeingängen.

Innerhalb des Gebäudes kann dies durch Sauberlaufzonen in Form von Schmutz- und Feuchtigkeitsaufnehmern erreicht werden, die hinsichtlich ihrer Länge, Breite und des Materials auf den zu erwartenden Personenverkehr ausgelegt sind und in Laufrichtung über die gesamte Durchgangsbreite mindestens 1,5 m lang sind.

Sauberlaufzonen müssen gegen Verrutschen gesichert sein und dürfen keine Stolperstellen bilden, z. B. indem sie bündig mit dem unmittelbar daran anschließenden Bodenbelag abschließen. Sauberlaufzonen sind entsprechend ihrer Verschmutzung so zu reinigen oder auszutauschen, dass ihre Funktion erhalten bleibt.

(4) Fußböden in Arbeitsräumen und -bereichen sind entsprechend der zu erwartenden betrieblichen Beaufschlagung mit gleitfördernden Stoffen erforderlichenfalls mit der Möglichkeit einer Ableitung auszurüsten.

Die angrenzenden Flächen zu Ablauföffnungen sowie Ablaufrinnen sollen ein Gefälle von mindestens 2 % haben, damit das Ablaufen von fließfähigen Flüssigkeiten erleichtert wird. Diese Bereiche sind möglichst außerhalb von Verkehrswegen anzuordnen. Das Ableiten von Flüssigkeiten über Verkehrswege ist nach Möglichkeit zu vermeiden.

(5) Fußbodenoberflächen von Bereichen, die in der Regel nass sind und barfuß begangen werden müssen, z. B. in Bädern, sowie Sanitärräumen, wie Wasch- und Umkleideräume, müssen so eingerichtet sein, dass sie sicher begangen werden können.

7 Schutzmaßnahmen gegen besondere physikalische Einwirkungen

(1) Fußböden an dauerhaft eingerichteten Arbeitsplätzen in Arbeitsräumen sowie in Sanitär-, Pausen- und Bereitschaftsräumen, in Kantinen, in Erste-Hilfe-Räumen und in Unterkünften müssen so gegen Wärme und Kälte gedämmt sein, dass ein ausreichender Schutz sowohl gegen eine unzuträgliche Wärmeableitung als auch gegen eine unzuträgliche Wärmezuführung besteht. Dies kann beispielsweise mit geeigneten Fußbodenkonstruktionen, Baustoffen, Fußbodenauflagen oder Heiz- bzw. Kühleinrichtungen erreicht werden.

Ein ausreichender Schutz gegen Wärmeableitung oder Wärmezuführung liegt vor, wenn die Oberflächentemperatur des Fußbodens nicht mehr als 3 °C unter oder 6 °C über der Lufttemperatur liegt. Sofern die Oberflächentemperatur des Fußbodens +29 °C bei Fußbodenheizungen überschreitet oder soweit ein ausreichender Schutz gegen Wärmeableitung, z. B. aus hygienischen oder betriebstechnischen Gründen, nicht möglich ist, sind geeignete Ersatzmaßnahmen vorzusehen.

(2) Fußböden an dauerhaft eingerichteten Arbeitsplätzen in Arbeitsräumen sowie in Sanitär-, Pausen- und Bereitschaftsräumen, in Kantinen, in Erste-Hilfe-Räumen und in Unterkünften müssen so eingerichtet sein, dass es nicht zu Durchfeuchtungen oder einem Aufsteigen von Feuchtigkeit aus dem Untergrund kommen kann. Ist dies nicht möglich, sind geeignete Maßnahmen zu treffen, z. B. die Verwendung von feuchtigkeitssperrenden Auflagen oder von Rosten.

(3) In explosions- oder explosivstoffgefährdeten Bereichen muss der Fußboden über die gemäß Abschnitt 4 Absatz 5 erforderliche Vermeidung spürbarer elektrostatischer Aufladungen hinaus so ausgeführt sein, dass Zündgefahren durch Reißfunken oder elektrostatische Aufladungen vermieden werden.

(4) Fußböden und Abdeckungen an Arbeitsplätzen müssen so eingerichtet sein, dass diese keine unzuträglichen Erschütterungen auf Beschäftigte übertragen.

8 Reinigung

(1) Die Oberflächen von Fußböden müssen leicht zu reinigen sein und entsprechend den hygienischen Erfordernissen gereinigt werden, wenn nicht ohnehin aufgrund anderer Rechtsvorschriften weitergehende Anforderungen zu berücksichtigen sind, z. B. im Gesundheits- oder im Lebensmittelbereich. Verunreinigungen und Ablagerungen, die zu Gefährdungen führen können, sind unverzüglich zu beseitigen.

(2) Die Reinigungsverfahren sowie Reinigungs- oder Pflegemittel sind so auszuwählen, dass die jeweilige Fußbodenoberfläche nach der Reinigung oder Unterhaltspflege noch über die erforderlichen Eigenschaften, z. B. Rutschhemmung verfügt. Der Auswahl sind die Angaben bzw. Pflegehinweise des Fußbodenherstellers und des Herstellers des jeweiligen Reinigungsmittels

zugrunde zu legen. Weiterhin sind die Gefahren zu berücksichtigen,

1. die von der Verwendung von Reinigungsmitteln, die Gefahrstoffe im Sinne der Gefahrstoffverordnung sind oder
2. die bei der Reinigung von gegebenenfalls im Bodenbereich befindlichen Einrichtungen (z. B. einer Elektroinstallation)

ausgehen können.

(3) Die mit der Reinigung beauftragten Personen sind anzuweisen, die Ergebnisse nach Absatz 2 Satz 1 zu berücksichtigen.

(4) Sofern sich aufgrund der Reinigung zeitlich beschränkte Rutschgefahren (z. B. bei Nassreinigungsverfahren) bis zum Zeitpunkt der Trocknung der Fußbodenoberfläche ergeben, sind die Reinigungsarbeiten soweit möglich zu Zeiten durchzuführen, in denen diese Bereiche nicht genutzt werden. Ist dies nicht möglich, sind die Bereiche bis zur Wiederherstellung der erforderlichen Rutschhemmung abzugrenzen oder zumindest entsprechend Abschnitt 4 Absatz 13 zu kennzeichnen.

(5) Fußböden in Außenbereichen, zu denen Beschäftigte im Rahmen ihrer Arbeit Zugang haben, müssen so gereinigt bzw. geräumt oder gestreut werden, dass sich keine Stolper- oder Rutschgefahren ergeben.

9 Abweichende/ergänzende Anforderungen für Baustellen

Werden auf Baustellen Fußböden und Trittflächen von Treppen mit temporären Abdeckungen, z. B.:

1. Abdeckvliese als Schutz vor Verschmutzung,
2. PVC-Folien als Feuchtigkeitssperren,
3. Auflagen aus Pappe als Schutz vor Beschädigung oder
4. Auflagen gegen Funkenflug

abgedeckt, ist auf eine ausreichende Trittsicherheit zu achten. Hierzu hat der Arbeitgeber geeignete Maßnahmen zur Sicherung gegen Verrutschen, zur Rutschhemmung und zur Vermeidung von Unebenheiten oder Stolperstellen durchzuführen.

Technische Maßnahmen sind z. B. Verkleben/Befestigen von Rändern und Stößen, Verwendung von selbsthaftenden temporären Abdeckungen, Sicherung gegen Faltenbildung und Verschieben. Organisatorische Maßnahmen sind z. B. Absperren von Bereichen oder Unterweisung der Beschäftigten zum Betreten der temporären Beläge.

Hinweis:

Werden Bodenöffnungen und nicht durchtrittsichere Bauteile mit temporären Belägen abgedeckt, sind sie vor Aufbringen der Abdeckung entsprechend ASR A2.1 »Schutz vor Absturz und herabfallenden Gegenständen, Betreten von Gefahrenbereichen« zu sichern.

Anhang 1

Verfahren zur Prüfung der rutschhemmenden Eigenschaft und des Verdrängungsraums[1] (Begehungserfahren – Schiefe Ebene)

1 Rutschhemmende Eigenschaft

Eine Prüfperson mit Prüfschuhen begeht in aufrechter Haltung mit Schritten einer halben Schuhlänge vor- und rückwärts den zu prüfenden Bodenbelag, dessen Neigung vom waagerechten Zustand beginnend bis zum Winkel des Ausrutschens (α) gesteigert wird (siehe Abbildung 1). Dieser sogenannte Winkel des Ausrutschens ist der Winkel, bei dem ie Prüfperson nicht mehr sicher gehen kann und zu rutschen beginnt. Der Winkel des Ausrutschens wird auf mit leitmittel bestrichenem Bodenbelag ermittelt. Der erreichte mittlere Winkel des Ausrutschens dient anschließend zur Beurteilung des Grades der Rutschhemmung (siehe Tabelle 1). Subjektive Einflüsse auf den Winkel des Ausrutschens werden durch ein Verifizierungs- und Korrekturverfahren eingegrenzt.

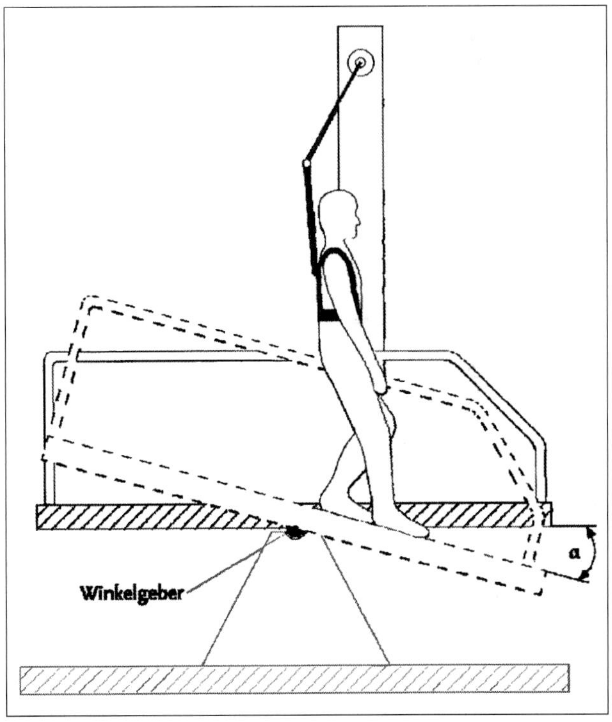

Abb. 1: Prüfeinrichtung (Schiefe Ebene) mit Sicherheitseinrichtung

Tabelle 1: Zuordnung der korrigierten mittleren Winkel des Ausrutschens zu den Klassen der Rutschhemmung

Korrigierter mittlerer Winkel des Ausrutschens	Klasse der Rutschhemmung (R-Gruppe)
6° bis 10°	R 9
über 10° bis 19°	R 10
über 19° bis 27°	R 11
über 27° bis 35°	R 12
über 35°	R 13

1) Gilt nicht für nassbelastete Barfußbereiche

2 Verdrängungsraum

Der Probekörper wird mit einer Paste bündig abgeglichen und seine Masse vor und nach dem Abgleichen gemessen. Aus der Massendifferenz und der Dichte der Paste wird das Volumen des Verdrängungsraumes errechnet. Bodenbeläge mit Verdrängungsraum sind mit dem Kennzeichen »V« in Verbindung mit der Kennzahl für das Mindestvolumen des Verdrängungsraums versehen und werden in die in Tabelle 2 genannten Gruppen unterteilt.

Tabelle 2: Zuordnung der Bezeichnung des Verdrängungsraumes zu den Mindestvolumina

Bezeichnung des Verdrängungsraumes	Mindestvolumen des Verdrängungsraumes [cm^3/dm^2]
V 4	4
V 6	6
V 8	8
V 10	10

Anhang 2

Anforderungen an die Rutschhemmung von Fußböden

In der nachstehenden Tabelle wird eine Zuordnung von Arbeitsräumen, Arbeitsbereichen und betrieblichen Verkehrswegen zu Bewertungsgruppen der Rutschhemmung vorgenommen. Die Aufzählung beschränkt sich auf solche Arbeitsräume, Arbeitsbereiche und betriebliche Verkehrswege, deren Fußböden mit gleitfördernden Medien in Kontakt kommen, wo also die Gefahr des Ausrutschens zu vermuten ist.

Diese Liste erhebt nicht den Anspruch auf Vollständigkeit. Die Nutzung einer höheren Bewertungsgruppe oder Verdrängungsraumes ist zulässig. Nicht aufgeführte Arbeitsräume, Arbeitsbereiche und betriebliche Verkehrswege sind, entsprechend der in ihnen zu erwartenden Rutschgefahr (z. B. je nach Häufigkeit, Menge und Art der auftretenden gleitfördernden Stoffe), in Analogie zur Tabelle einer Bewertungsgruppe zuzuordnen.

Der mit dem Begehungsverfahren (Schiefe Ebene) ermittelte mittlere Winkel des Ausrutschens ist für die Einordnung eines Bodenbelages in eine von fünf Bewertungsgruppen maßgebend. Die Bewertungsgruppe dient als Maßstab für den Grad der Rutschhemmung, wobei Bodenbeläge mit der Bewertungsgruppe R 9 den geringsten und mit Bewertungsgruppe R 13 den höchsten Anforderungen an die Rutschhemmung genügen.

Fußböden, bei denen wegen des Anfalls besonderer gleitfördernder Stoffe ein Verdrängungsraum unterhalb der Gehebene erforderlich ist, sind durch ein »V« in Verbindung mit der Kennzahl für das Mindestvolumen des Verdrängungsraums gekennzeichnet.

Die Prüfung der Rutschhemmung erfolgt mit einem Prüfschuh, dessen Sohle profiliert ist. Bei rauen oder profilierten Fußbodenoberflächen und bei Fußböden mit Verdrängungsraum trägt der Formschluss mit dem Sohlenprofil zur Rutschhemmung bei. Bei der Auswahl der Bewertungsgruppe ist daher zu berücksichtigen, welches Schuhwerk getragen wird.

Die Messergebnisse der Prüfmethode zur Bestimmung der Rutschhemmung von Bodenbelägen im Betriebszustand (Gleitreibungskoeffizient (μ)) können nicht direkt mit den Messergebnissen der Prüfung (Winkel des Ausrutschens (α)) auf der Schiefen Ebene verglichen werden. Der Gleitreibungskoeffizient (μ) kann deshalb nicht zur Einordnung in eine R-Gruppe herangezogen werden.

Nummer	Arbeitsräume, -bereiche und betriebliche Verkehrswege	Bewertungsgruppe der Rutschgefahr (R-Gruppe)	Verdrängungsraum mit Kennzahl für das Mindestvolumen
0	**Allgemeine Arbeitsräume und -bereiche*)**		
0.1	Eingangsbereiche, innen**)	R 9	
0.2	Eingangsbereiche, außen	R 11 oder R 10	V 4
0.3	Treppen, innen***)	R 9	
0.4	Außentreppen	R 11 oder R 10	V 4
0.5	Schrägrampen, innen***) (z. B. Rollstuhlrampen, Ausgleichsschrägen, Transportwege)	eine R-Gruppe höher als für den Zugangsbelag erforderlich	V-Wert des Zugangsbelags, falls zutreffend
0.6	Sanitärräume		
0.6.1	Toiletten	R 9	
0.6.2	Umkleide- und Waschräume	R 10	

*) Für Fußböden in barfuß begangenen Nassbereichen siehe DGUV Information »Bodenbeläge für nassbelastete Barfußbereiche« (DGUV Information 207-006)

**) Eingangsbereiche gemäß Nummer 0.1 sind die Bereiche, die durch Eingänge direkt aus dem Freien betreten werden und in die Feuchtigkeit von außen hereingetragen werden kann (siehe auch Punkt 6 Absatz 3, Verwendung von Schmutz- und Feuchtigkeitsaufnehmer). Für anschließende Bereiche oder andere großflächige Räume ist Punkt 4 Abs. 10 zu beachten.

***) Treppen, Rampen gemäß Nummer 0.3 und 0.5 sind diejenigen, auf die Feuchtigkeit von außen hineingetragen werden kann. Für anschließende Bereiche ist Punkt 4 Abs. 10 zu beachten.

Nummer	Arbeitsräume, -bereiche und betriebliche Verkehrswege	Bewertungsgruppe der Rutschgefahr (R-Gruppe)	Verdrängungsraum mit Kennzahl für das Mindestvolumen
0.7	Pausenräume (z. B. Aufenthaltsraum, Betriebskantinen)	R 9	
0.8	Erste-Hilfe-Räume und vergleichbare Einrichtungen (siehe ASR A4.3)	R 9	
1	**Herstellung von Margarine, Speisefett, Speiseöl**		
1.1	Fettschmelzen	R 13	V 6
1.2	Speiseölraffinerie	R 13	V 4
1.3	Herstellung und Verpackung von Margarine	R 12	
1.4	Herstellung und Verpackung von Speisefett, Abfüllen von Speiseöl	R 12	
2	**Milchbe- und -verarbeitung, Käseherstellung**		
2.1	Frischmilchverarbeitung einschließlich Butterei	R 12	
2.2	Käsefertigung, -lagerung und Verpackung	R 11	
2.3	Speiseeisfabrikation	R 12	
3	**Schokoladen- und Süßwarenherstellung**		
3.1	Zuckerkocherei	R 12	
3.2	Kakaoherstellung	R 12	
3.3	Rohmassenherstellung	R 11	
3.4	Eintafelei, Hohlkörper- und Pralinenfabrikation	R 11	
4	**Herstellung von Backwaren (Bäckereien, Konditoreien, Dauerbackwaren-Herstellung)**		
4.1	Teigbereitung	R 11	
4.2	Räume, in denen vorwiegend Fette oder flüssige Massen verarbeitet werden	R 12	
4.3	Spülräume	R 12	V 4
5	**Schlachtung, Fleischbearbeitung, Fleischverarbeitung**		
5.1	Schlachthaus	R 13	V 10
5.2	Kuttlerraum, Darmschleimerei	R 13	V 10
5.3	Fleischzerlegung	R 13	V 8
5.4	Wurstküche	R 13	V 8
5.5	Kochwurstabteilung	R 13	V 8
5.6	Rohwurstabteilung	R 13	V 6
5.7	Wursttrockenraum	R 12	
5.8	Darmlager	R 12	
5.9	Pökelei, Räucherei	R 12	
5.10	Geflügelverarbeitung	R 12	V 6

Nummer	Arbeitsräume, -bereiche und betriebliche Verkehrswege	Bewertungsgruppe der Rutschgefahr (R-Gruppe)	Verdrängungsraum mit Kennzahl für das Mindestvolumen
5.11	Aufschnitt- und Verpackungsabteilung	R 12	
5.12	Handwerksbetrieb mit Verkauf	R 12	V 8****)
6	**Be- und Verarbeitung von Fisch, Feinkostherstellung**		
6.1	Be- und Verarbeitung von Fisch	R 13	V 10
6.2	Feinkostherstellung	R 13	V 6
6.3	Mayonnaiseherstellung	R 13	V 4
7	**Gemüsebe- und -verarbeitung**		
7.1	Sauerkrautherstellung	R 13	V 6
7.2	Gemüsekonservenherstellung	R 13	V 6
7.3	Sterilisierräume	R 11	
7.4	Räume, in denen Gemüse für die Verarbeitung vorbereitet wird	R 12	V 4
8	**Nassbereiche bei der Nahrungsmittel- und Getränkeherstellung (soweit nicht besonders erwähnt)**		
8.1	Lagerkeller, Gärkeller	R 10	
8.2	Getränkeabfüllung, Fruchtsaftherstellung	R 11	
9	**Küchen, Speiseräume**		
9.1	Gastronomische Küchen (Gaststättenküchen, Hotelküchen)	R 12	
9.2	Küchen für Gemeinschaftsverpflegung in Heimen, Schulen, Kindertageseinrichtungen, Sanatorien	R 11	
9.3	Küchen für Gemeinschaftsverpflegung in Krankenhäusern, Kliniken	R 12	
9.4	Großküchen für Gemeinschaftsverpflegung in Mensen, Kantinen, Fernküchen	R 12	
9.5	Aufbereitungsküchen (Fast-Food-Küchen, Convenience- und Imbissbetriebe)	R 12	
9.6	Auftau- und Anwärmküchen	R 10	
9.7	Kaffee- und Teeküchen, Küchen in Hotels-Garni, Stationsküchen	R 10	
9.8	Spülräume		
9.8.1	Spülräume zu 9.1, 9.4, 9.5	R 12	V 4
9.8.2	Spülräume zu 9.2	R 11	
9.8.3	Spülräume zu 9.3	R 12	
9.9	Speiseräume, Gasträume, Kantinen, einschließlich Serviergängen	R 9	
9.10	Thekenbereich, Schankbereich	R 10	

****) Wurde überall ein einheitlicher Bodenbelag verlegt, kann der Verdrängungsraum aufgrund einer Gefährdungsbeurteilung (unter Berücksichtigung des Reinigungsverfahrens, der Arbeitsabläufe und des Anfalls an gleitfördernden Stoffen auf den Fußboden) bis auf V 4 gesenkt werden.

Nummer	Arbeitsräume, -bereiche und betriebliche Verkehrswege	Bewertungsgruppe der Rutschgefahr (R-Gruppe)	Verdrängungsraum mit Kennzahl für das Mindestvolumen
10	**Kühlräume, Tiefkühlräume, Kühlhäuser, Tiefkühlhäuser**		
10.1	für unverpackte Ware	R 12	
10.2	für verpackte Ware	R 11	
11	**Verkaufsstellen, Verkaufsräume**		
11.1	Warenannahme Fleisch		
11.1.1	für unverpackte Ware (z. B. lose in Transportboxen)	R 11	
11.1.2	für verpackte Ware	R 10	
11.2	Warenannahme Fisch	R 11	
11.3	Bedienungsgang für Fleisch und Wurst		
11.3.1	für unverpackte Ware	R 11	
11.3.2	für verpackte Ware	R 10	
11.4	Bedienungsgang für Brot- und Backwaren, unverpackte Ware	R 10	
11.5	Bedienungsgang für Molkerei- und Feinkosterzeugnisse, unverpackte Ware	R 10	
11.6	Bedienungsgang für Fisch		
11.6.1	für unverpackte Ware	R 12	
11.6.2	für verpackte Ware	R 11	
11.7	Bedienungsgänge, ausgenommen Nr. 11.3 bis 11.6	R 9	
11.8	Fleischvorbereitungsraum		
11.8.1	zur Fleischbearbeitung, ausgenommen Nr. 5	R 12	
11.8.2	zur Fleischverarbeitung, ausgenommen Nr. 5	R 11	
11.9	Blumenbinderäume und -bereiche	R 11	
11.10	Verkaufsbereiche mit Backöfen		
11.10.1	zum Herstellen von Backware	R 11	
11.10.2	zum Aufbacken vorgefertigter Backware	R 10	
11.11	Verkaufsbereiche mit Fritteusen oder Grillanlagen	R 12	
11.12	Verkaufsräume, Kundenräume	R 9	
11.13	Vorbereitungsbereiche für Lebensmittel zum SB-Verkauf (ausgenommen Fleisch, Fisch und Wurst)	R 10	
11.14	Kassenbereiche, Packbereiche	R 9	
11.15	Verkaufsbereiche im Freien	R 11 oder R 10	V 4
12	**Räume des Gesundheitsdienstes/ der Wohlfahrtspflege**		
12.1	Desinfektionsräume (nass)	R 11	
12.2	Vorreinigungsbereiche der Sterilisation	R 10	
12.3	Fäkalienräume, Ausgussräume, unreine Pflegearbeitsräume	R 10	
12.4	Sektionsräume	R 10	

Nummer	Arbeitsräume, -bereiche und betriebliche Verkehrswege	Bewertungsgruppe der Rutschgefahr (R-Gruppe)	Verdrängungsraum mit Kennzahl für das Mindestvolumen
12.5	Räume für medizinische Bäder, Hydrotherapie, Fango-Aufbereitung	R 11	
12.6	Waschräume von OPs, Gipsräume	R 10	
12.7	Sanitäre Räume, Stationsbäder	R 10	
12.8	Räume für medizinische Diagnostik und Therapie, Massageräume	R 9	
12.9	OP-Räume	R 9	
12.10	Stationen mit Krankenzimmern und Flure	R 9	
12.11	Praxen der Medizin, Tageskliniken	R 9	
12.12	Apotheken	R 9	
12.13	Laborräume	R 9	
12.14	Friseursalons	R 9	
13	**Wäscherei**		
13.1	Räume mit Durchlaufwaschmaschinen (Waschröhren) oder mit Waschschleudermaschinen	R 9	
13.2	Räume mit Waschmaschinen, bei denen die Wäsche tropfnass entnommen wird	R 11	
13.3	Räume zum Bügeln und Mangeln	R 9	
14	**Kraftfutterherstellung**		
14.1	Trockenfutterherstellung	R 11	
14.2	Kraftfutterherstellung unter Verwendung von Fett und Wasser	R 11	V 4
15	**Lederherstellung, Textilien**		
15.1	Wasserwerkstatt in Gerbereien	R 13	
15.2	Räume mit Entfleischmaschinen	R 13	V 10
15.3	Räume mit Leimlederanfall	R 13	V 10
15.4	Fetträume für Dichtungsherstellung	R 12	
15.5	Färbereien für Textilien	R 11	
16	**Lackierereien**		
16.1	Nassschleifbereiche	R 12	V 10
16.2	Pulverbeschichtung	R 11	
16.3	Lackierung	R 10	
17	**Keramische Industrie**		
17.1	Nassmühlen (Aufbereitung keramischer Rohstoffe)	R 11	
17.2	Mischer: Umgang mit Stoffen wie Teer, Pech, Graphit, Kunstharzen	R 11	V 6
17.3	Pressen (Formgebung) Umgang mit Stoffen wie Teer, Pech, Graphit, Kunstharzen	R 11	V 6

Nummer	Arbeitsräume, -bereiche und betriebliche Verkehrswege	Bewertungsgruppe der Rutschgefahr (R-Gruppe)	Verdrängungsraum mit Kennzahl für das Mindestvolumen
17.4	Gieß-, Druckgussbereiche	R 12	
17.5	Glasierbereiche	R 12	
18	**Be- und Verarbeitung von Glas und Stein**		
18.1	Steinsägerei, Steinschleiferei	R 11	
18.2	Glasformung von Hohlglas, Behälterglas	R 11	
18.3	Schleifereibereiche für Hohlglas, Flachglas	R 11	
18.4	Isolierglasfertigung Umgang mit Trockenmittel	R 11	V 6
18.5	Verpackung, Versand von Flachglas Umgang mit Antihaftmittel	R 11	V 6
18.6	Ätz- und Säurepolieranlagen für Glas	R 11	
19	**Betonwerke**		
19.1	Betonwaschplätze	R 11	
20	**Lagerbereiche**		
20.1	Lagerräume für Öle und Fette, die zur Teilentnahme vorgesehen sind (z. B. in Werkstätten)	R 12	V 6
20.2	Lagerräume für verpackte Lebensmittel	R 10	
20.3	Lagerbereiche im Freien	R 11 oder R 10	V 4
21	**Chemische und thermische Behandlung von Eisen und Metall**		
21.1	Beizereien	R 12	
21.2	Härtereien	R 12	
21.3	Laborräume	R 11	
22	**Metallbe- und -verarbeitung, Metall-Werkstätten**		
22.1	Galvanisierräume	R 12	
22.2	Graugussbearbeitung	R 11	V 4
22.3	mechanische Bearbeitungsbereiche (z. B. Dreherei, Fräserei), Stanzerei, Presserei, Zieherei (Rohre, Drähte)	R 11	V 4
22.4	mechanische Bearbeitungsbereiche mit erhöhter Öl-Schmiermittelbelastung	R 11	V 4
22.5	Teilereinigungsbereiche, Abdämpfbereiche	R 12	
23	**Werkstätten für Fahrzeug-Instandhaltung**		
23.1	Instandsetzungs- und Wartungsräume	R 11	
23.2	Arbeits- und Prüfgrube	R 12	V 4
23.3	Waschhalle, Waschplätze	R 11	V 4

Nummer	Arbeitsräume, -bereiche und betriebliche Verkehrswege	Bewertungsgruppe der Rutschgefahr (R-Gruppe)	Verdrängungsraum mit Kennzahl für das Mindestvolumen
24	**Werkstätten für das Instandhalten von Luftfahrzeugen**		
24.1	Flugzeughallen	R 11	
24.2	Werfthallen	R 12	
24.3	Waschplätze	R 11	V 4
25	**Abwasserbehandlungsanlagen**		
25.1	Pumpenräume	R 12	
25.2	Räume für Schlammentwässerungsanlagen	R 12	
25.3	Räume für Rechenanlagen	R 12	
25.4	Standplätze von Arbeitsplätzen, Arbeitsbühnen und Wartungspodeste	R 12	
26	**Feuerwehrhäuser**		
26.1	Fahrzeug-Stellplätze	R 12	
26.2	Räume für Schlauchpflegeeinrichtungen	R 12	
27	**Funktionsräume in der Atemschutz-Übungsanlage**		
27.1	Vorbereitungsraum	R 10	
27.2	Konditionsraum	R 10	
27.3	Übungsraum	R 11	
27.4	Schleuse	R 10	
27.5	Zielraum	R 11	
27.6	Wärmegewöhnungsraum	R 11	
27.7	Leitstand	R 9	
28	**Schulen und Kindertageseinrichtungen**		
28.1	Eingangsbereiche, Flure, Pausenhallen	R 9	
28.2	Unterrichtsräume, Gruppenräume	R 9	
28.3	Treppen	R 9	
28.4	Toiletten, Waschräume	R 10	
28.5	Lehrküchen in Schulen (siehe Nummer 9.2, 9.6 oder 9.7)	R 10	
28.6	Küchen in Kindertageseinrichtungen (siehe auch Nr. 9)	R 10	
28.7	Maschinenräume für Holzbearbeitung	R 10	
28.8	Fachräume für Werken	R 10	
28.9	Pausenhöfe	R 11 oder R 10	V 4
29	**Geldinstitute**		
29.1	Schalterräume	R 9	

Nummer	Arbeitsräume, -bereiche und betriebliche Verkehrswege	Bewertungsgruppe der Rutschgefahr (R-Gruppe)	Verdrängungsraum mit Kennzahl für das Mindestvolumen
30	**Betriebliche Verkehrswege in Außenbereichen**		
30.1	Gehwege	R 11 oder R 10	V 4
30.2	Laderampen		
30.2.1	überdacht	R 11 oder R 10	V 4
30.2.2	nicht überdacht	R 12 oder R 11	V 4
30.3	Schrägrampen (ab 3 % Steigung; z. B. für Rollstühle, Ladebrücken)	R 12 oder R 11	V 4
30.4	Betankungsbereiche		
30.4.1	überdacht	R 11	
30.4.2	nicht überdacht	R 12	
31	**Parkbereiche**		
31.1	Garagen, Hoch- und Tiefgaragen ohne Witterungseinfluss*****)	R 10	
31.2	Garagen, Hoch- und Tiefgaragen mit Witterungseinfluss	R 11 oder R 10	V 4
31.3	Parkflächen im Freien	R 11 oder R 10	V 4
32	Bäder	R 11 oder R 10	V 4
32.1	Einzel- und Sammelumkleideräume	R 10	
32.2	Sauna- und Ruhebereiche	R 10	
32.3	Duschräume und Duschbereiche	R 10	
32.4	Beckenumgänge	R 10	

*****) Die Fußgängerbereiche, die nicht von Rutschgefahr durch Witterungseinflüsse, wie Schlagregen oder eingeschleppte Nässe, betroffen sind.

Anwendungsbeispiel

Der Arbeitsbereich Nummer 5.10 wird mit der Bewertungsgruppe R 12 der Rutschgefahr bewertet. Die Größe des Mindestvolumens des Verdrängungsraumes wird mit V 6, entsprechend mindestens 6 cm^3/dm^2, angegeben. Bei der Auswahl eines geeigneten Bodenbelages können unter Berücksichtigung der betrieblichen Bedingungen des Einzelfalls Bodenbeläge in die Betrachtung einbezogen werden, denen nach Prüfung folgende Eigenschaften bescheinigt worden sind:

Rutschhemmung	Verdrängungsraum
R 12	V 6
R 12	V 8
R 12	V 10
R 13	V 6
R 13	V 8
R 13	V 10

Literaturhinweise

Informationen der Unfallversicherungsträger und Länder

DGUV Regel 108-003	Fußböden in Arbeitsräumen und Arbeitsbereichen mit Rutschgefahr 04/1994, aktualisiert 10/2003
DGUV Information 207-006	Bodenbeläge für nassbelastete Barfußbereiche 05/2020
DGUV Information 208-007	Roste – Auswahl und Betrieb 01/1996, aktualisiert 05/2013
DGUV Information 208-008	Montage 01/2017
DGUV Information 208-041	Bewertung der Rutschgefahr unter Betriebsbedingungen 09/2019

ASR A1.5

IFA Institut für Arbeitsschutz der Deutschen Gesetzlichen Unfallversicherung; Geprüfte Bodenbeläge – Positivliste, in: IFA-Handbuch Sicherheit und Gesundheitsschutz am Arbeitsplatz, Erich Schmidt Verlag GmbH & Co. KG, Berlin

IFA Institut für Arbeitsschutz der Deutschen Gesetzlichen Unfallversicherung; Prüfgrundsatz GS-IFA-B02 »Grundsätze für die Prüfung und Zertifizierung von Temporären Abdeckungen, 12/2019«

Veröffentlichungen des Länderausschusses für Arbeitsschutz und Sicherheitstechnik (LASI-Veröffentlichungen)

LASI Veröffentlichung 50	Bewegungsergonomische Gestaltung von andauernder Steharbeit 03/2009

Normen

DIN 18202:2019-07	Toleranzen im Hochbau – Bauwerke
DIN EN 16165:2021-12	Bestimmung der Rutschhemmung von Fußböden – Ermittlungsverfahren

3.2.9 ASR A1.6 »Fenster, Oberlichter, lichtdurchlässige Wände«

Ausgabe Januar 2012; letzte Änderung März 2022

(Gemeinsames Ministerialblatt 2012 Nr. 1, Seite 5; 2022 Nr. 9–11, Seite 244)

Die Technischen Regeln für Arbeitsstätten (ASR) geben den Stand der Technik, Arbeitsmedizin und Hygiene sowie sonstige gesicherte wissenschaftliche Erkenntnisse für die Sicherheit und Gesundheit der Beschäftigten beim Einrichten und Betreiben von Arbeitsstätten wieder.

Sie werden vom **Ausschuss für Arbeitsstätten** ermittelt bzw. angepasst und vom Bundesministerium für Arbeit und Soziales im Gemeinsamen Ministerialblatt bekannt gemacht.

Diese ASR A1.6 konkretisiert im Rahmen ihres Anwendungsbereichs Anforderungen der Verordnung über Arbeitsstätten. Bei Einhaltung der Technischen Regel kann der Arbeitgeber davon ausgehen, dass die entsprechenden Anforderungen der Verordnung erfüllt sind. Wählt der Arbeitgeber eine andere Lösung, muss er damit mindestens die gleiche Sicherheit und den gleichen Schutz der Gesundheit für die Beschäftigten erreichen.

Inhalt

1 Zielstellung

Diese ASR konkretisiert die Anforderungen an das Einrichten und Betreiben von Fenstern, Oberlichtern und lichtdurchlässigen Wänden in § 3a Abs. 1 sowie insbesondere in den Punkten 1.5 Abs. 3 und 1.6 des Anhanges der Arbeitsstättenverordnung.

2 Anwendungsbereich

Diese ASR gilt für das Einrichten und das Betreiben von Fenstern, Oberlichtern und lichtdurchlässigen Wänden in Arbeitsstätten.

Hinweis: Für die barrierefreie Gestaltung der Fenster, Oberlichter und lichtdurchlässigen Wände gilt die ASR V3a.2 »Barrierefreie Gestaltung von Arbeitsstätten«, Anhang A1.6: Ergänzende Anforderungen zur ASR A1.6 »Fenster, Oberlichter und lichtdurchlässige Wände«.

3 Begriffsbestimmungen

3.1 **Fenster** sind Bauteile zur natürlichen Beleuchtung. Hierzu zählen auch Schaufenster. Darüber hinaus können sie sowohl der Sichtverbindung nach außen als auch der Lüftung dienen.

Beispiele für Bauarten von Fenstern siehe Abbildung 1.

3.2 **Flügel** sind diejenigen beweglichen Bauteile, die Öffnungen von Fenstern oder Oberlichtern schließen oder freigeben. Flügel sind z. B. Drehflügel, Kippflügel, Klappflügel, Schwingflügel, Wendeflügel und Schiebeflügel.

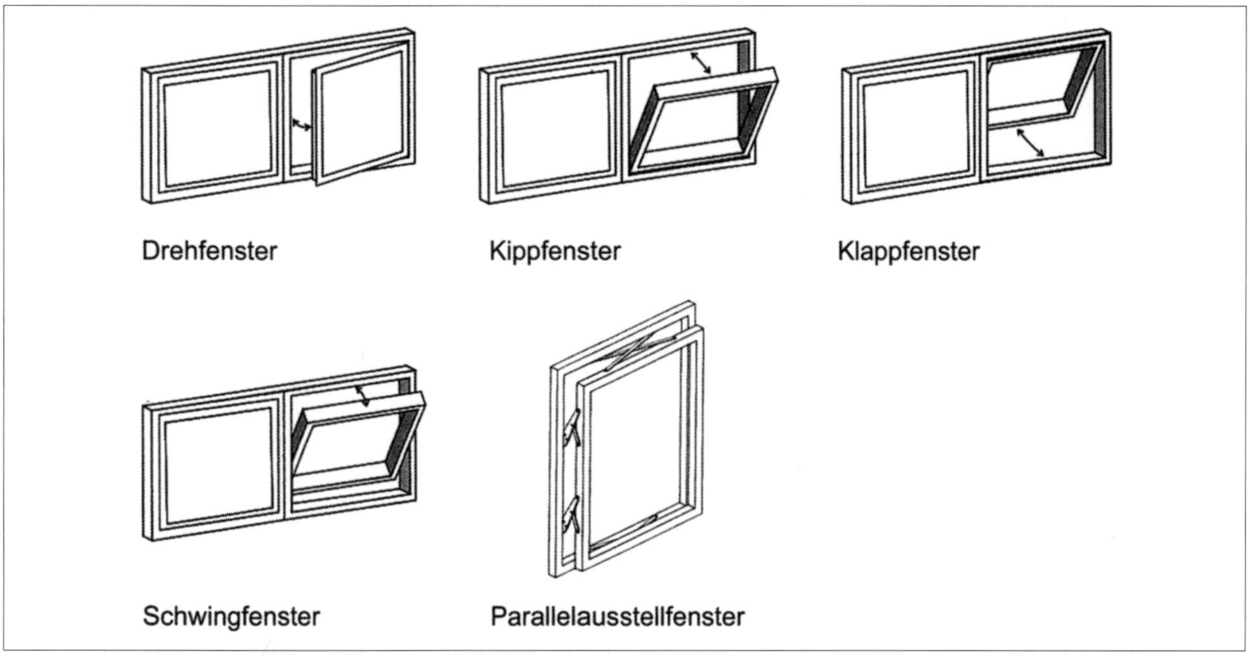

Abb. 1: Bauarten von Fenstern

ASR A1.6

3.3 **Kraftbetätigt** sind Fenster und Oberlichter, wenn die für die Bewegung der Flügel erforderliche Energie vollständig oder teilweise von Kraftmaschinen zugeführt wird.

3.4 **Ferngesteuert** sind Flügel dann, wenn sie vom festen Bedienungsstandort aus nicht oder nicht vollständig zu übersehen sind; ferngesteuert sind auch Flügel, deren Antrieb durch Steuerimpulse gesteuert wird, die z. B. von einem Sender (z. B. mobile Fernbedienung) oder Sensor (z. B. Windsensor) ausgehen.

3.5 **Bewegungsraum** ist der Raum, in dem die Flügel Öffnungs- und Schließbewegungen ausführen.

3.6 **Sicherheitsglas** ist ein Glas, das durch besondere Behandlung wie Vorspannen oder Laminieren bruchsicher ist und die Verletzungsgefährdung im Falle einer Beschädigung verhindert oder minimiert. Keine ausreichenden Sicherheitseigenschaften haben u. a. Floatglas, Profilbauglas mit und ohne Drahteinlage, Ornamentgläser, teilvorgespanntes Glas und Draht(spiegel)glas in monolithischer Form.

Einscheibensicherheitsglas (ESG) zerfällt bei Bruch in der Regel in kleine, relativ stumpfkantige Krümel, wodurch die Verletzungsgefährdung herabgesetzt wird.

Verbundsicherheitsglas (VSG) besteht aus zwei oder mehr Glasscheiben, die durch mindestens eine organische Zwischenschicht zu einer Einheit verbunden werden. Bei einem Bruch haften die Bruchstücke an der Folie und es besteht eine Splitterbindung, wodurch die Verletzungsgefährdung geringer ist als bei anderen Glaserzeugnissen.

3.7 **Splitterschutzfolien** sind selbstklebende Folien, die nachträglich auf plane Glasflächen fachgerecht aufgeklebt werden und in Kombination mit der entsprechenden Glasscheibe die Sicherheitseigenschaften verbessern können.

3.8 **Oberlichter** nach Arbeitsstättenverordnung sind in Dach- bzw. Deckenflächen integrierte Bauteile – im Weiteren Dachoberlicht genannt –, die der natürlichen Beleuchtung und ggf. der Lüftung dienen. Dachoberlichter werden oft mit einem Rauch-Wärme-Abzug (RWA) kombiniert. Ausführungen von Dachoberlichtern sind z. B. Lichtkuppeln, Lichtbänder und Lichtplatten. Obere Teile von Fenstern und Türen, die umgangssprachlich als Oberlichter bezeichnet werden, sind im Sinne dieser Regel Fenster.

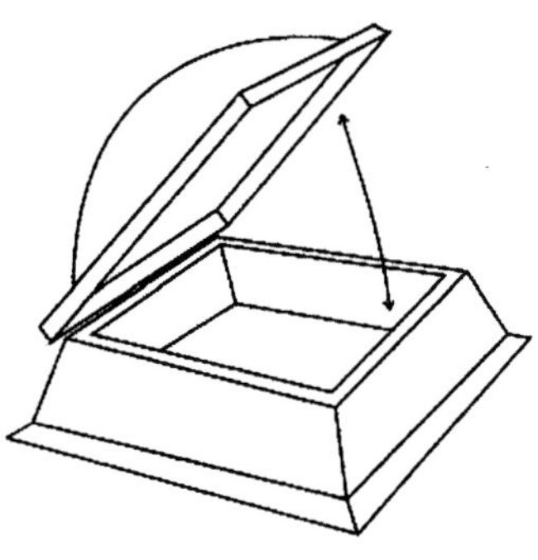

Abb. 2: Dachoberlicht (Lichtkuppel)

3.9 **Lichtdurchlässige Wände** sind Wände mit lichtdurchlässigen Flächen, die bis in die Nähe des Fußbodens reichen und aus Glas, Kunststoff oder anderen transparenten Materialien bestehen. Sie sind in der Regel feststehende Raum- oder Gebäudeabschlüsse, die keine Lüftungsfunktion haben. Sie können aber auch aus einzelnen mobilen Bauteilen bestehen bzw. aufgebaut werden.

3.10 **Reinigungsbalkone** sind Balkone, die ausschließlich für Reinigungs- und Instandhaltungsarbeiten am Gebäude vorgesehen sind.

3.11 **Befahranlagen** sind Vorrichtungen, z. B. bewegliche Steigleitern mit innen liegenden Zwischenpodesten, Reinigungsbrücken oder Fassadenaufzüge, die zum Gebäude gehören, am Gebäude verbleiben und für Reinigungs- und Instandhaltungsarbeiten am Gebäude oder an Gebäudeeinrichtungen benutzt werden.

3.12 **Steuerung ohne Selbsthaltung** (Totmannsteuerung) ist eine Steuereinrichtung, die eine kontinuierliche Betätigung der Steuereinrichtung für die Flügelbewegung erfordert.

3.13 **Absturzsichernde Verglasungen** sind Vertikalverglasungen, tragende Glasbrüstungen mit Handlauf oder Geländerausfachungen aus Glas, die ein Abstürzen der Beschäftigten verhindern.

3.14 **Instandhaltungsarbeiten** umfassen alle Maßnahmen zur Bewahrung des Soll-Zustandes (Wartung), zur Feststellung und Beurteilung des Ist-Zustandes (Inspektion) und zur Wiederherstellung des Soll-Zustandes (Instandsetzung) oder Verbesserung des Ist-Zustandes.

4 Sicherheitsanforderungen bei Planung und Auswahl

In Arbeitsstätten dürfen nur Fenster, Dachoberlichter und lichtdurchlässige Wände verwendet werden, die hinsichtlich ihrer Beschaffenheitsanforderungen den europäischen und nationalen Vorschriften (z. B. Produktrecht) entsprechen, die für die Verwendung in der Arbeitsstätte geeignet sind und sicher betrieben werden können.

Die Einbausituation und das Betreiben von Fenstern, Dachoberlichtern und lichtdurchlässigen Wänden stellen Anforderungen an die Nutzungssicherheit, die auch die Beschaffenheit von Fenstern betreffen kann. Daher ist beim Einrichten und Betreiben der Arbeitsstätte über die EG-Konformitätsbewertung hinaus die Eignung und Verwendbarkeit von Fenstern für die vorgesehene Nutzung zu prüfen und ggf. die erforderlichen baulichen Maßnahmen und Veränderungen am Einbauort vorzunehmen (wenn z. B. durch Einrichtungsgegenstände neue Gefahrenstellen entstehen).

4.1 Fenster

4.1.1 Allgemeine Anforderungen

(1) Der Arbeitgeber hat bereits bei der Auswahl der eingesetzten Materialien im Rahmen einer Gefährdungsbeurteilung die Nutzung und Einbausituation zu berücksichtigen. Dies gilt insbesondere für die Auswahl der Glasart.

(2) Sofern Arbeitsplätze oder Verkehrswege an Fenster grenzen, deren Brüstungshöhe zur Absturzsicherung nicht ausreichend (siehe ASR A2.1 »Schutz vor Absturz und herabfallenden Gegenständen, Betreten von Gefahrenbereichen«) ist und eine Absturzgefährdung besteht, muss eine andere ständige Sicherung gegen Absturz vorhanden sein. Bei feststehenden Fensterflügeln erfüllt auch eine absturzsichernde Verglasung, die den baurechtlichen Bestimmungen entspricht, diese Forderung. Regelungen für kurzzeitige Arbeiten sind in Punkt 5, insbesondere im Absatz 3, explizit aufgeführt.

(3) Flügel von Fenstern müssen gegen unbeabsichtigtes Verlassen der Führungs- und Befestigungselemente gesichert sein.

(4) Gefährdungen durch geöffnete Flügel müssen vermieden oder minimiert werden. Gefährdungen, wie Anstoßen oder Quetschen, können vorliegen, wenn sich die Flügel im Aufenthaltsbereich von Beschäftigten oder im Bereich von Verkehrswegen unkontrolliert bewegen oder die erforderliche Breite von Verkehrswegen einschränken. Unkontrollierte Bewegungen von Flügeln können z. B. durch Dämpfungseinrichtungen, Auffangbügel, mechanische oder elektrische Verstelleinrichtungen vermieden werden.

(5) Von Griffen, Hebeln und Schlössern dürfen bei bestimmungsgemäßem Gebrauch keine Gefährdungen für die Beschäftigten ausgehen. Das wird beispielsweise erreicht, wenn:

- Griffe und Hebel gerundet und in jeder Stellung eines Flügels mindestens 25 mm zu feststehenden Teilen des Fensters oder der Fensterlaibung angeordnet sind,
- Hebel für Panikbeschläge seitlich drehbar oder als Wippe ausgebildet sind,
- Hebel für Kippfenster zurückversetzt in der Fensternische angeordnet sind oder
- Griffe und Hebel von einem sicheren Standort betätigt werden können.

(6) Kurbeln, als Einrichtungen für die Handbetätigung, dürfen nicht zurückschlagen und müssen gegen Abgleiten und unbeabsichtigtes Abziehen gesichert sein.

(7) Sonnenschutzsysteme (siehe Punkt 4.3 der ASR A3.5 »Raumtemperatur«) müssen so installiert sein, dass sie das Öffnen der Fenster für die Lüftung nicht verhindern.

(8) Bodentief eingebaute Fenster, z. B. Schaufenster, müssen hinsichtlich der Bruchsicherheit den für lichtdurchlässige Wände festgelegten Anforderungen entsprechen.

(9) Sofern Fenster als Notausstieg Teil eines Flucht- oder Rettungsweges sind, gelten zusätzlich die Anforderungen der ASR A2.3 »Fluchtwege und Notausgänge«.

4.1.2 Besondere Anforderungen an kraftbetätigte Fenster

(1) Von kraftbetätigten Fenstern können in Abhängigkeit von der Einbausituation, der Steuerung oder der Nutzung spezifische, insbesondere mechanische Gefährdungen ausgehen. Eine wirksame Sicherung gegen diese Gefährdungen, wie Quetschen oder Anstoßen, muss vorhanden sein. Dies kann durch eine einzelne Schutzmaßnahme oder eine Kombination der folgenden beispielhaften Schutzmaßnahmen erreicht werden:

- Einbauhöhe des Fensters von mehr als 2,50 m,
- Eingriffsweite ≤ 8 mm (z. B. an Einzugsstellen zwischen Schiebeflügeln),
- akustische oder optische Warnsignale,
- langsame Flügelbewegung,
- geringe Schließkräfte,
- Einrichtungen vor dem Fenster, die einen Zugang zum Bewegungsraum verhindern,
- Not-Halt-Einrichtung am Fenster,
- druckempfindliche Schutzeinrichtungen, z. B. Schaltleisten oder Kontaktschläuche,
- berührungslos wirkende Schutzeinrichtungen, z. B. Lichtschranken oder Lichtgitter,
- Steuerung ohne Selbsthaltung (Totmannsteuerung) oder
- gerundete, gepolsterte Kanten.

(2) Bei ferngesteuerten Fensterflügeln sind die damit verbundenen erhöhten Gefährdungen (z. B. unbemerkte Schließvorgänge) zu beachten und entsprechende Maßnahmen (z. B. vorausgehendes Warnsignal) zu ergreifen.

(3) Flügel müssen in ihren Endstellungen selbsttätig zum Stillstand kommen.

(4) Sind kraftbetätigte Flügel so eingerichtet, dass sie auch von Hand geöffnet werden können, müssen Hand- und Kraftantrieb gegeneinander verriegelt sein, sofern der Kraftantrieb mechanische Rückwirkungen auf den Handantrieb hat. Können Flügel bei Ausfall eines Beschlagelementes abstürzen oder herabschlagen und können hierdurch Personen gefährdet werden, so sind Sicherheitsvorrichtungen notwendig. Dies können z. B. doppelte Aufhängungen, Sicherheitsscheren oder Fangvorrichtungen sein.

(5) Sind Einrichtungen für die Handbetätigung von Flügeln vorhanden, dürfen sie mit festen oder beweglichen Teilen der Umgebung keine Quetsch- und Scherstellen bilden. Die Handbetätigung muss vom Fußboden oder von einem anderen sicheren Standplatz aus erfolgen können.

(6) Fenster mit elektrischem Antrieb dürfen nur verwendet werden, wenn sie eine Netztrenneinrichtung (z. B. Hauptschalter, geeignete Steckverbindungen) besitzen, mit der die Anlage allpolig vom Stromnetz getrennt werden kann. Die Netztrenneinrichtung muss an geeigneter Stelle angebracht und gegen irrtümliches oder unbefugtes Einschalten sicherbar sein. Dies gilt sinngemäß auch für pneumatische und hydraulische Antriebe; Restenergien müssen ohne Gefährdung von Beschäftigten ableitbar sein.

(7) Bauteile, von denen der sichere Betrieb der kraftbetätigten Fenster abhängt, müssen für Instandhaltung und Prüfung leicht zugänglich sein.

4.2 Dachoberlichter

(1) Gefährdungen durch geöffnete Dachoberlichter müssen vermieden oder minimiert werden. Gefährdungen können z. B. sein:

- Einengung des Verkehrsweges,
- Absturz von Beschäftigten,
- Herabfallen von Gegenständen durch die Öffnung oder
- Zugluft.

(2) Dachoberlichter sind in der Regel nicht durchtrittsicher. Deshalb sind geeignete Maßnahmen gegen Absturz zu treffen (siehe ASR A2.1 »Schutz vor Absturz und herabfallenden Gegenständen, Betreten von Gefahrenbereichen«).

(3) Für die Auswirkungen der Sonneneinstrahlung auf das Raumklima durch Dachoberlichter sind die Anforderungen der ASR A3.5 »Raumtemperatur« zu beachten.

(4) Für beleuchtungstechnische Anforderungen an Dachoberlichter sind die Vorgaben der ASR A3.4 »Beleuchtung« zu beachten.

4.3 Lichtdurchlässige Wände

(1) In der Nähe von Arbeitsplätzen und im Bereich von Verkehrswegen ist die Kennzeichnung von durchsichtigen, nicht strukturierten Flächen in Augenhöhe erforderlich. Dies kann z. B. durch ausreichend große Bildzeichen, Symbole, farbige Tönungen oder Klebefolien erfolgen. Diese müssen sich je nach Beleuchtung und Hintergrund gut erkennbar abheben. Die diesbezüglichen Vorgaben der ASR A1.3 »Sicherheits- und Gesundheitsschutzkennzeichnung« sind zu berücksichtigen.

(2) Weiter reichende Schutzmaßnahmen sind dort erforderlich, wo trotz Kenntlichmachung die Gefährdung besteht, dass Beschäftigte in die lichtdurchlässige Wandfläche hineinstürzen oder beim Zersplittern der Wände verletzt werden können. Solche Gefährdungen können z. B. auftreten:

- im Bereich von Absätzen, Treppen oder Stufen,
- bei Menschengedränge oder
- beim Transport von Material.

Geeignete Schutzmaßnahmen sind die Verwendung von bruchsicherem Glas oder einem anderen bruchsicheren Werkstoff. Beim Einsatz von nichtbruchsicherem Werkstoff ist eine feste Abschirmung wie ein Geländer, ein Netz oder ein Gitter erforderlich.

(3) Flächen von lichtdurchlässigen Wänden gelten als bruchsicher, wenn sie die baurechtlichen Bestimmungen für Sicherheitsglas erfüllen (z. B. Einscheiben- und Verbundsicherheitsglas). In der Praxis ist darauf zu achten, dass die verschiedenen Arten von Sicherheitsglas nicht für alle Anwendungen geeignet sind. Die Entscheidung, ob Einscheibensicherheitsglas, Verbundsicherheitsglas oder andere Werkstoffe eingesetzt werden, muss unter Berücksichtigung der unterschiedlichen Brucheigenschaften und der Einbausituation im Rahmen der Gefährdungsbeurteilung gefällt werden. Kunststoffe mit vergleichbarer Bruchsicherheit sind zulässig. Die Bruchsicherheit hängt entscheidend davon ab, dass derartige Flächen keine Beschädigungen aufweisen und keine unzulässigen Spannungen oder Belastungen auf die Flächen einwirken (siehe Anhang).

(4) Bei bestehenden nicht bruchsicheren Glasflächen, deren Austausch zu einer unverhältnismäßigen Härte führen würde, lässt sich die Schutzwirkung gegen Verletzungsgefahren bei Glasbruch durch fachgerechtes und ganzflächiges Aufkleben von geeigneten Splitterschutzfolien verbessern. Dabei ist die zeitlich begrenzte Schutzwirkung (Herstellerangaben) dieser Folien zu beachten.

(5) Lichtdurchlässige Wände sowie deren Bestandteile, z. B. Rahmen, Befestigungsteile und Glaselemente, müssen so eingebaut oder verankert werden, dass Beschäftigte nicht durch herabfallende Teile (z. B. von versetzbaren Raumteilern zur Abtrennung von Arbeitsplätzen) verletzt werden können.

(6) Sofern Arbeitsplätze oder Verkehrswege an lichtdurchlässige Wände grenzen und für die Beschäftigten eine Absturzgefährdung besteht, muss eine ständige Sicherung gegen Absturz vorhanden sein. Dies ist z. B. gewährleistet wenn die Wand aus einer absturzsichernden Verglasung besteht oder ein Geländer montiert ist.

5 Reinigung, Instandhaltung einschließlich Prüfungen

(1) Bereits bei der Planung der Fenster, Dachoberlichter oder lichtdurchlässigen Wände muss der Arbeitgeber darauf achten, dass eine sichere Instandhaltung und Reinigung gewährleistet wird. Dies gilt insbesondere, wenn hierzu bauliche Vorrichtungen zur Durchführung von Instandhaltungs- und Reinigungsarbeiten erforderlich sind.

(2) Die Reinigung oder Instandhaltung von Fenstern, Dachoberlichtern und lichtdurchlässigen Wänden muss von einer sicheren Standfläche mit ausreichendem Bewegungsfreiraum aus erfolgen können. Diese kann dauerhaft oder zeitweilig eingerichtet sein.

Sichere Standflächen sind z. B.:

- Reinigungsbalkone,
- Befahranlagen oder
- Standroste mit Anschlageinrichtungen für Persönliche Schutzausrüstung gegen Absturz (PSAgA).

Sind solche sicheren Standflächen nicht vorhanden, können Reinigungs- und Instandhaltungsarbeiten z. B. auch von Hebebühnen und Gerüsten durchgeführt werden, wenn die baulichen Voraussetzungen und geeignete Aufstellflächen gegeben sind.

Hochziehbare Personenaufnahmemittel (z. B. Arbeitskörbe, Arbeitsbühnen und Arbeitssitze) dürfen nur nachrangig in exponierten Teilbereichen eingesetzt werden, wenn sichere Standplätze nicht einrichtbar sind.

(3) Bei Reinigungs- und Instandhaltungsarbeiten mit Absturzgefährdung sind geeignete Maßnahmen zum Schutz gegen Absturz (z. B. feste oder mobile Umwehrungen, PSAgA) erforderlich. Dabei ist die Rangfolge der Schutzmaßnahmen nach ASR A2.1 »Schutz vor Absturz und herabfallenden Gegenständen, Betreten von Gefahrenbereichen« einzuhalten.

(4) Für Reinigungs- und Instandhaltungsarbeiten müssen für den Einsatz von tragbaren Leitern, Vorrichtungen nach Absatz 2 vorhanden sein. Dabei muss für den sicheren Stand der Leiter eine ausreichend breite und tragfähige Fläche gewährleistet sein. Werden bei der Benutzung von Leitern bestehende Sicherungen gegen Absturz unwirksam, ist die Anbringung von Absturz-sicherungen vorzunehmen. Die Bereitstellung und Benutzung von Leitern sind in der Betriebssicherheitsverordnung und in der TRBS 2121 Teil 2 »Gefährdungen von Personen durch Absturz – Bereitstellung und Benutzung von Leitern« geregelt.

(5) Rahmenlose mobile Glaswände sind regelmäßig auf Beschädigungen des Glases, insbesondere auf Kantenverletzungen bei ESG, und auf den festen Sitz der Beschläge hin zu prüfen, um Glasbruch vorzubeugen.

(6) Für die Reinigung von ESG sollen keine scharfen Klingen oder andere Werkzeuge, die die Oberfläche des Glases beschädigen können, verwendet werden, da dies zum Bruch der Scheibe führen kann.

(7) Bei kraftbetätigten Fenstern und Dachoberlichtern ist zusätzlich das Folgende zu beachten:

- Vor Reinigungs- und Instandhaltungsarbeiten muss der Antrieb abgeschaltet und gegen irrtümliches und unbefugtes Einschalten, sowie gegen unbeabsichtigte Bewegung gesichert werden. Hiervon ausgenommen bleibt der Probelauf (Funktionsprüfung).
- Die Instandhaltung darf nur durch vom Arbeitgeber beauftragte Personen durchgeführt werden, die mit den jeweiligen Arbeiten vertraut sind.
- Kraftbetätigte Fenster müssen nach den Vorgaben des Herstellers vor der ersten Inbetriebnahme, nach wesentlichen Änderungen sowie wiederkehrend sachgerecht auf ihren sicheren Zustand geprüft werden. Die wiederkehrende Prüfung sollte mindestens einmal jährlich erfolgen. In die Prüfung sind auch die Fangvorrichtungen einzubeziehen. Die Ergebnisse der sicherheitstechnischen Prüfung sind zu dokumentieren.
- Die sicherheitstechnische Prüfung von kraftbetätigten Fenstern darf nur durch Sachkundige durchgeführt werden, die die Funktionstüchtigkeit der Schutzeinrichtungen beurteilen und überprüfen können.

Anhang

Einsatz von Sicherheitsglas

Einscheibensicherheitsglas (ESG) und Verbundsicherheitsglas (VSG) haben verschiedene Brucheigenschaften und sind daher für unterschiedliche Anwendungen geeignet.

ESG ist thermisch vorgespanntes Glas, das bei Zerstörung in kleine stumpfkantige Glaskrümel (würfelförmige Fragmente) zerfällt und damit weitgehend vor Verletzungen schützt.

Restrisiken durch das Bruchverhalten beim Zerbersten einer Scheibe aus ESG sind allerdings zum Einen das explosionsartige Zerspringen der Scheibe in Glaskrümel und zum Anderen das Zusammenhalten größerer Schollen aus noch zusammenhängenden Glaskrümeln, die beim Herunterfallen Beschäftigte treffen und Verletzungen verursachen können.

ESG ist gegen stumpfe Schläge auf die Scheibenfläche sehr robust, weil es sich durchbiegen kann. An den Kantenbereichen hingegen ist es sehr empfindlich.

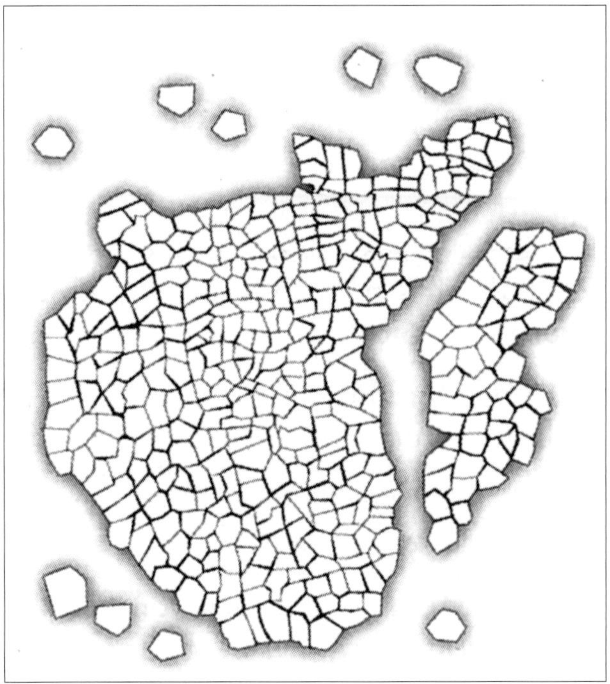

Abb. 3: Bruchbild ESG

VSG besteht aus zwei oder mehreren Glasscheiben, die durch mindestens eine organische Zwischenschicht zu einer Einheit verbunden werden. Bei mechanischer Überlastung (z. B. Stoß, Schlag und Beschuss) bricht VSG zwar an, aber die Bruchstücke haften fest an der Zwischenlage. Es entstehen somit keine losen, scharfkantigen Glasbruchstücke; die Verletzungsgefahr wird weitgehend herabgesetzt.

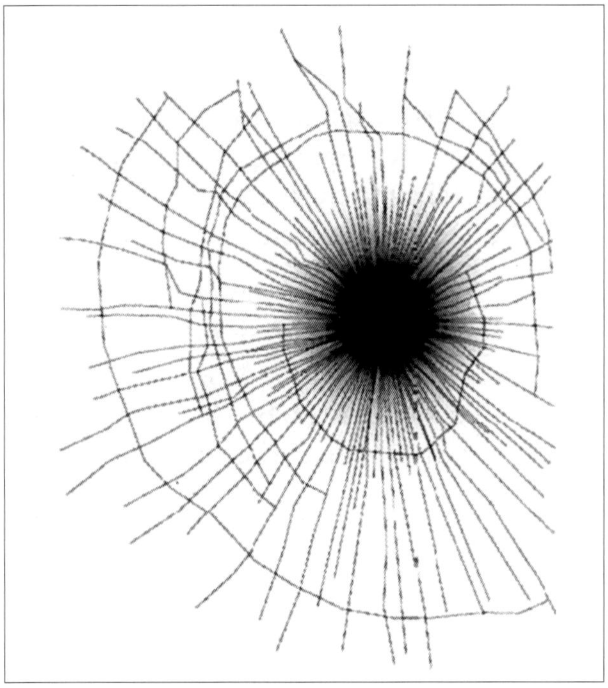

Abb. 4: Bruchbild VSG

Je nach Zusammensetzung und Dicke ist VSG von splitterbindend bis hin zu sprengwirkungshemmend. Es findet daher häufig Verwendung in Fenstern, Türen und Abtrennungen, die Personen und hohe Sachwerte schützen, z. B. an Kassenschaltern oder bei Juwelieren.

Verglichen mit ESG kommt es bei Schlägen frontal gegen die Scheibe aus VSG schneller zum Bruch.

VSG ist nicht für jeden Anwendungsfall der sicherere Werkstoff. Bei rahmenlosen Ganzglastüren beispielsweise wird in der Regel ESG verwendet, da mit VSG die Flügel zu schwer werden. Diese Türen werden in der Regel nur an zwei Bändern (Scharnieren) gehalten. Kommt es zum Bruch eines solchen Flügels aus VSG, besteht die Gefahr, dass die Scheibe ihre Statik verliert und zusammenhängend als Ganzes zusammenbricht. Dabei kann sie eine Person unter sich begraben.

Literaturhinweise

- Verordnung über Sicherheit und Gesundheitsschutz bei der Verwendung von Arbeitsmitteln (Betriebssicherheitsverordnung – BetrSichV)
- TRBS 2121 Gefährdung von Personen durch Absturz – Allgemeine Anforderungen
- TRBS 2121 Teil 2 Gefährdungen von Personen durch Absturz – Bereitstellung und Benutzung von Leitern
- TRBS 2121 Teil 3 Gefährdungen von Personen durch Absturz – Bereitstellung und Benutzung von Zugangs- und Positionierungsverfahren unter Zuhilfenahme von Seilen
- TRAV Technische Regeln für die Verwendung von absturzsichernden Verglasungen (Deutsches Institut für Bautechnik)
- TRLV Technische Regeln für die Verwendung von linienförmig gelagerten Verglasungen (Deutsches Institut für Bautechnik)
- TRPV Technische Regeln für die Bemessung und Ausführung punktförmig gelagerter Verglasungen (Deutsches Institut für Bautechnik)
- RAB 32 Regeln zum Arbeitsschutz auf Baustellen – Unterlage für spätere Arbeiten
- DGUV Vorschrift 38 Bauarbeiten 1.4.1977, aktualisiert 01/1997
- DGUV Information 208-014 Glastüren, Glaswände 10/2010
- DGUV Information 208-016 Handlungsanleitung für den Umgang mit Leitern und Tritten 11/2007
- VFF Merkblatt KB.01 : 2017-07 Kraftbetätigte Fenster (Verband Fenster und Fassade [VFF] in Frankfurt)
- Glas- und Fassadenreinigung – Instandhaltung sicher und wirtschaftlich planen (BG BAU)

3.2.4 ASR A1.7 »Türen und Tore«

Ausgabe November 2009; letzte Änderung März 2022

(Gemeinsames Ministerialblatt 2009 Nr. 78, Seite 1619; 2022 Nr. 9–11, Seite 244)

Die Technischen Regeln für Arbeitsstätten (ASR) geben den Stand der Technik, Arbeitsmedizin und Hygiene sowie sonstige gesicherte wissenschaftliche Erkenntnisse für die Sicherheit und Gesundheit der Beschäftigten beim Einrichten und Betreiben von Arbeitsstätten wieder.

Sie werden vom **Ausschuss für Arbeitsstätten** ermittelt bzw. angepasst und vom Bundesministerium für Arbeit und Soziales im Gemeinsamen Ministerialblatt bekannt gemacht.

Diese ASR A1.7 konkretisiert im Rahmen ihres Anwendungsbereiches Anforderungen der Verordnung über Arbeitsstätten. Bei Einhaltung dieser Technischen Regel kann der Arbeitgeber davon ausgehen, dass die entsprechenden Anforderungen der Verordnung erfüllt sind. Wählt der Arbeitgeber eine andere Lösung, muss er damit mindestens die gleiche Sicherheit und den gleichen Schutz der Gesundheit für die Beschäftigten erreichen.

Die vorliegende Technische Regel beruht auf der BGR 232 »Kraftbetätigte Fenster, Türen und Tore« des Sachbereichs »Bauliche Einrichtungen und Leitern« der Deutschen Gesetzlichen Unfallversicherung (DGUV). Der Ausschuss für Arbeitsstätten hat die Inhalte der BGR 232 in Anwendung des Kooperationsmodells (vgl. Leitlinienpapier[2] zur Neuordnung des Vorschriften- und Regelwerks im Arbeitsschutz vom 31. August 2011) als ASR in sein Regelwerk übernommen.

Inhalt

1 Zielstellung

Diese Arbeitsstättenregel konkretisiert die Anforderungen an das Einrichten und Betreiben von Türen und Toren in § 3 Abs. 1 und § 4 Abs. 3 sowie insbesondere in dem Punkt 1.7 des Anhanges der Arbeitsstättenverordnung.

[1] http://www.gda-portal.de/de/VorschriftenRegeln/VorschriftenRegeln.html

2 Anwendungsbereich

(1) Diese Arbeitsstättenregel gilt für das Einrichten und Betreiben von Türen und Toren in Gebäuden und auf dem Betriebsgelände sowie in vergleichbaren betrieblichen Einrichtungen, die sich auf dem Gelände eines Betriebes oder einer Baustelle befinden und zu denen Beschäftigte im Rahmen ihrer Arbeit Zugang haben. Sie gilt nicht für Türen und Tore von maschinellen Anlagen (z. B. Aufzugsanlagen) und nicht für provisorische Türen und Tore auf Baustellen.

(2) (gestrichen)

Hinweise:

1. *Für die barrierefreie Gestaltung der Türen und Tore gilt die ASR V3a.2 »Barrierefreie Gestaltung von Arbeitsstätten«, Anhang A1.7: Ergänzende Anforderungen zur ASR A1.7 »Türen und Tore«.*
2. *Bestimmungen zu Türen und Toren im Verlauf von Fluchtwegen enthält die ASR A2.3 »Fluchtwege und Notausgänge«.*

3 Begriffsbestimmungen

3.1 **Abstürzen** ist die unkontrollierte, nicht ausgeglichene Bewegung von vertikal bewegten Flügeln im Fall des Versagens eines einzelnen Tragmittels oder der Gewichtsausgleichssysteme.

3.2 **Bewegungsraum** ist der Raum, in dem die Flügel Öffnungs- und Schließbewegungen ausführen.

3.3 Der **Fallweg** von Torflügeln ist die senkrechte Strecke, die die Hauptschließkante nach dem Versagen der Tragmittel bis zum erfolgten Fangen durch die Fangvorrichtung zurücklegt.

3.4 **Fangvorrichtungen** sind Einrichtungen, die im Falle des Flügelabsturzes selbsttätig auf den Flügel oder das Bauteil, das mit ihm fest verbunden ist (z. B. Wickelwelle), wirken und ihn halten. Hierzu zählen auch Getriebe, die imstande sind, den Flügel zu halten, wenn tragende Getriebeteile versagen (Sicherheitsgetriebe).

3.5 **Flügel** sind diejenigen beweglichen Anlagenteile, die Tür- oder Toröffnungen schließen oder freigeben.

3.6 **Gefährdungen an Türen und Toren** ergeben sich besonders durch:

- Quetsch-, Einzugs- oder Scherstellen mit festen oder beweglichen Teilen der Flügel und der Umgebung (z. B. an den Schließkanten),
- Absturzgefährdung an angrenzenden Treppenabgängen oder höher gelegenen Arbeitsplätzen,
- Angestoßen oder Erfasst-Werden durch den Flügel.

3.7 **Herausfallen** ist das ungewollte Verlassen des Tor- oder Türflügels aus der Führung.

3.8 Türen und Tore sind **kraftbetätigt,** wenn die für das Öffnen oder Schließen der Flügel erforderliche Energie vollständig oder teilweise von Kraftmaschinen zugeführt wird.

3.9 **Nachlaufweg** ist der Weg des kraftbetätigten Flügels, von der Einleitung des Stoppvorganges bis zum Stillstand.

3.10 Mit der **NOT-HALT-Einrichtung** kann im Fall einer Gefährdung die Flügelbewegung bewusst zum Stillstand gebracht werden.

3.11 **Schließkanten** sind (siehe Tabelle):

- Hauptschließkante ist jede Schließkante eines Flügels, deren Abstand von der parallelen Gegenschließkante oder Gegenfläche die Öffnungsweite bestimmt,
- Gegenschließkante ist jede Schließkante, die einer Haupt- oder Nebenschließkante des Flügels gegenüberliegt,
- Nebenschließkante ist jede andere Schließkante des Flügels, die nicht Haupt- oder Gegenschließkante ist.

3.12 **Schlupftüren** sind Türen, die in Torflügeln eingebaut sind.

3.13 **Schutzeinrichtungen** sind Einrichtungen zum Schutz vor Gefährdungen, z. B. der Quetschgefährdung an Schließkanten:

- trennende Schutzeinrichtungen, wie Abdeckungen,
- druckempfindliche Schutzeinrichtungen, wie Schaltleisten oder -matten,
- berührungslos wirkende Schutzeinrichtungen, wie Lichtschranken oder Aktiv-Infrarot-Systeme.

3.14 Die **Steuerung** ist der Bestandteil der Antriebseinheit, der von außen kommende Steuerbefehle annimmt, diese verarbeitet und Ausgangssignale zum Betrieb des Antriebes erzeugt:

- Steuerung mit Selbsthaltung (Impulssteuerung) ist eine Steuereinrichtung, die nur eine einmalige Betätigung zum Auslösen der vollständigen Flügelbewegung erfordert. Steuerimpulse werden z. B. durch Drucktaster, Kontaktschwellen, Lichtschranken, Radareinrichtungen, Zugschalter oder durch im Fußboden verlegte Induktionsschleifen ausgelöst oder gehen von einem elektrischen Sender, einer Licht- oder Schallquelle aus.
- Steuerung ohne Selbsthaltung (Totmannsteuerung) ist eine Steuereinrichtung, die eine kontinuierliche Betätigung für die Flügelbewegung erfordert.

Tabelle: Schließkanten von Türen und Toren

<table>
<tr><th></th><th>Tür/Tor</th><th>Schließkante</th></tr>
<tr><td>a)</td><td>Drehflügeltüren/-tore

sind Türen mit einem oder zwei Flügeln, die sich um die senkrechte Achse an einer Flügelkante drehen.</td><td>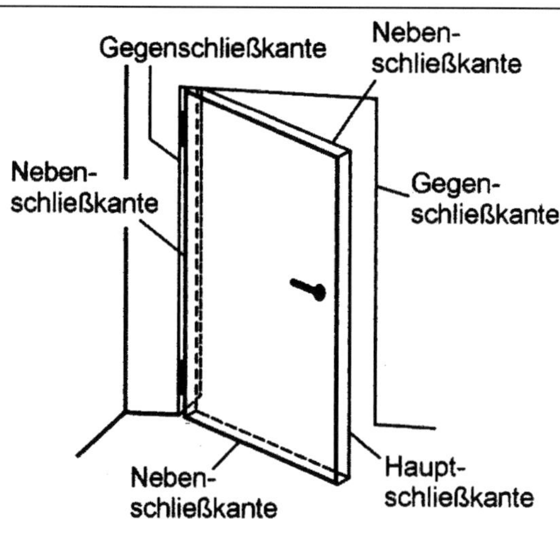
</td></tr>
<tr><td>b)</td><td>Schiebetüren/-tore

sind Türen mit einem oder mehreren sich horizontal bewegenden Türflügeln, die sich auf ihrer eigenen Ebene über eine Öffnung hinweg bewegen.</td><td>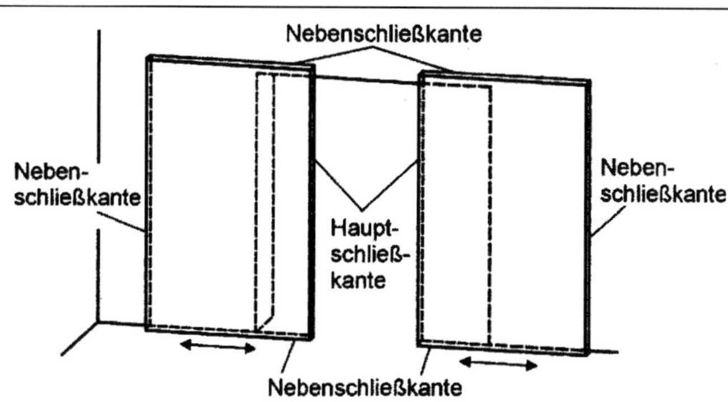
</td></tr>
</table>

c)	**Faltflügeltüren/-tore** sind Türen mit zwei oder mehreren Flügeln, die miteinander gelenkig verbunden sind und bei denen eine Seite des Türflügels mit der Zarge verbunden ist.	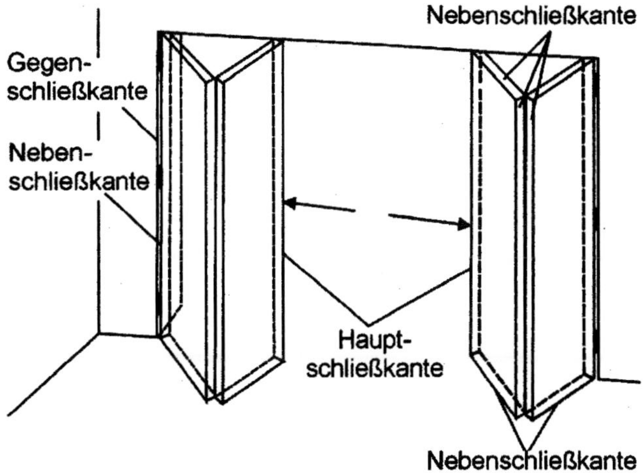
d)	**Karusselltüren** sind Türen mit zwei oder mehreren Türflügeln, die mit einer gemeinsamen vertikalen Drehachse innerhalb einer Einfassung verbunden sind.	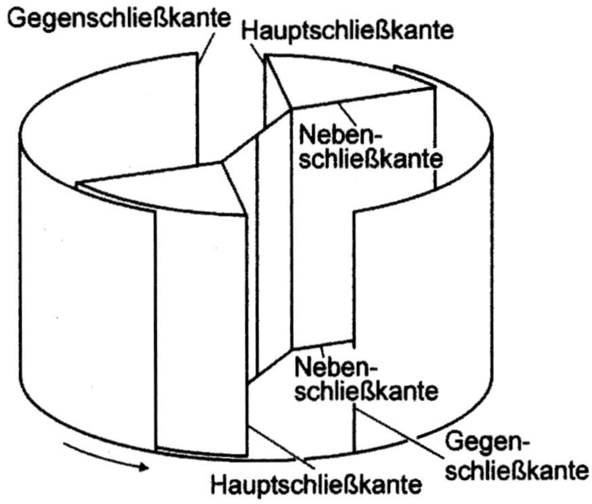
e)	**Rolltore** sind Tore mit einem Flügel, der vertikal bewegt wird und sich beim Öffnen auf eine Wickelwelle aufwickelt.	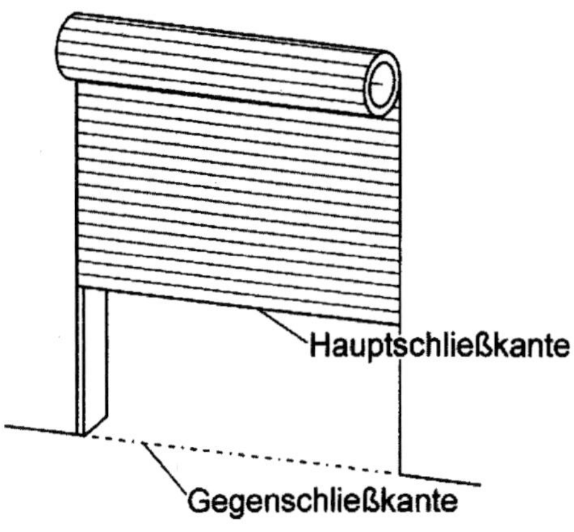

f)	**Sektionaltore** sind Tore mit einem Flügel, der aus einer Anzahl von horizontal miteinander verbundenen Sektionen besteht und in der Regel beim Öffnen vertikal angehoben wird. Die Ablage des Flügels in der oberen Öffnungsposition ist abhängig vom jeweiligen Typ (z. B. waagerecht, senkrecht, gefaltet).	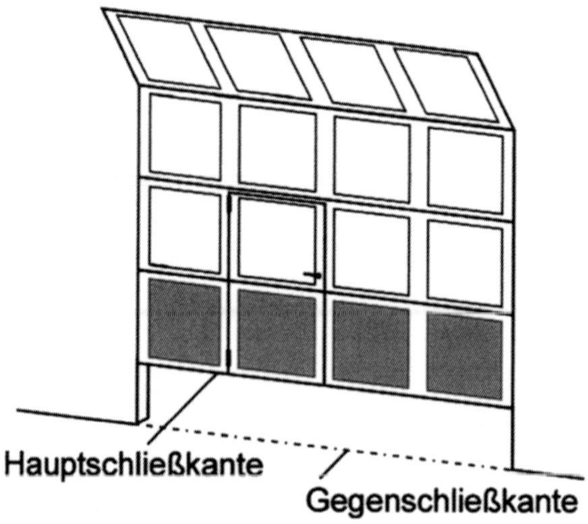
g)	**Kipptore** sind Tore mit einem Flügel, der bei der Betätigung eine Kippbewegung ausführt und vollständig geöffnet in der oberen, waagerechten Endstellung verbleibt.	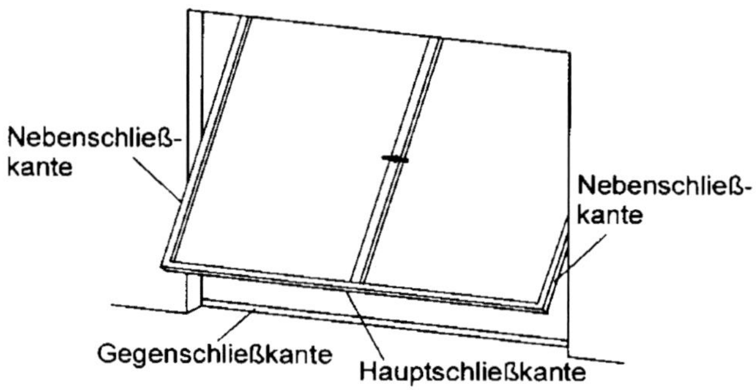
h)	**Schiebetore** sind Tore mit einem oder mehreren Flügeln, die horizontal bewegt werden.	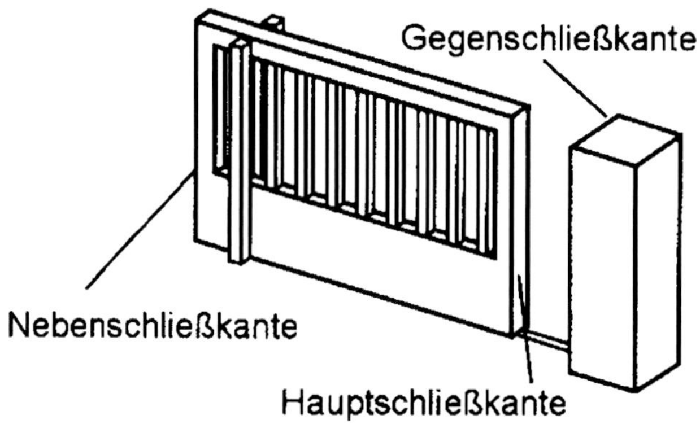

3.15 **Tore** sind bewegliche Raumabschlüsse, vorzugsweise für den Verkehr mit Fahrzeugen und für den Transport von Lasten mit oder ohne Personenbegleitung.

3.16 **Türen** sind bewegliche Raumabschlüsse, vorzugsweise für den Fußgängerverkehr.

3.17 **Tragmittel** sind Bauteile oder Einrichtungen zum Tragen des Flügels, z. B. Feder, Stahldrahtseil, Kette, Gurt, Rolle, Trommel, Welle, Hebelarm sowie sonstige Kraftübertragungselemente zwischen Antriebsquelle und Flügel (z. B. Getriebe).

4 Planung von Türen und Toren

(1) Türen und Tore sind so anzuordnen, dass sie sicher bedient werden können. Durch ihre Anordnung dürfen keine zusätzlichen Gefährdungen entstehen, beispielsweise durch Aufschlagen des Flügels in einen Treppenlauf.

(2) Türen und Tore sollen so angeordnet und gestaltet sein, dass sich möglichst kurze Wege innerhalb der Arbeitsstätte ergeben und keine Gefährdungen durch Windbelastung entstehen. Die Entstehung von störendem Luftzug (Zugluft) sollte vermieden werden (siehe ASR A3.6 »Lüftung«).

(3) Türen und Tore müssen so angebracht sein, dass sie in geöffnetem Zustand die erforderliche Mindestbreite vorbeiführender Verkehrswege nicht einengen (siehe ASR A1.8 »Verkehrswege«).

(4) Die Betätigung von Türen und Toren muss vom Fußboden aus oder von einem anderen sicheren Bedienort aus möglich sein.

(5) Griffe und andere Einrichtungen für die Betätigung von Türen und Toren dürfen mit festen und beweglichen Teilen der Tür oder des Tores oder deren Umgebung keine Quetsch- oder Scherstellen bilden.

(6) Die Durchgangsbreite und -höhe von Türen und Toren richtet sich nach den Mindestmaßen von Fluchtwegen (siehe ASR A2.3 »Fluchtwege und Notausgänge«).

Türen und Tore in Zugängen, die nur der Bedienung, Überwachung und Instandhaltung dienen, sollen 0,60 m in der lichten Durchgangsbreite und 1,80 m in der lichten Durchgangshöhe nicht unterschreiten. In Gebäuden, die bis zum 30.9.2022 bereits errichtet waren oder deren Bauantragstellung bis zu diesem Termin erfolgt ist, dürfen Türen und Tore mit einer lichten Mindestbreite von 0,50 m eingerichtet oder solange betrieben werden, bis die jeweiligen Bereiche dieser Arbeitsstätten wesentlich erweitert oder umgebaut werden. Auf die Anstoßgefährdung im Kopfbereich, die aufgrund dieser verringerten Durchgangshöhe besteht, ist mit einer Kennzeichnung nach ASR A1.3 »Sicherheits- und Gesundheitsschutzkennzeichnung« hinzuweisen.

(7) Rahmen von Türen und Toren dürfen keine Stolperstellen bilden (siehe ASR A1.5 »Fußböden«). Höhenunterschiede sollen durch Schrägen angeglichen oder gekennzeichnet (siehe ASR A1.3 »Sicherheits- und Gesundheitsschutzkennzeichnung«) werden.

5 Auswahl von Türen und Toren

(1) In Arbeitsstätten dürfen nur Türen und Tore verwendet werden, die hinsichtlich ihrer Beschaffenheitsanforderungen den europäischen und nationalen Vorschriften (z. B. Produktrecht) entsprechen und die für die Verwendung in der Arbeitsstätte geeignet und sicher sind. Bei der Ausführung der Türen und Tore sind unter anderem das Bio- und Gefahrstoffrecht (z. B. dichtschließend, Sicherheitsschleusen) sowie das Baurecht (z. B. feuerhemmend, feuerbeständig, selbstschließend) zu beachten.

Die Einbausituation und das Betreiben von Türen und Toren stellen Anforderungen an die Nutzungssicherheit, die auch die Beschaffenheit von Türen und Toren betreffen kann. Daher sind beim Einrichten und Betreiben der Arbeitsstätte über die EG-Konformitätsbewertung hinaus die Eignung und Verwendbarkeit von Türen und Toren für die vorgesehene Nutzung zu prüfen und ggf. die erforderlichen baulichen Maßnahmen und Veränderungen am Einbauort vorzunehmen (z. B. durch Einrichtungsgegenstände zusätzlich entstandene Quetschstellen, die zu sichern sind).

(2) Damit Beschäftigte bei Ausfall der Antriebsenergie bei kraftbetätigten Türen und Toren nicht eingeschlossen werden können, müssen sich diese ohne besonderen Kraftaufwand (siehe Punkt 10.1 Abs. 3) auch von Hand öffnen lassen. Abweichend von Satz 1 dürfen schwere, kraftbetätigte Tore anstelle mit Handbetrieb auch unter bestimmungsgemäßer Verwendung von Hilfsmitteln, z. B. bereitgestellte hydraulische/pneumatische Hebezeuge oder Notstromaggregate, verwendet werden, wenn die ursprüngliche Energiezufuhr ausgefallen ist.

(3) In Räumen, in denen z. B. gesundheitsgefährdende Gase, Dämpfe oder Stäube in die Raumluft gelangen können, müssen Türen und Tore deren Eindringen in angrenzende Bereiche der Arbeitsstätte verhindern. Dies kann z. B. durch ein selbstständiges und dichtes Schließen der Türen und Tore erreicht werden.

(4) Türen und Tore, die nur in einer Richtung benutzt werden sollen, sind entsprechend auf beiden Seiten als Einbahnverkehr zu kennzeichnen.

(5) Bei Torflügeln mit eingebauter Schlupftür darf eine kraftbetätigte Flügelbewegung nur bei geschlossener Schlupftür möglich sein. Die Flügelbewegung muss zum Stillstand kommen, wenn die Schlupftür geöffnet wird. Im Fall von mechanisch bewegten Brandschutztoren mit Schlupftüren sind die den baurechtlichen Zulassungen zugrunde liegenden Ausführungen zu beachten.

(6) Damit Beschäftigte nicht durch zersplitternde Flächen von Türen und Toren gefährdet werden, müssen diese Flächen bruchsicher sein oder die Füllungen müssen durch feste Abschirmungen (z. B. Stabgitter) so geschützt sein, dass sie beim Öffnen und Schließen nicht eingedrückt oder Personen nicht durch diese hindurchgedrückt werden können. Werkstoffe für durchsichtige Flächen gelten als bruchsicher, wenn sie die baurechtlichen Bestimmungen für Sicherheitsglas erfüllen (z. B. Einscheiben- und Verbundsicherheitsglas). Die Bruchsicherheit hängt entscheidend davon ab, dass das Glas nicht beschädigt ist und dass keine unzulässigen Spannungen oder Belastungen auf das Glas einwirken (siehe Punkt 10.1 Abs. 4). Kunststoffe mit vergleichbarer Bruchsicherheit sind zulässig. Drahtglas ist kein Sicherheitsglas.

(7) Flügel von Türen und Toren, die zu mehr als drei Vierteln ihrer Fläche aus einem durchsichtigen Werkstoff bestehen, müssen in Augenhöhe so gekennzeichnet sein, dass sie deutlich wahrgenommen werden können. Hierzu können z. B. ausreichend große Bildzeichen, Symbole oder farbige Tönungen verwendet werden. Sie sollen sich je nach Hintergrund und Beleuchtungssituation gut erkennbar abheben. Die Wahrnehmbarkeit der Türen und Tore wird durch die Gestaltung mit auffallenden Griffen oder einer Handleiste verbessert.

6 Sicherung gegen mechanische Gefährdungen

(1) Bei kraftbetätigten Türen und Toren muss eine wirksame Sicherung vor mechanischen Gefährdungen bis zu einer Höhe von 2,50 m über dem Fußboden oder einer anderen dauerhaften Zugangsebene vorhanden sein. Dies kann durch eine einzelne oder eine Kombination der folgenden Sicherungsmaßnahmen erreicht werden:

- Einhalten von Sicherheitsabständen (siehe Abs. 5 bis 8),
- Einbauen von trennenden Schutzeinrichtungen an den Schließkanten, wie Gehäuse, Abdeckungen, Verkleidungen, feststehende Schutzflügel,
- Formgebung von Flügeloberflächen und vorstehenden Teilen in geeigneter Weise,
- Torbetätigung mit einer manuellen Steuerung ohne Selbsthaltung (Totmannsteuerung, siehe Punkt 8.1),
- Begrenzung der Kräfte, die durch den Torflügel erzeugt werden, wenn er auf eine Person oder einen Gegenstand auftrifft,
- Einbau von schaltenden Schutzeinrichtungen (druckempfindliche oder berührungslos wirkende Schutzeinrichtungen).

(2) Beim Betrieb von Türen und Toren darf der Nachlaufweg des Flügels nach Auslösen einer druckempfindlichen Schutzeinrichtung nicht größer sein als deren Verformungsweg. Bei Flügeln ohne Sicherheitseinrichtung an den Schließkanten darf der Nachlaufweg nicht größer als 50 mm sein, sofern mit dem Nachlauf eine gefährdende Flügelbewegung verbunden ist.

(3) Die erforderlichen Sicherheitsabstände müssen auch während der betrieblichen Nutzung dauerhaft eingehalten werden.

(4) Die Gefährdung, dass Beschäftigte beim Betrieb von vertikal bewegten Flügeln erfasst oder eingezogen werden, kann z. B. durch die Verwendung glattflächiger Flügel vermieden werden. Andernfalls, wie bei Rollgittern, sind weitere Sicherungsmaßnahmen (siehe Abs. 1) notwendig.

(5) Zusätzliche Sicherungen an Quetsch- und Scherstellen an Nebenschließkanten sind nicht erforderlich:

- bei Nebenschließkanten, deren Gegenschließkanten sich am Sturz der Tür- oder Toröffnung befinden,
- wenn der Spalt zwischen Nebenschließkante und Gegenschließkante maximal 8 mm beträgt,
- wenn die Nebenschließkanten z. B. durch hohlwandige Gummi-, Kunststoffleisten oder Haarbürsten so nachgiebig gestaltet sind, dass sie im zusammengedrückten Zustand einen Sicherheitsabstand für die Finger von mindestens 25 mm ermöglichen.

(6) Die Gefährdung, dass Finger eingezogen werden, besteht nicht, wenn die Flügel von automatischen Schiebetüren/-toren und festen Teilen ihrer Umgebung in einem Abstand s von 8 mm oder weniger aneinander vorbeilaufen (Abb. 1). Ein Abscheren oder Quetschen von Fingern wird verhindert, wenn der Abstand *t* zwischen Flügeln und Bauteilen 25 mm oder mehr beträgt (Abb. 1).

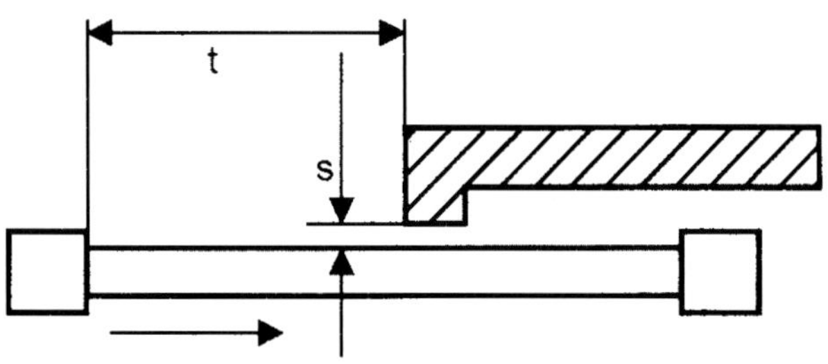

$s \leq 8$ mm
$t \geq 25$ mm

Abb. 1: Vermeiden von Einzugs- und Schergefährdung zum Schutz der Finger

(7) Damit zwischen den hinteren Kanten der Flügel (Nebenschließkanten) von kraftbetätigten Schiebetüren/-toren und festen Teilen der Umgebung beim Betrieb keine Quetschstellen entstehen, müssen genügend große Sicherheitsabstände verbleiben:

- für Flügel, die in einem Abstand von maximal 100 mm an feststehenden, geschlossenen Bauteilen entlang laufen, sind mindestens 200 mm Sicherheitsabstand notwendig (Abb. 2),

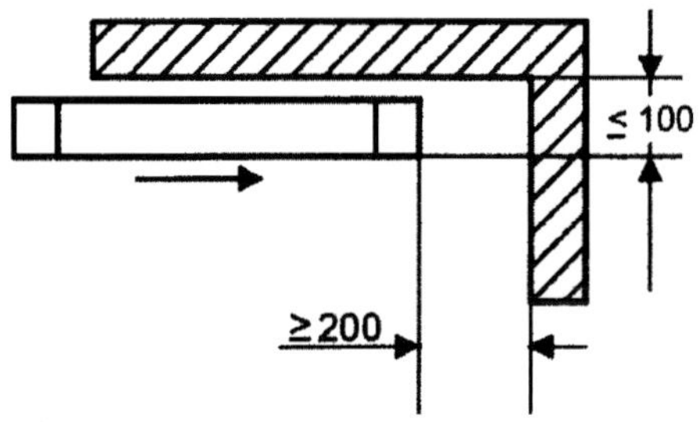

Abb. 2: Vermeiden von Quetschgefährdung zum Schutz des Kopfbereiches

- für Flügel, die in einem Abstand von mehr als 100 mm an feststehenden Bauteilen entlang laufen, sind mindestens 500 mm Sicherheitsabstand notwendig (Abb. 3).

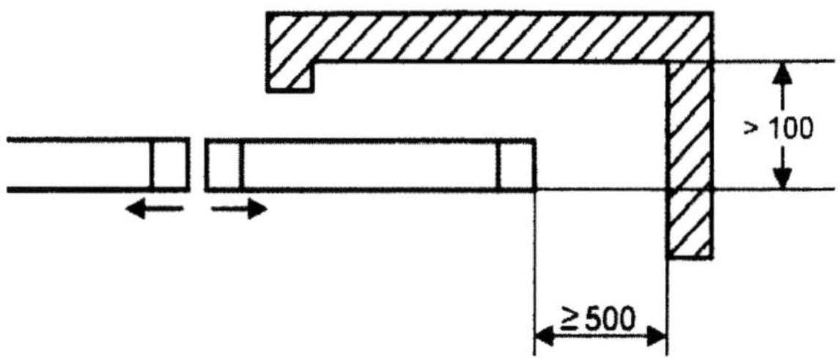

Abb. 3: Vermeiden von Quetschgefährdung zum Schutz des Körpers

(8) Damit kraftbetätigte Dreh- und Faltflügeltüren oder -tore hinsichtlich Quetschstellen (zwischen dem Flügel und festen Teilen der Umgebung) sicher betrieben werden können, muss bei größtmöglicher Flügelöffnung der hinter dem Flügel gelegene Bereich über seine gesamte Tiefe eine lichte Weite von mindestens 500 mm aufweisen (Abb. 4). Abweichend hiervon genügt eine lichte Weite von mindestens 200 mm, wenn die Tiefe des vom geöffneten Flügel und festen Teilen seiner Umgebung gebildeten Bereichs höchstens 250 mm beträgt (Abb. 5). Können diese Werte nicht eingehalten werden, sind weitere Sicherheitsmaßnahmen (siehe Abs. 1) notwendig.

(9) Damit Flügel, die für die Handbetätigung angefasst werden müssen, weil zusätzliche Einrichtungen (z. B. Kurbeln oder Haspelkettenantriebe) nicht vorhanden sind, sicher verwendet werden können, müssen diese auf der inneren und äußeren Seite über Einrichtungen zur Handbetätigung verfügen, z. B. Klinken, Griffe, Griffmulden, Griffplatten. Wenn Türen und Tore nur von einer Seite betätigt werden sollen, braucht nur diese Seite mit solchen Einrichtungen ausgerüstet sein.

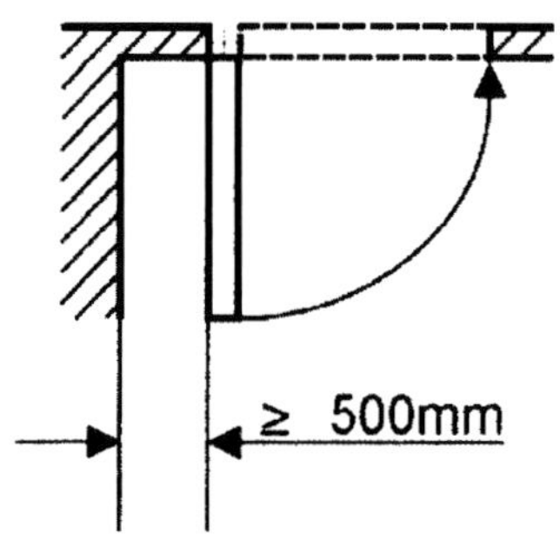

Abb. 4: Vermeiden von Quetschgefährdung zum Schutz des Körpers

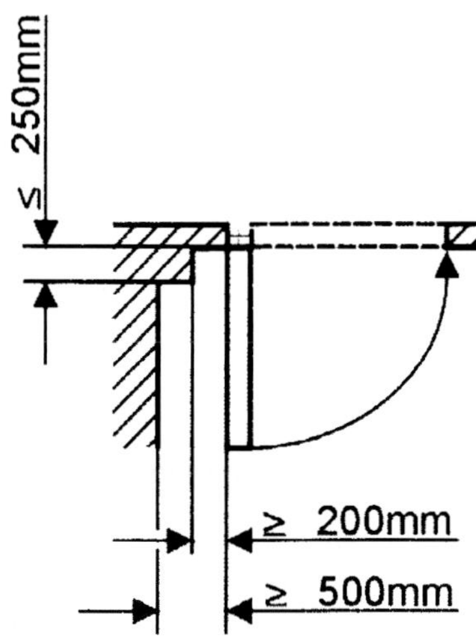

Abb. 5: Vermeiden von Quetschgefährdung zum Schutz des Kopfbereiches

(10) Einrichtungen für die Handbetätigung, z. B. Kurbeln oder Ketten, von Türen und Toren müssen sicher verwendet werden können und müssen gegen Zurückschlagen, Abgleiten und unbeabsichtigtes Abziehen gesichert sein.

(11) Hat der Antrieb von kraftbetätigten Türen und Toren mechanische Rückwirkung auf den Handantrieb, müssen Hand- und Kraftantrieb gegeneinander verriegelt sein.

7 Sicherung der Flügelbewegung

(1) Für den sicheren Betrieb von Toren müssen selbsttätig wirkende Einrichtungen für die Endstellung vorhanden sein, die Beschäftigte gegen unbeabsichtigtes Schließen der Tore (z. B. Zuschlagen durch Windeinwirkung) schützen.

(2) Schiebetüren und -tore dürfen nur betrieben werden, wenn ein Pendeln der Flügel quer zur Bewegungsrichtung der Türen und Tore ausgeschlossen ist.

(3) Senkrecht bewegte Torflügel sind durch Gegengewichte oder andere technische Einrichtungen (z. B. Antriebe, Federn) so auszugleichen, dass sie sich nicht unbeabsichtigt schließen. Bei der Verwendung von Toren darf die Kraft an der Hauptschließkante bei einer Bewegung durch nicht ausgeglichene Gewichte maximal 150 N betragen.

(4) Besteht durch Gegengewichte von Torflügeln eine Quetsch-, Scher- oder Stoßgefährdung oder die Gefährdung des Eingezogenwerdens, darf das Tor nur betrieben werden, wenn die Laufbahn der Gegengewichte bis 2,50 m über der Zugangsebene verdeckt ist.

(5) Bei senkrecht bewegten kraftbetätigten Türen und Toren mit Seil-, Gurt- oder Kettenaufhängung muss das Schlaffwerden des Tragmittels verhindert werden, sofern nicht direkt auf den Flügel wirkende Fangvorrichtungen vorhanden sind.

7.1 Sicherung gegen Abstürzen der Flügel

(1) Beim Betrieb von senkrecht bewegten Flügeln müssen diese mit Fangvorrichtungen gesichert sein, die beim Versagen der Tragmittel ein Abstürzen der Flügel selbsttätig verhindern.

(2) Von Fangvorrichtungen nach Absatz 1 kann abgesehen werden:

- bei Flügeln mit Seil- oder Kettenaufhängung, deren Eigengewicht durch Gegengewicht ausgeglichen ist, wenn zusätzliche Seile oder Ketten vorhanden sind, die allein das Flügelgewicht zu tragen imstande sind,
- bei Flügeln mit Seil- oder Kettenaufhängung, deren Eigengewicht durch Federn ausgeglichen ist, wenn beim Bruch eines Seils oder einer Kette das Flügelgewicht ausgeglichen bleibt und der Antrieb so beschaffen ist, dass er allein das Flügelgewicht zu tragen imstande ist,
- bei Flügeln ohne Seil- oder Kettenaufhängung, deren Eigengewicht durch Federn ausgeglichen ist, wenn der Antrieb so beschaffen ist, dass er allein das Flügelgewicht zu tragen imstande ist,
- bei Flügeln mit zwei Antrieben, wenn jeder Antrieb so ausgelegt ist, dass er das Flügelgewicht allein zu tragen imstande ist, und wenn bei Ausfall eines Antriebes eine weitere Bewegung des Flügels selbsttätig verhindert ist, spätestens wenn der Flügel seine untere Endstellung erreicht hat,
- bei Flügeln, die unmittelbar hydraulisch oder pneumatisch angetrieben werden, wenn an den Arbeitszylindern Einrichtungen vorhanden sind, die bei Rohr- oder Leitungsbruch ein Absenken des Flügels verhindern.

7.2 Sicherung gegen Herausfallen der Flügel

(1) Tür- und Torflügel müssen gegen unbeabsichtigtes Verlassen der Führungseinrichtungen gesichert sein.

(2) Beim Öffnen oder Schließen der Flügel von kraftbetätigten Türen und Toren müssen diese in ihren Endstellungen selbsttätig zum Stillstand kommen. Können Flügel beim Versagen der Begrenzungseinrichtungen über ihre Endstellungen hinausfahren, müssen Notendschalter oder feste Anschläge in Verbindung mit einer Überlastsicherung vorhanden sein.

(3) Begrenzungseinrichtungen, wie Stopper oder Anschläge, müssen eine ausreichende Festigkeit aufweisen.

8 Sicherheit der Steuerung

8.1 Steuerung ohne Selbsthaltung

An Türen und Toren kann bei Steuerung ohne Selbsthaltung (Totmannsteuerung) auf die Sicherungen nach Punkt 6 verzichtet werden, wenn:

- bei manuell betätigter Steuerung ohne Selbsthaltung die Flügelbewegung durch das Loslassen der Befehlseinrichtung unmittelbar zum Stillstand kommt und
- die Befehlseinrichtung so angeordnet ist, dass der Gefahrenbereich vom Bedienungsstandort aus vollständig eingesehen werden kann und

- die Bedienung der Befehlseinrichtung durch unbefugte Personen durch technische oder organisatorische Maßnahmen ausgeschlossen wird und
- die Schließgeschwindigkeit der Flügel, gemessen an der Hauptschließkante, maximal 0,5 m/s beträgt.

8.2 Steuerung mit Selbsthaltung (Impulssteuerung)

(1) Impulsgesteuerte Flügelbewegungen dürfen nur durch die hierfür vorgesehenen Befehlseinrichtungen ausgelöst werden.

(2) Impulsgesteuerte Türen und Tore sind so zu betreiben, dass Beschäftigte z. B. gegen Quetschgefährdungen geschützt sind. Dazu müssen die entsprechenden Schutzeinrichtungen so beschaffen sein, dass beim Auftreten eines Fehlers in der Einrichtung, der einen Befehl zur Unterbrechung der gefährdenden Flügelbewegung verhindern würde,

- die Schutzwirkung der Einrichtung erhalten bleibt (Einfehlersicherheit)

oder

- der Fehler spätestens in einer der Endlagen des Flügels selbsttätig erkannt wird und ein Befehl zum Verhindern einer weiteren gefährdenden Flügelbewegung erfolgt (Testung).

8.3 Abschalt- und NOT-HALT-Einrichtungen

(1) Damit gefährdende Flügelbewegungen nach Abschalten des Antriebes oder bei Ausfall der Energieversorgung (z. B. elektrisch, pneumatisch, hydraulisch) für den Antrieb verhindert werden, muss nach Abschalten des Antriebes oder des Ausfalls der Energieversorgung die Bewegung der Flügel unmittelbar zum Stillstand kommen. Eine unbeabsichtigte erneute Bewegung der Flügel darf nicht möglich sein. Abweichend von Satz 1 dürfen Flügel von kraftbetätigten Türen und Toren, die einen Brandabschluss bilden, nur verwendet werden, wenn sie bei Ausfall der Energieversorgung ohne Gefährdung von Beschäftigten selbsttätig schließen.

(2) Werden zur Sicherung von Quetsch- und Scherstellen an Schließkanten von Brandabschlüssen Einrichtungen verwendet, die bei Berührung oder Unterbrechung durch einen Beschäftigten die Flügelbewegung zum Stillstand bringen, muss sich der im Brandfall eingeleitete Schließvorgang nach Freigabe dieser Sicherheitseinrichtung selbsttätig fortsetzen.

(3) Eine NOT-HALT-Einrichtung ist dann erforderlich, wenn im Ergebnis einer Gefährdungsbeurteilung festgestellt wird, dass durch diese Maßnahme eine zusätzliche Sicherheit erreicht werden kann. Abweichend von Satz 1 sind kraftbetätigte Karusselltüren unmittelbar an den Zugangsstellen mit NOT-HALT-Einrichtungen auszurüsten. NOT-HALT-Einrichtungen sind so anzubringen, dass sie gut sichtbar und schnell erreichbar sind.

(4) Türen und Tore mit elektrischem Antrieb dürfen nur verwendet werden, wenn sie eine Netztrenneinrichtung (z. B. Hauptschalter, geeignete Steckverbindungen) besitzen, mit der die Anlage allpolig vom Stromnetz getrennt werden kann. Die Netztrenneinrichtung muss gegen irrtümliches oder unbefugtes Einschalten gesichert sein. Dies gilt sinngemäß auch für pneumatische und hydraulische Antriebe; Restenergien sind ohne Gefährdung von Beschäftigten abzuleiten.

9 (gestrichen)

10 Instandhaltung einschließlich sicherheitstechnischer Prüfung

(1) Die Betriebs-, Instandhaltungs- und Prüfanleitungen des Herstellers sind zu beachten und müssen in der Arbeitsstätte verfügbar sein. Türen und Tore unterliegen durch betriebliche Veränderungen (insbesondere Nutzungsänderungen, Nachrüstungen und Umbauten) Einflüssen, die im Hinblick auf die Sicherheit neue Voraussetzungen schaffen können. Bei der Beurteilung, ob Türen und Tore unter veränderten Nutzungsbedingungen noch ausreichend sicher sind, ist das Ergebnis der sicherheitstechnischen Prüfung zu berücksichtigen. Der Hersteller sollte mit einbezogen werden.

(2) Bauteile, von denen der sichere Betrieb der Türen und Tore abhängt, müssen für die Instandhaltung und Prüfung leicht zugänglich sein.

10.1 Instandhaltung

(1) Vor Instandhaltungsarbeiten müssen Flügel gegen unbeabsichtigte Bewegung gesichert werden.

(2) Vor Instandhaltungsarbeiten muss der Antrieb der Türen und Tore abgeschaltet und gegen irrtümliches und unbefugtes Einschalten gesichert werden. Hiervon ausgenommen bleibt der Probelauf (Funktionsprüfung).

(3) Der Kraftaufwand für das Öffnen oder Schließen von Hand sollte für Türen 220 N und für Tore 260 N nicht überschreiten. Für kraftbetätigte Tore darf in begründeten Fällen der maximale Kraftaufwand um 50 Prozent überschritten werden.

(4) Rahmenlose Glastüren und Glasschiebeelemente sind regelmäßig auf Beschädigungen des Glases, insbesondere auf Kantenverletzungen und auf den festen Sitz der Beschläge bzw. Türbänder hin zu prüfen, um Glasbruch vorzubeugen.

(5) Die Instandsetzung von Türen und Toren darf nur durch Personen durchgeführt werden, die mit den jeweiligen Instandsetzungsarbeiten vertraut sind.

10.2 Sicherheitstechnische Prüfung

(1) Kraftbetätigte Türen und Tore müssen nach den Vorgaben des Herstellers vor der ersten Inbetriebnahme, nach wesentlichen Änderungen sowie wiederkehrend sachgerecht auf ihren sicheren Zustand geprüft werden. Die wiederkehrende Prüfung sollte mindestens einmal jährlich erfolgen. Die Ergebnisse der sicherheitstechnischen Prüfung sind aufzuzeichnen und in der Arbeitsstätte aufzubewahren.

(2) Die sicherheitstechnische Prüfung von kraftbetätigten Türen und Toren darf nur durch Sachkundige durchgeführt werden, die die Funktionstüchtigkeit der Schutzeinrichtungen beurteilen und mit geeigneter Messtechnik, die z. B. den zeitlichen Kraftverlauf an Schließkanten nachweist, überprüfen können.

Des Weiteren sind die länderspezifischen baurechtlichen Bestimmungen (z. B. Technische Prüfverordnung) zu beachten.

(3) Brandschutztüren und -tore sind nach der allgemeinen bauaufsichtlichen Zulassung bzw. dem Prüfzeugnis regelmäßig zu prüfen, damit sie im Notfall einwandfrei schließen (z. B. Feststellanlagen einmal monatlich durch den Betreiber und einmal jährlich durch den Sachkundigen).

(4) Die sicherheitstechnische Prüfung schließt die Überprüfung des Vorhandenseins einer vollständigen technischen Dokumentation und der Betriebsanleitung ein.

Literaturhinweise

- DGUV Information 208-022 Türen und Tore 09/2017
- DGUV Information Sicherheit von kraftbetätigten Karusselltüren 09/2007

3.2.13 ASR A1.8 »Verkehrswege«

Ausgabe März 2022, letzte Änderung Juni 2024

(Gemeinsames Ministerialblatt 2022 Nr. 9–11, Seite 214)

Die Technischen Regeln für Arbeitsstätten (ASR) geben den Stand der Technik, Arbeitsmedizin und Hygiene sowie sonstige gesicherte wissenschaftliche Erkenntnisse für die Sicherheit und Gesundheit der Beschäftigten beim Einrichten und Betreiben von Arbeitsstätten wieder.

Sie werden vom **Ausschuss für Arbeitsstätten** ermittelt bzw. angepasst und vom Bundesministerium für Arbeit und Soziales im Gemeinsamen Ministerialblatt bekannt gemacht.

Diese ASR A1.8 konkretisiert im Rahmen ihres Anwendungsbereichs Anforderungen der Verordnung über Arbeitsstätten. Bei Einhaltung dieser Technischen Regel kann der Arbeitgeber davon ausgehen, dass die entsprechenden Anforderungen der Verordnung erfüllt sind. Wählt der Arbeitgeber eine andere Lösung, muss er damit mindestens die gleiche Sicherheit und den gleichen Schutz der Gesundheit für die Beschäftigten erreichen.

Inhalt

1 Zielstellung

Diese ASR konkretisiert die Anforderungen an das Einrichten und Betreiben von Verkehrswegen in § 3a Absatz 1 und § 4 Absatz 4 sowie der Nummern 1.8, 1.9, 1.10 und 1.11 des Anhangs der Arbeitsstättenverordnung.

2 Anwendungsbereich

Diese ASR gilt für das Einrichten und Betreiben von Verkehrswegen inklusive Treppen, ortsfesten Steigleitern und Steigeisengängen, Laderampen sowie Fahrsteigen und Fahrtreppen. Sie gilt nicht für Zu- und Abgänge in, an und auf Arbeitsmitteln im Sinne von § 2 Absatz 1 der Betriebssicherheitsverordnung und für Fahrzeuge sowie dazugehörige Anhänger, die für die Beförderung von Personen und den Gütertransport bestimmt sind.

Diese ASR findet keine Anwendung auf Steigeisen, Steigeisengängen und Steigleitern an Hausschornsteinen, die ausschließlich als Angriffswege für die Feuerwehr dienen.

Hinweise:

1. *Sofern entsprechende Gefährdungen vorliegen, ist diese ASR insbesondere in Verbindung mit folgenden ASR anzuwenden:*
   a) *ASR A1.3 »Sicherheits- und Gesundheitsschutzkennzeichnung«,*
   b) *ASR A1.5 »Fußböden«,*
   c) *ASR A2.1 »Schutz vor Absturz und herabfallenden Gegenständen, Betreten von Gefahrenbereichen«,*
   d) *ASR A2.3 »Fluchtwege und Notausgänge« und*
   e) *ASR A3.4 »Beleuchtung«.*
2. *Für die barrierefreie Gestaltung der Verkehrswege gilt die ASR V3a.2 »Barrierefreie Gestaltung von Arbeitsstätten«, Anhang A1.8: Ergänzende Anforderungen zur ASR A1.8 »Verkehrswege«.*
3. *Für spezielle Funktionsgebäude und Personengruppen, z. B. Kindertageseinrichtungen, sind abweichende Anforderungen im Rahmen der Gefährdungsbeurteilung zu ermitteln.*

3 Begriffsbestimmungen

3.1 **Verkehrswege** sind für den Fußgänger- oder Fahrzeugverkehr (personengesteuert oder automatisiert) oder für die Kombination aus beiden bestimmte Bereiche in Gebäuden oder im Freien auf dem Gelände eines Betriebes oder auf Baustellen. Dazu gehören insbesondere Flure, Gänge einschließlich Laufstege und Fahrsteige, Bühnen und Galerien, Treppen, ortsfeste Steigleitern, Steigeisengänge und Laderampen. Verkehrswege sind keine Arbeitsplätze. Auf Verkehrswegen können jedoch temporär Arbeitsplätze eingerichtet werden.

Hinweis:

Nicht ortsfeste Leitern sind keine Verkehrswege im Sinne der ASR A1.8. Der Einsatz von Leitern als Zugang zu/Abgang von Arbeitsplätzen wird in der TRBS 2121 Teil 2 betrachtet.

3.2 **Gänge zu Betriebseinrichtungen ohne Begegnungsverkehr** sind Verkehrswege, die dem ungehinderten Zutritt zur Nutzung von Betriebseinrichtungen (z. B. Heizungen, Fenster, Elektroversorgung) dienen.

3.3 **Gänge zur Instandhaltung** sind Verkehrswege, die ausschließlich der Wartung, Inspektion, Instandsetzung oder Verbesserung der Arbeitsstätten oder ortsfester Arbeitsmittel zum Erhalt des baulichen und technischen Zustandes dienen.

Hinweis:

Dieses betrifft Zugänge zu Arbeitsmitteln, aber nicht Gänge auf oder innerhalb des Arbeitsmittels.

3.4 **Lagereinrichtungen** sind ortsfeste sowie verfahrbare Regale und Schränke.

3.5 **Schmalgänge** sind Verkehrswege für kraftbetriebene Flurförderzeuge in Regalanlagen ohne beidseitigen Randzuschlag von jeweils mindestens 0,50 m zwischen den am weitesten ausladenden Teilen der Flurförderzeuge einschließlich ihrer Last und festen Teilen der Umgebung. Ausgenommen sind Gänge von Einfahrregalen. Ein Einfahrregal ist ein Regalsystem, das eine Art Blocklagerung ermöglicht, in dem mehrere Paletten hintereinander und übereinander gelagert werden, wobei diese auf mit den Stützen verbundenen Auflageschienen abgesetzt werden. Die Flurförderzeuge fahren dabei in die Regalgassen ein.

3.6 **Fahrzeuge** im Sinne dieser Regel sind z. B.:

1. Kraftwagen oder -räder für die Personenbeförderung und den Lastentransport,
2. Flurförderzeuge, ausgenommen manuell zu bewegende Flurförderzeuge (z. B. Handgabelhubwagen, Sackkarre),
3. kraftbetriebene fahrbare Arbeitsmaschinen und Arbeitseinrichtungen und
4. manuell betriebene Fahrzeuge (z. B. Fahrräder).

3.7 **Treppe** ist ein fest mit dem Bauwerk verbundenes, unbewegbares Bauteil, das mindestens aus einem Treppenlauf besteht.

3.8 **Treppenlauf** ist die ununterbrochene Folge von mindestens drei Treppenstufen (drei Steigungen) zwischen zwei Ebenen. Die oberste Stufe ist Teil der Austrittsebene.

3.9 **Hilfstreppen** sind Treppen mit einem Steigungswinkel von 36° bis 45°. Sie führen zu gelegentlich genutzten Bereichen, z. B. Laufstegen, Arbeitsbühnen, Arbeitsgruben.

3.10 **Temporäre Bautreppen** sind ein- oder mehrläufige Treppen, die ausschließlich im Zuge von Bauarbeiten errichtet und benutzt werden.

Hinweis:

Gerüsttreppen und Treppentürme sind Arbeitsmittel im Sinne der Betriebssicherheitsverordnung (TRBS 2121 Teil 1) und werden daher hier nicht erfasst.

3.11 **Zwischenpodest (Ruhepodest)** ist der Treppenabsatz zwischen zwei Treppenläufen.

3.12 **Steigeisen** sind einzelne, vorwiegend an senkrechten Bauteilen fest angebrachte Auftritte.

3.13 **Steigeisengänge** werden durch ein- oder zweiläufig übereinander angeordnete Steigeisen gebildet.

3.14 **Steigleitern** sind senkrecht oder nahezu senkrecht ortsfest angebrachte Leitern, bestehend aus zwei Seitenholmen mit dazwischen liegenden Sprossen oder einem Mittelholm, an dem beidseitig höhengleich Sprossen angebracht sind.

3.15 **Steiggänge** sind senkrecht oder nahezu senkrecht angeordnete Aufstiege mit ein- oder zweiläufig übereinander angeordneten, fest angebrachten oder als fester Bestandteilangeordneten Auftritten, z. B. Steigeisen, Steigstufen, Steigkästen sowie Steigleitern. Sie können mit geeigneten Schutzeinrichtungen gegen Absturz ausgerüstet sein.

3.16 **Fallhöhe** ist die mögliche Absturzhöhe innerhalb eines Steigganges (siehe Abbildung 1). Diese kann von der Gesamthöhe abweichen.

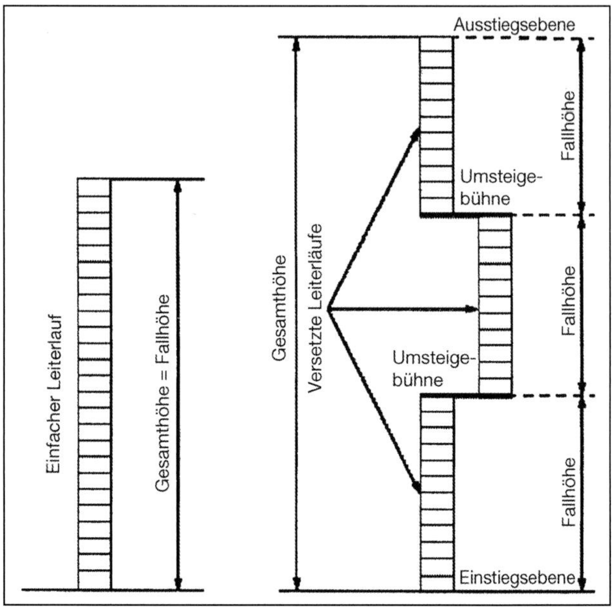

Abb. 1: Beispiel: Fallhöhe, Einstiegsebene bei Steigleitern

3.17 **Steigschutzeinrichtungen** sind Auffangsysteme als Teil der Schutzausrüstung gegen den Absturz von Personen von Steiggängen. Sie bestehen aus einer festen Führung und dem dazu gehörigen Auffanggerät. Dieses wird mit dem Auffanggurt verbunden.

3.18 **Rückenschutz** ist eine Einrichtung, die die Absturzgefahr an Steigleitern vermindert.

3.19 **Haltevorrichtung** ist eine Einrichtung, die an den Ein- und Ausstiegsstellen von Steiggängen das Festhalten des Benutzers ermöglicht.

3.20 **Ruhebühnen** sind ein- oder mehrteilige Plattformen zum Ausruhen von Personen, welche unmittelbar an oder neben Steigleitern oder Steigeisengängen angeordnet sind.

3.21 **Einstiegsebene** ist die Ebene der Umgebung oder die Umsteigebühne, von der mit der Besteigung der Steigleiter begonnen wird (siehe Abbildung 1).

3.22 **Laderampen** sind bauliche Einrichtungen für das Be- und Entladen von Fahrzeugen. Laderampen sind erhöhte horizontale Flächen, um das Be- und Entladen ohne große Höhenunterschiede zu ermöglichen. Andockstationen sind keine Laderampen im Sinne dieser Definition.

3.23 **Schrägrampen** sind geneigte Verkehrswege, die unterschiedlich hohe Arbeits- oder Verkehrsflächen verbinden.

3.24 **Fahrsteige** sind kraftbetriebene Anlagen mit umlaufenden stufenlosen Bändern zur Beförderung von Personen zwischen zwei auf gleicher oder unterschiedlicher Höhe liegenden Verkehrsebenen. Es können geeignete Transporteinrichtungen (z. B. Einkaufswagen) mitgeführt werden.

3.25 **Fahrtreppen** sind kraftbetriebene Anlagen mit umlaufenden Stufenbändern zur Beförderung von Personen zwischen zwei auf unterschiedlicher Höhe liegenden Verkehrsebenen.

3.26 **Balustrade** ist der beidseitige Teil der Fahrtreppe oder des Fahrsteigs, der wie ein Geländer aufgrund seiner Festigkeit die Sicherheit des Benutzers gewährleistet sowie den Handlauf aufnimmt.

3.27 **Fahrsteigpalette** ist das den Benutzer aufnehmende und sich in Fahrtrichtung bewegende Flächensegment.

3.28 **Kamm** ist ein gezackter Bereich an jedem Zu- oder Abgang, der in die Rillen der den Benutzer aufnehmenden Fläche von Fahrsteigen oder Fahrtreppen eingreift.

3.29 **Laufstege** bei Bauarbeiten sind waagerechte oder geneigte Verkehrswege, die Arbeits- oder Verkehrsflächen miteinander verbinden.

3.30 **Lichte Mindestbreite/-höhe** ist die freie, unverstellte, unverbaute und nicht durch Hindernisse eingeschränkte Breite/Höhe, die mindestens zur Verfügung stehen muss.

4 Einrichten von Verkehrswegen

4.1 Allgemeines

(1) Damit im späteren Betrieb von Verkehrswegen keine Gefährdungen für Sicherheit und Gesundheit der Beschäftigten ausgehen, ist bereits bei der Planung von Verkehrswegen die Art des Betriebes zu berücksichtigen, beispielsweise beim Einsatz von Flurförderzeugen in Schmalgängen (siehe Abschnitt 4.3 Absatz 10) oder bei der Festlegung von Verkehrsrichtungen.

(2) Verkehrswege sind übersichtlich zu führen und sollen möglichst gradlinig verlaufen.

Die Verkehrswege eines Höhenniveaus (Geschosses) müssen grundsätzlich waagerecht angelegt sein. Nicht vermeidbare Höhenunterschiede (z. B. zwischen benachbarten Gebäudeteilen oder wenn z. B. ein Gefälle zum Ableiten von Flüssigkeiten erforderlich ist) sind in Abhängigkeit vom Verkehrsaufkommen, der jeweiligen Verkehrsart und den verwendeten Transportmitteln vorzugsweise durch Schrägrampen auszugleichen. Dabei müssen Gefährdungen (z. B. durch Kippen, Auslaufen oder Wegrollen) vermieden werden.

(3) Verkehrswege sind so einzurichten, dass die Belastung der Beschäftigten, die Lasten manuell transportieren, möglichst gering gehalten wird. Folgende Einflussfaktoren sind besonders in Betracht zu ziehen:

1. Länge und Neigung des Transportweges,
2. Gesamtgewicht des manuell zu bewegenden Flurförderzeuges bzw. des Transportmittels,
3. Häufigkeit der Transporttätigkeit,
4. Beschaffenheit der Rollen und Lenkeinrichtungen und
5. Positioniergenauigkeit.

(4) Schrägrampen für den Fahr- und Fußgängerverkehr dürfen in Abhängigkeit von der Art der Nutzung die in Tabelle 1 aufgeführten Längsneigungen nicht überschreiten..

Tabelle 1: Maximale Neigungen für unterschiedliche Nutzungsarten von Schrägrampen

	Art der Rampe	Maximale Längsneigung
1	Schrägrampe im Verlauf von Fluchtwegen	3,5° (6 %)
2	Schrägrampen beim Einsatz von Flurförderzeugen ohne Fahrantrieb bzw. manuell zu bewegender Transportmittel (bei der Neuanlage von Arbeitsstätten)	3,5° (6 %)
3	Schrägrampen im Regelfall (sofern nicht Ziffer 1 oder 2 anzuwenden ist)	5° (8 %)
4	Schrägrampen zur Anwendung im Einzelfall entsprechend Gefährdungsbeurteilung	7° (12,5 %)*

* Abweichungen von Nummer 4 sind gemäß Bauordnungsrecht der Länder möglich (z. B. bei Garagen).

(5) Verkehrswege müssen eine ebene und trittsichere Oberfläche aufweisen, um Gefährdungen durch z. B. Stolpern, Umstürzen oder Wegrutschen zu vermeiden. Einbauten (z. B. Schachtabdeckungen, Roste, Abläufe) sind bündig in die Verkehrswege einzupassen. Der Oberflächenbelag ist den maximalen Beanspruchungen, z. B. durch Schleifen, Rollen, Druck, Stoß und Schlag sowie der Verkehrsbelastung, entsprechend zu wählen.

(6) Beschäftigte müssen auf Verkehrswegen vor Gefährdungen durch Absturz oder durch herabfallende Gegenstände, umstürzende Lasten oder Fahrzeuge und Transportmittel durch geeignete Maßnahmen geschützt sein (siehe ASR A2.1 »Schutz vor Absturz und herabfallenden Gegenständen, Betreten von Gefahrenbereichen«).

(7) Verkehrswegkreuzungen und -einmündungen müssen übersichtlich gestaltet und einsehbar sein. Ist dies nicht möglich, sind verkehrssichernde Maßnahmen zu ergreifen, z. B. Drehkreuze, Schranken, Ampeln, Blinkleuchten, Spiegel, Hinweisschilder. Dies gilt auch für Kreuzungen zwischen Verkehrswegen und Gleisen.

(8) Im Freien liegende Verkehrswege, insbesondere Treppen, Laderampen, Fahrsteige, Gebäudeein- und -ausgänge, müssen sicher benutzbar sein. Hierbei sind Witterungseinflüsse zu berücksichtigen. Erforderliche Schutzmaßnahmen können z. B. eine Überdachung, ein Windschutz oder ein Winterdienst sein.

Hinweis:

Ergänzende Anforderungen an Verkehrswege auf nicht durchtrittsicheren Dächern enthält ASR A2.1 »Schutz vor Absturz und herabfallenden Gegenständen, Betreten von Gefahrenbereichen«.

4.2 Wege für den Fußgängerverkehr

(1) Die Breite der Wege für den Fußgängerverkehr wird aus der Anzahl der gehenden Personen, die diese nutzen müssen, und aus der Art der Nutzung (z. B. Begegnung des Personenverkehrs, Krankentransport, Tragen von Kindern, Transport von Arbeitsmitteln) ermittelt. Dabei sind die nachfolgenden Mindestbreiten nach Tabelle 2 nicht zu unterschreiten.

Tabelle 2: Lichte Mindestbreiten der Wege für den Fußgängerverkehr

	A	B	C
Nr.	Verkehrsweg	Lichte Mindestbreiten von Durchgängen und **Türen** im Verlauf von Verkehrswegen (in m)	Lichte Mindestbreiten von **Verkehrswegen** (in m)
	Anzahl der Personen		
1	bis 5	0,80*)	0,90
2	bis 20	0,90	1,00
3	bis 50	0,90	1,20
4	bis 100	1,00	1,20
5	bis 200	1,05	1,20
6	bis 300	1,65	1,80
7	bis 400	2,25	2,40
	Bei Einzugsgebieten von mehr als 200 Personen sind Zwischenwerte der Mindestbreiten (ermittelt durch lineare Interpolation) zulässig. **) Hinweis:* *Bei Neubauten und wesentlichen baulichen Erweiterungen oder Umbauten wird empfohlen, für Einzugsgebiete von bis zu 5 Personen nach Nummer 1 Spalte B eine lichte Mindestbreite von Durchgängen und Türen im Verlauf von Hauptfluchtwegen nach ASR A2.3 »Fluchtwege und Notausgänge« Abschnitt 3.1 von 0,90 m einzuhalten, um auch in diesen Bereichen eine barrierefreie Zugänglichkeit zu ermöglichen. Zudem lassen sich auf diesem Wege bauliche Maßnahmen im Sinne der ASR V3a.2 »Barrierefreie Gestaltung von Arbeitsstätten« und in der Folge Umbaukosten vermeiden.*		
	Die lichten Mindestbreiten von Treppen in Treppenräumen und Außentreppen von mehrgeschossigen Gebäuden können alternativ gemäß ASR A2.3 »Fluchtwege und Notausgänge« Abschnitt 5 Absätze 14, 15 und 16 bemessen werden, sofern nicht die Art der Nutzung (z. B. Begegnungen des Personenverkehrs, manuelle Transporte, Publikumsverkehr) höhere Breiten erfordert.		
	Abweichend für **Verkehrswege zu besonderen Bereichen**		Lichte Mindestbreiten (in m)
8	Gänge zu persönlich zugewiesenen Arbeitsplätzen, Hilfstreppen		0,60
9	Gänge zur Instandhaltung, Gänge zu Betriebseinrichtungen ohne Begegnungsverkehr		0,60
	Verkehrswege für Fußgänger		
10	1. in Nebengängen von Lagereinrichtungen für die ausschließliche Be- und Entladung von Hand,		0,75
11	2. zwischen Lagereinrichtungen und -geräten		1,25
12	Verkehrswege zwischen Schienenfahrzeugen mit Geschwindigkeiten $\leq$ 30 km/h und ohne feste Einbauten in den Verkehrswegen		1,00
13	Rangiererwege		1,30
14	Türen von Toilettenzellen und von Toilettenräumen mit nur einer Toilette entsprechend ASR A4.1 »Sanitärräume«		0,55

(2) Die lichte Mindestbreite des Verkehrswegs darf durch kurze Einbauten oder Einrichtungen, z. B. Feuerlöscher, Wandvorsprünge, Türflügel, Türzargen, Türdrücker und Notausgangsbeschläge, die lichten Mindestbreiten der Durchgänge und Türen nach Tabelle 2 Spalte B nicht unterschreiten.

(3) In Gebäuden, die bis zum 30.9.2022 errichtet worden sind oder deren Bauantragstellung bis zu diesem Termin erfolgt ist, dürfen Verkehrswege nach Tabelle 2 Nummer 1 Spalte C für bis 5 Personen mit einer lichten Mindestbreite von 0,875 m eingerichtet oder solange betrieben werden, bis die jeweiligen Bereiche dieser Arbeitsstätten wesentlich erweitert oder umgebaut werden oder nach § 3a Absatz 2 der Arbeitsstättenverordnung eine Vergrößerung erforderlich wird.

(4) In Gebäuden, die bis zum 30.9.2022 errichtet worden sind oder deren Bauantragstellung bis zu diesem Termin erfolgt ist, dürfen Durchgänge und Türen nach Tabelle 2 Nummer 2 Spalte B mit einer lichten Mindestbreite von 0,85 m eingerichtet oder solange betrieben werden, bis die jeweiligen Bereiche dieser Arbeitsstätten wesentlich erweitert oder umgebaut werden oder nach § 3a Absatz 2 der Arbeitsstättenverordnung eine Vergrößerung erforderlich wird.

(5) In Gebäuden, die bis zum 30.9.2022 errichtet worden sind oder deren Bauantragstellung bis zu diesem Termin erfolgt ist, dürfen Gänge zur Instandhaltung oder Gänge zu Betriebseinrichtungen ohne Begegnungsverkehr mit einer Mindestbreite von 0,50 m eingerichtet oder solange betrieben werden, bis die jeweiligen Bereiche dieser Arbeitsstätten wesentlich erweitert oder umgebaut werden.

(6) In Gebäuden, die bis zum 30.9.2022 errichtet worden sind oder deren Bauantragstellung bis zu diesem Termin erfolgt ist, dürfen Türen von Toilettenzellen und Toilettenräumen mit nur einer Toilette mit einer lichten Mindestbreite von 0,50 m eingerichtet oder solange betrieben werden, bis die jeweiligen Bereiche dieser Arbeitsstätten wesentlich erweitert oder umgebaut werden.

(7) Die lichte Höhe über Verkehrswegen soll 2,10 m betragen und darf 2,00 m nicht unterschreiten. Die lichte Höhe von Durchgängen und Türen im Verlauf von Verkehrswegen soll 2,10 m betragen und darf 1,95 m nicht unterschreiten. Dieses gilt auch bei der Verwendung von Funktionselementen, z. B. Obentürschließern. Bei wesentlichen Erweiterungen oder wesentlichen Umbauten von Bereichen durch die Verkehrswege führen, ist zu prüfen, ob die lichte Mindesthöhe von 2,10 m umgesetzt werden kann. Gänge zur Instandhaltung dürfen eine lichte Mindesthöhe von 1,90 m nicht unterschreiten. Eine weitere Unterschreitung der Mindesthöhe an Türen im Verlauf von Gängen zur Instandhaltung von maximal 0,10 m kann vernachlässigt werden (siehe ASR A1.7 »Türen und Tore«).

(8) Verkehrswege dürfen nicht durch einzelne Stufen unterbrochen werden. Können Höhenunterschiede nicht durch eine Schrägrampe (siehe Abschnitt 4.1 Absatz 2) ausgeglichen werden, ist eine Stufenfolge von mindestens zwei zusammenhängenden Stufen mit parallel verlaufenden Stufenkanten und gleichen Stufenabmessungen zulässig. Die Auftritte und Steigungen der Stufen sollen sich nach dem Abschnitt 4.5 Absatz 4 richten. Die Stufenfolge ist nach ASR A1.3 »Sicherheits- und Gesundheitsschutzkennzeichnung« zu kennzeichnen. Verkehrswege, die gleichzeitig als Hauptfluchtweg dienen, dürfen keine Ausgleichsstufen enthalten (siehe ASR A2.3 »Fluchtwege und Notausgänge«).

(9) Unmittelbar vor und hinter Türen müssen Treppen und Stufen einen Abstand von mindestens 1,0 m, bei aufgeschlagener Tür einen Abstand von mindestens 0,5 m einhalten (siehe Abbildung 2).

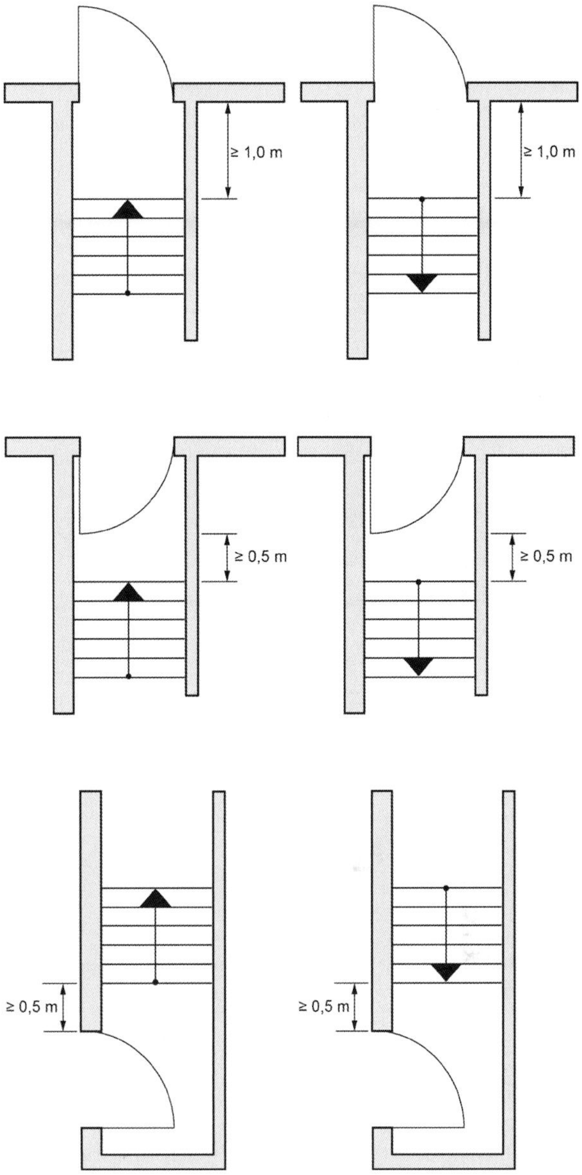

Abb. 2: Abstandsmaße von Treppen zu Türöffnungen

4.3 Wege für den Fahrzeugverkehr

(1) Fußgänger- und Fahrzeugverkehr sind so zu führen, dass Beschäftigte nicht gefährdet werden.

(2) Wege für den Fahrzeugverkehr müssen in einem Mindestabstand von 1,00 m an Türen und Toren, Durchgängen, Durchfahrten und Treppenaustritten vorbeiführen.

Hinweis:

Es hat sich bewährt, den Fußgängerverkehr in diesen Bereichen zusätzlich durch ein Geländer vom Fahrzeugverkehr zu trennen.

(3) Die Mindestbreite der Wege für den Fahrzeugverkehr berechnet sich aus der Summe (siehe Abbildung 3):

1. der größten Breite des Transportmittels oder Ladegutes (a_T),

ASR A1.8

2. des Randzuschlags (Z_1) und
3. des Begegnungszuschlags (Z_2).

Sicherheitszuschläge (Rand- und Begegnungszuschläge) sind abhängig von der Fahrgeschwindigkeit und der Kombination von Fußgänger- und Fahrzeugverkehr (siehe Tabelle 3). Bei Geschwindigkeiten des Fahrzeugverkehrs größer als 20 km/h sind größere Werte für Z_1 und Z_2 erforderlich.

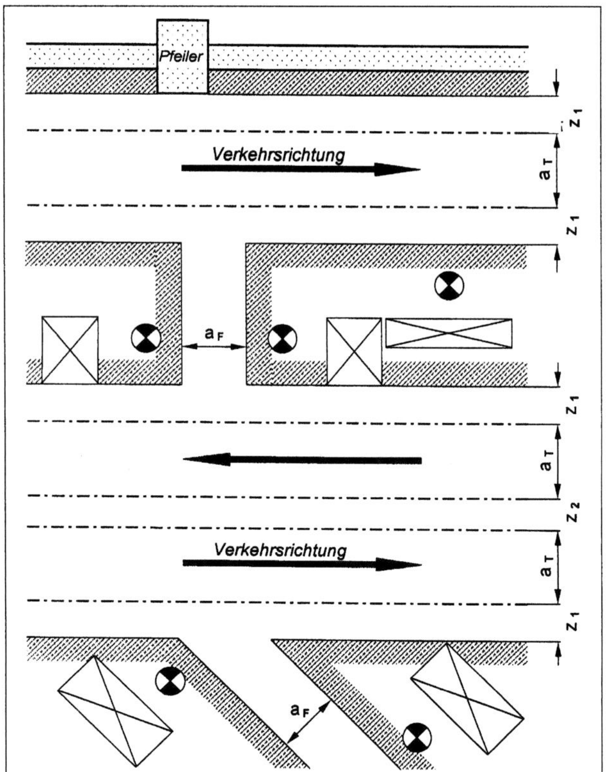

Abb. 3: Verkehrswegbreiten, Sicherheitszuschläge (siehe auch Tabellen 2 und 3)

Tabelle 3: Mindestmaße von Sicherheitszuschlägen für die Verkehrswegbreiten für Geschwindigkeiten ≤ 20 km/h

Betriebsart	Randzuschlag	Begegnungszuschlag
Fahrzeugverkehr	$2 \times Z_1 = 2 \times 0{,}50$ m = 1,00 m	$Z_2 = 0{,}40$ m
Gemeinsamer Fußgänger- und Fahrzeugverkehr	$2 \times Z_1 = 2 \times 0{,}75$ m = 1,50 m	$Z_2 = 0{,}40$ m

(4) Bei einer geringen Anzahl von Verkehrsbegegnungen (ca. 10 pro h) darf die Summe aus doppeltem Rand- und einfachem Begegnungszuschlag bis auf 1,10 m herabgesetzt werden, wenn dadurch keine zusätzliche Gefährdung für die Beschäftigten entsteht. Als Verkehrsbegegnungen zählen sowohl die Begegnungen Fahrzeug-Fahrzeug als auch Fahrzeug-Fußgänger. Bei einspuriger Verkehrsführung darf der doppelte Randzuschlag nicht verringert werden.

(5) Bei manuell zu bewegenden Flurförderzeugen sind die Sicherheitszuschläge entsprechend der Gefährdungsbeurteilung festzulegen.

(6) An Kurven und zweckmäßigerweise auch an Kreuzungen ist die Breite des Verkehrsweges in Abhängigkeit von den Wenderadien der Fahrzeuge einschließlich des Ladegutes zu bemessen. Hierbei sind die entsprechenden Angaben der Hersteller zu berücksichtigen.

(7) Die Mindesthöhe über Verkehrswegen für den Fahrzeugverkehr ergibt sich aus der größten Höhe des Fahrzeugs einschließlich Ladung in Transportstellung sowie dem stehenden oder sitzenden Fahrer. Zu dieser Höhe ist ein Sicherheitszuschlag von mindestens 0,20 m anzusetzen. Die lichte Höhe muss über die gesamte Breite des Verkehrsweges, der von Transportmitteln genutzt werden kann, eingehalten werden.

(8) Werden Verkehrswege auch als Feuerwehrzufahrten genutzt, so sind diese mindestens mit einem Lichtraumprofil von 3,50 m x 3,50 m einzurichten. Sie sind ständig freizuhalten und dürfen, z. B. durch nachträgliche Einbauten, nicht eingeengt werden.

(9) Werden geeignete Personenerkennungssysteme beim Einsatz automatisch gesteuerter Transportmittel (fahrerlos betrieben) verwendet, sind Abweichungen aufgrund der Gefährdungsbeurteilung bei der Bemessung der Rand- und Begegnungszuschläge zulässig.

(10) Bei gleichzeitigem Aufenthalt von kraftbetriebenen Flurförderzeugen (z. B. Regal- und Kommissionierstapler) und Fußgängern in Schmalgängen müssen geeignete technische bzw. bauliche Schutzmaßnahmen (z. B. Personenerkennungssystem) installiert werden.

4.4 Kennzeichnung und Abgrenzung von Verkehrswegen

(1) Lassen sich Gefährdungen im Verlauf von Verkehrswegen nicht durch technische Maßnahmen verhindern oder beseitigen, oder ergeben sich Gefährdungen durch den Fahrzeugverkehr aufgrund unübersichtlicher Betriebsverhältnisse (z. B. durch Arbeits- und Lagerflächen ohne feste Einbauten), sind die Verkehrswege gemäß ASR A1.3 »Sicherheits- und Gesundheitsschutzkennzeichnung« deutlich erkennbar zu kennzeichnen, z. B. Laderampenkanten an ständigen Be- und Entladestellen durch gelb-schwarze Streifen oder eine zeitlich begrenzte Gefahr ausgehend von ausgelaufener Flüssigkeit durch das Warnzeichen W011 »Warnung vor Rutschgefahr«. Eine Kennzeichnung kann entfallen, wenn die Verkehrswege durch feststehende Betriebseinrichtungen (z. B. Regale) eindeutig bestimmt sind und sich dadurch keine Gefährdungen ergeben.

(2) Zur Kenntlichmachung der Abgrenzung zwischen niveaugleichen Verkehrswegen und umgebenden Arbeits- und Lagerflächen, sowie zwischen Wegen für den Fußgänger- und Fahrzeugverkehr können verschiedene Markierungsformen (z. B. dauerhafte Farbmarkierung, Markierungsleuchten siehe ASR A1.3 »Sicherheits- und Gesundheitsschutzkennzeichnung« Abschnitt 5.3) eingesetzt werden.

(3) Wenn es das Ergebnis der Gefährdungsbeurteilung erforderlich macht, sind Geländer oder Leitplanken zur Abgrenzung zwischen niveaugleichen Verkehrswegen und umgebenden Arbeits- und Lagerflächen sowie zwi-

schen Wegen für den Fußgänger- und Fahrzeugverkehr zu setzen.

4.5 Treppen

(1) Treppen sind so zu gestalten, dass diese sicher und leicht begangen werden können. Das wird erreicht durch ausreichend große, ebene, rutschhemmende, erkennbare und tragfähige Auftrittsflächen in gleichmäßigen, mit dem Schrittmaß übereinstimmenden Abständen.

(2) Die Steigungen und Auftritte einer Treppe, die zwei Geschosse verbindet, dürfen nicht voneinander abweichen. Die Treppenstufen sollen kontrastreich und möglichst ohne störende Blendung des Benutzers ausgeleuchtet sein (siehe ASR A3.4 »Beleuchtung«).

(3) Unter Berücksichtigung der Unfallgefahren sind Treppen mit geraden Läufen solchen mit gewendelten Läufen oder gewendelten Laufteilen vorzuziehen. Treppen im Verlauf von Hauptfluchtwegen (nach ASR A2.3 »Fluchtwege und Notausgänge«) müssen über gerade Läufe verfügen. Davon abweichend sind gebogene Treppenläufe zulässig, wenn sie:

1. eine lichte Breite von maximal 1,40 m,
2. einen Innendurchmesser von mehr als 2,00 m und
3. gleiche Stufenabmessungen

aufweisen.

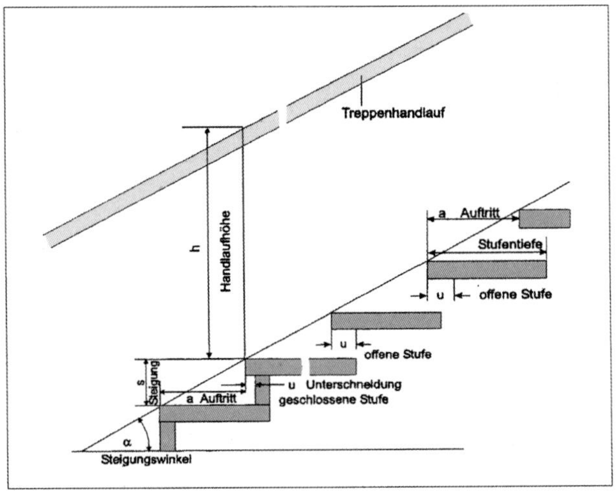

Abb. 4: Benennung einzelner Teile an Treppen

(4) Für Treppen (siehe Abbildung 4) ergibt sich als Beziehung zwischen Schrittlänge (SL), Auftritt (a) und Steigung (s) die Schrittmaßregel SL = 2 x s + a. Für eine gute Begehbarkeit einer Treppe soll die Schrittlänge zwischen 59 cm und 65 cm betragen.

In Arbeitsstätten darf die Steigung (s) zwischen 14 cm und 19 cm, der Auftritt (a) zwischen 26 cm und 32 cm und der Steigungswinkel (α) zwischen 24° und 36° variieren (siehe Tabelle 4). Die Maße sind Grenzmaße, die auch bei zulässigen Fertigungs- und Einbautoleranzen eingehalten werden müssen.

Als besonders sicher begehbar haben sich Treppen erwiesen, deren Stufen einen Auftritt von 29 cm und eine Steigung von 17 cm aufweisen.

Tabelle 4: Auftritte und Steigungen unterschiedlicher Treppen

Anwendungsbereich/ Bauten	Auftritt (a) [cm]	Steigung (s) [cm]
Versammlungsstätten, Verwaltungsgebäude der öffentlichen Verwaltung, Schulen, Horte, Kindertageseinrichtungen, Treppen im Freien	28 bis 32	14 bis 17
gewerbliche Bauten, sonstige Gebäude	26 bis 30	16 bis 19
Hilfstreppen	21* bis 30	14 bis 21

* Bei Stufen, deren Auftritt a < 24 cm ist, muss die Unterschneidung (u) mindestens so groß sein, dass insgesamt eine Stufentiefe u + a = 24 cm erreicht wird.

(5) Hilfstreppen dürfen nur verwendet werden, wenn sie nicht arbeitstäglich begangen werden müssen. Die Nutzung von Hilfstreppen darf nur von unterwiesenen Personen erfolgen. Hilfstreppen sollen zur erhöhten Sicherheit mit zwei Handläufen ausgestattet sein.

(6) Bei Treppenläufen mit einem Steigungswinkel bis 36° muss nach höchstens 18 Trittstufen ein Zwischenpodest vorhanden sein. In begründeten Ausnahmefällen kann in Arbeitsstätten, die bis zum 30.6.2013 errichtet worden sind oder deren Bauantragstellung bis zu diesem Termin erfolgt ist, davon abgewichen werden bis die jeweiligen Bereiche dieser Arbeitsstätten wesentlich erweitert oder umgebaut werden. Bei Hilfstreppen mit einem Steigungswinkel größer als 36° ist nach jedem Treppenlauf mit einem Höhenunterschied von 3 m ein Zwischenpodest erforderlich.

(7) Die freien Seiten der Treppen, Treppenabsätze und Treppenöffnungen müssen durch Geländer gesichert sein. Die Höhe der Geländer muss lotrecht über der Stufenvorderkante mindestens 1,00 m betragen. Bei Absturzhöhen von mehr als 12 m muss die Geländerhöhe mindestens 1,10 m betragen (siehe ASR A2.1 »Schutz vor Absturz und herabfallenden Gegenständen, Betreten von Gefahrenbereichen«).

(8) Die Geländer müssen so ausgeführt sein, dass sie in der angebrachten Mindesthöhe eine Horizontalkraft von mindestens 500 N/m aufnehmen können.

(9) Geländer müssen so ausgeführt sein, dass Personen nicht hindurchstürzen können. Das Füllstabgeländer mit senkrecht angebrachten Stäben ist dem Knieleistengeländer vorzuziehen. Der lichte Abstand zwischen den Füllstäben darf dabei nicht mehr als 18 cm betragen (siehe ASR A2.1 »Schutz vor Absturz und herabfallenden Gegenständen, Betreten von Gefahrenbereichen«).

(10) Treppen müssen:

1. einen Handlauf haben,
2. an beiden Seiten Handläufe haben, wenn die Stufenbreite mehr als 1,5 m beträgt und zusätzlich
3. Zwischenhandläufe haben, mit denen die Stufenbreite in zwei gleiche Breitenabschnitte unterteilt wird, wenn der Abstand zwischen den Handläufen mehr als 4,0 m beträgt.

In Arbeitsstätten, die bis zum 30.6.2013 errichtet worden sind oder deren Bauantragstellung bis zu diesem

Termin erfolgt ist, müssen Treppen mit mehr als 4 Stufen (Steigungen) mindestens einen Handlauf haben, soweit das Bauordnungsrecht der Länder einen Handlauf nicht schon bei geringerer Stufenzahl fordert oder bis die jeweiligen Bereiche dieser Arbeitsstätten wesentlich erweitert oder umgebaut werden.

(11) Treppenhandläufe müssen dem Benutzer einen sicheren Halt bieten. Hierzu wird eine ergonomische Gestaltung des Handlaufs empfohlen, die ein sicheres Umgreifen ermöglicht. Dies wird dadurch gewährleistet, dass der Durchmesser bzw. die Breite des Handlaufes zwischen 2,5 cm und 6 cm beträgt. Treppenhandläufe sollen durchgehend ausgeführt werden. Sie dürfen an den Übergängen zu Zwischenpodesten und Ebenen unterbrochen werden, wenn eine sichere Nutzung zu erwarten ist und nicht ohnehin auf Grund der Anforderungen aus dem Bauordnungsrecht eine Durchgängigkeit gefordert ist.

Handläufe sind in einer Höhe zwischen 0,80 m und 1,15 m zu führen. Ein seitlicher Mindestabstand von 5 cm zu benachbarten Bauteilen ist einzuhalten. Halterungen für Handläufe sollen an der Unterseite angeordnet sein. Die Enden der Handläufe müssen so gestaltet sein, dass Beschäftigte daran nicht hängen bleiben oder abgleiten können.

(12) Um dem Abrutschen und Hängenbleiben an den Stufenvorderkanten vorzubeugen, sollen deren Radien zwischen 2 mm und 10 mm liegen.

(13) Die Trittflächen von Treppen müssen rutschhemmend ausgeführt sein.

(14) Stolperstellen (z. B. hochstehende Kantenprofile) auf Treppen sind nicht zulässig.

4.6 Steigeisengänge und Steigleitern

4.6.1 Allgemeine Anforderungen

(1) Steigeisengänge und Steigleitern sind wegen der höheren Absturzgefahr und der höheren körperlichen Anstrengung beim Benutzen nur zulässig, wenn der Einbau einer Treppe betriebstechnisch nicht möglich ist. Auf Grundlage der Gefährdungsbeurteilung können Steigleitern oder Steigeisengänge gewählt werden, wenn der Zugang nur zu Instandhaltungsarbeiten und von unterwiesenen Beschäftigten genutzt werden muss. Der Transport von Werkzeugen oder anderen Gegenständen durch die Beschäftigten darf die sichere Nutzung von Steigeisengängen und Steigleitern nicht wesentlich behindern. Die Möglichkeit der Rettung der Beschäftigten ist dabei jederzeit sicherzustellen.

Bei Verwendung von Persönlicher Schutzausrüstung gegen Absturz (PSAgA) muss ein Rettungssystem zur Verfügung stehen, dass an jeder beliebigen Stelle eine Rettung von Personen aus Notlagen ermöglicht.

(2) In bestimmten Bereichen mit besonderen Gefährdungen ist der Einsatz von Steigeisengängen und Steigleitern unzulässig. Dies gilt z. B. in Bereichen, in denen Erstickungsgefahr droht, wie in Deponien bei Schächten mit einer inneren Bauhöhe von mehr als 5,00 m.

Hinweis:

Werden Steigeisengänge und Steigleitern in explosionsgefährdeten Bereichen eingesetzt, sind besondere Anforderungen zu beachten (siehe TRBS 2152 Teil 1 »Gefährliche explosionsfähige Atmosphäre – Beurteilung der Explosionsgefährdung«).

(3) Steigeisengänge und Steigleitern sind aus dauerhaften Werkstoffen herzustellen und gegen Korrosion zu schützen. Dabei sind sie nach den jeweiligen Betriebsverhältnissen auszuwählen.

(4) Die Befestigung der Steigeisen und Steigleitern muss zuverlässig und dauerhaft sein. Zu berücksichtigen sind dabei die zu erwartenden Belastungen und die Tragfähigkeit des Befestigungssystems und des Verankerungsgrundes.

4.6.2 Gestaltung und Einbau

(1) Steigeisen und Steigleitern müssen trittsicher sein. Hierzu gehört auch die Rutschhemmung, deren Ausführung sich nach den betrieblichen Verhältnissen richtet.

(2) Die Auftrittsbreiten von Steigeisen und Steigleitersprossen sind in der Regel ausreichend dimensioniert, wenn folgende Mindestmaße eingehalten werden:

1. bei einläufigen Steigeisengängen mindestens 300 mm,
2. bei zweiläufigen Steigeisengängen mindestens 150 mm,
3. bei Sprossen an Steigleitern mit Seitenholmen mindestens 350 mm,
3. bei Sprossen an Steigleitern mit Seitenholmen mit Steigschutzeinrichtung beidseitig der Führungsschiene mindestens 150 mm und
4. bei Sprossen bei Steigleitern mit Mittelholm beidseitig mindestens 150 mm.

Ausreichende Fußfreiraumtiefen sind in der Regel gegeben, wenn mindestens 150 mm zwischen Wandfläche und Auftrittsachse oder mindestens 160 mm gemessen von Wandfläche und Auftrittsvorderkante eingehalten werden.

(3) Ein- und Ausstiege an Steigeisengängen und Steigleitern müssen sicher begehbar sein. Dazu ist die Haltevorrichtung an der Austrittstelle bei Steigleitern mindestens 1,10 m, bei Steigeisengängen mindestens 1,00 m über die Austrittstelle hinauszuführen (Schnittstelle zum Übergang auf höher gelegene Verkehrswege, z. B. auf Dächern, siehe ASR A2.1 »Schutz vor Absturz und herabfallenden Gegenständen, Betreten von Gefahrenbereichen«).

Im Allgemeinen darf der Abstand von der Standfläche bis zum untersten Steigeisen bei Steigeisengängen höchstens einen Steigeisenabstand, abweichend davon in Schächten zwei Steigeisenabstände, betragen. Die Steigeisenabstände dürfen maximal 333 mm betragen. Der lotrechte Abstand zwischen oberstem Steigeisen und Austrittsstelle darf höchstens einen Steigeisenabstand betragen. Bei Schächten im Straßenbau mit Einstiegsöffnungen von nicht mehr als 650 mm Durchmesser kann der Abstand bis auf 500 mm vergrößert werden. Wenn sich durch nachträgliches Aufbringen/Erhöhen der Straßendecke Änderungen ergeben, sind in Ausnahmefällen 650 mm bei bestehenden Anlagen statthaft.

(4) Der Abstand von der Vorderkante des Auftritts bis zu festen Bauteilen oder fest angebrachten Gegenständen muss bei Schächten auf der begehbaren Seite so

groß sein, dass die Rettung von Personen jederzeit gewährleistet ist.

(5) An Steigeisengängen und Steigleitern müssen in Abständen von höchstens 10 m geeignete Ruhebühnen vorhanden sein. Für den Fall der Verwendung von Steigschutzeinrichtungen mit Schiene (z. B. zum Besteigen von Schornsteinen, Antennen) darf der Abstand bis auf maximal 25 m verlängert werden, wenn die Benutzung nur durch körperlich geeignete Beschäftigte erfolgt, die nachweislich im Benutzen des Steigschutzes geübt und regelmäßig unterwiesen sind.

(6) Im Bereich der Ruhebühnen müssen Steigeisengänge und Steigleitern ungehindert begehbar sein.

4.6.3 Einrichtungen zum Schutz gegen Absturz

(1) Die Sicherungsmaßnahmen gegen Absturz sind unter Berücksichtigung der Fallhöhe (siehe Abschnitt 3.16) und der betriebsspezifischen Gefährdungen festzulegen.

(2) Einrichtungen zum Schutz gegen Absturz können ortsfest (Steigschutzeinrichtung, Rückenschutz) oder ortsveränderlich (z. B. Dreibein mit Höhensicherungsgerät mit Rettungsfunktion) ausgeführt sein.

(3) Bei Abweichungen des Steigganges von der Senkrechten muss bereits vor der Ausstattung mit Steigschutzeinrichtungen geprüft werden, ob die Funktion der Steigschutzeinrichtung auch unter diesen Umständen gewährleistet ist.

(4) Steigeisengänge und Steigleitern mit mehr als 5 m Fallhöhe müssen mit Einrichtungen zum Schutz gegen Absturz ausgestattet sein. Solche Einrichtungen sind z. B.:

1. mitlaufendes Auffanggerät mit fester Führung (Steigschutzeinrichtung),
2. mitlaufendes Auffanggerät an beweglicher Führung,
3. durchgehender Rückenschutz, beginnend zwischen 2,2 m und 3,0 m oberhalb der Standfläche der Person oder
4. Bauteile oder Streben, die aufgrund ihrer Anordnung und Beschaffenheit geeignet sind, den Rückenschutz zu ersetzen.

(5) Bei Fallhöhen von mehr als 10 m dürfen nur PSAgA (z. B. Steigschutzeinrichtungen) vorgesehen werden. Dies gilt, unabhängig von der Fallhöhe, auch für Steigeisengänge und Steigleitern:

1. die bei der Rettung von Personen begangen werden müssen,
2. in umschlossenen und engen Räumen (z. B. Silos, Schächte),
3. an Masten und Gerüsten von elektrischen Freileitungsnetzen und Schaltanlagen und
4. in Anlagen der Siedlungswasserwirtschaft.

(6) Bestehen besondere Gefährdungen beim Einstieg in Schächte (z. B. Abwasserschächte), sind die unter den Absätzen 4 und 5 genannten Schutzmaßnahmen gegen Absturz bereits bei Fallhöhen unter 5 m erforderlich.

(7) Zur Sicherstellung der Rettung von Personen aus oder über Steigeisengängen und Steigleitern mit Steigschutzeinrichtungen darf kein zusätzlicher Rückenschutz angebracht sein, da dieser eine Rettung behindert.

(8) Die Nutzung der Steigschutzeinrichtungen muss bereits an der Einstiegsebene möglich sein.

4.7 Laderampen

(1) Die Breite der Laderampe ist so zu wählen, dass – sofern Längsverkehr mit kraftbetriebenen Transportmitteln vorgesehen ist – der Mindestabstand (Randzuschlag Z_1 siehe Tabelle 3) zu festen Bauteilen gewährleistet ist.

(2) Die Breite von Laderampen darf 0,80 m nicht unterschreiten.

(3) Laderampen müssen über geeignete Auf- bzw. Abgänge verfügen. Wenn betriebstechnisch möglich, sind Auf- bzw. Abgänge als Treppen oder als geneigte sicher begeh- oder befahrbare Flächen auszuführen. Die Auf- bzw. Abgänge sollen möglichst nahe an den Be- und Entladestellen angeordnet sein.

(4) Laderampen mit einer Länge von mehr als 20 m müssen, sofern betriebstechnisch möglich, an jedem Endbereich einen Abgang haben.

(5) Besteht die Gefährdung, dass Personen oder Flurförderzeuge abstürzen können (siehe ASR A2.1 »Schutz vor Absturz und herabfallenden Gegenständen, Betreten von Gefahrenbereichen«), müssen folgende Verkehrsbereiche durch Umwehrungen – vorzugsweise durch Geländer – gesichert sein:

1. Laderampenkanten, insbesondere Bereiche, die keine ständigen Be- und Entladestellen sind,
2. Seiten von Schrägrampen,
3. Treppenzugänge und
4. Laderampenkanten bei integrierten Hubtischen.

(6) Bereiche von Laderampen in denen Absturzgefahr besteht, dürfen nur von Personen betreten werden, die mit Tätigkeiten für die Dauer zum Be- bzw. Entladevorgang beauftragt sind und zuvor über die bestehenden Gefährdungen unterwiesen wurden.

4.8 Fahrtreppen und Fahrsteige

Hinweis:

In Arbeitsstätten müssen Fahrtreppen und Fahrsteige hinsichtlich ihrer Beschaffenheitsanforderungen den europäischen und nationalen Vorschriften, z. B. der Neunten Verordnung zum Produktsicherheitsgesetz, entsprechen. Sie müssen für die Nutzung in Arbeitsstätten geeignet sein und sicher betrieben werden können.

(1) Die Einbausituation und das Betreiben von Fahrtreppen und Fahrsteigen stellen Anforderungen an die Nutzungssicherheit, die auch deren Beschaffenheit betreffen kann. Daher ist beim Einrichten und Betreiben in der Arbeitsstätte im Rahmen der Gefährdungsbeurteilung die Eignung und Verwendbarkeit von Fahrtreppen und Fahrsteigen für die vorgesehene Nutzung zu prüfen und ggf. die erforderlichen baulichen Sicherungsmaßnahmen und Veränderungen am Einbauort vorzunehmen (z. B. durch Einrichtungsgegenstände zusätzlich entstandene Quetschstellen sind zu sichern). Dabei sind die Herstellerangaben (z. B. Einbau- oder Betriebsanleitung) zu berücksichtigen.

(2) Fahrtreppen oder Fahrsteige sind immer ein Teil der Verkehrswege. Sie müssen deshalb den zu- und abführenden Verkehrsströmen angepasst sein.

(3) Die Breite des Stauraums muss mindestens der Breite der Fahrtreppe oder des Fahrsteiges entsprechen. Die Breite der Fahrtreppen oder Fahrsteige ergibt sich aus der horizontal gemessenen Breite der Fahrtreppen oder Fahrsteige zwischen den Handlaufaußenseiten und einem beidseitigen Sicherheitsabstand zur Umgebung von jeweils 80 mm (siehe Abbildung 5). Die Tiefe muss mindestens 2,5 m – gemessen vom Ende der Balustrade – betragen. Sie darf auf 2,0 m verringert werden, wenn der Stauraum in der Breite mindestens auf die doppelte Breite der Fahrtreppe oder des Fahrsteiges vergrößert wird.

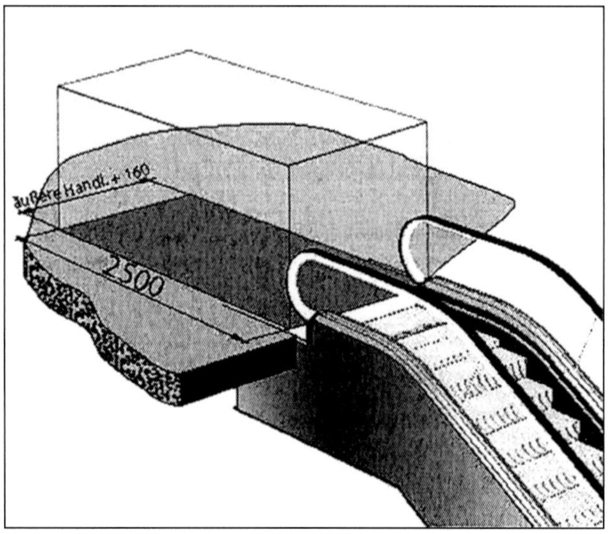

Abb. 5: Stauraum an einer Fahrtreppe (Maße in mm)

(4) Beim Einrichten sind die nachfolgenden Maßnahmen anzuwenden:

1. Der senkrechte Abstand über den Stufen- oder Bandoberflächen zu festen Teilen der Umgebung (Durchgangshöhe) muss mindestens 2,3 m betragen.
2. Beim Umfassen des Handlaufs muss der horizontale Abstand zwischen der Handlaufaußenseite und festen Teilen der Anlage und der Umgebung mindestens 8 cm betragen.
3. Der horizontale Abstand zwischen Handlauf und den Kanten der Deckendurchbrüche oder den Unterkanten der Balustraden bei sich kreuzenden Fahrtreppen oder Fahrsteigen muss mindestens 40 cm betragen, soweit nicht zur Vermeidung von Verletzungen zwischen der Balustrade und den Kanten der Gefahrbereich durch Abweiser gesichert ist, die durch ihre Formgebung und ihre Anordnung den Gefahrbereich verdecken und Personen, die in den Gefahrbereich kommen, abweisen.

(5) Beim Einrichten ist sicherzustellen, dass das Besteigen der Außenseite der Balustrade verhindert wird, z. B. durch Geländer.

(6) Beim Einrichten von Fahrtreppen und Fahrsteigen in Arbeitsstätten ist darauf zu achten, dass das Stillsetzen der Anlage durch NOT-HALT-Einrichtungen an den Zu- und Abgängen zu jeder Zeit gewährleistet ist. NOT-HALT-Einrichtungen sind gut erkennbar und leicht erreichbar anzuordnen. Die Abstände zwischen den NOT-HALT-Einrichtungen dürfen 30 m bei Fahrtreppen sowie 40 m bei Fahrsteigen nicht überschreiten. Falls erforderlich, müssen zusätzliche NOT-HALT-Einrichtungen vorgesehen werden, um diese Abstände einzuhalten.

(7) Um Stolpern oder Ausrutschen zu vermeiden, müssen die angrenzenden Bodenbeläge an die Rutschhemmung der Zu- und Abgänge der Fahrtreppen und Fahrsteige angepasst sein.

(8) Fahrtreppen und Fahrsteige dürfen (außer im Notfall) nur ein- oder ausgeschaltet werden, wenn sich auf ihnen keine Personen befinden und sollen deshalb von der Schaltstelle aus gut überblickt werden können.

(9) Von Hand bewegte Transporteinrichtungen dürfen auf Fahrtreppen und Fahrsteigen nur benutzt werden, wenn im Rahmen der Gefährdungsbeurteilung Maßnahmen festgelegt wurden, die einen sicheren Transport gewährleisten, z. B.:

1. Sollen auf Fahrtreppen und Fahrsteigen Transporteinrichtungen, z. B. Kofferkulis, Einkaufswagen oder Gepäckwagen befördert werden, hat der Betreiber dafür zu sorgen, dass Fahrsteige und Transporteinrichtungen aufeinander abgestimmt und besondere Maßnahmen für den sicheren Betrieb festgelegt werden, z. B. das selbsttätige Feststellen der Transporteinrichtungen auf den Fahrsteigpaletten und das Maximalgewicht der Ladung.
2. Damit Fahrsteige im Notfall (z. B. bei Stillstand) gefahrlos verlassen werden können, ist die Breite der Transporteinrichtungen auf die Fahrsteigbreite abzustimmen. Ein gefahrloses Verlassen der Fahrsteige ist in der Regel gegeben, wenn die Fahrsteige 0,40 m breiter als die Transporteinrichtung sind.
3. Zur Vermeidung von Gefährdungen, z. B. Quetschung durch nachfolgende Transporteinrichtungen, wenn sich eine vorausfahrende Transporteinrichtung nicht von der Fahrsteigpalette löst, sollen in Abstimmung mit dem Hersteller zusätzliche NOT-HALT-Einrichtungen vorgesehen werden.
4. Beim Mitführen von Transporteinrichtungen soll der Stauraum abweichend von Absatz 3 mindestens 5 m tief sein.

5 Betreiben von Verkehrswegen

(1) Bei der Benutzung von Verkehrswegen können sich Gefährdungen ergeben, insbesondere durch:

1. die Art der Nutzung (z. B. gemeinsamer Fußgänger- und Fahrzeugverkehr),
2. die betrieblichen Verhältnisse (z. B. Schichtbetrieb mit unterschiedlicher Verkehrsdichte oder Besucherdichte),
3. Verschmutzungen (z. B. Verunreinigungen und Ablagerungen),
4. Witterungsverhältnisse (z. B. Glatteis) oder
5. Vegetation.

Für die Sicherheit auf Verkehrswegen sind geeignete Schutzmaßnahmen (z. B. innerbetriebliche Verkehrsregeln, geeignete Warnkleidung, farbliche Markierungen, Reinigungsverfahren, Winterdienst, Überdachung) im Rahmen der Gefährdungsbeurteilung festzulegen und umzusetzen.

(2) Die Beschäftigten müssen gefährdungsbezogen in die Benutzung der Verkehrswege und über die betrieblichen Verkehrsregeln unterwiesen sein. Dies betrifft auch Verkehrsbereiche, in denen sich innerbetriebliche Regelungen mit öffentlichen Anforderungen überschneiden (z. B. Straßenverkehrsordnung auf Parkflächen, die zum Betriebsgelände gehören).

(3) Die erforderliche Mindestbreite der Verkehrswege (siehe Tabellen 2 und 3, Abbildung 3) muss ständig freigehalten werden, damit sie jederzeit benutzt werden können.

(4) Verkehrswege im Freien und in Gebäuden sind für die Dauer der Benutzung so zu beleuchten (siehe ASR A3.4 »Beleuchtung«), dass eine sichere Benutzung gewährleistet wird.

(5) Transporte dürfen nur dann durchgeführt werden, wenn die für einen sicheren Transport ausreichende Sicht über den Verkehrsweg gegeben ist.

(6) Wenn die Sichtverhältnisse es erfordern, dürfen Fahrzeuge nur eingesetzt werden, wenn sie mit einer ausreichenden Beleuchtungseinrichtung ausgerüstet sind und diese eingeschaltet ist.

(7) Transportvorgänge über Treppen sollen so durchgeführt werden, dass für den Transportierenden eine Hand zum Festhalten am Handlauf frei bleibt und ihm die Sicht auf die Treppe durch das Transportgut nicht verdeckt wird.

(8) Zum Transport von Lasten über Steigleitern und Steigeisengänge sind geeignete Hilfsmittel (z. B. Winden, Lasthaken, Seile) einzusetzen. Beschäftigte dürfen Lasten über Steigleitern und Steigeisengänge nur dann transportieren, wenn sie dabei beide Hände frei haben und die Gefährdung durch herabfallende Gegenstände vermieden wird (z. B. durch Verwendung eines Rucksacks oder einer verschließbaren Werkzeugtasche am Gürtel). Durch die mitgeführte Last darf die Bewegungsfreiheit nicht eingeschränkt werden (z. B. durch Hängenbleiben am Rückenschutz).

(9) Auf die besonderen Gefährdungen bei der Benutzung von Fahrtreppen und Fahrsteigen ist durch geeignete Maßnahmen (z. B. Unterweisung, Sicherheitskennzeichnung und Aufschriften) hinzuweisen. So birgt z. B. das Gehen auf Fahrtreppen durch unterschiedliche oder zu große Steigung der Stufen Stolper- und Sturzgefahren.

(10) Unmittelbar aufeinander folgende Fahrtreppen oder Fahrsteige ohne Zwischenausgänge oder Verteilerebenen müssen mit gleicher Laufgeschwindigkeit betrieben werden.

(11) Bei Mängeln, die sich aus dem Betrieb ergeben und zur Gefährdung von Personen führen können, muss die Fahrtreppe oder der Fahrsteig stillgesetzt werden. Solche Mängel sind z. B.:

1. Fremdkörper, die an den Einlaufstellen (Kamm) der Stufen bzw. Bänder oder an den Einlaufstellen der Handläufe in die Balustrade eingeklemmt sind,
2. Handlaufbeschädigungen,
3. gefahrbringende Vandalismusschäden,
4. unzulässiger Vor- bzw. Nachlauf des Handlaufes,
5. unzulässige Einzugstellen zwischen den Stufen oder dem Band und dem Balustradensockel oder
6. Beschädigungen an Kämmen, Sockelbürsten, Balustradenverkleidung.

6 Instandhaltung und sicherheitstechnische Funktionsprüfung

(1) Verkehrswege und deren Sicherheitseinrichtungen sind je nach Art und Häufigkeit der Benutzung und der vorhandenen Gefahren in regelmäßigen Abständen auf ihre ordnungsgemäße Funktion zu überprüfen und, falls erforderlich, instand zu setzen. Art, Umfang und Fristen der Überprüfung richten sich nach dem Ergebnis der Gefährdungsbeurteilung. Für Fahrtreppen und Fahrsteige sind die Wartungshinweise der Hersteller zu beachten.

(2) Vor und während der Instandhaltungsarbeiten an Fahrtreppen und Fahrsteigen müssen diese abgesperrt werden.

(3) Der sichere Betrieb von Steigleitern und Steigeisengängen sowie von Fahrtreppen und Fahrsteigen ist zur Verhütung und Beseitigung von Gefahren durch regelmäßige Funktionsprüfungen – insbesondere der sicherheitstechnischen Einrichtungen – zu gewährleisten. Der sichere Zu- und Abgang zu Fahrtreppen und Fahrsteigen ist jederzeit zu gewährleisten (siehe Abschnitt 4.8 Absatz 3).

Hinweis:

Die sicherheitstechnischen Prüfungen für Fahrtreppen und Fahrsteige erfolgen nach den Vorgaben der Betriebssicherheitsverordnung.

7 Abweichende/ergänzende Anforderungen für Baustellen

7.1 Festlegen und Einrichten von Verkehrswegen

(1) Verkehrswege auf Baustellen sind z. B. Zugänge zu Arbeitsplätzen, zu Sanitärräumen, zu Unterkünften oder zu Pausen- und Bereitschaftsräumen. Dazu gehören insbesondere Laufstege, Treppen, Flure, Gänge, Laderampen, ortsfeste Steigleitern und Steigeisengänge sowie Fluchtwege.

Hinweis:

Nicht ortsfeste Leitern sind keine Verkehrswege im Sinne der ASR A1.8. Der Einsatz von Leitern als Zugang zu/Abgang von Arbeitsplätzen wird in der TRBS 2121 Teil 2 betrachtet.

(2) Verkehrswege auf Baustellen müssen zeitlich, räumlich und tätigkeitsbezogen festgelegt werden. Im Zuge des Baufortschritts verändern sich häufig die Anordnung sowie die Größe bzw. die Abmessungen von Arbeitsplätzen und Verkehrswegen. Ein Teilbereich einer Baustelle kann im Zuge des Baufortschritts tätigkeitsbezogen wechselnd als Arbeitsplatz oder Verkehrsweg festgelegt werden. Bei der gleichzeitigen Ausführung abgrenzbarer Arbeitsschritte kann ein Teilbereich einer Baustelle für Beschäftigte als Arbeitsplatz und für andere Beschäftigte als Verkehrsweg festgelegt sein.

(3) Muss ein Teilbereich eines Arbeitsplatzes zugleich als Verkehrsweg von anderen Beschäftigten desselben Arbeitgebers genutzt werden, so hat dieser Arbeitgeber diesen Verkehrsweg zuvor festzulegen und einzurichten.

(4) Muss ein Teilbereich eines Arbeitsplatzes zugleich Beschäftigten anderer Arbeitgeber als Verkehrsweg

dienen, müssen sich die betroffenen Arbeitgeber hinsichtlich der Festlegung und Einrichtung der Verkehrswege abstimmen (§ 8 Arbeitsschutzgesetz (ArbSchG), § 6 DGUV Vorschrift 1).

Hinweis:

Bei der Festlegung und Einrichtung von Verkehrswegen auf Baustellen sind ggf. die Hinweise des Koordinators nach Baustellenverordnung (BaustellV) sowie der Sicherheits- und Gesundheitsschutzplan (SiGePlan) zu berücksichtigen.

(5) Wird ein als Verkehrsweg festgelegter Bereich von anderen Beschäftigten im Rahmen ihres Arbeitsauftrages als Arbeitsplatz genutzt, bleiben die Anforderungen an den Verkehrsweg davon unberührt. Der Arbeitgeber hat dafür zu sorgen, dass sich die Beschäftigten in diesem gemeinsam genutzten Bereich nicht gegenseitig gefährden.

7.2 Abweichende/ergänzende Anforderungen

(1) Zwischen Verkehrswegen auf Baustellen und Böschungskanten bzw. Verbaukanten sind Sicherheitsabstände (gemäß DIN 4124:2012-01 »Baugruben und Gräben«) für die Standsicherheit einzuhalten.

Besteht die Gefahr des Abkommens von Fahrzeugen oder mobilen Arbeitsmitteln in Richtung der Baugrube oder des Grabens, sind gegebenenfalls weitere Maßnahmen erforderlich (z. B. transportable Schutzeinrichtungen wie Anprallschutz, Rammschutz, Leitplanken).

Für Verkehrswege in diesen Bereichen sind gegebenenfalls Maßnahmen gegen Absturz gemäß ASR A2.1 »Schutz vor Absturz und herabfallenden Gegenständen, Betreten von Gefahrenbereichen« vorzusehen.

(2) Laufstege bei Bauarbeiten müssen mindestens 0,5 m breit sein und dürfen nur bis zu einer Neigung von 1:1,75 (etwa 30°) verwendet werden. Sie müssen Trittleisten haben, wenn sie steiler als 1:5 (etwa 11°) sind.

(3) Abweichend von Abschnitt 4.1 Absatz 5 dürfen Abdeckungen von Öffnungen in Verkehrswegen auf Baustellen höchstens 5 cm über die umgebende Oberfläche hinausragen.

(4) Abweichend von Abschnitt 4.2, Tabelle 2 beträgt die Mindestbreite der Verkehrswege auf Baustellen 0,60 m. In Abhängigkeit der Nutzung (z. B. Anzahl der Personen, Art der Transportvorgänge) sind die Breiten der Verkehrswege anzupassen. Für Verkehrswege zu besonderen Arbeitsplätzen in Tunneln, Stollen und Durchpressungen gelten die Mindestabmessungen aus Tabelle 5 und Abbildung 6. Auf die Regelungen der ASR A2.1 »Schutz vor Absturz und herabfallenden Gegenständen, Betreten von Gefahrenbereichen« wird verwiesen. Auf die Regelungen der ASR A5.2 »Anforderungen an Arbeitsplätze und Verkehrswege auf Baustellen im Grenzbereich zum Straßenverkehr – Straßenbaustellen« wird verwiesen.

Tabelle 5: Mindestbreite von Verkehrswegen zu besonderen Arbeitsplätzen in Tunneln, Stollen und Durchpressungen

Länge [m] von Tunneln, Stollen und Durchpressungen	Mindestlichtmaß (MLM) [m]		
	Kreisquerschnitt	Rechteckquerschnitt	
	Durchmesser	Höhe	Breite
< 50	0,80	0,80	0,60
50 – < 100	1,00	1,00	0,60
≥ 100	1,20	1,20	0,60
Steigschächte müssen einen freien Querschnitt von mindestens 0,70 × 0,70 m haben.			

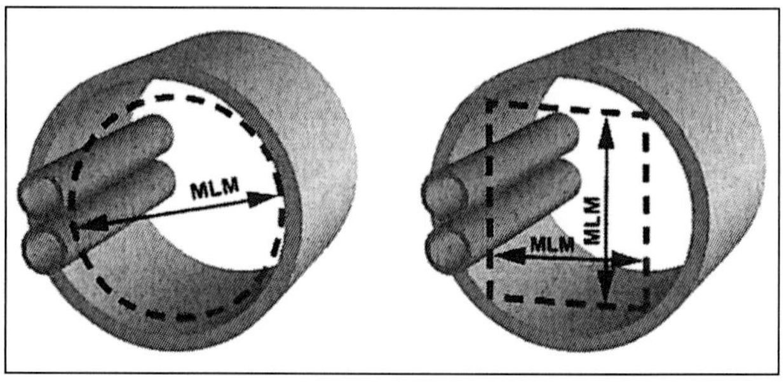

Abb. 6: Mindestlichtmaß (MLM) von Verkehrswegen in Tunneln, Stollen und Durchpressungen

(5) Abweichend von Abschnitt 4.2 Absatz 7 darf auf Baustellen die lichte Mindesthöhe über Verkehrswegen von 2,00 m unterschritten werden, wenn diese aus baulichen Gegebenheiten nicht eingehalten werden kann.

(6) Abweichend von Abschnitt 4.3 Absatz 3 muss bei kombiniertem Fußgänger- und Fahrzeugbetrieb bei Bauarbeiten im Tunnel ein Gehweg mit einem freien Mindestquerschnitt von 1,00 m Breite und 2,00 m Höhe vorhanden sein. Kann dieser Querschnitt aus bautechnischen Gründen nicht eingehalten werden, müssen – ausgenommen bei Förderung mit Stetigförderern – in Abständen von höchstens 50 m auffällig gekennzeichnete und beleuchtete Schutznischen von mindestens 1,00 m Tiefe, 1,00 m Länge und 2,00 m Höhe vorhanden sein und ständig freigehalten werden. Lässt sich bei Gleis- oder Stetigfördererbetrieb der Mindestquerschnitt für den Gehweg aus bautechnischen Gründen nicht einhalten, darf dessen Breite bis auf 0,50 m verringert werden.

(7) Abweichend von Abschnitt 4.5 Absatz 4 kann bei temporären Bautreppen die Steigung (s) zwischen 18 cm und 25 cm betragen. Der Auftritt (a) muss mindestens 18 cm und die Unterschneidung (u) mindestens 3 cm groß sein. Der Steigungswinkel (α) einer temporären Bautreppe kann zwischen 30° und 55° variieren.

(8) Abweichend von Abschnitt 4.5 Absatz 8 müssen die Geländer- und Zwischenholme an Treppen, die bei Bauarbeiten genutzt werden, so ausgeführt sein, dass sie eine Einzellast in ungünstigster Richtung von 300 N aufnehmen können. Dabei darf die elastische Durchbiegung nicht mehr als 3,5 cm betragen.

(9) Abweichend von Abschnitt 4.5 Absätze 7 und 9 genügt auf Baustellen an freiliegenden Treppenläufen und Podesten mit mehr als 1,00 m Absturzhöhe Seiten-

schutz, bestehend aus Geländer- und mindestens einem Zwischenholm.

(10) Für Handläufe bei Treppen auf Baustellen bedarf es keiner ergonomischen Ausgestaltung des Handlaufes im Sinne von Abschnitt 4.5 Absatz 11.

Hinweis:

Für Handläufe aus Holz empfiehlt sich die Verwendung von gehobelten Brettern o. ä.

(11) Abweichend von Abschnitt 4.5 Absatz 12 kann bei Treppen auf Baustellen auf die Abrundung der Stufenvorderkante verzichtet werden.

Literaturhinweise

Informationen der Unfallversicherungsträger

DGUV Regel 101-002	Regeln für die Sicherheit von Treppen bei Bauarbeiten 01/1996
DGUV Regel 103-008	Steiggänge für Behälter und umschlossene Räume 05/2007
DGUV Information 208-001	Ladebrücken, Informationen zum Arbeitsschutz 10/2019
DGUV Information 208-005	Treppen 04/1991, aktualisiert 07/2010
DGUV Information 208-028	Fahrtreppen und Fahrsteige; Teil 1: Sicherer Betrieb 12/2007
DGUV Information 208-029	Fahrtreppen und Fahrsteige; Teil 2: Montage, Demontage und Instandhaltung 12/2007
DGUV Information 208-030	Personenschutz beim Einsatz von Flurförderzeugen in Schmalgängen 03/2016
DGUV Information 208-032	Auswahl und Benutzung von Steigleitern 10/2018
DGUV Information 240-410	Handlungsanleitung für die arbeitsmedizinische Vorsorge nach dem Berufsgenossenschaftlichen Grundsatz G 41 »Arbeiten mit Absturzgefahr« 01/2010

Normen

DIN EN 13374: 2019-06	Temporäre Seitenschutzsysteme – Produktfestlegungen – Prüfverfahren
DIN 4124: 2012-01	Baugruben und Gräben – Böschungen, Verbau, Arbeitsraumbreiten

3.2.14 ASR A2.1 »Schutz vor Absturz und herabfallenden Gegenständen, Betreten von Gefahrenbereichen«

Ausgabe November 2012, letzte Änderung März 2022

(Gemeinsames Ministerialblatt 2012 Nr. 62, Seite 1220; 2022 Nr. 9–11, Seite 245)

Die Technischen Regeln für Arbeitsstätten (ASR) geben den Stand der Technik, Arbeitsmedizin und Hygiene sowie sonstige gesicherte wissenschaftliche Erkenntnisse für die Sicherheit und Gesundheit der Beschäftigten beim Einrichten und Betreiben von Arbeitsstätten wieder.

Sie werden vom **Ausschuss für Arbeitsstätten** ermittelt bzw. angepasst und vom Bundesministerium für Arbeit und Soziales im Gemeinsamen Ministerialblatt bekannt gemacht.

Diese ASR A2.1 konkretisiert im Rahmen ihres Anwendungsbereichs Anforderungen der Verordnung über Arbeitsstätten. Bei Einhaltung dieser Technischen Regel kann der Arbeitgeber davon ausgehen, dass die entsprechenden Anforderungen der Verordnung erfüllt sind. Wählt der Arbeitgeber eine andere Lösung, muss er damit mindestens die gleiche Sicherheit und den gleichen Schutz der Gesundheit für die Beschäftigten erreichen.

Inhalt

1 Zielstellung

Diese ASR konkretisiert die Anforderungen an das Einrichten und Betreiben von Arbeitsplätzen und Verkehrswegen zum Schutz vor Absturz oder herabfallenden Gegenständen sowie die damit verbundenen Maßnahmen bezüglich des Betretens von Dächern oder anderen Gefahrenbereichen nach § 3a Absatz 1 der Arbeitsstättenverordnung in Verbindung mit Nummer 1.5 Absatz 4 und Nummer 2.1 des Anhangs.

2 Anwendungsbereich

(1) Diese ASR gilt zum Schutz der Beschäftigten vor Absturz und vor herabfallenden Gegenständen sowie für das Betreten von Dächern oder Gefahrenbereichen.

(2) Diese ASR gilt nicht für das Einrichten und Betreiben von Arbeitsplätzen und Verkehrswegen, die Bestandteil eines Arbeitsmittels sind, das in den Regelungsbereich der Betriebssicherheitsverordnung fällt.

(3) (gestrichen)

Hinweis: Beim Reinigen von Fenstern, Oberlichtern und lichtdurchlässigen Wänden ist diese Arbeitsstättenregel in Verbindung mit der ASR A1.6 »Fenster, Oberlichter, lichtdurchlässige Wände« anzuwenden.

3 Begriffsbestimmungen

3.1 **Absturz** ist das Herabfallen von Personen auf eine tiefer gelegene Fläche oder einen Gegenstand. Als Absturz gilt auch das Durchbrechen durch eine nicht tragfähige Fläche oder das Hineinfallen und das Versinken in flüssigen oder körnigen Stoffen.

3.2 **Absturzkante** ist die Kante, über die Beschäftigte abstürzen können (siehe Abb. 1).

Eine Absturzkante ist definiert als:

- Kante zu einer mehr als 60° geneigten Fläche (z. B. einer Dachfläche),
- Übergang einer durchtrittsicheren zu einer nicht durchtrittsicheren Fläche,
- Übergang von Flächen mit unterschiedlichen Neigungswinkeln von einer bis zu 20° geneigten Fläche zu einer mehr als 60° geneigten Fläche oder
- die gedachte Linie an gewölbten Flächen, ab der der Neigungswinkel einer Tangente größer als 60° ist.

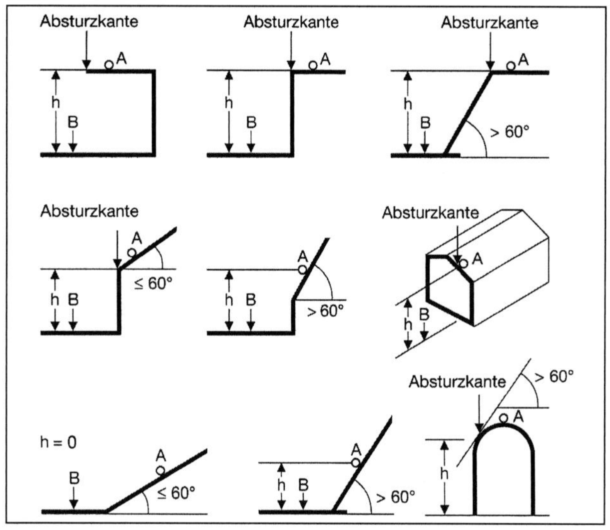

Abb. 1: Absturzkanten und Absturzhöhen (*h*)
h = senkrechter Höhenunterschied zwischen *A* = Standfläche bzw. der Absturzkante und *B* = Auftrefffläche

3.3 **Absturzhöhe** im Sinne dieser ASR (siehe Abb. 1) ist der senkrechte Höhenunterschied zwischen der Standfläche der Beschäftigten an Arbeitsplätzen und Verkehrswegen bzw. der Absturzkante und der angrenzenden tiefer liegenden ausreichend großen und tragfähigen Fläche (Auftrefffläche).

3.4 **Abrutschen** im Sinne dieser ASR ist ein unkontrolliertes Abgleiten von Beschäftigten bei Arbeiten auf geneigten Flächen (z. B. aufgrund der Neigung oder der Beschaffenheit der Standfläche) über eine Absturzkante.

3.5 **Absturzsicherung** im Sinne dieser ASR ist eine zwangsläufig wirksame Einrichtung, die einen Absturz auch ohne bewusstes Mitwirken der Beschäftigten verhindert, z. B. eine Umwehrung (siehe auch Punkt 3.8) oder Abdeckung.

3.6 **Auffangeinrichtung** im Sinne dieser ASR ist eine zwangsläufig wirksame Einrichtung, die abstürzende Beschäftigte auch ohne deren bewusstes Mitwirken auffängt und vor einem weiteren Absturz schützt, z. B. Schutznetz, Schutzwand oder Schutzgerüst.

3.7 **Individuelle Schutzmaßnahmen** dienen dem Schutz vor Absturz einzelner Beschäftigter oder dem Auffangen abstürzender Beschäftigter, z. B. Persönliche Schutzausrüstung gegen Absturz (PSAgA).

3.8 **Umwehrung** ist eine Einrichtung zum Schutz der Beschäftigten gegen Absturz, z. B. Brüstung, Geländer, Gitter oder Seitenschutz. Im Gegensatz zum meist durchbrochenen Geländer handelt es sich bei einer Brüstung um eine geschlossene, in der Regel massiv ausgeführte Wandscheibe bzw. im Fall der Fensterbrüstung um einen Teil einer Außenwand.

3.9 **Gefahrenbereiche** im Sinne dieser ASR sind Bereiche, in denen Beschäftigte nicht durch bauliche Maßnahmen vor einer Gefährdung durch Absturz oder herabfallende Gegenstände geschützt sind.

3.10 **Herabfallende Gegenstände** sind auch solche Materialien, die umstürzen, abgleiten, abrollen oder auslaufen können.

3.11 **Durchtrittsicher** sind Bauteile, die beim Betreten nicht brechen und durch die Beschäftigte nicht hindurch stürzen können. Nicht durchtrittsichere Bauteile können z. B. sein:

- Faserzement-Wellplatten,
- Asbestzement-Wellplatten,
- Bitumen-Wellplatten,
- Dachoberlichter (z. B. Lichtplatten, Lichtbänder, Lichtkuppeln),
- lichtdurchlässige Dächer (z. B. Glasdächer, Dächer aus Kunststoff),
- Verglasungen (z. B. Shed-Dächer) oder
- Solar-, Photovoltaikelemente.

3.12 **Arbeitsplatz auf Baustellen** ist der Bereich, in dem Beschäftigte im Rahmen ihrer Arbeit – ggf. auch nur kurzzeitig – tätig sind.

4 Beurteilung der Gefährdungen und Rangfolge der Schutzmaßnahmen

4.1 Gefährdung durch Absturz

(1) Bei der Ermittlung und Beurteilung der für die Beschäftigten mit ihrer Arbeit verbundenen Gefährdungen sind mindestens folgende Kriterien zu berücksichtigen:

- Absturzhöhe,
- Art, Dauer der Tätigkeit, körperliche Belastung,
- Abstand von der Absturzkante,
- Beschaffenheit des Standplatzes (Neigungswinkel), der Standfläche (z. B. Rutschhemmung),
- Beschaffenheit der tiefer gelegenen Fläche, z. B. Schüttgüter (versinken, ersticken), Wasser (versinken, ertrinken), Beton (harter Aufschlag), Bewehrungsanschlüsse (aufspießen), Behälter mit Flüssigkeiten, Gegenstände oder Maschinen einschließlich deren bewegter Teile, die sich auf dieser Fläche befinden und
- Beschaffenheit der Arbeitsumgebung und gefährdende äußere Einflüsse, z. B. Sichtverhältnisse, Erkennbarkeit (z. B. Beleuchtung, Tageszeit, Blendwirkung durch helle Flächen oder Gegenlicht, Markierungen), Vibrationen, gleichgewichtsbeeinflussende Faktoren, Witterungseinflüsse (z. B. Wind, Eis und starker Schneefall).

(2) Im Rahmen der Gefährdungsbeurteilung kann der Arbeitgeber u. a. die Hinweise aus den Planungsunterlagen für bauliche Anlagen heranziehen.

(3) Befinden sich Arbeitsplätze oder Verkehrswege 0,2 m bis 1,0 m oberhalb einer angrenzenden Fläche oder besteht die Gefährdung des Abrutschens oder unabhängig von der vorgenannten Höhe die Gefährdung des Hineinfallens oder des Versinkens in Stoffen, ist im Rahmen der Gefährdungsbeurteilung zu ermitteln, ob und welche Schutzmaßnahmen nach Punkt 4.2 erforderlich sind.

(4) Eine Gefährdung durch Absturz liegt bei einer Absturzhöhe von mehr als 1,0 m vor.

4.2 Rangfolge der Maßnahmen zum Schutz vor Absturz

Bauliche und technische Maßnahmen haben Vorrang vor organisatorischen und individuellen Schutzmaßnahmen. Sie sind entsprechend der nachfolgenden Rangfolge zu treffen.

1. Absturzsicherungen
2. Lassen sich aus betriebstechnischen Gründen (z. B. Arbeitsverfahren, zwingende technische Gründe) Absturzsicherungen nicht verwenden, müssen an deren Stelle Auffangeinrichtungen vorhanden sein.
3. Lassen sich keine Absturzsicherungen oder Auffangeinrichtungen einrichten, sind Persönliche Schutzausrüstungen gegen Absturz (PSAgA) als individuelle Schutzmaßnahme zu verwenden. Die geeignete PSAgA muss sich aus der Gefährdungsbeurteilung ergeben. Voraussetzung für die Verwendung von PSAgA ist das Vorhandensein geeigneter Anschlageinrichtungen. Die Beschäftigten müssen in der Benutzung der PSAgA eingewiesen und über

die Durchführung der erforderlichen Rettungsmaßnahmen, z. B. über den Auffangvorgang, unterwiesen werden (Erste Hilfe und Rettungsgeräte siehe ASR A4.3 »Erste-Hilfe-Räume, Mittel und Einrichtungen zur Ersten Hilfe«).

4. Lassen die Eigenart und der Fortgang der Tätigkeit und Besonderheiten des Arbeitsplatzes die vorgenannten Schutzmaßnahmen nicht zu, darf auf die Anwendung von PSAgA im Einzelfall (z. B. Boden- und Wandöffnungen von Szenenflächen bei Bühnen) nur dann verzichtet werden, wenn:

   - die Arbeiten von fachlich qualifizierten und körperlich geeigneten Beschäftigten ausgeführt werden,
   - der Arbeitgeber für den begründeten Ausnahmefall eine besondere Unterweisung durchgeführt hat und
   - die Absturzkante für die Beschäftigten deutlich erkennbar ist.

4.3 Gefährdung durch herabfallende Gegenstände

Bei der Ermittlung und Beurteilung der für die Beschäftigten mit ihrer Arbeit verbundenen Gefährdungen sind mindestens folgende Kriterien zu berücksichtigen:

- Höhenunterschied zwischen der Fläche, von der aus Gegenstände herabfallen können, und den Bereichen, die von Beschäftigten begangen oder befahren werden können,
- Beschaffenheit des Gegenstandes, z. B. Form, Gewicht, Konsistenz (z. B. Schüttgüter, Flüssigkeiten) und
- äußere Einflüsse, z. B. Witterungseinflüsse wie Wind.

4.4 Rangfolge der Maßnahmen zum Schutz vor herabfallenden Gegenständen

Bauliche und technische Maßnahmen haben Vorrang vor organisatorischen und individuellen Schutzmaßnahmen. Sie sind entsprechend der nachfolgenden Rangfolge zu treffen.

1. Reicht die bauliche Ausführung nicht aus, ein Herabfallen von Gegenständen zu verhindern, sind zum Schutz der Beschäftigten Fußleisten, Schutzwände, Schutzgitter oder vergleichbare Einrichtungen anzubringen.
2. Lassen sich die Maßnahmen nach Nr. 1 aus betriebstechnischen Gründen nicht durchführen, müssen an deren Stelle die tiefer gelegenen Arbeitsplätze und Verkehrswege durch Schutzeinrichtungen, z. B. Schutzdächer oder Fangnetze, gesichert werden.
3. Lassen sich Bereiche aus betriebstechnischen Gründen nicht durch Maßnahmen nach Nr. 1 und 2 sichern, muss eine zeitlich-organisatorische Trennung in Verbindung mit einer Absperrung und Kennzeichnung des Gefahrenbereiches oder einer Überwachung (z. B. Warnposten) des Gefahrenbereiches erfolgen.
4. Lassen sich Bereiche aus betriebstechnischen Gründen nicht durch Maßnahmen nach Nr. 1, 2 und 3 sichern, ist Persönliche Schutzausrüstung (PSA) zu verwenden, soweit diese als Ergebnis der Gefährdungsbeurteilung geeignet ist. Die Beschäftigten sind in der Benutzung der PSA zu unterweisen.

5 Maßnahmen zum Schutz vor Absturz

5.1 Sicherung an Absturzkanten

(1) Umwehrungen müssen entsprechend der Nutzung so gestaltet sein, dass sie den zu erwartenden Belastungen standhalten und ein Hinüber- oder Hindurchfallen von Beschäftigten verhindern. Bewegliche Teile der Umwehrungen dürfen nur aus der Schutzstellung gebracht werden, wenn dieses betrieblich erforderlich ist und andere Schutzmaßnahmen getroffen sind. Sie müssen in der Schutzstellung gesichert werden können und dürfen sich nicht in Richtung des Absturzbereiches öffnen lassen.

(2) Die Umwehrungen müssen mindestens 1,00 m hoch sein. Die Höhe der Umwehrungen darf bei Brüstungen bis auf 0,80 m verringert werden, wenn die Tiefe der Umwehrung mindestens 0,20 m beträgt und durch die Tiefe der Brüstung ein gleichwertiger Schutz gegen Absturz gegeben ist.

Beträgt die Absturzhöhe mehr als 12 m, muss die Höhe der Umwehrung mindestens 1,10 m betragen.

Ergibt sich bei der Gefährdungsbeurteilung, dass in bestehenden Arbeitsstätten die Einhaltung der Höhe der Umwehrung mit Aufwendungen verbunden ist, die offensichtlich unverhältnismäßig sind, so hat der Arbeitgeber dies individuell zu beurteilen. Bei der Gefährdungsbeurteilung hat der Arbeitgeber zu prüfen, wie durch andere oder ergänzende Maßnahmen die Sicherheit und der Gesundheitsschutz der Beschäftigten in vergleichbarer Weise gesichert werden kann; die erforderlichen Maßnahmen hat er durchzuführen. Eine solche Maßnahme kann z. B. die Zugangsbeschränkung zur Absturzkante sein. Die ergänzenden Maßnahmen können solange herangezogen werden, bis die bestehenden Arbeitsstätten wesentlich umgebaut werden:

(3) Wenn für die Umwehrung Geländer verwendet werden, müssen diese:

- eine geschlossene Füllung aufweisen,
- mit senkrechten Stäben versehen sein (Füllstabgeländer) oder
- aus Handlauf, Knieleiste und Fußleiste bestehen (Knieleistengeländer).

(4) Bei Füllstabgeländern mit senkrechten Zwischenstäben darf deren lichter Abstand nicht mehr als 0,18 m betragen. Der Abstand zwischen der Unterkante der Umwehrung bis zur Fußbodenoberkante darf 0,18 m nicht überschreiten (siehe Abb. 2).

Hinweis:

Bei Gebäuden, in denen mit dauernder oder häufiger Anwesenheit von Kindern gerechnet werden muss, können geringere Abstände erforderlich sein.

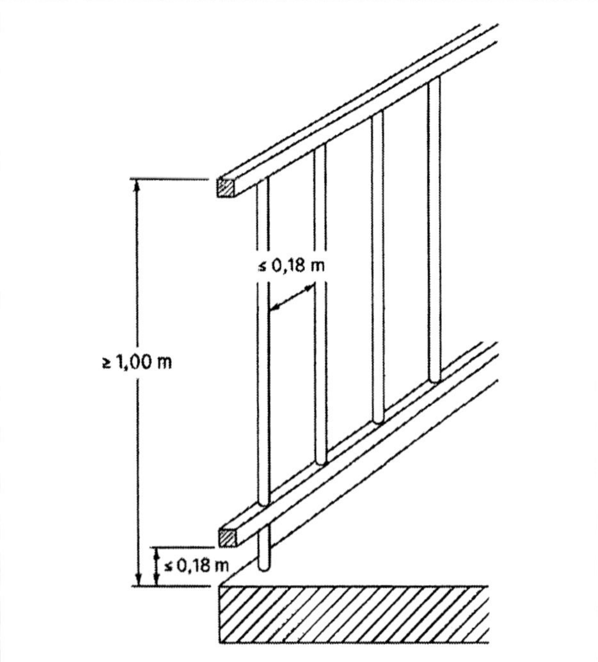

Abb. 2: Füllstabgeländer

(5) Bei Knieleistengeländern darf der Abstand zwischen Fuß- und Knieleiste, zwischen Knieleiste und Handlauf oder zwischen zwei Knieleisten nicht größer als 0,50 m sein. Die Fußleisten müssen eine Höhe von mindestens 0,05 m haben und unmittelbar an der Absturzkante angeordnet sein (siehe Abb. 3).

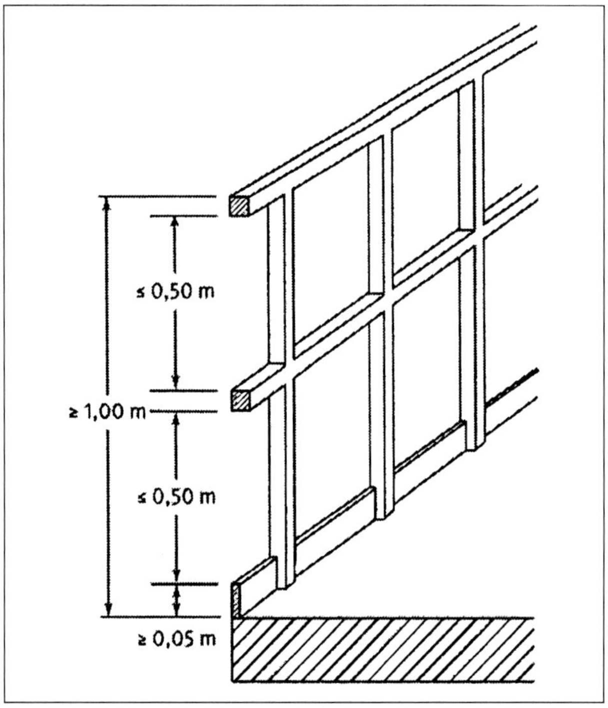

Abb. 3: Knieleistengeländer

(6) Kann die Umwehrung bei vorgesetzten Füllstabgeländern nicht bündig mit der Absturzkante abschließen und entsteht dadurch nach außen hin ein Spalt, darf dessen lichte Breite (Abstand zwischen Absturzkante und Unterkante der Umwehrung) 0,06 m nicht überschreiten (siehe Abb. 4).

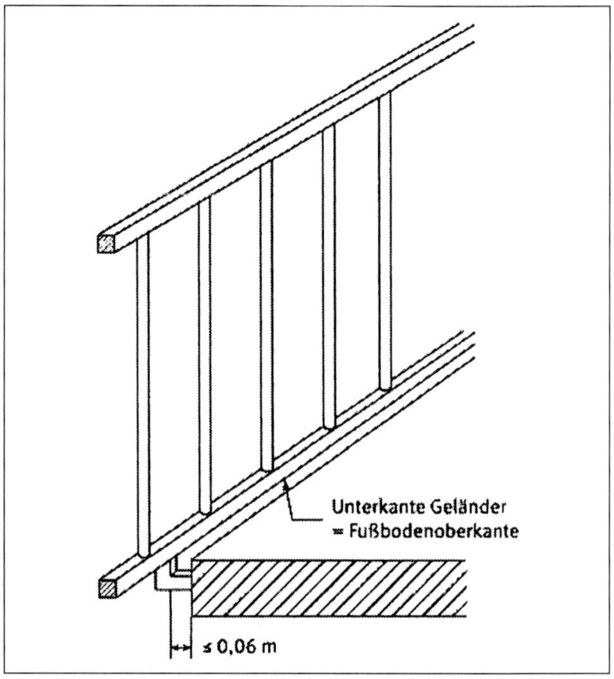

Abb. 4: Vorgesetztes Füllstabgeländer

(7) Die Umwehrungen müssen so beschaffen und angebracht sein, dass an ihrer Oberkante eine Horizontallast H = 1000 N/m aufgenommen werden kann. Abweichend genügt ein Lastansatz:

- von H = 500 N/m für Umwehrungen an Bühnen und Laufstegen mit lotrechten Verkehrslasten von höchstens 5000 N/m² und
- von H = 300 N/m für Umwehrungen in Bereichen oder an Verkehrswegen, die nur zu Inspektions- oder Wartungszwecken begangen werden (z. B. Tankdächer, Schauöffnungen an Öfen) sowie an Steckgeländern.

5.2 Sicherung an Bodenöffnungen

(1) Bodenöffnungen müssen gesichert sein:

- durch feste oder abnehmbare, gegen unbeabsichtigtes Ausheben gesicherte Umwehrungen

  oder

- durch Abdeckungen.

(2) Abdeckungen, z. B. Luken-, Schacht-, Rutschen-, Gruben-, Falltüren, müssen so gestaltet und installiert sein, dass sich hierdurch keine Stolpergefahren ergeben und sie der Nutzungsart entsprechend tragfähig sind. Sie müssen sicher zu handhaben und gegen unbeabsichtigtes Bewegen (Auf- und Zuklappen, Verschieben) zu sichern sein. Diese Forderung ist z. B. dann erfüllt, wenn:

- Abdeckungen von gesicherten Standplätzen aus geöffnet werden können,
- klappbare Abdeckungen in geöffnetem Zustand festgestellt werden können oder
- Abdeckungen, für deren Betätigung eine Kraft von mehr als 250 N erforderlich ist, mit entsprechenden Hilfseinrichtungen, z. B. zusätzlich mit Gewichtsaus-

gleich, hydraulisch betätigten Hubvorrichtungen oder Gasdruckfedern, ausgestattet sind.

(3) Bewegliche Abdeckungen und Umwehrungen dürfen nur aus der Schutzstellung gebracht werden, wenn dies betrieblich erforderlich ist und andere Schutzmaßnahmen getroffen sind. Sie müssen in der Schutzstellung gesichert werden können und dürfen sich nicht in Richtung der Absturzkante öffnen lassen.

5.3 Sicherung an Wandöffnungen

(1) Wandöffnungen müssen fest angebrachte oder bewegliche Umwehrungen haben, wenn:

- die Brüstungshöhe geringer ist als in Punkt 5.1 Abs. 2 angegeben,
- die Breite größer als 0,18 m und die Höhe größer als 1,00 m sind und
- bei denen eine Gefährdung durch Absturz nach Punkt 4.1 besteht.

Umwehrungen können z. B. aus verschieb- oder schwenkbaren Schranken, Schleusengeländern oder Halbtüren bestehen. Sie müssen mit einer Sicherung gegen unbeabsichtigtes Öffnen oder Ausheben versehen sein.

(2) Umwehrungen dürfen sich nicht zur tiefer liegenden Seite hin öffnen lassen.

5.4 Gefahrenbereich Absturz

Arbeitsplätze und Verkehrswege, bei denen der Abstand mehr als 2,0 m zur Absturzkante beträgt, liegen außerhalb des Gefahrenbereichs Absturz. Der Gefahrenbereich ist durch geeignete Maßnahmen, z. B. Ketten oder Seile, und gut sichtbare Kennzeichnung entsprechend ASR A1.3 »Sicherheits- und Gesundheitsschutzkennzeichnung« (Verbotszeichen D-P006 »Zutritt für Unbefugte verboten«) gegen unbefugten Zutritt zu sichern. Bei Verkehrswegen ist als Schutzmaßnahme auch ausreichend, wenn die Abgrenzung optisch deutlich erkennbar ist.

6 Maßnahmen zum Schutz vor herabfallenden Gegenständen

(1) Einrichtungen zum Schutz vor herabfallenden Gegenständen (z. B. Schutzdächer, Schutznetze) sind entsprechend der Beschaffenheit und der zu erwartenden kinetischen Energie der herabfallenden Gegenstände auszuwählen und zu dimensionieren.

(2) Besteht für Beschäftigte in tiefer gelegenen Bereichen der Arbeitsstätte eine Gefährdung durch z. B. auslaufende Flüssigkeiten oder Schüttgüter, sind Schutzmaßnahmen, z. B. Anbringung von Auffangwannen, zu treffen.

(3) Nicht geschlossene Böden (z. B. Gitterroste) sind so auszuführen, dass eine Gefährdung tiefer gelegener Arbeitsplätze und Verkehrswege durch herabfallende Gegenstände verhindert wird. Das entsprechende maximale Öffnungsmaß (z. B. die Maschenweite bei Gitterrosten) ist unter Berücksichtigung der örtlichen Gegebenheiten im Rahmen der Gefährdungsbeurteilung zu ermitteln. Dabei ist z. B. die Einbausituation oder die Personenfrequenz zu berücksichtigen.

6.1 Gefahrenbereich herabfallende Gegenstände

(1) Werden Gefahrenbereiche durch Absperrung und Kennzeichnung gemäß Punkt 4.4 Nr. 3 gesichert, sind als Absperrungen z. B. Geländer, Ketten oder Seile und als Kennzeichnung nach ASR A1.3 »Sicherheits- und Gesundheitsschutzkennzeichnung« das Verbotszeichen D-P006 »Zutritt für Unbefugte verboten« anzubringen.

(2) Werden Gefahrenbereiche durch Überwachung des Gefahrenbereiches gemäß Punkt 4.4. Nr. 3 gesichert, kann dieses z. B. durch Warnposten oder geeignete Warneinrichtungen (z. B. Schall- oder Leuchtzeichen nach ASR A1.3 »Sicherheits- und Gesundheitsschutzkennzeichnung«) erfolgen.

7 Arbeitsplätze und Verkehrswege auf Dächern

(1) Wenn auf Dächern Arbeiten durchgeführt werden oder diese als Verkehrswege genutzt werden, hat der Arbeitgeber zu ermitteln, ob eine Gefährdung durch Absturz nach Punkt 4.1 besteht. Arbeiten auf Dächern können z. B. sein:

- vom Hersteller vorgeschriebene regelmäßige Prüfungen oder Instandhaltungsarbeiten an technischen oder baulichen Einrichtungen,
- das Reinigen oder Wechseln von Filterelementen an lüftungstechnischen Anlagen,
- das Ablesen oder Eichen von Messgeräten,
- das Durchführen von Pflegearbeiten auf begrünten Dachflächen,
- das Reinigen der Abläufe bei Dächern mit Innenentwässerung,
- das Räumen von Schnee,
- die Instandhaltung oder Reinigung von Dachoberlichtern oder Rauch- und Wärmeabzugsanlagen (RWA) oder
- die Instandhaltung oder Reinigung von Photovoltaik- und Solarthermieanlagen.

(2) Besteht bei Arbeiten auf Dächern oder Verkehrswegen eine Gefährdung durch Absturz, sind Maßnahmen zum Schutz vor Absturz entsprechend der Rangfolge nach Punkt 4.2 zu treffen.

7.1 Nicht durchtrittsichere Dächer und Bauteile

(1) Zugänge (z. B. Dachausstiege, Luken) zu nicht durchtrittsicheren Dächern (siehe Punkt 3.11) müssen unter Verschluss stehen, der nur von besonders unterwiesenen und beauftragten Personen geöffnet werden kann. Diese Unterweisung ist ggf. vor Ort durchzuführen. An den Zugängen muss eine dauerhafte und deutlich sichtbare Kennzeichnung angebracht sein, z. B. »Dach nur auf Laufstegen benutzen«.

(2) Müssen nicht durchtrittsichere Dächer begangen werden, z. B. für Instandhaltungsarbeiten an Anlagen oder Einrichtungen, müssen sicher ausgeführte Verkehrswege zum Arbeitsbereich vorhanden sein. Dies kann z. B. durch Laufstege gewährleistet werden, die den zu erwartenden Lasten (Beschäftigte und Arbeitsmittel) sicher standhalten, mindestens 0,50 m breit und

- beidseitig umwehrt sind oder

– einseitig umwehrt sind, wenn eine beidseitige Umwehrung die vorzunehmenden Arbeiten behindern würde und geeignete Anschlageinrichtungen für den Einsatz von PSAgA vorhanden sind.

(3) Lichtkuppeln und Lichtbänder, die konstruktiv nicht durchtrittsicher sind, müssen mit geeigneten Umwehrungen, Überdeckungen oder Unterspannungen ausgeführt sein, die ein Durchstürzen von Beschäftigten verhindern. Für Arbeiten und Verkehrswege im Gefahrenbereich (Abstand ≤ 2,0 m) von nicht durchtrittsicheren Lichtkuppeln und Lichtbändern im Bestand ist sicherzustellen, dass durch Absperrungen oder Abdeckungen ein Absturz verhindert wird. Auf Unterspannungen, Überdeckungen oder Absperrungen kann verzichtet werden, wenn der Aufsatzkranz des nicht durchtrittsicheren Bauteils, z. B. der Lichtkuppel, mindestens 0,50 m über die Dachfläche hinausragt.

(4) Für die Ausführung von Arbeiten und für die Benutzung von Verkehrswegen im Gefahrenbereich (Abstand ≤ 2,0 m) von sonstigen nicht durchtrittsicheren Dachoberlichtern (z. B. Lichtplatten aus Kunststoff) ist aufgrund der örtlichen Gegebenheiten im Rahmen der Gefährdungsbeurteilung zu entscheiden, ob und ggf. welche Maßnahmen zu treffen sind, z. B. Geländer, Abdeckung, Arbeiten mit PSAgA.

8 Abweichende/ergänzende Anforderungen für Baustellen

8.1 Arbeitsplätze und Verkehrswege auf geneigten Flächen

(1) Auf geneigten Flächen, auf denen die Gefahr des Abrutschens von Beschäftigten besteht, darf nur gearbeitet werden, nachdem Maßnahmen gegen das Abrutschen vom Arbeitsplatz getroffen worden sind.

(2) Für Arbeiten auf einer mehr als 45° geneigten Fläche (z. B. auf gelatteten Dachflächen oder Böschungen) sind besondere Arbeitsplätze mit mindestens 0,50 m breiten, waagerechten Standplätzen zu schaffen.

(3) Bei Arbeiten an und auf Flächen mit Neigungen von mehr als 22,5° bis 60° darf der Höhenunterschied zwischen Arbeitsplätzen oder Verkehrswegen und den Einrichtungen zum Auffangen abrutschender Beschäftigter nicht mehr als 5,00 m betragen.

(4) Für das Errichten, Instandhalten oder Umlegen von Masten für elektrische Betriebsmittel auf Dachflächen mit einer Neigung von mehr als 22,5° bis 60° müssen Einrichtungen zum Auffangen abrutschender Beschäftigter bei mehr als 2,00 m Absturzhöhe vorhanden sein.

8.2 Sicherungen gegen Absturz an Arbeitsplätzen und Verkehrswegen

(1) Arbeitsplätze und Verkehrswege auf Baustellen müssen zeitlich, räumlich und tätigkeitsbezogen festgelegt werden. Ein Arbeitsplatz auf einer Baustelle ist der zur Durchführung der Arbeiten erforderliche räumlich begrenzte Bereich, der einer bestimmten Anzahl von Beschäftigten von ihrem jeweiligen Arbeitgeber zugewiesen wird, um dort innerhalb eines bestimmten (möglicherweise auch nur kurzen) Zeitraums für einen abgrenzbaren Arbeitsschritt tätig zu werden. Beispiele für abgrenzbare Arbeitsschritte bei der Herstellung einer Geschossdecke sind insbesondere Einschalen, Bewehren, Betonieren oder Ausschalen.

Hinweis:

Zu Verkehrswegen auf Baustellen siehe ASR A1.8 »Verkehrswege« Punkt 7.1.

(2) Im Zuge des Baufortschritts verändern sich häufig die Anordnung sowie die Größe bzw. die Abmessungen von Arbeitsplätzen und Verkehrswegen. Ein Teilbereich einer Baustelle kann im Zuge des Baufortschritts tätigkeitsbezogen wechselnd als Arbeitsplatz oder Verkehrsweg festgelegt werden. Bei der gleichzeitigen Ausführung abgrenzbarer Arbeitsschritte kann ein Teilbereich einer Baustelle für Beschäftigte als Arbeitsplatz und für andere Beschäftigte als Verkehrsweg festgelegt sein.

(3) Muss ein Teilbereich eines Arbeitsplatzes zugleich als Verkehrsweg von anderen Beschäftigten desselben Arbeitgebers genutzt werden, so hat dieser Arbeitgeber diesen Verkehrsweg zuvor festzulegen und einzurichten.

(4) Muss ein Teilbereich eines Arbeitsplatzes zugleich Beschäftigten anderer Arbeitgeber als Verkehrsweg dienen, müssen sich die betroffenen Arbeitgeber hinsichtlich der Festlegung und Einrichtung der Verkehrswege abstimmen (§ 8 Arbeitsschutzgesetz (ArbSchG), § 6 DGUV Vorschrift 1).

Hinweis:

Bei der Festlegung und Einrichtung von Verkehrswegen auf Baustellen sind ggf. die Hinweise des Koordinators nach Baustellenverordnung (BaustellV) sowie der Sicherheits- und Gesundheitsschutzplan (SiGePlan) zu berücksichtigen.

(5) Wird ein als Verkehrsweg festgelegter Bereich von anderen Beschäftigten im Rahmen ihres Arbeitsauftrages als Arbeitsplatz genutzt, bleiben die Anforderungen an den Verkehrsweg davon unberührt. Der Arbeitgeber hat dafür zu sorgen, dass sich die Beschäftigten in diesem gemeinsam genutzten Bereich nicht gegenseitig gefährden.

(6) Eine Absturzgefahr besteht bei einer Absturzhöhe von mehr als 1 Meter.

(7) Schutzvorrichtungen, die ein Abstürzen von Beschäftigten verhindern (Absturzsicherungen), müssen vorhanden sein:

1. unabhängig von der Absturzhöhe an
   a) Arbeitsplätzen auf Baustellen am und über Wasser oder anderen festen oder flüssigen Stoffen, in denen man versinken kann,
   b) Verkehrswegen auf Baustellen über Wasser oder anderen festen oder flüssigen Stoffen, in denen man versinken kann;
2. bei mehr als 1,00 m Absturzhöhe, soweit nicht nach Nummer 1 zu sichern ist, an
   a) freiliegenden Treppenläufen und -absätzen,
   b) Wandöffnungen,
   c) allen übrigen Verkehrswegen auf Baustellen;
3. bei mehr als 2,00 m Absturzhöhe an allen übrigen Arbeitsplätzen.

Bei einer Absturzhöhe bis zu 3,00 m ist eine Schutzvorrichtung entbehrlich an Arbeitsplätzen und Verkehrswegen auf Dächern und Geschossdecken von baulichen Anlagen mit bis zu 22,5 Grad Neigung und nicht mehr als 50,00 m² Grundfläche, sofern die Arbeiten von hierfür fachlich qualifizierten und körperlich geeigneten Beschäftigten ausgeführt werden und diese Beschäftigten besonders unterwiesen sind. Die Absturzkante muss für die Beschäftigten deutlich erkennbar sein.

(8) Sind Schutzvorrichtungen, die ein Abstürzen von Beschäftigten verhindern (Absturzsicherungen) aufgrund der Eigenart des Arbeitsplatzes oder der durchzuführenden Arbeiten nicht geeignet, ist die Rangfolge der Maßnahmen zum Schutz vor Absturz nach Punkt 4.2 anzuwenden.

(9) Beim Einsatz von Fanggerüsten oder Arbeitsplattformnetzen ist an Verkehrswegen und Arbeitsplätzen eine Absturzhöhe in die Auffangeinrichtung bis 2,00 m zulässig. Beim Einsatz von Schutznetzen sind an Verkehrswegen und Arbeitsplätzen Absturzhöhen in die Auffangeinrichtung bis 3,00 m zulässig.

(10) Abweichend von Punkt 5.1 Absatz 2 beträgt die Mindesthöhe der Umwehrung 1,00 m. Bei der Verwendung von Systembauteilen ist eine Mindesthöhe von 950 mm zulässig. Die Höhe der Umwehrung darf entgegen Punkt 5.1 Absatz 2 Satz 2 nicht auf 0,80 m verringert werden.

(11) Umwehrungen sind so dicht wie möglich an der Absturzkante anzubringen. Davon darf unabhängig von der Absturzhöhe abgewichen werden, wenn Arbeitsplätze oder Verkehrswege höchstens 0,30 m von anderen tragfähigen und ausreichend bemessenen Umwehrungen entfernt liegen (siehe Abb. 5).

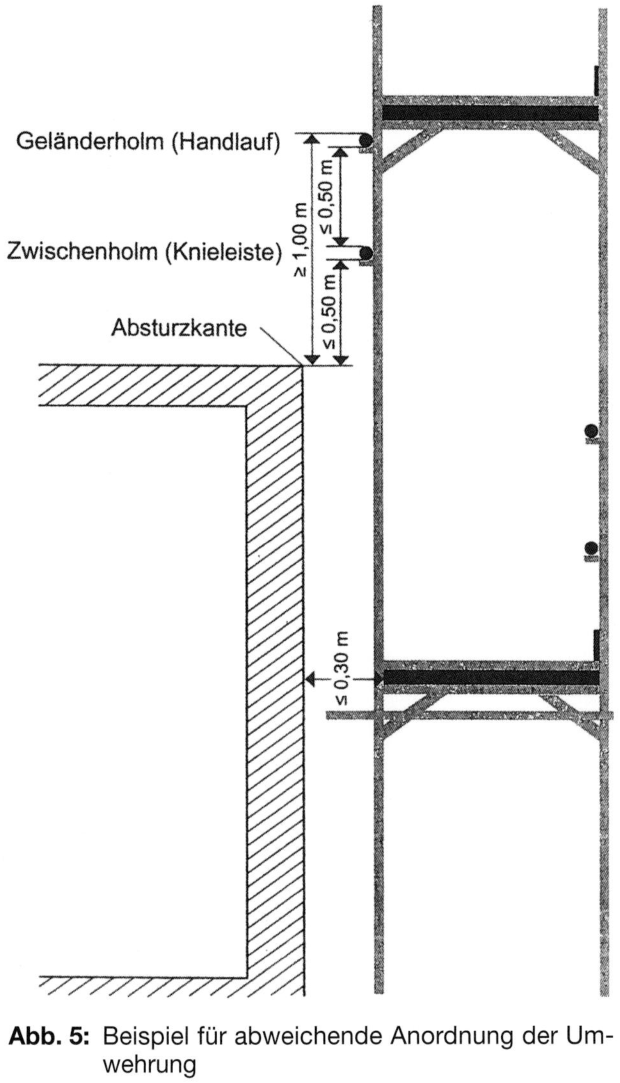

Abb. 5: Beispiel für abweichende Anordnung der Umwehrung

(12) Abweichend von Punkt 5.1 Absatz 5 müssen Umwehrungen Fußleisten von mindestens 0,15 m Höhe haben.

(13) Abweichend von Punkt 5.1 Absatz 7 müssen Umwehrungen so beschaffen und angebracht sein, dass an jeder Stelle normal zur Achse des Pfostens wirkend, eine Einzellast von H_{T1} und V_{T1} = 300 N und parallel zum Geländerholm wirkend von H = 200 N aufgenommen werden kann. Dabei darf die elastische Durchbiegung des Systems nicht größer als 5,5 cm sein. Die Fußleiste/Bordbrett muss abweichend hiervon eine Einzellast H_{T2} und V_{T2} = 200 N aufnehmen. Die Umwehrungen müssen so beschaffen und befestigt sein, dass an allen Seitenschutzbauteilen zusätzlich eine vertikal wirkende Einzellast von V_D = 1250 N aufgenommen werden kann (siehe Abb. 6). Die Umwehrung muss so ausgelegt sein, dass sie einer Person, die sich am Seitenschutz anlehnt oder beim Gehen festhält, standhält. Außerdem muss sie eine Person auffangen, die gegen den Seitenschutz läuft oder fällt. Umwehrungen müssen den Beanspruchungen infolge Windlasten widerstehen.

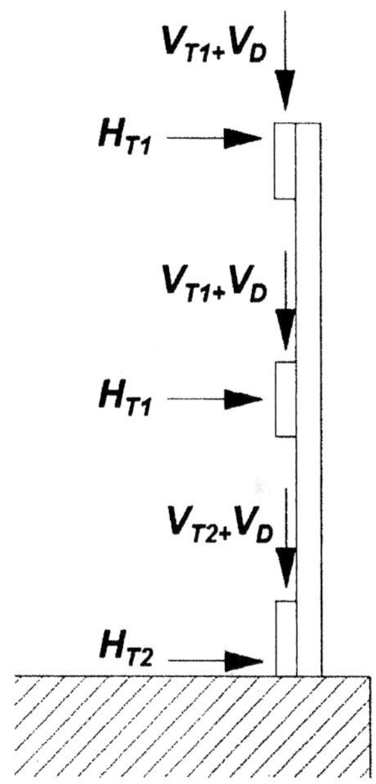

Abb. 6: Ansatzpunkte der Vertikal- und Horizontallasten

(14) Für Bauarbeiten in bestehenden Gebäuden ist im Rahmen der Gefährdungsbeurteilung zu prüfen, ob vorhandene Absturzsicherungen den Anforderungen dieser ASR entsprechen oder ob ergänzende Maßnahmen erforderlich sind.

8.3 Wandöffnungen

Abweichend von Punkt 5.3 Abs. 1 müssen Wandöffnungen, bei denen eine Absturzgefährdung besteht, und die breiter als 0,30 m und höher als 1,00 m sind und die nicht über die nach Punkt 5.1 Abs. 2 und 3 erforderliche Brüstungshöhe verfügen, fest angebrachte oder bewegliche Umwehrungen haben. Sie müssen mit einer Sicherung gegen unbeabsichtigtes Öffnen oder Ausheben versehen sein.

8.4 Schutz gegen herabfallende Gegenstände

(1) Ergänzend zu Punkt 6.1 sind Schütt-Trichter über Arbeitsplätzen und Verkehrswegen so auszubilden, dass

Beschäftigte und andere Personen nicht durch überschüttetes Material getroffen werden können.

(2) Ergänzend zu Punkt 6.1 sind Traggerüste sowie Verbau von Gruben, Gräben und Schächten von losen Gegenständen freizuhalten.

Literaturhinweise

- TRBS 2121 Technische Regel für Betriebssicherheit, Gefährdung von Personen durch Absturz
- RAB 32 Regel zum Arbeitsschutz auf Baustellen, Unterlage für spätere Arbeiten
- DGUV Regel 101-011 Einsatz von Schutznetzen 07/2016
- DGUV Regel 112-198 Benutzung von persönlichen Schutzausrüstungen gegen Absturz 09/2019
- DGUV Regel 112-199 Retten aus Höhen und Tiefen mit persönlichen Absturzschutzausrüstungen 07/2012
- DGUV Information 201-010 Handlungsanleitung für den Umgang mit Arbeitsplattformnetzen 05/2021
- DGUV Information 201-054 Dach-, Zimmer- und Holzbauarbeiten 10/2015
- DGUV Information 212-515 Persönliche Schutzausrüstungen 09/2006
- DGUV Information 208-007 Roste – Auswahl und Betrieb 01/1996, aktualisiert 05/2013
- DGUV Information 201-056 Planungsgrundlagen von Anschlageinrichtungen auf Dächern 08/2012, Aktualisiert 08/2015
- ETB-Richtlinie Bauteile, die gegen Absturz sichern
- TRAV Technische Regeln für die Verwendung von absturzsichernden Verglasungen (Deutsches Institut für Bautechnik)
- TRLV Technische Regeln für die Verwendung von linienförmig gelagerten Verglasungen (Deutsches Institut für Bautechnik)
- DIN 4426:2013-12 Einrichtungen zur Instandhaltung baulicher Anlagen – Sicherheitstechnische Anforderungen an Arbeitsplätze und Verkehrswege – Planung und Ausführung
- DIN EN 795:2012-10 Persönliche Absturzschutzausrüstung – Anschlageinrichtungen
- DIN EN 1263-1:2013-01 Schutznetze (Auffangnetze), Teil 1: Sicherheitstechnische Anforderungen, Prüfverfahren
- DIN EN 1263-2:2013-01 Schutznetze (Sicherheitsnetze) Teil 2: Sicherheitstechnische Anforderungen für die Errichtung von Schutznetzen
- DIN EN 12811-1:2004-03 Temporäre Konstruktionen für Bauwerke – Teil 1: Arbeitsgerüste – Leistungsanforderungen, Entwurf, Konstruktion und Bemessung
- DIN EN 13374:2004-08 Temporäre Seitenschutzsysteme – Produktfestlegungen und Prüfverfahren

3.2.15 ASR A2.2 »Maßnahmen gegen Brände«

Ausgabe Mai 2018; letzte Änderung März 2022

(Gemeinsames Ministerialblatt 2018, Nr. 24 Seite 446; 2022 Nr. 9–11, Seite 247)

Die Technischen Regeln für Arbeitsstätten (ASR) geben den Stand der Technik, Arbeitsmedizin und Hygiene sowie sonstige gesicherte wissenschaftliche Erkenntnisse für die Sicherheit und Gesundheit der Beschäftigten beim Einrichten und Betreiben von Arbeitsstätten wieder.

Sie werden vom **Ausschuss für Arbeitsstätten** ermittelt bzw. angepasst und vom Bundesministerium für Arbeit und Soziales im Gemeinsamen Ministerialblatt bekannt gemacht.

Diese ASR A2.2 konkretisiert im Rahmen ihres Anwendungsbereichs Anforderungen der Verordnung über Arbeitsstätten. Bei Einhaltung dieser Technischen Regel kann der Arbeitgeber davon ausgehen, dass die entsprechenden Anforderungen der Verordnung erfüllt sind. Wählt der Arbeitgeber eine andere Lösung, muss er damit mindestens die gleiche Sicherheit und den gleiche Schutz der Gesundheit für die Beschäftigten erreichen.

Inhalt

1 Zielstellung

Diese ASR konkretisiert die Anforderungen an die Ausstattung von Arbeitsstätten mit Brandmelde- und Feuerlöscheinrichtungen sowie die damit verbundenen organisatorischen Maßnahmen für das Betreiben nach § 3 a Absatz 1, § 4 Absatz 3 und § 6 Absatz 3 einschließlich der Punkte 2.2 und 5.2 Absatz 1 g des Anhangs der Arbeitsstättenverordnung.

2 Anwendungsbereich

(1) Diese ASR gilt für das Einrichten und Betreiben von Arbeitsstätten mit Feuerlöscheinrichtungen sowie für weitere Maßnahmen zur Erkennung, Alarmierung sowie Bekämpfung von Entstehungsbränden.

(2) Für alle Arbeitsstätten gemäß § 2 der Arbeitsstättenverordnung gelten die Anforderungen und Gestaltungshinweise nach Punkt 5 dieser Regel (Grundausstattung).

(3) Für Arbeitsstätten mit normaler Brandgefährdung ist die Grundausstattung ausreichend.

(4) Für Arbeitsstätten mit erhöhter Brandgefährdung sind über die Grundausstattung hinaus zusätzlich Maßnahmen nach Punkt 6 dieser Regel erforderlich.

Hinweis: Für die barrierefreie Gestaltung der Maßnahmen gegen Brände gilt die ASR V3a.2 »Barrierefreie Gestaltung von Arbeitsstätten«, Anhang A2.2: Ergänzende Anforderungen zur ASR A2.2 »Maßnahmen gegen Brände«.

3 Begriffsbestimmungen

3.1 Brandgefährdung liegt vor, wenn brennbare Stoffe vorhanden sind und die Möglichkeit für eine Brandentstehung besteht.

3.2 **Normale Brandgefährdung** liegt vor, wenn die Wahrscheinlichkeit einer Brandentstehung, die Geschwindigkeit der Brandausbreitung, die dabei frei werdenden Stoffe und die damit verbundene Gefährdung für Personen, Umwelt und Sachwerte vergleichbar sind mit den Bedingungen bei einer Büronutzung.

3.3 **Erhöhte Brandgefährdung** liegt vor, wenn

- entzündbare bzw. oxidierende Stoffe oder Gemische vorhanden sind,
- die örtlichen und betrieblichen Verhältnisse für eine Brandentstehung günstig sind,
- in der Anfangsphase eines Brandes mit einer schnellen Brandausbreitung oder großen Rauchfreisetzung zu rechnen ist,
- Arbeiten mit einer Brandgefährdung durchgeführt werden (z. B. Schweißen, Brennschneiden, Trennschleifen, Löten) oder Verfahren angewendet werden, bei denen eine Brandgefährdung besteht (z. B. Farbspritzen, Flammarbeiten) oder
- erhöhte Gefährdungen vorliegen, z. B. durch selbsterhitzungsfähige Stoffe oder Gemische, Stoffe der Brandklassen D und F, brennbare Stäube, extrem oder leicht entzündbare Flüssigkeiten oder entzündbare Gase.

Hinweis: Die erhöhte Brandgefährdung im Sinne dieser ASR schließt die erhöhte und hohe Brandgefährdung nach der Technischen Regel für Gefahrstoffe TRGS 800 »Brandschutzmaßnahmen« ein.

3.4 **Entstehungsbrände** im Sinne dieser Regel sind Brände mit so geringer Rauch- und Wärmeentwicklung, dass noch eine gefahrlose Annäherung von Personen bei freier Sicht auf den Brandherd möglich ist.

3.5 **Brandmelder** dienen dem frühzeitigen Erkennen von Bränden und Auslösen eines Alarms. Dabei wird zwischen automatischen und nichtautomatischen Brandmeldern (Handfeuermeldern) unterschieden.

3.6 **Feuerlöscheinrichtungen** im Sinne dieser Regel sind tragbare oder fahrbare Feuerlöscher, Wandhydranten und weitere handbetriebene Geräte zur Bekämpfung von Entstehungsbränden.

3.7 **Löschvermögen** beschreibt die Leistungsfähigkeit eines Feuerlöschers, ein genormtes Brandobjekt abzulöschen.

3.8 **Löschmitteleinheit (LE)** ist eine eingeführte Hilfsgröße, die es ermöglicht, die Leistungsfähigkeit unterschiedlicher Feuerlöschertypen zu vergleichen und durch Addition das Gesamtlöschvermögen von mehreren Feuerlöschern zu ermitteln.

3.9 **Brandschutzhelfer** sind die Beschäftigten, die der Arbeitgeber für Aufgaben der Brandbekämpfung bei Entstehungsbränden benannt hat.

3.10 **Brandschutzbeauftragte** sind Personen, die vom Arbeitgeber bestellt werden und ihn zu Themen des betrieblichen Brandschutzes beraten und unterstützen.

4 Eignung von Feuerlöschern und Löschmitteln

4.1 Brandklassen

Feuerlöscher bzw. Löschmittel werden vom Hersteller entsprechend der Eignung einer oder mehreren Brandklassen zugeordnet. Diese Zuordnung ist auf dem Feuerlöscher mit Piktogrammen angegeben (siehe Tabelle 1).

Tabelle 1: Brandklassen nach DIN EN 2:2005-01 »Brandklassen«, Piktogramme nach DIN EN 3-7: 2007-10 »Tragbare Feuerlöscher – Teil 7: Eigenschaften, Leistungsanforderungen und Prüfungen«

Piktogramm	Brandklasse
	**Brandklasse A**: Brände fester Stoffe (hauptsächlich organischer Natur), verbrennen normalerweise unter Glutbildung Beispiele: Holz, Papier, Stroh, Textilien, Kohle, Autoreifen
	**Brandklasse B**: Brände von flüssigen oder flüssig werdenden Stoffen Beispiele: Benzin, Öle, Schmierfette, Lacke, Harze, Wachse, Teer *Hinweis: Sicherheitsdatenblatt beachten*
	**Brandklasse C**: Brände von Gasen Beispiele: Methan, Propan, Wasserstoff, Acetylen, Erdgas
	**Brandklasse D**: Brände von Metallen Beispiele: Aluminium, Magnesium, Lithium, Natrium, Kalium und deren Legierungen
	**Brandklasse F**: Brände von Speiseölen und -fetten (pflanzliche oder tierische Öle und Fette) in Frittier- und Fettbackgeräten und anderen Kücheneinrichtungen und -geräten

Für Brände von elektrischen Anlagen und Betriebsmitteln wird in DIN EN 2:2005-01 »Brandklassen« keine eigenständige Brandklasse ausgewiesen.

Feuerlöscher nach DIN EN 3-7:2007-10 »Tragbare Feuerlöscher – Teil 7: Eigenschaften, Leistungsanforderungen und Prüfungen«, die für die Brandbekämpfung im Bereich elektrischer Anlagen geeignet sind, werden mit der maximalen Spannung und dem notwendigen Mindestabstand gekennzeichnet, z. B. bis 1000 V, Mindestabstand 1 m.

4.2 Löschvermögen, Löschmitteleinheiten

(1) Das Löschvermögen wird durch eine Zahlen-Buchstabenkombination auf dem Feuerlöscher angegeben. In dieser Zahlen-Buchstabenkombination bezeichnet die Zahl die Größe des erfolgreich abgelöschten Norm-Prüfobjektes und der Buchstabe die Brandklasse (siehe Abbildung 1).

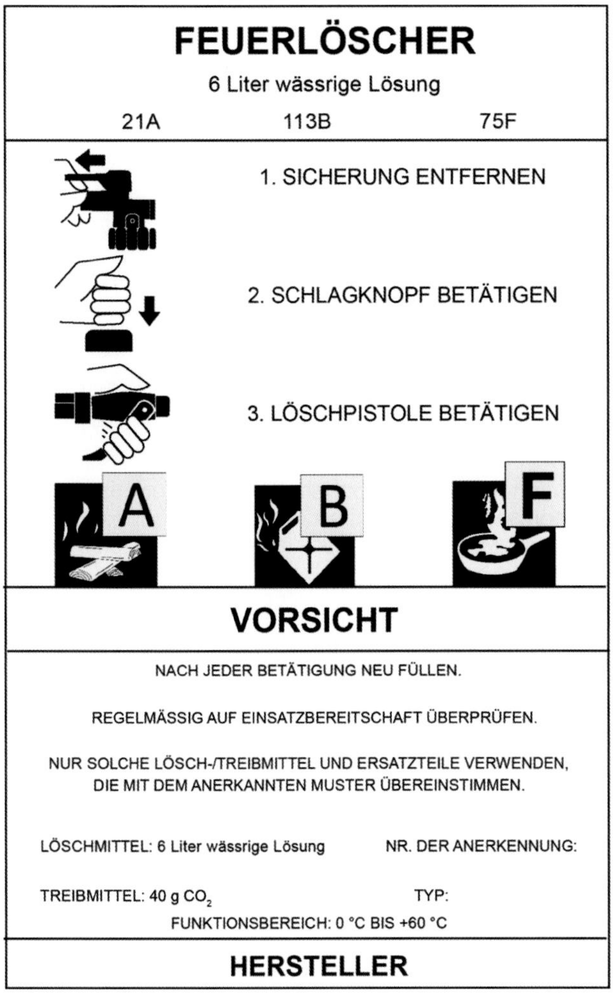

Abb. 1: Beispiel für die Beschriftung eines Feuerlöschers durch den Hersteller, in Anlehnung an DIN EN 3-7:2007-10 »Tragbare Feuerlöscher – Teil 7: Eigenschaften, Leistungsanforderungen und Prüfungen«

Hinweise:

1. *Die Buchstaben A, B, F bezeichnen die jeweilige Brandklasse, für die der Feuerlöscher geeignet ist. Die davor stehenden Zahlen 21A, 113B, 75F in Abbildung 1 geben das Löschvermögen in der jeweiligen Brandklasse, bestimmt an einem Norm-Prüfobjekt entsprechender Größe, an.*
2. *Es kann für die Brandklassen A und B mithilfe der Tabelle 2 in Löschmitteleinheiten (LE) umgerechnet werden.*
3. *Für die Brandklassen C und D wird nur die Eignung des Feuerlöschers ohne Bestimmung des Löschvermögens festgestellt.*
4. *Für die Brandklasse F gibt die Zahl 75 in Abbildung 1 an, dass unter Prüfbedingungen ein Brand mit einem Volumen von 75 Litern Speisefett/-öl erfolgreich abgelöscht werden kann. Feuerlöscher der Brandklasse F sind mit einem Löschvermögen von 5F, 25F, 40F und 75F erhältlich. Eine Umrechnung in Löschmitteleinheiten (LE) erfolgt nicht.*

(2) Da das Löschvermögen nicht addiert werden kann, wird zur Berechnung der Anzahl der erforderlichen Feuerlöscher für die Brandklassen A und B eine Hilfsgröße, die »Löschmitteleinheit (LE)« verwendet. Dem im Versuch ermittelten Löschvermögen der Feuerlöscher wird dadurch eine bestimmte Anzahl von Löschmitteleinheiten zugeordnet, siehe Tabelle 2. Diese Werte können dann je Brandklasse addiert werden.

Tabelle 2: Zuordnung des Löschvermögens zu Löschmitteleinheiten (Zuordnung von Feuerlöschern der Grundausstattung gemäß Punkt 5.2)

	Löschvermögen (Rating gemäß DIN EN 3-7:2007-10)	
LE	Brandklasse A	Brandklasse B
1	5A	21B
2	8A	34B
3		55B
4	13A	70B
5		89B
6	21A	113B
9	27A	144B
10	34A	
12	43A	183B
15	55A	233B

(3) Werden Feuerlöscher für verschiedene Brandklassen bereitgestellt, dann muss das Löschvermögen für jede der vorhandenen Brandklassen ausreichend sein.

5 Ausstattung für alle Arbeitsstätten

5.1 Branderkennung und Alarmierung

(1) Der Arbeitgeber hat durch geeignete Maßnahmen sicherzustellen, dass die Beschäftigten im Brandfall unverzüglich gewarnt und zum Verlassen von Gebäuden oder gefährdeten Bereichen aufgefordert werden können. Die Möglichkeit zur Alarmierung von Hilfs- und Rettungskräften muss gewährleistet sein.

(2) Brände können durch Personen oder Brandmelder erkannt und gemeldet werden.

Brandmelder dienen der frühzeitigen Erkennung von Bränden. Dies trägt maßgeblich zum Löscherfolg und zur rechtzeitigen Einleitung von Evakuierungs- und Rettungsmaßnahmen bei.

Als Brandmelder werden technische Geräte zum Auslösen eines Alarms im Falle eines Brandes bezeichnet. Dabei wird unterschieden zwischen automatischen Brandmeldern, welche einen Brand anhand seiner Eigenschaften (z. B. Rauch, Temperatur, Flamme) erkennen, und nichtautomatischen Brandmeldern, die von Hand betätigt werden (Handfeuermelder). Der Alarm kann dem Warnen der anwesenden Personen oder dem Herbeirufen von Hilfe (z. B. Sicherheitspersonal, Feuerwehr) dienen.

(3) Geeignete Maßnahmen zur Alarmierung von Personen sind z. B.:

- Brandmeldeanlagen mit Sprachalarmanlagen (SAA) oder akustische Signalgeber (z. B. Hupen, Sirenen),
- Hausalarmanlagen,
- Elektroakustische Notfallwarnsysteme (ENS),
- optische Alarmierungsmittel,
- Telefonanlagen,
- Megaphone,
- Handsirenen,
- Zuruf durch Personen oder
- personenbezogene Warneinrichtungen.

(4) Technische Maßnahmen sind vorrangig umzusetzen. Dabei sind automatische Brandmelde- und Alarmierungseinrichtungen zu bevorzugen.

Die Notwendigkeit von technischen Alarmierungsanlagen ergibt sich aus der Gefährdungsbeurteilung, z. B. wenn Ruf- und Sichtverbindungen oder räumliche Gegebenheiten eine Warnung der gefährdeten Personen nicht erlauben bzw. sich Handlungsbedarf aus den Evakuierungsübungen nach ASR A2.3 »Fluchtwege und Notausgänge« oder aus Auflagen von Behörden ergibt.

5.2 Grundausstattung mit Feuerlöscheinrichtungen

(1) Der Arbeitgeber hat Feuerlöscheinrichtungen nach Art und Umfang der im Betrieb vorhandenen brennbaren Stoffe, der Brandgefährdung und der Grundfläche der Arbeitsstätte in ausreichender Anzahl bereitzustellen. Für die Ermittlung der Art und Anzahl der erforderlichen Feuerlöscher kann die Arbeitsstätte in Teilbereiche unterteilt werden, sofern dies wegen der baulichen Gegebenheiten oder der Nutzungsbedingungen sinnvoll oder erforderlich ist. Die zu einer Arbeitsstätte gehörenden Teilbereiche können in unterschiedliche Brandgefährdungen eingestuft sein.

Im Regelfall hat der Arbeitgeber bei der Grundausstattung als Feuerlöscheinrichtungen Feuerlöscher nach DIN EN 3-7 : 2007-10 »Tragbare Feuerlöscher – Teil 7: Eigenschaften, Leistungsanforderungen und Prüfungen« bereitzustellen. Ein allgemeines Lösungsschema zur Festlegung der Ausstattung der Arbeitsstätte enthält Anhang 1; Ausführungsbeispiele für die Grundausstattung sind im Anhang 2 und für die Abweichung von der Grundausstattung im Anhang 3 dargestellt.

(2) In allen Arbeitsstätten ist für die Grundausstattung die für einen Bereich erforderliche Anzahl von Feuerlöschern mit dem entsprechenden Löschvermögen für die Brandklassen A und B nach den Tabellen 2 und 3 zu ermitteln. Ausgehend von der Grundfläche (Summe der Grundflächen aller Ebenen) der Arbeitsstätte gemäß Tabelle 3 sind die erforderlichen Löschmitteleinheiten zu ermitteln. Aus Tabelle 2 ist dann die entsprechende Art, Anzahl und Größe der Feuerlöscher entsprechend ihrem Löschvermögen zu entnehmen, wobei die Summe der Löschmitteleinheiten mindestens der aus der Tabelle 3 entnommenen Zahl je Brandklasse entsprechen muss.

Flächen im Freien (z. B. Grünanlagen, Verkehrswege) können bei der Ermittlung der Grundausstattung unberücksichtigt bleiben.

Tabelle 3: Löschmitteleinheiten in Abhängigkeit von der Grundfläche der Arbeitsstätte

Grundfläche bis ... m²	Löschmitteleinheiten [LE]
50	6
100	9
200	12
300	15
400	18
500	21
600	24
700	27
800	30
900	33
1000	36
je weitere 250	+ 6

Für die Grundausstattung werden im Regelfall nur Feuerlöscher angerechnet, die jeweils über mindestens sechs Löschmitteleinheiten (LE) verfügen.

Abweichend davon können für die Grundausstattung bei normaler Brandgefährdung auch Feuerlöscher, die jeweils nur über mindestens zwei Löschmitteleinheiten (LE) verfügen, angerechnet werden, wenn:

- sich hierdurch eine Vereinfachung in der Bedienung ergibt, z. B. durch mindestens 25 % Gewichtsersparnis je Feuerlöscher,
- die Zugriffszeit, z. B. durch Halbierung der maximalen Entfernung zum nächstgelegenen Feuerlöscher nach Punkt 5.3, reduziert wird und
- die Anzahl der Brandschutzhelfer nach Punkt 7.3 verdoppelt wird.

In mehrgeschossigen Gebäuden sind in jedem Geschoss mindestens sechs Löschmitteleinheiten (LE) bereitzustellen.

Um tragbare Feuerlöscher einfach handhaben zu können, soll

- auf ein geringes Gerätegewicht sowie
- innerhalb eines Bereiches auf gleiche Funktionsweise der Geräte bei Auslöse- und Unterbrechungseinrichtungen

geachtet werden.

Hinweise:

1. *Bei der Auswahl der Feuerlöscher sollten auch mögliche Folgeschäden durch die Löschmittel berücksichtigt werden.*

2. *Bei dem Einsatz von Kohlendioxid (CO2) als Löschmittel sind Gesundheitsgefahren durch zu hohe CO2-Konzentrationen zu berücksichtigen.*

(3) Sind in einem Gebäude Arbeitsstätten verschiedener Arbeitgeber vorhanden, können vorhandene Feuerlöscher gemeinsam genutzt werden. Dabei hat jeder Arbeitgeber sicherzustellen, dass für seine Beschäftigten der Zugriff zu den erforderlichen Feuerlöschern jederzeit gewährleistet ist.

5.3 Anforderungen an die Bereitstellung von Feuerlöscheinrichtungen

Der Arbeitgeber hat sicherzustellen, dass in Arbeitsstätten:

- Feuerlöscher gut sichtbar und leicht erreichbar angebracht sind,
- Feuerlöscher vorzugsweise in Fluchtwegen, im Bereich der Ausgänge ins Freie, an den Zugängen zu Treppenräumen oder an Kreuzungspunkten von Verkehrswegen/Fluren angebracht sind,
- die Entfernung von jeder Stelle zum nächstgelegenen Feuerlöscher nicht mehr als 20 m (tatsächliche Laufweglänge) beträgt, um einen schnellen Zugriff zu gewährleisten,
- Feuerlöscher vor Beschädigungen und Witterungseinflüssen geschützt aufgestellt sind, z. B. durch Schutzhauben, Schränke, Anfahrschutz; dies kann z. B. bei Tankstellen, in Tiefgaragen oder nicht allseitig umschlossenen baulichen Anlagen erforderlich sein,
- Feuerlöscher so angebracht sind, dass diese ohne Schwierigkeiten aus der Halterung entnommen werden können; für die Griffhöhe haben sich 0,80 m bis 1,20 m als zweckmäßig erwiesen,
- die Standorte von Feuerlöschern durch das Brandschutzzeichen F001 »Feuerlöscher« entsprechend ASR A1.3 »Sicherheits- und Gesundheitsschutzkennzeichnung« gekennzeichnet sind. In unübersichtlichen Arbeitsstätten ist der nächstgelegene Standort eines Feuerlöschers gut sichtbar durch das Brandschutzzeichen F001 »Feuerlöscher« in Verbindung mit einem Zusatzzeichen »Richtungspfeil« anzuzeigen. Besonders in lang gestreckten Räumen oder Fluren sollen Brandschutzzeichen in Laufrichtung jederzeit erkennbar sein, z. B. durch den Einsatz von Fahnen- oder Winkelschildern,
- weitere Feuerlöscheinrichtungen ebenfalls entsprechend ASR A1.3 »Sicherheits- und Gesundheitsschutzkennzeichnung« gekennzeichnet sind (z. B. für Wandhydranten: Brandschutzzeichen F002 »Löschschlauch«),
- die Erkennbarkeit der notwendigen Brandschutzzeichen auf Fluchtwegen ohne Sicherheitsbeleuchtung durch Verwendung von langnachleuchtenden Materialien entsprechend ASR A1.3 erhalten bleibt und
- die Standorte der Feuerlöscheinrichtungen in den Flucht- und Rettungsplan entsprechend ASR A2.3 »Fluchtwege und Notausgänge« aufgenommen sind.

6 Ausstattung von Arbeitsstätten mit erhöhter Brandgefährdung

6.1 Feststellung der erhöhten Brandgefährdung

Werden im Rahmen der Gefährdungsbeurteilung Bereiche mit erhöhter Brandgefährdung festgestellt, hat der Arbeitgeber neben der Grundausstattung nach Punkt 5.2 und den Grundanforderungen für die Bereitstellung nach Punkt 5.3 zusätzliche betriebs- und tätigkeitsspezifische Maßnahmen zu ergreifen (siehe Punkt 6.2).

Von erhöhter Brandgefährdung kann z. B. in folgenden Arbeitsstätten oder bei folgenden Tätigkeiten ausgegangen werden (siehe Tabelle 4):

Tabelle 4: Beispielhafte Aufzählung von Bereichen und Tätigkeiten in Arbeitsstätten mit erhöhter Brandgefährdung

1.	Verkauf, Handel, Lagerung
	– Lager mit extrem oder leicht entzündbaren bzw. leicht entflammbaren Stoffen oder Gemischen – Lager für Recyclingmaterial und Sekundärbrennstoffe – Speditionslager – Lager mit Lacken und Lösungsmitteln – Altpapierlager – Baumwolllager, Holzlager, Schaumstofflager – Lagerbereiche für Verpackungsmaterial – Lager mit sonstigem brennbaren Material – Ausstellungen für Möbel – Verkaufsräume mit erhöhten Brandgefährdungen, z. B. Heimwerkermarkt, Baumarkt
2.	Dienstleistung
	– Kinos, Diskotheken – Abfallsammelräume – Küchen – Beherbergungsbetriebe – Theaterbühnen – technische und naturwissenschaftliche Bereiche in Bildungs- und Forschungseinrichtungen – Tank- und Tankfahrzeugreinigung – chemische Reinigung, Wäschereien – Alten- und Pflegeheime – Werkstätten für Menschen mit Behinderungen – Krankenhäuser

3.	Industrie
	– Möbelherstellung, Spanplattenherstellung – Webereien, Spinnereien – Herstellung von Papier im Trockenbereich – Verarbeitung von Papier – Getreidemühlen und Futtermittelproduktion – Schaumstoff-, Dachpappenherstellung – Verarbeitung von brennbaren Lacken und Klebern – Lackier- und Pulverbeschichtungsanlagen und -geräte – Öl-Härtereien – Druckereien – petrochemische Anlagen – Verarbeitung von brennbaren Chemikalien – Leder- und Kunststoffverarbeitung – Kunststoff-Spritzgießerei – Kartonagenherstellung – Backwarenfabrik – Herstellung von Maschinen und Geräten
4.	Handwerk
	– Kfz-Werkstatt – Tischlerei/Schreinerei – Polsterei – Metallverarbeitung – Galvanik – Vulkanisierung – Leder-, Kunstleder- und Textilverarbeitung – Backbetrieb – Elektrowerkstatt

6.2 Zusätzliche Maßnahmen bei erhöhter Brandgefährdung

(1) Über die Grundausstattung hinausgehende zusätzliche Maßnahmen in Bereichen mit erhöhter Brandgefährdung sind z. B.:

- die Ausrüstung von Bereichen mit Brandmeldeanlagen zur frühzeitigen Erkennung von Entstehungsbränden,
- die Erhöhung der Anzahl der Feuerlöscher und deren gleichmäßige Verteilung in Bereichen mit erhöhter Brandgefährdung, um die maximale Entfernung zum nächstgelegenen Feuerlöscher und dadurch die Zeit bis zum Beginn der Entstehungsbrandbekämpfung zu verkürzen,
- die Anbringung mehrerer gleichartiger und baugleicher Feuerlöscher an einem Standort in Bereichen mit erhöhter Brandgefährdung, um bei ausreichend anwesenden Beschäftigten zur Entstehungsbrandbekämpfung durch gleichzeitigen Einsatz mehrerer Feuerlöscher einen größeren Löscheffekt zu erzielen,
- die Bereitstellung von zusätzlichen, für die vor Ort vorhandenen Brandklassen geeigneten Feuerlöscheinrichtungen in Bereichen oder an Arbeitsplätzen mit erhöhter Brandgefährdung, um eine schnelle und wirksame Entstehungsbrandbekämpfung zu ermöglichen, z. B. Kohlendioxidlöscher in Laboren, Fettbrandlöscher an Fritteusen und Fettbackgeräten, fahrbare Feuerlöscher mit einer höheren Wurfweite und Löschleistung an Tanklagern mit brennbaren Flüssigkeiten, Wandhydranten in Gebäuden, bei denen eine hohe Löschleistung für die Entstehungsbrandbekämpfung oder zur Kühlung benötigt wird oder
- Maßnahmen, die nach der Technischen Regel für Gefahrstoffe TRGS 800 »Brandschutzmaßnahmen« für Tätigkeiten mit Gefahrstoffen nötig sind.

(2) Die wegen der erhöhten Brandgefährdung einzusetzenden Löscheinrichtungen sind so anzuordnen, dass sie auch schnell zum Einsatz gebracht werden können. Daher sind insbesondere in der Nähe der folgenden Stellen Feuerlöscheinrichtungen zu positionieren:

- Bearbeitungsmaschinen mit erhöhter Zündgefahr,
- erhöhte Brandlasten oder
- Räume, die wegen der erhöhten Brandgefahr brandschutztechnisch abgetrennt werden.

Dabei ist sicherzustellen, dass:

- das Löschmittel der Brandklasse angepasst ist,
- die Löschmittelmenge ausreichend ist, um einen Entstehungsbrand dieser Gefährdung abzudecken und
- die Feuerlöscheinrichtung so positioniert ist, dass sie im Falle eines Brandausbruchs in Bereichen mit erhöhter Brandgefährdung noch ohne Gefährdung vom Beschäftigten schnell (in der Regel nicht größer als 5 m, maximal 10 m tatsächliche Laufweglänge) erreicht werden kann.

(3) Ortsfeste Brandbekämpfungsanlagen (z. B. Sprinkleranlagen, Sprühwasserlöschanlagen, Feinsprühlöschanlagen, Schaum-, Pulver- oder Gaslöschanlagen) sind zusätzliche, also über die Grundausstattung hinaus gehende Maßnahmen des Brandschutzes. Sie sind vorrangig z. B. dann erforderlich, wenn:

- eine Brandbekämpfung mit Feuerlöscheinrichtungen wegen der Eigengefährdung nicht möglich ist oder
- die Bereiche nicht zugänglich sind.

Hinweis:

Für Tätigkeiten mit Gefahrstoffen sind die Maßnahmen des Brandschutzes nach der Technischen Regel für Gefahrstoffe – TRGS 800 »Brandschutzmaßnahmen« und für die Verwendung von Arbeitsmitteln die Maßnahmen zum Brand- und Explosionsschutz nach der Betriebssicherheitsverordnung zu beachten.

7 Organisation des betrieblichen Brandschutzes

7.1 Organisatorische Brandschutzmaßnahmen

(1) Der Arbeitgeber hat die notwendigen Maßnahmen gegen Entstehungsbrände einschließlich der Ver-

haltensregeln im Brandfall (z. B. Evakuierung von Gebäuden) festzulegen und zu dokumentieren.

Hinweis:

Informationen zur Evakuierung von Gebäuden sind in der ASR A2.3 »Fluchtwege und Notausgänge« enthalten.

(2) Die Maßnahmen für alle Personen, die sich in der Arbeitsstätte aufhalten, sind an gut zugänglicher Stelle in geeigneter Form auszuhängen, wenn:

- erhöhte Brandgefährdung vorliegt,
- der Aushang eines Flucht- und Rettungsplanes nach ASR A2.3 »Fluchtwege und Notausgänge« erforderlich ist oder
- sich häufig Besucher oder Fremdfirmen in der Arbeitsstätte aufhalten, insbesondere wenn sie nicht begleitet sind.

Dies kann z. B. als

- Brandschutzordnung Teil A nach DIN 14096:2014-05 »Brandschutzordnung Regeln für das Erstellen und das Aushängen« oder
- »Regeln für das Verhalten im Brandfall« des Flucht- und Rettungsplans nach ASR A1.3 »Sicherheits- und Gesundheitsschutzkennzeichnung«

erfolgen.

(3) Die Maßnahmen für alle Beschäftigten sind diesen durch Auslegen oder in elektronischer Form zugänglich zu machen. Dies kann z. B. in Form der Brandschutzordnung Teil B nach DIN 14096:2014-05 »Brandschutzordnung – Regeln für das Erstellen und das Aushängen« erfolgen.

(4) Die Maßnahmen für Beschäftigte mit besonderen Aufgaben im Brandschutz, soweit diese vorhanden sind (z. B. Brandschutzbeauftragte), sind diesen gegen Nachweis gegebenenfalls auch elektronisch bekannt zu machen. Dies kann z. B. in Form der Brandschutzordnung Teil C nach DIN 14096:2014-05 »Brandschutzordnung – Regeln für das Erstellen und das Aushängen« erfolgen.

7.2 Unterweisung

Der Arbeitgeber hat alle Beschäftigten über die nach Punkt 7.1 festgelegten Maßnahmen

- vor Aufnahme der Beschäftigung,
- bei Veränderung des Tätigkeitsbereiches und
- danach in angemessenen Zeitabständen, mindestens jedoch einmal jährlich,

zu unterweisen.

7.3 Brandschutzhelfer

(1) Der Arbeitgeber hat eine ausreichende Anzahl von Beschäftigten durch Unterweisung und Übung im Umgang mit Feuerlöscheinrichtungen zur Bekämpfung von Entstehungsbränden vertraut zu machen.

(2) Die Anzahl von Brandschutzhelfern ergibt sich aus der Gefährdungsbeurteilung. Ein Anteil von 5 % der Beschäftigten ist in der Regel ausreichend. Eine größere Anzahl von Brandschutzhelfern kann z. B. in Bereichen mit erhöhter Brandgefährdung, bei der Anwesenheit vieler Personen, Personen mit eingeschränkter Mobilität sowie bei großer räumlicher Ausdehnung der Arbeitsstätte erforderlich sein.

(3) Bei der Anzahl der Brandschutzhelfer sind auch Schichtbetrieb und Abwesenheit einzelner Beschäftigter, z. B. Fortbildung, Urlaub und Krankheit, zu berücksichtigen.

(4) Die Brandschutzhelfer sind im Hinblick auf ihre Aufgaben fachkundig zu unterweisen. Zum Unterweisungsinhalt gehören neben den Grundzügen des vorbeugenden Brandschutzes Kenntnisse über die betriebliche Brandschutzorganisation, die Funktions- und Wirkungsweise von Feuerlöscheinrichtungen, die Gefahren durch Brände sowie über das Verhalten im Brandfall.

(5) Praktische Übungen (Loschübungen) im Umgang mit Feuerlöscheinrichtungen gehören zur fachkundigen Unterweisung der Brandschutzhelfer.

Hinweis: In der Praxis hat es sich bei einer normalen Brandgefährdung bewährt, die Unterweisung mit Übung in Abständen von 2 bis 5 Jahren zu wiederholen. Das Zeitintervall für die Wiederholung ist vom Arbeitgeber anhand der Gefährdungsbeurteilung festzulegen.

7.4 Brandschutzbeauftragte

Ermittelt der Arbeitgeber eine erhöhte Brandgefährdung, kann die Benennung eines Brandschutzbeauftragten zweckmäßig sein. Dieser berät und unterstützt den Arbeitgeber zu Themen des betrieblichen Brandschutzes.

Hinweis: Die Notwendigkeit zur Bestellung eines Brandschutzbeauftragten kann sich auch aus anderen Rechtsvorschriften ergeben.

7.5 Instandhaltung und Prüfung

7.5.1 Brandmelde- und Feuerlöscheinrichtungen

(1) Der Arbeitgeber hat Brandmelde- und Feuerlöscheinrichtungen unter Beachtung der Herstellerangaben in regelmäßigen Abständen sachgerecht instand zu halten und auf ihre Funktionsfähigkeit prüfen zu lassen. Die Ergebnisse sind zu dokumentieren.

(2) Werden keine Mängel festgestellt, ist dies auf der Feuerlöscheinrichtung kenntlich zu machen, z. B. durch Anbringen eines Instandhaltungsnachweises.

(3) Werden Mängel festgestellt, durch welche die Funktionsfähigkeit der Feuerlöscheinrichtung nicht mehr gewährleistet ist, hat der Arbeitgeber unverzüglich zu veranlassen, dass die Feuerlöscheinrichtung instandgesetzt oder ausgetauscht wird.

7.5.2 Besondere Regelungen für Feuerlöscher

(1) Die Bauteile von Feuerlöschern sowie die im Feuerlöscher enthaltenen Löschmittel können im Laufe der Zeit unter den äußeren Einflüssen am Aufstellungsort (wie Temperatur, Luftfeuchtigkeit, Verschmutzung, Erschütterung oder unsachgemäße Behandlung) unbrauchbar werden. Zur Sicherstellung der Funktionsfähigkeit sind Feuerlöscher daher alle zwei Jahre durch einen Fachkundigen zu warten. Lässt der Hersteller von der genannten Frist abweichende längere Fristen für die Instandhaltung zu, können diese vom Arbeitgeber herangezogen werden. Kürzere vom Hersteller genannte Fristen sind zu beachten.

Hinweise:

1. *Fachkundige zur Wartung von Feuerlöschern sind insbesondere Sachkundige gemäß DIN 14406-4:2009-09 »Tragbare Feuerlöscher – Teil 4: Instandhaltung«.*

2. *Von der Wartung durch den Fachkundigen bleiben die wiederkehrenden Prüfungen der Feuerlöscher (Druckprüfung) durch eine befähigte Person nach der Betriebssicherheitsverordnung unberührt.*

(2) Bei starker Beanspruchung, z. B. durch Umwelteinflüsse oder mobilen Einsatz, können kürzere Zeitabstände erforderlich sein.

Hinweis:

Für die erforderlichen Arbeitsschritte wird auf das bvfa-Merkblatt »Arbeitsschritte bei der Instandhaltung von tragbaren Feuerlöschern«, Ausgabe 2016-09 (01) verwiesen.

8 Abweichende/ergänzende Anforderungen für Baustellen

(1) Die Anforderungen in den Punkten 5.2 und 7.3 gelten auf Baustellen nur für stationäre Baustelleneinrichtungen, z. B. Baubüros, Unterkünfte oder Werkstätten.

(2) Werden auf Baustellen Tätigkeiten mit einer erhöhten Brandgefährdung nach Punkt 6.1 durchgeführt, ist dort bei Tätigkeiten mit einer Brandgefährdung (z. B. Schweißen, Brennschneiden, Trennschleifen, Löten) oder bei der Anwendung von Verfahren, bei denen eine Brandgefährdung besteht (z. B. Farbspritzen, Flammarbeiten), für jedes der dabei eingesetzten und eine erhöhte Brandgefährdung auslösenden Arbeitsmittel ein Feuerlöscher für die entsprechenden Brandklassen mit mindestens 6 LE in unmittelbarer Nähe bereitzuhalten.

(3) Abweichend von Punkt 7.3 Absätze 1 bis 3 sind sämtliche Personen, die mit den vorgenannten Arbeitsmitteln tätig werden, theoretisch und praktisch im Umgang mit Feuerlöschern nach Punkt 7.3 Absätze 4 und 5 zu unterweisen.

(4) Baustellen mit besonderen Gefährdungen (z. B. Untertagebaustellen, Hochhausbau) erfordern zusätzliche Maßnahmen gegen Brände nach Punkt 6.2.

Anhang 1

Standardschema zur Festlegung der notwendigen Feuerlöscheinrichtungen

1. Schritt – Ermittlung der vorhandenen Brandklassen nach Tabelle 1
2. Schritt – Ermittlung der Brandgefährdung (siehe auch Tabelle 4)
3. Schritt – Ermittlung der Löschmitteleinheiten (LE) in Abhängigkeit von der Grundfläche für die in allen Arbeitsstätten notwendige Grundausstattung mit Feuerlöscheinrichtungen nach Tabelle 3
4. Schritt – Festlegung der für die Grundausstattung notwendigen Anzahl der Feuerlöscheinrichtungen entsprechend den Löschmitteleinheiten (LE) nach Tabelle 2
5. Schritt – Gegebenenfalls Festlegung von zusätzlichen Maßnahmen, insbesondere nach Punkt 6.2, bei erhöhter Brandgefährdung

Anhang 2

Beispiele für die Ermittlung der Grundausstattung

Beispiel 2.1:

Bürobetrieb
Brandklassen: A und B
Grundfläche: 500 m²
Ergebnis der Gefährdungsbeurteilung: normale Brandgefährdung

→ Grundausstattung mit Feuerlöschern gemäß Tabelle 3:

Tabelle 3 ergibt bis 500 m² – 21 LE.

Gewählt werden Pulverlöscher mit Löschvermögen 21A 113B, was nach Tabelle 2 für diesen Feuerlöschertyp 6 LE entspricht.

Es sind demnach 21 LE, geteilt durch 6, also vier Feuerlöscher dieses Typs erforderlich.

Beispiel 2.2:

Kindertagesstätte mit vier Gruppen
Brandklasse: A
Grundfläche: 538 m²
Ergebnis der Gefährdungsbeurteilung: normale Brandgefährdung
Brandschutzhelfer: alle Beschäftigten sind ausgebildet

→ Grundausstattung mit Feuerlöschern gemäß Tabelle 3:

Tabelle 3 ergibt bis 600 m² – 24 LE.

Als Grundausstattung nach Punkt 5.2 wären hier insgesamt 24 LE erforderlich, sodass bei mindestens 6 LE je Feuerlöscher vier Feuerlöscher erforderlich wären.

Das Ziel ist, dass in jeder Gruppe, im Büro und in der Aufwärmküche Feuerlöscher mit geringerem Gewicht zur Verfügung stehen.

Für die Kindertagesstätte werden insgesamt sechs Wasserlöscher mit drei Litern Wasser und einem Löschvermögen von 13A je Gerät, was nach Tabelle 2 für diesen Feuerlöschertyp 4 LE für die Brandklasse A entspricht, vorgesehen und in den vier Gruppen, im Büro und in der Aufwärmküche positioniert.

Durch die Auswahl und Positionierung der genannten Feuerlöscher sind die Kriterien Gewichtsersparnis und Reduzierung der Entfernung zum nächstgelegenen Feuerlöscher erfüllt.

Beispiel 2.3:

Küche mit drei Fritteusen von jeweils 25 Liter Inhalt
Brandklassen: A, B und F
Grundfläche: 700 m²
Ergebnis der Gefährdungsbeurteilung: erhöhte Brandgefährdung

→ Grundausstattung mit Feuerlöschern gemäß Tabelle 3:

Tabelle 3 ergibt bis 700 m^2 – 27 LE.

Gewählt werden Pulverlöscher mit Löschvermögen 43A 233B, was nach Tabelle 2 für diesen Feuerlöschertyp 12 LE entspricht.

Es sind demnach 27 LE, geteilt durch 12, also drei Feuerlöscher dieses Typs für die Grundausstattung erforderlich.

→ Zusätzliche Maßnahmen:

Zusätzlich werden für die Bereiche mit Brandklasse F Fettbrandlöscher mit Löschvermögen 75F bereitgestellt.

Beispiel 2.4:

Polsterei
Brandklassen: A und B
Grundfläche: 390 m^2
Ergebnis der Gefährdungsbeurteilung: erhöhte Brandgefährdung

→ Grundausstattung mit Feuerlöschern gemäß Tabelle 3:

Tabelle 3 ergibt bis 400 m^2 – 18 LE.

Gewählt werden Schaumlöscher mit Löschvermögen 21 A 113B, was nach Tabelle 2 für diesen Feuerlöschertyp 6 LE entspricht.

Es sind demnach 18 LE, geteilt durch 6, also drei Feuerlöscher dieses Typs für die Grundausstattung erforderlich.

→ Zusätzliche Maßnahmen:

Zusätzlich werden eine automatische Brandmeldeanlage aufgrund des unübersichtlichen Arbeitsbereiches und eine Löschanlage installiert.

Beispiel 2.5:

Speditionslager
Brandklasse: A
Grundfläche: 600 m^2
Ergebnis der Gefährdungsbeurteilung: erhöhte Brandgefährdung

→ Grundausstattung mit Feuerlöschern gemäß Tabelle 3:

Tabelle 3 ergibt bis 600 m^2 – 24 LE.

Gewählt werden Wasserlöscher mit Löschvermögen 21A, was nach Tabelle 2 für diesen Feuerlöschertyp 6 LE entspricht.

Es sind demnach 24 LE, geteilt durch 6, also vier Feuerlöscher dieses Typs für die Grundausstattung erforderlich.

→ Zusätzliche Maßnahmen:

Zusätzlich werden sechs weitere Wasserlöscher mit Löschvermögen 13A bereitgestellt und im Speditionslager verteilt, um die Wege zum nächstgelegenen Feuerlöscher für einen noch schnelleren Zugriff zu verkürzen.

Anhang 3

Beispiele für die Abweichung von der Grundausstattung

Die Anwendung der in der ASR A2.2 angegebenen Maßnahmen zur Ermittlung der Grundausstattung von Arbeitsstätten gemäß Punkt 5.2 stellen die zweckmäßigen Lösungen für die Sicherung des Brandschutzes in einer Arbeitsstätte dar.

Abweichend von dieser Ermittlung der Grundausstattung kann der Arbeitgeber eine andere Lösung wählen, wenn er damit mindestens die gleiche Sicherheit und den gleichen Gesundheitsschutz für die Beschäftigten erreicht. Dieses gilt für die normale wie auch für die erhöhte Brandgefährdung.

Die in diesem Anhang aufgeführten Beispiele für solche Abweichungen zeigen die Vorgehensweise auf, ersetzen jedoch weder die Gefährdungsbeurteilung noch stellen sie eine »Musterlösung« dar, die ohne Prüfung der konkreten Bedingungen übernommen werden kann.

Da Abweichungen unter der Voraussetzung möglich sind, dass die Gleichwertigkeit mit den Lösungen nach ASR A2.2 gewährleistet wird, müssen die Abweichungen von der ASR A2.2 ermittelt und bewertet werden. Den Nachweis über die Gleichwertigkeit hat der Arbeitgeber im Einzelfall auf Basis der Gefährdungsbeurteilung zu erbringen.

Beispiele für normale Brandgefährdung

Beispiel 3.1:

Verwaltung
Brandklasse: A
Grundfläche: 600 m^2, eingeschossig
Ergebnis der Gefährdungsbeurteilung: normale Brandgefährdung
Hinweis: ein Wandhydrant ist vorhanden

Nach Punkt 5.2 wären hier insgesamt 24 LE erforderlich, sodass bei mindestens 6 LE je Feuerlöscher vier Feuerlöscher als Grundausstattung erforderlich wären.

Das Ziel ist, den vorhandenen Wandhydranten weiter zu betreiben und als Teil der Grundausstattung zu berücksichtigen.

Aus der Gefährdungsbeurteilung ergibt sich auch, dass

- Wasser als Löschmittel geeignet ist,
- das Geschoss ausreichend groß (> 400 m^2 Geschossfläche) ist, sodass der Einsatz eines Wandhydranten sinnvoll ist,
- es sich um einen Wandhydranten mit formbeständigem Schlauch handelt, der auch von einer Person eingesetzt werden kann,
- eine ausreichende Anzahl von Beschäftigten in der Handhabung dieses Wandhydranten unterwiesen ist,
- eine Verrauchung von Fluchtwegen (z. B. Treppenräumen) vermieden wird, weil der Wandhydrant sich auf dem Flur befindet und dessen Schlauch nicht durch Brand- oder Rauchschutztüren zum Brandherd geführt werden muss und
- mindestens $^2/_3$ der erforderlichen Löschmitteleinheiten durch Feuerlöscher abgedeckt sind, da Wandhydranten nicht die alleinige Feuerlöscheinrichtung sein sollen.

Einem Wandhydranten könnten aufgrund seines Löschvermögens bis zu 27 LE zugeordnet werden. Auf Basis der Gefährdungsbeurteilung wird der vorhandene Wandhydrant mit 8 LE angerechnet. Die verbleibenden 16 LE werden durch drei Pulverlöscher mit Löschvermögen 21A 113B, was nach Tabelle 2 für diesen Feuerlöschertyp 6 LE entspricht, abgedeckt.

Beispiel für erhöhte Brandgefährdung

Beispiel 3.2:

Küchenbetrieb mit 3 Kleinfritteusen mit einer Füllmenge von je 10 Litern Speiseöl pro Gerät
Brandklassen: A und F
Grundfläche: 180 m^2
Ergebnis der Gefährdungsbeurteilung: erhöhte Brandgefährdung

Nach Punkt 5.2 wären hier insgesamt 12 LE erforderlich, sodass bei mindestens 6 LE je Feuerlöscher zwei Feuerlöscher als Grundausstattung erforderlich wären. Dazu wären wegen der Brandklasse F zusätzliche Fettbrandlöscher notwendig.

Um Verwechslungen und eine Doppelausstattung zu vermeiden, soll die Ausstattung mit Feuerlöschern erfolgen, die für die Brandklassen A und F geeignet sind. Die verfügbaren Feuerlöscher haben allerdings nur ein Löschvermögen von 13A und 40F je Gerät, was nach Tabelle 2 für diese Bauart 4 LE für die Brandklasse A entspricht.

Die Gefährdungsbeurteilung ergibt, dass

- das gesamte Küchenpersonal zu Brandschutzhelfern ausgebildet ist,
- die Wahrscheinlichkeit, dass zwei Feuerlöscher gleichzeitig zum Einsatz kommen können, sehr hoch ist,
- die vorhandene Anzahl der Feuerlöscher sehr schnell erreichbar ist und
- auch bei einer Rückzündung des Speiseöls in der Fritteuse weitere Feuerlöscher (Löschmittelreserve) schnell zum Einsatz kommen können.

Auf Basis dieser Gefährdungsbeurteilung werden für die Küche insgesamt drei auch für die Brandklasse A geeignete Fettbrandlöscher mit einem Löschvermögen von 13A und 40F je Gerät, was nach Tabelle 2 für diese Bauart 4 LE für die Brandklasse A entspricht, in der Nähe der Fritteusen positioniert.

Literaturhinweise

- Technische Regeln für Gefahrstoffe (TRGS) 800 »Brandschutzmaßnahmen«
- DGUV Information 205-003 Aufgaben, Qualifikation, Ausbildung und Bestellung von Brandschutzbeauftragten 11/2014
- DGUV Information 205-023 Brandschutzhelfer 02/2014

3.2.2 »ASR A2.3 Fluchtwege und Notausgänge«

Ausgabe März 2022, letzte Änderung Oktober 2024

(Gemeinsames Ministerialblatt 2024 Nr. 41-42/2024, Seite 913)

Die Technischen Regeln für Arbeitsstätten (ASR) geben den Stand der Technik, Arbeitsmedizin und Hygiene sowie sonstige gesicherte wissenschaftliche Erkenntnisse für die Sicherheit und Gesundheit der Beschäftigten beim Einrichten und Betreiben von Arbeitsstätten wieder.

Sie werden vom **Ausschuss für Arbeitsstätten** ermittelt bzw. angepasst und vom Bundesministerium für Arbeit und Soziales im Gemeinsamen Ministerialblatt bekannt gemacht.

Diese ASR A2.3 konkretisiert im Rahmen ihres Anwendungsbereichs Anforderungen der Verordnung über Arbeitsstätten. Bei Einhaltung dieser Technischen Regel kann der Arbeitgeber davon ausgehen, dass die entsprechenden Anforderungen der Verordnung erfüllt sind. Wählt der Arbeitgeber eine andere Lösung, muss er damit mindestens die gleiche Sicherheit und den gleichen Schutz der Gesundheit für die Beschäftigten erreichen.

Inhalt

1 Zielstellung

Diese ASR konkretisiert die Anforderungen der Arbeitsstättenverordnung, damit sich die Beschäftigten im Gefahrenfall unverzüglich in Sicherheit bringen und schnell gerettet werden können. Konkretisiert werden die Anforderungen an das Einrichten und Betreiben von Fluchtwegen und Notausgängen, von Sicherheitsbeleuchtung und optischen Sicherheitsleitsystemen sowie an den Flucht- und Rettungsplan nach § 3a Absatz 1 und § 4 Absätze 3 und 4 sowie Nummer 2.3 des Anhangs der Arbeitsstättenverordnung.

2 Anwendungsbereich

(1) Diese ASR gilt für das Einrichten und Betreiben von Fluchtwegen sowie Notausgängen in Gebäuden und vergleichbaren Einrichtungen, zu denen Beschäftigte im Rahmen ihrer Arbeit Zugang haben. Sie gilt ebenso für das Erstellen von Flucht- und Rettungsplänen und das Üben entsprechend dieser Pläne sowie für das Einrichten und Betreiben von Sammelstellen. Dabei ist neben den Beschäftigten die Anwesenheit von anderen Personen zu berücksichtigen.

Diese ASR gilt auch für das Einrichten und Betreiben der Sicherheitsbeleuchtung und von optischen Sicherheitsleitsystemen für Fluchtwege und Notausgänge in Arbeitsstätten. Sie nennt Beispiele für Arbeitsstätten, für die eine Sicherheitsbeleuchtung, gegebenenfalls ein optisches Sicherheitsleitsystem für Fluchtwege und Notausgänge erforderlich sein kann. Sie enthält die lichttechnischen Anforderungen an Sicherheitsbeleuchtung und optische Sicherheitsleitsysteme sowie Hinweise zu deren Betrieb, Instandhaltung und Prüfung.

(2) Diese ASR gilt nicht:

1. für das Einrichten und Betreiben von Bereichen in Gebäuden und vergleichbaren Einrichtungen, in denen sich Beschäftigte nur im Falle der Instandhaltung aufhalten müssen und
2. für das Verlassen von Arbeitsmitteln im Sinne des § 2 Absatz 1 Betriebssicherheitsverordnung im Gefahrenfall.

Für alle nicht vom Anwendungsbereich dieser ASR erfassten Bereiche sind besondere Maßnahmen auf Grundlage der Gefährdungsbeurteilung notwendig, um die erforderliche Sicherheit für die Beschäftigten im Gefahrenfall zu gewährleisten. Sofern vergleichbare Verhältnisse vorliegen, wird empfohlen, die Inhalte dieser ASR zu berücksichtigen.

Hinweise:

1. *Für die barrierefreie Gestaltung der Fluchtwege und Notausgänge, der Flucht- und Rettungspläne sowie der Sicherheitsbeleuchtung und optischen Sicherheitsleitsysteme gilt die ASR V3a.2 »Barrierefreie Gestaltung von Arbeitsstätten«, Anhang A2.3: Ergänzende Anforderungen zur ASR A2.3 »Fluchtwege und Notausgänge«.*
2. *Zu Anforderungen an die Sicherheitsbeleuchtung für Tätigkeiten, Arbeitsplätze, Arbeitsräume und Bereiche in Arbeitsstätten, in denen bei Ausfall der Allgemeinbeleuchtung die Sicherheit der Beschäftigten gefährdet werden kann, siehe ASR A3.4 »Beleuchtung und Sichtverbindung«, Abschnitte 8, 9.4 und 10.*

3 Begriffsbestimmungen

3.1 **Fluchtwege** sind Verkehrswege, an die besondere Anforderungen zu stellen sind und die der selbstständigen Flucht aus einem möglichen Gefahrenbereich und in der Regel zugleich der Rettung von Personen dienen.

Der Fluchtweg beginnt an allen Orten in der Arbeitsstätte, zu denen Beschäftigte im Rahmen ihrer Arbeit Zugang haben oder sich bei der Nutzung von Neben-, Sanitär-, Kantinen-, Pausen- und Bereitschaftsräumen, Erste-Hilfe-Räumen und Unterkünften aufhalten.

Außentreppen, begehbare Dachflächen oder offene Gänge können Teil eines Fluchtweges sein.

Hinweis:

Fluchtwege im Sinne dieser Regel sind auch die im Bauordnungsrecht definierten Rettungswege, sofern sie selbstständig begangen werden können.

Fluchtwege werden unterschieden in Haupt- und Nebenfluchtwege:

1. **Hauptfluchtwege** (bisher erste Fluchtwege) sind insbesondere die zur Flucht erforderlichen Verkehrswege, die nach dem Bauordnungsrecht notwendigen Flure und Treppenräume für notwendige Treppen sowie die Notausgänge.
2. **Nebenfluchtwege** (bisher zweite Fluchtwege) sind zusätzliche Fluchtwege, die ebenfalls ins Freie oder in einen gesicherten Bereich führen.

3.2 **Lichte Mindestbreite/-höhe** ist die freie, unverstellte, unverbaute und nicht durch Hindernisse eingeschränkte Breite/Höhe, die mindestens zur Verfügung stehen muss.

3.3 Der **Flucht- und Rettungsplan** ist ein Plan, in dem die erforderlichen Informationen über die Fluchtwege sowie die Standorte von Erste-Hilfe-Einrichtungen und von zur Selbsthilfe vorgesehenen Brandschutzeinrichtungen dargestellt sind.

Hinweis:

Anweisungen zum Verhalten im Brandfall (Brandschutzordnung Teil A) oder bei anderen Notfällen können im Flucht- und Rettungsplan dargestellt oder separat in der Nähe des Flucht- und Rettungsplans angebracht werden.

3.4 **Evakuierung** ist eine organisierte Maßnahme, die je nach Gefahrenfall mit akutem Handlungsbedarf zu einem unverzüglichen Verlassen von Gebäuden und vergleichbaren Einrichtungen ins Freie oder innerhalb von Gebäuden in einen gesicherten Bereich führt.

3.5 Das **Freie** im Sinne dieser ASR ist ein sicherer Bereich außerhalb des Gebäudes, in dem Personen durch den Gefahrenfall nicht beeinträchtigt werden. Dies ist gegeben, wenn auf dem Betriebsgelände oder auf öffentlichen Verkehrsflächen ein sicherer Abstand erreicht werden kann.

Als das Freie gelten z. B. nicht:

1. Innenhöfe, die keinen ausreichenden Schutz im Gefahrenfall bieten,
2. Dachflächen oder
3. Balkone.

3.6 **Gefangener Raum** ist ein Raum, der keinen direkten Zugang zu einem Flur hat und ausschließlich durch einen anderen Raum zugänglich ist.

3.7 **Gesicherter Bereich** ist ein Bereich, in dem Personen vorübergehend vor einer unmittelbaren Gefahr für Leben und Gesundheit geschützt sind. Als gesicherte Bereiche innerhalb von Gebäuden gelten insbesondere benachbarte Brandabschnitte und notwendige Treppenräume nach dem Bauordnungsrecht. Als gesicherter Bereich außerhalb von Gebäuden können z. B. Außentreppen, begehbare Dachflächen oder offene Gänge gelten, wenn diese im Gefahrenfall ausreichend lang sicher benutzbar sind und ins Freie führen.

3.8 **Türen im Verlauf von Fluchtwegen** sind alle Türen, die vom Beginn des Fluchtweges bis ins Freie oder in einen gesicherten Bereich zu benutzen sind. Dazu gehören auch Türen von Notausgängen.

3.9 Ein **Notausgang** ist ein Ausgang im Verlauf eines Hauptfluchtweges, der direkt ins Freie oder in einen gesicherten Bereich führt.

3.10 Ein **Notausstieg** ist ein geeigneter Ausstieg im Verlauf eines Nebenfluchtweges zur selbstständigen Flucht aus einem Raum oder einem Gebäude.

3.11 Türen und Tore sind **kraftbetätigt,** wenn die für das Öffnen oder Schließen der Flügel erforderliche Energie vollständig oder teilweise von Kraftmaschinen zugeführt wird (ASR A1.7 »Türen und Tore« Abschnitt 3.8).

3.12 **Automatische Türen und Tore** im Sinne dieser Regel sind kraftbetätigt und öffnen bei Annäherung von Personen selbsttätig.

3.13 Eine **Sammelstelle** ist ein sicherer Bereich, an dem sich die im Fall einer Evakuierung flüchtenden Personen einfinden müssen.

3.14 Ein **außenbeleuchtetes Sicherheitszeichen** ist ein Zeichen, das durch Tageslicht oder durch eine künstliche Lichtquelle von außen beleuchtet wird.

Hinweis:

Ein außenbeleuchtetes Sicherheitszeichen wird auch als beleuchtetes Sicherheitszeichen bezeichnet.

3.15 Ein **langnachleuchtendes Sicherheitszeichen** ist ein durch Licht angeregtes Sicherheitszeichen, das nach Ausfall der Allgemeinbeleuchtung ohne weitere Energiezufuhr nachleuchtet (ASR A1.3 »Sicherheits- und Gesundheitsschutzkennzeichnung«, Abschnitt 3.17).

Hinweis:

Obwohl die Sicherheitsfarben Rot und Grün im nachleuchtenden Zustand nicht dargestellt werden können, bleiben graphisches Symbol und geometrische Form erhalten und es besteht ein Sicherheitsgewinn gegenüber den nicht langnachleuchtenden Sicherheitszeichen.

3.16 Ein **innenbeleuchtetes Sicherheitszeichen** ist ein Zeichen, das von einer Lichtquelle von innen beleuchtet wird.

Hinweis:

Ein innenbeleuchtetes Sicherheitszeichen wird auch als hinterleuchtetes Sicherheitszeichen bezeichnet.

3.17 Die **Sicherheitsbeleuchtung** ist eine Beleuchtung, die dem gefahrlosen Verlassen der Arbeitsstätte und der Vermeidung von Gefährdungen dient, die durch Ausfall der Allgemeinbeleuchtung entstehen können (ASR A3.4 »Beleuchtung und Sichtverbindung«, Abschnitt 3.17).

Hinweis:

In dieser ASR werden die Anforderungen an die Sicherheitsbeleuchtung für das gefahrlose Verlassen der Arbeitsstätte beschrieben.

3.18 **Optische Sicherheitsleitsysteme** sind auf den Boden aufgebrachte, in den Boden eingelassene oder bodennahe, durchgehende Leitsysteme (z. B. an Wänden), die mit Hilfe optischer Kennzeichnungen und Richtungsangaben einen sicheren Fluchtweg vorgeben. Sie dienen ebenfalls dem gefahrlosen Verlassen der Arbeitsstätte, auch bei Ausfall der Allgemeinbeleuchtung.

3.19 Ein **langnachleuchtendes optisches Sicherheitsleitsystem** besteht aus langnachleuchtenden durch Licht angeregten Komponenten, die nach Ausfall der Allgemeinbeleuchtung ohne weitere Energiezufuhr nachleuchten.

3.20 Ein **elektrisch betriebenes optisches Sicherheitsleitsystem** wird durch eine Stromquelle für Sicherheitszwecke gespeist.

3.21 Ein dynamisches optisches Sicherheitsleitsystem ist ein elektrisch betriebenes optisches Sicherheitsleitsystem zur Unterstützung der Selbstrettung, das bei Eintritt einer vordefinierten Gefährdungssituation (z. B. Brand oder Rauch) einmalig mit Änderung der Fluchtrichtungsanzeige reagieren kann und diese Änderung bis zur Rückstellung dauerhaft anzeigt.

3.22 Die **Beleuchtungsstärke** E ist ein Maß für das auf eine Fläche auftreffende Licht. Die Beleuchtungsstärke wird in Lux [lx] gemessen (ASR A3.4 »Beleuchtung und Sichtverbindung«, Abschnitt 3.9).

3.23 Die **Leuchtdichte** L wird in Candela pro Quadratmeter [cd/m^2] gemessen und beschreibt den Helligkeitseindruck einer beleuchteten oder leuchtenden Fläche (ASR A3.4 »Beleuchtung und Sichtverbindung«, Abschnitt 3.18).

3.24 Unter **Blendung** versteht man Störungen durch zu hohe Leuchtdichten oder zu große Leuchtdichteunterschiede im Gesichtsfeld (in Anlehnung an ASR A3.4 »Beleuchtung und Sichtverbindung«, Abschnitt 3.15).

3.25 Die **Farbwiedergabe** ist die Wirkung einer Lichtquelle auf den Farbeindruck, den ein Mensch von einem Objekt hat, das mit dieser Lichtquelle beleuchtet wird. Der Farbwiedergabeindex R_a ist eine dimensionslose Kennzahl von 0 bis 100, mit der die Farbwiedergabeeigenschaften der Lampen klassifiziert werden. Je höher der Wert, umso besser ist die Farbwiedergabe (ASR A3.4 »Beleuchtung und Sichtverbindung«, Abschnitt 3.16).

3.26 Normale **Brandgefährdung** liegt vor, wenn die Wahrscheinlichkeit einer Brandentstehung, die Geschwindigkeit der Brandausbreitung, die dabei frei werdenden Stoffe und die damit verbundene Gefährdung für Personen, Umwelt und Sachwerte vergleichbar sind mit den Bedingungen bei einer Büronutzung (ASR A2.2 »Maßnahmen gegen Brände«, Abschnitt 3.2).

3.27 **Erhöhte Brandgefährdung** liegt vor, wenn:

1. entzündbare bzw. oxidierende Stoffe oder Gemische vorhanden sind,
2. die örtlichen und betrieblichen Verhältnisse für eine Brandentstehung günstig sind,
3. in der Anfangsphase eines Brandes mit einer schnellen Brandausbreitung oder großen Rauchfreisetzung zu rechnen ist,
4. Arbeiten mit einer Brandgefährdung durchgeführt werden (z. B. Schweißen, Brennschneiden, Trennschleifen, Löten) oder Verfahren angewendet werden, bei denen eine Brandgefährdung besteht (z. B. Farbspritzen, Flammarbeiten) oder
5. erhöhte Gefährdungen vorliegen, z. B. durch selbsterhitzungsfähige Stoffe oder Gemische, Stoffe der Brandklassen D und F, brennbare Stäube, extrem oder leicht entzündbare Flüssigkeiten oder entzündbare Gase (ASR A2.2 »Maßnahmen gegen Brände«, Abschnitt 3.3).

Hinweis:

Die erhöhte Brandgefährdung im Sinne dieser ASR schließt die erhöhte und hohe Brandgefährdung nach der Technischen Regel für Gefahrstoffe TRGS 800 »Brandschutzmaßnahmen« ein.

4 Allgemeine Anforderungen

(1) Fluchtwege führen auf möglichst kurzem Weg ins Freie oder, falls dies nicht möglich ist, in einen gesicherten Bereich.

(2) Beim Einrichten und Betreiben von Fluchtwegen und Notausgängen sowie Sammelstellen sind die beim Errichten von Rettungswegen zu beachtenden Anforderungen des Bauordnungsrechts der Länder zu berücksichtigen. Über das Bauordnungsrecht hinaus können sich weitergehende Anforderungen an Fluchtwege und Notausgänge aus dieser ASR ergeben; dies gilt z. B. für das Erfordernis zur Einrichtung eines Nebenfluchtweges oder von Sammelstellen.

(3) Fluchtwege, Notausgänge und Notausstiege müssen ständig in den erforderlichen Abmessungen freigehalten werden. Können Notausgänge und Notausstiege von außen verstellt werden, müssen sie durch weitere Maßnahmen zur dauerhaften ständigen Freihaltung gesichert werden, z. B. durch Anbringung von Abstandsbügeln für Fahrzeuge oder mittels dauerhafter Markierung der freizuhaltenden Bodenflächen.

(4) Haupt- und Nebenfluchtwege dürfen über denselben Flur zu verschiedenen Ausgängen führen, sofern der Flur die Anforderungen an einen Hauptfluchtweg erfüllt.

(5) Sofern sich Höhenunterschiede im Verlauf des Fluchtweges nicht vermeiden lassen, dürfen diese nur gering sein. Sie sind dann durch Schrägrampen mit einer maximalen Neigung von 6 % auszugleichen. Beginn und Ende von Schrägrampen sind deutlich erkennbar zu gestalten oder gemäß ASR A1.3 »Sicherheits- und Gesundheitsschutzkennzeichnung« mit schwarz-gelben Streifen (Sicherheitsmarkierungen) oder dem Warnzeichen W007 »Warnung vor Hindernissen am Boden« zu kennzeichnen.

(6) Aufzüge sind als Teil des Fluchtweges unzulässig, es sei denn, der Aufzug ist zum Zweck der Flucht und Rettung insbesondere für Menschen mit Behinderungen im Gefahrenfall zulässig und geeignet. Dieser Nachweis ist z. B. im Rahmen eines bauordnungsrechtlichen Verfahrens zu erbringen und zu dokumentieren.

(7) Durchgangssperren im Verlauf von Fluchtwegen sind zu vermeiden. Sofern Durchgangssperren betrieblich erforderlich sind, z. B. in Kassenzonen oder Vereinzelungsanlagen, müssen sich diese schnell und gefahrlos sowie ohne Hilfsmittel mit einem Kraftaufwand von maximal 150 N in Fluchtrichtung öffnen lassen.

(8) Am Ende eines Fluchtweges muss der Bereich im Freien bzw. der gesicherte Bereich so gestaltet und bemessen sein, dass sich kein Rückstau bilden kann und alle über den Fluchtweg flüchtenden Personen ohne Gefahren, z. B. durch Verkehrswege oder öffentliche Straßen, aufgenommen werden können. Die Beleuchtungsstärke in diesen Bereichen einschließlich der außen angebrachten Treppen und der Sammelstellen muss mindestens 1 lx betragen. Auf die Begrenzung der Blendung ist zu achten. Dabei sind auch die Beleuchtungsanlagen in der Umgebung zu berücksichtigen.

Hinweis:

Die Beleuchtungsstärke ist in einer Höhe von maximal 20 cm über dem Boden oder den Treppenstufen zu messen.

(9) Anzahl, Größe und Lage von Sammelstellen sind in Abhängigkeit von der Anzahl der Beschäftigten sowie der sonstigen anwesenden Personen festzulegen. Eine Sammelstelle ist nicht erforderlich, wenn aufgrund der geringen Anzahl der Beschäftigten und übersichtlicher örtlicher Gegebenheiten ein Überblick über die vollständige Evakuierung möglich ist.

Hinweis:

Für die Bemessung der erforderlichen Größe der Sammelstelle kann eine Belegung von 2 Personen pro m^2 angenommen werden.

(10) Sammelstellen müssen:

1. über eine sicher begehbare Bodenoberfläche verfügen,
2. außerhalb des Wirkbereichs der fluchtauslösenden Gefahr, z. B. aufgrund von Verrauchung oder aufgrund umherfliegender oder herabfallender Gebäudeteile, liegen,
3. verfügbar sein, solange Personen im Gefahrenfall auf die Nutzung der entsprechenden Sammelstelle angewiesen sind und
4. dürfen die Wege von Feuerwehr und Rettungsdiensten nicht einschränken.

Sofern der Weg zu den Sammelstellen mit anderen Gefährdungen verbunden ist, z. B. aufgrund von öffentlichem Straßenverkehr, sind im Rahmen der Gefährdungsbeurteilung die erforderlichen Maßnahmen festzulegen. Bei der Auswahl der Lage der Sammelstelle ist zu berücksichtigen, ob die betroffenen Personen den kompletten Fluchtweg bis zur Sammelstelle kennen oder ganz oder teilweise ortsunkundig sind.

(11) Dachflächen, über die Fluchtwege führen, müssen ausreichend tragfähig, trittsicher und feuerwiderstandsfähig sein. Bei Absturzgefahren sind die Anforderungen der ASR A2.1 »Schutz vor Absturz und herabfallenden Gegenständen, Betreten von Gefahrenbereichen« zu erfüllen.

(12) Gefangene Räume dürfen als Arbeits-, Bereitschafts-, Liege-, Erste-Hilfe-, Pausenräume und Kantinen nur genutzt werden, wenn folgende Maßgaben beachtet wurden:

1. Sicherstellung der Alarmierung im Gefahrenfall. Beispiele hierzu finden sich in der ASR A2.2. »Maßnahmen gegen Brände« oder
2. Gewährleistung einer Sichtverbindung zum vorgelagerten Raum, sofern der gefangene Raum nicht zum Schlafen genutzt wird und im vorgelagerten Raum nicht mehr als eine normale Brandgefährdung vorhanden ist.

Hinweis:

Diese Regelungen für gefangene Räume in Arbeitsstätten gelten unabhängig von der Größe der in Landesbauordnungen genannten »Nutzungseinheiten«.

5 Hauptfluchtwege

(1) Hauptfluchtwege müssen in Anzahl, Anordnung und Abmessung nach der Nutzung, der Einrichtung und den Abmessungen der Arbeitsstätte sowie nach der höchstmöglichen Anzahl der anwesenden Personen eingerichtet werden. Hauptfluchtwege sollen übersichtlich verlaufen.

(2) Die Länge des Hauptfluchtweges ist die kürzeste Wegstrecke (ohne Berücksichtigung der Raumausstattung, jedoch nicht durch Wände gemessen) vom Beginn des Fluchtweges bis zu einem Notausgang. Die Hauptfluchtweglänge muss möglichst kurz sein und darf:

1.	für Räume ohne oder mit normaler Brandgefährdung ausgenommen Räume nach Nummern 2 bis 4	bis zu 35 m
2.	für Räume mit erhöhter Brandgefährdung mit selbsttätigen Feuerlöscheinrichtungen	bis zu 35 m
3.	für Räume mit erhöhter Brandgefährdung ohne selbsttätige Feuerlöscheinrichtungen	bis zu 25 m
4.	für Räume, in denen eine Gefährdung durch explosionsgefährliche Stoffe besteht	bis zu 10 m

betragen.

Hinweis:

Bezüglich der Begriffsbestimmung explosionsgefährlicher Stoffe siehe Gesetz über explosionsgefährliche Stoffe (Sprengstoffgesetz – SprengG).

(3) Für Räume, in denen eine andere Gefährdung als nach Absatz 2 Nummer 1 bis Nummer 4 besteht, muss im Rahmen der Gefährdungsbeurteilung unter Beachtung der geltenden Technischen Regeln ermittelt werden, ob gegebenenfalls eine geringere Länge des Fluchtweges erforderlich ist, z. B. bei Lagerung und Verwendung von Gefahrstoffen in ortsbeweglichen Behältern gemäß TRGS 510 »Lagerung von Gefahrstoffen in ortsbeweglichen Behältern«.

Hinweis:

Bezüglich der Begriffsbestimmung Gefahrstoffe siehe Verordnung zum Schutz vor Gefahrstoffen (Gefahrstoffverordnung – GefStoffV).

(4) Die tatsächliche Laufweglänge darf nicht mehr als das 1,5-fache der maximal zulässigen Hauptfluchtweglänge betragen.

Hinweis:

Aufgrund der Begrenzung der zulässigen Hauptfluchtweglängen kann für größere Bereiche von Arbeitsstätten mehr als ein Hauptfluchtweg erforderlich sein.

(5) Sofern es sich bei einem Hauptfluchtweg nach Absatz 2 Nummer 1 bis Nummer 3 auch um einen Rettungsweg handelt und das Bauordnungsrecht der Länder, z. B. die Industriebaurichtlinie, für diesen Weg eine von Absatz 2 Satz 2 abweichende längere Weglänge zulässt, können dafür die Maßgaben des Bauordnungsrechts angewandt werden.

(6) Die lichte Mindestbreite der Hauptfluchtwege bemisst sich nach der höchstmöglichen Anzahl der Personen, die im Gefahrenfall den Hauptfluchtweg benutzen müssen und ergibt sich aus Tabelle 1:

Tabelle 1: Lichte Mindestbreiten von Hauptfluchtwegen in Abhängigkeit von der Gesamtzahl der Personen im Einzugsgebiet

	A	B	C
Nr.	Anzahl der Personen (Einzugsgebiet)	Lichte Mindestbreiten von Durchgängen und **Türen** im Verlauf von Hauptfluchtwegen, z. B. Türen von Notausgängen (in m)	Lichte Mindestbreiten von **Hauptfluchtwegen** (in m)
1	bis 5	0,80*)	0,90
2	bis 20	0,90	1,00
3	bis 50	0,90	1,20
4	bis 100	1,00	1,20
5	bis 200	1,05	1,20
6	bis 300	1,65	1,80
7	bis 400	2,25	2,40
	Bei Einzugsgebieten von mehr als 200 Personen sind Zwischenwerte der Mindestbreiten (ermittelt durch lineare Interpolation) zulässig. Der Begriff Einzugsgebiet beschreibt einen Bereich, aus dem alle dort anwesenden Personen denselben Hauptfluchtweg nutzen müssen. Dies entspricht z. B. bei mehrgeschossigen Gebäuden der Gesamtanzahl der Personen, die über alle Ebenen (auch als Etagen, Geschosse, Stockwerke bezeichnet) demselben Hauptfluchtweg zugeordnet sind, unabhängig davon, ob diese Personen Abschnitte des Hauptfluchtweges im Fluchtfall zeitgleich oder zeitlich versetzt nutzen. **) Hinweis:* *Bei Neubauten und wesentlichen baulichen Erweiterungen oder Umbauten wird empfohlen, für Einzugsgebiete von bis zu 5 Personen nach Nummer 1 Spalte B eine lichte Mindestbreite von Durchgängen und Türen im Verlauf von Hauptfluchtwegen von 0,90 m einzuhalten, um auch in diesen Bereichen eine barrierefreie Zugänglichkeit zu ermöglichen. Zudem lassen sich auf diesem Wege bauliche Maßnahmen im Sinne der ASR V3a.2 »Barrierefreie Gestaltung von Arbeitsstätten« und in der Folge Umbaukosten vermeiden.*		
	Abweichend für **Fluchtwege aus besonderen Bereichen**		Lichte Mindestbreiten (in m)
8	Gänge zu persönlich zugewiesenen Arbeitsplätzen		0,60
9	Nebengänge von Lagereinrichtungen für die ausschließliche Be- und Entladung von Hand		0,75
10	Türen von Toilettenzellen und von Toilettenräumen mit nur einer Toilette entsprechend ASR A4.1 »Sanitärräume«		0,55

Hinweis:

Die Werte der Spalten B und C entsprechen den Anforderungen für die Flucht und berücksichtigen nicht mögliche Auswirkungen durch den Einbau von Türen, z. B. können für Flure durch den Einbau von Türen gegebenenfalls entsprechend größere Breiten erforderlich werden.

(7) In Gebäuden, die bis zum 30.9.2022 errichtet worden sind oder deren Bauantragstellung bis zu diesem Termin erfolgt ist, dürfen Hauptfluchtwege nach Tabelle 1 Nummer 1 Spalte C für bis 5 Personen mit einer lichten Mindestbreite von 0,875 m eingerichtet oder solange betrieben werden, bis die jeweiligen Bereiche dieser Arbeitsstätten wesentlich erweitert oder umgebaut werden oder nach § 3a Absatz 2 der Arbeitsstättenverordnung eine Vergrößerung erforderlich wird.

(8) In Gebäuden, die bis zum 30.9.2022 errichtet worden sind oder deren Bauantragstellung bis zu diesem Termin erfolgt ist, dürfen Durchgänge und Türen von Hauptfluchtwegen nach Tabelle 1 Nummer 2 Spalte B mit einer lichten Mindestbreite von 0,85 m eingerichtet oder solange betrieben werden, bis die jeweiligen Bereiche dieser Arbeitsstätten wesentlich erweitert oder umgebaut werden oder nach § 3a Absatz 2 der Arbeitsstättenverordnung eine Vergrößerung erforderlich wird.

(9) In Gebäuden, die bis zum 30.9.2022 errichtet worden sind oder deren Bauantragstellung bis zu diesem Termin erfolgt ist, dürfen Türen von Toilettenzellen und Toilettenräumen mit nur einer Toilette mit einer lichten

Mindestbreite von 0,50 m eingerichtet oder solange betrieben werden, bis die jeweiligen Bereiche dieser Arbeitsstätten wesentlich erweitert oder umgebaut werden.

(10) Die lichte Mindestbreite des Hauptfluchtweges nach Tabelle 1, Spalte C, Nummern 1 bis 7 darf durch kurze Einbauten oder Einrichtungen, z. B. Feuerlöscher, Wandvorsprünge, Türflügel, Türzargen, Türdrücker und Notausgangsbeschläge, die Maße nach Spalte B nicht unterschreiten.

(11) Für Hauptfluchtwege, die ausschließlich zur Flucht bestimmt sind, dürfen die lichten Mindestbreiten nach Tabelle 1, Spalte C, Nummern 1 bis 7 auf die Werte der lichten Mindestbreiten für Durchgänge nach Spalte B der Tabelle 1 reduziert werden. Solche Hauptfluchtwege können z. B. Fluchttunnel, Gänge und Außentreppen sein, die nur zur Evakuierung vorgesehen sind. Eine weitere Einengung durch kurze Einbauten oder Einrichtungen im Sinne von Absatz 10 ist dabei nicht zulässig.

(12) Die lichte Mindesthöhe des Hauptfluchtweges soll mindestens 2,10 m betragen und darf 2,00 m nicht unterschreiten. Die lichte Mindesthöhe von Durchgängen und Türen im Verlauf von Hauptfluchtwegen, z. B. Türen von Notausgängen, soll mindestens 2,10 m betragen und darf 1,95 m nicht unterschreiten. Dieses gilt auch bei der Verwendung von Funktionselementen z. B. Obentürschließern. Bei wesentlichen Erweiterungen oder wesentlichen Umbauten von Bereichen, durch die Hauptfluchtwege führen, ist zu prüfen, ob die lichte Mindesthöhe von 2,10 m umgesetzt werden kann.

(13) Fahrsteige, Fahrtreppen, Wendel- und Spindeltreppen sowie Steigleitern und Steigeisengänge sind im Verlauf eines Hauptfluchtweges nicht zulässig. Treppen im Verlauf von Hauptfluchtwegen müssen über gerade Läufe verfügen. Davon abweichend sind gebogene Treppenläufe zulässig, wenn sie:

1. eine lichte Breite von maximal 1,40 m,
2. einen Innendurchmesser von mehr als 2,00 m und
3. gleiche Stufenabmessungen

aufweisen.

(14) Von den lichten Mindestbreiten nach Tabelle 1 Spalte C kann bei Treppen in Treppenräumen und Außentreppen von mehrgeschossigen Gebäuden abgewichen werden, wenn mit anderen Maßnahmen die gleiche Sicherheit erreicht wird:

1. durch einen ungehinderten Zugang für alle Personen in einen Treppenraum oder zu einer Außentreppe in allen Ebenen unabhängig von der Zahl der Ebenen (sogenannter »freier Fluss«) nach Absatz 15 (siehe auch den Hinweis unter Tabelle 2) oder
2. durch eine vorrangige Evakuierung der von einem Gefahrenfall betroffenen Ebene einschließlich der direkt angrenzenden Ebenen (sogenannte »Sequentielle Entfluchtung« von maximal 3 Ebenen) nach Absatz 16.

(15) Für Treppen in Treppenräumen und Außentreppen kann abweichend von den lichten Mindestbreiten nach Tabelle 1 Spalte C die gleiche Sicherheit erreicht werden, wenn für alle Personen in allen Ebenen unabhängig von der Zahl der Ebenen ein ungehinderter Zugang zum Treppenraum oder zur Außentreppe ermöglicht wird (sogenannter »freier Fluss«). Dies ist bei Personenbelegungen und lichten Mindestbreiten für die Fluchtwege auf der jeweiligen Ebene nach Tabelle 1 Spalte C und bei Einhaltung der Mindestbreiten von Treppen in Treppenräumen und Außentreppen nach Tabelle 2 Spalte C gegeben. Eine Einschränkung der lichten Mindestbreite der Treppe im Sinne der Absätze 10 und 11 ist hierbei nicht zulässig. Die lichte Mindestbreite der nach der Treppe anschließenden Hauptfluchtwege muss Tabelle 2 Spalte C entsprechen. Diese darf durch kurze Einbauten oder Einrichtungen, z. B. Feuerlöscher, Wandvorsprünge, Türflügel, Türzargen, Türdrücker und Notausgangsbeschläge, die Maße nach Tabelle 2 Spalte B nicht unterschreiten.

Tabelle 2: Lichte Mindestbreiten von Treppen in Treppenräumen und Außentreppen als Hauptfluchtwege von mehrgeschossigen Gebäuden in Abhängigkeit von der Personenbelegung pro Ebene

Lichte Mindestbreiten von Treppen in Treppenräumen und Außentreppen als Hauptfluchtwege von mehrgeschossigen Gebäuden für eine von der Tabelle 1 abweichende Bemessung von Treppen:			
	A	B	C
Nr.	Personenbelegung (Personen pro Ebene)	Lichte Mindestbreiten von Durchgängen und **Türen** im Verlauf von nach der Treppe anschließenden Hauptfluchtwegen, z. B. Türen von Notausgängen (in m)	Lichte Mindestbreiten von **Treppen** und danach anschließender Hauptfluchtwege (in m)
1	bis 30	0,90	1,00
2	bis 40	1,05	1,20
3	bis 50	1,25	1,40
4	bis 60	1,65	1,80
5	bis 70	2,25	2,40
Zwischenwerte der Mindestbreiten (ermittelt durch lineare Interpolation) sind zulässig.			

Hinweis:

Den Werten nach Tabelle 1 und Tabelle 2 liegen unterschiedliche Betrachtungsweisen zugrunde. Bei Anwendung der Tabelle 1 ist die Summe aller Personen maßgeblich, die über den jeweiligen Hauptfluchtweg flüchten müssen. Diese ergibt sich bei Treppenräumen oder Außentreppen aus der Summe aller Personen aus allen Ebenen im Ein-

zugsgebiet (Gesamtanzahl der Personen, die über alle Ebenen demselben Hauptfluchtweg zugeordnet sind, unabhängig davon, ob die Personen Abschnitte des Hauptfluchtweges im Fluchtfall zeitgleich oder zeitlich versetzt nutzen). Die Tabelle 2 ist unabhängig von der Zahl der Ebenen anwendbar. Eine Anwendung von Tabelle 2 kann insbesondere bei einer überwiegend gleichmäßigen Personenverteilung über alle Ebenen und einer größeren Anzahl von Ebenen sinnvoll sein. Bei einem direkten Vergleich von Werten nach Tabelle 1 und Tabelle 2 können sich unterschiedliche Werte für lichte Mindestbreiten für Treppen ergeben, die beide angewendet werden dürfen.

(16) Für Treppen in Treppenräumen und Außentreppen kann abweichend von den lichten Mindestbreiten nach Tabelle 1 Spalte C die gleiche Sicherheit auch durch folgende Maßnahmen erreicht werden:

1. Einhaltung einer lichten Mindestbreite der Treppen von 1,20 m
2. bei einer maximalen Belegung bis 65 Personen pro Ebene und
3. vorrangiger Evakuierung der von einem Gefahrenfall betroffenen Ebene einschließlich der direkt angrenzenden Ebenen (sogenannte »Sequentielle Entfluchtung« von maximal 3 Ebenen).

Eine Einschränkung der lichten Mindestbreite der Treppe im Sinne der Absätze 10 und 11 ist hierbei nicht zulässig.

Nach der Treppe anschließende horizontale Hauptfluchtwege müssen die gleiche Mindestbreite haben. Diese darf durch kurze Einbauten oder Einrichtungen, z. B. Feuerlöscher, Wandvorsprünge, Türflügel, Türzargen, Türdrücker und Notausgangsbeschläge, das Maß 1,05 m nicht unterschreiten.

(17) Hauptfluchtwege dürfen keine Ausgleichsstufen enthalten.

6 Nebenfluchtwege

(1) Ein Nebenfluchtweg ist erforderlich zur Flucht aus Bereichen, in denen die Gefahr besteht, dass der Hauptfluchtweg nicht mehr sicher begehbar ist, wenn z. B.:

1. der Hauptfluchtweg durch Bereiche mit erhöhter Brandgefährdung führt,
2. Gefährdungen durch Lagerung oder Verwendung von Gefahrstoffen in der Nähe der Hauptfluchtwege vorhanden sind,
3. Einwirkungen durch gefährliche Arbeiten vorhanden sind, z. B. in Aufstellräumen für Dampfkesselanlagen,
4. bei einer hohen Anzahl von Personen im Hauptfluchtweg eine geordnete Flucht nicht mehr möglich ist,
5. bei Produktions-, Lagerräumen oder Werkstätten, deren Grundfläche mehr als 200 m² beträgt,
6. bei sonstigen Arbeitsräumen, deren Grundflächen mehr als 400 m² beträgt, z. B. Großraumbüros bzw. Kombibüros (z. B. Open-Space-Büros, Coworking Spaces),
7. andere Rechtsvorschriften entsprechende Anforderungen stellen, z. B. in Versammlungsstätten, Schulen, Kindertageseinrichtungen oder
8. andere betriebsspezifische Bedingungen vorliegen.

(2) Auf den Nebenfluchtweg kann verzichtet werden, wenn durch zusätzliche Maßnahmen eine sichere Begehbarkeit des Hauptfluchtweges gewährleistet ist. Dieses können z. B. in Bereichen mit erhöhter Brandgefährdung Maßnahmen sein, die eine schnelle Brandausbreitung und Verrauchung vermindern.

(3) Nebenfluchtwege sind so einzurichten, dass deren sichere Benutzung für die darauf angewiesenen Personen gewährleistet ist.

6.1 Nebenfluchtwege, die über Hauptfluchtwege führen

Sind in Bereichen einer Arbeitsstätte mehrere Hauptfluchtwege vorhanden, können diese auch als Nebenfluchtwege genutzt werden.

6.2 Abweichende Anforderungen an Nebenfluchtwege, die nicht über Hauptfluchtwege führen

(1) Die lichten Mindestbreiten von Nebenfluchtwegen sollen sich nach Abschnitt 5 Absätze 6 bis 11 richten. Für Treppen in Treppenräumen und für Außentreppen von mehrgeschossigen Gebäuden kann die lichte Mindestbreite auch nach Abschnitt 5 Absatz 14 bemessen werden.

(2) Fahrsteige und Fahrtreppen, Wendel- und Spindeltreppen sowie Steiggänge (z. B. Steigleitern und Steigeisengänge) sind im Verlauf von Nebenfluchtwegen zulässig. Treppen im Verlauf von Nebenfluchtwegen sollen über gerade Läufe verfügen. Können im Verlauf von Nebenfluchtwegen keine Treppen mit geraden Läufen eingerichtet werden, dann sind Wendeltreppen gegenüber Spindeltreppen, Spindeltreppen gegenüber Steigleitern und Steigleitern gegenüber Steigeisengängen zu bevorzugen.

(3) Nebenfluchtwege sollen keine Ausgleichsstufen enthalten.

(4) Nebenfluchtwege führen durch einen Ausgang, der als Tür, Fenstertür (z. B. Terrassentür) oder als Schlupftür in Toren ausgebildet ist, oder durch einen Notausstieg.

(5) Ein Notausstieg kann z. B. ausgebildet sein als Fenster in Wandöffnungen oder Luke oder Klappe in Boden- oder Deckenöffnungen.

(6) Notausstiege sind so einzurichten, dass diese für die darauf angewiesenen Personen möglichst schnell und ungehindert nutzbar sind. Türen und Notausstiege in Wandöffnungen sollen in Fluchtrichtung aufschlagen. Schiebevarianten (z. B. Schiebetüren oder Schiebeluken) sind zulässig.

(7) Für Notausstiege sind erforderlichenfalls im und außerhalb des Gebäudes fest angebrachte Aufstiegshilfen zur leichten und zügigen Benutzung vorzusehen (z. B. Podest, Treppe oder Haltestangen zum Überwinden von Brüstungen).

(8) Notausstiege in Wandöffnungen sollen im Lichten mindestens 0,90 m in der Breite und mindestens 1,20 m in der Höhe aufweisen. Notausstiege in Boden- oder Deckenöffnungen sollen im Lichten mindestens 0,70 m x 0,70 m oder einen lichten Durchmesser von 0,70 m aufweisen.

7 Anforderungen an Türen und Tore im Verlauf von Fluchtwegen

(1) Türen und Tore im Verlauf von Fluchtwegen sowie Notausstiege müssen sich leicht und ohne besondere Hilfsmittel öffnen lassen, solange Personen auf die Nutzung der Fluchtwege angewiesen sind.

Leicht zu öffnen bedeutet, dass die Öffnungselemente ergonomisch gestaltet, gut erkennbar und an zugänglicher Stelle angebracht (insbesondere Entriegelungshebel bzw. -knöpfe zur Handbetätigung von automatischen Türen und Toren) sind sowie dass die Betätigungsart leicht verständlich ist und das Öffnen ohne größeren Kraftaufwand möglich ist.

Ohne besondere Hilfsmittel bedeutet, dass die Tür oder das Tor im Gefahrenfall unmittelbar von jeder Person und ohne z. B. Schlüssel, Transponderkarte oder Codeeingabe geöffnet werden kann.

Hinweis:

Regelungen zu Öffnungskräften enthält Abschnitt 10.1 Absatz 3 der ASR A1.7 »Türen und Tore«.

(2) Manuelle Türen und Tore, die aus betrieblichen Gründen mechanisch verschlossen werden, müssen mit einer Einrichtung versehen sein, die gewährleistet, dass die Tür oder das Tor bei Betätigen des Türdrückers entriegelt wird, z. B. mit einem Panikschloss.

(3) Bei elektrischen Verriegelungseinrichtungen von Türen und Toren muss die Verriegelung mit einem Notöffnungstaster sicher freigegeben werden können. Bei Stromausfall müssen diese Verriegelungseinrichtungen selbsttätig freigegeben werden. Die Verriegelungseinrichtungen müssen den »Technischen Baubestimmungen für Elektrische Verriegelungssysteme für Türen in Rettungswegen« entsprechen.

(4) Für bestimmte Bereiche in besonderen Arbeitsstätten, z. B. in Justizvollzugsanstalten, Gerichtsgebäuden, Forensischen Kliniken, Psychiatrischen Kliniken, Kindertagesstätten und ähnlichen Einrichtungen, können auf Grund der besonderen betrieblichen Anforderungen von dieser ASR abweichende Maßnahmen und Gestaltungen verschließbarer Türen im Verlauf von Fluchtwegen bzw. verschließbare Notausstiege erforderlich sein. Diese abweichenden Maßnahmen und Gestaltungen sind im Rahmen einer Gefährdungsbeurteilung zu ermitteln und festzulegen.

Hinweis:

Hierfür können branchen- und themenspezifische Hilfen herangezogen werden (siehe Abschnitt Literaturhinweise).

(5) Manuell betätigte Türen von Notausgängen müssen in Fluchtrichtung aufschlagen.

(6) Sonstige manuell betätigte Türen und Tore müssen in Fluchtrichtung aufschlagen, wenn eine erhöhte Gefährdung vorliegt. Eine erhöhte Gefährdung kann sich ergeben aus dem Arbeitsverfahren, der Art der Tätigkeit, den verwendeten Stoffen oder aus der Arbeitsumgebung z. B.:

1. Arbeiten in gasgefährdeten Bereichen,
2. Umgang mit besonders gefährlichen Stoffen, z. B. in chemischen, physikalischen oder medizinischen Laboratorien,
3. Bereiche von Einrichtungen, in denen gewalttätige Übergriffe nicht auszuschließen sind,
4. Arbeiten in beengten Räumen oder
5. bei Anwesenheit einer hohen Anzahl von Personen.

(7) Schiebetüren im Verlauf von Hauptfluchtwegen, die ausschließlich manuell betätigt werden, sind nicht zulässig. Ausgenommen davon sind Schiebetüren, wenn aus betriebstechnischen Gründen keine Drehflügeltüren verwendet werden können, z. B. in Ausgängen von OP-Räumen, Kühlräumen, sofern sich in diesen Räumen nur unterwiesene Personen und nur in geringer Anzahl aufhalten. Bei diesen Türen ist die Öffnungsrichtung mit den Sicherheitszeichen E033 »Schiebetür öffnet nach rechts« oder E034 »Schiebetür öffnet nach links« nach ASR A1.3 »Sicherheits- und Gesundheitsschutzkennzeichnung« zu kennzeichnen.

(8) Karusselltüren, die ausschließlich manuell betätigt werden, sind nicht zulässig.

(9) Automatische Türen und Tore sind nur in Fluren und für Räume nach Abschnitt 5 Absatz 2 Nummern 1 und 2 zulässig. Sie dürfen nicht in Notausgängen oder in Ausgängen von Nebenfluchtwegen eingerichtet und betrieben werden, die ausschließlich für den Notfall konzipiert und ausschließlich im Notfall benutzt werden. Ausgenommen davon sind automatische Drehflügeltüren zulässig, wenn sie auch im Fehlerfall (z. B. Ausfall der Energiezufuhr, Ausfall der Steuerung) sicher öffnen oder sie einfach manuell in Fluchtrichtung geöffnet werden können.

(10) Automatische Drehflügeltüren von Notausgängen sollen in Fluchtrichtung aufschlagen. Ist dies nicht möglich, z. B. aufgrund des Denkmalschutzes, dürfen automatische Drehflügeltüren von Notausgängen entgegen der Fluchtrichtung aufschlagen, wenn sie bei Annäherung so frühzeitig sicher öffnen, dass der öffnende Flügel keine Gefahr darstellt. Bei Ausfall der Energiezufuhr müssen sich diese Türen automatisch öffnen und offenbleiben.

(11) Automatische Schiebetüren dürfen nur verwendet werden, wenn sie bei Ausfall der Energiezufuhr selbsttätig öffnen oder über eine manuelle Öffnungsmöglichkeit (Break-Out) verfügen und sie den »Technischen Baubestimmungen an Automatische Schiebetüren in Rettungswegen« entsprechen.

(12) Automatische Karusselltüren sollen im Verlauf von Fluchtwegen vermieden werden. Sie dürfen nur verwendet werden, wenn der Einbau einer manuell betätigten Drehflügeltür in unmittelbarer Nähe nicht möglich ist. Werden automatische Karusselltüren verwendet, müssen sich Teile der Innenflügel ohne größeren Kraftaufwand (siehe ASR A1.7 »Türen und Tore« Abschnitt 10.1 Absatz 3) von Hand und ohne Hilfsmittel sowie in jeder Stellung der Tür auf die erforderliche Fluchtwegbreite öffnen lassen (Break-Out). Dazu müssen Auslösestelle und die erforderliche Betätigungsweise eindeutig erkennbar sein. Sofern eine elektrische Verriegelung der Break-Out Funktion zum Schutz vor ungewolltem Aufklappen erforderlich ist, z. B. durch Windstöße oder Luftdruckunterschiede, ist im Rahmen der Gefährdungsbeurteilung festzulegen, welche Maßnahmen erforderlich sind, um die Innenflügel leicht zu öffnen.

Hinweis:

Hierfür können branchen- und themenspezifische Hilfen herangezogen werden (siehe Abschnitt Literaturhinweise).

(13) Kraftbetätigte Tore sind für den Einsatz im Verlauf von Fluchtwegen geeignet, wenn sie die technischen Anforderungen an das schnelle und sichere Öffnen im Notfall erfüllen.

Das schnelle Öffnen im Notfall ist z. B. gewährleistet, wenn bei horizontal bewegten Toren die erforderliche Fluchtwegbreite innerhalb von 3 s oder bei vertikal bewegten Toren eine lichte Durchgangshöhe von 2 m innerhalb von 3 s freigegeben wird.

Das sichere Öffnen im Notfall ist z. B. gewährleistet, wenn Tore sich bei Annäherung automatisch öffnen oder manuell aufgedrückt werden können (Break-Out-Funktion).

Das schnelle und sichere Öffnen muss jederzeit gewährleistet sein und erhalten bleiben (Einfehlersicherheit).

Kann die Öffnung des Tores im Fluchtfall nicht automatisch erfolgen, darf sie in begründeten Einzelfällen durch Drücken einer Öffnungstaste, die als Nottaste ausgeführt ist, ausgelöst werden.

Bei Ausfall der Energiezufuhr müssen sich kraftbetätigte Tore automatisch öffnen und offenbleiben.

Hinweis:

Diese Anforderungen sind ausführlich in der DGUV Information 208-044 »Automatische Tore im Fluchtweg« 12/2014 zusammengestellt.

8 Kennzeichnung von Fluchtwegen und Notausgängen

Fluchtwege und Notausgänge müssen mit hochmontierten Sicherheitszeichen nach Abschnitt 8.2 Absatz 3 Nummer 2 gekennzeichnet sein. Für Hauptfluchtwege gelten die Anforderungen nach Abschnitt 8.2. Diese gelten auch für Hauptfluchtwege, die als Nebenfluchtwege genutzt werden können. Für Nebenfluchtwege, die nicht über Hauptfluchtwege führen, gelten abweichende Anforderungen entsprechend Abschnitt 8.3. Wenn das gefahrlose Verlassen der Arbeitsstätte durch diese Art der Kennzeichnung nicht gewährleistet ist, sind zusätzliche Maßnahmen nach Abschnitt 8.4 oder 9 zu ergreifen.

8.1 Allgemeine Anforderungen an die Kennzeichnung und Erkennbarkeit

(1) Fluchtwege, Notausgänge, Notausstiege und Türen im Verlauf von Fluchtwegen müssen, Sammelstellen sollen deutlich erkennbar und dauerhaft gekennzeichnet werden.

(2) Die Kennzeichnung der Fluchtwege, Notausgänge, Notausstiege und Türen im Verlauf von Fluchtwegen sowie der Sammelstelle muss entsprechend der ASR A1.3 »Sicherheits- und Gesundheitsschutzkennzeichnung« erfolgen. Für Sammelstellen ist dies das Sicherheitszeichen E007 »Sammelstelle«. Die Kennzeichnung kann in langnachleuchtender, innenbeleuchteter oder außenbeleuchteter Ausführung erfolgen. Die Dauer der Erkennbarkeit der Sicherheitszeichen aller Varianten muss bei Ausfall der Allgemeinbeleuchtung auf Grundlage einer Gefährdungsbeurteilung festgelegt werden, sie muss mindestens 30 min betragen. Sofern das Bauordnungsrecht der Länder höhere Anforderungen stellt, sind diese anzuwenden.

(3) Rettungszeichen zur Kennzeichnung der Fluchtwege, Notausgänge, Notausstiege und Türen im Verlauf von Fluchtwegen nach Absatz 2 dürfen nicht auf Türflügeln angebracht werden, weil bei geöffneten Türflügeln Richtungsangaben nicht mehr erkennbar sein können bzw. in die falsche Richtung weisen.

(4) Langnachleuchtende Sicherheitszeichen müssen mindestens die Anforderungen der DIN 67510-1:2020-05, Klasse C, erfüllen. Die ausreichende Anregung der langnachleuchtenden Materialien ist sicherzustellen, z. B. hinsichtlich Dauer, Art und Intensität der Beleuchtung.

Hinweis:

Bei Verwendung von Einrichtungen, welche die Dauer der Anregung begrenzen, z. B. Ansteuerung der Beleuchtung durch Präsenzmelder, sind entsprechende Kompensationsmaßnahmen anzuwenden.

(5) Innen- und außenbeleuchtete Sicherheitszeichen müssen mindestens den Anforderungen der DIN 4844-1:2012-06 entsprechen, sofern sie im Rahmen der Sicherheitsbeleuchtung betrieben werden, gelten mindestens die Anforderungen der DIN EN 1838:2019-11.

(6) Notausgänge und Notausstiege sind, sofern diese von der Außenseite zugänglich sind, auf der Außenseite mit dem Verbotszeichen »P023 Abstellen oder Lagern verboten« zu kennzeichnen.

(7) Die Beleuchtung (natürlich oder künstlich) am Anbringungsort muss die Erkennbarkeit der Sicherheitszeichen sicherstellen. Sicherheitszeichen müssen sich vom Hintergrund deutlich abheben und dürfen von der Umgebungsbeleuchtung nicht überstrahlt werden.

8.2 Anforderungen an die Kennzeichnung von Hauptfluchtwegen

(1) In Räumen, in denen der Fluchtweg eindeutig und jederzeit erkennbar ist, ist keine Sicherheitskennzeichnung erforderlich, z. B. in Einzelbüros mit nur einer Tür.

(2) Die Kennzeichnung für Fluchtwege muss mit den Sicherheitszeichen E001 »Notausgang (links)« oder E002 »Notausgang (rechts)« in Verbindung mit dem Zusatzzeichen »Richtungspfeil« entsprechend ASR A1.3 »Sicherheits- und Gesundheitsschutzkennzeichnung« erfolgen. Auf weitere Zusatzzeichen soll verzichtet werden.

(3) Die Kennzeichnung ist im Verlauf des Hauptfluchtweges an gut sichtbaren Stellen, eindeutig und innerhalb der Erkennungsweite anzubringen. Die Kennzeichnung muss die Richtung des Fluchtweges anzeigen. Dabei sind folgende Randbedingungen zu beachten:

1. Besonders in langgestreckten Räumen (z. B. Fluren) sollen Sicherheitszeichen in Laufrichtung jederzeit erkennbar sein (z. B. Fahnen- oder Winkelschilder quer zur Laufrichtung).
2. Die hochmontierten Sicherheitszeichen sollen über den Türen im Verlauf des Fluchtweges und über Notausgängen angebracht werden. Die Unterkante des Zeichens soll mindestens 2,0 m über Fußbodenoberkante angebracht sein, jedoch nicht höher als 2,5 m. Die Sicherheitszeichen an Wänden parallel zur Fluchtwegrichtung sollen gemessen vom Boden bis zur Unterkante des Zeichens in einer Höhe von 1,7 m bis 2,0 m angebracht werden. Bei Räumen mit einer lichten Höhe von mehr als 5 m können davon abweichend Sicherheitszeichen höher platziert werden. Die Platzierung muss das Blickfeld des Menschen berücksichtigen.
3. Die Erkennungsweite ergibt sich aus ASR A1.3 »Sicherheits- und Gesundheitsschutzkennzeichnung«, Tabelle 3, für beleuchtete und langnachleuchtende Sicherheitszeichen. Für innenbeleuchtete Sicherheitszeichen in Dauerlichtschaltung verdoppelt sich die Erkennungsweite bei gleichbleibender Zeichengröße.

Hinweis:

Außenbeleuchtete oder langnachleuchtende Sicherheitszeichen haben üblicherweise eine Abmessung von 30 cm x 15 cm (B x H) und somit eine Erkennungsweite von 15 m. Bei innenbeleuchteten Zeichen gleicher Größe beträgt die Erkennungsweite 30 m.

8.3 Abweichende Anforderungen an die Kennzeichnung von Nebenfluchtwegen, welche nicht über Hauptfluchtwege führen

(1) Auf Nebenfluchtwegen ist der Ausgang oder Notausstieg zu kennzeichnen. Falls erforderlich, ist auch der Weg zu diesem Ausgang oder Notausstieg zu kennzeichnen, z. B. der Zugang zu dem Raum, in dem sich der Ausgang befindet.

(2) Die Kennzeichnung erfolgt entsprechend der Ausgestaltung des Ausgangs, z. B. über die Sicherheitszeichen D-E019 »Notausstieg« oder E016 »Notausstieg mit Fluchtleiter«, gegebenenfalls mit Richtungspfeil entsprechend ASR A1.3 »Sicherheits- und Gesundheitsschutzkennzeichnung«.

8.4 Optische Sicherheitsleitsysteme

Um die Sicherheit beim Verlassen der Arbeitsstätte auch nach Ausfall der Allgemeinbeleuchtung zu erhöhen, können optische Sicherheitsleitsysteme zusätzlich zur Kennzeichnung mit hochmontierten Sicherheitszeichen oder zusätzlich zur Sicherheitsbeleuchtung als Orientierungshilfe eingesetzt werden.

Optische Sicherheitsleitsysteme führen insbesondere zu einer Verbesserung:

1. der Wahrnehmung des Verlaufes und Begrenzung des Fluchtweges,
2. der Wahrnehmung baulicher Einrichtungen z. B. Türrahmen, Treppenstufen, Bedienelemente und
3. der Orientierung bei Verrauchung.

Dabei kann ein Sicherheitsleitsystem notwendig sein, das auf eine Gefährdung reagiert und die günstigste Fluchtrichtung anzeigt.

8.4.1 Allgemeine Anforderungen

(1) Optische Sicherheitsleitsysteme können aus Rettungszeichen, Zusatzzeichen, Leitmarkierungen sowie Sicherheitsleuchten (gemäß DIN EN 60598-2-22 und DIN EN 50172) bestehen. Die Systeme können langnachleuchtend, elektrisch betrieben oder als Kombination beider Systeme ausgeführt werden.

(2) Ein optisches Sicherheitsleitsystem im Zusammenwirken mit der Sicherheitskennzeichnung nach Abschnitt 8 kann gegebenenfalls das schnelle und gefahrlose Verlassen der Arbeitsstätte ermöglichen. Vorab ist die Notwendigkeit einer Sicherheitsbeleuchtung nach Abschnitt 9 zu prüfen. Optische Sicherheitsleitsysteme sind weder ein Ersatz für hochmontierte Sicherheitskennzeichnung nach Abschnitt 8, noch ein Ersatz für eine erforderliche Sicherheitsbeleuchtung nach Abschnitt 9.

(3) Die Erkennbarkeit des optischen Sicherheitsleitsystems darf durch eine eventuell vorhandene Sicherheitsbeleuchtung nicht beeinträchtigt werden.

(4) Optische Sicherheitsleitsysteme sind so einzurichten und zu betreiben, dass der Verlauf von Fluchtwegen, die Notausgänge sowie mögliche Gefahrstellen und Hindernisse erkannt werden können.

(5) Eine beidseitige Kennzeichnung der Hauptfluchtwege ist immer dann erforderlich, wenn die Fluchtwegbreite mehr als 2,00 m beträgt. Vorzugsweise ist auch bei geringerer Breite der Hauptfluchtwege die Kennzeichnung beidseitig auszuführen.

(6) Innerhalb optischer Sicherheitsleitsysteme muss die Fluchtrichtung mit Hilfe der Sicherheitszeichen »E001 »Notausgang (links)« oder E002 »Notausgang (rechts)« in Verbindung mit einem Zusatzzeichen (Richtungspfeil) gemäß ASR A1.3 »Sicherheits- und Gesundheitsschutzkennzeichnung« angegeben werden. Die Kennzeichnung der Fluchtrichtung ist im Verlauf des Hauptfluchtweges und bei Richtungsänderungen anzubringen.

(7) Leitmarkierungen sind durchgehend und gut sichtbar im Verlauf des Hauptfluchtweges auf dem Fußboden oder an Wänden anzubringen. Die Oberkante der Markierung darf nicht höher als 40 cm über dem Fußboden liegen.

Hinweis:

Beim Einrichten von neuen Arbeitsstätten oder bei wesentlichen Änderungen ist es empfehlenswert, die Oberkante der Markierung nicht höher als 30 cm über dem Fußboden anzubringen.

(8) Das optische Sicherheitsleitsystem ist instand zu halten und in regelmäßigen Abständen auf seine Funktionsfähigkeit zu prüfen. Die Abstände und der Umfang für die Prüfung sowie die Dokumentationspflicht ergeben sich aus den Herstellerangaben und den anerkannten Regeln der Technik. Festgestellte Mängel sowie Schäden, die die Funktionsfähigkeit beeinträchtigen können, sind unverzüglich sachgerecht zu beseitigen.

8.4.2 Langnachleuchtende optische Sicherheitsleitsysteme

(1) Langnachleuchtende Sicherheitsleitsysteme müssen mindestens die Anforderungen der DIN 67510-1:2020-05, Klasse C erfüllen. Die ausreichende Anregung der langnachleuchtenden Materialien ist sicherzustellen, z. B. hinsichtlich Dauer, Art und Intensität der Beleuchtung. Die Funktionsweise des langnachleuchtenden Sicherheitsleitsystems ist durch Dokumentation des Herstellers oder eine Messung am Ort der Anwendung nach DIN ISO 16069:2019-04 Anhang B nachzuweisen.

Hinweis:

Bei Verwendung von Einrichtungen, welche die Dauer der Anregung begrenzen, z. B. Ansteuerung der Beleuchtung durch Präsenzmelder, sind entsprechende Kompensationsmaßnahmen anzuwenden.

(2) Leitmarkierungen müssen mindestens einen Durchmesser oder eine Breite und Höhe von 50 mm haben. Sie werden als durchgehend angesehen, wenn mindestens drei Markierungen pro Meter in regelmäßigen Abständen angebracht sind.

(3) Rampen und Handläufe im Verlauf von Fluchtwegen sind in ihrer gesamten Länge eindeutig zu kennzeichnen. Alle Vorderkanten der Trittstufen von Treppen müssen über die gesamte Treppenbreite mit langnachleuchtenden Materialien mit einer Breite von 20 mm – 50 mm markiert werden. Die Markierungen sind möglichst nah an der Vorderkante anzubringen, der Abstand soll nicht mehr als 10 mm betragen. Die Erkennbarkeit der Vorderkanten der Trittstufen muss auch bei Allgemeinbeleuchtung gewährleistet sein. Die Markierung der Trittstufen

darf zu keinen Stolper- und Rutschgefahren führen z. B. durch hochstehende Kanten oder große Abweichung von der Bewertungsgruppe der Rutschhemmung der Trittfläche.

Hinweis:

Zusätzliche Markierungen an den Seiten der Tritt- und Setzstufen erhöhen die räumliche Erkennbarkeit des Treppenlaufes.

(4) Türen im Verlauf von Fluchtwegen und Notausstiege sind mit langnachleuchtenden Materialien zu umranden. Die Umrandung muss mindestens eine Breite von 20 mm haben. Türgriffe und Notbetätigungseinrichtungen (z. B. Panikstangen) sind langnachleuchtend zu gestalten oder mit langnachleuchtendem Material hervorzuheben. Falls erforderlich ist dabei die Richtung, in der die Türgriffe und Notbetätigungseinrichtungen zu betätigen sind, anzugeben (siehe Abbildung 1).

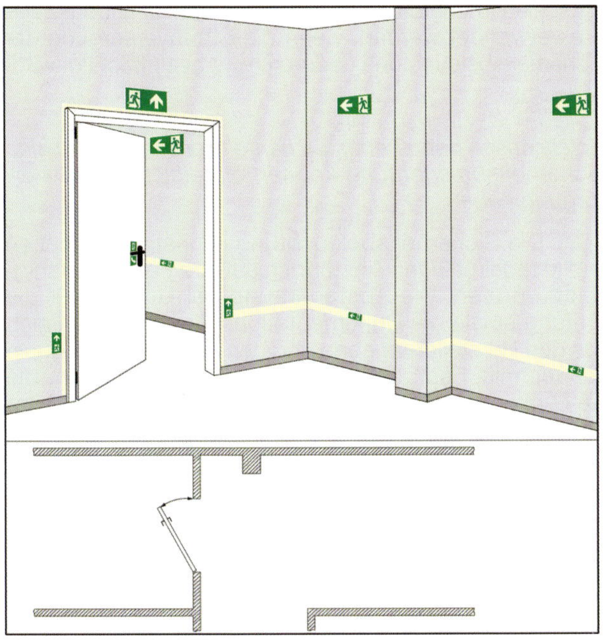

Abb. 1: Beispiel für Anordnung von Komponenten eines langnachleuchtenden optischen Sicherheitsleitsystems und hochmontierter langnachleuchtender Sicherheitszeichen (räumliche Darstellung und Grundriss)

Hinweis:

Abbildung 1 ist eine schematische und nicht maßstäbliche Darstellung zur Veranschaulichung der verschiedenen Komponenten: drei hochmontierte Sicherheitszeichen E001 mit Richtungspfeil an der rechten Wand und E002 mit Richtungspfeil über der Tür, Umrandung der Tür und Kennzeichnung des Türgriffs, Leitmarkierungen in 40 cm Höhe an den Seitenwänden mit Markierungen in regelmäßigen Abständen.

(5) Gefahrenstellen und Hindernisse im Verlauf von Fluchtwegen, z. B. Vorsprünge, Stützen und Anstoßkanten, müssen deutlich und dauerhaft erkennbar sein. Dazu können Sicherheitsmarkierungen nach ASR A1.3 »Sicherheits- und Gesundheitsschutzkennzeichnung« verwendet werden.

(6) Langnachleuchtende Rettungszeichen, die Teil eines optischen Sicherheitsleitsystems sind, sind im Abstand von maximal 5 m im Verlauf des Fluchtweges anzubringen. Bei jeder Richtungsänderung des Fluchtweges ist ein langnachleuchtendes Rettungszeichen vorzusehen.

8.4.3 Elektrisch betriebene Sicherheitsleitsysteme

(1) Innenbeleuchtete Rettungszeichen, die Teil eines optischen Sicherheitsleitsystems sind, sind im Abstand von maximal 10 m im Verlauf des Fluchtweges anzubringen. Bei jeder Richtungsänderung des Fluchtweges ist ein innenbeleuchtetes Rettungszeichen vorzusehen.

(2) Um die Leitfunktion von innenbeleuchteten Rettungszeichen sicherzustellen, sind zusätzlich elektrisch betriebene Leitmarkierungen oder niedrig montierte Sicherheitsleuchten einzusetzen. Dabei darf der Abstand zwischen den Leitmarkierungen nicht mehr als 2,50 m betragen.

(3) Niedrig montierte Sicherheitsleuchten ermöglichen zusätzlich die Wahrnehmung von Hindernissen im Fluchtweg. Diese ist gegeben, wenn an jeder Stelle auf der Mitte des Fluchtweges eine Beleuchtungsstärke von mindestens 1 lx erreicht wird. Die Beleuchtungsstärke wird dabei auf einer vertikalen Fläche quer zur Fluchtrichtung in einer Höhe von maximal 20 cm über dem Fußboden und auf der Mitte des Fluchtweges gemessen. Die Beleuchtungsstärke darf dabei bis zum Rand des Fluchtweges auf 0,5 lx abfallen. Der Abstand zwischen den Sicherheitsleuchten darf nicht mehr als 10 m betragen, dabei ist Blendung zu vermeiden.

(4) Bei in den Fußboden eingelassenen elektrisch betriebenen Leitmarkierungen muss sich die Leuchtdichte der abstrahlenden Fläche von der Leuchtdichte der umgebenden Flächen deutlich unterscheiden, ohne zu blenden.

(5) Die elektrisch betriebenen Sicherheitsleitsysteme müssen mindestens für die Dauer, die für das gefahrlose Verlassen der Arbeitsstätte ins Freie oder in einen gesicherten Bereich erforderlich ist, funktionsfähig sein. In der Regel ist ein Zeitraum von 30 min nach Ausfall der Allgemeinbeleuchtung ausreichend.

(6) Die Funktion des Sicherheitsleitsystems darf durch den Ausfall der allgemeinen Stromversorgung nicht beeinträchtigt werden. Die Stromversorgung für das Sicherheitsleitsystem darf nur dann zusätzlich für andere Zwecke verwendet werden, wenn die Stromversorgung für das Sicherheitsleitsystem dadurch nicht beeinträchtigt wird.

Hinweis:

Ein elektrisch betriebenes Sicherheitsleitsystem und eine Sicherheitsbeleuchtung können die gleiche Stromversorgung haben.

(7) Werden dynamische optische Sicherheitsleitsysteme eingesetzt, müssen alle damit verbundenen sicherheitsrelevanten Komponenten so gestaltet sein, dass auch bei Ausfall einzelner Komponenten die Funktionsfähigkeit des Gesamtsystems erhalten bleibt.

(8) In einem dynamischen optischen Sicherheitsleitsystem kann die Richtungsangabe je nach Gefahrenlage einmalig geändert werden. Dieses kann sowohl automatisch als auch durch manuelle Eingabe erfolgen. Es ist sicherzustellen, dass hochmontierte Richtungsangaben dazu nicht im Widerspruch stehen.

9 Sicherheitsbeleuchtung

(1) Die Ausstattung von Fluchtwegen mit einer Sicherheitsbeleuchtung kann aus anderen Rechtsvorschriften, insbesondere dem Bauordnungsrecht, gefordert sein. Ist

das nicht der Fall, muss geprüft werden, ob das gefahrlose Verlassen der Arbeitsstätte, insbesondere bei Ausfall der Allgemeinbeleuchtung, gewährleistet ist. Bei dieser Prüfung sind für Räume und Bereiche insbesondere folgende Kriterien zu beachten:

1. hohe Personenbelegung,
2. Flächenausdehnung (z. B. Hallen, Großraumbüros, Verkaufsstätten),
3. fehlendes Tageslicht (z. B. Räume unter Erdgleiche, innenliegende Treppenräume und Flure, Schichtbetrieb, wenn nicht während der gesamten Arbeitszeit durch das einfallende Tageslicht ein Mindestwert der Beleuchtungsstärke von 1 lx für die Fluchtwege gegeben ist),
4. betriebliche Gründe für Dunkelheit (z. B. Fotolabor),
5. Anwesenheit ortsunkundiger Personen, (z. B. Kunden, Besucher),
6. erhöhte Gefährdung (z. B. durch Stolpern und Stürzen, auf Treppen),
7. unübersichtliche Fluchtwegführung (z. B. bei Fluchtwegen mit häufigen Richtungsänderungen) oder
8. eingeschränkte Erkennbarkeit des Fluchtweges und seiner Begrenzung (z. B. durch neben dem Fluchtweg abgestelltes Lagergut oder im Zuge der Evakuierung spontan abgestellter Arbeitsmittel).

Aus dem Ergebnis dieser Prüfung kann sich die Notwendigkeit einer Sicherheitsbeleuchtung ergeben.

(2) Die Beleuchtungsstärke der Sicherheitsbeleuchtung für Fluchtwege muss mindestens 1 lx mit einer Gleichmäßigkeit (Verhältnis der maximalen zur minimalen Beleuchtungsstärke) weniger als 40:1 betragen. Die Beleuchtungsstärke ist auf der Mittellinie des Fluchtweges in maximal 20 cm Höhe über dem Fußboden oder den Treppenstufen zu messen.

(3) Nach Ausfall der Allgemeinbeleuchtung muss die Sicherheitsbeleuchtung für Fluchtwege 50 % der erforderlichen Beleuchtungsstärke nach Absatz 2 innerhalb von 5 s erreichen; 100 % der erforderlichen Beleuchtungsstärke müssen innerhalb von 60 s erreicht werden.

(4) Die Anforderungen nach Absatz 3 entfallen für:

1. bereits vorhandene Sicherheitsbeleuchtungsanlagen in Gebäuden, die bis zum 30.04.2025 errichtet worden sind oder deren Bauantragstellung bis zu diesem Termin erfolgt ist, bis die jeweiligen Bereiche dieser Arbeitsstätten wesentlich erweitert oder umgebaut werden, und

2. Sicherheitsbeleuchtungsanlagen, die aus betriebstechnischen Gründen über ausschließlich mit Verbrennungsmotoren betriebene Netzersatzanlagen versorgt werden, z. B. für medizinisch genutzte Bereiche mit notwendiger Betriebsdauer der Sicherheitsbeleuchtung von bis zu 24 Stunden gemäß DIN VDE 0100-710:2012-10.

In beiden Fällen müssen 100 % der erforderlichen Beleuchtungsstärke innerhalb von 15 s erreicht werden.

(5) Die Sicherheitsbeleuchtung für Fluchtwege muss für die Dauer, die für das gefahrlose Verlassen der Arbeitsstätte ins Freie erforderlich ist, jedoch mindestens für einen Zeitraum von 30 min nach Ausfall der Allgemeinbeleuchtung, die erforderliche Beleuchtungsstärke erbringen.

(6) In Arbeitsstätten, in denen regelmäßig eine größere Anzahl ortsunkundiger Personen auf einen Fluchtweg angewiesen sein kann, ist mit einem erhöhten Unfallrisiko aufgrund des Ausfalls der Allgemeinbeleuchtung zu rechnen. Im Rahmen der Gefährdungsbeurteilung sind solche Fluchtwege zu ermitteln. Auf diesen Fluchtwegen muss die erforderliche Beleuchtungsstärke der Sicherheitsbeleuchtung innerhalb von 1 s erreicht werden.

(7) Die Farbwiedergabe der Sicherheitsbeleuchtung ist so zu wählen, dass die Sicherheitsfarben erkennbar bleiben. Der Farbwiedergabeindex R_a darf nicht unter 40 liegen.

(8) Eine störende Blendung der Beschäftigten ist zu vermeiden oder – wenn dies nicht möglich ist – zu minimieren.

(9) Die Funktion der Sicherheitsbeleuchtung darf durch den Ausfall der allgemeinen Stromversorgung nicht beeinträchtigt werden. Die Stromversorgung für die Sicherheitsbeleuchtung darf nur dann zusätzlich für andere Zwecke verwendet werden, wenn die Stromversorgung der Sicherheitsbeleuchtung dadurch nicht beeinträchtigt wird.

Hinweis:

Ein elektrisch betriebenes Sicherheitsleitsystem und eine Sicherheitsbeleuchtung können die gleiche Stromversorgung haben.

(10) Die Sicherheitsbeleuchtung ist instand zu halten und in regelmäßigen Abständen auf ihre Funktionsfähigkeit zu prüfen. Die Abstände und der Umfang für die Prüfung sowie die Dokumentationspflicht ergeben sich aus den Herstellerangaben und den anerkannten Regeln der Technik. Festgestellte Mängel sowie Schäden, die die Funktionsfähigkeit beeinträchtigen können, sind unverzüglich sachgerecht zu beseitigen.

Hinweise:

1. *Eine Sicherheitsbeleuchtung sollte bis zur Sammelstelle geführt werden.*
2. *Beim Einrichten von Fluchtwegen mit einer Sicherheitsbeleuchtung sollen die hochmontierten Sicherheitszeichen bevorzugt in innenbeleuchteter Ausführung verwendet werden (bessere Erkennbarkeit).*

10 Flucht- und Rettungsplan

(1) Der Arbeitgeber hat Flucht- und Rettungspläne für die Bereiche von Arbeitsstätten zu erstellen, in denen die Lage, die Ausdehnung oder die Art der Benutzung der Arbeitsstätte dies erfordern.

Flucht- und Rettungspläne können z. B. erforderlich sein in Bereichen:

1. mit unübersichtlicher Fluchtwegführung (z. B. über Zwischengeschosse, durch größere Räume, bei einer gewinkelten oder von den üblicherweise betrieblich genutzten Verkehrswegen abweichenden Wegführung),
2. mit einem hohen Anteil an ortsunkundigen Personen (z. B. Arbeitsstätten mit Publikumsverkehr),
3. mit einer erhöhten Gefährdung (z. B. Räume nach Abschnitt 5 Absatz 2 Nummer 3 und 4 oder Absatz 3) oder
4. wenn sich aus benachbarten Arbeitsstätten Gefährdungsmöglichkeiten ergeben (z. B. durch explosi-

ons- bzw. brandgefährdete Anlagen oder Stofffreisetzung).

(2) Flucht- und Rettungspläne müssen aktuell, übersichtlich, gut lesbar und farblich unter Verwendung von Sicherheitsfarben sowie von Rettungs- und Brandschutzzeichen gestaltet sein, Angaben zur Gestaltung von Flucht- und Rettungsplänen siehe ASR A1.3 »Sicherheits- und Gesundheitsschutzkennzeichnung«.

Hinweis:

Sofern in der Arbeitsstätte noch Vorgängerversionen der Rettungs- und Brandschutzzeichen verwendet werden, sollen diese auch im Flucht- und Rettungsplan verwendet werden. Wenn in der Arbeitsstätte die nach ASR A1.3 »Sicherheits- und Gesundheitsschutzkennzeichnung« gültigen Sicherheitszeichen zur Anwendung kommen, ist auch der Flucht- und Rettungsplan entsprechend anzupassen.

(3) Flucht- und Rettungspläne sind in den Bereichen der Arbeitsstätte, für die sie nach Abschnitt 10 Absatz 1 zu erstellen sind, an geeigneten Stellen auszuhängen. Geeignete Stellen sind beispielsweise Bereiche in Fluchtwegen, an denen sich häufiger Personen aufhalten z. B. vor Aufzugsanlagen, in Eingangsbereichen, vor Zugängen zu Treppen, an Kreuzungspunkten von Verkehrswegen. Flucht- und Rettungspläne müssen – bezogen auf den Standort des Betrachters – lagerichtig angebracht werden.

(4) Flucht- und Rettungspläne sind mit entsprechenden Plänen nach anderen Rechtsvorschriften, z. B. den Alarm- und Gefahrenabwehrplänen nach § 10 der 12. Verordnung zur Durchführung des Bundes-Immissionsschutzgesetzes (Störfall-Verordnung – 12. BImSchV), abzustimmen oder mit diesen zu verbinden.

Hinweis:

Für Arbeitsstätten, in denen gemäß der Gefährdungsbeurteilung besondere Gefährdungen auftreten können oder aufgrund der örtlichen Gegebenheiten sowie der Nutzungsart mit komplizierten Bedingungen im Gefahrenfall zu rechnen ist, ist unter Berücksichtigung der Anforderungen aus anderen Rechtsgebieten zu prüfen, ob zusätzliche Anforderungen nach § 10 Arbeitsschutzgesetz (ArbSchG) erforderlich sind, z. B. die Aufstellung betrieblicher Alarm- und Gefahrenabwehrpläne oder die Erstellung von Brandschutzordnungen oder Evakuierungsplänen.

11 Unterweisung und Übung zur Evakuierung

(1) Der Arbeitgeber hat die Beschäftigten über den Verlauf der Fluchtwege, über die bei Nutzung der Fluchtwege und Notausgänge erforderlichen Maßnahmen und die Kennzeichnung sowie über das Verhalten im Gefahrenfall regelmäßig zu unterweisen. Die Unterweisung muss mindestens jährlich erfolgen. Ein nach Abschnitt 10 Absatz 1 notwendiger Flucht- und Rettungsplan ist in die Unterweisung einzubeziehen. Die Unterweisung soll durch eine Begehung der Fluchtwege unterstützt werden.

(2) Ist für eine Arbeitsstätte die Erstellung eines Flucht- und Rettungsplanes erforderlich, sind in regelmäßigen Abständen Evakuierungsübungen durchzuführen.

Anhand der Übungen soll mindestens überprüft werden, ob:

1. die Alarmierung zu jeder Zeit unverzüglich ausgelöst werden kann,
2. die Alarmierung die anwesenden Personen erreicht,
3. sich die anwesenden Personen über die Bedeutung der jeweiligen Alarmierung im Klaren sind und danach handeln,
4. die Fluchtwege schnell und sicher benutzt werden können und
5. die zu evakuierenden Bereiche frei von Personen sind.

Hinweise:

1. *In der Praxis hat sich bewährt, die Evakuierungsübungen in Abständen von 2 bis 5 Jahren zu wiederholen. Zur Festlegung der Häufigkeit und des Umfangs der Evakuierungsübungen sowie zu deren Durchführung sind auch Anforderungen anderer Rechtsvorschriften (z. B. Bauordnungsrecht, Gefahrstoffrecht, Immissionsschutzrecht) zu berücksichtigen.*
2. *Auch in Arbeitsstätten, in denen die Erstellung eines Flucht- und Rettungsplanes nicht erforderlich ist, kann eine Evakuierungsübung sinnvoll sein, um zu überprüfen, ob die unter den Nummern 1 bis 5 genannten Kriterien erfüllt werden können.*

(3) Diejenigen Beschäftigten, die Aufgaben im Zusammenhang mit der Evakuierung übernehmen, hat der Arbeitgeber betriebsspezifisch zu unterweisen. Die Unterweisung muss mindestens jährlich erfolgen.

12 Abweichende/ergänzende Anforderungen für Baustellen

(1) Auf Baustellen, auf denen Beschäftigte mehrerer Arbeitgeber tätig werden, haben sich diese Arbeitgeber bei der Festlegung von Maßnahmen zur Gestaltung von Fluchtwegen abzustimmen. Die Hinweise des nach Baustellenverordnung bestellten Koordinators sind dabei zu berücksichtigen.

(2) Die Anforderungen in den Abschnitten 5, 6 und 7 dieser ASR sind aufgrund der örtlichen und betrieblichen Gegebenheiten auf Baustellen nicht durchgehend anwendbar. In diesen Fällen sind in Abhängigkeit von der höchstmöglichen Anzahl der anwesenden Personen, die im Gefahrenfall den Fluchtweg benutzen, die Anordnung, die Abmessungen und die Ausführung der Fluchtwege im Ergebnis der Gefährdungsbeurteilung festzulegen und an den Baufortschritt anzupassen. Fluchtwege können auch über temporäre Verkehrswege führen, z. B. Treppentürme, Gerüste oder Anlegeleitern.

(3) Fluchtwege, die nicht erkennbar ins Freie oder in einen gesicherten Bereich führen oder deren Verlauf sich während der Baumaßnahme wesentlich ändert oder unübersichtlich ist, müssen zum frühestmöglichen Zeitpunkt nach Abschnitt 8 gekennzeichnet werden. In diesen Fällen ist auch ein Flucht- und Rettungsplan nach Abschnitt 10 erforderlich.

(4) Der Flucht- und Rettungsplan kann mit Baustelleneinrichtungsplänen oder Baustellenordnungen verbunden und abweichend von Abschnitt 10 Absatz 3 an einer zentralen Stelle, z. B. dem sogenannten »Schwarzen Brett«, witterungsgeschützt ausgehängt sein. Insbesondere bei großen und komplexen bzw. unübersichtlichen

Baustellen kann es erforderlich werden, orts-, geschoss- oder abschnittsbezogene Flucht- und Rettungspläne an anderen geeigneten Stellen auszuhängen.

(5) Abweichend von Abschnitt 11 Absatz 1 hat der Arbeitgeber in Abhängigkeit der Baustellensituation über Veränderungen der Fluchtwege unverzüglich zu informieren.

(6) Beispiele für Baustellen mit besonderen Gefährdungen gemäß Hinweis in Abschnitt 10 nach Absatz 4 sind:

1. Tunnelbau.
2. Arbeiten in Druckluft und Caissonbau und
3. Turm- und Schornsteinbau.

(7) Auf Baustellen ist eine Sicherheitsbeleuchtung für Fluchtwege erforderlich, wenn während der Arbeitszeit durch das einfallende Tageslicht ein Mindestwert der Beleuchtungsstärke von 1 lx für die Fluchtwege nicht gegeben ist, z. B.:

1. in Bereichen ohne Tageslicht, z. B. in innenliegenden Räumen und Gebäudeabschnitten ohne Lichtschächte und Maueröffnungen, in Räumen unter Geländeoberfläche, in Tunneln und Schächten, oder
2. jahreszeitlich bedingt.

Ergibt die Überprüfung der Gefährdungsbeurteilung, dass die Beleuchtungsstärke von 1 lx für die Nutzung des Fluchtweges nicht ausreichend ist, damit die Beschäftigten einen Gefahrenbereich sicher verlassen können, muss die Beleuchtungsstärke entsprechend erhöht werden.

Hinweis:

Zu Anforderungen an die Sicherheitsbeleuchtung für Tätigkeiten, Arbeitsplätze, Arbeitsräume und Bereiche in Arbeitsstätten, in denen bei Ausfall der Allgemeinbeleuchtung die Sicherheit der Beschäftigten gefährdet werden kann, siehe ASR A3.4 »Beleuchtung und Sichtverbindung«, Abschnitte 8, 9.4 und 10.

(8) Abweichend von Abschnitt 9 Absatz 2 kann bei Arbeiten auf Baustellen auf den Nachweis der Gleichmäßigkeit verzichtet werden.

(9) Auf die Begrenzung der Blendung ist zu achten.

Literaturhinweise

Technische Regeln für Gefahrstoffe

TRGS 510	Lagerung von Gefahrstoffen in ortsbeweglichen Behältern
TRGS 800	Brandschutzmaßnahmen

Informationen der Unfallversicherungsträger

DGUV Information 205-033	Alarmierung und Evakuierung 10/2019
DGUV Information 208-010	Verschlüsse für Türen von Notausgängen 09/2011
DGUV Information 208-026	Sicherheit von kraftbetätigten Karusselltüren 03/2019
DGUV Information 208-044	Automatische Tore im Fluchtweg 12/2014

Normen

DIN EN 1838:2019-11	Angewandte Lichttechnik – Notbeleuchtung; Deutsche Fassung EN 1838:2013
DIN EN 1838 Beiblatt 1:2018-11	Angewandte Lichttechnik – Notbeleuchtung; Beiblatt 1: Erläuterungen und Anwendungshinweise
DIN ISO 16069:2019-04	Graphische Symbole – Sicherheitszeichen – Sicherheitsleitsysteme (ISO 16069:2017)
DIN ISO 23601:2021-11	Sicherheitskennzeichnung – Flucht- und Rettungspläne (ISO 23601:2020)
DIN 4844-1:2012-06	Graphische Symbole – Sicherheitsfarben und Sicherheitszeichen – Teil 1: Erkennungsweiten und farb- und photometrische Anforderungen
DIN/TR 4844-4:2020-07	Graphische Symbole – Sicherheitsfarben und Sicherheitszeichen – Teil 4: Leitfaden zur Anwendung von Sicherheitskennzeichnung
DIN 14036:2023-12	Dynamische und Adaptive Fluchtweglenkung – Planung und Umsetzung von richtungsvariablen Konzepten
DIN 67510-1:2020-05	Langnachleuchtende Pigmente und Produkte – Teil 1: Messung und Kennzeichnung beim Hersteller
DIN VDE 0100-710:2012-10	Errichten von Niederspannungsanlagen – Teil 7-710: Anforderungen für Betriebsstätten, Räume und Anlagen besonderer Art – Medizinisch genutzte Bereiche
DIN EN 50172, VDE 0108-100 (2005-01-00)	Sicherheitsbeleuchtungsanlagen, Deutsche Fassung EN 50172:2004
DIN EN 60598-2-22, VDE 0711-2-22 (2020-12-00)	Leuchten – Teil 2-22: Besondere Anforderungen – Leuchten für Notbeleuchtung

3.2.8 ASR A3.4 »Beleuchtung und Sichtverbindung«

Ausgabe Mai 2023

(Gemeinsames Ministerialblatt 2023 Nr. 32, Seite 679)

Die Technischen Regeln für Arbeitsstätten (ASR) geben den Stand der Technik, Arbeitsmedizin und Hygiene sowie sonstige gesicherte wissenschaftliche Erkenntnisse für die Sicherheit und Gesundheit der Beschäftigten beim Einrichten und Betreiben von Arbeitsstätten wieder.

Sie werden vom **Ausschuss für Arbeitsstätten** ermittelt bzw. angepasst und vom Bundesministerium für Arbeit und Soziales im Gemeinsamen Ministerialblatt bekannt gemacht.

Diese ASR A3.4 konkretisiert im Rahmen ihres Anwendungsbereichs Anforderungen der Verordnung über Arbeitsstätten. Bei Einhaltung dieser Technischen Regel kann der Arbeitgeber davon ausgehen, dass die entsprechenden Anforderungen der Verordnung erfüllt sind. Wählt der Arbeitgeber eine andere Lösung, muss er damit mindestens die gleiche Sicherheit und den gleichen Schutz der Gesundheit für die Beschäftigten erreichen.

Die vorliegende Technische Regel beruht auf der BGR 131, Teil 2 »Leitfaden zur Planung und zum Betrieb der Beleuchtung« des ehemaligen Fachausschusses »Einwirkungen und arbeitsbedingte Gesundheitsgefahren« der Deutschen Gesetzlichen Unfallversicherung (DGUV). Der Ausschuss für Arbeitsstätten hat die grundlegenden Inhalte der BGR 131, Teil 2 in Anwendung des Kooperationsmodells (BArbBl. 6/2003 S. 48) als ASR in sein Regelwerk übernommen.

Inhalt

1 Zielstellung

(1) Diese Arbeitsstättenregel konkretisiert die Anforderungen an das Einrichten und Betreiben der Beleuchtung von Arbeitsstätten in § 3a Absatz 1 sowie insbesondere in Nummer 3.4 Absätze 1 und 2 des Anhanges der Arbeitsstättenverordnung (ArbStättV). Weiterhin konkretisiert diese Arbeitsstättenregel die Anforderungen in Nummer 3.4 Absatz 7 des Anhanges der ArbStättV an das Einrichten und Betreiben der Sicherheitsbeleuchtung bei Ausfall der Allgemeinbeleuchtung und in Nummer 3.5 Absatz 3 bezüglich des Blendschutzes bei Sonneneinstrahlung.

(2) Die Festlegungen dieser ASR zur Beleuchtung sowie zur Sichtverbindung nach außen dienen der Sicherheit und dem Gesundheitsschutz der Beschäftigten am Arbeitsplatz und beschreiben für ausgewählte Tätigkeiten die erforderliche Beleuchtung zur gesundheitsgerechten Erledigung der Sehaufgaben. Der Einfluss des Tageslichts am Arbeitsplatz und der Sichtverbindung nach außen wird soweit berücksichtigt, wie dies für die Gesundheit und Sicherheit der Beschäftigten erforderlich ist.

Hinweis:

Normen als Planungsgrundlagen für Beleuchtungsanlagen können von den Anforderungen dieser ASR abweichen und berücksichtigen gegebenenfalls nicht die Anforderungen, die an Sicherheit und Gesundheitsschutz der Beschäftigten bei der Arbeit zu stellen sind. Es gelten die Anforderungen dieser ASR.

2 Anwendungsbereich

(1) Diese ASR findet Anwendung auf die natürliche und künstliche Beleuchtung von Arbeitsstätten in Gebäuden oder im Freien sowie auf die Sichtverbindung nach außen.

(2) Räume ohne Sichtverbindung, die bis zum 3. Dezember 2016 eingerichtet worden waren oder mit deren Einrichtung bis zu diesem Termin begonnen worden war, dürfen weiter betrieben werden, solange bis sie wesentlich erweitert oder umgebaut werden. Ein Umbau oder eine Erweiterung gelten als wesentlich, wenn sie von ihrer Art oder ihrem Umfang her geeignet sind, gleichzeitig auch eine Sichtverbindung nach außen baulich herzustellen (z. B. Arbeiten an Außenwänden). Der finanzielle Aufwand der Erweiterungs- oder Umbauarbeiten allein ist kein entscheidendes Kriterium für die Bestimmung der »Wesentlichkeit«.

Hinweis:

Der Anwendungsbereich bezüglich Tageslicht und Sichtverbindung nach außen wird in Nummer 3.4 Absatz 1 des Anhangs der ArbStättV untersetzt. Erläuterungen dazu enthält Anhang 1 dieser ASR.

3 Begriffsbestimmungen

3.1 Die **Fensterbreite** ist die Breite des Fensters einschließlich Rahmen (Abbildung 1).

Hinweis:

Diese Fensterbreite wird auch als Rohbaumaß bezeichnet.

3.2 Die **Fläche der Sichtverbindung** ist die durchsichtige Fläche der Öffnungen. Bei Sichtverbindungen mit Stegen oder mehrteiligen Sichtverbindungen bildet die Summe der einzelnen durchsichtigen Flächen die Gesamtfläche der Sichtverbindung.

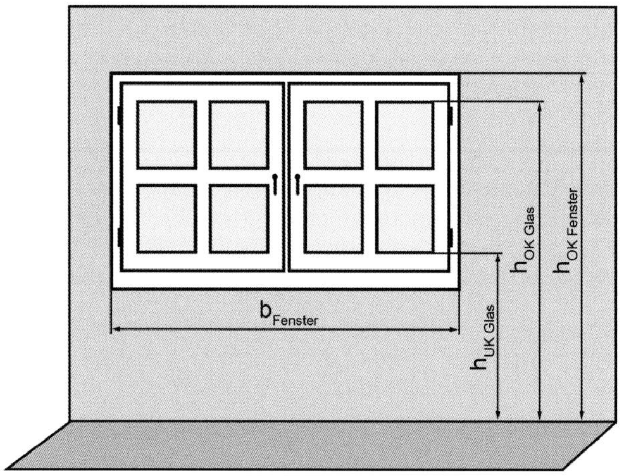

Abb. 1: Erläuterung von Fensterbreite ($b_{Fenster}$) sowie der Höhe der Unterkante der Fläche der Sichtverbindung ($h_{UK\ Glas}$), der Höhe der Oberkante der Fläche der Sichtverbindung ($h_{OK\ Glas}$) und der Höhe der Oberkante des Fensters ($h_{OK\ Fenster}$) über dem Fußboden

3.3 Der **Bereich des Arbeitsplatzes** setzt sich zusammen aus:

1. den Arbeitsflächen,
2. den Bewegungsflächen und
3. allen dem unmittelbaren Fortgang der Arbeit dienenden Stellflächen.

3.4 **Umgebungsbereich** ist ein räumlicher Bereich, der sich direkt an einen Bereich oder mehrere Bereiche von Arbeitsplätzen anschließt oder durch die Raumwände oder Verkehrswege begrenzt wird.

3.5 **Arbeitsfläche** ist eine Fläche in Arbeitshöhe, auf der die eigentliche Arbeitsaufgabe verrichtet wird.

3.6 **Bewegungsflächen** sind zusammenhängende unverstellte Bodenflächen am Arbeitsplatz, die mindestens erforderlich sind, um den Beschäftigten bei ihrer Tätigkeit wechselnde Arbeitshaltungen sowie Ausgleichsbewegungen zu ermöglichen.

3.7 Eine **Teilfläche** ist eine Fläche mit höheren Sehanforderungen, z. B. Lesen, Schreiben, Messen, Kontrollieren und Betrachten von Fertigungsprozessen, innerhalb einer Arbeitsfläche.

3.8 Eine **Kantine** ist ein Raum innerhalb der Arbeitsstätte, der zur Bereitstellung und Aufnahme von Speisen und Getränken insbesondere für die Beschäftigten vorgesehen ist, z. B. Betriebsrestaurant, Cafeteria, Bistro.

3.9 Die **Beleuchtungsstärke** E ist ein Maß für das auf eine Fläche auftreffende Licht. Die Beleuchtungsstärke wird in Lux (lx) gemessen.

3.10 Die **mittlere Beleuchtungsstärke** $\bar{E}$ ist die über eine Fläche gemittelte Beleuchtungsstärke in Lux (lx).

3.11 Der **Mindestwert der Beleuchtungsstärke** (siehe Anhänge 1 und 2) $\bar{E}_m$ ist der Wert, unter den die mittlere Beleuchtungsstärke auf einer bestimmten Fläche nicht sinken darf.

3.12 Die **horizontale Beleuchtungsstärke** E_h ist die Beleuchtungsstärke auf einer horizontalen Fläche, z. B. auf einer Arbeitsfläche.

3.13 Die **vertikale Beleuchtungsstärke** E_v ist die Beleuchtungsstärke auf einer vertikalen Fläche.

3.14 Der **Tageslichtquotient** D ist das Verhältnis der Beleuchtungsstärke an einem Punkt im Innenraum E_p zur Beleuchtungsstärke im Freien ohne Verbauung E_a bei bedecktem Himmel.

$$D = E_p/E_a \cdot 100\ \%$$

3.15 Unter **Blendung** versteht man Störungen durch zu hohe Leuchtdichten oder zu große Leuchtdichteunterschiede im Gesichtsfeld. Sie entsteht z. B. durch:

1. schlecht abgeschirmte und zu helle Lichtquellen (Direktblendung) oder
2. störende Spiegelungen von hellen Lichtquellen auf Arbeitsmitteln, auf glänzenden Oberflächen, z. B. auf Bildschirmen, blanken Werkstücken oder glänzenden Maschinenteilen (Reflexblendung).

3.16 Die **Farbwiedergabe** ist die Wirkung einer Lichtquelle auf den Farbeindruck, den ein Mensch von einem Objekt hat, das mit dieser Lichtquelle beleuchtet wird. Der Farbwiedergabeindex R_a ist eine dimensionslose Kennzahl von 0 bis 100, mit der die Farbwiedergabeeigenschaften der Lampen klassifiziert werden. Der Farbwiedergabeindex dient auch der Bewertung von Verglasungen. Je höher der Wert ist, desto besser ist die Farbwiedergabe.

3.17 Die **Sicherheitsbeleuchtung** ist eine Beleuchtung, die dem gefahrlosen Verlassen der Arbeitsstätte und der Vermeidung von Gefährdungen dient, welche durch Ausfall der Allgemeinbeleuchtung entstehen können.

Hinweis:

In dieser ASR werden die Anforderungen der Sicherheitsbeleuchtung für Tätigkeiten, Arbeitsplätze, Arbeitsräume und Bereiche beschrieben.

3.18 Die **Leuchtdichte** L wird in Candela pro Quadratmeter [cd/m²] gemessen und beschreibt den Helligkeitseindruck einer beleuchteten oder leuchtenden Fläche.

4 Sichtverbindung nach außen

4.1 Grundsatz

(1) Die Sichtverbindung nach außen ermöglicht den visuellen Kontakt zur Umwelt. Sie unterstützt die positiven Wirkungen des Tageslichts am Arbeitsplatz und dient der Erhaltung der physischen und psychischen Gesundheit. Die Verbindung zur Außenwelt durch eine Sicht in die Umgebung ermöglicht das Erleben des Tagesablaufs und der Witterung und vermindert das Gefühl, im Raum eingeschlossen zu sein.

(2) Die Anforderung einer Sichtverbindung nach außen wird durch eine Sichtverbindung unmittelbar ins Freie erfüllt. Sie kann auch durch eine Sichtverbindung in einen großräumigen Innenbereich, der durch Tageslicht beleuchtet wird, oder mit einer Sichtverbindung mittelbar ins Freie durch einen anderen Raum hindurch, erfüllt werden.

Hinweis:

Anhang 1 enthält Entscheidungshilfen, ob die Anforderung an eine Sichtverbindung nach Nummer 3.4 Absatz 1 des Anhangs der ArbStättV für einen konkreten Raum gilt. Anhang 2 enthält Hinweise zu möglichen Ausgleichsmaßnahmen bei unzureichender Sichtverbindung.

4.2 Als Sichtverbindung dienende Fenster, Türen oder Wandflächen

4.2.1 Beschaffenheit

(1) Die Flächen der Sichtverbindung müssen eine verzerrungsfreie und farbneutrale Durchsicht ermöglichen. Als farbneutral gelten Materialien mit einer Qualität der Farbwiedergabe $R_a \geq 90$. Als verzerrungsfrei gelten Materialien, durch die hindurch in 10 m Entfernung das Gesicht einer Person zugeordnet werden kann.

(2) Sonnen-, Blend- und Sichtschutzsysteme gelten dann nicht als Einschränkung der Sichtverbindung, wenn diese rückziehbar sind. Sie sollen von den Beschäftigten beeinflussbar sein.

(3) Flächenanteile, die mit nicht rückziehbaren, sichtbehindernden Fassadenelementen (z. B. Lochbleche, Bedruckungen, feststehenden Sonnen- und Blendschutzsysteme) ausgestattet sind, gelten nicht als Sichtverbindung. Dunkle Insektenschutzgitter gelten nicht als sichtbehindernd.

Hinweise:

1. Fassadenelemente mit kleinteiligen Strukturen im Bereich der Sichtöffnung können als durchsichtig angenommen werden, wenn sichtbehindernde Strukturelemente nicht größer als 0,5 mm sind. Der Grund hierfür ist, dass das Auge bei einem üblichen Abstand des Arbeitsplatzes vom Fenster auf Strukturelemente ≤ 0,5 mm nicht mehr akkommodieren kann.

2. Sonnenschutzsysteme, die auch in geschlossenem Zustand eine Teildurchsicht ermöglichen (z. B. stellbare Lamellen), sind zu bevorzugen.

3. Für Gebäude, die sich innerhalb von Grünbereichen befinden, kann der Vogelschutz eine Bedeutung haben. Zwischen den Anforderungen an eine Sichtverbindung nach außen und Vogelschutzbedruckungen kann ein Zielkonflikt bestehen. Eine Gefährdungsbeurteilung muss in diesem Fall auch den Aspekt des Vogelschutzes beachten. Kriterien für beiden Aspekten genügende Bedruckungen können z. B. die Grobheit des Bedruckungsmusters und der Reflexionsgrad der Bedruckungen nach innen (möglichst dunkel) und nach außen sein.

4.2.2 Lage und Fläche

(1) Die Sichtverbindung nach außen muss den Ausblick aus dem jeweiligen Raum ermöglichen und kann z. B. durch Fenster, durchsichtige Türen oder durchsichtige Wandflächen bereitgestellt werden.

(2) Bis zu einer Raumgrundfläche von 600 m² muss die Größe der als Sichtverbindung vorgesehenen Flächen mindestens 1/10 der Raumgrundfläche betragen. Bei größeren Räumen muss die Größe der Sichtverbindung wenigstens 60 m² betragen.

Hinweis:

Abhängig von der Grundrissgestaltung und der Nutzung kann es möglich sein, die Anforderung nur auf Teile des Gesamtraumes zu beziehen; Beispiel: Nutzung des fensterfernen Bereichs als Lager.

(3) Die Gesamtfläche der Sichtverbindung soll mindestens:

1. 1,25 m² bei einer Raumtiefe bis einschließlich 5,0 m und

2. 1,50 m² bei einer Raumtiefe von mehr als 5,0 m

betragen.

(4) Die Unterkante der als Sichtverbindung vorgesehenen Flächen (Abbildung 1, $h_{UK\ Glas}$) soll höchstens 0,95 m bei vorwiegend sitzender Tätigkeit und höchstens 1,25 m bei vorwiegend stehender Tätigkeit über dem Raumfußboden liegen. Die Oberkante $h_{OK\ Glas}$ soll mindestens 2,20 m über dem Fußboden liegen.

Hinweis:

Bei ausschließlich fensternahen Arbeitsplätzen kann die Höhe der Sichtverbindung für den Fall der Verwendung von Fensterbändern (horizontal durchlaufende Fassadenöffnungen) auf 0,75 m reduziert werden. Die Oberkante des Glases $h_{OK\ Glas}$ liegt dann entsprechend unterhalb von 2,2 m. Fensternah ist ein Arbeitsplatz, wenn seine Entfernung vom Fenster im Wesentlichen in dem nach der Gleichung

$$(h_{OK\ Fenster} - 0{,}8\ m) \cdot 2{,}5$$

bestimmten Bereich liegt (siehe Abbildung 1 ($h_{OK\ Fenster}$), Abbildung 2 und den Hinweis in Abschnitt 4.2.2 Absatz 2).

(5) Als Sichtverbindung vorgesehene Fenster sollen mindestens eine Fensterbreite (Abbildung 1, $b_{Fenster}$) von 1,00 m haben.

4.2.3 Sichtverbindung in offene Innenhöfe und überglaste Atrien

Eine Sichtverbindung in Innenhöfe und Atrien kann die Anforderung einer Sichtverbindung nach außen erfüllen, wenn zusätzlich zu den oben genannten Anforderungen folgende Voraussetzungen eingehalten werden:

1. Die Tiefe des Innenhofes oder Atriums orthogonal zur Fassade muss im Bereich der jeweiligen Sichtverbindung mindestens 6 m betragen.
2. Der Innenhof bzw. das Atrium muss durch Tageslicht beleuchtet werden.
3. Der Innenhof bzw. das Atrium ist begrünt oder Personen können sich gelegentlich darin aufhalten.

Hinweis:

Ein Innenhof ist allseitig baulich umschlossen und nach oben offen. Ein Atrium ist zusätzlich transparent überdacht.

4.2.4 Sichtverbindung durch einen anderen Raum hindurch

Eine Sichtverbindung ins Freie durch einen anderen Raum hindurch erfüllt die Anforderung an die Sichtverbindung nach außen, wenn gleichzeitig die Anforderung an ausreichendes Tageslicht erfüllt wird und ein Sichtkontakt ins Freie tatsächlich gegeben ist. Die Anforderungen an die Lage und Fläche der Sichtverbindung müssen in jedem der Räume erfüllt werden, dabei muss die Fläche der Sichtverbindung aus der gesamten Grundfläche aller Räume, denen die Sichtverbindung dient, ermittelt werden.

5 Beleuchtung mit Tageslicht

5.1 Ausreichendes Tageslicht

(1) Die Arbeitsstätten müssen möglichst ausreichend Tageslicht erhalten. Eine Beleuchtung mit Tageslicht ist der Beleuchtung mit ausschließlich künstlichem Licht vorzuziehen. Helle Wände und Decken unterstützen die Nutzung des Tageslichts. Tageslicht weist Gütemerkmale auf (z. B. die Dynamik, die Farbe, die Richtung, die Menge des Lichts), die in ihrer Gesamtheit von künstlicher Beleuchtung nicht zu erreichen sind. Tageslicht hat im Allgemeinen eine positive Wirkung auf die Gesundheit und das Wohlempfinden des Menschen.

(2) Tageslicht kann durch Fenster, Dachoberlichter und lichtdurchlässige Bauteile in Gebäude gelangen. Eine gleichmäßige Lichtverteilung kann mit Dachoberlichtern erreicht werden, wenn der Abstand der Dachoberlichter voneinander nicht größer als die lichte Raumhöhe ist.

(3) Die Anforderung nach ausreichendem Tageslicht wird erfüllt, wenn in Arbeitsräumen:

1. am Arbeitsplatz ein Tageslichtquotient größer als 2 %, bei Dachoberlichtern größer als 4 % erreicht wird oder
2. ein Verhältnis von lichtdurchlässiger Fenster-, Tür- oder Wandfläche bzw. Oberlichtfläche zur Raumgrundfläche von mindestens 1:10 (entspricht ca. 1:8 Rohbaumaße), eingehalten ist. Die Einrichtung fensternaher Arbeitsplätze ist zu bevorzugen (siehe Abbildung 2).

Die Anforderungen gelten auch für Aufenthaltsbereiche in Pausenräumen.

Wenn die Forderung nach ausreichendem Tageslicht in bestehenden Arbeitsstätten oder auf Grund spezifischer betriebstechnischer Anforderungen nicht einzuhalten ist, sind im Rahmen der Gefährdungsbeurteilung andere Maßnahmen zur Gewährleistung der Sicherheit und des Gesundheitsschutzes erforderlich. Eine andere Maßnahme besteht in der Einrichtung und Nutzung von Pausenräumen mit hohem Tageslichteinfall in Verbindung mit einer geeigneten Pausengestaltung.

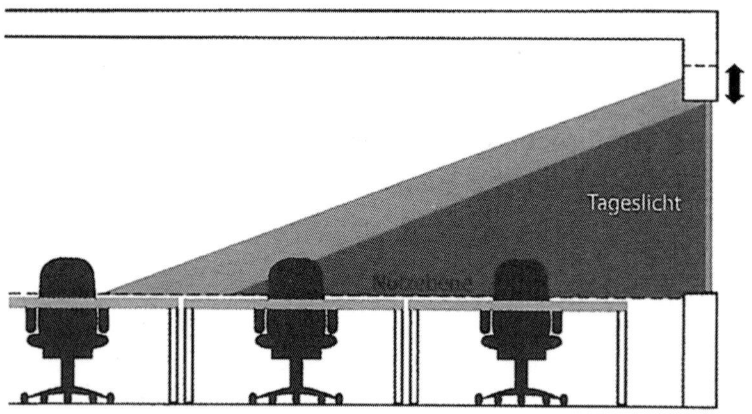

Abb. 2: Beispiel für die Tageslichtversorgung in Abhängigkeit von der Raumhöhe sowie der Größe und Anordnung des Fensters

(4) Für die Beleuchtung von Arbeitsplätzen mit Tageslicht sind in Fenstern und Dachoberlichtern Verglasungsmaterialien zu verwenden, die zu einer möglichst geringen Veränderung des Farbeindrucks führen.

5.2 Maßnahmen zur Begrenzung der Blendung

(1) Störende Blendung durch Sonneneinstrahlung ist zu vermeiden oder, wenn dies nicht möglich ist, zu minimieren.

Zur Begrenzung störender Blendungen oder Reflexionen können z. B. Jalousien, Rollos und Lamellenstores dienen. Bei Dachoberlichtern können dies z. B. lichtstreuende Materialien oder Verglasungen mit integrierten Lamellenrastern sein.

(2) Die Anforderungen aus der ASR A3.5 »Raumtemperatur« bezüglich übermäßiger Sonneneinstrahlung (siehe Abschnitt 4.3 sowie Tabelle 3 der ASR A3.5) sind zu beachten.

6 Künstliche Beleuchtung in Gebäuden

6.1 Allgemeine Anforderungen

Da Tageslicht örtlich und zeitlich nicht immer in ausreichendem Maße vorhanden ist, ist zusätzlich eine künstliche Beleuchtung erforderlich. Die Arbeitsstätten müssen mit Einrichtungen für eine der Sicherheit und dem Gesundheitsschutz der Beschäftigten angemessenen künstlichen Beleuchtung ausgestattet sein. Eine Verringerung des individuellen Sehvermögens, z. B. mit zunehmendem Alter, kann eine höhere Anforderung an die Beleuchtungsqualität (z. B. eine höhere Beleuchtungsstärke und höhere Anforderungen an die Begrenzung der Blendung) erfordern.

6.2 Beleuchtungsstärken

(1) Beim Einrichten und Betreiben von Arbeitsstätten müssen die Mindestwerte der Beleuchtungsstärken des Anhanges 3 eingehalten werden.

Ergibt sich bei der Gefährdungsbeurteilung, dass in bestehenden Arbeitsstätten die Einhaltung der Mindestwerte der Beleuchtungsstärken nach Anhang 3 mit Aufwendungen verbunden ist, die offensichtlich unverhältnismäßig sind, so hat der Arbeitgeber die betroffenen Tätigkeiten, Arbeitsplätze, Arbeitsräume und Bereiche individuell zu beurteilen. Bei der Gefährdungsbeurteilung hat der Arbeitgeber zu prüfen, wie durch andere oder ergänzende Maßnahmen die Sicherheit und der Gesundheitsschutz der Beschäftigten in vergleichbarer Weise gesichert werden kann; die erforderlichen Maßnahmen hat er durchzuführen. Solche Maßnahmen sind z. B. der Einsatz von effizienteren Leuchtmitteln oder die Verkürzung von Wartungsintervallen der Beleuchtungseinrichtungen.

(2) Für Tätigkeiten, Arbeitsplätze, Arbeitsräume und Bereiche, die im Anhang 3 nicht aufgelistet sind, sind die erforderlichen Werte im Rahmen der Gefährdungsbeurteilung zu ermitteln.

(3) An keiner Stelle im Bereich des Arbeitsplatzes darf das 0,6-Fache der mittleren Beleuchtungsstärke unterschritten werden. Der niedrigste Wert darf nicht im Bereich der Hauptsehaufgabe liegen.

(4) Die Beleuchtung kann als raumbezogene Beleuchtung oder auf den Bereich des Arbeitsplatzes bezogene Beleuchtung ausgeführt werden. Die im Anhang 3 angegebenen Mindestwerte der Beleuchtungsstärke müssen erreicht werden.

Die Anwendung einer raumbezogenen Beleuchtung kann gegeben sein, wenn:

1. Arbeitsplätze in der Planungsphase örtlich nicht zugeordnet werden können,
2. eine flexible Anordnung der Arbeitsplätze vorgesehen ist.

Bei den genannten Anwendungsfällen für die raumbezogene Beleuchtung ist es möglich in der Grundausstattung den gesamten Raum mit dem Mindestwert der Beleuchtungsstärke für den Umgebungsbereich entsprechend der späteren Nutzung zu beleuchten. In diesen Fällen ist durch zusätzliche Beleuchtung, z. B. mobile Beleuchtungssysteme, die Mindestbeleuchtungsstärke für den Bereich des Arbeitsplatzes sicherzustellen.

Die Anwendung einer auf den Bereich des Arbeitsplatzes bezogenen Beleuchtung kann gegeben sein, wenn:

1. die Anordnung der Arbeitsplätze und deren Umgebungsbereiche bekannt sind,
2. verschiedene Arbeitsplätze – auch innerhalb eines Raumes – unterschiedliche Beleuchtungsbedingungen erfordern.

(5) Im Umgebungsbereich eines Arbeitsplatzes mit einer Beleuchtungsstärke von 300 lx muss die mittlere Beleuchtungsstärke mindestens 200 lx betragen. Bei Arbeitsplätzen, die mit 500 lx oder mehr zu beleuchten sind, muss die mittlere Beleuchtungsstärke im Umgebungsbereich mindestens 300 lx betragen. Beleuchtungsstärken über 500 lx im Bereich des Arbeitsplatzes können eine höhere mittlere Beleuchtungsstärke im Umgebungsbereich erfordern. Die minimale Beleuchtungsstärke im Umgebungsbereich darf das 0,5-Fache der mittleren Beleuchtungsstärke des Umgebungsbereichs nicht unterschreiten.

(6) Bei Mindestwerten der Beleuchtungsstärke über 500 lx nach Anhang 3 ist es zulässig, diese nicht am gesamten Arbeitsplatz, sondern nur auf den für die Sehaufgabe relevanten Teilflächen zu erreichen (siehe Abbildung 3). Dies kann zum Beispiel durch zusätzliche Arbeitsplatzleuchten geschehen. Die mittlere Beleuchtungsstärke im Bereich des Arbeitsplatzes darf bei teilflächenbezogener Beleuchtung 500 lx nicht unterschreiten. An keiner Stelle im Bereich des Arbeitsplatzes darf ein Einzelwert der Beleuchtungsstärke 300 lx unterschreiten.

Die Anwendung einer teilflächenbezogenen Beleuchtung kann gegeben sein, wenn:

1. besondere Sehaufgaben (wenig Kontraste, Notwendigkeit zur Erkennung von Oberflächenstrukturen, Arbeiten mit kleinen Teilen, kurze Betrachtungszeiträume) vorliegen,
2. eine Anpassung an das individuelle Sehvermögen der Beschäftigten erfolgt.

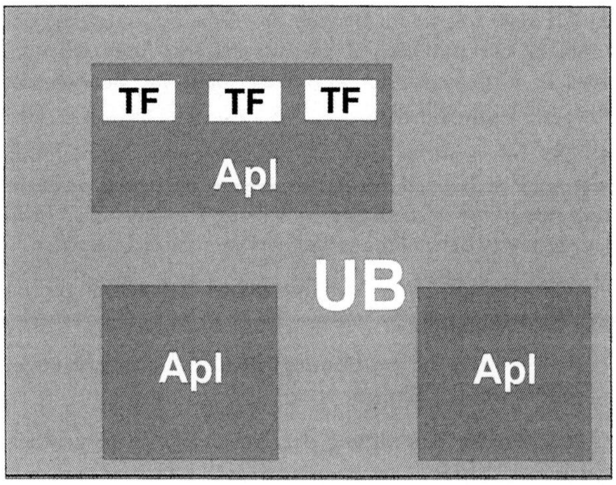

Abb. 3: Prinzipskizze zur Aufteilung einer Arbeitsstätte in zu beleuchtende Bereiche (Apl = Bereich des Arbeitsplatzes, TF = Teilfläche, UB = Umgebungsbereich)

(7) Die mittlere vertikale Beleuchtungsstärke muss der Seh- und Arbeitsaufgabe angemessen sein. Sie muss den im Anhang 3 angegebenen Werten entsprechen, soweit hierauf in der Spalte »Bemerkungen« verwiesen wird. Bei hellen Raumflächen und breit strahlenden Leuchten ist bei Einhalten der horizontalen Beleuchtungsstärken nach Anhang 3 in der Regel eine ausreichende vertikale Beleuchtungsstärke gegeben. Bewährt hat sich für Büroarbeitsplätze, Arbeitsplätze im Gesundheitsdienst und vergleichbare Arbeitsplätze (siehe Anhang 3, Spalte »Bemerkungen«) ein Verhältnis von vertikaler Beleuchtungsstärke zu horizontaler Beleuchtungsstärke von ≥ 1:3.

6.3 Begrenzung von Blendung

(1) Störende Blendung oder Reflexionen sind zu minimieren. Blendung, die zu Unfällen führen kann, muss vermieden werden.

(2) Geeignete Maßnahmen zur Vermeidung und Begrenzung der Blendung sind z. B.:

1. Auswahl geeigneter Leuchtmittel,
2. richtige Auswahl und Anordnung der Leuchten,
3. Verringerung der Helligkeitsunterschiede zwischen Blendquelle und Umfeld, z. B. durch helle Decken und Wände,
4. Vermeidung von Reflexionen, z. B. durch entsprechende Oberflächengestaltung (matte Oberflächen).

6.4 Farbwiedergabe

(1) Es müssen Lampen mit mindestens einem Farbwiedergabeindex nach Anhang 3 verwendet werden. Durch die Leuchte darf dieser Farbwiedergabeindex nicht unterschritten werden. Für Tätigkeiten, Arbeitsplätze, Arbeitsräume und Bereiche, die im Anhang 3 nicht aufgelistet sind, sind die erforderlichen Werte im Rahmen der Gefährdungsbeurteilung zu ermitteln.

(2) Durch Auswahl der Lampen und Leuchten ist sicherzustellen, dass Sicherheitszeichen und Sicherheitsfarben als solche erkennbar sind sowie die Signalwirkung von selbstleuchtenden Sicherheitszeichen nicht beeinträchtigt wird. Werden Lampen mit einem Farbwiedergabeindex $R_a < 40$ verwendet, muss durch geeignete Maßnahmen sichergestellt werden, dass Sicherheitsfarben erkennbar bleiben (z. B. durch Hinterleuchtung oder Anstrahlung).

6.5 Flimmern oder Pulsation

Flimmern oder Pulsation dürfen nicht zu Unfallgefahren (z. B. durch stroboskopischen Effekt) oder Ermüdung führen. Dies kann z. B. durch den Einsatz von elektronischen Vorschaltgeräten oder durch Drei-Phasen-Schaltung verhindert werden.

6.6 Schatten

Schatten ermöglicht die räumliche Wahrnehmung. Durch angemessene Schattigkeit können Gegenstände in ihrer Form und Oberflächenstruktur leichter erkannt werden. Schatten, die Gefahrenquellen überdecken, dürfen nicht zu Unfallgefahren führen. Sie können z. B. durch Anordnung mehrerer Leuchten, die aus verschiedenen Richtungen Licht abgeben, minimiert werden.

7 Künstliche Beleuchtung im Freien

7.1 Beleuchtungsstärken

(1) Beim Einrichten und Betreiben von Arbeitsstätten im Freien müssen die Mindestwerte der Beleuchtungsstärken im Anhang 4 eingehalten werden.

Ergibt sich bei der Gefährdungsbeurteilung, dass in bestehenden Arbeitsstätten die Einhaltung der Mindestwerte der Beleuchtungsstärken nach Anhang 4 mit Aufwendungen verbunden ist, die offensichtlich unverhältnismäßig sind, so hat der Arbeitgeber die betroffenen Arbeitsplätze individuell zu beurteilen. Bei der Gefährdungsbeurteilung hat der Arbeitgeber zu prüfen, wie durch andere oder ergänzende Maßnahmen die Sicherheit und der Gesundheitsschutz der Beschäftigten in vergleichbarer Weise gesichert werden kann; die erforderlichen Maßnahmen hat er durchzuführen. Solche Maßnahmen sind z. B. der Einsatz von effizienteren Leuchtmitteln oder die Verkürzung von Wartungsintervallen der Beleuchtungseinrichtungen.

(2) Werden an ortsfesten Arbeitsplätzen Tätigkeiten verrichtet, die den Tätigkeiten in Räumen entsprechen, so sind diese mit den in Innenräumen geforderten Beleuchtungsstärken, entsprechend Anhang 3 zu beleuchten.

7.2 Begrenzung von Blendung

(1) Störende Blendung oder Reflexionen sind zu minimieren. Blendung, die zu Unfällen führen kann, muss vermieden werden.

(2) Geeignete Maßnahmen zur Vermeidung und Begrenzung der Blendung sind z. B.:

1. Auswahl geeigneter Leuchtmittel,
2. richtige Auswahl und Anordnung der Leuchten,
3. Vermeidung von Reflexionen, z. B. durch entsprechende Oberflächengestaltung (matte Oberflächen).

(3) Beleuchtungsanlagen im Bereich von Verkehrsanlagen, z. B. für Gleisanlagen oder im Bereich von Schiff-

fahrt, müssen so angebracht sein, dass eine Blendung vermieden wird und so betrieben werden, dass sie nicht mit Signalen verwechselt werden können.

7.3 Farbwiedergabe

(1) Es müssen Lampen mit mindestens einem Farbwiedergabeindex nach Anhängen 3 und 4 verwendet werden. Durch die Leuchte darf dieser Farbwiedergabeindex nicht unterschritten werden. Für Tätigkeiten, Arbeitsplätze, Arbeitsräume und Bereiche, die in den Anhängen 3 und 4 nicht aufgelistet sind, sind die erforderlichen Werte im Rahmen der Gefährdungsbeurteilung zu ermitteln.

(2) Durch Auswahl der Lampen und Leuchten ist sicherzustellen, dass Sicherheitszeichen und Sicherheitsfarben als solche erkennbar sind sowie die Signalwirkung von selbstleuchtenden Sicherheitszeichen nicht beeinträchtigt wird. Werden Lampen mit einem Farbwiedergabeindex $R_a < 40$ verwendet, muss durch geeignete Maßnahmen sichergestellt werden, dass Sicherheitsfarben erkennbar bleiben (z. B. durch Hinterleuchtung oder Anstrahlung).

7.4 Flimmern oder Pulsation

Die Anforderungen des Abschnitts 6.5 sind analog anzuwenden.

7.5 Schatten

Die Anforderungen des Abschnitts 6.6 sind analog anzuwenden.

8 Sicherheitsbeleuchtung für Tätigkeiten, Arbeitsplätze, Arbeitsräume und Bereiche

(1) Bereiche von Arbeitsstätten, in denen die Beschäftigten bei Ausfall der Allgemeinbeleuchtung Gefährdungen für Sicherheit und Gesundheit ausgesetzt sind, müssen eine ausreichende Sicherheitsbeleuchtung haben. Solche Bereiche sind im Rahmen einer Gefährdungsbeurteilung zu ermitteln. Das können z. B. sein:

1. Laboratorien, in denen es notwendig ist, dass Beschäftigte einen laufenden Versuch beenden oder unterbrechen müssen, um eine akute Gefährdung von Beschäftigten und Dritten zu verhindern. Solche akuten Gefährdungen können z. B. Explosionen oder Brände sowie das Freisetzen von Krankheitserregern oder giftigen, sehr giftigen oder radioaktiven Stoffen in Gefahr bringender Menge sein,
2. Arbeitsplätze, die aus technischen Gründen dunkel gehalten werden müssen,
3. elektrische Betriebsräume und Räume für haustechnische Anlagen,
4. der unmittelbare Bereich langnachlaufender Arbeitsmittel mit nicht zu schützenden bewegten Teilen, die Gefährdungen für Sicherheit und Gesundheit der Beschäftigten verursachen können, z. B. Plandrehmaschinen,
5. Steuereinrichtungen für ständig zu überwachende Anlagen, z. B. Schaltwarten und Leitstände für Kraftwerke, chemische und metallurgische Betriebe sowie Arbeitsplätze an Absperr- und Regeleinrichtungen, die betriebsmäßig oder bei Betriebsstörungen zur Vermeidung von Gefährdungen für Sicherheit und Gesundheit der Beschäftigten betätigt werden müssen, um Produktionsprozesse gefahrlos zu unterbrechen bzw. zu beenden,
6. Bereiche in der Nähe heißer Bäder oder Gießgruben, die aus produktionstechnischen Gründen nicht durch Geländer oder Absperrungen gesichert werden können,
7. Bereiche um Arbeitsgruben, die aus arbeitsablaufbedingten Gründen nicht abgedeckt sein können oder
8. Arbeitsplätze auf Baustellen (siehe hierzu Abschnitt 10).

(2) Die Beleuchtungsstärke der Sicherheitsbeleuchtung ist auf der Grundlage der Gefährdungsbeurteilung festzulegen. Die Beleuchtungsstärke muss mindestens 15 lx mit einer Gleichmäßigkeit (Verhältnis der maximalen zur minimalen Beleuchtungsstärke) von < 10:1 betragen. Allgemein bewährt hat sich ein Wert von 10 % der mittleren Beleuchtungsstärke der Allgemeinbeleuchtung. Im Einzelfall können höhere Beleuchtungsstärken erforderlich sein. Die Beleuchtungsstärke und die Gleichmäßigkeit sind am Ort der Sehaufgabe zu messen.

(3) Die erforderliche Beleuchtungsstärke der Sicherheitsbeleuchtung ist innerhalb von 0,5 s nach Ausfall der Allgemeinbeleuchtung zu erreichen. Diese Beleuchtungsstärke muss mindestens für die Dauer der besonderen Gefährdung zur Verfügung stehen.

(4) Die Lichtfarbe der Sicherheitsbeleuchtung ist so zu wählen, dass die Sicherheitsfarben erkennbar bleiben. Der allgemeine Farbwiedergabeindex Ra darf nicht unter 40 liegen.

(5) Eine störende Blendung der Beschäftigten ist zu vermeiden oder – wenn dies nicht möglich ist – zu minimieren.

(6) Eine Stromquelle für Sicherheitsbeleuchtung darf durch den Ausfall der allgemeinen Stromversorgung nicht beeinträchtigt werden. Diese Stromquelle darf nur dann zusätzlich für andere Zwecke verwendet werden, wenn die Verfügbarkeit für die Versorgung der Einrichtung für Sicherheitszwecke dadurch nicht beeinträchtigt wird.

9 Betrieb, Instandhaltung und orientierende Messung

9.1 Betrieb

(1) Beleuchtungsanlagen sind so einzurichten und zu betreiben, dass sie die Sicherheit und die Gesundheit der Beschäftigten nicht gefährden. Diesbezüglich auftretende Mängel sind unverzüglich zu beseitigen.

Mängel können z. B. sein:

1. Ausfall von Leuchtmitteln,
2. Lösen von Leuchtenteilen,
3. Platzen des Schutzkolbens bei Hochdrucklampen,

4. Beschädigung von Leuchtenabdeckungen, die die Schutzart beeinträchtigen,
5. Verringerung der Beleuchtungsstärke, z. B. aufgrund einer Verschmutzung oder der Alterung von Leuchten oder
6. Kontakt mit heißen Oberflächen.

(2) Bei Veränderungen von Arbeitsplätzen (z. B. geänderte Aufstellung von Schreibtischen, Veränderung von Farben und Oberflächen) oder Änderungen der Sehaufgabe (z. B. Umstellung der Produktion oder der Tätigkeit) ist im Rahmen der Gefährdungsbeurteilung zu prüfen, ob die Beleuchtungsanlage den geänderten Bedingungen entspricht oder angepasst werden muss.

9.2 Instandhaltung

(1) Beleuchtungsanlagen sind regelmäßig dahingehend zu überprüfen, ob sie noch den Anforderungen dieser Arbeitsstättenregel entsprechen. Im Laufe der Zeit unterliegen Beleuchtungsanlagen einer Veränderung der lichttechnischen Parameter (z. B. Verringerung der Beleuchtungsstärke) oder sie können beschädigt werden. Instandhaltungsmaßnahmen sind spätestens dann erforderlich, wenn die Beleuchtungsanlage durch Verschmutzung, Alterung oder Beschädigung die Anforderungen dieser ASR nicht mehr erfüllt oder auf andere Weise zu einer Gefährdung wird. Es ist dafür zu sorgen, dass sichere Instandhaltung möglich ist, insbesondere ist für einen sicheren Zugang zu sorgen.

(2) Um die Versorgung mit Tageslicht nicht zu beeinträchtigen, sind Fenster und Dachoberlichter regelmäßig zu reinigen. Anforderungen an den Arbeitsschutz bei der Reinigung von Fensterflächen siehe ASR A1.6 »Fenster, Oberlichter, lichtdurchlässige Wände«.

9.3 Orientierende Messung

(1) Sofern zur Auswahl oder zur Prüfung von Beleuchtungseinrichtungen orientierende Messungen im Betrieb durchgeführt werden, sind Beleuchtungsstärkemessgeräte zu verwenden, die mindestens der Klasse C gemäß DIN 5035 Teil 6, Ausgabe 2006-11 entsprechen.

(2) Die Messungen der künstlichen Beleuchtung in Räumen, die auch durch Tageslicht beleuchtet werden, sollen bei natürlicher Dunkelheit durchgeführt werden. Kann Tageslicht bei der Messung nicht ausgeschlossen werden, ist zunächst bei eingeschalteter und danach bei ausgeschalteter künstlicher Beleuchtung zu messen. Aus der Differenz der beiden Messungen werden die Werte der künstlichen Beleuchtung ermittelt. Da das Tageslicht stark schwanken kann, sollten die beiden Messungen bei bedecktem Himmel und unmittelbar nacheinander durchgeführt werden. Die Differenzmessung ist bei tageslichtabhängig geregelten Beleuchtungsanlagen nicht anwendbar.

(3) Zur Bewertung des Ist-Zustandes sind die Beleuchtungsanlagen im jeweiligen Betriebszustand zu messen. Leuchtstofflampen und andere Entladungslampen müssen bei der Messung mindestens 100 Betriebsstunden aufweisen.

(4) Die Messpunkte sind auf der Bezugsebene möglichst gleichmäßig zu verteilen (siehe Abbildung 4).

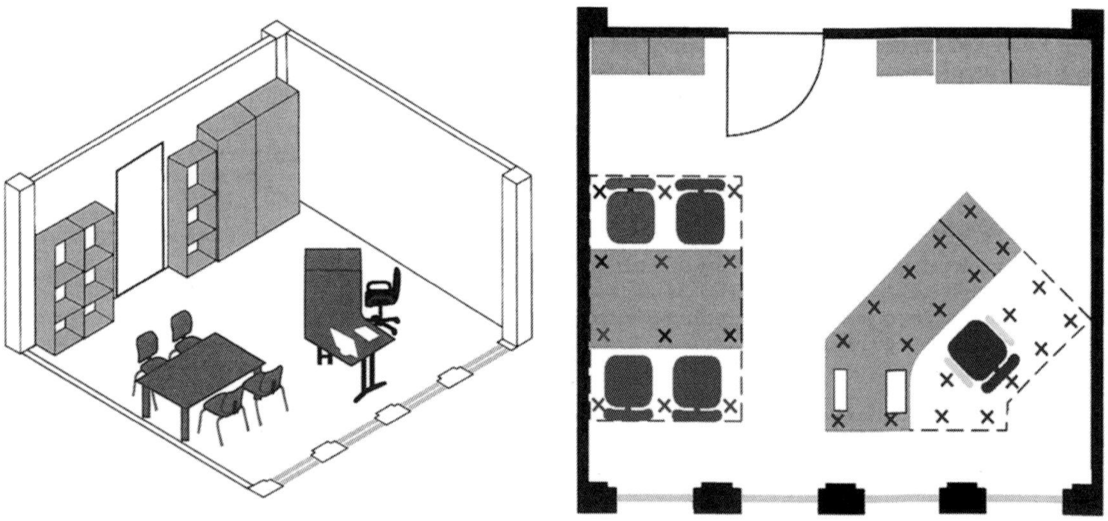

Abb. 4: Beispiel für die Verteilung der Messpunkte (x) für einen Bereich des Arbeitsplatzes

(5) Der Mindestwert der Beleuchtungsstärke muss in der Bezugsebene (siehe Tabelle 1) erreicht werden und wird auch dort gemessen. Ist die Höhe oder Ebene bekannt, in der die Sehaufgabe ausgeführt wird, kann die Messung auch dort durchgeführt werden.

Tab. 1: Höhe der Bezugsebenen für horizontale Beleuchtungsstärken E_h und vertikale Beleuchtungsstärken E_v

	Horizontal E_h [m über dem Boden]	Vertikal E_v [m über dem Boden]
überwiegend stehende Tätigkeiten	0,85	1,60
überwiegend sitzende Tätigkeiten	0,75	1,20
Verkehrswege (z. B. Flure und Treppen)	bis 0,20	

9.4 Betrieb, Instandhaltung und Prüfung von Sicherheitsbeleuchtung

(1) Sicherheitsbeleuchtung ist an die aktuelle Gefährdungssituation anzupassen. Schäden, die die Funktionsfähigkeit beeinträchtigen können, sind unverzüglich zu beseitigen.

(2) Der Arbeitgeber hat die Sicherheitsbeleuchtung bei Bedarf auf seine Funktionsfähigkeit prüfen zu lassen. Die Wartungs-, Prüf- und Dokumentationspflichten ergeben sich aus der Gefährdungsbeurteilung unter Berücksichtigung der Herstellerangaben. Festgestellte Mängel sind unverzüglich sachgerecht zu beseitigen.

10 Abweichende/ergänzende Anforderungen für Baustellen

(1) Arbeitsplätze und Verkehrswege auf Baustellen sind mindestens mit den Beleuchtungsstärken nach Tabelle 2 zu beleuchten.

Tab. 2: Mindestwerte der Beleuchtungsstärken auf Baustellen

Tätigkeiten, Arbeitsplätze und Bereiche auf Baustellen	E (in lx)
Allgemeine Beleuchtung, Verkehrswege	20
Grobe Tätigkeiten, z. B.: Erdarbeiten, Hilfs- und Lagerarbeiten, Transport, Verlegen von Entwässerungsrohren	50
Normale Tätigkeiten, z. B.: Montage von Fertigteilen, einfache Bewehrungsarbeiten, Schalungsarbeiten, Stahlbeton- und Maurerarbeiten, Installationsarbeiten, Arbeiten im Tunnel	100
Feine Tätigkeiten, z. B.: Anspruchsvolle Montagen, Oberflächenbearbeitung, Verbindung von Tragwerkselementen	200

(2) Werden an ortsfesten Arbeitsplätzen Tätigkeiten verrichtet, die den Tätigkeiten in der Tabelle des Anhanges 3 entsprechen, sind die dort angegebenen Werte anzuwenden.

(3) Ist die Anpassung der Beleuchtung nach den Abschnitten 3.2 und 3.4 der Tabelle des Anhanges 3 in bestehenden mobilen Sanitär-, Pausen- und Bereitschaftsräumen mit einem unverhältnismäßigen Aufwand verbunden, ist diese spätestens dann vorzunehmen, wenn ein wesentlicher Umbau durchgeführt wird.

(4) Auf Baustellen ist eine Sicherheitsbeleuchtung erforderlich, wenn während der Arbeitszeit durch das einfallende Tageslicht ein Mindestwert der Beleuchtungsstärke von 1 lx nicht gegeben ist, z. B.:

1. in Bereichen ohne Tageslicht, z. B. in innenliegenden Räumen und Gebäudeabschnitten ohne Lichtschächte und Maueröffnungen, in Räumen unter Geländeoberfläche, in Tunneln und Schächten,

oder

2. jahreszeitlich bedingt.

(5) Abweichend von Abschnitt 8 Absatz 2 darf die Beleuchtungsstärke in Bereichen, in denen nach Absatz 3 eine Sicherheitsbeleuchtung auf Baustellen erforderlich ist, mindestens 1 lx betragen. Ergibt die Überprüfung der Gefährdungsbeurteilung, dass die Beleuchtungsstärke von 1 lx nicht ausreichend ist, muss die Beleuchtungsstärke entsprechend erhöht werden.

(6) Bei Bauarbeiten unter Tage (z. B. Tunnelbauarbeiten) ist für die Sicherheitsbeleuchtung am Arbeitsplatz eine Beleuchtungsstärke von mindestens 15 lx erforderlich.

(7) Abweichend von Abschnitt 8 Absatz 2 kann bei Arbeiten auf Baustellen auf den Nachweis der Gleichmäßigkeit verzichtet werden.

Anhang 1

Entscheidungshilfe, ob die Anforderung an eine Sichtverbindung nach Nummer 3.4 Absatz 1 des Anhangs der ArbStättV für einen konkreten Raum gilt

Gemäß § 3a Absatz 1 ArbStättV in Verbindung mit Nummer 3.4 Absatz 1 des Anhangs der ArbStättV darf der Arbeitgeber nur solche Räume als Arbeitsräume betreiben, die eine Sichtverbindung nach außen haben. Im Rahmen der Gefährdungsbeurteilung nach § 3 ArbStättV sind deshalb alle Möglichkeiten zu prüfen, diese Anforderung umzusetzen, das Ergebnis ist in der Dokumentation der Gefährdungsbeurteilung festzuhalten.

a) zu Nummer 3.4 Absatz 1 Nummer 1 des Anhangs der ArbStättV

Betriebs- und produktionstechnische Gründe: Es gilt der Grundsatz, dass zuerst die Option einer temporären Unterbrechung der Sichtverbindung (z. B. durch Abdunkelung des Raumes) zu prüfen ist. Stellt diese keine sinnvolle Option dar, so besteht keine Anforderung. Beispiele sind:

1. Erste-Hilfe-Räume,

2. Verarbeitung fotoempfindlicher Materialien (z. B. Halbleiterindustrie),

3. Sehaufgaben, die mit dem Tageslicht nicht vereinbar sind (z. B. bestimmte Befundungsräume),
4. Labore, bei denen die Beschaffenheit des Fensters Messergebnisse verfälscht (z. B. akustische Messlabore),
5. Räume, deren lichttechnische Anforderungen mit Fenstern nicht vereinbar sind (z. B. Studio- und Produktionsräume bei Film und Fernsehen),
6. Vorführräume in Theatern und Kinos oder
7. Schutz von Personen vor gewalttätigen Übergriffen (z. B. Räume, in denen der Anreiz zu Überfällen besteht).

Bautechnische Gründe: Es gilt der Grundsatz, dass diese Gründe nur greifen, wenn Alternativen nicht möglich sind. Beispiele sind:

1. Räume deren funktionale Verknüpfung mit anderen Räumen eine Außenfassade nicht zulässt (z. B. Operationsbereiche mit besonders komplexen Anforderungen),
2. denkmalgeschützte Gebäude, bei denen die vorhandenen Fenster nicht ausreichend sind, oder
3. zwingende statische Gründe bei Änderungen an Bestandsbauten.

b) zu Nummer 3.4 Absatz 1 Nummer 2 des Anhangs der ArbStättV

Nicht über einen längeren Zeitraum: An weniger als 30 Arbeitstagen im Jahr.

Nur kurzzeitig: Wenn sich Beschäftigte zur Verrichtung ihrer Tätigkeit in Räumen ohne Sichtverbindung in der Regel nicht mehr als zwei Stunden an einem Arbeitstag aufhalten.Beispiele sind insbesondere Archive, Lager-, Maschinen- und Nebenräume, Teeküchen.

c) zu Nummer 3.4 Absatz 1 Nummer 3 des Anhangs der ArbStättV

Vollständig unter der Erdgleiche liegen Räume, deren Außenwände sich unterhalb des Geländeniveaus befinden.

Beispiele sind insbesondere Tiefgaragen oder ähnliche Einrichtungen, kulturelle Einrichtungen (z. B. Jugendclub, Kegelbahn), Verkaufsräume oder Schank- und Speiseräume.

Die genannten Ausnahmen, z. B. Schank- und Speiseräume umfassen auch die zugehörigen Produktions- und Wirtschaftsräume.

Anhang 2

Mögliche Ausgleichsmaßnahmen bei unzureichender Sichtverbindung

Ausgleichsmaßnahmen können eine unzureichende Sichtverbindung nicht vollständig kompensieren. Auch dort, wo Anforderungen nach Nummer 3.4 Absatz 1 Satz 2 des Anhangs der ArbStättV nicht bestehen, gilt das Minimierungsgebot. Zur Minderung der negativen Folgen des Fehlens der Sichtverbindung können folgende Maßnahmen dienen. Beispielhafte Aufzählung in Abhängigkeit der Tätigkeit:

1. Begrenzung des Aufenthalts in dem betroffenen Raum,
2. Aufgabenwechsel mit Aufgaben in Arbeitsräumen mit Sichtverbindung nach außen oder im Freien,
3. Tageslicht (z. B. durch Oberlichter, wenn Fenster nicht möglich sind),
4. regelmäßige Erholungszeiten in Räumen mit Sichtverbindung nach außen oder im Freien,
5. Kantinen mit Sichtverbindung nach außen, oder
6. Pausengestaltung in Räumen mit Sichtverbindung ins Freie oder im Freien.

Hinweis:

Bei fehlender Sichtverbindung sind weitere ungünstige Raumgestaltungen bei der Gefährdungsbeurteilung gesondert zu berücksichtigen, z. B. bezüglich der Raumhöhe oder der Raumgröße hinsichtlich der Wechselwirkungen (ASR V3 »Gefährdungsbeurteilung«).

(Fortsetzung siehe Folgeseite)

Anhang 3

Beleuchtungsanforderungen für Tätigkeiten, Arbeitsplätze, Arbeitsräume und Bereiche in Gebäuden

(Die im Anhang angegebenen Werte sind Beleuchtungsstärken auf der Bezugsfläche der Sehaufgabe, die horizontal, vertikal oder geneigt sein kann. Auf die Regelungen des Abschnitts 6.2 Absatz 1 für bestehende Beleuchtungseinrichtungen wird verwiesen.)

	Tätigkeiten, Arbeitsplätze, Arbeitsräume und Bereiche	Mindestwert der Beleuchtungsstärke E (in lx)	Mindestwert der Farbwiedergabe Index R_a	Bemerkungen
1	**Verkehrswege**			
1.1	Verkehrsflächen und Flure ohne Fahrzeugverkehr	50	40	In Hotels ist während der Nacht ein geringeres Niveau nach einer Gefährdungsbeurteilung zulässig.
1.1a	Verkehrsflächen und Flure ohne Fahrzeugverkehr im Bereich von Absätzen und Stufen	100	40	
1.2	Verkehrsflächen und Flure mit Fahrzeugverkehr	150	40	
1.3	Treppen, Fahrtreppen, Fahrsteige, Aufzüge	100	40	
1.4	Laderampen, Ladebereiche	150	40	
1.5	Begehbare Unterflurtunnel, Zwischenböden und für Wartungszwecke, z. B. Stetigförderer, Wartungsgänge	50	40	
1.6	Halleneinfahrten Tagesbetrieb (Übergangsbereich im Gebäude)	400	40	
	Nachtbetrieb (Übergangsbereich vor dem Gebäude)	50	40	
2	**Lager**			
2.1	Versand- und Verpackungsbereiche	300	60	
2.2	Lagerräume für gleichartiges oder großteiliges Lagergut	50	60	
2.3	Lagerräume mit Suchaufgabe bei nicht gleichartigem Lagergut	100	60	
2.4	Lagerräume mit Leseaufgaben	200	60	
3	**Allgemeine Bereiche, Tätigkeiten und Aufgaben**			
3.1	Kantinen, Teeküchen, SB-Restaurants	200	80	
3.2	Pausenräume, Warteräume, Aufenthaltsräume	200	80	
3.3	Räume für körperliche Ausgleichsübungen (Sport-, Fitnessräume, Sporthallen)	300	80	
3.4	Waschräume, Bäder, Toiletten, Umkleideräume	200	80	
3.5	Erste Hilfe Räume	500	90	$\bar{E}_v \geq 175$ lx
3.6	Haustechnische Anlagen, Schaltgeräteräume	200	60	
3.7	Steuerwarten, Kontrollräume, Schaltwarten	500	80	Bei Sehaufgaben außerhalb der Warte muss die Beleuchtungsstärke in der Warte ggf. anpassbar sein $\bar{E}_v \geq 175$ lx

	Tätigkeiten, Arbeitsplätze, Arbeitsräume und Bereiche	Mindestwert der Beleuchtungsstärke E (in lx)	Mindestwert der Farbwiedergabe Index R_a	Bemerkungen
3.8	Farbprüfung, Kontrolle	1000	90	
3.9	Laboratorien, Messplätze	500	80	$\bar{E}_v \geq 175$ lx
3.10	Küchen	500	80	
3.11	Eingangshallen	200	80	
3.12	Empfangstheke, Schalter, Portiertheke	300	80	
4	**Büros und büroähnliche Arbeitsbereiche**			
4.1	Ablegen, Kopieren	300	80	
4.2	Schreiben, Lesen, Datenverarbeitung	500	80	$\bar{E}_v \geq 175$ lx
4.3	Technisches Zeichnen (Handzeichnen)	750	80	
4.4	Archive	200	80	
5	**Landwirtschaft**			
5.1	Beschicken und Bedienen von Fördereinrichtungen und Maschinen	200	80	
5.2	Behandlungsstände für Tiere	200	80	
5.3	Melkstände	200	80	
6	**Bäckereien**			
6.1	Vorbereitungs- und Backräume	300	80	
6.2	Endbearbeitung, Glasieren, Dekorieren	500	80	
7	**Zement-, Beton- und Ziegelindustrie**			
7.1	Trocknen	50	40	
7.2	Materialaufbereitung, Arbeiten an Öfen und Mischern	200	40	
7.3	Allgemeine Maschinenarbeiten, Grobformen	300	80	
8	**Keramik, Fliesen, Glas, Glaswaren, Augenoptiker**			
8.1	Trocknen	50	40	
8.2	Materialaufbereitung, allgemeine Maschinenarbeiten	300	80	
8.3	Emaillieren, Walzen, Pressen, Formen einfacher Teile, Glasieren, Glasblasen	300	80	
8.4	Schleifen, Gravieren, Polieren von Glas, Formen kleiner Teile, Herstellung von Glasinstrumenten	750	80	
8.5	Feine Arbeiten, z. B. Schleifen von Verzierungen (Dekorationsschleifen), Handmalerei	1000	90	
8.6	Augenoptikerwerkstattplatz	1500	90	
9	**Chemische Industrie, Kunststoff- und Gummiindustrie**			
9.1	Verfahrenstechnische Anlagen mit Fernbedienung	50	40	
9.2	Verfahrenstechnische Anlagen mit gelegentlichen manuellen Eingriffen	150	40	
9.3	in verfahrenstechnischen Anlagen bei erhöhten Schutzanforderungen	300	80	
9.4	Arzneimittelherstellung	500	80	
9.5	Reifenproduktion	500	80	
9.6	Zuschneiden, Nachbearbeiten, Kontrollarbeiten	750	80	

	Tätigkeiten, Arbeitsplätze, Arbeitsräume und Bereiche	Mindestwert der Beleuchtungsstärke E (in lx)	Mindestwert der Farbwiedergabe Index R_a	Bemerkungen
10 Elektro-Industrie				
10.1	Kabel- und Drahtherstellung	300	80	
10.2	Imprägnieren von Spulen, Galvanisieren	300	80	
10.3	Montagearbeiten, Wickeln			
	grobe, z. B. große Transformatoren	300	80	
	mittelfeine, z. B. Schalttafeln	500	80	
	feine, z. B. Telefone	750	80	
	sehr feine, z. B. Messinstrumente	1000	80	
10.4	Elektronikwerkstätten, Prüfen, Justieren	1500	80	
11 Nahrungs- und Genussmittelindustrie				
11.1	– Brauereien, auf Malzböden, – zum Waschen, zum Abfüllen in Fässern, zur Reinigung, zum Sieben, zum Schälen, – zum Kochen in Konserven- und Schokoladenfabriken, – Zuckerfabriken, – zum Trocknen und Fermentieren von Rohtabak, Gärkeller	200	80	
11.2	Schneiden, Sortieren; Waschen; Mahlen, Mischen und Abpacken von Produkten	300	80	
11.3	Bei erhöhten Sehanforderungen in Schlachthöfen, Metzgereien, Molkereien, Mühlen	500	80	
11.4	Herstellung von Feinkost-Nahrungsmitteln, Herstellung von Zigarren und Zigaretten	500	80	
11.5	Kontrolle von Gläsern und Flaschen, Produktkontrolle, Garnieren, Sortieren, Dekorieren	500	80	
12 Friseure/Coiffeure				
12.1	Haarpflege	500	90	$\bar{E}_v \geq 175$ lx
13 Schmuck- und Uhrenherstellung				
13.1	Bearbeitung von Edelsteinen	1500	90	
13.2	Herstellung von Schmuckwaren	1000	90	
13.3	Uhrenmacherei (Handarbeit)	1500	80	
13.4	Uhrenherstellung (automatisch)	500	80	
14 Wäschereien und chemische Reinigung				
14.1	Wareneingang, Auszeichnen und Sortieren, Waschen und chemische Reinigung, Bügeln und Pressen	300	80	
14.2	Kontrolle und Ausbessern	750	80	
15 Leder und Lederwaren				
15.1	Arbeiten an Bottichen, Fässern, Gruben	200	40	
15.2	Schaben, Spalten, Schleifen, Walken der Häute	300	80	
15.3	Sattlerarbeiten, Schuhherstellung: Steppen, Nähen, Polieren, Pressen, Zuschneiden, Stanzen, Lederfärben (maschinell)	500	80	
15.4	Sortieren	500	90	

	Tätigkeiten, Arbeitsplätze, Arbeitsräume und Bereiche	Mindestwert der Beleuchtungsstärke E (in lx)	Mindestwert der Farbwledergabe Index R_a	Bemerkungen
15.5	Qualitätskontrolle	1000	80	
15.6	Schuhmacherei (Handarbeit), Handschuhherstellung	500	80	
16	**Metallbe- und verarbeitung, Gießereien und Metallguss**			
16.1	Sandaufbereitung, Gussputzerei, Gieß- und Schmelzhallen, Ausleerstellen, Maschinenformerei	200	60	300 lx beim Gussputzen kleiner oder filigraner Teile
16.2	Hand- und Kernformerei, Druckgießerei	300	60	
16.3	Modellbau	500	80	
16.4	Freiformschmieden	200	60	
16.5	Gesenkschmieden	200	60	
16.6	Schweißen	300	60	
16.7	Grobe und mittlere Maschinenarbeiten: Toleranzen ≥ 0,1 mm	300	60	
16.8	Feine Maschinenarbeiten, Schleifen: Toleranzen < 0,1 mm	500	60	
16.9	Anreißen, Kontrolle	750	60	
16.10	Draht- und Rohrzieherei, Kaltverformung	300	60	
16.11	Verarbeitung von schweren Blechen: Dicke ≥ 5 mm	200	60	
16.12	Verarbeitung von leichten Blechen: Dicke < 5 mm	300	60	
16.13	Herstellung von Werkzeugen und Schneidwaren	750	60	
16.14	Montagearbeiten: grobe mittelfeine feine sehr feine	 200 300 500 750	 80 80 80 80	
16.15	Galvanisieren	300	80	
16.16	Oberflächenbearbeitung und Lackierung	750	80	
16.17	Werkzeug-, Lehren- und Vorrichtungsbau, Präzisions- und Mikromechanik	1000	80	
16.18	Kfz-Werkstätten und Kfz-Prüfstellen	300	80	
17	**Papier und Papierwaren**			
17.1	Arbeiten an Holländern, Kollergängen, Holzschleiferei	200	80	
17.2	Papierherstellung und -verarbeitung, Papier- und Wellpappemaschinen, Kartonagenfabrikation	300	80	
17.3	Allgemeine Buchbinderarbeiten, z. B. Falten, Sortieren, Leimen, Schneiden, Prägen, Nähen	500	80	
18	**Kraftwerke**			
18.1	Kraftstoff-Versorgungsanlagen	50	40	
18.2	Kesselhäuser	100	40	
18.3	Maschinenhallen	200	80	

	Tätigkeiten, Arbeitsplätze, Arbeitsräume und Bereiche	Mindestwert der Beleuchtungsstärke E (in lx)	Mindestwert der Farbwiedergabe Index R_a	Bemerkungen
18.4	Nebenräume, z. B. Pumpenräume, Kondensatorräume usw.; Schaltanlagen (in Gebäuden)	200	60	
18.5	Außen-Schaltanlagen	20	40	
19	**Druckereien**			
19.1	Zuschneiden, Vergolden, Prägen, Ätzen von Klischees, Arbeiten an Steinen und Platten, Druckmaschinen, Matrizenherstellung	500	80	
19.2	Papiersortierung und Handdruck	500	80	
19.3	Typensatz, Retusche, Lithografie	1000	80	
19.4	Farbkontrolle bei Mehrfarbendruck	1500	90	
19.5	Stahl- und Kupferstich	2000	80	
20	**Walz-, Hütten- und Stahlwerke**			
20.1	Produktionsanlagen ohne manuelle Eingriffe	50	40	
20.2	Produktionsanlagen mit manuellen Eingriffen	200	40	
20.3	Haspel, Scheren-/Trennstrecken der Walzstraße	300	40	
21	**Textilherstellung und -verarbeitung**			
21.1	Bädern, Ballen aufbrechen	200	60	
21.2	Krempeln, Waschen, Bügeln, Arbeiten am Reißwolf, Strecken, Kämmen, Schlichten, Kartenschlagen, Vorspinnen, Jute- und Hanfspinnen	300	80	
21.3	Nähen, Feinstricken, Maschenaufnehmen	750	80	
21.4	Entwerfen, Musterzeichnen	750	90	
21.5	Trocknungsraum	100	60	
21.6	Automatisches Stoffdrucken, Hutherstellung, Zurichten, Färben, Spinnen, Zwirnen, Spulen, Winden, Zetteln, Weben, Flechten, Stricken	500	80	
21.7	Noppen, Ketteln, Putzen	1000	80	
21.8	Kunststopfen	1500	90	
22	**Automobilbau**			
22.1	Karosseriebau und Montage	500	80	
22.2	Lackieren, Spritzkabinen, Schleifkabinen	750	80	
22.3	Lackieren: Ausbessern, Inspektion	1000	90	
22.4	Polsterei	1000	80	
22.5	Endkontrolle, Oberflächenkontrolle	1000	80	
23	**Holzbe- und -verarbeitung**			
23.1	Automatische Bearbeitung, z. B. Trocknung, Schichtholzherstellung	50	40	
23.2	Dämpfgruben	100	40	
23.3	Sägegatter	200	60	
23.4	Arbeiten an der Hobelbank, Leimen, Zusammenbau	300	80	
23.5	Schleifen, Lackieren, Tischlerei	750	80	

	Tätigkeiten, Arbeitsplätze, Arbeitsräume und Bereiche	Mindestwert der Beleuchtungsstärke E (in lx)	Mindestwert der Farbwledergabe Index R_a	Bemerkungen
23.6	Arbeiten an Holzbearbeitungsmaschinen, z. B. Drechseln, Kehlen, Abrichten, Fugen, Schneiden, Sägen, Fräsen, Hobeln	500	80	
23.7	Auswahl von Furnierhölzern, Holzeinlegearbeiten	750	90	
23.8	Qualitätskontrolle	1000	90	
24 Verkaufsräume				
24.1	Verkaufsbereich	300	80	
24.2	Kassenbereich, Packtisch	500	80	
25 Messen und Ausstellungshallen				
25.1	Allgemeinbeleuchtung	300	80	
26 Büchereien, Bibliotheken				
26.1	Bücherregale	200*	80	* Vertikale Beleuchtungsstärke
26.2	Lesebereiche	500	80	
27 Ausbildungsstätten, Kindergärten, Vorschulen				
27.1	Spielzimmer, Krippenräume, Bastelräume (Handarbeitsräume)	300	80	Eine steuerbare Beleuchtung wird empfohlen (z. B. dimmbar). $\bar{E}_v \geq 100$ lx
27.2	Unterrichtsräume in Grund- und weiterführenden Schulen	300	80	$\bar{E}_v \geq 100$ lx
27.3	Hörsäle	500	80	
27.4	Wandtafel, Demonstrationstisch	500*	80	* Vertikal
27.5	Computerübungsräume, Sprachlabore, Musikübungsräume	300	80	
27.6	Fachunterrichtsräume: naturwissenschaftlicher und technischer Unterricht, Werken und textiles Gestalten, Lehrwerkstätten, Handarbeitsräume, Zeichensäle	500	80	$\bar{E}_v \geq 175$ lx

(Fortsetzung siehe Folgeseite)

ASR A3.4

	Tätigkeiten, Arbeitsplätze, Arbeitsräume und Bereiche	Mindestwert der Beleuchtungsstärke E (in lx)	Mindestwert der Farbwiedergabe Index R_a	Bemerkungen
28 Gesundheitseinrichtungen				
28.1	Flure: während des Tages	200	80	
28.2	Flure: während der Nacht	50	80	
28.3	Allgemeinbeleuchtung ohne regelmäßigen Aufenthalt von Beschäftigten	200	80	
28.4	Nachtbeleuchtung, Übersichtsbeleuchtung in nicht regelmäßig begangenen Bereichen	5	80	
28.5	Risikoarme medizinische oder pflegerische Tätigkeiten ohne Kontakt zu Körperflüssigkeiten, Körperausscheidungen oder kontaminierten Gegenständen	300	90	
28.6	bei medizinischen oder pflegerischen Tätigkeiten mit erhöhtem Gefährdungspotential durch Umgang mit – Körperflüssigkeiten, Körperausscheidungen oder kontaminierten Gegenständen oder – mit spitzen, scharfen, sich bewegenden oder heißen Instrumenten	500	90	Zur Durchführung der medizinischen Behandlung können höhere Werte erforderlich sein.
28.7	Teilfläche für medizinische oder pflegerische Tätigkeiten mit erhöhtem Gefährdungspotential durch Umgang mit – Körperflüssigkeiten, Körperausscheidungen oder kontaminierten Gegenständen oder – mit spitzen, scharfen, sich bewegenden oder heißen Instrumenten	1000	90	
28.8	Überwachung von Patienten in der Nacht	50	90	
28.9	Bildgebende Diagnostik mit Bildverstärkern und Fernsehsystemen	50	80	
28.10	Medizinische Bäder	300	80	
28.11	Massage und Strahlentherapie	300	80	
28.12	Instrumentenaufbereitung	500	80	
28.13	Laboratorien für den Gesundheitsdienst	500	90	
28.14	Dienstzimmer	500	80	

(Fortsetzung siehe Folgeseite)

Anhang 4

Beleuchtungsanforderungen für Tätigkeiten, Arbeitsplätze und Bereiche im Freien

(Die im Anhang angegebenen Werte sind Beleuchtungsstärken auf der Bezugsfläche der Sehaufgabe, die horizontal, vertikal oder geneigt sein kann. Auf die Regelungen des Abschnitts 7.1 Absatz 1 für bestehende Beleuchtungsstärken wird verwiesen.)

	Tätigkeiten, Arbeitsplätze und Bereiche	Mindestwert der Beleuchtungs-stärke E (in lx)	Mindestwert der Farbwledergabe Index R_a	Bemerkungen
1	**Verkehrswege**			
1.1	Toranlagen	50	25	
1.2	Fußwege	5	25	
1.3	Werkstraßen mit Be- und Entladezone oder mit starkem Querverkehr und mit Geschwindigkeitsbegrenzung max. 30 km/h	10	25	
1.4	Werkstraßen mit Be- und Entladezone oder mit starkem Querverkehr und mit Geschwindigkeitsbegrenzung max. 50 km/h	20	25	
2	**Parkplätze**			
2.1	Betriebliche Parkplätze	10	25	
3	**Häfen**			
3.1	Kaianlagen, Kaikante	5	25	
3.2	Verladen von Massengut (Schüttgut, Flüssigkeit)	10	25	
3.3	Lager für Massengut	10	25	
3.4	Verladen von Stückgut	20	25	
3.5	Lager für Stückgut	20	25	
3.6	Container-Umschlagflächen, Stellflächen und Verkehrszonen	20	25	
3.7	Be- und Entladen von Containern	100	25	
3.8	Anlegestellen für Personenverkehr	30	25	
3.9	Anlegestellen für gemischten Verkehr	50	25	
3.10	Docks	50	60	
4	**Umschlagflächen, Verladestellen, Lagerflächen**			
4.1	Lagerflächen Massengut	10	25	
4.2	Umschlagflächen, Verladestellen	30	25	
4.3	Lagerflächen Stückgut	30	25	
5	**Gleisanlagen, Bahnbereiche**			
5.1	Tätigkeiten im Gleisbereich, Rangieren, Verkehrswege in Bahnanlagen bei Eisenbahnen	10	25	
5.2	Gleisbauarbeiten	50	25	
5.3	Bahnüberwege	20	25	
5.4	Laderampen	150	40	
5.5	Umschlagbereiche	30	25	
6	**Chemische Großanlagen**			
6.1	Einfache Arbeiten, Betätigung von Ventilen, Motoren, Brennern	20	25	
6.2	Be- und Entladebereiche	50	60	

	Tätigkeiten, Arbeitsplätze und Bereiche	Mindestwert der Beleuchtungsstärke E (in lx)	Mindestwert der Farbwledergabe Index R_a	Bemerkungen
7	**Kraftwerke**			
7.1	Verkehrszone Herkömmliche Kraftwerke	10	60	
7.2	Verkehrszone Kernkraftwerke	20	60	
7.3	Schaltanlagen	20	25	
8	**Tagebau**			
8.1	Orientierungsbeleuchtung	3	60	
8.2	Zusatzbeleuchtung im Arbeitsbereich	20	60	
9	**Kläranlagen**			
9.1	Wege	5	25	
9.2	Gebrauch von Werkzeugen, Bedienung handgesteuerter Ventile, In- und Außerbetriebsetzen von Motoren, mechanische Wasseraufbereitungsanlagen, z. B. Rechen	50	20	
9.3	Chemische Wasseraufbereitungsanlagen, Undichtigkeitsprüfungen, allgemeine Wartungsarbeiten, Instrumentenablesung	100	40	
9.4	Reparaturarbeiten an Motoren und elektrischen Einrichtungen	200	60	
10	**Tankstellen**			
10.1	Tankstellen	100	60	
11	**Flughäfen**			
11.1	Vorfeld allgemein	20	25	
11.2	Umschlagsbereiche im Vorfeld	30	25	

Literaturhinweise

DGUV Information 215-211 Tageslicht am Arbeitsplatz und Sichtverbindung nach außen 07/2022

DGUV Information 215-442 Beleuchtung im Büro; Teil 1: Hilfen für die Planung der künstlichen Beleuchtung in Büroräumen und Teil 2: Planungsbeispiele 07/2020

3.2.5 ASR A3.5 »Raumtemperatur«

Ausgabe Juni 2010; letzte Änderung März 2022

(Gemeinsames Ministerialblatt 2010 Nr. 35, Seite 751; 2022 Nr. 9–11, Seite 198)

Die Technischen Regeln für Arbeitsstätten (ASR) geben den Stand der Technik, Arbeitsmedizin und Hygiene sowie sonstige gesicherte wissenschaftliche Erkenntnisse für die Sicherheit und Gesundheit der Beschäftigten beim Einrichten und Betreiben von Arbeitsstätten wieder.

Sie werden vom **Ausschuss für Arbeitsstätten** ermittelt bzw. angepasst und vom Bundesministerium für Arbeit und Soziales im Gemeinsamen Ministerialblatt bekannt gemacht.

Diese ASR A3.5 konkretisiert im Rahmen ihres Anwendungsbereichs Anforderungen der Verordnung über Arbeitsstätten. Bei Einhaltung dieser Technischen Regel kann der Arbeitgeber davon ausgehen, dass die entsprechenden Anforderungen der Verordnung erfüllt sind. Wählt der Arbeitgeber eine andere Lösung, muss er damit mindestens die gleiche Sicherheit und den gleichen Schutz der Gesundheit für die Beschäftigten erreichen.

Inhalt

1 Zielstellung

Diese Arbeitsstättenregel konkretisiert die Anforderungen an Raumtemperaturen in § 3 Abs. 1 sowie insbesondere im Punkt 3.5 des Anhanges der Arbeitsstättenverordnung.

2 Anwendungsbereich

(1) Diese Arbeitsstättenregel gilt für Arbeits-, Pausen-, Bereitschafts-, Sanitär-, Kantinen- und Erste-Hilfe-Räume, an die betriebstechnisch keine spezifischen raumklimatischen Anforderungen gestellt werden. Insbesondere gibt diese ASR eine Erläuterung zum Begriff »gesundheitlich zuträgliche Raumtemperatur«. Zum Unterschied zwischen Raumtemperatur und Lufttemperatur vgl. Punkt 3.1 und 3.2.

(2) Diese ASR enthält weiterhin Hinweise für Arbeitsräume, bei denen das Raumklima durch die Betriebstechnik bzw. Technologie unvermeidbar beeinflusst wird.

(3) Diese ASR enthält keine Regelungen für Arbeitsräume, an die aus betriebstechnischen Gründen besondere Anforderungen an das Raumklima gestellt werden (z. B. Kühlräume, medizinische Bäder).

(4) Anforderungen an Raumtemperaturen in Unterkünften sind in dieser ASR nicht enthalten. Hinweise für Unterkünfte enthält die ASR A4.4 »Unterkünfte« bzw. ASR A4.1 »Sanitärräume«.

3 Begriffsbestimmungen

3.1 Die **Raumtemperatur** ist die vom Menschen empfundene Temperatur. Sie wird u. a. durch die Lufttemperatur und die Temperatur der umgebenden Flächen (insbesondere Fenster, Wände, Decke, Fußboden) bestimmt.

3.2 Die **Lufttemperatur** ist die Temperatur der den Menschen umgebenden Luft ohne Einwirkung von Wärmestrahlung.

3.3 Ein **Klimasummenmaß** ist eine Zusammenfassung von mehreren Klimagrößen (Lufttemperatur, Luftfeuchtigkeit (kurz Luftfeuchte), Luftgeschwindigkeit, Wärmestrahlung).

4 Raumtemperaturen

4.1 Allgemeines

(1) Der Arbeitgeber hat bereits beim Einrichten der Arbeitsstätte darauf zu achten, dass die baulichen Voraussetzungen an den sommerlichen Wärmeschutz nach den anerkannten Regeln der Technik (nach geltendem Baurecht) gegeben sind.

(2) Eine gesundheitlich zuträgliche Raumtemperatur liegt vor, wenn die Wärmebilanz (Wärmezufuhr, Wärmeerzeugung und Wärmeabgabe) des menschlichen Körpers ausgeglichen ist.

(3) Die Wärmeerzeugung des Menschen ist abhängig von der Arbeitsschwere. Die Wärmeabgabe ist abhängig von der Lufttemperatur, der Luftfeuchte, der Luftgeschwindigkeit und der Wärmestrahlung. Sie wird durch die Bekleidung beeinflusst.

(4) Für die meisten Arbeitsplätze reicht die Lufttemperatur zur Beurteilung, ob eine gesundheitlich zuträgliche Raumtemperatur vorhanden ist, aus. Arbeitsplätze mit hoher Luftfeuchte, Wärmestrahlung oder Luftgeschwindigkeit müssen gesondert betrachtet werden. Dann sind diese Klimagrößen zusätzlich einzeln oder gegebenenfalls nach einem Klimasummenmaß zu bewerten.

(5) An Arbeitsplätzen mit erheblichem betriebstechnisch bedingten Wärmeeinfluss mit Belastungen durch Lufttemperatur, Luftfeuchte, Luftgeschwindigkeit, Wärmestrahlung, Arbeitsschwere oder Bekleidung ist im Rahmen der Gefährdungsbeurteilung zu prüfen, ob und welche technischen, organisatorischen oder personenbezogenen Maßnahmen erforderlich sind und ob Hitzearbeit vorliegt.

(6) Die Lufttemperatur wird mit einem strahlungsgeschützten Thermometer in Grad Celsius [°C] gemessen,

dessen Messgenauigkeit +/–0,5 °C betragen soll. Die Messung erfolgt nach Erfordernis stündlich an Arbeitsplätzen für sitzende Tätigkeit in einer Höhe von 0,6 m und bei stehender Tätigkeit in einer Höhe von 1,1 m über dem Fußboden. Die Außenlufttemperatur wird stündlich während der Arbeitszeit ohne Einwirkung von direkter Sonneneinstrahlung gemessen. Die Außenlufttemperatur sollte etwa 4 m von der Gebäudeaußenwand entfernt und in einer Höhe von 2 m gemessen werden.

(7) Luftgeschwindigkeiten (Zugluft) und Luftfeuchten werden in dieser ASR nicht betrachtet. Diese Parameter werden in der ASR A3.6 »Lüftung« behandelt.

(8) Zu den Fußbodentemperaturen siehe ASR A1.5 »Fußböden«.

4.2 Lufttemperaturen in Räumen

(1) In Arbeitsräumen muss die Lufttemperatur in Abhängigkeit von der Arbeitsschwere und Körperhaltung mindestens den Werten in Tabelle 1 entsprechen, wobei diese Lufttemperatur während der gesamten Nutzungsdauer zu gewährleisten ist.

(2) Werden die Mindestwerte nach Tabelle 1 in Arbeitsräumen auch bei Ausschöpfung der technischen Möglichkeiten nicht erreicht, ist der Schutz gegen zu niedrige Temperaturen in folgender Rangfolge durch zusätzliche

- arbeitsplatzbezogene technische Maßnahmen (z. B. Wärmestrahlungsheizung, Heizmatten),
- organisatorische Maßnahmen (z. B. Aufwärmzeiten) oder
- personenbezogene Maßnahmen (z. B. geeignete Kleidung)

sicherzustellen.

Tabelle 1: Mindestwerte der Lufttemperatur in Arbeitsräumen

Überwiegende Körperhaltung	Arbeitsschwere		
	leicht	mittel	schwer
Sitzen	+20 °C	+19 °C	–
Stehen, Gehen	+19 °C	+17 °C	+12 °C

Üblicherweise reichen für die Klassifizierung der Arbeitsschwere die Angaben aus Tabelle 2 aus.

Tabelle 2: Arbeitsschwere

Arbeitsschwere	Beispiele
leicht	leichte Hand-/Armarbeit bei ruhigem Sitzen bzw. Stehen verbunden mit gelegentlichem Gehen
mittel	mittelschwere Hand-/Arm- oder Beinarbeit im Sitzen, Gehen oder Stehen
schwer	schwere Hand-/Arm-, Bein- und Rumpfarbeit im Gehen oder Stehen

(3) Die Lufttemperatur in Arbeitsräumen und den in Absatz 4 genannten Räumen soll +26 °C nicht überschreiten. Bei Außenlufttemperaturen über +26 °C gilt Punkt 4.4.

(4) In Pausen-, Bereitschafts-, Sanitär-, Kantinen- und Erste-Hilfe-Räumen muss während der Nutzungsdauer eine Lufttemperatur von mindestens +21 °C herrschen; in Toilettenräumen darf die Lufttemperatur durch Lüftungsvorgänge, die durch die Benutzer ausgelöst werden, kurzzeitig unterschritten werden.

(5) In stationären Toilettenanlagen, die für Beschäftigte bei Arbeiten im Freien oder für gelegentlich genutzte Arbeitsstätten eingerichtet werden, muss während der Nutzungsdauer eine Lufttemperatur von +21 °C erreicht werden können.

(6) In Waschräumen, in denen Duschen installiert sind, soll die Lufttemperatur während der Nutzungsdauer mindestens +24 °C betragen.

4.3 Übermäßige Sonneneinstrahlung

(1) Fenster, Oberlichter und Glaswände, die der Tageslichtversorgung nach ASR A3.4 »Beleuchtung« dienen, sind so zu gestalten, dass eine ausreichende Tageslichtversorgung gewährleistet ist und gleichzeitig störende Blendung und übermäßige Erwärmung vermieden werden.

(2) Führt die Sonneneinstrahlung durch Fenster, Oberlichter und Glaswände zu einer Erhöhung der Raumtemperatur über +26 °C, so sind diese Bauteile mit geeigneten Sonnenschutzsystemen auszurüsten. Störende direkte Sonneneinstrahlung auf den Arbeitsplatz ist zu vermeiden. Anforderungen an einen wirksamen Blendschutz an Fenstern, Oberlichtern und Glaswänden enthält die ASR A3.4 »Beleuchtung«.

(3) Beispiele für gestalterische Maßnahmen für Sonnenschutzsysteme enthält Tabelle 3. Dabei sind die Ausrichtung der Arbeitsräume und die jeweiligen Fensterflächenanteile zu beachten. Außerdem können z. B. Vordächer, Balkone, feststehende Lamellen oder Bepflanzungen einen wirkungsvollen Sonnenschutz bieten.

Tabelle 3: Gestaltungsbeispiele für Sonnenschutzsysteme

	Gestaltungsbeispiele für Sonnenschutzsysteme
a)	Sonnenschutzvorrichtungen, die das Fenster von außen beschatten (z. B. Jalousien oder hinterlüftete Markisen)
b)	im Zwischenraum der Verglasung angeordnete reflektierende Vorrichtungen
c)	innen liegende hochreflektierende oder helle Sonnenschutzvorrichtungen
d)	Sonnenschutzverglasungen (innerhalb eines Sonnenschutzsystems, Blendschutz und Lichtfarbe sind zu beachten)

4.4 Arbeitsräume bei einer Außenlufttemperatur über +26 °C

(1) Wenn die Außenlufttemperatur über +26 °C beträgt und unter der Voraussetzung, dass geeignete Sonnenschutzmaßnahmen nach Punkt 4.3 verwendet werden, sollen beim Überschreiten einer Lufttemperatur im Raum von +26 °C zusätzliche Maßnahmen, z. B. nach Tabelle 4, ergriffen werden. In Einzelfällen kann das Arbeiten bei über +26 °C zu einer Gesundheitsgefährdung führen, wenn z. B.:

- schwere körperliche Arbeit zu verrichten ist,
- besondere Arbeits- oder Schutzbekleidung getragen werden muss, die die Wärmeabgabe stark behindert oder
- hinsichtlich erhöhter Lufttemperatur gesundheitlich Vorbelastete und besonders schutzbedürftige Beschäftigte (z. B. Jugendliche, Ältere, Schwangere, stillende Mütter) im Raum tätig sind.

In solchen Fällen ist über weitere Maßnahmen anhand einer angepassten Gefährdungsbeurteilung zu entscheiden.

(2) Bei Überschreitung der Lufttemperatur im Raum von +30 °C müssen wirksame Maßnahmen gemäß Gefährdungsbeurteilung (siehe Tabelle 4) ergriffen werden, welche die Beanspruchung der Beschäftigten reduzieren. Dabei gehen technische und organisatorische gegenüber personenbezogenen Maßnahmen vor.

Tabelle 4: Beispielhafte Maßnahmen

	Beispielhafte Maßnahmen
a)	effektive Steuerung des Sonnenschutzes (z. B. Jalousien auch nach der Arbeitszeit geschlossen halten)
b)	effektive Steuerung der Lüftungseinrichtungen (z. B. Nachtauskühlung)
c)	Reduzierung der inneren thermischen Lasten (z. B. elektrische Geräte nur bei Bedarf betreiben)
d)	Lüftung in den frühen Morgenstunden
e)	Nutzung von Gleitzeitregelungen zur Arbeitszeitverlagerung
f)	Lockerung der Bekleidungsregelungen
g)	Festlegung zusätzlicher Entwärmungsphasen
h)	Nutzung von Ventilatoren (z. B. Tisch-, Stand-, Turm- oder Deckenventilatoren)

(3) Wird die Lufttemperatur im Raum von +35 °C überschritten, so ist der Raum für die Zeit der Überschreitung ohne

- technische Maßnahmen (z. B. Luftduschen, Wasserschleier),
- organisatorische Maßnahmen (z. B. Entwärmungsphasen) oder
- persönliche Schutzausrüstungen (z. B. Hitzeschutzkleidung),

wie bei Hitzearbeit, nicht als Arbeitsraum geeignet.

(4) Technische Maßnahmen, die die Lufttemperatur reduzieren und dabei die absolute Luftfeuchte erhöhen, dürfen zu keiner Erhöhung der physischen Belastung der Beschäftigten führen. Dies ist gegeben, wenn die Wertepaare nach Tabelle 5 nicht überschritten werden. Zudem sind gemäß Punkt 6.6 der ASR A3.6 »Lüftung« die Prüf- und Wartungsintervalle sachgerecht festzulegen, um die hygienischen Eigenschaften entsprechender Anlagen und der Raumluft zu gewährleisten.

Tabelle 5: Maximale relative Luftfeuchte entsprechend einer absoluten Luftfeuchte von ca. 11,5 gW/kgtr.L (g Wasser pro kg trockener Luft)

Lufttemperatur	relative Luftfeuchte
+26 °C	55 %
+28 °C	50 %
+30 °C	44 %
+32 °C	39 %
+35 °C	33 %

Hinweis:

Die Wertepaare der Tabelle 5 werden auch als »Schwülegrenze« bezeichnet. Für den Bereich der Lufttemperatur von +20 °C bis +26 °C sind die Wertepaare der Schwülegrenze in Tabelle 2 der ASR A3.6 »Lüftung« angegeben.

(5) Bei Lufttemperaturen von mehr als +26 °C sollen, bei mehr als +30 °C müssen geeignete Getränke (z. B. Trinkwasser im Sinne der Trinkwasserverordnung) bereitgestellt werden.

5 Ergänzende/abweichende Anforderungen für Baustellen

(1) Abweichend von Punkt 4.2 Abs. 4, 5 und 6 ist es in Pausen-, Bereitschafts-, Sanitär- und Kantinenräumen, sofern sie nicht gleichzeitig als Sanitärräume für Unterkünfte genutzt werden, ausreichend, wenn eine Lufttemperatur von +18 °C vorhanden ist und sichergestellt ist, dass eine Lufttemperatur von +21 °C während der Nutzungsdauer erreicht werden kann.

(2) In Pausen-, Bereitschafts-, Sanitär- und Kantinenräumen darf von den in dieser ASR genannten Lufttemperaturen durch Lüftungsvorgänge, die durch die Benutzer ausgelöst werden, kurzzeitig abgewichen werden.

Literaturhinweise

- DGUV Information 213-002 Hitzearbeit erkennen – beurteilen – schützen 08/2013
- DGUV Information 215-444 Sonnenschutz im Büro 12/2016
- DGUV Information 213-022 Beurteilung von Hitzearbeit – Tipps für Wirtschaft, Verwaltung, Dienstleistung 06/2011
- DGUV Information 215-510 Beurteilung des Raumklimas 12/2016

- LV16 Kenngrößen zur Beurteilung raumklimatischer Grundparameter September 2011
- DIN EN 16798-1:2021-04: Energetische Bewertung von Gebäuden – Lüftung von Gebäuden – Teil 1: Eingangsparameter für das Innenraumklima zur Auslegung und Bewertung der Energieeffizienz von Gebäuden bezüglich Raumluftqualität, Temperatur, Licht und Akustik – Modul M1-6

3.2.10 ASR A3.6 »Lüftung«

Ausgabe: Januar 2012, letzte Änderung Mai 2018

(Gemeinsames Ministerialblatt 2012 Nr. 6, Seite 92; 2018 Nr. 24, Seite 474)

Die Technischen Regeln für Arbeitsstätten (ASR) geben den Stand der Technik, Arbeitsmedizin und Arbeits-Hygiene sowie sonstige gesicherte arbeitswissenschaftliche Erkenntnisse für das Einrichten und Betreiben von Arbeitsstätten wieder.

Sie werden vom **Ausschuss für Arbeitsstätten** ermittelt bzw. angepasst und vom Bundesministerium für Arbeit und Soziales im Gemeinsamen Ministerialblatt bekannt gegeben.

Diese ASR A3.6 konkretisiert im Rahmen des Anwendungsbereichs die Anforderungen der Verordnung über Arbeitsstätten. Bei Anwendung der Technischen Regeln kann der Arbeitgeber insoweit davon ausgehen, dass die entsprechenden Anforderungen der Verordnung erfüllt sind. Wählt der Arbeitgeber eine andere Lösung, muss er damit mindestens die gleiche Sicherheit und den gleichen Gesundheitsschutz für die Beschäftigten erreichen.

Inhalt

1 Zielstellung

Diese ASR konkretisiert die Anforderungen an die Lüftung in § 3 a Abs. 1 und § 4 Abs. 3 sowie in Punkt 3.6 des Anhanges der Arbeitsstättenverordnung (ArbStättV).

2 Anwendungsbereich

(1) Diese ASR gilt für Arbeitsplätze in umschlossenen Arbeitsräumen und berücksichtigt die Arbeitsverfahren, die körperliche Belastung und die Anzahl der Beschäftigten sowie der sonstigen anwesenden Personen. Es wird empfohlen, diese ASR auch für Pausen-, Bereitschafts-, Erste-Hilfe-, Sanitärräume und Unterkünfte anzuwenden.

(2) Werden am Arbeitsplatz Tätigkeiten mit Gefahrstoffen oder biologischen Arbeitsstoffen durchgeführt und können dabei Beschäftigte gefährdet werden, gelten hinsichtlich der stofflichen Gefährdungen an diesen Arbeitsplätzen die Vorschriften nach der Gefahrstoffverordnung oder der Biostoffverordnung einschließlich der entsprechenden Technischen Regeln.

3 Begriffsbestimmungen

3.1 **Lüftung** ist die Erneuerung der Raumluft durch direkte oder indirekte Zuführung von Außenluft. Die Lüftung erfolgt durch freie Lüftung oder Raumlufttechnische Anlagen.

3.2 **Freie Lüftung** ist Lüftung mit Förderung der Luft durch Druckunterschiede infolge Wind oder Temperaturdifferenzen zwischen außen und innen, z. B. Fensterlüftung, Schachtlüftung, Dachaufsatzlüftung und Lüftung durch sonstige Lüftungsöffnungen, ggf. unterstützt durch Ventilatoren.

3.3 **Raumlufttechnische Anlagen** (RLT-Anlagen) sind Anlagen mit maschineller Förderung der Luft, Luftreinigung (Filtern) und mindestens einer thermodynamischen Luftbehandlungsfunktion (Heizen, Kühlen, Befeuchten, Entfeuchten).

3.4 **Zugluft** ist ein störender Luftzug, der zu einer lokalen Abkühlung, insbesondere an unbekleideten Körperflächen, führt. Zugluft kann sowohl durch freie Lüftung als auch durch RLT-Anlagen hervorgerufen werden.

3.5 **Turbulenzgrad** ist ein Maß für die Schwankung der Luftgeschwindigkeit. Er ist das Verhältnis der Standardabweichung der Luftgeschwindigkeit zur mittleren Luftgeschwindigkeit.

4 Luftqualität

4.1 Grundsätze

(1) In umschlossenen Arbeitsräumen muss gesundheitlich zuträgliche Atemluft in ausreichender Menge vorhanden sein. In der Regel entspricht dies der Außenluftqualität. Sollte die Außenluft im Sinne des Immissionsschutzrechts unzulässig belastet oder erkennbar beeinträchtigt sein, z. B. durch Fortluft aus Absaug- oder RLT-Anlagen, starken Verkehr, schlecht durchlüftete Lagen, sind im Rahmen der Gefährdungsbeurteilung gesonderte Maßnahmen (z. B. Beseitigung der Quellen, Verlegen der Ansaugöffnung bei RLT-Anlagen) zu ergreifen.

(2) Die Innenraumluftqualität in Arbeitsräumen kann durch folgende Lasten beeinträchtigt werden:

- Stofflasten,
- Feuchtelasten oder
- Wärmelasten.

(3) Für Maßnahmen zur Beseitigung von Lasten gilt folgende Rangfolge:

1. Last vermeiden
2. Last minimieren
3. Quelle kapseln
4. Last quellennah abführen

(4) Das Eindringen von Lasten in unbelastete Arbeitsräume ist zu vermeiden (z. B. durch Luftführung, Schleusen oder Abtrennungen).

(5) Treten trotz bestimmungsgemäßer Nutzung des Arbeitsraumes und der Lüftung gemäß den Vorgaben dieser ASR Beschwerden bei Beschäftigten über die Luftqualität auf, ist zu prüfen, ob und ggf. welche weiteren Maßnahmen durchzuführen sind. Geeignete Maßnahmen sind z. B. zeitweise verstärkte Lüftung, Änderung der Raumnutzung, Umsetzen der Beschäftigten in andere Räume, Einbau oder Anpassung einer RLT-Anlage.

4.2 Stofflasten

(1) Ursachen für Stofflasten können beispielsweise sein:

- die Anwesenheit von Beschäftigten und sonstigen Personen (Emission von CO_2 und Geruchsstoffen),
- die Emissionen aus Bauprodukten oder Einrichtungsgegenständen (z. B. flüchtige organische Stoffe (VOC), Formaldehyd, Fasern),
- das Eindringen von belasteter Luft aus anderen Räumen oder Bereichen (z. B. aus Tätigkeiten mit Gefahrstoffen oder biologischen Arbeitsstoffen) oder von außen,
- eine schlecht gewartete RLT-Anlage,
- das Auftreten von Schimmel oder
- Radon, das in einigen Gebieten Deutschlands (siehe Radonkartierung der Länder) aus dem Untergrund in Gebäude eindringen kann.

(2) Sind die Beschäftigten und sonstigen anwesenden Personen die bestimmende Ursache für Stofflasten im Raum, ist die CO_2-Konzentration ein anerkanntes Maß für die Bewertung der Luftqualität. Erfahrungsgemäß hat eine erhöhte CO_2-Konzentration einen negativen Einfluss auf die Aufmerksamkeitsleistung. Die in der Tabelle 1 aufgeführten Werte dienen der Beurteilung der CO_2-Konzentration in der Raumluft und der Ableitung geeigneter, beispielhaft genannter Maßnahmen. Die Maßnahmen, die zur Verbesserung der Luftqualität innerhalb des Luftgütebereiches zwischen 1000 und 2000 ppm gemäß Tabelle 1 durchgeführt wurden, sind in der Gefährdungsbeurteilung zu dokumentieren. Dies gilt auch, wenn mit den Maßnahmen 1000 ppm CO_2 in der Raumluft unterschritten werden.

Tabelle 1: CO_2-Konzentration in der Raumluft

CO_2-Konzentration [ml/m³] bzw. [ppm]	Maßnahmen
< 1000	– Keine weiteren Maßnahmen (sofern durch die Raumnutzung kein Konzentrationsanstieg über 1000 ppm zu erwarten ist)
1000–2000	– Lüftungsverhalten überprüfen und verbessern – Lüftungsplan aufstellen (z. B. Verantwortlichkeiten festlegen) – Lüftungsmaßnahme (z. B. Außenluftvolumenstrom oder Luftwechsel erhöhen)
> 2000	– weitergehende Maßnahme erforderlich (z. B. verstärkte Lüftung, Reduzierung der Personenzahl im Raum)

(3) Im Regelfall sind keine Messungen erforderlich. Nur wenn ein begründeter Verdacht auf zu hohe CO_2-Konzentrationen vorliegt, sind Messungen unter üblichen Nutzungsbedingungen und mit der üblichen Personenbelegung durchzuführen, z. B. über den Zeitraum der arbeitstäglichen Nutzung. Bewertet wird der Momentanwert. Vor der Messung muss der Raum arbeitsüblich gelüftet werden. Bei Räumen bis zu 50 m² Grundfläche ist in der Regel eine Messstelle in ca. 1,50 m Höhe und in einem Abstand von 1 bis 2 m von den Wänden ausreichend. In größeren Räumen sind ggf. mehrere Messstellen einzurichten. Die Messstelle soll sich in der Aufenthaltszone der Personen – dabei aber in ausreichendem Abstand zu Personen – befinden, um eine direkte Beeinflussung des Messergebnisses durch die Atemluft von Personen zu vermeiden.

(4) Wird in einem Raum nach Absatz 2 entsprechend Tabelle 1 verfahren, ist erfahrungsgemäß der Luftwechsel auch für die Abführung von Stofflasten nach Absatz 1 Anstriche 1 und 2 ausreichend, wenn das Bauwerk und die Einrichtungsgegenstände hinsichtlich der Schadstoffemission dem Stand der Technik entsprechen und nicht geraucht wird.

(5) Stofflasten aus Bauprodukten und Einrichtungsgegenständen können vermieden oder minimiert werden, wenn z. B.:

- emissionsfreie oder emissionsarme,
- überprüfte,
- aufeinander abgestimmte und
- richtig verarbeitete

Produkte eingesetzt werden.

(6) Der Nichtraucherschutz nach § 5 Abs. 1 ArbStättV kann u. a. durch ein Rauchverbot in Gebäuden oder durch baulich abgetrennte Raucherräume oder -bereiche oder Rauchen im Freien umgesetzt werden. Von diesen Bereichen dürfen keine Gesundheitsgefahren durch Tabakrauch für die nicht rauchenden Beschäftigten ausgehen.

(7) In Räumen, in denen nach § 5 Abs. 2 ArbStättV Rauchen unter bestimmten Voraussetzungen zulässig sein kann (z. B. Gaststätten, Spielkasinos), muss der Arbeitgeber Schutzmaßnahmen treffen, um Gefährdungen für Beschäftigte zu minimieren, dies können insbesondere Lüftungsmaßnahmen sein.

4.3 Feuchtelast

(1) Feuchtelasten können beispielsweise durch die Wasserdampfabgabe aus Prozessen oder der anwesenden Personen entstehen.

(2) Üblicherweise braucht die Raumluft nicht befeuchtet zu werden. Für den Fall, dass Beschwerden auftreten, ist im Rahmen der Gefährdungsbeurteilung zu prüfen, ob und ggf. welche Maßnahmen zu ergreifen sind.

(3) Fallen betriebstechnisch oder arbeitsbedingt Feuchtelasten im Arbeitsraum an, dürfen aus physiologischen Gründen die Werte nach Tabelle 2 nicht überschritten werden. Dies gilt nicht, soweit die Natur des Betriebes höhere Luftfeuchten erfordert (z. B. Lebensmittelherstellung, Gewächshaus oder Schwimmbad).

Tabelle 2: Maximale relative Luftfeuchtigkeit

Lufttemperatur	relative Luftfeuchtigkeit
+20 °C	80 %
+22 °C	70 %
+24 °C	62 %
+26 °C	55 %

(4) Witterungsbedingte Feuchteschwankungen bleiben unberücksichtigt.

(5) Hohe Luftfeuchten an Raumbegrenzungsflächen können zur Befeuchtung von Bauteilen und zur Schimmelbildung führen. Sie sind zu vermeiden. Die Raumbegrenzungsflächen sind so auszuführen, dass Schimmelbildung vermieden wird.

4.4 Wärmelast

(1) Ursachen für Wärmelasten können beispielsweise sein:

- Geräte und Maschinen,
- Sonneneinstrahlung,
- Künstliche Beleuchtung oder
- Personen.

(2) Die Wärmelasten sind zu minimieren. Die Raumtemperatur muss den Anforderungen der ASR A3.5 »Raumtemperatur« entsprechen.

5 Freie Lüftung

5.1 Allgemeines

(1) Die einfachste Form der freien Lüftung ist die Fensterlüftung. Sie hat eine hohe Akzeptanz, falls die Öffnung der Fenster von den Beschäftigten selbst bestimmt werden kann. Andere Formen der freien Lüftung sind z. B. Schacht-, Dachaufsatz- oder Kaminlüftung.

(2) Die freie Lüftung von Räumen kann als Stoßlüftung oder kontinuierliche Lüftung erfolgen.

(3) In Arbeitsräumen ist eine ausreichende freie Lüftung nur dann gewährleistet, wenn die erforderlichen Lüftungsquerschnitte und die maximal zulässigen Raumtiefen eingehalten werden (Tabelle 3). Von den in Tabelle 3 genannten erforderlichen Lüftungsquerschnitten kann abgewichen werden, wenn die Anforderungen aus Tabelle 1 auch bei geringeren Lüftungsquerschnitten erfüllt werden und dies in der Gefährdungsbeurteilung dokumentiert wird.

5.2 Anforderungen an die freie Lüftung

(1) Für die Fensterlüftung sind mindestens Lüftungsquerschnitte nach Tabelle 3 erforderlich, um die Anforderungen nach Tabelle 1, Zeile 1 zu erreichen (Berechnungsbeispiel siehe Anhang). Tür- und Torflächen bleiben unberücksichtigt.

(2) Die Fensteröffnungen sind so anzuordnen, dass eine ausreichend gleichmäßige Durchlüftung der Arbeitsräume gewährleistet ist.

(3) Andere Formen der freien Lüftung sind so auszulegen, dass die Anforderungen nach Punkt 4 erfüllt werden (zeitliche/jahreszeitliche Einschränkungen in der Funktion sind zu beachten).

(4) Dauer und Intensität des Luftaustausches bei freier Lüftung sind so zu gestalten, dass Zugluft möglichst vermieden wird.

5.3 Systeme der freien Lüftung

(1) Es werden folgende Systeme der freien Lüftung unterschieden:

System I

einseitige Lüftung mit Zu- und Abluftöffnungen in einer Außenwand; gemeinsame Öffnungen sind zulässig

System II

Querlüftung mit Öffnungen in gegenüberliegenden Außenwänden oder in einer Außenwand und der Dachfläche

Ein Beispiel für die Berechnung der erforderlichen Lüftungsquerschnitte befindet sich im Anhang.

Tabelle 3: Mindestöffnungsfläche für kontinuierliche Lüftung und für Stoßlüftung

System	Maximal zulässige Raumtiefe bezogen auf die lichte Raumhöhe (*h*) [m]	Öffnungsfläche zur Sicherung des Mindestluftwechsels	
		für kontinuierliche Lüftung [m²/anwesende Person]	für Stoßlüftung [m²/10 m² Grundfläche]
I einseitige Lüftung	Raumtiefe = 2,5 × *h* (bei *h* > 4 m: max. Raumtiefe = 10 m) (angenommene Luftgeschwindigkeit im Querschnitt = 0,08 m/s)	0,35	1,05
II Querlüftung	Raumtiefe = 5,0 × *h* (bei *h* > 4 m: max. Raumtiefe = 20 m) (angenommene Luftgeschwindigkeit im Querschnitt = 0,14 m/s)	0,20	0,60

Die angegebenen Öffnungsflächen sind die Summe aus Zuluft- und Abluftflächen.

(2) Eine Verringerung der Lüftungsquerschnitte bei kontinuierlicher Lüftung zur Anpassung an Witterungsbedingungen (z. B. niedrige Außenlufttemperaturen, starker Wind) muss durch Verstellbarkeit möglich sein (z. B. Kippstellung der Fenster). Ist die Verstellbarkeit der Öffnungsfläche fein justierbar, ist auch bei Außenlufttemperaturen unter +5 °C eine kontinuierliche Lüftung erreichbar.

(3) Sofern die Personenbelegung oder Nutzung des Bereiches nicht bekannt sind, ist für die Berechnung der Mindestöffnungsfläche von einer Grundfläche von 10 m² pro Person auszugehen.

(4) Bei sehr geringer Personenbelegung ist für die Berechnung der Mindestöffnungsfläche von einer Person je 100 m² auszugehen (z. B. Lagerhalle).

5.4 Stoßlüftung

(1) Unter Stoßlüftung wird der kurzzeitige (ca. drei bis zehn Minuten), intensive Luftaustausch zur Beseitigung von Lasten aus Arbeitsräumen verstanden.

(2) Eine Stoßlüftung ist in regelmäßigen Abständen nach Bedarf durchzuführen. Als Anhaltswerte werden empfohlen:

- Büroraum nach 60 min
- Besprechungsraum nach 20 min

(3) Die Mindestdauer der Stoßlüftung ist von der Temperaturdifferenz zwischen innen und außen und dem Wind abhängig. Es kann von folgenden Orientierungswerten ausgegangen werden:

- Sommer: bis zu 10 min (unter Berücksichtigung der Außenlufttemperatur)
- Frühling/Herbst: 5 min
- Winter: 3 min

6 Raumlufttechnische Anlagen

6.1 Erfordernis

Raumlufttechnische Anlagen (RLT-Anlagen) zur Lüftung sind erforderlich, wenn eine freie Lüftung entsprechend Punkt 5 nicht ausreicht. Gründe dafür können sein:

- die Abmessungen der Räume (Punkt 5.3),
- die Lage der Räume, z. B. Tieflage (Fußboden tiefer als 1 m unter der umgebenden Geländeoberfläche),
- die umliegende Bebauung,
- eine besondere Nutzung (z. B. Arbeitsräume ohne öffenbare Fenster oder Oberlichter),
- innere oder äußere Lasten, die mit der freien Lüftung nicht beherrscht werden können oder
- Fenster dürfen nicht ausreichend lange geöffnet werden (z. B. Lärm von außen, Sicherheit).

6.2 Anforderungen

(1) RLT-Anlagen müssen dem Stand der Technik entsprechen und sind bestimmungsgemäß zu betreiben.

(2) Bei RLT-Anlagen ist die Zuluft (Außenluft/Umluft) vor der Zuführung in die zu lüftenden Räume entsprechend den Anforderungen hinsichtlich der Nutzung der Arbeitsstätte durch Luftfilter nach dem Stand der Technik zu reinigen.

(3) Die RLT-Anlage darf nicht selbst zur Gefahrenquelle (z. B. durch Gefahrstoffe, Bakterien, Schimmelpilze oder Lärm) werden.

6.3 Außenluftvolumenstrom

Der Außenluftvolumenstrom ist nach dem Stand der Technik so auszulegen, dass Lasten (Stoff-, Feuchte-, Wärmelasten) zuverlässig abgeführt werden und die CO_2-Konzentration von 1000 ppm (siehe Tabelle 1) eingehalten wird.

6.4 Luftführung

(1) Die Zuluft muss so verteilt werden, dass sie frei von unzumutbarer Zugluft und in ausreichendem Maße in den Aufenthaltsbereich gelangt.

(2) Lasten (Stoff-, Feuchte-, Wärmelasten) sind möglichst quellennah zu erfassen. Natürliche Luftbewegungen (z. B. Thermik an warmen/heißen Oberflächen) sind zu ermöglichen und sinnvoll auszunutzen.

(3) Abluft aus Räumen mit Lasten (Stoff-, Feuchte-, Wärmelasten) darf als Umluft nur dann genutzt werden, wenn Gesundheitsgefahren und Belästigungen ausgeschlossen werden können.

(4) Abluft aus Sanitärräumen, Raucherräumen und Küchen darf nicht als Zuluft genutzt werden.

6.5 Raumluftgeschwindigkeit

(1) In den Aufenthaltsbereichen darf keine unzumutbare Zugluft auftreten.

(2) Zugluft ist vorwiegend von der Lufttemperatur, der Luftgeschwindigkeit, dem Turbulenzgrad und der Art der Tätigkeit (d. h. Wärmeerzeugung durch körperliche Arbeit) abhängig. Bei einer Lufttemperatur von +20 °C, einem Turbulenzgrad von 40 % und einer mittleren Luftgeschwindigkeit unter 0,15 m/s tritt bei leichter Arbeitsschwere üblicherweise keine unzumutbare Zugluft auf. Bei größerer körperlicher Aktivität, anderen Lufttemperaturen oder anderen Turbulenzgraden kann der Wert für die mittlere Luftgeschwindigkeit abweichen und ist im Rahmen der Gefährdungsbeurteilung zu bewerten.

6.6 Inbetriebnahme, Wartung und Prüfung

(1) Der Arbeitgeber hat bereits vor dem Errichten oder Anmieten der Arbeitsstätte zu überprüfen, ob die Forderungen nach Punkt 4 sowie den Punkten 6.3 bis 6.5 eingehalten werden können. Im Rahmen der Gefährdungsbeurteilung nach § 3 ArbStättV ist zu überprüfen, ob die RLT-Anlage wirksam ist und die obigen Anforderungen erfüllt sind. Dabei sind Prüf- und Wartungsintervalle festzulegen, die Herstellerangaben sind zu berücksichtigen.

(2) Entsprechend § 4 Abs. 3 ArbStättV sind RLT-Anlagen nach den in Absatz 1 festgelegten Intervallen sachgerecht zu warten. Die Wartungsintervalle sind so festzulegen, dass die

- technischen,
- hygienischen und
- raumlufttechnischen (z. B. Einstellung und Zustand der Luftdurchlässe)

Eigenschaften und der sichere Betrieb der Anlage während der gesamten Betriebszeit gewährleistet werden.

(3) Die Funktionsfähigkeit der RLT-Anlage kann durch Messung, z. B. folgender Größen, überprüft werden:

- Kohlendioxidgehalt unter Nutzungsbedingungen,
- Außenluftvolumenstrom,
- zulässiger Differenzdruck an Filtern,
- Luftgeschwindigkeit im Aufenthaltsbereich,
- Schalldruckpegel oder
- Temperatur der Zuluft.

In speziellen Fällen können

- Druckgefälle zu benachbarten Räumen oder
- Keimzahl der Zuluft

gemessen werden.

(4) Der Arbeitgeber muss über die aktuellen Unterlagen der RLT-Anlagen verfügen oder dazu Zugang haben, aus denen die Ergebnisse der Prüfung bei Inbetriebnahme und insbesondere von Wartung und regelmäßigen Prüfungen hervorgehen.

6.7 Maßnahmen bei Störungen von Raumlufttechnischen Anlagen

Wenn Gesundheitsgefahren bei Ausfall oder Störung der RLT-Anlage auftreten können, sind die sich aus der Gefährdungsbeurteilung ergebenden nötigen Maßnahmen festzulegen. Der Ausfall oder die Störung müssen durch eine selbsttätige Warneinrichtung angezeigt werden. Maßnahmen, die die Beschäftigten und sonstigen anwesenden Personen betreffen, sind diesen in geeigneter Weise zur Kenntnis zu geben.

7 Abweichende/ergänzende Anforderungen für Baustellen

(1) Alle im Folgenden angeführten Abweichungen oder Ergänzungen sind im Rahmen einer Gefährdungsbeurteilung daraufhin zu beurteilen, ob und gegebenenfalls welche technischen, organisatorischen oder personenbezogenen Maßnahmen zum Schutz der Gesundheit der Beschäftigten zu ergreifen sind.

(2) Bei Bauarbeiten

- in abwassertechnischen Anlagen,
- unter Tage oder
- in engen Räumen, z. B. Silos oder Behältern,

die nicht durch Punkt 2 Abs. 3 erfasst sind, ist messtechnisch zu prüfen, ob ausreichend gesundheitlich zuträgliche Atemluft vorhanden ist und keine Stoffe in der Atemluft in gesundheitsschädlicher Konzentration vorhanden sind (z. B. CO_2, Radon). Ist eine Sauerstoffversorgung von mindestens 19 Vol.-% mit natürlicher Belüftung nicht zu erreichen, muss maschinell belüftet werden. Punkt 4.2 Abs. 3 Satz 1 ist für die genannten Bauarbeiten aufgehoben.

(3) Abweichend von Punkt 4.3 Abs. 3 Tabelle 2 können in umschlossenen Arbeitsräumen auf Baustellen durch Bauprozesse (z. B. Verarbeiten von Spritzbeton) höhere relative Luftfeuchten entstehen.

(4) Ergänzend zu Punkt 4.4 Abs. 1 können Wärmelasten sowohl durch Bauprozesse (z. B. Aushärten von Beton) als auch bei Bauarbeiten unter Tage gezogen aus dem Baugrund auftreten.

(5) Ergänzend zu Punkt 6.5 Abs. 2 können in umschlossenen Arbeitsräumen auf Baustellen (z. B. in Tunneln, Kanälen) prozessbedingt hohe Luftgeschwindigkeiten auftreten.

Ausgewählte Literaturhinweise:

- LV 16 Kenngrößen zur Beurteilung raumklimatischer Grundparameter, September 2011
- DGUV Vorschrift 38 Bauarbeiten 01/1997
- DGUV Regel 101-007 Sicherheitsregeln für Bauarbeiten unter Tage 10/1994
- DGUV Regel 103-003 Arbeiten in umschlossenen Räumen von abwassertechnischen Anlagen 09/2008
- DGUV Regel 113-004 Behälter, Silos und enge Räume, Teil 1: Arbeiten in Behältern, Silos und engen Räumen 09/2008 aktualisiert 07/2013

Anhang

Beispiel zur Berechnung der Öffnungsfläche für Dreh-Kipp-Fenster (Zwei-Personen-Büro)

Raumabmessungen:

Raumtiefe (t) = 5 m

Raumbreite (b) = 4 m

Raumhöhe (h) = 2,50 m

Grundfläche ($t \times b$) = 20 m^2

Raumvolumen ($t \times b \times h$) = 50 m^3

Der Nachweis der Einhaltung der maximal zulässigen Raumtiefe erfolgt nach Tabelle 3. Bei der Raumhöhe von 2,50 m wird die maximal zulässige Raumtiefe von 6,25 m (2,5 × h = 6,25 m) für System I und 12,50 m (5 × h = 12,50 m) für System II unterschritten. System I und II sind geeignet, den Raum zu belüften.

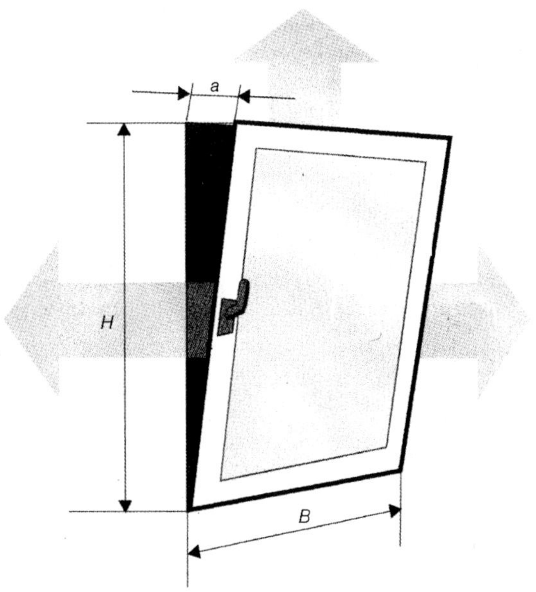

B ... Breite des Fensters
H ... Höhe des Fensters
a ... Spaltbreite (typischerweise ≤ 0,2 m)

Abb. 1: Gekipptes Fenster

Kontinuierliche Lüftung

Die Berechnung der Öffnungsflächen bei kontinuierlicher Lüftung bezieht sich auf die Personenbelegung des Raumes.

Die Öffnungsfläche für ein gekipptes Fenster ergibt sich aus:

$A_{Kipp} = B \times a + 2 \times (H \times a)/2 = a \times (B + H)$

Für ein Kippfenster mit den Maßen B = 1,00 m, H = 1,20 m und a = 0,11 m ergibt sich:

$A_{Kipp} = 0{,}242\ m^2$

Nach Tabelle 3 sind für die kontinuierliche Lüftung folgende Flächen erforderlich. Sie sind die Summe aus Zuluft- und Abluftflächen (Türen und Tore bleiben unberücksichtigt).

Tabelle 4: Zuluft- und Abluftflächen für Fenster bei kontinuierlicher Lüftung

System	erforderliche Fensterfläche [m^2/anwesende Person]	erforderliche Fensterfläche bei zwei Personen [m^2]	erforderliche Anzahl Fenster
I einseitige Lüftung	0,35	0,70	3
II Querlüftung	0,20	0,40	2

Stoßlüftung

Die Berechnung der Öffnungsflächen bei Stoßlüftung bezieht sich auf die Grundfläche des Raumes.

Die Öffnungsfläche für ein gedreht geöffnetes Fenster ergibt sich aus:

$A_{Dreh} = B \times H = 1{,}20\ m^2$

Bei einseitiger Lüftung (System I) ergibt sich nach Tabelle 3 für die Stoßlüftung eines 20 m^2-Raumes eine erforderliche Öffnungsfläche von A_{Dreh} = 2,1 m^2, d. h. zwei Fenster (2,40 m^2) reichen für die Stoßlüftung aus.

Bei Querlüftung (System II) ist eine Öffnungsfläche von insgesamt (Summe aus Zuluft- und Abluftflächen) A_{Dreh} = 1,2 m^2 nötig, d. h., es sind je A_{Dreh} = 0,6 m^2 in gegenüberliegenden Wänden erforderlich. Die zur Verfügung stehende Fläche von 1,2 m^2 je Fenster reicht demnach für die Stoßlüftung aus.

3.2.19 ASR A3.7 »Lärm«

Ausgabe März 2021

(Gemeinsames Ministerialblatt 2021 Nr. 24, Seite 543)

Die Technischen Regeln für Arbeitsstätten (ASR) geben den Stand der Technik, Arbeitsmedizin und Hygiene sowie sonstige gesicherte wissenschaftliche Erkenntnisse für die Sicherheit und Gesundheit der Beschäftigten beim Einrichten und Betreiben von Arbeitsstätten wieder.

Sie werden vom Ausschuss für Arbeitsstätten ermittelt bzw. angepasst und vom Bundesministerium für Arbeit und Soziales im Gemeinsamen Ministerialblatt bekannt gemacht.

Diese ASR A3.7 konkretisiert im Rahmen ihres Anwendungsbereichs Anforderungen der Verordnung über Arbeitsstätten. Bei Einhaltung dieser Technischen Regel kann der Arbeitgeber davon ausgehen, dass die entsprechenden Anforderungen der Verordnung erfüllt sind. Wählt der Arbeitgeber eine andere Lösung, muss er damit mindestens die gleiche Sicherheit und den gleichen Schutz der Gesundheit für die Beschäftigten erreichen.

Inhalt

1 Zielstellung

Diese ASR konkretisiert die in § 3a Absatz 1 und Anhang Nummer 3.7 der Arbeitsstättenverordnung genannten Anforderungen an die Reduzierung der Schalldruckpegel in Arbeitsstätten und an Arbeitsplätzen in Arbeitsräumen.

2 Anwendungsbereich

(1) Diese ASR gilt für das Einrichten und Betreiben von Arbeitsstätten und Arbeitsplätzen in Arbeitsräumen, um Gefährdungen und Beeinträchtigungen für Sicherheit und Gesundheit von Beschäftigten durch Lärmeinwirkungen zu vermeiden.

(2) Nicht Gegenstand dieser ASR sind Gefährdungen von Gesundheit und Sicherheit der Beschäftigten durch Lärmeinwirkungen einschließlich extra-auraler Wirkungen im Hörschallbereich mit Frequenzen zwischen 16 Hz und 16 kHz ab einem A-bewerteten äquivalenten Dauerschallpegel von 80 dB(A). Hierfür ist die Verordnung zum Schutz der Beschäftigten vor Gefährdungen durch Lärm und Vibrationen (Lärm- und Vibrations-Arbeitsschutzverordnung – LärmVibrationsArbSchV) einschließlich der sie konkretisierenden Technischen Regel (TRLV Lärm) anzuwenden.

Erforderliche Schallereignisse, die der gezielten akustischen Information der Beschäftigten dienen, werden von dieser ASR nicht erfasst.

Hinweis: Schall dient der gezielten akustischen Information, wenn über das Gehör der Beschäftigten Schallereignisse erkannt oder überprüft werden müssen (z. B. Feueralarm, Statusmeldungen von Produktionsanlagen, Strömungsgeräusche an Ventilen, musikalische Übungen).

(3) Regelungen zu Ultraschall werden zu einem späteren Zeitpunkt eingefügt.

(4) Für Schalldruckpegel in Pausenräumen und Bereitschaftsräumen gilt die ASR A4.2 »Pausen- und Bereitschaftsräume«.

Für Lärm in Erste-Hilfe-Räumen gelten die baulichen Anforderungen gemäß ASR A4.3 »Erste-Hilfe-Räume, Mittel und Einrichtungen zur Ersten Hilfe«.

Für Unterkünfte gilt die ASR A4.4 »Unterkünfte«.

Hinweis: Zusätzliche Anforderungen an die barrierefreie Gestaltung werden zu einem späteren Zeitpunkt als Anhang in die ASR V3a.2 »Barrierefreie Gestaltung von Arbeitsstätten« eingefügt.

3 Begriffsbestimmungen

3.1 Der **A-bewertete äquivalente Dauerschallpegel** L_{pAeq} ist der zeitlich energetisch gemittelte, mit der Frequenzbewertung A aufgenommene Schalldruckpegel L_{pA}.

3.2 Ein **akustisches Gefahrensignal** signalisiert eine Gefahrensituation. Man unterscheidet entsprechend dem Dringlichkeitsgrad und den möglichen Auswirkungen der Gefahr auf Personen zwischen drei Arten von Gefahrensignalen: dringliche Rettungs- und Schutzmaßnahmen (Notsignal), sofortiges Verlassen des Gefahrenbereiches (Evakuierungssignal) und vorbeugende Handlungen (Warnsignal).

3.3 Der **Beurteilungspegel L_r** im Sinne dieser ASR ist eine Größe zur Kennzeichnung der typischen Schallimmission für eine Tätigkeit, bestimmt aus dem A-bewerteten äquivalenten Dauerschallpegel L_{pAeq} während der Tätigkeit unter Berücksichtigung von Zuschlägen für die Impulshaltigkeit (K_I = Impulszuschlag) sowie Ton- und Informationshaltigkeit (K_T = Zuschlag für Ton- und Informationshaltigkeit):

$$L_r = L_{pAeq} + K_I + K_T$$

Durch den **Impulszuschlag** K_I wird der erhöhten Störwirkung impulshaltiger Geräusche Rechnung getragen.

Der **Zuschlag für Ton- und Informationshaltigkeit K_T** berücksichtigt, dass Geräusche eine erhöhte Störwirkung haben, wenn sie einen Ton oder mehrere Töne enthalten oder informationshaltig sind und dadurch eine Person zum von ihr nicht gewünschten Mithören (z. B. von Gesprächen) anregen.

3.4 **Extra-aurale Lärmwirkungen** im Sinne dieser ASR sind physiologische, psychische und soziale Wirkungen von Schall auf den Menschen, mit Ausnahme der Wirkungen, die das Hörorgan betreffen.

3.5 **Eigengeräusche** sind Geräusche, die an dem betreffenden Arbeitsplatz durch eigene Gespräche mit anderen Personen sowie dem Arbeitsplatz zugeordnete Kommunikationssignale (z. B. Telefon, Rufanlage, Rückmeldung von Rechnertastatur oder Computer) entstehen.

3.6 Ein **Geräusch** charakterisiert ein Schallereignis, das nicht ausschließlich als Ton oder Klang bezeichnet werden kann (aperiodisches Schallereignis). Meistens sind Geräusche nicht zweckgebunden (z. B. Straßenverkehrslärm).

3.7 **Hintergrundgeräusche** sind von außen einwirkende Geräusche (z. B. durch Verkehr oder Produktion) und Geräusche, die durch fest eingebaute technische Anlagen verursacht werden (z. B. Lüftungstechnik).

3.8 **Lärm** im Sinne dieser ASR ist jeder Schall, der zu einer Beeinträchtigung des Hörvermögens oder zu einer sonstigen mittelbaren oder unmittelbaren Gefährdung von Sicherheit und Gesundheit der Beschäftigten führen kann.

3.9 Der **mittlere Schallabsorptionsgrad** $\bar{\alpha}$ ist ein Maß für das durchschnittliche Schallabsorptionsvermögen aller Oberflächen in einem Raum. Mit seiner Hilfe kann die Schallabsorption eines Raumes beschrieben werden.

3.10 Die **Nachhallzeit T** ist die Zeitspanne, während der der Schalldruckpegel in einem Raum nach Beenden der Schallfeldanregung um 60 dB abfällt.

3.11 **Reversible aurale Lärmwirkungen** sind Wirkungen von Schall auf das Hörorgan, die zu zeitlich begrenzten Beeinträchtigungen des Hörvermögens führen.

3.12 Der **Schallabsorptionsgrad α** ist ein Maß für die absorbierende Wirkung einer Fläche. α entspricht dem nicht reflektierten Anteil der auf die Fläche einfallenden Schallenergie. Der Wert von α liegt zwischen 0 (vollständige Reflexion) und 1 (vollständige Absorption).

3.13 Die **Sprachverständlichkeit** drückt aus, wie gut Sprache verstanden werden kann. Die Sprachverständlichkeit ist physikalisch unter anderem abhängig vom Schalldruckpegel der Sprache und der Hintergrundgeräusche, von der Nachhallzeit, der Raumform, den reflektierenden Flächen im Raum und der Raumgröße.

3.14 Ein **Störgeräusch** ist ein Geräusch, das die Wahrnehmbarkeit eines Nutzsignals beeinträchtigt.

3.15 **Tätigkeit** im Sinne dieser ASR ist eine zielgerichtet mit einer Aufgabenerfüllung verbundene Arbeit, die ein bestimmtes Maß an Konzentration oder eine bestimmte Qualität der Sprachverständlichkeit erfordert. An einem Arbeitsplatz können eine oder mehrere Tätigkeiten zu betrachten sein. Die Notwendigkeit für eine Differenzierung ergibt sich, wenn an dem Arbeitsplatz verschiedene Tätigkeiten ausgeübt werden, die unterschiedlich hohe Anforderungen an die Konzentration oder Sprachverständlichkeit stellen (unterschiedliche Tätigkeitskategorien nach Abschnitt 3.16). Für eine Einbeziehung in die Bewertung muss die Tätigkeit in einer Tätigkeitskategorie arbeitstäglich zusammenhängend oder summiert aus Teilabschnitten eine Zeitdauer von mindestens einer Stunde umfassen.

3.16 **Tätigkeitskategorie** ist die Einteilung der Tätigkeiten nach dem Maß der für die Erfüllung der Arbeitsaufgabe erforderlichen Konzentration oder Sprachverständlichkeit:

Tätigkeitskategorie I – hohe Konzentration oder hohe Sprachverständlichkeit:

Tätigkeiten, die eine andauernd hohe Konzentration erfordern, weil für die Erbringung der Arbeitsleistung z. B. schöpferisches Denken, eine kreative Entfaltung von Gedankenabläufen, exaktes sprachliches Formulieren, das Verstehen von komplexen Texten mit komplizierten Satzkonstruktionen, eine starke Zuwendung zu einem Arbeitsgegenstand oder -ablauf verbunden mit hohem Entscheidungsdruck, das Treffen von Entscheidungen mit großer Tragweite oder eine hohe Sprachverständlichkeit kennzeichnend sind.

(Beispiele für Tätigkeiten und Handlungen – allgemein überwiegend geistige Tätigkeiten, die eine hohe Konzentration verlangen: Besprechungen und Verhandlungen in Konferenzräumen; Arbeiten in Bibliothekslesesälen; Wissensvermittlung durch Vorlesung oder Seminare sowie Prüfungen im akademischen oder schulischen Bereich; wissenschaftliches und kreatives Arbeiten; Entwickeln von Software; Treffen von Entscheidungen mit hoher Tragweite, gegebenenfalls unter Zeitdruck; ärztliche Untersuchungen, Behandlungen und Operationen; Entwerfen, Übersetzen, Diktieren, Aufnehmen und Korrigieren von schwierigen Texten; Optimieren von Software und Prozessschritten komplexer Transferstraßen; Teachen von Robotern in verketteten Roboter-Linien)

Tätigkeitskategorie II – mittlere Konzentration oder mittlere Sprachverständlichkeit:

Tätigkeiten, die eine mittlere bzw. nicht andauernd hohe Konzentration oder gutes Verstehen gesprochener Sprache bedingen, weil für die Erbringung der Arbeitsleistung z. B. üblicherweise Routineanteile, das heißt wiederkehrende ähnliche und leicht zu bearbeitende Aufgaben, das Treffen von Entscheidungen geringerer Tragweite (in der Regel ohne Zeitdruck) oder eine für Kommunikationszwecke erforderliche Sprachverständlichkeit kennzeichnend sind.

(Beispiele für Tätigkeiten und Handlungen – allgemeine Bürotätigkeiten und vergleichbare Tätigkeiten in der Produktion und Überwachung: informations- und kommunikationsgeprägte Tätigkeiten, wie Disponieren; Daten erfassen; Texte verarbeiten; Sachbearbeitung im Büro; psychomotorisch geprägte (feinmotorische) Tätigkeiten (Auge-Hand-Koordination); Arbeiten in Betriebsbüros und Laboratorien; Bedienen von Beobachtungs-, Steuerungs- und Überwachungsanlagen in geschlossenen Messwarten und Prozessleitwarten; Verkaufen, Bedienen von Kunden; Tätigkeiten mit Publikumsverkehr)

Tätigkeitskategorie III – geringere Konzentration oder geringere Sprachverständlichkeit:

Tätigkeiten, die eine geringere Konzentration infolge überwiegend vorgegebener Arbeitsabläufe mit hohen Routineanteilen erfordern sowie geringere Anforderungen an die Sprachverständlichkeit stellen.

(Beispiele für Tätigkeiten und Handlungen – allgemein industrielle und gewerbliche Tätigkeiten: einfache Montagearbeiten; handwerkliche Tätigkeiten (Fertigung, Installation); Tätigkeiten an Fertigungsmaschinen, Vorrichtungen, Geräten; Warten, Instandsetzen und Reinigen technischer Einrichtungen und deren unmittelbare Beaufsichtigung; Bedienen von Bearbeitungsmaschinen für Metall, Holz und dergleichen; Reinigungsarbeiten; Lagerarbeiten; Einräumen von Ware)

3.17 **Tieffrequenter Schall** ist Schall mit dominierenden Energieanteilen im Frequenzbereich unter 100 Hz.

4 Extra-aurale und reversible aurale Lärmwirkungen

(1) Hinsichtlich der Gesundheitsgefährdung durch Lärm wird zwischen auralen (auf das Gehör bezogenen) und extra-auralen Lärmwirkungen unterschieden.

(2) Ab einem A-bewerteten äquivalenten Dauerschallpegel von 70 dB(A) kann als aurale Lärmwirkung eine reversible Hörminderung (Vertäubung) auftreten.

(3) Extra-aurale Lärmwirkungen zeigen sich unter anderem in verschiedenen physiologischen und psychischen Reaktionen, die über das zentrale und das vegetative Nervensystem des Menschen vermittelt werden. Diese Wirkungen entsprechen einer Stressreaktion. Sie haben keinen strengen Pegelbezug, entstehen in unmittelbarem zeitlichem Zusammenhang zur Schallexposition und klingen nach der Exposition schnell wieder ab (akute Wirkung). Andauernde Stressreaktionen können negative gesundheitliche Auswirkungen haben (chronische Wirkung).

(4) Extra-aurale Lärmwirkungen können je nach betrieblicher Situation und Arbeitsaufgabe folgende Bereiche betreffen (siehe Abbildung 1):

1. Beeinträchtigung der Sprachverständlichkeit und der akustischen Orientierung,
2. Störung der Arbeitsleistung (kognitive Leistung),
3. psychische Wirkung oder
4. physiologische Wirkung (Aktivierung des zentralen und vegetativen Nervensystems).

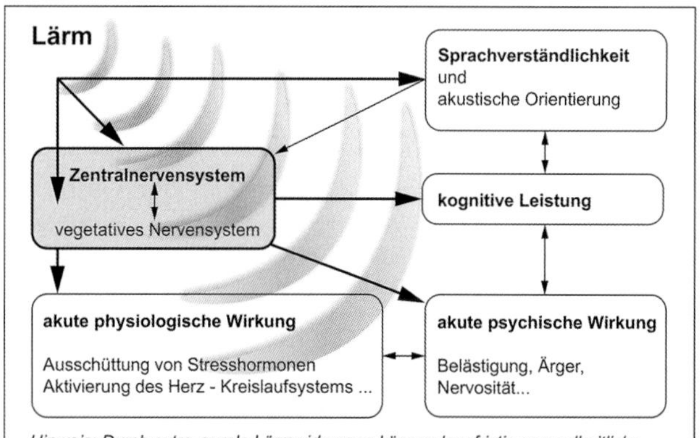

Hinweis: Durch extra-aurale Lärmwirkungen können langfristig gesundheitliche Beeinträchtigungen entstehen.

Abb. 1: Vereinfachte Darstellung akuter extra-auraler Lärmwirkungen

(5) Unfälle und arbeitsbedingte Gesundheitsgefährdungen können entstehen, wenn Fehlentscheidungen oder -leistungen zu einer Gefährdung des Beschäftigten oder anderer Personen führen. Lärm kann z. B.:

1. die Wahrnehmung von akustischen Gefahrensignalen beeinträchtigen,
2. die Aufmerksamkeit und Konzentration herabsetzen,
3. die Sprachkommunikation beeinträchtigen,
4. die Fehlerquote erhöhen,
5. die Reaktionsfähigkeit verringern,
6. die Risikobereitschaft erhöhen oder
7. die Sicherheit bei manuellen Tätigkeiten vermindern.

Weitere Erläuterungen enthält der Anhang 1.

5 Pegelwerte für Tätigkeiten an Arbeitsplätzen in Arbeitsräumen sowie raumakustische Anforderungen an Arbeitsräume

In Arbeitsstätten ist der Schalldruckpegel so niedrig zu halten, wie es nach der Art des Betriebes möglich ist.

5.1 Maximal zulässige Beurteilungspegel

(1) Während der Ausübung von Tätigkeiten der Tätigkeitskategorie I darf ein Beurteilungspegel von 55 dB(A) nicht überschritten werden.

(2) Während der Ausübung von Tätigkeiten der Tätigkeitskategorie II darf ein Beurteilungspegel von 70 dB(A) nicht überschritten werden.

(3) Während der Ausübung von Tätigkeiten der Tätigkeitskategorie III ist der Beurteilungspegel unter Berücksichtigung betrieblicher Lärmminderungsmaßnahmen soweit wie möglich zu reduzieren.

(4) Für Tätigkeiten, bei denen überwiegend sprachabhängige kognitive Aufgabenstellungen zu lösen sind (z. B. Korrektur und Bewertung von Prüfungsergebnissen, Übersetzungen, Verfassen und Redigieren von Texten und Dokumenten, Beratung zu komplexen Produkten und Dienstleistungen im Callcenter oder Beratungsbüro), sollen Arbeitsplätze ohne Belastung durch Hintergrundsprache zur Verfügung gestellt werden. Das

Einspielen von Hintergrundrauschen als Maskierer für die Hintergrundsprache soll vermieden werden.

(5) Müssen zeitweilig Tätigkeiten der Tätigkeitskategorien I oder II (z. B. Arbeiten an einem Prüfstand in der Produktionshalle, Vor-Ort-Roboterprogrammierung, Optimieren von Software und Prozessschritten komplexer Transferstraßen, Teachen von Robotern in komplexen Roboterlinien) in einer Arbeitsumgebung verrichtet werden, in der die zulässigen Beurteilungspegel gemäß Abschnitt 5.1 Absätze 1 und 2 aus betriebstechnischen Gründen (z. B. keine Möglichkeit der Abschaltung von Maschinen oder der Nutzung von Produktionspausen) nicht eingehalten werden, sind die entsprechenden Arbeitsplätze - soweit möglich - durch Kapselung (Schallschutzkabinen) oder veränderte Arbeitsverfahren oder Arbeitsabläufe (z. B. Fernwartung und -programmierung, Einsatz mobiler Schallschutzkabinen) so zu gestalten, dass die Anforderungen eingehalten werden. Im Ausnahmefall ist das Tragen persönlicher Schutzausrüstung gegen Lärm eine ergänzende Maßnahme. Die Anwendung von persönlicher Schutzausrüstung darf keine dauerhafte Maßnahme sein.

(6) Ist in bestehenden Arbeitsstätten die Einhaltung der maximal zulässigen Beurteilungspegel für Tätigkeiten nach Abschnitt 5.1 Absätze 1 bis 4 mit Aufwendungen verbunden, die offensichtlich unverhältnismäßig sind, so hat der Arbeitgeber zu prüfen, wie durch andere oder ergänzende Maßnahmen die Sicherheit und der Gesundheitsschutz der Beschäftigten in vergleichbarer Weise gesichert werden kann; die erforderlichen Maßnahmen hat er durchzuführen. Eine mögliche Maßnahme kann z. B. die Gestaltung der Arbeitsorganisation sein. Diese Maßnahmen können solange herangezogen werden, bis die bestehenden Arbeitsstätten wesentlich umgebaut oder die Arbeitsverfahren oder Arbeitsabläufe wesentlich umgestaltet werden. Wird persönliche Schutzausrüstung gegen Lärm zur Verfügung gestellt, darf dies keine dauerhafte Maßnahme sein.

5.2 Raumakustische Anforderungen

5.2.1 Raumakustische Anforderungen an Büroräume

In Büroräumen sollen in Abhängigkeit der Nutzungsart im unbesetzten Raum folgende Nachhallzeiten T in den Oktavbändern von 250 Hz bis 2000 Hz nicht überschritten werden:

Callcenter (Büro für kommunikationsbasierte Dienstleistungen): $T = 0{,}5$ s,

Mehrpersonen- und Großraumbüro: $T = 0{,}6$ s,

Ein- und Zweipersonenbüro: $T = 0{,}8$ s.

Hinweis: In der Regel besteht in Büroräumen der Bedarf einer guten Sprachverständlichkeit über geringe Entfernungen, bei der andere, nicht beteiligte Personen nicht gestört werden.

5.2.2 Akustische Anforderungen an Räume in Bildungsstätten

In Bildungsstätten, z. B. Kindertageseinrichtungen, Schulen, Hochschulen, darf in besetztem Zustand des Raumes für die Anforderung »Unterricht mit Personen ohne Bedürfnis nach erhöhter Sprachverständlichkeit« die Nachhallzeit T_{soll} die mit nachfolgender Formel errechneten Werte in den Oktavbändern von 250 Hz bis 2000 Hz nicht überschreiten. Dabei ist in den Oktavbändern von 250 Hz bis 2000 Hz jeweils eine Toleranz von +/-20 % zulässig.

$$T_{soll} = (0{,}32 \cdot \lg V/\text{m}^3 - 0{,}17)\ \text{s}$$

mit V = Raumvolumen in m^3

Beispiel: Für einen Unterrichtsraum mit einem Raumvolumen von 210 m^3 errechnet sich demnach für den besetzten Zustand ein Sollwert für die Nachhallzeit von etwa 0,6 s.

Hinweis: Gemäß Behindertengleichstellungsgesetz und vergleichbarer Landesregelungen sind öffentlich zugängliche Neubauten inklusiv zu errichten. Bei erhöhten Anforderungen an die Sprachverständlichkeit, z. B. bei Personen mit Hörminderung oder Fremdsprachenunterricht, kann es erforderlich sein, die Nachhallzeit weiter zu verringern.

5.2.3 Akustische Anforderungen an sonstige Räume mit Sprachkommunikation

(1) Alle sonstigen Arbeitsräume, in denen Sprachkommunikation erforderlich ist und die nicht in den Abschnitten 5.2.1 und 5.2.2 geregelt sind, sollen durch raumakustische Maßnahmen so gestaltet werden, dass ein mittlerer Schallabsorptionsgrad von mindestens $\overline{\alpha} = 0{,}3$ beim eingerichteten Raum erreicht wird.

(2) Als anzusetzender Schallabsorptionsgrad α des jeweiligen Oberflächenmaterials ist der arithmetische Mittelwert der Absorptionsgrade in den Oktavbändern mit den Mittenfrequenzen von 250 Hz, 500 Hz, 1000 Hz und 2000 Hz zu nehmen.

Alternativ ist in größeren Räumen (> 1000 m^3) im Abstandsbereich von 0,75 m bis 6 m eine mittlere Schalldruckpegelabnahme in den Oktavbändern mit den Mittenfrequenzen von 500 Hz bis 4000 Hz je Abstandsverdopplung von mindestens 4 dB ausreichend.

6 Beurteilung von Gefährdungen durch Lärm beim Einrichten von Arbeitsstätten

Wenn Arbeitsstätten eingerichtet oder wesentlich erweitert oder umgebaut oder die Arbeitsverfahren oder Arbeitsabläufe wesentlich umgestaltet werden, ist bereits bei der Planung zu berücksichtigen, dass die Beurteilungspegel für Tätigkeiten an Arbeitsplätzen in Arbeitsräumen sowie die raumakustischen Anforderungen an Arbeitsräume gemäß Abschnitt 5 eingehalten werden.

Hierbei sind insbesondere zu beachten:

1. die Bauakustik, Raumakustik sowie Maßnahmen zum Lärmschutz,
2. die Grundflächen für Arbeitsplätze und Arbeitsräume gemäß ASR A1.2 »Raumabmessungen und Bewegungsflächen«,
3. die Arbeitsaufgaben/Tätigkeit der Beschäftigten für die zu planenden Arbeitsräume,
4. die Arbeitsorganisation,
5. die Anforderungen an Arbeitsmittel gemäß BetrSichV,
6. die Belüftung der Arbeitsräume.

Hinweis: Niedrige Schalldruckpegel der Hintergrundgeräusche in Arbeitsräumen erleichtern in der Regel das Einhalten von Beurteilungspegeln und ermöglichen in Räumen in Bildungsstätten in der Regel eine gute Kommunikation zwischen Sprecher und Hörer.

Die nachfolgende tabellarische Aufstellung enthält für verschiedene Raumarten die empfohlenen Höchstwerte für Hintergrundgeräusche, beschrieben durch den A-bewerteten äquivalenten Dauerschallpegel L_{pAeq}.

Raumart	empfohlene Höchstwerte für A-bewertete äquivalente Dauerschallpegel L_{pAeq} durch Hintergrundgeräusche L_{pAeq} in dB(A)
Konferenzraum, Klassenraum, Schulungsraum, Gruppenraum, Kindertagesstätte, Hörsaal, Seminarraum	35*)
Zweipersonenbüros	40*)
Großraumbüros	45*)
industrielle Laboratorien	35*)/52**)
Kontroll-/Steuerräume in der Industrie	35*)/55**)
industrielle Arbeitsstätten	65**)/70***)

*) für maximalen Beurteilungspegel von 55 dB(A) nach Abschnitt 5.1
**) für maximalen Beurteilungspegel von 70 dB(A) nach Abschnitt 5.1
***) kein Beurteilungspegel

7 Beurteilung von Gefährdungen durch Lärm beim Betreiben von Arbeitsstätten

(1) Beim Betreiben einer Arbeitsstätte können Halligkeit, schlechte Sprachverständlichkeit, störende Sprachgeräusche, tonhaltige Geräusche, deutlich wahrnehmbare Hintergrundgeräusche sowie Beschwerden von Beschäftigten über Lärm am Arbeitsplatz Hinweise auf unzureichende raumakustische Bedingungen, zu hohe Beurteilungspegel für Tätigkeiten an Arbeitsplätzen in Arbeitsräumen oder tieffrequente Schallbelastungen sein, die zu einer Gefährdung der Gesundheit der Beschäftigten führen können und im Rahmen der Gefährdungsbeurteilung weitere Ermittlungen und eine Beurteilung der akustischen Situation erfordern.

(2) Für die Beurteilung der Gefährdung durch Lärm sind typische und längerfristig stabile Betriebsabläufe in einer Arbeitsstätte oder an einem Arbeitsplatz zu betrachten. Einzelne, zufällige oder zeitweilige, vorübergehende Schalleinwirkungen durch Dritte, z. B. Lärm durch Einsatz- oder Abfallsammelfahrzeuge, Gartengeräte oder benachbarte Baustellen, sind nicht zu berücksichtigen.

(3) Die Beurteilung der akustischen Situation während des Betreibens der Arbeitsstätte kann mit einem vereinfachten Verfahren durch lärmbezogene Arbeitsplatzbegehung erfolgen (Abschnitt 7.1).

(4) Alternativ können auch weitergehende Ermittlungsverfahren zur differenzierten Beurteilung von Raumakustik, Lärmpegeln und tieffrequentem Schall angewendet werden (Abschnitte 7.2 bis 7.6):

1. Ermittlung der raumakustischen Kennwerte durch Abschätzung (Abschnitt 7.2),
2. Ermittlung der raumakustischen Kennwerte durch Messung (Abschnitt 7.3),
3. Ermittlung von Lärmpegeln für Tätigkeiten durch orientierende Messung (Abschnitt 7.4),
4. Ermittlung von Beurteilungspegeln für Tätigkeiten an Arbeitsplätzen in Arbeitsräumen (Abschnitt 7.5),
5. Bewertung von tieffrequentem Lärm (Abschnitt 7.6).

Hinweis zu Absatz 2: Um die Belastung der Beschäftigten in Arbeitsstätten bei von Dritten verursachtem Baulärm zu reduzieren, ist mittels lärmbezogener Arbeitsplatzbegehung nach Absatz 3 oder orientierender Messung nach Abschnitt 7.4 Absatz 4 zu prüfen, ob organisatorische Regelungen (z. B. zeitweilige Verlagerung von Arbeitsplätzen in lärmärmere Bereiche, Anpassung der Arbeitsabläufe, der Pausen- oder Arbeitszeiten) oder im Ausnahmefall das Bereitstellen von persönlicher Schutzausrüstung (Gehörschutz) je nach Baufortschritt der Baustelle möglich und sinnvoll sind. Der Arbeitgeber kann außerdem bei der dafür zuständigen Stelle gegebenenfalls darauf hinwirken, dass Baustellen nach dem Stand der Lärmminderungstechnik betrieben werden.

Hinweis zu Absätzen 3 und 4: Sind nach der ASR A3.6 »Lüftung« Lüftungszeiten erforderlich, sind diese beim Messen und Beurteilen zu berücksichtigen.

7.1 Vereinfachtes Verfahren durch lärmbezogene Arbeitsplatzbegehung

(1) Die lärmbezogene Arbeitsplatzbegehung dient zur Feststellung, ob am Arbeitsplatz unter Betriebsbedingungen störender oder belästigender Schall (Lärm) auftritt. Sie ist von mindestens zwei Personen unabhängig voneinander zu Zeiten des längerfristig typischen Betriebsablaufs am zu beurteilenden Arbeitsplatz vorzunehmen.

(2) Bei der lärmbezogenen Arbeitsplatzbegehung ist insbesondere auf Folgendes zu achten:

1. Arbeitsplatz-/Raumgestaltung/Arbeitsorganisation:
   a) Wirkt der Raum hallig? Gibt es schallharte und glatte Materialien an Wänden, Decken, Fußböden sowie bei Einrichtungen, Einbauten usw. oder große Fensterflächen?
   b) Wie wird der Raum genutzt? Welche akustischen Anforderungen bestehen? Treten informationshaltige Geräusche, Sprachgeräusche oder andere störende Geräusche auf?
   c) Gibt es Besonderheiten in der Raumnutzung? Werden Tätigkeiten mit unterschiedlichen akustischen Anforderungen an Arbeitsplätze zur gleichen Zeit im gleichen Raum durchgeführt? Gibt es akustisch dominante Schallquellen am oder in der Nähe des Arbeitsplatzes?
2. Entsteht Lärm im Raum? Sind schallemittierende Geräte/Arbeitsmittel am Arbeitsplatz oder im Umfeld des Arbeitsplatzes angeordnet (Büro: z. B. Drucker; Produktion: z. B. Fördertechnik)?

3. Wird Lärm von außen eingetragen? Wirken Schallquellen außerhalb des Raumes (z. B. Maschinen, Verkehrslärm, Aufzugsanlagen) auf den Arbeitsplatz ein?

(3) Nur wenn sich durch die lärmbezogene Arbeitsplatzbegehung störender oder belästigender Schall (Lärm) eindeutig ausschließen lässt, sind keine weiteren Ermittlungen oder Maßnahmen erforderlich.

(4) Wird bei der lärmbezogenen Arbeitsplatzbegehung störender oder belästigender Schall (Lärm) festgestellt, hat der Arbeitgeber entweder Maßnahmen festzulegen, umzusetzen und eine Wirksamkeitskontrolle durchzuführen oder er hat geeignete weitergehende Ermittlungsverfahren gemäß Abschnitt 7 Absatz 4 auszuwählen und anzuwenden. Liegt nach einer Wirksamkeitskontrolle kein störender oder belästigender Schall (Lärm) mehr vor, sind keine weiteren Ermittlungen oder Maßnahmen erforderlich.

Den Ablauf des vereinfachten Verfahrens durch lärmbezogene Arbeitsplatzbegehung stellt Abbildung 2 dar.

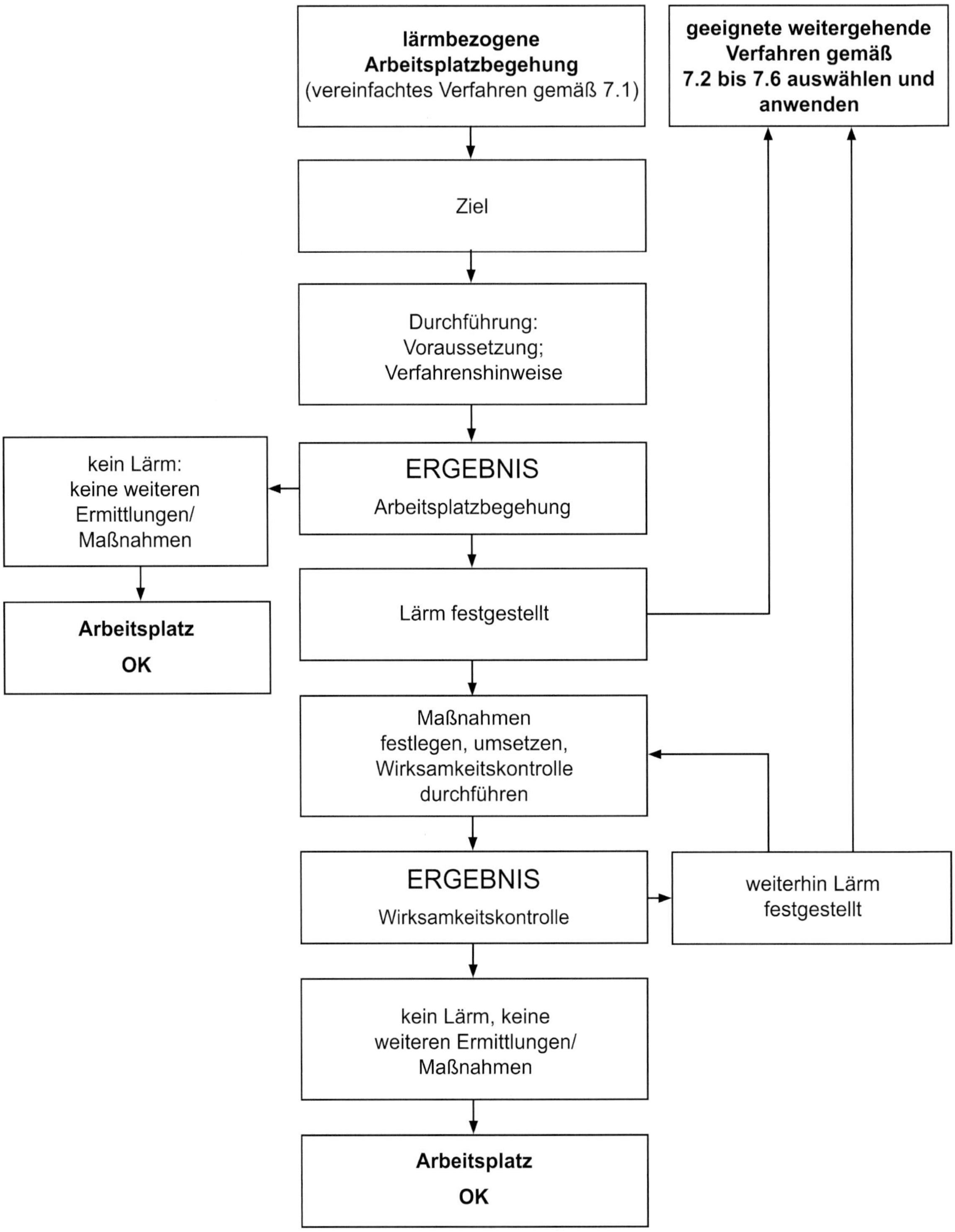

Abb. 2: Ablauf des vereinfachten Verfahrens durch lärmbezogene Arbeitsplatzbegehung

7.2 Ermittlung der raumakustischen Kennwerte durch Abschätzung

(1) Die Abschätzung der raumakustischen Kennwerte (Nachhallzeit, mittlerer Schallabsorptionsgrad) von Räumen in bestehenden Arbeitsstätten kann mit Kenntnis der Raumabmessungen und der Schallabsorptionsgrade der raumbegrenzenden Oberflächen und der weiteren Oberflächen (z. B. Einrichtung, Trennwände) entsprechend dem Anhang 2 erfolgen.

(2) Lässt sich durch die Abschätzung der raumakustischen Kennwerte feststellen, dass die Anforderungen entsprechend Abschnitt 5.2 eingehalten werden, sind keine weiteren Ermittlungen oder raumakustischen Maßnahmen erforderlich.

(3) Wird durch die Abschätzung der raumakustischen Kennwerte festgestellt, dass diese nicht eingehalten werden, hat der Arbeitgeber Maßnahmen festzulegen, umzusetzen und eine Wirksamkeitskontrolle durchzuführen. Werden danach die Anforderungen entsprechend Abschnitt 5.2 eingehalten, sind keine weiteren Ermittlungen oder raumakustischen Maßnahmen erforderlich.

7.3 Ermittlung der raumakustischen Kennwerte durch Messung

(1) Alternativ zu Abschnitt 7.2 lassen sich die raumakustischen Kennwerte unter bestimmten Bedingungen (Raumdimensionen, Diffusität usw.) durch Messung der Nachhallzeit oder der mittleren Schalldruckpegelabnahme je Abstandsverdopplung ermitteln.

(2) Personen, die raumakustische Kennwerte ermitteln, müssen aufgrund ihrer fachlichen Ausbildung oder ihrer Erfahrungen entsprechende Kenntnisse über die Beurteilung der Raumakustik haben, z. B. unter der Anwendung der DIN EN ISO 3382-2 : 2008-09 oder der Anwendung des Verfahrens zur Ermittlung der mittleren Schalldruckpegelabnahme je Abstandsverdopplung gemäß TRLV Lärm Teil 3, Ausgabe Januar 2010, Abschnitt 4.3.2.

Hinweis: Eine frequenzabhängige Ermittlung der Nachhallzeit ist notwendig für die Planung geeigneter Maßnahmen, z. B. den gezielten Einsatz frequenzadaptierter Absorber.

(3) Wenn für Räume entsprechend Abschnitt 5.2.1 und Abschnitt 5.2.2 die vorgegebenen Nachhallzeiten eingehalten werden, sind keine weiteren Ermittlungen oder raumakustischen Maßnahmen erforderlich. Gleiches gilt für einen sonstigen Arbeitsraum mit Sprachkommunikation, wenn der aus der Nachhallzeit ermittelte mittlere Schallabsorptionsgrad oder die gemessene Schalldruckpegelabnahme je Abstandsverdopplung entsprechend Abschnitt 5.2.3 eingehalten wird.

(4) Wird durch die messtechnische Ermittlung der raumakustischen Kennwerte festgestellt, dass die Anforderungen entsprechend Abschnitt 5.2 nicht eingehalten werden, hat der Arbeitgeber Maßnahmen festzulegen, umzusetzen und eine Wirksamkeitskontrolle durchzuführen. Werden die Anforderungen danach eingehalten, sind keine weiteren Ermittlungen oder raumakustische Maßnahmen erforderlich.

7.4 Ermittlung von Lärmpegeln für Tätigkeiten durch orientierende Messung

(1) Bei der orientierenden Messung ist der A-bewertete äquivalente Dauerschallpegel während der Tätigkeit zu ermitteln. Die Messung hat die während der Tätigkeit längerfristig typisch auftretenden Geräusche zu erfassen. Eigengeräusche sind bei der Messung nicht mit zu erfassen.

Hinweis: Die orientierende Messung ist ein verkürztes und vereinfachtes Verfahren, das auf den Grundzügen des in der DIN 45645-2 : 2012-09 genormten Mess- und Beurteilungsverfahrens zur Ermittlung des Beurteilungspegels am Arbeitsplatz basiert.

(2) Für orientierende Messungen zur Ermittlung des Lärmpegels bei Tätigkeiten am Arbeitsplatz sind integrierende Schallpegelmesser der Klasse 1 oder 2 (Genauigkeit des Messgerätes) einzusetzen.

Hinweis: Die Anforderungen an die Schallpegelmesser sind in DIN EN 61672-1 : 2014-07 genormt.

(3) Die Schallimmission wird mit dem Schallpegelmesser an dem Ort erfasst, an dem die Tätigkeit ausgeübt wird. Grundsätzlich wird diese Messung aus technischen Gründen so durchgeführt, dass die beschäftigte Person ihren Arbeitsplatz nicht einnimmt (Schallreflexionen, Abschattungseffekte). Das Mikrofon wird dabei an der üblichen Position des Kopfes in Höhe der Augen gehalten. Sollte die Anwesenheit der beschäftigten Person am Arbeitsplatz während der Messung erforderlich sein, ist das Mikrofon in Ohrnähe der beschäftigten Person so zu positionieren, dass die Geräuscheinwirkung auf das Mikrofon nicht durch den Körper der beschäftigten Person behindert wird.

(4) Die Messzeit muss nach Art, Ausmaß und Dauer (Abbildung 3) jeweils lang genug sein, um den mittleren Schalldruckpegel der betrachteten Schalleinwirkung zu erfassen, das heißt, die Messung muss sich nicht über die gesamte Zeitdauer der betrachteten Schalleinwirkung erstrecken:

1. Bei konstanter Schalleinwirkung ist erfahrungsgemäß eine Messzeit von circa 20 s je Messung ausreichend.
2. Bei periodisch schwankenden Schalleinwirkungen ist mindestens ein vollständiger Zyklus je Messung zu erfassen.
3. Bei zeitlich zufällig schwankenden Schalleinwirkungen ist je Messung eine längere Messzeit erforderlich, die sich gegebenenfalls über den gesamten Geräuschabschnitt erstrecken muss.

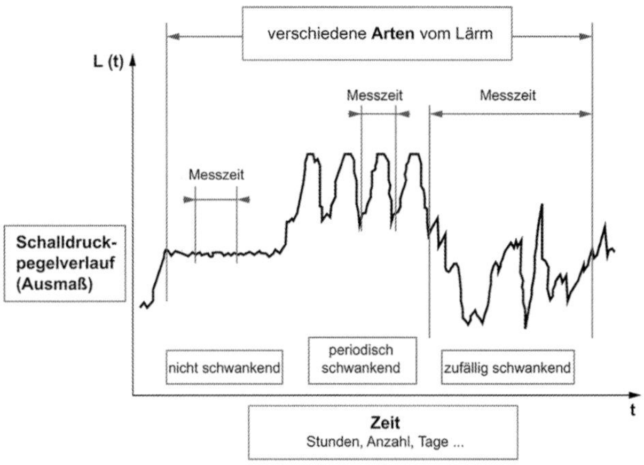

Abb. 3: Art, Ausmaß und Dauer der Lärmeinwirkung, nach TRLV Lärm Teil 2 »Messung von Lärm«. Technische Regel zur Lärm- und Vibrations-Arbeitsschutzverordnung, August 2017

(5) Die Messung kann jeweils beendet werden, wenn erkennbar ist, dass sich der angezeigte A-bewertete äquivalente Dauerschallpegel L_{pAeq} durch alle zu erwartenden weiteren Geräuschbeiträge nicht mehr nennenswert ändert.

(6) Weitere Ermittlungen oder Maßnahmen sind nicht erforderlich, wenn

1. bei Tätigkeiten der Tätigkeitskategorie I durch orientierende Messung festgestellt wird, dass der A-bewertete äquivalente Dauerschallpegel während der Tätigkeit weniger als 46 dB(A) beträgt,
2. bei Tätigkeiten der Tätigkeitskategorie II durch orientierende Messung festgestellt wird, dass der A-bewertete äquivalente Dauerschallpegel während der Tätigkeit weniger als 61 dB(A) beträgt.

(7) Wird durch die orientierende Messung festgestellt, dass die Werte nach Absatz 6 Nummer 1 oder 2 überschritten werden, kann der Arbeitgeber Maßnahmen festlegen, umsetzen und eine Wirksamkeitskontrolle durchführen. Werden danach die Werte nach Absatz 6 Nummer 1 oder 2 eingehalten, sind keine weiteren Ermittlungen zu Pegelwerten bei Tätigkeiten in Arbeitsräumen erforderlich.

Alternativ kann er auch durch das Verfahren zur Ermittlung von Beurteilungspegeln für Tätigkeiten an Arbeitsplätzen in Arbeitsräumen überprüfen, ob die Anforderungen nach Abschnitt 5.1 eingehalten werden.

7.5 Ermittlung von Beurteilungspegeln für Tätigkeiten an Arbeitsplätzen in Arbeitsräumen

(1) Die Ermittlung des Beurteilungspegels am Arbeitsplatz umfasst mindestens folgende Arbeitsschritte:

1. Arbeitsplatzanalyse,
2. Durchführung der Messung,
3. Bestimmung der Zuschläge,
4. Umgang mit Messunsicherheiten.

Hinweis: Ein geeignetes Verfahren ist das in DIN 45645-2:2012-09 dargestellte Mess- und Beurteilungsverfahren.

(2) Die Ermittlung des Beurteilungspegels verlangt von der durchführenden Person mindestens Kenntnisse:

1. über die Inhalte der ASR A3.7 »Lärm«,
2. über das Beurteilungsverfahren z. B. nach DIN 45645-2:2012-09,
3. über die zu bestimmenden Messgrößen, Zuschläge und Messunsicherheiten.

(3) Zur Ermittlung des Beurteilungspegels ist es gegebenenfalls erforderlich, dass die für den Arbeitgeber tätig werdenden Personen Einsicht in alle für die Ermittlung erforderlichen Unterlagen nehmen können und alle notwendigen Informationen über Arbeitsprozesse und Organisation der Arbeiten erhalten, z. B. die Art der Tätigkeit der Beschäftigten, die Dauer der Lärmeinwirkung.

(4) Am zu beurteilenden Arbeitsplatz ist durch eine Arbeitsplatzanalyse zu ermitteln, welche Schallimmissionen auf die beschäftigte Person über welche Zeiträume einwirken, ob impuls- oder ton- und informationshaltige Geräusche vorliegen und ob die angetroffenen Schallsituationen für eine festzulegende Nutzungsphase repräsentativ sind. Jede charakteristische Schallsituation ist eigenständig zu betrachten, wenn sie eine Stunde oder länger anhält. Für diese Zeiträume sind die Beurteilungspegel jeweils separat zu ermitteln.

(5) Für die Messung gelten die Ausführungen unter Abschnitt 7.4 Absätze 2 bis 5. Es sind jedoch geprüfte Messgeräte zu verwenden. Zusätzlich wird die Impulshaltigkeit der Schallimmission ermittelt. Eigengeräusche sind wie bei der Messung nach Abschnitt 7.4 Absatz 1 nicht mit zu erfassen.

(6) Zur Bestimmung der Zuschläge K_I und K_T gelten folgende Regeln:

1. Kein Zuschlag K_I für impulshaltigen Schall, wenn die Differenz aus L_{pAIeq} und L_{pAeq} kleiner als 3 dB(A) ist. Bei einer Differenz von mindestens 3 dB entspricht der Impulszuschlag K_I der gemessenen Differenz, jedoch maximal einem Wert von 6 dB(A).
2. Der Zuschlag K_T für ton- und informationshaltigen Schall ist je nach Auffälligkeit und Störwirkung mit 0 dB(A), 3 dB(A) oder 6 dB(A) anzusetzen.
3. Die Summe beider Zuschläge ist auf 6 dB(A) begrenzt.

(7) Der Beurteilungspegel L_r für die zu beurteilende Tätigkeit ergibt sich als Summe aus dem A-bewerteten äquivalenten Dauerschallpegel L_{pAeq} während der Tätigkeit und den bestimmten Zuschlägen für Impulshaltigkeit (K_I) sowie Ton- und Informationshaltigkeit (K_T):

$$L_r = L_{pAeq} + K_I + K_T$$

(8) Liegen die ermittelten Beurteilungspegel für die Tätigkeit am zu beurteilenden Arbeitsplatz oberhalb der in Abschnitt 5.1 vorgegebenen Werte, hat der Arbeitgeber Maßnahmen festzulegen, umzusetzen und eine Wirksamkeitskontrolle durchzuführen.

(9) Liegen die ermittelten Beurteilungspegel für die Tätigkeit am zu beurteilenden Arbeitsplatz unterhalb der in Abschnitt 5.1 vorgegebenen Werte, sind keine weiteren Maßnahmen zur Pegelminderung erforderlich.

7.6 Bewertung von tieffrequentem Lärm

(1) Zur Bewertung tieffrequenter Geräusche können ergänzende Messungen erforderlich sein. Besteht eine begründete Möglichkeit der Einwirkung tieffrequenter Lärmanteile, sind gesonderte messtechnische Überprüfungen erforderlich. Weitere Erkenntnisse kann dazu eine Terzanalyse z. B. entsprechend DIN 45680:1997-03 ergeben.

(2) Eine begründete Möglichkeit ergibt sich z. B. daraus, dass die Wahrnehmungsschwelle für tieffrequenten Schall überschritten wird und sich Symptome der Beschäftigten (siehe Anhang 1) beim Verlassen des Arbeitsplatzes verringern.

(3) Wird die Einwirkung tieffrequenter Lärmanteile festgestellt, die die Sicherheit und Gesundheit der Beschäftigten beeinträchtigen, hat der Arbeitgeber Maßnahmen festzulegen, umzusetzen und eine Wirksamkeitskontrolle durchzuführen.

8 Maßnahmen zum Lärmschutz

(1) Bei Maßnahmen zum Lärmschutz ist folgende Rangfolge zu beachten: technische Maßnahmen stehen vor organisatorischen und persönlichen.

(2) Die Gestaltung lärmarmer Arbeitsstätten ist schon bei der Planung zu berücksichtigen.

(3) Beim Einrichten und Betreiben der Arbeitsstätte ist auf die Auswahl lärmarmer Arbeitsmittel zu achten. Dabei sind bei Maschinen die vom Hersteller nach der Neunten Verordnung zum Produktsicherheitsgesetz (9. ProdSV) in der Betriebsanleitung anzugebenden Geräuschemissionswerte zu berücksichtigen.

(4) Die raumakustischen Maßnahmen sind auf den Arbeitsplatz und die jeweilige Tätigkeit abzustimmen.

(5) Maßnahmen zum Lärmschutz sind erforderlich, wenn dies als Ergebnis von Abschnitt 6 oder Abschnitt 7 festgestellt wurde.

(6) Zusätzlich können im Rahmen der Gefährdungsbeurteilung weitere Maßnahmen zum Lärmschutz erforderlich werden, die sich aufgrund identifizierbarer und vermeidbarer akustischer Störquellen ergeben (z. B. pfeifende oder schleifende Lüfter, akustische Rückkopplungen in Telefonanlagen, tieffrequente Geräusche).

(7) Ist in bestehenden Arbeitsstätten die Verbesserung des Schallschutzes baulicher Anlagen, die zum Zeitpunkt ihrer Errichtung oder der Änderung oder des Austausches wesentlicher Bauteile den gültigen bauordnungsrechtlichen Vorgaben zum Schallschutz entsprachen, mit Aufwendungen verbunden, die offensichtlich unverhältnismäßig sind, hat der Arbeitgeber zu prüfen, wie durch andere oder ergänzende Maßnahmen die Sicherheit und der Gesundheitsschutz der Beschäftigten in vergleichbarer Weise gesichert werden kann. Die erforderlichen Maßnahmen hat er durchzuführen. Eine solche Maßnahme kann z. B. das Einbringen weiterer raumakustisch wirksamer Elemente in Arbeitsräumen sein. Die ergänzenden Maßnahmen können solange herangezogen werden, bis die bestehenden Arbeitsstätten wesentlich umgebaut oder die baulichen Anlagen erheblich umgestaltet werden.

8.1 Technische Schutzmaßnahmen

Bei den technischen Maßnahmen hat die Lärmminderung an der Quelle (primäre Schutzmaßnahme) Vorrang vor der Lärmminderung auf dem Ausbreitungsweg und raumakustischen Maßnahmen (sekundäre Schutzmaßnahme).

8.1.1 Lärmminderung an der Quelle (primäre Schutzmaßnahme)

(1) Quellen für Lärm können sich sowohl in der Arbeitsstätte befinden als auch außerhalb liegen.

(2) Möglichkeiten zur Lärmminderung an der Quelle innerhalb der Arbeitsstätte bestehen z. B. an folgenden Schallquellen:

1. Gebäudeeinrichtungen und -ausstattungen
   a) Lüftungs-/Klimaanlagen
   b) Transformatoren
   c) Heizungs- und Sanitäranlagen
   d) schallharte Fußböden (Trittschall)
   e) Türen
   f) Motoren
   g) Kompressoren
   h) Druckluftentnahmestellen
2. Arbeitsmittel und Einrichtungen
   a) Werkzeuge
   b) Fertigungsmaschinen
   c) Bürogeräte
   d) Küchengeräte
   e) Medizingeräte
   f) Kommunikationsgeräte
   g) Transportwagen
   h) Tische und Stühle.

Hinweis: Lärmarme Arbeitsmittel sind nach Beschaffung durch Instandhaltung möglichst im ursprünglichen Emissionszustand zu erhalten, z. B. ausgeschlagene Rechnerlüfter austauschen. In Kindertagesstätten z. B. Geschirrwagen und Spielzeuge mit Gummibereifung ausstatten, häufig bewegte Tische und Stühle mit Gleitern versehen und lärmarmes Geschirr sowie schalldämpfende Geschirrunterlagen verwenden.

8.1.2 Lärmminderung auf dem Übertragungsweg und raumakustische Maßnahmen (sekundäre Schutzmaßnahme)

(1) Von außerhalb des Raumes kommende Geräusche, z. B. Schallübertragungen von Raum zu Raum und lärmerzeugende Vibrationen in Arbeitsstätten können durch Dämpfung, Entkopplung oder Dämmung verringert werden. Zur Minderung von Lärm, der außerhalb der Arbeitsstätte entsteht (z. B. Verkehrslärm, Nachbarschaftslärm) können Wände, Fenster, Türen und Dächer akustisch wirksam gestaltet werden.

(2) Innerhalb des Raumes entstehende Geräusche können durch raumakustische Maßnahmen z. B. mit Stellwänden, Abschirmungen und Möbeln bereichsweise abgeschirmt werden. Zur Verringerung der Schallreflexionen können raumakustisch wirksame Absorptionsflächen vorgesehen werden. Auch Möbel, Dekorationen, Warenregale auf Verkaufsflächen des Einzelhandels, Raumtextilien und Bodenbeläge können raumakustisch wirksam sein.

8.1.3 Lärmminderung durch Raum-in-Raum-Lösungen

Lärm, der in einem Arbeitsraum entsteht und der nicht in einen weiteren Arbeitsbereich in diesem Arbeitsraum übertragen werden soll, kann wirksam durch eine Raum-in-Raum-Lösung (z. B. stationäre oder mobile Schallschutzkabinen, Meisterräume, Wartungs- und Steuerungsräume) verringert werden.

8.1.4 Schutzmaßnahmen gegen tieffrequenten Lärm

(1) Die Entkopplung tieffrequenter Schallquellen (z. B. haustechnische Anlagen und Geräte) vom Gebäude kann die Weiterleitung tieffrequenten Schalls vermindern.

(2) Zur Schalldämmung von tieffrequentem Lärm sind in der Regel massive Wände und spezielle Schallschutzfenster erforderlich. Freistehende Mauern oder Wände zur Raumteilung sind zur Schalldämmung gegen tieffrequenten Lärm in der Regel nicht wirksam. Besser ist

die Einbindung in weitere Bauelemente (Decke, Boden, Seitenwände).

(3) Liegt der tieffrequente Lärm nur mit einer bestimmten Frequenz vor, sind Resonanzabsorber geeignet.

(4) In Einzelfällen kann durch die Technik der aktiven Lärmunterdrückung (Gegenschall oder Active Noise Control = ANC) eine Verbesserung der Lärmsituation herbeigeführt werden.

Hinweis: Persönlicher Gehörschutz ist bei tieffrequentem Schall geringer wirksam als im Hörfrequenzbereich und als Maßnahme zum Schutz gegen tieffrequenten Lärm nur beschränkt geeignet.

8.2 Organisatorische Maßnahmen

(1) Unter organisatorischen Lärmminderungsmaßnahmen sind Änderungen zu verstehen, die zu einer räumlichen oder zeitlichen Trennung von der Lärmquelle und damit geringeren Lärmexposition der Beschäftigten führen.

(2) Sprache oder andere Arbeitsgeräusche können eine Lärmquelle darstellen, wenn sie mit der eigenen Tätigkeit nicht im Zusammenhang stehen. Zur Lärmminderung kann eine räumliche oder zeitliche Trennung von Beschäftigten mit unterschiedlichen Tätigkeiten oder wenig Interaktionsbedarf untereinander beitragen.

(3) Beispiele für mögliche organisatorische Maßnahmen sind:

1. generell:
   a) Kommunikationsregeln erstellen und beachten
2. Büro:
   a) Ausweichräume für konzentriertes Arbeiten oder Besprechungen/Telefonate vorsehen
   b) Festlegen von Zeitfenstern oder Räumlichkeiten
   c) Server, Drucker und Kopierer in separaten Räumen unterbringen
   d) größere Druckaufträge in Zeiten mit Personalabwesenheit verlagern
3. Bildungsbereich:
   a) Bewegungs- und Ruheräume räumlich voneinander trennen
   b) laute Spielphasen in separate Räume oder in den Außenbereich verlagern
   c) Bewegungs- und Ruhephasen zeitlich voneinander trennen
   d) Ruhezeichen einführen, z. B. Handzeichen, Lärmampeln oder andere Hilfsmittel
   e) Mehrzweck- oder Werkräume nicht in unmittelbarer Nähe von Klassen- oder Gruppenräumen anordnen
4. Produktionsbereich:
   a) Räume für Tätigkeiten der Tätigkeitskategorien I oder II nicht in unmittelbarer Nähe zu lauten Räumen, z. B. Produktionsstätten, anordnen
   b) Durchführung von Bildschirmarbeiten, Steuerungseinstellungen für Maschinen und Anlagen in lärmarmen Bereichen.

8.3 Verhaltenspräventive und persönliche Maßnahmen

(1) Verhaltenspräventive Maßnahmen können durch Unterweisung oder Information, z. B. zu lärmarmen Arbeiten, Vermeiden unnötiger Lärmerzeugung und tätigkeitsfremder Geräuschquellen (Radio usw.), vermittelt werden.

Hinweis: Die Beschäftigten haben entsprechend § 15 ArbSchG die Verpflichtung, durch eigenes Handeln zur Lärmminderung beizutragen.

(2) Zum persönlichen Lärmschutz kann der Arbeitgeber Hilfsmittel, z. B. Gehörschutz, zur Verfügung stellen, die die Beschäftigten anwenden können. Dabei ist zu beachten, dass Sprachverständlichkeit und akustische Orientierung beeinträchtigt werden können.

9 Abweichende/ergänzende Anforderungen für Baustellen

(1) Die Anforderungen des Abschnitts 5 gelten nicht für Arbeitsräume auf Baustellen, die für die Dauer der Bauarbeiten eingerichtet sind, wie

1. Fertigungsstätten (z. B. Schalungsbauwerkstätten, Rohrmontagehallen, Lüftungsbauhallen) oder
2. Reparatur- und Wartungsstätten (z. B. für Baumaschinen und Geräte, elektrische Betriebsmittel sowie Fahrzeuge).

Während der Ausübung von Tätigkeiten in diesen Arbeitsräumen ist der Beurteilungspegel unter der Berücksichtigung betrieblicher Lärmminderungsmaßnahmen soweit wie möglich zu reduzieren.

Hinweis: Anforderungen an Sicherheit und Gesundheitsschutz für diese Tätigkeiten in diesen Arbeitsräumen auf Baustellen ergeben sich insbesondere aus der Lärm- und Vibrations-Arbeitsschutzverordnung.

(2) Abweichend von Abschnitt 5.1 Absatz 1 soll für die Dauer der Bauarbeiten an eingerichteten Büroarbeitsplätzen auf Baustellen ein äquivalenter Dauerschallpegel L_{pAeq} von 70 dB(A) nicht überschritten werden.

(3) Abweichend von Abschnitt 6 und Abschnitt 8 Absatz 2 sollen für die Dauer der Bauarbeiten für Arbeitsräume auf Baustellen, in denen Büroarbeitsplätze vorgesehen sind, Maßnahmen zum Lärmschutz eingeplant werden, um den äquivalenten Dauerschallpegel L_{pAeq} gemäß Abschnitt 9 Absatz 2 einhalten zu können.

Hinweis: Hinweise aus dem SiGePlan nach BaustellV sind zu berücksichtigen.

(4) Keine Anwendung auf Baustellen finden die Abschnitte 7.2 und 7.3.

Anhang 1

Erläuterungen zu Abschnitt 4 – Extra-aurale und reversible aurale Lärmwirkungen

1 Vertäubung

Länger anhaltende höhere Schalldruckpegel können bereits zu einer leichten, reversiblen Hörminderung (Vertäubung) führen, die auch nach der akustischen Belastung die Sprachverständlichkeit und die akustische Signalerkennung beeinträchtigt.

Höhere Expositionen im Minutenbereich führen weniger zur Vertäubung als energie-äquivalente niedrigere, aber längerdauernde Expositionen.

2 Beeinträchtigung der Sprachverständlichkeit und der akustischen Orientierung

(1) Das Verstehen von Sprache oder das Wahrnehmen akustischer Informationen kann durch Lärm erschwert oder gänzlich verhindert werden.

(2) Bei einer Pegeldifferenz des Schalldruckpegels der Sprache von weniger als 10 dB(A) über dem des Störgeräusches ist sprachliche Kommunikation nur eingeschränkt möglich.

Hinweis: In 1 m Abstand vom Sprecher erzeugt Umgangssprache einen Schalldruckpegel von 55 dB(A) bis 65 dB(A), Vortragssprache von etwa 70 dB(A).

(3) Akustische Nutzsignale sollen nicht, akustische Gefahrensignale dürfen nicht durch Störgeräusche verdeckt werden.

Hinweis: Die Pegeldifferenz zwischen Gefahrensignal und Störgeräusch sollte A-bewertet mindestens 15 dB(A) betragen, um die Hörbarkeit zu gewährleisten.

3 Störung der Arbeitsleistung (kognitive Leistung)

(1) Geistige Leistungen, die eine hohe Konzentration oder Aufmerksamkeit erfordern, können durch Lärm gestört werden, insbesondere durch sprach- und informationshaltigen Lärm oder hohe Schalldruckpegel. Gleiches gilt auch für tieffrequenten Lärm schon bei Schalldruckpegeln ab 20 dB(A).

(2) Die Störung der Arbeitsleistung durch Lärm kann dadurch verursacht sein, dass betriebliche Rahmenbedingungen für ein konzentriertes, fehlerfreies und zügiges Arbeiten nicht im für die jeweilige Tätigkeit erforderlichen Maß gegeben sind.

4 Psychische Wirkung

(1) Lärm kann psychische Reaktionen auslösen, z. B.:

1. Verärgerung,
2. Anspannung,
3. Resignation,
4. Angst oder
5. Nervosität.

(2) Die psychische Wirkung, die ein Geräusch verursacht, ist nicht direkt aus der physikalischen Beschaffenheit, dem Schalldruckpegel, dem zeitlichen Verlauf oder der Dauer des Geräusches ableitbar. Impulshaltige, tonhaltige oder informationshaltige Geräuschanteile erhöhen das Belästigungspotential.

(3) Das Ausmaß der Belästigung durch Schallereignisse ist von individuellen Faktoren abhängig. Wenn fremdverursachte Geräusche aus der Sicht der Beschäftigten als vermeidbar und für eigene Zwecke nicht erforderlich angesehen werden, werden diese in der Regel als belästigend empfunden.

(4) Tieffrequenter Lärm kann bei Beschäftigten z. B. zu Gefühlen der Angst und Niedergeschlagenheit oder zu Kopfschmerzen führen. Auch das Erinnerungsvermögen und die Konzentrationsfähigkeit können gemindert werden. Beschwerden, die auf eine mögliche Belastung durch tieffrequenten Schall hinweisen, sind durch Dröhngeräusche oder Schwingungen verursachter Ohrendruck oder Druckgefühle im Kopf, die auf Dauer unerträglich werden können.

5 Physiologische Wirkung (Aktivierung des zentralen und vegetativen Nervensystems)

(1) Schall führt, ob bewusst oder unbewusst wahrgenommen, zu einer Aktivierung des zentralen und vegetativen Nervensystems.

(2) Die mit der Aktivierung des zentralen und vegetativen Nervensystems verbundenen physiologischen Reaktionen können, je nach Intensität, zeitlichem Verlauf und Frequenzzusammensetzung der Lärmexposition sowie individueller Disposition, zu Lärm-Stress-Reaktionen führen, z. B. zur:

1. Verengung von Blutgefäßen,
2. Erhöhung des Blutdrucks,
3. Erhöhung der Herzfrequenz,
4. Verringerung des elektrischen Hautwiderstandes,
5. Erhöhung des Muskeltonus,
6. vermehrten Ausschüttung von Stresshormonen oder
7. Verringerung der Magen- und Darmaktivität.

(3) Eine dauerhafte Aktivierung des Nervensystems durch Lärm kann langfristig negative Auswirkungen auf die Gesundheit und die Erholungsfähigkeit haben, in deren Folge insbesondere Herz-Kreislauf- und Blutgefäßerkrankungen häufiger in Erscheinung treten können (chronische Wirkung).

Anhang 2

Abschätzung der raumakustischen Kennwerte in Ergänzung zu Abschnitt 7.2

1 Ermittlung des mittleren Schallabsorptionsgrades

(1) Der mittlere Schallabsorptionsgrad $\overline{\alpha}$ eines Raumes kann bei Kenntnis der Schallabsorptionsgrade α aller Raumbegrenzungsflächen (Wände, Decke, Boden) und weiterer Oberflächen (Einrichtungen, Trennwände, ...) abgeschätzt werden. Dazu müssen die Schallabsorptionsgrade der vorhandenen Einzelflächen bekannt sein bzw. vorgegeben werden. Schallabsorptionsgrade α typischer Baustoffe und raumakustisch wirksamer Einbauten sind in der Tabelle 1 aufgeführt. Die Schallabsorptionsgrade a sind hier für die Oktavbänder von 250 Hz bis 2000 Hz als arithmetischer Mittelwert angegeben.

Tabelle 1: Schallabsorptionsgrade α von Baumaterialien und raumakustisch wirksamen Einbauten für die Oktavbänder von 250 Hz bis 2000 Hz als arithmetischer Mittelwert (basierend auf Informationen des Industrieverbandes Büro und Arbeitswelt e. V. (IBA/Akustikbüro Oldenburg)

Lfd. Nr.	Absorbertyp	**Schallabsorptionsgrade** für Mittelwert 250–2000 Hz
1	Mauerziegelwand, unverputzt, Fugen ausgestrichen	0,04
2	Mauerwerk, Hohllochziegel, Löcher sichtbar, 6 cm vor Massivwand	0,36
3	Glattputz	0,03
4	Tapete auf Kalkzementputz	0,05
5	Spiegel, vor der Wand	0,05
6	Tür, Holz, lackiert	0,06
7	Stuckgips, unverputzter Beton	0,04
8	Marmor, Fliesen, Klinker	0,02
9	Fenster (Isolierverglasung)	0,10
10	Glastrennwand, 10 mm dick, Zwei-Scheiben-Verbundglas	Hersteller anfragen
11	Parkettfußboden, aufgeklebt	0,05
12	Parkettfußboden, auf Blindboden	0,10
13	Parkettfußboden, hohlliegend	0,07
14	Teppichboden, bis 6 mm Florhöhe	0,15
15	Teppichboden, 7 mm bis 10 mm Florhöhe	0,26
16	PVC-Fußbodenbelag (2,5 mm) auf Betonboden	0,03
17	Linoleum auf Beton	0,03
18	Kork	0,03
19	Gipskartonplatten 9,5 mm, 60 mm Wandabstand, Hohlraum kassettiert	0,08
20	Furnierte Holz- oder Spanplatte dicht vor festem Untergrund	0,05
21	4 mm Hartfaserplatte, kassettiert ohne Dämmstoff, Wandabstand 60 mm	0,11
22	4 mm Hartfaserplatte, kassettiert mit 40 mm Mineralwollplatte, Wandabstand 60 mm	0,13
23	4 mm Hartfaserplatte, kassettiert ohne Dämmstoff, Wandabstand 120 mm	0,08
24	Gipskartonplatte, 9,5 mm, 25 mm Wandabstand	0,12
25	Bücherregal in Bibliotheken	0,35
26	Vollziegel Mauerwerk	0,12
27	Lochsteine – vorsichtige Annahme	0,41
28	3,5 mm Hartfaserplatte, 40 mm Mineralwolle, 30 mm Holzleisten 750 mm x 500 mm	0,15
29	4 mm Sperrholzplatte, 40 mm Mineralwolle, 120 mm Wandabstand	0,16
30	Nadelfilz 7 mm	0,18
31	5 mm Teppich mit 5 mm Filzunterlage	0,57
32	PVC-Belag, Linoleum	0,04
33	Holzfußboden auf Leisten	0,09
34	Spanndecke mikroperforiert, 100 mm Abhängehöhe, kein Vlies	0,58
35	Spanndecke mikroperforiert, 100 mm Abhängehöhe, 40 mm Akustikvlies	0,84
36	Rasterdecke 8/18 Rundloch 15,5 %, 200 mm Abhängehöhe, Akustikvlies, ohne Mineralwolle	0,61
37	Rasterdecke 8/18 Rundloch 15,5 %, 200 mm Abhängehöhe, Akustikvlies, 20 mm Mineralwolle	0,65

Lfd. Nr.	Absorbertyp	**Schallabsorptionsgrade** für Mittelwert 250–2000 Hz
38	Rasterdecke 12/25 Quadratloch 7,8 %, 200 mm Abhängehöhe, Akustikvlies, 20 mm Mineralwolle	0,44
39	Rasterdecke 12/25 Quadratloch 7,8 %, 65 mm Abhängehöhe, Akustikvlies, 20 mm Mineralwolle	0,45
40	Holzwolle-Leichtbauplatten 35 mm, direkt auf Wand	0,56
41	Holzwolle-Leichtbauplatten 25 mm, Hohlraum leer, Wandabstand 50 mm	0,53
42	30 mm Melaminharz-Schaumstoff, Rohdichte 8 kg/m^3 bis 10 kg/m^3	0,68
43	50 mm Melaminharz-Schaumstoff, Rohdichte 8 kg/m^3 bis 10 kg/m^3	0,84
44	40 mm Mineralwollmatte (20 kg/m^3), ohne Lochblechabdeckung	0,70
45	40 mm Mineralwollmatte (20 kg/m^3), mit Lochblechabdeckung (18 %)	0,70
46	gelochter Gipskarton 9,5 mm, 8/18, 15 %, mit Faservlies hinterlegt, Wandabstand 100 mm	0,48
47	Gipskarton-Schlitzplatte, 8,8 % mit Faservlies, Wandabstand 100 mm	0,40
48	gelochte Langfeld-Metallkassette, 20 %, 3 mm Loch, Akustikfilz, 300 mm Abhängehöhe	0,69
49	senkrecht stehende Lamellen, gelochtes Stahlblech, Mineralfaserplatte, Glasfaservlies	0,62
50	20 mm grobkörniger Spritzputz auf Stegzementdiele	0,53
51	Spritzputz auf 12,5 mm Gipskartonplatte, Spritzstruktur	0,41
52	20 mm Mineralwollplatte mit 200 mm Abhängehöhe, Schallabsorberklasse A	0,90–1,0
53	20 mm Mineralwollplatte mit 200 mm Abhängehöhe, Schallabsorberklasse C	0,60–0,75
54	15 mm Mineralwollplatte mit 200 mm Abhängehöhe, Schallabsorberklasse A	0,90–1,0

(2) Der mittlere Schallabsorptionsgrad $\bar{\alpha}$ eines Raumes lässt sich nach der Formel

$$\bar{\alpha} = \frac{1}{S} \sum \alpha_i \cdot S_i$$

berechnen mit

S = Summe aller Raumbegrenzungsflächen in m^2

α_i = Schallabsorptionsgrade der Einzelflächen

S_i = Einzelflächen in m^2

(3) Näherungsweise[1]) kann für bestehende Räume der mittlere Schallabsorptionsgrad $\bar{\alpha}$ nach der Tabelle 2 abgeschätzt werden.

Tabelle 2 : Beispiele des mittleren Schallabsorptionsgrades $\bar{\alpha}$ verschiedener Räume[1])

$\bar{\alpha}$	**Beschreibung des Raums**
0,1	Raum ohne schallschluckende Einbauten mit wenigen Einrichtungen (Maschinen, Möbel, Regale ...)
0,15	Raum ohne schallschluckende Einbauten mit vielen Einrichtungen
0,2	Raum ohne schallschluckende Einbauten mit vielen Einrichtungen und besonders leichten Begrenzungsflächen oder zahlreichen Öffnungen oder hoher Raum ($h \geq 10$ m) mit mäßiger Akustikdecke ($\alpha \geq 0{,}5$)
0,25	Raum (h = 3 m bis 5 m) mit mäßiger Akustikdecke ($\alpha \geq 0{,}5$) oder hoher Raum ($h \geq 10$ m) mit guter Akustikdecke ($\alpha \geq 0{,}9$)
0,3	Raum wie für $\bar{\alpha} = 0{,}25$ beschrieben, jedoch mit zusätzlicher absorbierender Wand- oder Stellwandfläche $\geq {}^1/_2$ Deckenfläche
0,4	Niedriger Raum (h = 3 m bis 5 m) mit guter Akustikdecke ($\alpha \geq 0{,}9$)

2 Ermittlung der Nachhallzeit für den unbesetzten Raum mithilfe des mittleren Schallabsorptionsgrades

(1) Die Nachhallzeit T ist abhängig vom Raumvolumen und vom Schallabsorptionsvermögen des Raumes. So ergibt sich die Nachhallzeit T zu

$$T \approx 0{,}163 \cdot V/(\bar{\alpha} \cdot S) \text{ in s}$$

T = Nachhallzeit in s

V = Raumvolumen in m^3

S = Summe aller Raumbegrenzungsflächen in m^2

$\bar{\alpha}$ = mittlerer Schallabsorptionsgrad

Hinweis: Die Anwendung der Formel ist beschränkt auf Räume, deren längste Seite maximal das Fünffache der kürzesten Seite beträgt. Bei anderen

1) Quelle: TRLV Lärm, Teil 3: Lärmschutzmaßnahmen, Anhang 5: Nachhallzeit und mittlerer Schallabsorptionsgrad. Der mittlere Schallabsorptionsgrad $\bar{\alpha}$ gilt hier in den Oktavbändern mit den Mittenfrequenzen von 500 Hz bis 4000 Hz. Er ist somit leicht erhöht gegenüber den mit Tabelle 1 ermittelten Werten.

Räumen können die Nachhallzeiten länger als rechnerisch ermittelt sein.

(2) Die in Abschnitt 5.2.1 Absatz 2 geforderten Nachhallzeiten *T* für Büroräume und Callcenter werden in Abhängigkeit von den Raumgrundflächen und zugehörigen Mindestraumhöhen gemäß ASR A1.2 »Raumabmessungen und Bewegungsflächen« eingehalten, wenn die in Tabelle 3 aufgeführten mittleren Schallabsorptionsgrade $\overline{\alpha}$ ermittelt wurden.

Tabelle 3: Erforderliche mittlere Schallabsorptionsgrade $\overline{\alpha}$, um Nachhallzeiten *T* für verschiedene Büroraumtypen und Raumgrößen zu erfüllen

Grundfläche	Ein- bis Zwei-Personen-büro	Mehrpersonen-/ Großraum-büro	Call-center
bis 20 m^2	$\overline{\alpha} = 0,15$	–	$\overline{\alpha} = 0,2$
20 m^2 bis 50 m^2	–	$\overline{\alpha} = 0,2$	$\overline{\alpha} = 0,25$
50 m^2 bis 200 m^2	–	$\overline{\alpha} = 0,3$	$\overline{\alpha} = 0,35$
200 m^2 bis 1000 m^2	–	$\overline{\alpha} = 0,35$	$\overline{\alpha} = 0,4$

(3) Die in Abschnitt 5.2.2 geforderte Nachhallzeit *T* für einen besetzten Klassenraum von 210 m^3 wird eingehalten, wenn für den unbesetzten Raum ein mittlerer Schallabsorptionsgrad $\overline{\alpha}$ von 0,25 ermittelt wurde.

Literaturhinweise

- Verordnung zum Schutz der Beschäftigten vor Gefährdungen durch Lärm und Vibrationen – LärmVibrationsArbSchV
- Technische Regel zur Lärm- und Vibrations-Arbeitsschutzverordnung, Teil Allgemeines (TRLV Lärm Teil Allgemeines)
- Technische Regel zur Lärm- und Vibrations-Arbeitsschutzverordnung, Teil 1 (TRLV Lärm Teil 1): Beurteilung der Gefährdung durch Lärm. Anhang 2: Hinweise zu tatsächlichen oder möglichen Gefährdungen von Gesundheit und Sicherheit der Beschäftigten durch Lärmeinwirkungen
- Technische Regel zur Lärm- und Vibrations-Arbeitsschutzverordnung, Teil 2 (TRLV Lärm Teil 2): Messung von Lärm
- Technische Regel zur Lärm- und Vibrations-Arbeitsschutzverordnung, Teil 3 (TRLV Lärm Teil 3): Lärmschutzmaßnahmen
- DGUV-Regel 102-002 Kindertageseinrichtungen 04/2009
- DGUV Regel 115-402 Branche Call Center 01/2017
- DGUV-Information 215-443 Akustik im Büro, Version 1.0 06/2011, Version 1.1 aktualisiert 09/2012
- DGUV-Information FB HM-018 Lärmstress am Arbeitsplatz 10/2013
- DIN 4109-1:2016-07 Schallschutz im Hochbau, Teil 1: Mindestanforderungen
- DIN 45645-2:2012-09 Ermittlung von Beurteilungspegeln aus Messungen, Teil 2: Ermittlung des Beurteilungspegels am Arbeitsplatz bei Tätigkeiten unterhalb des Pegelbereiches der Gehörgefährdung
- DIN 45641:1990-06 Mittelung von Schallpegeln
- DIN 18041:2016-03 Hörsamkeit in Räumen – Anforderungen, Empfehlungen und Hinweise für die Planung
- DIN EN ISO 3382-2:2008-09 Akustik – Messung von Parametern der Raumakustik, Teil 2: Nachhallzeit in gewöhnlichen Räumen
- DIN 33404-3:2016-04 Gefahrensignale – Akustische Gefahrensignale, Teil 3: Einheitliches Notfallsignal
- DIN EN ISO 7731:2008-12 Ergonomie – Gefahrensignale für öffentliche Bereiche und Arbeitsstätten – Akustische Gefahrensignale
- DIN 45680:1997-03 Messung und Bewertung tieffrequenter Geräusche in der Nachbarschaft
- DIN EN ISO 11690-1:1997-02 Akustik – Richtlinien für die Gestaltung lärmarmer maschinenbestückter Arbeitsstätten, Teil 1: Allgemeine Grundlagen
- DIN EN ISO 9612:2009-09 Akustik – Bestimmung der Lärmexposition am Arbeitsplatz – Verfahren der Genauigkeitsklasse 2 (Ingenieurverfahren)
- DIN EN 61672-1:2014-07 Elektroakustik – Schallpegelmesser, Teil 1: Anforderungen
- Akustische Gestaltung von Bildschirmarbeitsplätzen in Büros (Probst, W.). Quartbroschüre: Technik, T26. 4. Auflage, BAuA, Dortmund:2006
- Akustische Gestaltung von Bildschirmarbeitsplätzen in der Produktion (Probst, W.). Quartbroschüre: Technik, T27. 2. Auflage, BAuA, Dortmund:2004
- Lärm in Bildungsstätten (INQA, BAuA), Quartbroschüre, 2. Auflage, Dortmund:2010
- Lärmprävention in Kindertageseinrichtungen (Unfallkasse NRW, Berufsgenossenschaft für Gesundheitsdienst und Wohlfahrtspflege – BGW), 6. aktualisierte Auflage 06/2017

3.2.18 ASR A4.1 »Sanitärräume«

Ausgabe September 2013; Änderung März 2022

(Gemeinsames Ministerialblatt 2013 Nr. 46, Seite 919; 2022 Nr. 9-11, Seite 212)

Die Technischen Regeln für Arbeitsstätten (ASR) geben den Stand der Technik, Arbeitsmedizin und Hygiene sowie sonstige gesicherte wissenschaftliche Erkenntnisse für die Sicherheit und Gesundheit der Beschäftigten beim Einrichten und Betreiben von Arbeitsstätten wieder.

Sie werden vom **Ausschuss für Arbeitsstätten** ermittelt bzw. angepasst und vom Bundesministerium für Arbeit und Soziales im Gemeinsamen Ministerialblatt bekannt gemacht.

Diese ASR A4.1 konkretisiert im Rahmen ihres Anwendungsbereichs Anforderungen der Verordnung über Arbeitsstätten. Bei Einhaltung dieser Technischen Regel kann der Arbeitgeber davon ausgehen, dass die entsprechenden Anforderungen der Verordnung erfüllt sind. Wählt der Arbeitgeber eine andere Lösung, muss er damit mindestens die gleiche Sicherheit und den gleichen Schutz der Gesundheit für die Beschäftigten erreichen..

Inhalt

1 Zielstellung

Diese ASR konkretisiert die in § 3a Absatz 1 und § 4 Absatz 2 der Arbeitsstättenverordnung sowie die insbesondere in den Punkten 4.1 und 5.2 Absatz 1 a), d) und f) des Anhanges genannten Anforderungen für das Einrichten und Betreiben von Sanitärräumen und Waschgelegenheiten für Arbeitsstätten.

2 Anwendungsbereich

Diese ASR gilt für das Einrichten und Betreiben von Sanitärräumen sowie von Waschgelegenheiten in Arbeitsstätten, die den Beschäftigten zur Verfügung stehen.

Hinweis:

Zusätzliche Anforderungen an die barrierefreie Gestaltung werden zu einem späteren Zeitpunkt als Anhang in die ASR V3a.2 »Barrierefreie Gestaltung von Arbeitsstätten« eingefügt.

3 Begriffsbestimmungen

3.1 **Sanitärräume** sind Umkleide-, Wasch- und Toilettenräume.

3.2 **Sanitäreinrichtungen** sind Einrichtungen, die es den Beschäftigten ermöglichen, sich zu waschen, sich umzukleiden oder die Toilette bzw. das Urinal zu benutzen.

3.3 **Toilettenräume** beinhalten mindestens eine Toilette und eine Handwaschgelegenheit sowie gegebenenfalls Urinal und Toilettenzelle.

3.4 **Toilettenzellen** sind von innen absperrbare, durch Trennwände vom Toilettenraum getrennte Bereiche mit einer Toilette.

3.5 Ein **Vorraum** ist ein vollständig abgetrennter Bereich in einem Toilettenraum, um z. B. das Überströmen von geruchsbelasteter Luft zu vermeiden und ggf. die Handwaschgelegenheiten aufzunehmen.

3.6 Eine **mobile, anschlussfreie Toilettenkabine** ist eine transportable, geschlossene, absperrbare Einheit mit einer Toilette und einem Fäkalientank für den anschlussfreien Einsatz zur Einpersonennutzung, vorzugsweise ausgestattet mit einer integrierten Handwaschgelegenheit.

3.7 **Toiletten** sind Toilettenbecken oder Hocktoiletten. Hinweis: Dies entspricht den Begriffen Klosettbecken bzw. Hockklosetts.

3.8 **Urinale** sind Bedürfnisstände, ausgeführt als Becken oder Rinnen.

3.9 **Waschräume** sind Räume mit Einrichtungen (z. B. Waschplätze, Duschen), die es den Beschäftigten ermöglichen, sich den hygienischen Erfordernissen entsprechend zu reinigen.

3.10 **Waschplätze in Waschräumen** sind Zapfstellen an Einzelwaschtischen, Reihenwaschanlagen, Rundwaschanlagen oder gleichwertigen Anlagen.

3.11 **Waschgelegenheiten** sind Einrichtungen mit fließendem Wasser und einem geschlossenen Wasserabflusssystem, die es den Beschäftigten ermöglichen, sich den hygienischen Erfordernissen entsprechend zu reinigen.

3.12 **Art der Tätigkeit** im Sinne des Anhangs 4.1 Absatz 2 Satz 1 ArbStättV bezieht sich z. B. auf schmutzende Arbeit, Hitze- oder Kältearbeit oder Arbeit in Nässe.

3.13 **Gesundheitliche Gründe** im Sinne des Anhangs 4.1 Absatz 2 Satz 1 ArbStättV liegen vor, wenn Beschäftigte insbesondere infektiösen, sensibilisierenden oder gefährlichen Stoffen bzw. Gemischen ausgesetzt sind.

3.14 **Bewegungsfläche** im Sinne dieser ASR ist die zusammenhängende unverstellte Bodenfläche in Sanitärräumen, die zur uneingeschränkten Nutzung durch den Beschäftigten zur Verfügung steht.

4 Allgemeines

(1) In Sanitärräumen dürfen keine Gegenstände oder Arbeitsstoffe (insbesondere keine Gefahrstoffe) aufbewahrt werden, die nicht zur zweckentsprechenden Einrichtung dieser Räume gehören.

(2) In Sanitärräumen darf eine lichte Höhe von 2,50 m nicht unterschritten werden. In bestehenden Arbeitsstätten ist bis zu einem wesentlichen Umbau eine geringere lichte Höhe zulässig, soweit sie dem Bauordnungsrecht der Länder entspricht. Anforderungen zur Bewegungsfläche in Sanitärräumen sind den Punkten 5.3, 6.3 und 7.3 zu entnehmen.

(3) Trennwände, Türen und Fenster von Sanitärräumen müssen so angeordnet oder beschaffen sein, dass eine Einsicht von außen nicht möglich ist.

(4) Die Beleuchtung in Sanitärräumen richtet sich nach den Anforderungen der ASR A3.4 »Beleuchtung«. Wird eine Spiegelbeleuchtung eingesetzt, soll die vertikale Mindestbeleuchtungsstärke 500 lx betragen.

(5) Die Lufttemperatur in Sanitärräumen ist in der ASR A3.5 »Raumtemperatur« geregelt.

(6) Für weibliche und männliche Beschäftigte sind getrennte Sanitärräume einzurichten. In Betrieben mit bis zu neun Beschäftigten kann auf getrennt eingerichtete Toiletten-, Wasch- und Umkleideräume für weibliche und männliche Beschäftigte verzichtet werden, wenn eine zeitlich getrennte Nutzung sichergestellt ist. Dabei ist ein unmittelbarer Zugang zwischen Wasch- und Umkleideräumen erforderlich.

(7) In Betrieben mit bis zu fünf Beschäftigten ist eine Kombination von Toiletten-, Wasch- und Umkleideräumen bei einer zeitlich nach Geschlecht getrennten Nutzung durch weibliche und männliche Beschäftigte möglich, sofern eine wirksame Lüftung gewährleistet ist. Hierfür ist eine Lüftung nach Punkt 6.1 Absatz 3 ausreichend. Falls ein Waschraum nach Kategorie B oder C (siehe Punkt 6.1 Absatz 1 Anstrich 2 oder 3) erforderlich ist, muss über die räumliche Kombination anhand der Gefährdungsbeurteilung entschieden werden.

(8) Auf Sanitärräume ist deutlich erkennbar hinzuweisen.

(9) Vorhandene Bodeneinläufe müssen mit einem Geruchsverschluss ausgestattet sein. Die Erneuerung des Sperrwassers ist sicherzustellen. Falls dies nicht gegeben ist, muss zusätzlich in der Nähe ein Auslaufventil (Wasserzapfstelle) vorhanden sein.

(10) Durch Einrichtungsgegenstände oder bauliche Einrichtungen in Sanitärräumen dürfen Sicherheit und Gesundheit der Beschäftigten (z. B. durch Schnitt- oder Stoßkanten oder durch die Möglichkeit zur Ansammlung von Krankheitserregern) nicht gefährdet werden.

(11) Die Heizeinrichtungen müssen so angeordnet, beschaffen oder abgeschirmt sein, dass die Beschäftigten vor der Berührung von zu heißen Oberflächen geschützt sind.

(12) Vor den Sanitärräumen – insbesondere vor den Umkleideräumen – muss erforderlichenfalls (z. B. bei stark schmutzender Tätigkeit) eine geeignete Einrichtung zur Reinigung des Schuhwerkes (z. B. Gitterroste, Fußmatten, Schuhreinigungsanlagen) vorhanden sein.

(13) Die Be- und Entlüftung der Sanitärräume ist so einzurichten, dass während ihrer Nutzung keine Zugluft auftritt (siehe Punkt 6.5 der ASR A3.6 »Lüftung«).

5 Toilettenräume

5.1 Allgemeines

(1) In Toilettenräumen ist eine wirksame Lüftung zu gewährleisten. Bei freier Lüftung (Fensterlüftung) sind die Mindestquerschnitte für Lüftungsöffnungen nach Tabelle 1 einzuhalten (weitere Informationen siehe ASR A3.6 »Lüftung«). Lüftungstechnische Anlagen sind so auszulegen, dass ein Abluftvolumenstrom von 11 $m^3/(h\ m^2)$ erreicht wird. Die Abluft aus Toilettenräumen darf nicht in andere Räume gelangen.

Tabelle 1: Mindestquerschnitte für freie Lüftung von Toilettenräumen

System	Freier Querschnitt der Lüftungsöffnung/en je Sanitäreinrichtung*	
	[m^2/Toilette]	[m^2/Urinal]
einseitige Lüftung	0,17	0,10
Querlüftung**	0,10	0,06

* Die angegebenen Flächen sind die Summe aus Zuluft- und Abluftfläche.
** Lüftungsöffnungen in gegenüberliegenden Außenwänden oder in einer Außenwand und der Deckenfläche

(2) Fußböden und Wände müssen leicht zu reinigen sein (weitere Informationen siehe ASR A1.5 »Fußböden«).

(3) Toilettenräume und ihre Einrichtungen sind in Abhängigkeit von der Häufigkeit der Nutzung zu reinigen und bei Bedarf zu desinfizieren. Bei täglicher Nutzung müssen sie mindestens täglich gereinigt werden.

Hinweise:
1. *Zur Einhaltung und Kontrolle der regelmäßigen und gründlichen Reinigung empfiehlt sich das Anbringen eines Reinigungsplanes im Toilettenraum mit kontinuierlicher Abzeichnungspflicht durch das verantwortliche Reinigungspersonal.*

2. *Bei der Verwendung von Reinigungs- und Desinfektionsmitteln sind die hierfür bekannt gegebenen TRGS bzw. TRBA zu berücksichtigen.*

5.2 Bereitstellung

(1) Die Toilettenräume müssen sich in der Nähe der Arbeitsplätze, der Pausen-, Bereitschafts-, Wasch- oder Umkleideräume befinden. Die Weglänge zu Toilettenräumen sollte nicht länger als 50 m sein und darf 100 m nicht überschreiten. Die Toilettenräume müssen sich im gleichen Gebäude befinden und dürfen nicht weiter als eine Etage von ständigen Arbeitsplätzen entfernt sein. Der Weg von ständigen Arbeitsplätzen in Gebäuden zu Toiletten soll nicht durchs Freie führen.

(2) Hat der Toilettenraum mehr als eine Toilettenzelle oder ist ein unmittelbarer Zugang zum Toilettenraum aus einem Arbeits-, Pausen-, Bereitschafts-, Wasch-, Umkleide- oder Erste-Hilfe-Raum möglich, so ist ein Vorraum erforderlich. Im Vorraum darf sich kein Urinal befinden.

(3) Arbeitsstätten sind mit Toiletten für die Beschäftigten auszustatten. Dazu ist die in Tabelle 2 für niedrige Gleichzeitigkeit aufgeführte Mindestanzahl an Toiletten bereitzustellen. In Abhängigkeit von der Gleichzeitigkeit der Nutzung kann eine höhere Anzahl von Toiletten erforderlich sein (vgl. Abb. 1 mit Ablesebeispiel).

Bei mehr als 50 Beschäftigten kann die Mindestanzahl der Toiletten und Urinale in bestehenden Arbeitsstätten gegenüber den Angaben in Tabelle 2 um eins verringert werden, wenn ein Ausgleich geschaffen wird, z.B. durch organisatorische Maßnahmen. Diese Maßnahmen können solange herangezogen werden, bis bestehende Arbeitsstätten wesentlich umgebaut werden.

Hinweis:
Es wird in zwei Kategorien der Gleichzeitigkeit der Nutzung unterschieden. Dabei bedeutet niedrige Gleichzeitigkeit, dass die Beschäftigten zu jeder Zeit die Toilettenräume aufsuchen können (z.B. Büro). Hohe Gleichzeitigkeit bedeutet, dass die Beschäftigten in der Regel die Toilettenräume nur in den Pausen aufsuchen können (z.B. Bandarbeit, Lehrer im Unterrichtsdienst). Für Mischformen zwischen den Kategorien niedrige und hohe Gleichzeitigkeit besteht ein Handlungsspielraum (siehe Abb. 1).

(4) Für männliche Beschäftigte ist bei der Bereitstellung von Toiletten und Urinalen mindestens ein Drittel als Toiletten, der Rest als Urinale auszuführen. Die Urinale müssen so angeordnet oder gestaltet sein, dass eine Einsicht von außen nicht möglich ist. Es wird empfohlen, zwischen Urinalen eine Schamwand anzubringen. Aus hygienischen Gründen wird bei der Beschäftigung von männlichen Beschäftigten und der Notwendigkeit von nur einer Toilette empfohlen, trotzdem ein Urinal bereitzustellen.

(5) Ein Toilettenraum soll nicht mit mehr als zehn Toilettenzellen und zehn Urinalen ausgestattet sein.

Tabelle 2: Mindestanzahl von Toiletten einschließlich Urinale, Handwaschgelegenheiten

weibliche oder männliche Beschäftigte	Mindestanzahl bei niedriger Gleichzeitigkeit der Nutzung		Mindestanzahl bei hoher Gleichzeitigkeit der Nutzung	
	Toiletten/Urinale	Handwaschgelegenheiten	Toiletten/Urinale	Handwaschgelegenheiten
bis 5	1*)	1	2	1
6 bis 10	1*)	1	3	1
11 bis 25	2	1	4	2
26 bis 50	3	1	6	2
51 bis 75	5	2	7	3
76 bis 100	6	2	9	3
101 bis 130	7	3	11	4
131 bis 160	8	3	13	4
161 bis 190	9	3	15	5
191 bis 220	10	4	17	6
221 bis 250	11	4	19	7
	je weitere 30 Beschäftigte + 1	je weitere 90 Beschäftigte + 1	je weitere 30 Beschäftigte + 2	je weitere 90 Beschäftigte + 2
*) für männliche Beschäftigte wird zuzüglich 1 Urinal empfohlen				

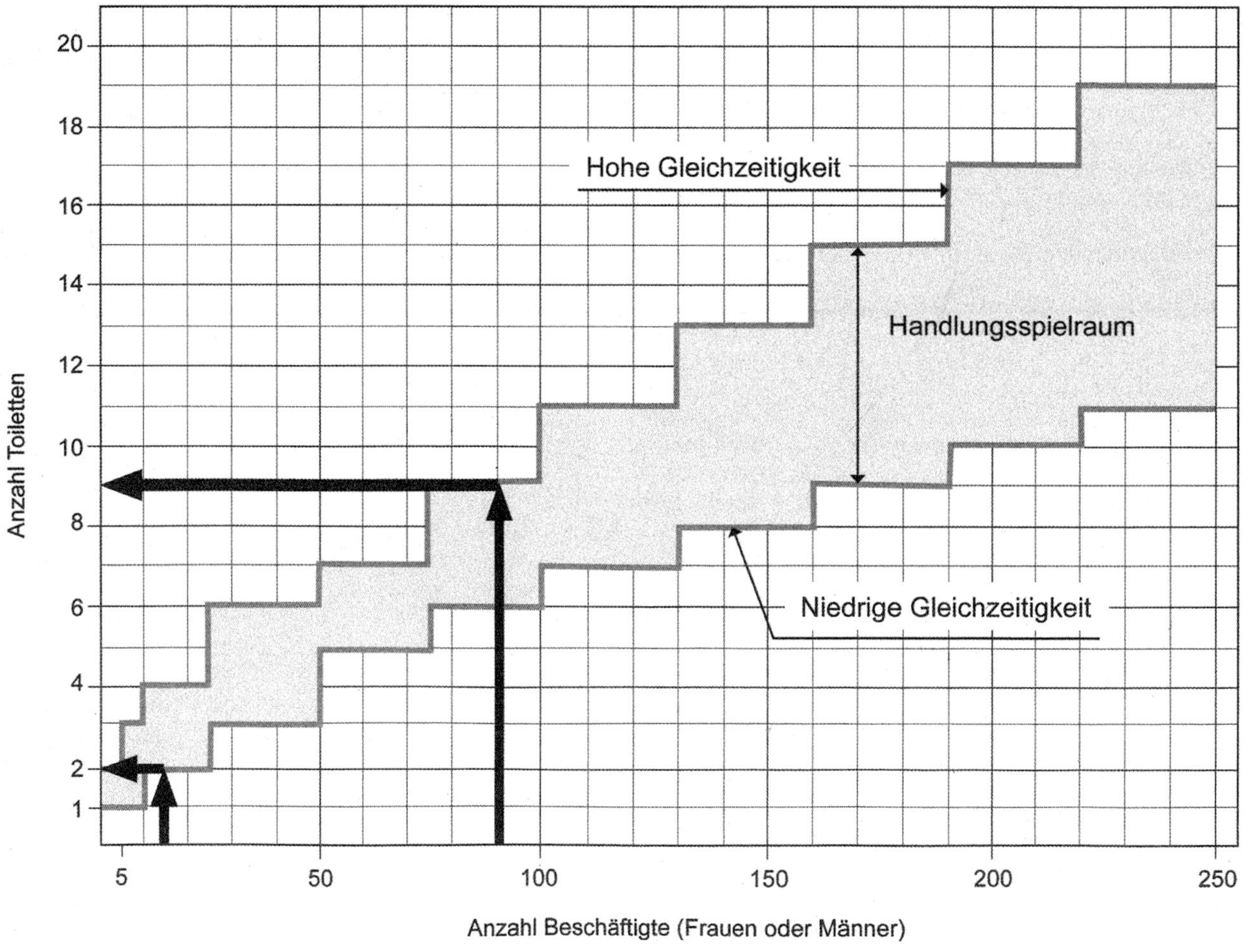

Abb. 1: Grafische Darstellung der Tabelle 2

Ablesebeispiel: Werden 90 männliche Beschäftigte an einem Montageband (hohe Gleichzeitigkeit) beschäftigt, sollen neun Toiletten (drei Toiletten und sechs Urinale) eingerichtet werden. Für ein dazugehöriges Büro (niedrige Gleichzeitigkeit) mit 15 weiblichen Beschäftigten sind zusätzlich zwei Toiletten vorzusehen.

5.3 Abmessung

(1) Bei Toilettenräumen oder Toilettenzellen ist eine Bewegungsfläche vor den Toiletten oder Urinalen erforderlich. Die Bewegungsfläche soll symmetrisch vor den Toiletten und Urinalen angeordnet sein. Für Toilettenräume sind die Mindestmaße nach Abb. 2.1, 2.2, 3.1, 3.2, 4.1 und 4.2 einzuhalten. Die Öffnungsrichtung der Tür (Türanschlag nach innen oder nach außen) ist zu berücksichtigen.

In bestehenden Toilettenzellen mit Türanschlag nach außen ist bis zu einem wesentlichen Umbau eine Reduzierung der Tiefe der Bewegungsfläche (600 mm) um 50 mm zulässig. In bestehenden Toilettenzellen mit Türanschlag nach innen ist bis zu einem wesentlichen Umbau eine Reduzierung des Abstandes Vorderkante Toilette bis Schwenkradius der Toilettentür um 100 mm zulässig.

Hinweis:
Der Türanschlag sollte möglichst nach außen erfolgen, um z. B. Personen im Notfall leichter bergen zu können.

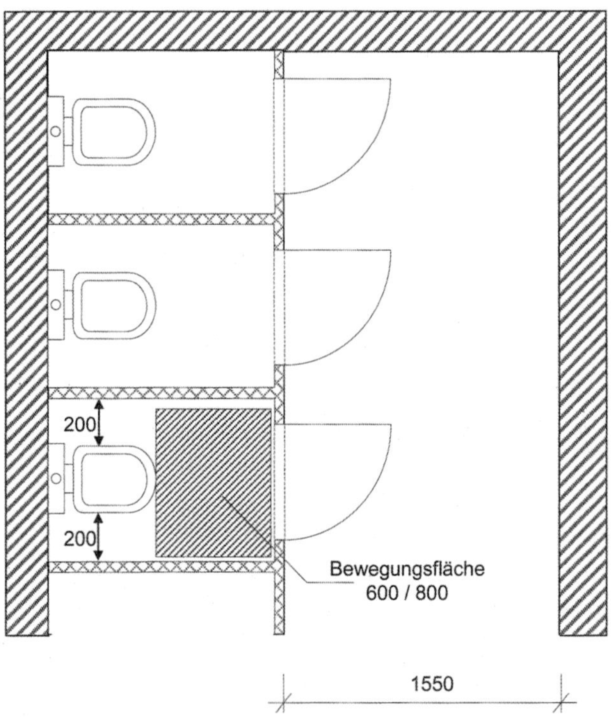

Abb. 2.1: Einbündige Toilettenanlage, Türanschlag nach außen (Maße in mm)

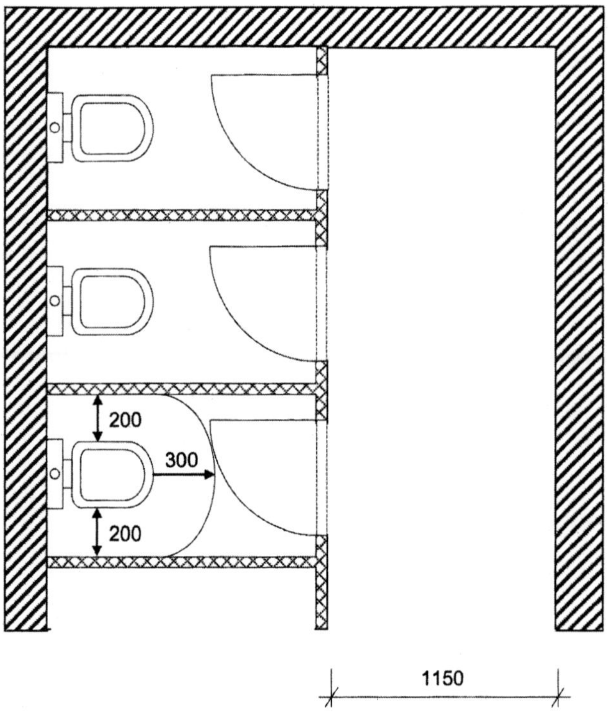

Abb. 2.2: Einbündige Toilettenanlage, Türanschlag nach innen (Maße in mm)

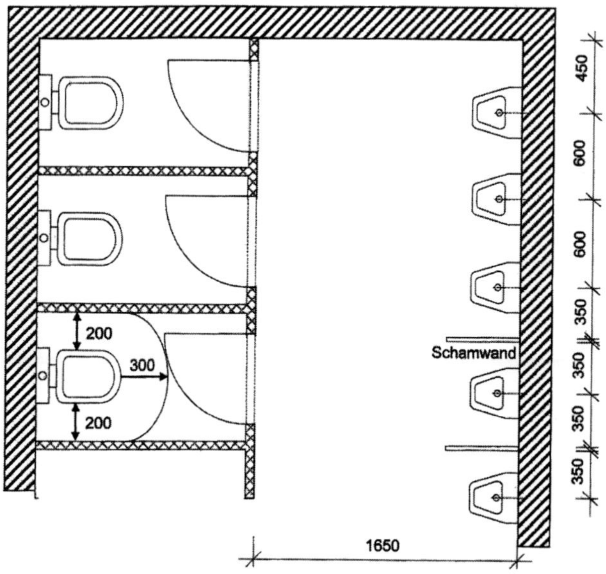

Abb. 3.2: Einbündige Toilettenanlage mit Urinalen, Türanschlag nach innen (Maße in mm)

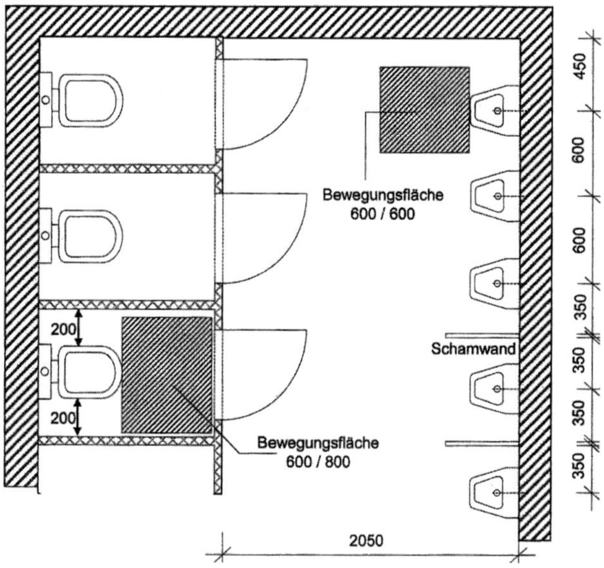

Abb. 3.1: Einbündige Toilettenanlage mit Urinalen, Türanschlag nach außen (Maße in mm)

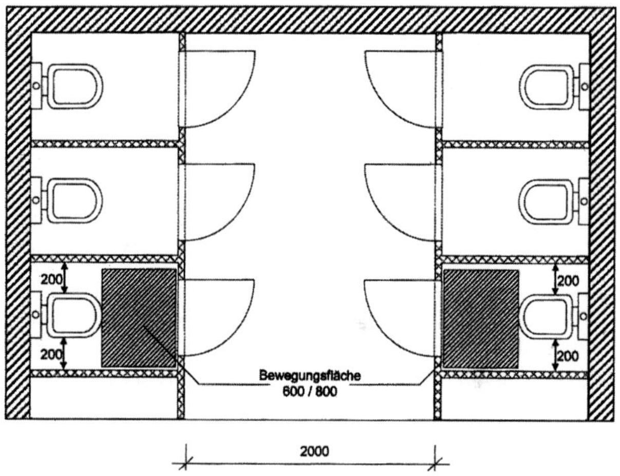

Abb. 4.1: Zweibündige Toilettenanlage, Türanschlag nach außen (Maße in mm)

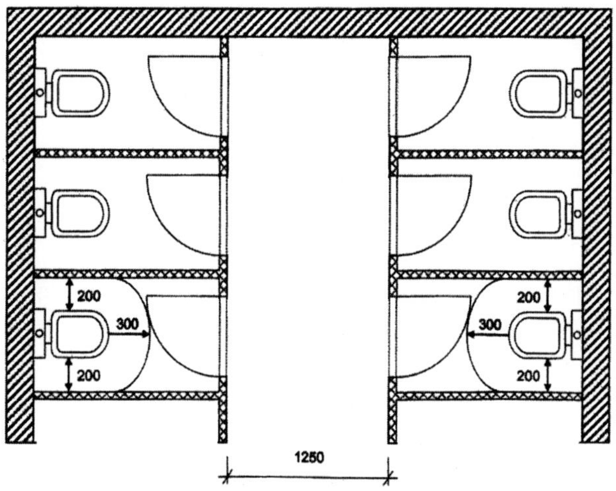

Abb. 4.2: Zweibündige Toilettenanlage, Türanschlag nach innen (Maße in mm)

(2) Trennwände und Türen von Toilettenzellen, die nicht raumhoch ausgeführt sind, müssen mindestens 1,90 m hoch sein. Sofern die Trennwand oder die Zellentür nicht mit dem Fußboden abschließt, muss der Abstand zwischen Fußboden und Unterkante zwischen 0,10 bis 0,15 m betragen.

5.4 Ausstattung

(1) Jede Toilettenzelle und jeder Toilettenraum mit nur einer Toilette muss von innen abschließbar sein. Zusätzlich müssen sich darin Kleiderhaken, Papierhalter und Toilettenbürste befinden. An jeder von Frauen genutzten Toilette ist ein Hygienebehälter mit Deckel zur Verfügung zu stellen. In von Männern genutzten Toilettenräumen ist mindestens ein Hygienebehälter mit Deckel in einer gekennzeichneten Toilettenzelle bereitzustellen. Toilettenpapier muss stets bereitgehalten werden.

(2) Toilettenräume müssen mit Handwaschgelegenheiten (Handwaschbecken mit fließendem Wasser und geschlossenem Wasserabflusssystem) gemäß Tabelle 2 und Abfallbehältern ausgestattet sein. In Toilettenräumen müssen Mittel zum Reinigen (z. B. Seife in Seifenspendern) und Trocknen der Hände (z. B. Einmalhandtücher, Textilhandtuchautomaten oder Warmlufttrockner) bereitgestellt werden. Darüber hinaus sind bei Bedarf Warmwasser und Kleiderhaken bereitzustellen.

Ist in bestehenden Arbeitsstätten die Bereitstellung der geforderten Anzahl von Handwaschgelegenheiten mit Aufwendungen verbunden, die offensichtlich unverhältnismäßig sind, so hat der Arbeitgeber zu prüfen, wie durch andere oder ergänzende Maßnahmen die Sicherheit und der Gesundheitsschutz der Beschäftigten in vergleichbarer Weise gesichert werden kann; die erforderlichen Maßnahmen hat er durchzuführen. Eine solche Maßnahme kann z. B. die Verkürzung der Reinigungsintervalle sein. Diese ergänzenden Maßnahmen können solange herangezogen werden, bis die bestehenden Toilettenanlagen wesentlich umgebaut werden.

Hinweis:
Bei Bedarf (z. B. bei Tätigkeiten mit Einsatz von Desinfektionsmitteln) sind Hautpflege- und Hautschutzmittel bereitzustellen (Hautschutzplan).

6 Waschräume

6.1 Allgemeines

(1) Waschräume sind nach Art der Tätigkeit oder gesundheitlichen Gründen gemäß Kategorie A, B oder C vorzusehen:

- **Kategorie A** bei mäßig schmutzenden Tätigkeiten
- **Kategorie B** bei stark schmutzenden Tätigkeiten
- **Kategorie C** bei sehr stark schmutzenden Tätigkeiten, bei Vorliegen gesundheitlicher Gründe, bei Tätigkeiten mit stark geruchsbelästigenden Stoffen, beim Tragen von körpergroßflächiger persönlicher Schutzausrüstung, bei Tätigkeiten unter besonderen klimatischen Bedingungen (Hitze, Kälte) oder bei Nässe sowie bei schwerer körperlicher Arbeit.

(2) Werden keine Waschräume nach Absatz 1 benötigt, müssen in der Nähe der Arbeitsplätze und der Umkleideräume Waschgelegenheiten mit fließendem Wasser und geschlossenem Wasserabflusssystem zur Verfügung gestellt werden (Weglängen gemäß Punkt 5.2 Absatz 1). Sie müssen mit Mitteln zum Reinigen (z. B. Seife in Seifenspendern) und Trocknen der Hände (z. B. Einmalhandtücher, Textilhandtuchautomaten oder Warmlufttrockner) ausgestattet sein.

(3) In Waschräumen ist in Abhängigkeit der Nutzung eine wirksame Lüftung zu gewährleisten. Bei freier Lüftung (Fensterlüftung) sind die Mindestquerschnitte nach Tabelle 3 einzuhalten (weitere Informationen siehe ASR A3.6 »Lüftung«). Lüftungstechnische Anlagen sind so auszulegen, dass ein Abluftvolumenstrom von 11 $m^3/(h\ m^2)$ erreicht wird.

Tabelle 3: Mindestquerschnitte für freie Lüftung von Waschräumen

System	Freier Querschnitt der Lüftungsöffnung/en [m^2/m^2 Grundfläche]*
einseitige Lüftung	0,04
Querlüftung**	0,024

* Die angegebenen Flächen sind die Summe aus Zuluft- und Abluftfläche.
** Lüftungsöffnungen in gegenüberliegenden Außenwänden oder in einer Außenwand und der Deckenfläche.

(4) Um Feuchtigkeit wirksam abführen zu können, wird eine mechanische Entlüftung empfohlen, insbesondere bei Waschräumen mit Duschen. Dabei ist eine darauf abgestimmte Zuluftmenge zu gewährleisten.

(5) Wasch- und Umkleideräume sollen einen unmittelbaren Zugang zueinander haben. Sind Wasch- und Umkleideräume räumlich voneinander getrennt, darf der Weg zwischen diesen Sanitärräumen nicht durchs Freie oder durch Arbeitsräume führen. Eine leichte Erreichbarkeit zwischen Wasch- und Umkleideraum ist bei einer Entfernung von maximal 10 m auf gleicher Etage gegeben. Die Lufttemperatur dieses Weges muss mindestens der des Umkleideraumes entsprechen (weitere Informationen siehe ASR A3.5 »Raumtemperatur«).

(6) In Waschräumen mit mehreren Duschen sollen Duschen mit Sichtschutz solchen einer halboffenen bzw. offenen Ausführung des Duschbereiches vorgezogen werden.

(7) Fußböden und Wände müssen leicht zu reinigen und zu desinfizieren sein. Fußböden müssen auch im feuchten Zustand rutschhemmend sein (weitere Informationen siehe ASR A1.5 »Fußböden«).

(8) Waschräume und ihre Einrichtungen sind in Abhängigkeit von der Häufigkeit der Nutzung zu reinigen und bei Bedarf zu desinfizieren. Werden diese täglich genutzt, sollen sie täglich gereinigt werden.

Hinweise:
1. *Fußböden im Nass- und Barfußbereich von Waschräumen sollen zur Fußpilz- und Warzenprophylaxe desinfizierend gereinigt werden. Es dürfen nur zugelassene und geprüfte Desinfektionsmittel bzw. desinfizierende Reinigungsmittel eingesetzt werden (z. B. Desinfektionsmittel-Liste des Verbundes für Angewandte Hygiene (VAH), Präparate mit Wirk-*

samkeit gegen Papovaviren laut Herstellerangaben). Dabei sind die Herstellerangaben bzw. die Vorschriften aus dem Gefahrstoffrecht zu berücksichtigen. Insbesondere ist bei der Verwendung von Konzentraten die korrekte Anwendungskonzentration und Einwirkzeit des Desinfektionsmittels zu beachten.

2. *Zur Einhaltung und Kontrolle der regelmäßigen und gründlichen Reinigung empfiehlt sich das Anbringen eines Reinigungsplanes im Waschraum mit kontinuierlicher Abzeichnungspflicht durch das verantwortliche Reinigungspersonal.*
3. *Nach dem Ergebnis der Gefährdungsbeurteilung können in Verbindung mit anderen öffentlich-rechtlichen Vorschriften (z.B. Gefahrstoff-, Biostoff-, Infektionsschutz- oder Lebensmittelrecht) zusätzliche Anforderungen notwendig werden.*
4. *Bei der Verwendung von Reinigungs- und Desinfektionsmitteln sind die hierfür bekannt gegebenen TRGS bzw. TRBA zu berücksichtigen.*

6.2 Bereitstellung

(1) Waschräume müssen sich in der Nähe der Arbeitsplätze befinden. Der Weg von den Arbeitsplätzen in Gebäuden zu den Waschräumen darf 300 m nicht überschreiten und soll nicht durchs Freie führen. Waschräume dürfen auch in einer anderen Etage eingerichtet sein.

(2) Waschräume sind mit einer ausreichenden Anzahl von Wasch- und Duschplätzen gemäß Tabellen 4, 5.1 und 5.2 zur Verfügung zu stellen. Die in den Tabellen 4, 5.1 und 5.2 jeweils angegebene Mindestanzahl darf nicht unterschritten werden.

Ist in bestehenden Arbeitsstätten die Bereitstellung der geforderten Anzahl von Wasch- und Duschplätzen mit Aufwendungen verbunden, die offensichtlich unverhältnismäßig sind, so hat der Arbeitgeber zu prüfen, wie durch andere oder ergänzende Maßnahmen die Sicherheit und der Gesundheitsschutz der Beschäftigten in vergleichbarer Weise gesichert werden kann; die erforderlichen Maßnahmen hat er durchzuführen. Eine solche Maßnahme kann z.B. die Verminderung der Gleichzeitigkeit der Nutzung sein. Diese ergänzenden Maßnahmen können solange herangezogen werden, bis die bestehenden Waschräume wesentlich umgebaut werden. Dabei darf die geforderte Mindestanzahl bei niedriger Gleichzeitigkeit der Nutzung nicht unterschritten werden.

Hinweis:
Es wird in zwei Gruppen der Gleichzeitigkeit der Nutzung unterschieden. Bei niedriger Gleichzeitigkeit nutzen die Beschäftigten die Waschräume zu unterschiedlichen Zeiten. Bei hoher Gleichzeitigkeit suchen die Beschäftigten prinzipiell Waschräume gemeinsam auf, z.B. an den Schichtenden.

Tabelle 4: Mindestanzahl von Waschplätzen bei Kategorie A

Höchste Anzahl Beschäftigter, die in der Regel den Waschraum nutzen	Mindestanzahl Waschplätze bei Gleichzeitigkeit der Nutzung	
	niedrig	hoch
bis 5	1	2
6 bis 10	2	3
11 bis 15	3	4
16 bis 20	3	5
21 bis 25	4	6
26 bis 30	4	6
31 bis 35	5	7
36 bis 40	5	8
41 bis 45	6	9
46 bis 50	6	10
51 bis 55	7	11
56 bis 60	8	12
61 bis 65	8	12
66 bis 70	8	12
71 bis 75	9	13
76 bis 80	10	14
81 bis 85	10	14
86 bis 90	10	14
91 bis 95	10	14
96 bis 100	11	15
je weitere 30	+ 2	+ 3

Tabelle 5.1: Mindestanzahl von Wasch- und Duschplätzen bei Kategorie B

Höchste Anzahl Beschäftigter, die in der Regel den Waschraum nutzen	Mindestanzahl der Waschplätze bei Gleichzeitigkeit der Nutzung		Mindestanzahl der Duschplätze bei Gleichzeitigkeit der Nutzung	
	niedrig	hoch	niedrig	hoch
bis 5	1	2	1	1
6 bis 10	1	2	1	2
11 bis 15	2	3	1	2
16 bis 20	2	4	2	3
21 bis 25	3	5	2	3
26 bis 30	3	5	2	3
31 bis 35	3	6	2	3
36 bis 40	4	7	2	4
41 bis 45	4	8	2	4
46 bis 50	4	9	2	4
51 bis 55	4	9	3	5
56 bis 60	5	11	3	5
61 bis 65	5	11	3	5
66 bis 70	5	11	3	5
71 bis 75	5	12	3	5
76 bis 80	6	12	4	6
81 bis 85	6	12	4	6
86 bis 90	6	13	4	6
91 bis 95	6	13	4	7
96 bis 100	6	14	4	7
je weitere 30	+ 1	+ 3	+ 1	+ 2

Tabelle 5.2: Mindestanzahl von Wasch- und Duschplätzen bei Kategorie C

Höchste Anzahl Beschäftigter, die in der Regel den Waschraum nutzen	Mindestanzahl der Waschplätze bei Gleichzeitigkeit der Nutzung		Mindestanzahl der Duschplätze bei Gleichzeitigkeit der Nutzung	
	niedrig	hoch	niedrig	hoch
bis 5	1	2	1	2
6 bis 10	2	3	1	3
11 bis 15	3	4	2	4
16 bis 20	3	5	2	5
21 bis 25	4	6	3	6
26 bis 30	4	7	3	7
31 bis 35	5	9	4	9
36 bis 40	5	10	4	10
41 bis 45	5	12	4	12
46 bis 50	6	13	5	13
51 bis 55	6	14	5	14

Tabelle 5.2 *(abgeschlossen)*

Höchste Anzahl Beschäftigter, die in der Regel den Waschraum nutzen	Mindestanzahl der Waschplätze bei Gleichzeitigkeit der Nutzung		Mindestanzahl der Duschplätze bei Gleichzeitigkeit der Nutzung	
	niedrig	hoch	niedrig	hoch
56 bis 60	6	15	5	15
61 bis 65	7	16	6	16
66 bis 70	7	16	6	16
71 bis 75	8	17	7	17
76 bis 80	8	18	7	18
81 bis 85	9	18	8	18
86 bis 90	10	19	9	19
91 bis 95	11	20	10	20
96 bis 100	11	20	10	20
je weitere 30	+ 2	+ 3	+ 2	+ 3

6.3 Abmessung

(1) In Waschräumen müssen die Mindestmaße nach Abb. 5 eingehalten werden. Dabei sind Bewegungsflächen und Verkehrswege zu berücksichtigen. Bewegungsflächen müssen vor Wasch- und Duschplätzen zur Verfügung stehen. Bewegungsflächen dürfen sich bei gleichzeitiger Nutzung des Waschraumes durch mehrere Beschäftigte nicht überschneiden. In Waschräumen mit mehreren Wasch- und Duschplätzen, die gleichzeitig genutzt werden können, sind Verkehrswege vorzusehen. Verkehrswege und Bewegungsflächen dürfen sich nicht überschneiden.

Ist in bestehenden Arbeitsstätten die Bereitstellung der geforderten Bewegungsfläche mit Aufwendungen verbunden, die offensichtlich unverhältnismäßig sind, so hat der Arbeitgeber zu prüfen, wie durch andere oder ergänzende Maßnahmen die Sicherheit und der Gesundheitsschutz der Beschäftigten in vergleichbarer Weise gesichert werden kann; die erforderlichen Maßnahmen hat er durchzuführen. Eine solche Maßnahme kann z. B. die Verringerung der Gleichzeitigkeit der Nutzung sein. Diese ergänzenden Maßnahmen können solange herangezogen werden, bis die bestehenden Waschräume wesentlich umgebaut werden. Dabei darf eine Bewegungsfläche von 350 × 600 mm pro Waschplatz nicht unterschritten werden.

(2) Die in Abb. 5 angegebenen Maße für Einzelwaschtische gelten analog für Reihenwasch-, Rundwaschanlagen oder gleichwertige Anlagen.

(3) Duschplätze müssen eine Mindestgrundfläche von 1 m² haben, wobei das Mindestmaß einer Seite 900 mm nicht unterschreiten darf.

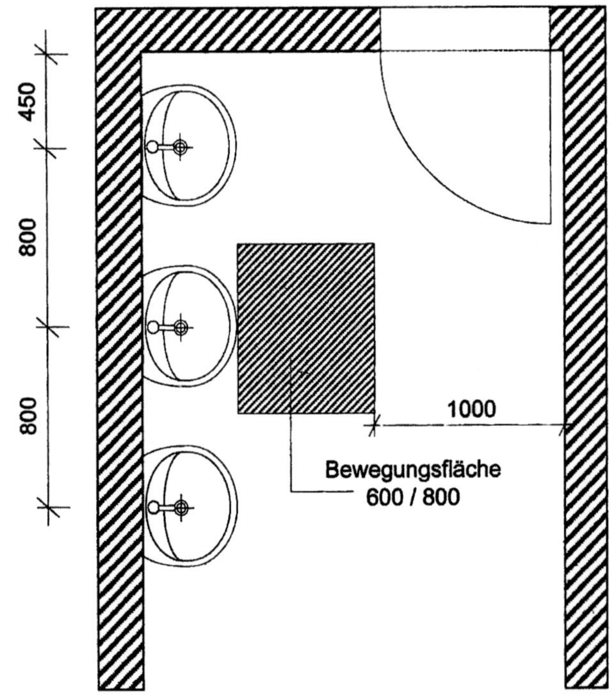

Abb. 5: Waschraum (Maße in mm)

6.4 Ausstattung

(1) An Wasch- und Duschplätzen müssen fließendes warmes und kaltes Wasser in Trinkwasserqualität im Sinne der Trinkwasserverordnung, Seifenablage und Handtuchhalter zur Verfügung stehen. Zusätzlich soll an Duschplätzen ein Haltegriff angebracht sein. Die Temperatur von vorgemischtem Wasser soll während der Nutzungszeit +43 °C nicht überschreiten.

(2) Das Schmutzwasser muss schnell und auf dem kürzesten Weg abfließen können, ohne dabei über einen weiteren Wasch- oder Duschplatz zu laufen.

(3) Wenn notwendig sind Einrichtungen zum Trocknen der Handtücher sowie Vorrichtungen zur Haartrocknung vorzusehen.

(4) In der Nähe der Waschplätze sind zum Trocknen der Hände z. B. Einmalhandtücher, Textilhandtuchautomaten oder Warmlufttrockner zur Verfügung zu stellen.

(5) Zusätzlich sollen sich in Waschräumen Abfallbehälter und Kleiderhaken befinden. In Duschanlagen ohne direkten Zugang zum Umkleideraum sind Kleiderablagen im Trockenbereich vorzusehen.

Hinweis:
Bei Bedarf sind die hygienisch erforderlichen Mittel zum Reinigen und wenn notwendig zum Desinfizieren der Hände sowie zur Hautpflege und zum Hautschutz zur Verfügung zu stellen (Hautschutzplan).

7 Umkleideräume

7.1 Allgemeines

(1) In Umkleideräumen ist in Abhängigkeit der Nutzung eine wirksame Lüftung zu gewährleisten. Bei freier Lüftung (Fensterlüftung) sind die Mindestquerschnitte nach Tabelle 6 einzuhalten (weitere Informationen siehe ASR A3.6 »Lüftung«). Lüftungstechnische Anlagen sind so auszulegen, dass ein Abluftvolumenstrom von 11 $m^3/(h\ m^2)$ erreicht wird.

Tabelle 6: Mindestquerschnitte für freie Lüftung von Umkleideräumen

System	Freier Querschnitt der Lüftungsöffnung/en [m^2/m^2 Grundfläche]*
einseitige Lüftung	0,02
Querlüftung**	0,012

** Die angegebenen Flächen sind die Summe aus Zuluft- und Abluftfläche.
** Lüftungsöffnungen in gegenüberliegenden Außenwänden oder in einer Außenwand und der Deckenfläche.

(2) Umkleideräume sind in Abhängigkeit von der Häufigkeit der Nutzung zu reinigen und bei Bedarf zu desinfizieren.

Hinweise:
1. *Zur Einhaltung und Kontrolle der regelmäßigen und gründlichen Reinigung empfiehlt sich das Anbringen eines Reinigungsplanes im Umkleideraum mit kontinuierlicher Abzeichnungspflicht durch das verantwortliche Reinigungspersonal.*
2. *Bei der Verwendung von Reinigungs- und Desinfektionsmitteln sind die hierfür bekannt gegebenen TRGS bzw. TRBA zu berücksichtigen.*

7.2 Bereitstellung

(1) Umkleideräume sind zur Verfügung zu stellen, wenn das Tragen besonderer Arbeitskleidung erforderlich ist und es den Beschäftigten nicht zuzumuten ist, sich in einem anderen Raum umzukleiden.

(2) Das Erfordernis besonderer Arbeitskleidung im Sinne des § 6 Absatz 2 Satz 3 ArbStättV ist dann anzunehmen, wenn die Arbeitskleidung betriebsbedingt getragen werden muss. Dies kann z. B. aus gesundheitlichen Gründen oder aufgrund der Art der Tätigkeit (siehe Punkt 6.1 Absatz 1) erforderlich sein oder auch auf Weisung des Arbeitgebers, z. B. zur einheitlichen Darstellung des Betriebes, notwendig sein.

(3) Eine Unzumutbarkeit im Sinne von § 6 Absatz 2 Satz 3 ArbStättV ist u. a. gegeben, wenn z. B. der Raum nicht gegen Einsichtnahme von außen geschützt, gleichzeitig von weiteren Personen anderweitig genutzt oder nicht abgeschlossen werden kann.

(4) Bei der räumlichen Anordnung von Umkleide- und Waschräumen ist Punkt 6.1 Absatz 5 zu beachten.

(5) Umkleideräume für Beschäftigte, die an Hitzearbeitsplätzen beschäftigt sind, müssen an die Arbeitsräume angrenzen, soweit nicht auf andere Weise (z. B. beheizte Verkehrswege) sichergestellt ist, dass die Beschäftigten keiner Erkältungsgefahr ausgesetzt sind. Die Entfernung zwischen einem Umkleideraum und den Hitzearbeitsplätzen soll nach Möglichkeit 100 m nicht überschreiten. Der Umkleideraum darf dabei nicht weiter als eine Etage entfernt sein.

7.3 Abmessung

Nutzen mehrere Beschäftigte die Umkleideräume gleichzeitig, muss für jeden Beschäftigten eine Bewegungsfläche von 0,5 m^2 im Raum vorhanden sein. Zusätzlich sind Verkehrswege zu berücksichtigen (weitere Informationen siehe ASR A1.8 »Verkehrswege«).

7.4 Ausstattung

(1) Für je vier Beschäftigte, die den Umkleideraum gleichzeitig nutzen, muss mindestens eine Sitzgelegenheit zur Verfügung stehen.

(2) Zur Aufbewahrung der Kleidung muss für jeden Beschäftigten eine ausreichend große, belüftete und abschließbare Einrichtung mit Ablagefach vorhanden sein. Werden Schränke bereitgestellt, ist ein Mindestmaß von 0,30 m × 0,50 m × 1,80 m (B × T × H) einzuhalten. Ist für persönliche Kleidung sowie für Arbeits- und Schutzkleidung eine getrennte Aufbewahrung erforderlich, sind zwei derartige Schrankteile oder ein geteilter Schrank in doppelter Breite notwendig.

(3) Sind die Beschäftigten bei ihrer Tätigkeit stark geruchsbelästigenden Stoffen oder einer sehr starken Verschmutzung ausgesetzt, muss eine räumliche Trennung der Arbeits-, Schutzkleidung und persönlichen Kleidung vorhanden sein (Schwarz-Weiß-Trennung). Eine räumliche Schwarz-Weiß-Trennung kann in Abhängigkeit der Gefährdung durch zwei mit einem Waschraum verbundene Umkleideräume oder durch ein mit dem Arbeitsbereich verbundenen Schleusensystem zum An- und Ablegen der Arbeits- und Schutzkleidung erfolgen. Auf die Sonderregelungen in der GefStoffV und der BioStoffV wird hingewiesen.

(4) Bei Umkleideräumen mit mehreren Zugängen sollen Ein- und Ausgänge getrennt sein. Wenn die Umkleideräume für eine gleichzeitige Benutzung durch mehr als 100 Beschäftigte bestimmt sind, müssen die Ein- und Ausgänge getrennt sein.

(5) Für Arbeits- und Schutzkleidung, die bei der Tätigkeit feucht geworden ist, muss eine Trocknung bis zur nächsten Verwendung möglich sein, gegebenenfalls auch außerhalb des Umkleideraumes, z. B. in einem ausrei-

chend belüfteten Trockenraum oder mit elektrisch betriebenen Trockenschränken.

(6) In Umkleideräumen sind Abfallbehälter, Spiegel und Kleiderablagen bereitzustellen.

8 Abweichende/ergänzende Anforderungen für Baustellen

8.1 Allgemeines

(1) Auf Baustellen können Baustellenwagen, absetzbare Baustellenwagen, Container oder andere Raumzellen für Sanitäreinrichtungen genutzt werden. Bei vorhandenen Sanitäreinrichtungen ist eine geringere lichte Höhe von 2,30 m bis zu einem wesentlichen Umbau zulässig. Der Arbeitgeber kann die Sanitäreinrichtungen von Dritten nutzen, wenn diese die Sanitäreinrichtungen in ausreichender Anzahl bereitstellen und instand halten.

Hinweis:
Die Koordinierung gemeinsam genutzter Sanitäreinrichtungen kann in den Aufgabenbereich des Bauherren bzw. Koordinators nach Baustellenverordnung (BaustellV) fallen.

(2) Abweichend von Punkt 5.1 Absatz 3 Satz 2 müssen bei täglicher Nutzung Toilettenräume mindestens zweimal wöchentlich gereinigt werden. Die Toiletten in den Toilettenräumen wie auch mobile, anschlussfreie Toilettenkabinen sollen bei täglicher Nutzung täglich gereinigt werden.

(3) Abweichend von Punkt 4 Absatz 6 kann auf Baustellen bis 21 Beschäftigte auf getrennt eingerichtete Toiletten-, Wasch- und Umkleideräume für weibliche und männliche Beschäftigte verzichtet werden, wenn eine zeitlich getrennte Nutzung sichergestellt ist. Bei mehr als sechs Beschäftigten je Beschäftigtengruppe (männlich und weiblich), sind getrennte Sanitärräume erforderlich.

8.2 Toilettenräume und mobile, anschlussfreie Toilettenkabinen

(1) Werden von einem Arbeitgeber auf einer Baustelle mehr als zehn Beschäftigte länger als zwei zusammenhängende Wochen gleichzeitig beschäftigt, sind Toilettenräume bereit zu stellen. Abweichend von Punkt 5 können auf Baustellen mit bis zu zehn Beschäftigten mobile anschlussfreie Toilettenkabinen, vorzugsweise mit integ-rierter Handwaschgelegenheit, bereitgestellt werden. Hat die mobile, anschlussfreie Toilettenkabine keine Handwaschgelegenheit, ist sicherzustellen, dass sich diese in unmittelbarer Nähe des Aufstellortes der Toilettenkabine befindet.

(2) Mobile anschlussfreie Toilettenkabinen sollen in der Zeit vom 15.10. bis 30.4. beheizbar sein.

(3) Abweichend von Punkt 5.2 Absatz 1 sollen Toilettenräume und mobile, anschlussfreie Toilettenkabinen nicht mehr als 100 m Wegstrecke vom Arbeitsort entfernt eingerichtet sein. Ist dies aufgrund der Gegebenheiten auf der Baustelle nicht möglich (z. B. Fassadenarbeiten an Hochhäusern, Bauarbeiten im Tunnel, Kanalbauarbeiten, Streckenbaustellen) darf die Wegstrecke fünf Minuten nicht überschreiten (zu Fuß oder mit betrieblich zur Verfügung gestellten Verkehrsmitteln).

(4) Zusätzliche mobile, anschlussfreie Toilettenkabinen können erforderlich werden, sofern es sich um ständig wechselnde Arbeitsplätze handelt oder die Arbeitsplätze sich in Ebenen/Geschossen ober- oder unterhalb der Aufstellebene der Toilettenräume oder -kabinen befinden.

(5) Toilettenräume oder mobile, anschlussfreie Toilettenkabinen auf Baustellen sind nicht erforderlich, wenn außerhalb der Baustelle gleichwertige Einrichtungen zur Verfügung stehen und nutzbar sind sowie Absatz 3 eingehalten wird.

(6) Abweichend von Punkt 5.2 Absatz 2 kann auf Baustellen der abgeschlossene Vorraum durch einen Sichtschutz ersetzt werden.

(7) Außerhalb der Toilettenzelle sind an geeigneter Stelle Möglichkeiten zur Ablage von persönlicher Schutzausrüstung (z. B. Wetterschutzkleidung oder Auffanggurt) vorzusehen.

8.3 Waschräume

(1) Werden von einem Arbeitgeber auf einer Baustelle mehr als zehn Beschäftigte länger als zwei zusammenhängende Wochen gleichzeitig beschäftigt, sind Waschräume bereit zu stellen. Dies ist nicht erforderlich, wenn die Beschäftigten von der Baustelle täglich in Betriebsgebäude mit Sanitärräumen oder in Verbindung mit der Baustelle stehende Unterkünfte zurückkehren.

(2) Waschräume auf Baustellen sollen sich in unmittelbarer Nähe der Pausen- und Bereitschaftsräume befinden.

(3) Abweichend von Punkt 6.1 Absatz 5 kann der Weg vom Waschraum zum Umkleide- und Pausenraum durch das Freie führen, sofern er gegen Sicht und Witterungseinflüsse geschützt ausgebildet wird.

(4) Abweichend von Punkt 6.3 Absätze 1 und 2 ist in Waschräumen auf Baustellen eine Bewegungsfläche von 0,50 m^2 vor der Dusche oder dem Waschplatz ausreichend.

(5) Abweichend von Punkt 6.3 Absatz 3 ist für Duschplätze eine Mindestgrundfläche von 800 × 800 mm ausreichend.

(6) Außerhalb der Waschräume sind an geeigneter Stelle Möglichkeiten zur Ablage von persönlicher Schutzausrüstung (z. B. Wetterschutzkleidung oder Auffanggurt) vorzusehen.

8.4 Anzahl von Toiletten, Urinalen, Wasch- und Duschplätzen

Abweichend von den Tabellen 2, 4, 5.1 und 5.2 gilt auf Baustellen Tabelle 7.

Tabelle 7: Mindestanzahl von Toiletten, Urinalen, Wasch- und Duschplätzen

Höchste Anzahl Beschäftigter, die in der Regel die Sanitäreinrichtungen nutzen	Mindestanzahl		
	Waschplätze	Duschplätze	Toiletten/Urinale
bis 5	1	0	1*)
6 bis 10	2	0	1*)
11 bis 20	3	1	2
21 bis 30	5	1	3
31 bis 40	7	2	4
41 bis 50	9	2	5
51 bis 75	12	3	6
76 bis 100	14	4	7
je weitere 30	+ 3	+ 1	+ 1

*) Für männliche Beschäftigte wird zuzüglich ein Urinal empfohlen.

Bei der Bereitstellung von Toiletten und Urinalen ist Punkt 5.2 Absatz 4 zu berücksichtigen.

8.5 Umkleideräume

Gesonderte Umkleideräume sind auf Baustellen nicht erforderlich, sofern in den Pausenräumen Möglichkeiten zum Wechseln der Kleidung und der getrennten Aufbewahrung von Arbeitskleidung und persönlicher Kleidung in geeigneten Schränken bestehen.

Literaturhinweise

TRBA 500 Grundlegende Maßnahmen bei Tätigkeiten mit biologischen Arbeitsstoffen

3.2.11 ASR A4.2 »Pausen- und Bereitschaftsräume«

Ausgabe August 2012; letzte Änderung März 2022

(Gemeinsames Ministerialblatt 2012 Nr. 37, Seite 660; 2022 Nr. 9–11, Seite 251)

Die Technischen Regeln für Arbeitsstätten (ASR) geben den Stand der Technik, Arbeitsmedizin und Hygiene sowie sonstige gesicherte wissenschaftliche Erkenntnisse für die Sicherheit und Gesundheit der Beschäftigten beim Einrichten und Betreiben von Arbeitsstätten wieder.

Sie werden vom **Ausschuss für Arbeitsstätten** ermittelt bzw. angepasst und vom Bundesministerium für Arbeit und Soziales im Gemeinsamen Ministerialblatt bekannt gemacht.

Diese ASR A4.2 konkretisiert im Rahmen ihres Anwendungsbereichs Anforderungen der Verordnung über Arbeitsstätten. Bei Einhaltung dieser Technischen Regel kann der Arbeitgeber davon ausgehen, dass die entsprechenden Anforderungen der Verordnung erfüllt sind. Wählt der Arbeitgeber eine andere Lösung, muss er damit mindestens die gleiche Sicherheit und den gleichen Schutz der Gesundheit für die Beschäftigten erreichen.

Inhalt

1 Zielstellung

Diese ASR konkretisiert die Anforderungen an Pausenräume und Pausenbereiche, Bereitschaftsräume sowie an Einrichtungen zum Hinlegen und Ausruhen für schwangere Frauen und stillende Mütter nach § 6 Abs. 3 der Arbeitsstättenverordnung in Verbindung mit dem Anhang Punkte 4.2 und 5.2 Abs. 1 b) und c).

2 Anwendungsbereich

Diese ASR gilt für das Einrichten und Betreiben von Pausenräumen und Pausenbereichen sowie von Bereitschaftsräumen für Beschäftigte in Arbeitsstätten, in Gebäuden oder im Freien. Sie gilt auch für Einrichtungen zum Hinlegen und Ausruhen für schwangere Frauen und stillende Mütter.

Hinweis: Für die barrierefreie Gestaltung der Pausen- und Bereitschaftsräume gilt die ASR V3a.2 »Barrierefreie Gestaltung von Arbeitsstätten«, Anhang A4.2: Ergänzende Anforderungen zur ASR A4.2 »Pausen- und Bereitschaftsräume«.

3 Begriffsbestimmungen

3.1 **Pausenräume** sind allseits umschlossene Räume, die der Erholung oder dem Aufenthalt der Beschäftigten während der Pause oder bei Arbeitsunterbrechung dienen. Insbesondere für Arbeitsstätten im Freien oder auf Baustellen können dies z. B. auch Räume in vorhandenen Gebäuden sowie in Baustellenwagen, absetzbaren Baustellenwagen oder in Containern sein.

3.2 **Pausenbereiche** sind abgetrennte Bereiche innerhalb von Räumen der Arbeitsstätte, die der Erholung oder dem Aufenthalt der Beschäftigten während der Pause oder bei Arbeitsunterbrechung dienen.

3.3 **Bereitschaftsräume** sind allseits umschlossene Räume, die dem Aufenthalt der Beschäftigten während der Arbeitsbereitschaft oder bei Arbeitsunterbrechungen dienen. Insbesondere für Arbeitsstätten im Freien oder auf Baustellen können dies z. B. auch Räume in vorhandenen Gebäuden sowie in Baustellenwagen, absetzbaren Baustellenwagen oder in Containern sein.

3.4 **Einrichtungen für schwangere Frauen und stillende Mütter** bieten schwangeren Frauen und stillenden Müttern die Gelegenheit, sich während der Pausen oder der Arbeitszeit zu setzen, hinzulegen und auszuruhen.

4 Pausenräume und Pausenbereiche

4.1 Allgemeine Anforderungen

(1) Pausenräume und Pausenbereiche müssen in einer der Sicherheit und der Gesundheit zuträglichen Umgebung eingerichtet und betrieben werden.

Pausenbereiche sind Pausenräumen gleichgestellt, wenn sie gleichwertige Bedingungen für die Pause gewährleisten.

(2) Ein Pausenraum oder Pausenbereich ist zur Verfügung zu stellen, wenn mehr als zehn Beschäftigte einschließlich Zeitarbeitnehmern gleichzeitig in der Arbeitsstätte tätig sind.

Nicht zu berücksichtigen sind Beschäftigte, die

- aufgrund des Arbeitszeitgesetzes keinen Anspruch auf Ruhepausen haben (z. B. Teilzeitkräfte mit bis zu sechs Stunden täglicher Arbeitszeit) oder

- überwiegend außerhalb der Arbeitsstätte tätig sind (z. B. Außendienstmitarbeiter, Kundendienstmonteure).

(3) Unabhängig von der Anzahl der Beschäftigten ist ein Pausenraum oder Pausenbereich zur Verfügung zu stellen, wenn Sicherheits- oder Gesundheitsgründe dies erfordern. Das können z. B. sein:

- Arbeiten mit erhöhter Gesundheitsgefährdung in Hitze, Kälte, Nässe oder Staub,
- Überschreitung der Auslösewerte für Lärm oder Vibrationen (siehe LärmVibrationsArbSchV),
- Gefährdungen beim Umgang mit biologischen Arbeitsstoffen oder Gefahrstoffen,
- unzuträgliche Gerüche,
- überwiegende Arbeiten im Freien,
- andauernde, einseitig belastende Körperhaltung mit eingeschränktem Bewegungsraum, z. B. Steharbeit,
- schwere körperliche Arbeit,
- stark schmutzende Tätigkeit,
- Arbeitsräume/Bereiche ohne Tageslicht oder

Arbeitsräume/Bereiche, zu denen üblicherweise Dritte (z. B. Kunden, Publikum, Mitarbeiter von Fremdfirmen) Zutritt haben.

(4) Auf einen Pausenraum oder Pausenbereich kann bei Tätigkeiten in Büroräumen oder in vergleichbaren Arbeitsräumen verzichtet werden, sofern diese während der Pause frei von arbeitsbedingten Störungen (z. B. durch Publikumsverkehr, Telefonate) sind. Damit wird eine gleichwertige Erholung im Arbeitsraum gewährleistet. Vergleichbare Arbeitsräume können z. B. Registraturen oder Bibliotheken sein.

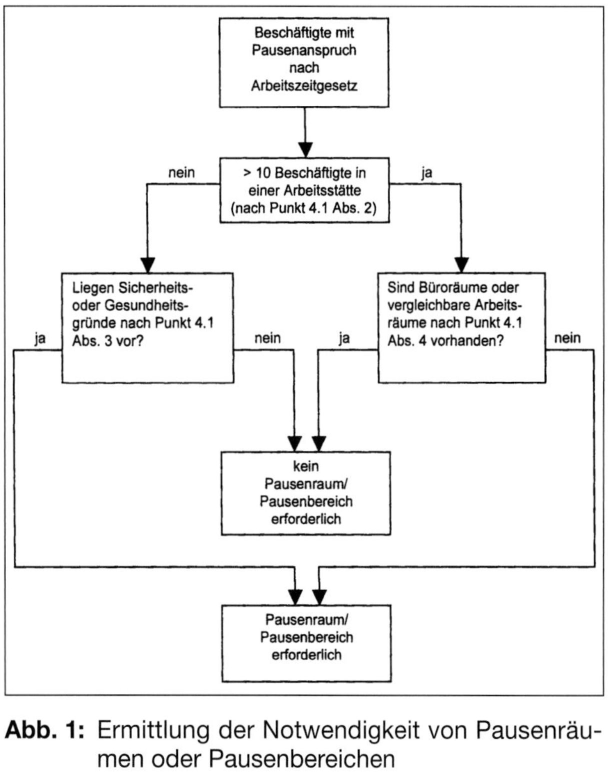

Abb. 1: Ermittlung der Notwendigkeit von Pausenräumen oder Pausenbereichen

(5) Pausenräume und Pausenbereiche müssen leicht und sicher über Verkehrswege erreichbar sein. Der Zeitbedarf zum Erreichen der Pausenräume soll 5 Minuten je Wegstrecke (zu Fuß oder mit betrieblich zur Verfügung gestellten Verkehrsmitteln) nicht überschreiten. Die Wegstrecke zu Pausenbereichen darf 100 m nicht überschreiten.

(6) Pausenräume und Pausenbereiche dürfen nicht unterhalb schwebender Lasten oder in Bereichen mit Gefährdung durch herabfallende Gegenstände eingerichtet werden.

(7) Im Pausenraum und Pausenbereich sind Beeinträchtigungen, z. B. durch Vibrationen, Stäube, Dämpfe oder Gerüche, soweit wie möglich auszuschließen. Während der Pause darf der durchschnittliche Schalldruckpegel in Pausenräumen aus den Betriebseinrichtungen und dem von außen einwirkenden Umgebungslärm höchstens 55 dB(A) betragen. In Pausenbereichen soll dieser Wert nicht überschritten werden.

(8) Pausenräume und Pausenbereiche müssen frei von arbeitsbedingten Störungen (z. B. durch Produktionsabläufe, Publikumsverkehr, Telefonate) sein.

(9) In Pausenräumen und Pausenbereichen muss für Beschäftigte, die den Raum oder Bereich gleichzeitig benutzen sollen, eine Grundfläche von jeweils mindestens 1,00 m^2 einschließlich Sitzgelegenheit und Tisch vorhanden sein. Flächen für weitere Einrichtungsgegenstände, Zugänge und Verkehrswege sind hinzuzurechnen (siehe ASR A1.2 »Raumabmessungen und Bewegungsflächen«).

Die Grundfläche eines Pausenraumes muss mindestens 6,00 m^2 betragen. Die lichte Höhe von Pausenräumen muss den Anforderungen der ASR A1.2 »Raumabmessungen und Bewegungsflächen« entsprechen.

(10) Pausenräume sollen eine Sichtverbindung nach außen aufweisen. Für Pausenbereiche wird eine solche empfohlen.

(11) Pausenräume und Pausenbereiche müssen

- über möglichst ausreichend Tageslicht verfügen und ausreichend beleuchtet sein (siehe ASR A3.4 »Beleuchtung«),
- ausreichend temperiert sein (siehe ASR A3.5 »Raumtemperatur«) und
- gesundheitlich zuträgliche Atemluft in ausreichender Menge aufweisen (siehe ASR A3.6 »Lüftung«).

(12) Der Umfang der Ausstattung von Pausenräumen und Pausenbereichen richtet sich nach der Anzahl der gleichzeitig anwesenden Benutzer. Für diese sind Sitzgelegenheiten mit Rückenlehne und Tische vorzusehen. Das Inventar muss leicht zu reinigen sein. Ein Abfallbehälter mit Deckel ist bereitzustellen.

Ein Bedarf für Einrichtungen für das Wärmen und Kühlen von Lebensmitteln liegt vor, wenn keine Kantine zur Verfügung steht oder bei Beschäftigten, die durch ärztliches Attest nachweisen, dass sie eine bestimmte Diät einhalten müssen. Bei Bedarf sind Kleiderablagen und der Zugang zu Trinkwasser zur Verfügung zu stellen. Eine Waschgelegenheit im Pausenraum kann zweckmäßig sein (siehe ASR A4.1 »Sanitärräume«).

(13) Eine Kantine oder ein Restaurant kann als Pausenraum genutzt werden, wenn sich die Beschäftigten ohne Verzehrzwang aufhalten dürfen und die Anforderungen von Punkt 4.1 Abs. 5, 7 und 9 bis 12 erfüllt werden.

4.2 Zusätzliche Anforderungen an Pausenräume

(1) Pausenräume können außerhalb der festgelegten Pausenzeiten für andere Zwecke, z. B. Besprechungen, Schulungen, genutzt werden, wenn diese die in der ASR A1.2 »Raumabmessungen und Bewegungsflächen« enthaltenen Raumabmessungen erfüllen. Die Räume müssen vor der Nutzung als Pausenraum gelüftet und gereinigt sein.

(2) Führt die Tür eines Pausenraumes unmittelbar ins Freie, so sind die Beschäftigten vor Zugluft zu schützen. Dies kann durch einen Windfang oder Windfangraum mit Vorhang aus einem schwer entflammbaren Material erreicht werden.

4.3 Zusätzliche Anforderungen an Pausenbereiche

(1) Pausenbereiche sind an ungefährdeter Stelle anzuordnen. Sie dürfen z. B. nicht in der Nähe heißer Oberflächen eingerichtet werden.

(2) Pausenbereiche müssen optisch abgetrennt sein, z. B. durch mobile Trennwände, Möbel oder geeignete Pflanzen.

5 Bereitschaftsräume

(1) Ein Bereitschaftsraum muss immer dann zur Verfügung stehen, wenn während der Arbeitszeit regelmäßig und in erheblichem Umfang (in der Regel mehr als 25 Prozent der Arbeitszeit) Arbeitsbereitschaft oder Arbeitsunterbrechungen auftreten. Das ist u. a. der Fall, wenn nicht vorhergesehen werden kann, wann eine Arbeitsaufnahme erfolgt, z. B. in Krankenhäusern, bei Berufsfeuerwehren, Rettungsdiensten oder Fahrbereitschaften.

(2) Als Bereitschaftsraum kann unter Berücksichtigung von Absatz 4 auch ein Pausenraum genutzt werden.

(3) Der Bereitschaftsraum muss mindestens den Anforderungen an einen Pausenraum entsprechen.

(4) Liegt die Arbeitsbereitschaft oder die Arbeitsunterbrechung in den Nachtstunden oder ist die Arbeitszeit einschließlich der Bereitschaftszeit größer als zwölf Stunden, muss der als Bereitschaftsraum genutzte Raum zusätzlich mit Liegen ausgestattet sein. Zusätzliche Anforderungen an die zweckentsprechende Ausstattung von Bereitschaftsräumen sind im Rahmen der vorgesehenen Nutzung zu ermitteln.

(5) Müssen Liegen zur Verfügung gestellt werden, ergeben sich folgende Anforderungen:

- Die Mindestgrundfläche des Bereitschaftsraumes ergibt sich aus den Stellflächen der Ausstattung, Bewegungsflächen und den Verkehrsflächen.
- Die Nutzung der Bereitschaftsräume getrennt nach Frauen und Männern ist räumlich oder organisatorisch sicherzustellen.
- Für die Zeit der Nutzung der Liegen ist eine anderweitige Nutzung des Raumes durch andere Personen (z. B. als Pausenraum, Büro, Arztzimmer) nicht zulässig.
- Der Raum muss verschließbar, nicht einsehbar und verdunkelbar sein.
- Es soll eine Waschgelegenheit zur Verfügung stehen.
- Liegen müssen gepolstert und mit einem wasch- oder wegwerfbaren Belag ausgestattet sein.
- Die Erreichbarkeit der Beschäftigten ist unter Wahrung ihrer Privatsphäre zu gewährleisten (z. B. durch Rufeinrichtung).
- Zur Sicherstellung der Alarmierung im Brandfall und zum sicheren Verlassen des Bereitschaftsraumes siehe ASR A2.2 »Maßnahmen gegen Brände« und ASR A2.3 »Fluchtwege und Notausgänge«.

6 Einrichtungen für schwangere Frauen und stillende Mütter

(1) Werden schwangere Frauen oder stillende Mütter beschäftigt, müssen Einrichtungen zum Hinlegen, Ausruhen und Stillen am Arbeitsplatz oder in unmittelbarer Nähe in einer Anzahl vorhanden sein, die eine jederzeitige Nutzbarkeit sicherstellen. Die Privatsphäre ist bei der Nutzung zu gewährleisten.

(2) Die Einrichtungen zum Hinlegen, Ausruhen und Stillen müssen gepolstert und mit einem wasch- oder wegwerfbaren Belag ausgestattet sein.

(3) Für die Räume, in denen die Einrichtungen genutzt werden, gelten die Anforderungen aus Punkt 4.1 Abs. 5 bis 11.

7 Abweichende/ergänzende Anforderungen für Baustellen

(1) Für Beschäftigte auf Baustellen ist ein Pausenraum oder ein Pausenbereich vorzusehen, da die Voraussetzungen nach Punkt 4.1 Abs. 3 in der Regel gegeben sind.

(2) Abweichend von Punkt 7 Abs. 1 ist auf Baustellen ein Pausenraum oder Pausenbereich nicht erforderlich, wenn bis zu vier Beschäftigte eines Arbeitgebers gleichzeitig längstens eine Woche oder höchstens 20 Personentage tätig sind. Voraussetzung ist, dass die Möglichkeit besteht, sich an einer gleichwertigen Stelle gegen Witterungseinflüsse geschützt zu waschen (siehe ASR A4.1 »Sanitärräume« Punkt 6.1 Abs. 2), zu wärmen, umzukleiden und eine Mahlzeit einzunehmen und ggf. zuzubereiten.

(3) Abweichend von den Anforderungen des Punktes 4.1 Abs. 7 Satz 2 ist für die Pausenzeit ein durchschnittlicher Schalldruckpegel von 55 dB(A) anzustreben.

(4) Die lichte Höhe von Pausenräumen oder Pausenbereichen muss mindestens 2,30 m betragen.

(5) Werden auf Baustellen Unterkünfte zur Verfügung gestellt, kann auf Pausenräume verzichtet werden, sofern die Unterkünfte geeignet sind, von den jeweiligen Bewohnern auch zum Aufenthalt bei Pausen genutzt werden zu können und die Anforderungen nach Punkt 4.1 Abs. 12 und die entsprechenden Anforderungen der ASR A4.1 »Sanitärräume« erfüllt sind.

(6) Ergänzend zu Punkt 4.1 Abs. 12 muss für Pausenräume oder Pausenbereiche, in denen Beschäftigte sich

umziehen, eine Möglichkeit zur getrennten Aufbewahrung für Arbeits- und Schutzkleidung sowie Straßenkleidung vorhanden sein (siehe entsprechend die Anforderungen der ASR A4.1 »Sanitärräume« Punkt 8.5).

Literaturhinweise

- LASI LV 50 »Bewegungsergonomische Gestaltung von andauernder Steharbeit« März 2009

3.2.7 ASR A4.3 »Erste-Hilfe-Räume, Mittel und Einrichtungen zur Ersten Hilfe«

vom 15. Dezember 2010; letzte Änderung Oktober 2024

(Gemeinsames Ministerialblatt 2024 Nr. 41-42/2024, Seite 914)

Gemäß der Arbeitsstättenverordnung macht das Bundesministerium für Arbeit und Soziales die anliegenden vom Ausschuss für Arbeitsstätten (ASTA) beschlossenen Technischen Regeln für Arbeitsstätten bekannt:

Die Technischen Regeln für Arbeitsstätten (ASR) geben den Stand der Technik, Arbeitsmedizin und Hygiene sowie sonstige gesicherte wissenschaftliche Erkenntnisse für die Sicherheit und Gesundheit der Beschäftigten beim Einrichten und Betreiben von Arbeitsstätten wieder.

Sie werden vom **Ausschuss für Arbeitsstätten** ermittelt bzw. angepasst und vom Bundesministerium für Arbeit und Soziales im Gemeinsamen Ministerialblatt bekannt gemacht.

Diese ASR A4.3 konkretisiert im Rahmen ihres Anwendungsbereichs Anforderungen der Verordnung über Arbeitsstätten. Bei Einhaltung dieser Technischen Regel kann der Arbeitgeber davon ausgehen, dass die entsprechenden Anforderungen der Verordnung erfüllt sind. Wählt der Arbeitgeber eine andere Lösung, muss er damit mindestens die gleiche Sicherheit und den gleichen Schutz der Gesundheit für die Beschäftigten erreichen.

Inhalt

1 Zielstellung

Diese Arbeitsstättenregel konkretisiert die Anforderungen an Mittel und Einrichtungen zur Ersten Hilfe sowie an Erste-Hilfe-Räume beim Einrichten und Betreiben von Arbeitsstätten in § 3a Abs. 1 und § 4 Abs. 5 sowie Punkt 4.3 des Anhanges der Arbeitsstättenverordnung.

2 Anwendungsbereich

(1) Diese ASR gilt für Anforderungen an Mittel und Einrichtungen zur Ersten Hilfe sowie Erste-Hilfe-Räume oder vergleichbare Einrichtungen und deren Bereitstellung.

(2) (entfallen)

Hinweis:

Für die barrierefreie Gestaltung der Erste-Hilfe-Räume sowie Mittel und Einrichtungen zur Ersten Hilfe gilt die ASR V3a.2 »Barrierefreie Gestaltung von Arbeitsstätten«, Anhang A4.3: Ergänzende Anforderungen zur ASR A4.3 »Erste-Hilfe-Räume, Mittel und Einrichtungen zur Ersten Hilfe«.

3 Begriffsbestimmungen

3.1 **Erste Hilfe** umfasst medizinische, organisatorische und betreuende Maßnahmen an Verletzten oder Erkrankten.

3.2 **Notfall** ist ein Ereignis, das unverzüglich Rettungsmaßnahmen erfordert und Maßnahmen der Ersten Hilfe, des Rettungsdienstes und der ärztlichen Behandlung umfasst.

3.3 **Notruf** ist die Meldung eines Notfalls über Meldeeinrichtungen zur Alarmierung des Rettungsdienstes, der Feuerwehr oder der Polizei.

3.4 **Mittel zur Ersten Hilfe** sind Erste-Hilfe-Material (z. B. Verbandmaterial, Hilfsmittel, Rettungsdecke) sowie gemäß Gefährdungsbeurteilung erforderliche medizinische Geräte (z. B. Automatisierter Externer Defibrillator, Beatmungsgerät) und Arzneimittel (z. B. Antidot), die zur Ersten Hilfe benötigt werden.

3.5 **Einrichtungen zur Ersten Hilfe** sind technische Hilfsmittel zur Rettung aus Gefahr für Leben und Gesundheit, z. B. Meldeeinrichtungen, Rettungstransportmittel und Rettungsgeräte.

3.6 **Meldeeinrichtungen** sind Kommunikationsmittel, um im Notfall unverzüglich einen Notruf absetzen zu können.

3.7 **Rettungstransportmittel** dienen dem fachgerechten, schonenden Transport Verletzter oder Erkrankter zur weiteren Versorgung im Erste-Hilfe-Raum, zum Arzt oder ins Krankenhaus.

3.8 **Rettungsgeräte** sind technische Hilfsmittel zur Personenrettung aus Gefahrensituationen.

3.9 **Erste-Hilfe-Räume und vergleichbare Einrichtungen** sind speziell vorgesehene Räume, in denen bei einem Unfall oder bei einer Erkrankung im Betrieb Erste Hilfe geleistet oder die ärztliche Erstversorgung durchgeführt werden kann.

Den Erste-Hilfe-Räumen vergleichbare Einrichtungen sind z. B. Rettungsfahrzeuge, transportable Raumzellen (Erste-Hilfe-Container) oder Arztpraxisräume. Als vergleichbare Einrichtungen gelten auch besonders eingerichtete, vom übrigen Raum abgetrennte Erste-Hilfe-Bereiche.

4 Mittel zur Ersten Hilfe

(1) Erste-Hilfe-Material ist in Verbandkästen oder anderen geeigneten Behältnissen (z. B. Rucksäcke, Taschen, Schränke), im Folgenden Verbandkasten genannt, vorzuhalten. Die Mindestanzahl der bereitzuhaltenden Verbandkästen ergibt sich aus Tabelle 1.

Tabelle 1: Mindestanzahl der bereitzuhaltenden Verbandkästen

Betriebsart	Zahl der Beschäftigten	Kleiner Verbandkasten	Großer Verbandkasten
Verwaltungs- und Handelsbetriebe	1–50	1	–
	51–300	–	1
	301–600	–	2
	für je 300 weitere Beschäftigte	–	+1
Herstellungs-, Verarbeitungsbetriebe und vergleichbare Betriebe	1–20	1	–
	21–100	–	1
	101–200	–	2
	für je 100 weitere Beschäftigte	–	+1

(2) Statt eines großen Verbandkastens können zwei kleine Verbandkästen verwendet werden. Für Tätigkeiten im Außendienst, insbesondere für die Mitführung von Erste-Hilfe-Material in Werkstattwagen und Einsatzfahrzeugen, kann auch der Kraftwagen-Verbandkasten als kleiner Verbandkasten verwendet werden.

(3) Verbandkästen sind überall dort bereitzuhalten, wo die Arbeitsbedingungen dies erforderlich machen. Sie sind so zu verteilen, dass sie höchstens in 100 m Wegstrecke oder einer Geschosshöhe erreichbar sind.

(4) Erste-Hilfe-Material ist so aufzubewahren, dass es vor schädigenden Einflüssen (z. B. Verunreinigungen, Nässe, hohe Temperaturen) geschützt, aber jederzeit leicht zugänglich ist. Das Erste-Hilfe-Material ist nach Verbrauch, bei Unbrauchbarkeit oder nach Ablauf des Verfallsdatums zu ergänzen bzw. zu ersetzen.

(5) In Arbeitsstätten ist mindestens das Erste-Hilfe-Material entsprechend Tabelle 2 bereitzuhalten.

Tabelle 2: Inhalt der Verbandkästen

Nr.	Stückzahl		Benennung oder Bezeichnung	Ausführung und Bemerkung
	Kleiner Verbandkasten	Großer Verbandkasten		
1	1	2	Heftpflaster	500 cm ® 2,5 cm, Spule mit Außenschutz, thermoresistenter Kleber
2	8	16	Wundschnellverband	10 cm ® 6 cm, staubgeschützt verpackt
3	4	8	Fingerkuppenverband	staubgeschützt verpackt
4	4	8	Fingerverband	12 cm ® 2 cm, staubgeschützt verpackt
5	4	8	Pflasterstrips	1,9 cm ® 7,2 cm, staubgeschützt verpackt
6	8	16	Pflasterstrips	2,5 cm ® 7,2 cm, staubgeschützt verpackt
7	1	2	Verbandpäckchen	starre oder elastische Fixierbinde mit festen Kanten; 300 cm ® 6 cm mit Kompresse 6 cm ® 8 cm; Saugkapazität: mind. 800 g/m^2, steril verpackt
8	3	6	Verbandpäckchen	starre oder elastische Fixierbinde mit festen Kanten; 400 cm ® 8 cm mit Kompresse 12 cm ® 8 cm; Saugkapazität: mind. 800 g/m^2, steril verpackt
9	1	2	Verbandpäckchen	starre oder elastische Fixierbinde mit festen Kanten, 400 cm ® 10 cm mit Kompresse 12 cm ® 10 cm; Saugkapazität: mind. 800 g/m^2, steril verpackt

Fortsetzung Tabelle 2

Nr.	Stückzahl		Benennung oder Bezeichnung	Ausführung und Bemerkung
	Kleiner Verbandkasten	Großer Verbandkasten		
10	1	2	Verbandtuch	80 cm ® 60 cm, Saugkapazität mind. 125 g/m² Flächengewicht: mind. 90 g/m²
11	6	12	Kompresse	10 cm ® 10 cm, Saugkapazität mind. 800 g/m², maximal paarweise steril verpackt
12	2	4	Augenkompresse	5 cm ® 7 cm, Gewicht: mind. 1,5 g/Stück, einzeln steril verpackt
13	1	2	Kälte-Sofort-kompresse	mindestens 200 cm², ohne Vorkühlung, vorgegebene Lagerbedingungen beachten
14	1	2	Rettungsdecke	mindestens 210 cm ® 160 cm, Mindestfoliendicke 12 µm, dauerhaft metallisierte Polyesterfolie oder Material mit mindestens gleichwertigen Eigenschaften in Bezug auf Reflexionsvermögen, Temperaturbeständigkeit, nahtlos, mit Aluminium bedampft, Rückseite farbig, staubgeschützt verpackt
15	2	4	Fixierbinde	400 cm ® 6 cm, einzeln staubgeschützt verpackt
16	2	4	Fixierbinde	400 cm ® 8 cm, einzeln staubgeschützt verpackt
17	2	4	Dreiecktuch	96 cm ® 96 cm ® 136 cm, staubgeschützt verpackt
18	1	1	Schere	mindestens 18 cm lang, kniegebogen, nicht rostend
19	2	4	Folienbeutel	Mindestgröße 30 cm ® 40 cm, Mindestfoliendicke 45 µm, verschließbar, aus Polyethylen
20	5	10	Vliesstoff-Tuch	mindestens 20 cm ® 30 cm, flächenbezogene Masse mind. 15 g/m²
21	4	8	Medizinische Einmalhandschuhe	nahtlos, groß, staubgeschützt verpackt
22	1	1	Erste-Hilfe-Broschüre	Der Informationsgehalt der Broschüre muss mindestens eine »Anleitung zu Ersten Hilfe« beinhalten.
23	1	1	Inhaltsverzeichnis	–

(6) Ausgehend von der Gefährdungsbeurteilung können neben der Grundausstattung mit Erste-Hilfe-Material nach Abs. 5 auch ergänzende Mittel zur Ersten Hilfe (siehe Punkt 3.4) notwendig werden.

5 Einrichtungen zur Ersten Hilfe

5.1 Meldeeinrichtungen

(1) Der Arbeitgeber hat in Arbeitsstätten ständig zugängliche Meldeeinrichtungen (z. B. Telefon mit Angabe der Notrufnummern) zum unverzüglichen Absetzen eines Notrufes vorzuhalten.

(2) In Abhängigkeit von der Gefährdungsbeurteilung können besondere Meldeeinrichtungen (z. B. Notrufmelder) erforderlich sein. Sofern es nicht möglich ist, stationäre Meldeeinrichtungen vorzusehen, können auch funktechnische Einrichtungen, z. B. Betriebsfunkanlagen, als Meldeeinrichtung eingesetzt werden. Bei Alleinarbeit können – ggf. auch willensunabhängig wirkende – Personen-Notsignal-Anlagen verwendet werden.

5.2 Rettungstransportmittel

(1) Der Arbeitgeber hat zu prüfen, ob er den Rettungstransport auf Grund der innerbetrieblichen Entfernungen und Verhältnisse und der damit verbundenen Eintreffzeiten dem öffentlichen Rettungsdienst überlässt oder ob eigene Rettungstransportkapazitäten erforderlich sind.

(2) In Betrieben, in denen der öffentliche Rettungsdienst seine Aufgabe am Ort des Geschehens durchführen kann, sind keine weiteren Transportmittel bereit zu stellen. Sofern dieser Ort mit Krankentragen nicht zugänglich ist, müssen entsprechend der Gefährdungsbeurteilung geeignete Transportmittel, z. B. Rettungstücher, Krankentransport-Hängematten oder Schleifkörbe, vorgehalten werden.

5.3 Rettungsgeräte

Rettungsgeräte sind gemäß der Gefährdungsbeurteilung vorzuhalten, wenn in Arbeitsstätten im Falle von Rettungsmaßnahmen besondere Anforderungen bestehen, z. B. bei der Rettung von hochgelegenen Arbeitsplätzen, aus tiefen Schächten oder bei sonstigen schwer zugänglichen Arbeitsplätzen. Geeignete Rettungsgeräte sind z. B. Rettungshubgeräte, Spreizer, Schneidgeräte, Abseilgeräte.

6 Erste-Hilfe-Räume und vergleichbare Einrichtungen

(1) Ein Erste-Hilfe-Raum oder eine vergleichbare Einrichtung ist erforderlich

- in Betrieben mit mehr als 1000 Beschäftigten und
- in Betrieben mit mehr als 100 Beschäftigten, wenn besondere Unfall- oder Gesundheitsgefahren bestehen.

(2) Bei besonderen Unfall- oder Gesundheitsgefahren können zusätzliche Maßnahmen erforderlich sein (z. B. weitere Räumlichkeiten, ergänzende Ausstattungen).

(3) Für vorübergehend eingerichtete Arbeitsstätten können vergleichbare Einrichtungen (z. B. Erste-Hilfe-Container) genutzt werden.

6.1 Bauliche Anforderungen

(1) Erste-Hilfe-Räume und vergleichbare Einrichtungen sollen im Erdgeschoss liegen und müssen mit einer Krankentrage leicht zu erreichen sein. Erste-Hilfe-Container sind ebenerdig aufzustellen.

(2) Die Lage von Erste-Hilfe-Räumen bzw. des Aufstellungsortes vergleichbarer Einrichtungen sind so zu wählen, dass Gefährdungen oder Beeinträchtigungen, z. B. durch Lärm, Vibrationen, Stäube, Gase, Dämpfe, soweit wie möglich ausgeschlossen sind.

(3) In unmittelbarer Nähe von Erste-Hilfe-Räumen bzw. vergleichbaren Einrichtungen muss sich eine Toilette befinden.

(4) Erste-Hilfe-Räume und vergleichbare Einrichtungen müssen zur Aufnahme der erforderlichen Einrichtungen und Ausstattungen eine ausreichende Größe aufweisen:

- Erste-Hilfe-Räume mit mindestens 20 m^2 Grundfläche
- Erste-Hilfe-Container mit mindestens 12,5 m^2 Grundfläche

Zur Raumhöhe siehe ASR A1.2 »Raumabmessungen und Bewegungsflächen«.

(5) Im Zugangsbereich von Erste-Hilfe-Räumen und vergleichbaren Einrichtungen sind Stufen zu vermeiden. Höhenunterschiede sollen durch eine Rampe ausgeglichen werden. Der Zugang zu Erste-Hilfe-Räumen muss eine lichte Breite gemäß Punkt 5 der ASR A2.3 »Fluchtwege und Notausgänge« aufweisen. Es muss sichergestellt sein, dass ein Zugang mit Krankentragen ungehindert möglich ist.

(6) Fußböden und Wände müssen leicht zu reinigen und erforderlichenfalls zu desinfizieren sein (hinsichtlich Fußböden siehe ASR A1.5 »Fußböden«).

(7) Erste-Hilfe-Räume und vergleichbare Einrichtungen müssen ausreichend beleuchtet (siehe ASR A3.4 »Beleuchtung und Sichtverbindung«) und ausreichend belüftet sein (siehe ASR A3.6 »Lüftung«).

(8) Die Raumtemperatur muss den Anforderungen der ASR A3.5 »Raumtemperatur« entsprechen. Erste-Hilfe-Container müssen ausreichend isoliert sein und über einen Vorraum – mindestens aber über einen Windfang – verfügen.

(9) Erste-Hilfe-Räume und vergleichbare Einrichtungen sind mindestens mit einem Waschbecken mit fließend Kalt- und Warmwasser sowie mit Telefon oder einem vergleichbaren Kommunikationsmittel fest auszustatten.

(10) Der Sichtschutz gegen Einblick von außen ist zu gewährleisten.

6.2 Ausstattung von Erste-Hilfe-Räumen und vergleichbaren Einrichtungen

Für Erste-Hilfe-Räume und vergleichbare Einrichtungen sind in Abhängigkeit von der Gefährdungsbeurteilung geeignetes Inventar und Mittel zur Ersten Hilfe und Pflegematerial sowie geeignete Rettungsgeräte und Rettungstransportmittel bereitzuhalten.

Geeignetes Inventar ist z. B.:

- Behältnisse (z. B. Schränke, Koffer) zur getrennten, übersichtlichen und hygienischen Aufbewahrung von Mitteln zur Ersten Hilfe und Pflegematerial,
- Spender für Seife, Desinfektionsmittel, Hautschutzmittel und Einmalhandtücher,
- Untersuchungsliege mit verstellbarem Kopf- und Fußteil,
- Instrumententisch mit Schublade,
- Infusionsständer (höhenverstellbar),
- Schreibtisch oder vergleichbare Schreibgelegenheit,
- Sitzgelegenheit,
- Sicherheitsbehälter für spitze und scharfe Gegenstände (z. B. Kanülen) oder
- geeignete, getrennte Behältnisse für infektiösen und nichtinfektiösen Abfall.

Geeignete Mittel zur Ersten Hilfe sind z. B.:

- Inhalt des großen Verbandkastens (siehe Tabelle 2),
- Mittel für Absaugung und Beatmung (z. B. Absauggerät, Absaugkatheter, Beatmungsbeutel und -maske, Guedeltubus, Sauerstoffgerät, Sauerstoffreservoirbeutel),
- Mittel für Diagnostik (z. B. Blutdruckmessgerät, Bügelstethoskop, Diagnostikleuchte),
- Automatisierter Externer Defibrillator (AED),
- Schienen zum Ruhigstellen von Extremitäten,
- HWS-Immobilisationskragen,
- nach betriebsärztlicher Festlegung: Medikamente, Infusionslösungen, Infusionsbestecke, Venenverweilkanülen,
- Desinfektionsmaterial oder
- Augenspülflasche.

Geeignetes Pflegematerial und sonstige Hilfsmittel sind z. B.:

- Decken,
- Einmalauflagen für Liegen,
- Einweg-Nierenschale und Vliesstoff-Tuch oder
- Einweg-Schutzkleidung.

7 Kennzeichnung

(1) Die Kennzeichnung der Erste-Hilfe-Räume und vergleichbaren Einrichtungen sowie der Aufbewahrungsorte der Mittel zur Ersten Hilfe erfolgt nach Anlage 1 Punkt 4 der ASR A1.3 »Sicherheits- und Gesundheitsschutzkennzeichnung«. Erste-Hilfe-Räume sind mit dem Rettungszeichen E003 »Erste Hilfe« zu kennzeichnen.

(2) Die Lage der Erste-Hilfe-Räume und vergleichbaren Einrichtungen können dem Flucht- und Rettungsplan gemäß Punkt 10 Abs. 3 der ASR A2.3 »Fluchtwege und Notausgänge« entnommen werden.

8 Abweichende/ergänzende Anforderungen für Baustellen

(1) Die Mindestanzahl der für Baustellen bereitzuhaltenden Verbandkästen ergibt sich abweichend von Tabelle 1 aus Tabelle 3.

Tabelle 3: Mindestanzahl der auf Baustellen bereitzuhaltenden Verbandkästen

Betriebsart	Zahl der Beschäftigten	Kleiner Verbandkasten	Großer Verbandkasten
Baustellen	1–10	1	–
	11–50	–	1
	51–100	–	2
	für je weitere 50 Beschäftigte	–	+1

(2) Abweichend von Punkt 4 Abs. 3 hat der Arbeitgeber im Rahmen der Gefährdungsbeurteilung zu ermitteln, ob einzelne Arbeitsplätze, z. B. auf Linienbaustellen, mit zusätzlichen Verbandkästen zu Tabelle 3 auszustatten und wie diese zu verteilen sind.

(3) Abweichend von Punkt 6 Abs. 1 ist auf Baustellen mit mehr als 50 Beschäftigten ein Erste-Hilfe-Raum oder eine vergleichbare Einrichtung erforderlich.

(4) Abweichend von Punkt 6.1 Abs. 1 Satz 2 sind Erste-Hilfe-Container so aufzustellen, dass die Erreichbarkeit für die Erstversorgung von verletzten oder erkrankten Beschäftigten durch geeignete Rettungstransportmittel jederzeit sichergestellt und der Weitertransport gewährleistet ist.

Literaturhinweise

- DGUV Information 204-006 »Anleitung zur Ersten Hilfe« 05/2011
- DGUV Information 204-001 Erste Hilfe-Plakat 08/2017 (engl. 204-005 Ausgabe 08/2017)
- DGUV Information 204-007 Handbuch zur Ersten Hilfe 01/2017
- DGUV Information 204-010 Automatisierte Defibrillation im Rahmen der betrieblichen Ersten Hilfe 11/2014

3.2.6 ASR A4.4 »Unterkünfte«

Ausgabe Juni 2010; letzte Änderung Oktober 2024

(Gemeinsames Ministerialblatt 2024 Nr. 41-42/2024, Seite 914)

Die Technischen Regeln für Arbeitsstätten (ASR) geben den Stand der Technik, Arbeitsmedizin und Hygiene sowie sonstige gesicherte wissenschaftliche Erkenntnisse für die Sicherheit und Gesundheit der Beschäftigten beim Einrichten und Betreiben von Arbeitsstätten wieder.

Sie werden vom **Ausschuss für Arbeitsstätten** ermittelt bzw. angepasst und vom Bundesministerium für Arbeit und Soziales im Gemeinsamen Ministerialblatt bekannt gemacht.

Diese ASR A4.4 konkretisiert im Rahmen ihres Anwendungsbereichs Anforderungen der Verordnung über Arbeitsstätten. Bei Einhaltung dieser Technischen Regel kann der Arbeitgeber davon ausgehen, dass die entsprechenden Anforderungen der Verordnung erfüllt sind. Wählt der Arbeitgeber eine andere Lösung, muss er damit mindestens die gleiche Sicherheit und den gleichen Schutz der Gesundheit für die Beschäftigten erreichen.

Inhalt

1 Zielstellung

Diese Arbeitsstättenregel konkretisiert die Anforderungen an das Einrichten und Betreiben von Unterkünften für Arbeitsstätten nach § 3 Abs. 1 und Punkt 4.4 des Anhanges der Arbeitsstättenverordnung.

2 Anwendungsbereich

Diese Arbeitsstättenregel gilt für das Einrichten und Betreiben von Unterkünften im Bereich von Arbeitsstätten. Sie gilt nicht für Pausen- und Bereitschaftsräume, die in ASR A4.2 »Pausen- und Bereitschaftsräume« geregelt sind.

Hinweis: Für die barrierefreie Gestaltung der Unterkünfte gilt die ASR V3a.2 »Barrierefreie Gestaltung von Arbeitsstätten«, Anhang A4.4: Ergänzende Anforderungen zur ASR A4.4 »Unterkünfte«.

3 Begriffsbestimmungen

3.1 **Unterkünfte** sind Räume, die den Beschäftigten zu Wohnzwecken in der Freizeit dienen. Hierzu zählen auch Baracken, Wohncontainer, Wohnwagen und andere Raumzellen.

3.2 **Schlafbereich** ist eine Ruhezone, die zur körperlichen und geistigen Erholung zur Verfügung gestellt wird.

3.3 **Wohnbereich** ist ein Aufenthaltsraum bzw. Aufenthaltsbereich, der zum nicht nur vorübergehenden Aufenthalt von Menschen bestimmt und geeignet ist und zur Freizeitgestaltung zur Verfügung gestellt wird.

4 Allgemeines

(1) Landesrechtliche Vorschriften, insbesondere die bauordnungsrechtlichen Vorschriften der Länder zur Abwehr von Gefahren für die öffentliche Sicherheit und Ordnung sowie zur Vermeidung von Missständen bleiben unberührt.

(2) Unterkünfte sind an ungefährdeter Stelle bereitzustellen. Sie dürfen sich somit nicht z. B. im Gefahrenbereich von Baukranen, Aufzügen, Gerüsten, im Bereich von Hochspannungsleitungen, von Lagerstätten für Gefahrstoffe oder Gase oder von kontaminierten Böden befinden.

(3) Bestehende Einrichtungen, wie Küchen, Vorratsräume, sanitäre Einrichtungen und Mittel zur Ersten Hilfe, können je nach örtlicher Lage und zumutbarer Erreichbarkeit auch für die Unterkünfte genutzt werden.

(4) Bei Anwesenheit von männlichen und weiblichen Bewohnern ist dies bei der Zuteilung der Räume zu berücksichtigen. In Unterkünften müssen die Voraussetzungen für deren getrennte Unterbringung gegeben sein.

(5) Bei Schichtbetrieb müssen für die Unterbringung der Beschäftigten verschiedener Schichten getrennte Schlafbereiche zur Verfügung stehen.

(6) Der Arbeitgeber hat

- Bestimmungen für die Benutzung von Unterkünften, z. B. für die Reinigung, das Verhalten im Brandfall oder bei Alarm aufzustellen,
- eine Brandschutzordnung sowie einen Alarmplan an gut sichtbarer Stelle in der Unterkunft auszuhängen,
- Informationen zum Aufbewahrungsort von Mitteln und zu Einrichtungen zur Ersten Hilfe zu geben,
- dafür zu sorgen, dass die Bewohner diese Bestimmungen und Informationen verstehen können sowie
- eine Unterweisung der Bewohner vorzunehmen und zu dokumentieren.

(7) Der Arbeitgeber kann auch örtliche Unterbringungsmöglichkeiten (z. B. Hotels, Pensionen) nutzen oder andere geeignete Räume in vorhandenen Gebäuden für die Unterbringung den Beschäftigten zur Verfügung stellen.

5 Unterkünfte

5.1 Anforderungen

(1) Von den Unterkünften soll ein direkter Zugang zum öffentlichen Verkehrsraum vorhanden sein.

(2) Unterkünfte müssen für Fahrzeuge der Feuerwehr und des Rettungsdienstes leicht erreichbar sein.

(3) Unterkünfte müssen während der Nutzungsdauer auf mindestens +21 °C geheizt werden können.

(4) Unterkünfte müssen ausreichend Tageslicht erhalten und mit einer angemessenen künstlichen Beleuchtung ausgestattet sein. Für die Beleuchtung sowie die Sicherheitsbeleuchtung in Unterkünften sind die Regelungen der ASR A3.4 »Beleuchtung und Sichtverbindung« sowie ASR A2.3 »Fluchtwege und Notausgänge« anzuwenden.

(5) In Unterkünften dürfen keine Gegenstände und Arbeitsstoffe, insbesondere keine Gefahrstoffe, aufbewahrt werden, die nicht zur zweckentsprechenden Einrichtung dieser Räume gehören.

5.2 Bereitstellung

(1) Unterkünfte sind so zu bemessen, dass für jeden Bewohner mindestens 8 m² Nutzfläche vorhanden sind. Darin enthalten sind anteilig die Nutzflächen aller den Bewohnern zur Verfügung stehenden Bereiche und Räume der Unterkunft, z. B. Wohnbereich, Sanitäreinrichtungen. Je nach Ausstattungsvariante müssen auf den Schlafbereich bzw. den Schlafbereich und Vorflur bei Unterbringung bis sechs Bewohnern mindestens 6 m² pro Bewohner entfallen. Bei Unterbringung von mehr als sechs bis maximal acht Bewohner müssen auf den Schlafbereich mindestens 6,75 m² pro Bewohner bei einer anteiligen Nutzfläche von mindestens 8,75 m² pro Bewohner entfallen (siehe Tabelle).

Tabelle: Mindestnutzflächen pro Bewohner

Anzahl der Bewohner pro Schlafbereich	Nutzfläche der Unterkunft pro Bewohner	Davon für den Schlafbereich bzw. Schlafbereich mit Vorflur zur Verfügung stehende Fläche pro Bewohner
bis 6	mindestens 8 m²	mindestens 6 m²
mehr als 6 bis maximal 8	mindestens 8,75 m²	mindestens 6,75 m²

(2) Unterkünfte für mehr als 50 Beschäftigte müssen über einen separaten Raum für erkrankte Beschäftigte mit mindestens zwei Betten verfügen. Der Zugang muss gekennzeichnet sein. Dieser Raum muss mit einer Krankentrage leicht erreicht werden können. In diesem Raum ist Trinkwasser oder ein alkoholfreies Getränk zur Verfügung zu stellen.

(3) Unterkünfte müssen entsprechend der Belegungszahl mit Sanitäreinrichtungen ausgestattet sein. Dafür sind die Regelungen der ASR A4.1 »Sanitärräume« anzuwenden.

(4) Für das Einrichten und Betreiben der Verkehrswege sind die Regelungen der ASR A1.8 »Verkehrswege« anzuwenden. Verkehrswege zwischen den Schlafbereichen und Sanitäreinrichtungen müssen, sofern sie nicht innen liegend ausgeführt sind, vor Witterungseinflüssen geschützt begangen werden können. Dies kann in Abhängigkeit von jahreszeitlichen Einflüssen, z. B. durch Einhausung oder Überdachung der Verkehrswege, erreicht werden.

5.3 Ausführung

(1) Fußböden, Wände und Decken müssen gegen Feuchtigkeit geschützt und gegen Wärme und Kälte gedämmt ausgeführt werden.

(2) Die lichte Raumhöhe muss mindestens 2,50 m betragen, soweit nicht nach dem Bauordnungsrecht der Länder eine andere lichte Raumhöhe zulässig ist. Unterkünfte müssen frei belüftet werden können (z. B. Fenster, Oberlichter).

(3) Außentüren von Unterkünften müssen dicht und verschließbar sein. Der Eingangsbereich soll mit einem Windfang ausgerüstet sein.

(4) Durchsichtige Trennwände, Türen und Fenster in Unterkünften müssen gegen Einsichtnahme mit ausreichendem Sichtschutz, z. B. Vorhängen oder Jalousien, geschützt sein.

5.4 Ausstattung

(1) Unterkünfte müssen über technische Einrichtungen, z. B. ein Telefon, verfügen, die eine schnellstmögliche Alarmierung der zuständigen Polizeidienststelle, der Feuerwehr oder des Notarztes ermöglichen.

(2) Die Anzahl der Steckdosen in den Wohn- und Schlafbereichen muss an die Ausstattung und Belegung angepasst sein.

(3) Unterkünfte sind mit den erforderlichen Feuerlöscheinrichtungen und, soweit notwendig, mit Brandmeldern auszustatten; dafür ist die ASR A2.2 »Maßnahmen gegen Brände« anzuwenden. Die Feuerlöscher sind an gut sichtbaren und leicht zugänglichen Stellen anzubringen.

(4) Unterkünfte sind mit den erforderlichen Mitteln für die Erste Hilfe auszustatten, dafür ist die ASR A4.3 »Erste-Hilfe-Räume, Mittel und Einrichtungen zur Ersten Hilfe« anzuwenden. Die Mittel für die Erste Hilfe sind an geeigneter Stelle der Unterkünfte gut sichtbar und gekennzeichnet vorzuhalten.

(5) Es dürfen nicht mehr als vier Betten in einem Schlafbereich aus Raumzellen aufgestellt werden. In Gebäuden dürfen maximal acht Betten in einem Raum aufgestellt werden. Bei Etagenbetten dürfen nicht mehr als zwei Betten übereinander stehen. In den Schlafbereichen müssen für jeden Bewohner ein eigenes Bett mit Matratze und Kopfkissen, mindestens eine Sitzgelegenheit und in angemessener Größe eine Tischfläche sowie ein verschließbarer Schrank für Wäsche, Bekleidung oder persönliche Gegenstände vorhanden sein. Die elektrische Beleuchtung ist zweckmäßig zu installieren

(z. B. Orientierungshilfen, Nachtleuchten, Leselampen). Türen zu Schlafbereichen müssen von innen verschließbar sein.

(6) Sofern mehr als vier Bewohner länger als eine Woche gemeinsam untergebracht werden, soll mindestens ein Aufenthaltsraum oder entsprechender Aufenthaltsbereich zur Verfügung stehen (Wohnbereich). Hier müssen mindestens ein angemessen großer Tisch und je Bewohner eine Sitzgelegenheit vorhanden sein. Dabei ist für jeden Beschäftigten eine freie Bewegungsfläche von mindestens 1 m^2 vorzusehen.

(7) Sofern Beschäftigte länger als eine Woche untergebracht werden und keine alternativen Möglichkeiten vorhanden sind oder geschaffen werden, z. B. das Anbieten einer Waschdienstleistung, ist eine Möglichkeit zum Waschen, Trocknen und Bügeln von Kleidung außerhalb der Schlaf- und Wohnbereiche vorzusehen. Hierfür sind Waschmaschinen und Trockengeräte zur gemeinschaftlichen Nutzung geeignet.

(8) Wenn keine anderweitige Verpflegungsmöglichkeit vorhanden ist, z. B. Kantine oder Lieferung von Fertigessen, sind in einem besonderen Raum mit Trinkwasserzapfstelle ausreichend Zubereitungs-, Aufbewahrungs-, Kühl- und Spülgelegenheiten zu schaffen. Die Wände müssen bis zur Höhe von 2 m einen glatten, waschfesten und hellen Belag oder einen entsprechenden Anstrich haben. Für Fußböden ist die ASR A1.5 »Fußböden« anzuwenden. Für jeden Beschäftigten sind hygienisch einwandfreie und verschließbare Fächer vorzuhalten.

(9) In jedem Raum, ausgenommen Windfang und Vorratsraum, sind Abfallbehälter mit Deckel bereitzustellen. Diese müssen aus schwer entflammbarem Material bestehen.

6 Abweichende/ergänzende Anforderungen für Baustellen

(1) Die Bereitstellung von Unterkünften auf Baustellen ist nach Anhang 4.4 Abs. 1 Arbeitsstättenverordnung z. B. erforderlich wenn:

- Arbeiten unter erschwerten Bedingungen wie Druckluft- und Taucherarbeiten ausgeführt werden, um beim Auftreten von Drucklufterkrankungen nach der Dekompressionsphase und auch nach Schichtende technische und medizinische Hilfsmaßnahmen unverzüglich einleiten zu können,
- eine Sicherstellung des Betriebes von Versorgungseinrichtungen für z. B. Druckluftbaustellen durch Möglichkeiten der Unterbringung für Bereitschaftsdienste nötig ist,
- technologisch bedingte verkürzte oder lange Arbeitszeiten oder kurze Schichtwechsel nötig sind, z. B. Arbeiten abhängig von Ebbe und Flut oder Zwangspausen infolge von Arbeitszeitbegrenzungen,
- Kontroll- und Notdienste ausgeführt werden, die nicht vorhersehbaren Einflüssen unterliegen, z. B. Betreiben von Spülfeldern oder Grundwasserabsenkungsanlagen,
- ein unzumutbarer Zeitbedarf für eine tägliche Heimfahrt oder eine nicht mehr ausreichende Ruhezeit erforderlich ist, z. B. häufig wechselnde Arbeitsstätten infolge kurzer Bauzeiten, z. B. für Spezialisten des Spezialtiefbaus, Zwei- oder Dreischichtbetrieb bei Gleitschalungsarbeiten oder Schubbrückenbau,
- die Baustelle nicht mit gewöhnlichen öffentlichen Verkehrsmitteln erreichbar bzw. keine Anfahrmöglichkeit mit persönlicher Fahrgelegenheit vorhanden ist, z. B. Arbeiten auf Hubinseln oder Schwimmenden Geräten (z. B. Schwimmrammen) oder
- sie mit Pkw über das öffentliche Straßennetz nicht erreichbar ist (z. B. Geländewagen für die Anfahrt erforderlich).

(2) Sofern den Beschäftigten seitens des Arbeitgebers der mit der Beschaffung der Unterkunft verbundene Mehraufwand ausgeglichen wird und die Beschäftigten ihre Unterkunft selbst beschaffen, besteht kein Erfordernis zur Bereitstellung von Unterkünften.

ASR A5.2 »Anforderungen an Arbeitsplätze und Verkehrswege auf Baustellen im Grenzbereich zum Straßenverkehr – Straßenbaustellen«

Ausgabe Dezember 2018; zuletzt geändert März 2022

(Gemeinsames Ministerialblatt 2022, Seite 252)

Die Technischen Regeln für Arbeitsstätten (ASR) geben den Stand der Technik, Arbeitsmedizin und Hygiene sowie sonstige gesicherte wissenschaftliche Erkenntnisse für die Sicherheit und Gesundheit beim Einrichten und Betreiben von Arbeitsstätten wieder.

Sie werden vom

Ausschuss für Arbeitsstätten

ermittelt bzw. angepasst und vom Bundesministerium für Arbeit und Soziales im Gemeinsamen Ministerialblatt bekannt gemacht.

Diese ASR A5.2 konkretisiert im Rahmen ihres Anwendungsbereichs Anforderungen der Verordnung über Arbeitsstätten. Bei Einhaltung dieser Technischen Regel kann der Arbeitgeber davon ausgehen, dass die entsprechenden Anforderungen der Verordnung erfüllt sind. Wählt der Arbeitgeber eine andere Lösung, muss er damit mindestens die gleiche Sicherheit und den gleichen Schutz der Gesundheit für die Beschäftigten erreichen.

Inhalt

1 Zielstellung

Diese ASR dient dem Schutz von Beschäftigten auf Baustellen vor Gefährdungen durch den fließenden Verkehr im Grenzbereich zum Straßenverkehr. Sie konkretisiert die Anforderungen an das Einrichten und Betreiben von Arbeitsplätzen und Verkehrswegen auf diesen Baustellen in § 3a Absatz 1 Arbeitsstättenverordnung sowie insbesondere in Punkt 5.2 Absätze 2, 3 und 4 des Anhangs der Arbeitsstättenverordnung.

2 Anwendungsbereich

(1) Diese ASR gilt für das Einrichten, Betreiben und den Abbau von Arbeitsplätzen und Verkehrswegen auf Baustellen im Grenzbereich zum Straßenverkehr, bei denen durch den fließenden Verkehr Gefährdungen für die Beschäftigten entstehen können. Sie findet auch Anwendung für die dazugehörenden Verkehrssicherungsarbeiten. Sie unterstützt bei der Ermittlung und Beurteilung dieser Gefährdungen sowie bei der Planung und Umsetzung von Schutzmaßnahmen zur Gestaltung sicherer Arbeitsplätze und Verkehrswege auf Baustellen im Grenzbereich zum Straßenverkehr.

(2) Diese ASR soll in allen Planungsphasen berücksichtigt werden.

(3) Diese ASR regelt nicht die verkehrsrechtlichen Anforderungen im Geltungsbereich der Straßenverkehrs-Ordnung (StVO).

(4) Diese ASR gilt nicht für die Pannen- und Unfallhilfe sowie für Bergungs- und Abschlepparbeiten.

Hinweis:

Sofern entsprechende Gefährdungen vorliegen, ist diese Arbeitsstättenregel insbesondere in Verbindung mit folgenden ASR anzuwenden:

- *Sicherheitszeichen: ASR A1.3 »Sicherheits- und Gesundheitsschutzkennzeichnung«,*
- *Verkehrswege auf Straßenbaustellen: ASR A1.8 »Verkehrswege«,*
- *Schutz vor Absturz und herabfallenden Gegenständen: ASR A2.1 »Schutz vor Absturz und herabfallenden Gegenständen, Betreten von Gefahrenbereichen«,*
- *Maßnahmen gegen Brände: ASR A2.2 »Maßnahmen gegen Brände«,*
- *Fluchtwege: ASR A2.3 »Fluchtwege und Notausgänge«,*
- *Beleuchtung: ASR A3.4 »Beleuchtung« oder*
- *Sicherheitsbeleuchtung: ASR A2.3 »Fluchtwege und Notausgänge« oder ASR A3.4 »Beleuchtung«.*

3 Begriffsbestimmungen

3.1 **Ankommender Verkehr** ist der Straßenverkehr, der sich aus der vorgegebenen Fahrtrichtung einer Straßenbaustelle nähert.

3.2 **Fahrbahn** ist der aus Fahrstreifen für alle Arten von Fahrzeugen sowie eventuell vorhandenen Randstreifen bestehende zusammenhängende befestigte Teil einer Straße.

3.3 **Fahrstreifen** ist der Teil einer Fahrbahn, den ein Fahrzeug zum ungehinderten Fahren im Verlauf der Fahrbahn, einschließlich anzurechnender Markierungen oder baulicher Leitelemente, benötigt.

3.4 **Fahrzeug-Rückhaltesysteme** sind Schutzeinrichtungen, die von der Fahrbahn abkommende Fahrzeuge aufhalten oder umlenken sollen. Sie können als dauerhafte oder transportable Schutzeinrichtungen ausgeführt sein.

3.5 **Fließender Verkehr** ist der an der Straßenbaustelle ankommende oder vorbeifahrende Straßenverkehr.

3.6 **Grenzbereich zum Straßenverkehr** ist der Teil der Straßenbaustelle, in dem durch den fließenden Straßenverkehr Gefährdungen für die Beschäftigten entstehen können.

3.7 **Öffentlicher Straßenverkehr** kennzeichnet jenen Teil des Straßenverkehrs, der auf den der Allgemeinheit zur Verfügung gestellten Verkehrsflächen erfolgt.

3.8 **Sicherheitsabstand** im Sinne dieser ASR ist der Abstand zwischen Verkehrseinrichtungen und den dem fließenden Verkehr zugewandten Außenbegrenzungen von Arbeitsplätzen oder Verkehrswegen auf Straßenbaustellen (siehe Abbildung 1).

3.9 **Sicherungsfahrzeuge** im Sinne dieser ASR sind Fahrzeuge, die zur Sicherung von Straßenbaustellen eingesetzt werden. Sie sind besonders gekennzeichnet und mit Sonderrechten ausgestattet (siehe § 35 Absatz 6 StVO und Richtlinien zur Sicherung von Straßenbaustellen (RSA)).

3.10 **Straßenbaustellen** im Sinne dieser ASR sind Baustellen, auf denen im Grenzbereich zum Straßenverkehr Arbeiten auf, neben, unter, über oder im Straßenkörper sowie an baulichen Anlagen im Zuge von Straßen durchgeführt und dazu öffentliche oder nicht öffentliche Verkehrsflächen vorübergehend ganz oder teilweise abgesperrt werden. Zu diesen Arbeiten zählen z. B. auch Reinigen von Verkehrseinrichtungen, Grünpflege, Arbeiten an Versorgungsleitungen, Vermessungsarbeiten, Bauwerksprüfungen, Sanierungsarbeiten.

Hinweis:

Der in dieser ASR verwendete Begriff »Straßenbaustelle« entspricht dem in den RSA verwendeten Begriff »Arbeitsstelle«.

3.11 **Straßenbaustellen längerer Dauer** sind Straßenbaustellen, die mindestens einen Kalendertag durchgehend und ortsfest aufrechterhalten werden.

3.12 **Straßenbaustellen kürzerer Dauer** sind Straßenbaustellen, die nur über eine begrenzte Stundenzahl bei Tageshelligkeit (Tagesbaustellen) oder während der Dunkelheit (Nachtbaustellen) betrieben werden, auch wenn die Arbeiten an den folgenden Tagen fortgesetzt werden.

3.13 **Verkehrseinrichtungen** sind z. B. Schranken, Sperrpfosten, Absperrgeräte sowie Leiteinrichtungen gemäß StVO. Zu den Verkehrseinrichtungen gehören auch Blinklicht- und Lichtzeichenanlagen.

3.14 **Verkehrssicherungsarbeiten** sind Arbeiten zum Auf-, Um- und Abbau sowie zur Unterhaltung der Verkehrssicherung.

3.15 **Verkehrssicherungsmaßnahmen** sind die von der zuständigen Behörde in einer verkehrsrechtlichen Anordnung vorgeschriebenen Maßnahmen zur Lenkung und Leitung des öffentlichen Straßenverkehrs.

3.16 **Verkehrswege auf Straßenbaustellen** sind Verkehrswege entsprechend der ASR A1.8 »Verkehrswege«, die dem öffentlichen Straßenverkehr nicht zur Verfügung stehen.

3.17 **Verschwenkungsbereich** ist der Streckenabschnitt, in dem ein oder mehrere Fahrstreifen quer zur Fahrbahnachse versetzt oder eingeengt werden.

4 Einrichten von Arbeitsplätzen und Verkehrswegen auf Straßenbaustellen

4.1 Allgemeines

(1) Straßenbaustellen sind so zu planen und einzurichten, dass Gefährdungen durch den fließenden Verkehr für Beschäftigte möglichst vermieden und verbleibende Gefährdungen möglichst geringgehalten werden.

Gefährdungen durch den fließenden Verkehr können z. B. durch eine vollständige Umleitung des Verkehrs bei einbahnigen Straßen oder eine Überleitung des Verkehrs auf die Gegenfahrbahn bei zweibahnigen Straßen vermieden werden.

(2) Sofern Gefährdungen für Beschäftigte durch den fließenden Verkehr nicht vermieden werden können, sind diese so weit wie möglich zu minimieren. Zur Minimierung dieser Gefährdungen sind für Arbeitsplätze und Verkehrswege auf Straßenbaustellen bereits in der Planung der Ausführung der Arbeiten unter Berücksichtigung der zum Einsatz kommenden Arbeitsverfahren und Arbeitsmittel geeignete Schutzmaßnahmen (siehe Punkte 4.2 bis 4.6) vorzusehen.

Hinweis:

Bei der Auswahl der Schutzmaßnahmen sind auch die Hinweise des Koordinators sowie des Sicherheits- und Gesundheitsschutzplans (SiGePlan) nach Baustellenverordnung (BaustellV) zu berücksichtigen.

(3) Bei Straßenbaustellen sind die erforderlichen Platzbedarfe für Arbeitsplätze, Verkehrswege, Sicherheitsabstände und technische Schutzmaßnahmen zu ermitteln und bereitzustellen. Diese Platzbedarfe sind abhängig von den auszuführenden Tätigkeiten und von den eingesetzten Arbeitsmitteln.

Dabei sind Platzbedarfe z. B. für

- freie Bewegungsflächen für Beschäftigte unter Berücksichtigung der Körpermaße und der auszuführenden Bewegungsabläufe,
- ein durch Arbeitsverfahren bedingtes Hinauslehnen aus Führer- und Bedienständen von Fahrzeugen und Maschinen zur Einsichtnahme in den Fahr- und Arbeitsbereich,
- das Steuern oder Bedienen von Maschinen im Mitgängerbetrieb,

- Arbeits- und Schwenkbereiche von Arbeitsmitteln,
- Aufstell- und Lagerflächen für die eingesetzten Arbeitsmittel und Materialien,
- Baustellenein- und -ausfahrten,
- Zufahrten für Rettungsdienste,
- Fahrzeug-Rückhaltesysteme oder
- Sicherheitsabstände für die Standsicherheit von Baugruben und Gräben

zu berücksichtigen.

(4) Für Verkehrssicherungsarbeiten, z. B. das Aufstellen und Abbauen von Verkehrseinrichtungen, das Aufstellen und Abbauen von Fahrzeug-Rückhaltesystemen oder die Durchführung von Markierungsarbeiten, sind die Absätze 1 bis 3 anzuwenden.

(5) Arbeitsplätze und Verkehrswege auf Straßenbaustellen dürfen nur eingerichtet und betrieben werden, wenn eine sichere Führung des fließenden Verkehrs gewährleistet ist.

Hinweis:

Vor dem Beginn von Arbeiten, die sich auf den öffentlichen Straßenverkehr auswirken, ist eine verkehrsrechtliche Anordnung gemäß StVO einzuholen.

4.2 Technische Schutzmaßnahmen

4.2.1 Straßenbaustellen längerer Dauer

(1) Sind Arbeitsplätze einschließlich Verkehrswege nicht bereits durch baulich vorhandene Fahrzeug-Rückhaltesysteme (z. B. im Mittelstreifen) vom fließenden Verkehr getrennt, sind zur Minimierung der Gefährdungen durch ein Abkommen von Fahrzeugen bei einer zulässigen Höchstgeschwindigkeit größer 50 km/h zur räumlichen Trennung von Arbeitsplätzen und Verkehrswegen auf Straßenbaustellen vom vorbeifließenden Verkehr grundsätzlich transportable Schutzeinrichtungen einzusetzen.

Bei zulässigen Höchstgeschwindigkeiten von 50 km/h und weniger sollen transportable Schutzeinrichtungen eingesetzt werden:

- entlang von Baugruben oder Gräben, wenn eine Absturz- bzw. Einsturzgefahr besteht (z. B. bei dicht an Aufgrabungskanten vorbeigeführten Fahrstreifen) oder
- wenn aufgrund der Verkehrsführung (z. B. starke Verschwenkungen, enge Fahrstreifen) eine erhöhte Abkommenswahrscheinlichkeit für den fließenden Verkehr besteht, hierdurch Beschäftigte gefährdet werden können und die erhöhte Abkommenswahrscheinlichkeit nicht durch eine Geschwindigkeitsreduzierung minimiert werden kann.

Andere Maßnahmen, z. B. ein Baugrubenverbau, können angewendet werden, wenn sie für das beabsichtigte Aufhalten oder Umlenken von Fahrzeugen dimensioniert und ausgebildet sind.

(2) Bei der Auswahl der transportablen Schutzeinrichtungen nach Absatz 1 sind Geschwindigkeit, Gewicht sowie Anfahrwinkel der Fahrzeuge zu berücksichtigen (siehe dazu: Aufhaltestufen entsprechend Liste nach TL-Transportable Schutzeinrichtungen (TSE) der Bundesanstalt für Straßenwesen (BASt)) und die in den Tabellen 1 und 3 genannten Sicherheitsabstände anzuwenden.

(3) Können transportable Schutzeinrichtungen nicht eingesetzt werden, z. B.

- aufgrund fehlender Aufstellflächen oder Unterschreitung der Mindestaufbaulänge,
- wegen Behinderung des Baustellenverkehrs (z. B. Anlieferung von Material, Baumaschinen),

oder ist der Einsatz transportabler Schutzeinrichtungen nicht verhältnismäßig, z. B.

- wenn die Gefährdung der Beschäftigten beim Auf- und Abbau der Schutzeinrichtung größer ist als ihre Gefährdung bei der eigentlichen Arbeit im Grenzbereich zum Straßenverkehr,
- weil einzelne, zeitlich begrenzte Bauphasen größere Arbeitsbreiten erfordern,

sind Verkehrseinrichtungen (z. B. Leitbaken, Leitkegel), Leitschwellen, Leitborde oder Leitwände zur Führung des Straßenverkehrs zu verwenden. Dabei sind die in den Tabellen 1 und 3 genannten Sicherheitsabstände anzuwenden.

4.2.2 Straßenbaustellen kürzerer Dauer

(1) Bei Straßenbaustellen kürzerer Dauer müssen zur Abgrenzung von Arbeitsplätzen und Verkehrswegen zum fließenden Verkehr geeignete Verkehrseinrichtungen eingesetzt werden. Dies können z. B. Leitbaken, Leitkegel, fahrbare Absperrtafeln, Warneinrichtungen und Lichtzeichenanlagen sein. Dabei sind die in den Tabellen 2 und 3 genannten Sicherheitsabstände anzuwenden.

(2) Werden Fahrzeuge und Maschinen als Sicherungsfahrzeuge eingesetzt, müssen diese die verkehrsrechtlichen Anforderungen erfüllen (siehe § 35 Absatz 6 StVO und Richtlinien für die Sicherung von Arbeitsstellen an Straßen (RSA)).

4.3 Seitlicher Sicherheitsabstand (S_Q) von Arbeitsplätzen und Verkehrswegen auf Straßenbaustellen zum fließenden Verkehr

(1) Zum Schutz der Beschäftigten ist für Arbeitsplätze und Verkehrswege auf Straßenbaustellen ein seitlicher Sicherheitsabstand (S_Q) zum fließenden Verkehr vorzusehen. Damit werden z. B. unbeabsichtigte Bewegungen von Beschäftigten aus dem Bereich von diesen Arbeitsplätzen und Verkehrswegen heraus oder unbeabsichtigte Fahrbewegungen des fließenden Verkehrs berücksichtigt. Im seitlichen Sicherheitsabstand (S_Q) dürfen sich außer zum Auf- und Abbau der Verkehrseinrichtungen keine Arbeitsplätze oder Verkehrswege befinden.

(2) Seitliche Sicherheitsabstände (S_Q) werden bei Fahrzeug-Rückhaltesystemen auf die dem Verkehr zugewandte äußere Begrenzung des Fahrzeug-Rückhaltesystems bezogen (siehe Abb. 1a)). Seitliche Sicherheitsabstände (S_Q) werden bei Leitbaken, Leitkegeln, Leitwänden, Leitschwellen und Leitborden jeweils auf deren Mittelachse bezogen (siehe Abb. 1b)). Aufgrund ihrer unterschiedlichen Abmessungen werden diesen Elementen spezifische Sicherheitsabstände zugeordnet.

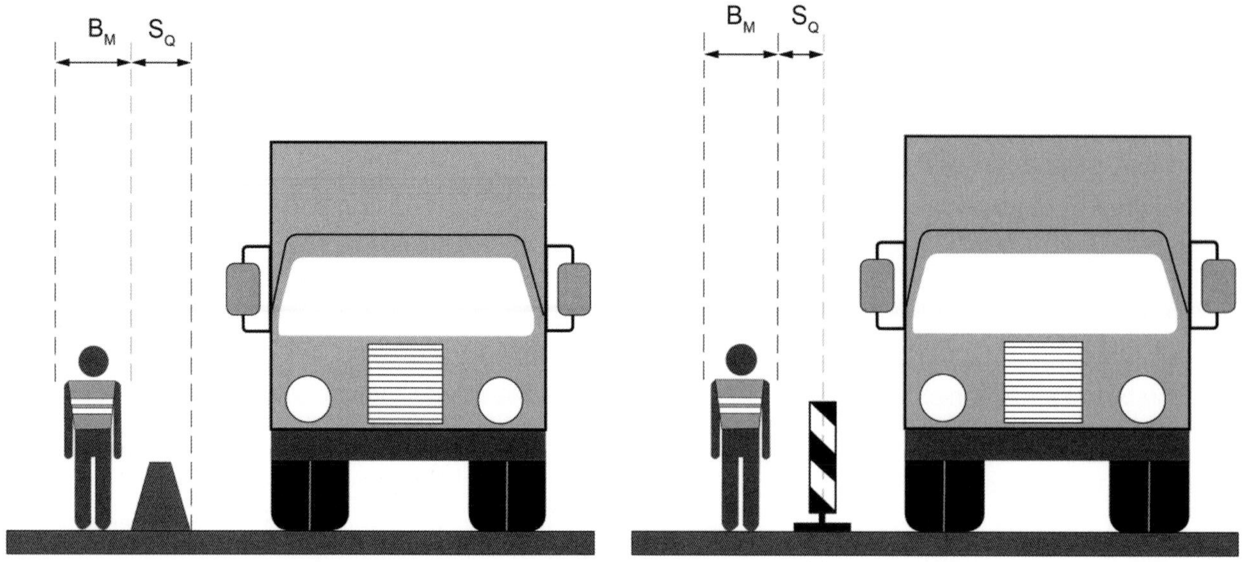

a) b)

Abb. 1: Bezugslinie für seitliche Sicherheitsabstände (S_Q) zum fließenden Verkehr:
a) dem Verkehr zugewandte äußere Begrenzung bei Fahrzeug-Rückhaltesystemen
b) Mittelachse bei Leitbaken, Leitkegeln, Leitwänden, Leitschwellen, Leitborden

Tabelle 1: Mindestmaße für seitliche Sicherheitsabstände (S_Q) zum fließenden Verkehr bei Straßenbaustellen längerer Dauer

Element	Zulässige Höchstgeschwindigkeit					
	30 km/h	40 km/h	50 km/h	60 km/h	80 km/h	100 km/h
Fahrzeug-Rückhalte-systeme	30 cm	40 cm	50 cm	60 cm	80 cm	100 cm
Leitbake (1000 mm × 250 mm, 750 mm × 187,5 mm), Leitkegel, Leitwand	30 cm	40 cm	50 cm	70 cm	90 cm	*
Leitbake (500 mm × 125 mm), Leitschwelle, Leitbord	50 cm	60 cm	70 cm	90 cm	110 cm	*

**Hinweise zu Tabelle 1:*
1. Bei zulässigen Höchstgeschwindigkeiten ab 100 km/h müssen Fahrzeug-Rückhaltesysteme eingesetzt werden.
2. Die Sicherheitsabstände für Fahrzeug-Rückhaltesysteme berücksichtigen ausschließlich die verkehrsleitende Funktion dieser Systeme.

Tabelle 2: Mindestmaße für seitliche Sicherheitsabstände (S_Q) zum fließenden Verkehr bei Straßenbaustellen kürzerer Dauer

Element	Zulässige Höchstgeschwindigkeit						
	30 km/h	40 km/h	50 km/h	60 km/h	80 km/h	100 km/h	120 km/h
Leitbake (1000 mm × 250 mm, 750 mm × 187,5 mm), Leitkegel, Leitwand	30 cm	40 cm	50 cm	70 cm	90 cm	110 cm	130 cm
Leitbake (500 mm × 125 mm), Leitschwelle, Leitbord	50 cm	60 cm	70 cm	90 cm	110 cm	130 cm	150 cm

(3) Können die Mindestmaße aus den Tabellen 1 und 2 nicht eingehalten werden, sind als Ergebnis einer Gefährdungsbeurteilung Schutzmaßnahmen festzulegen, die mindestens die gleiche Sicherheit und den gleichen Gesundheitsschutz für die Beschäftigten erreichen. Dabei sind z. B. folgende Kriterien zu berücksichtigen:

- zulässige Höchstgeschwindigkeit des fließenden Verkehrs,
- Kurvigkeit der Straßenführung,
- fehlende Ausweichmöglichkeiten, z. B. durch Bordsteine, seitlichen Bewuchs oder Gegenverkehr,
- Fahrstreifenbreiten,
- Fahrzeugarten und
- Verkehrsdichte, Sichtverhältnisse.

Geeignete Schutzmaßnahmen sind z. B.

- temporäre Fahrbahnverbreiterung für den vorbeifließenden Straßenverkehr,
- Überwachung der tatsächlich gefahrenen Geschwindigkeit, z. B. durch polizeiliche Maßnahmen,
- Anzeige der tatsächlich gefahrenen Geschwindigkeit durch elektronische Messverfahren,
- in lokal begrenzten Abschnitten weitere Reduzierung der zulässigen Höchstgeschwindigkeit,
- Herausfiltern und Umleiten des Lkw-Verkehrs,
- Durchführung der Arbeiten in verkehrsarmen Zeiten oder
- temporäre Lichtzeichenanlage zur zeitweiligen Sperrung des fließenden Verkehrs (Nutzen von Zeitfenstern).

(4) Wären bei Festlegung von Schutzmaßnahmen nach Absatz 3 besondere Gefährdungen für die Verkehrsteilnehmer infolge erheblicher Behinderungen bzw. erheblicher Verkehrsbelastungen zu erwarten, sind in Abstimmung mit den für den Arbeitsschutz und den für den Straßenverkehr zuständigen Behörden stattdessen die Schutzmaßnahmen festzulegen, die für Beschäftigte auf Straßenbaustellen und für Verkehrsteilnehmer gleichermaßen die größtmögliche Sicherheit gewährleisten.

Hinweis:

Vor dem Beginn von Arbeiten, die sich auf den öffentlichen Straßenverkehr auswirken, ist eine verkehrsrechtliche Anordnung gemäß StVO einzuholen.

4.4 Mindestbreiten (B_M) für Arbeitsplätze und Verkehrswege auf Straßenbaustellen

Als Mindestbreiten (B_M) für Arbeitsplätze und Verkehrswege auf Straßenbaustellen sind erforderlich:

- abweichend von Punkt 7 Absatz 4 der ASR A1.8 für Verkehrswege: B_M 80 cm,
- abweichend von Punkt 7 Absatz 2 der ASR A1.8 »Verkehrswege« für Laufstege: B_M 80 cm,
- für reine Kontroll-, Steuer- und Bedientätigkeiten, z. B. im Mitgängerbetrieb: B_M 80 cm und
- für ein durch Arbeitsverfahren bedingtes Hinauslehnen aus Führer- und Bedienständen von Fahrzeugen und Maschinen zur Einsichtnahme in den Fahr- und Arbeitsbereich: B_M 40 cm.

Für manuelle Tätigkeiten sind die erforderlichen Mindestbreiten (B_M) zu ermitteln. Dabei darf die Mindestbreite B_M 80 cm nicht unterschritten werden.

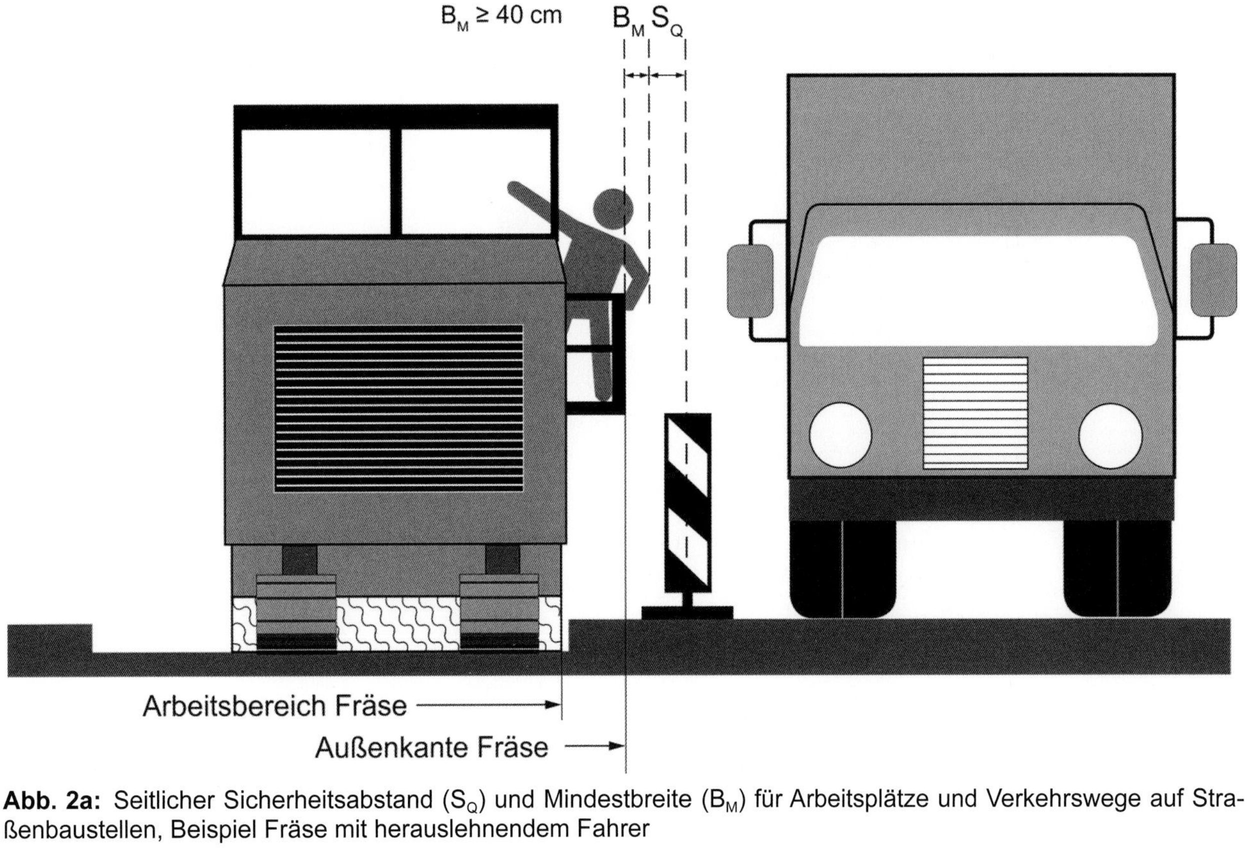

Abb. 2a: Seitlicher Sicherheitsabstand (S_Q) und Mindestbreite (B_M) für Arbeitsplätze und Verkehrswege auf Straßenbaustellen, Beispiel Fräse mit herauslehnendem Fahrer

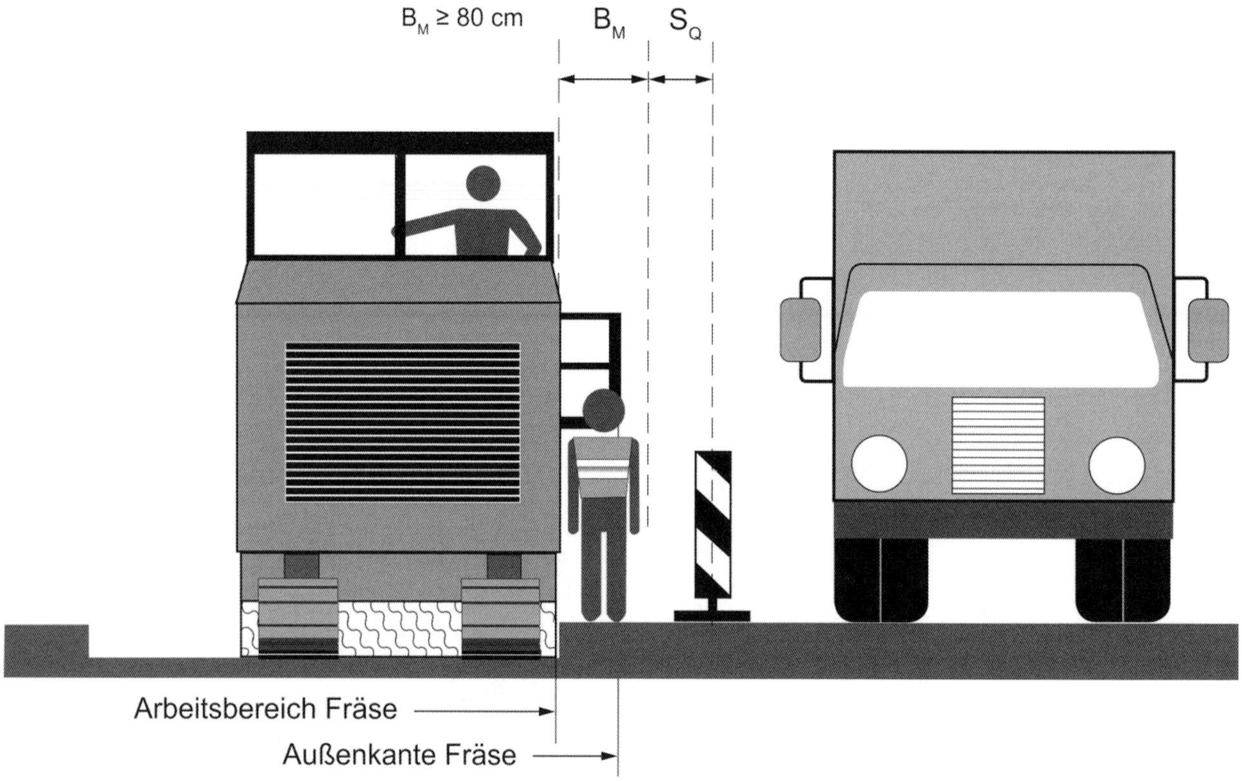

Abb. 2b: Seitlicher Sicherheitsabstand (S_Q) und Mindestbreite (B_M) für Arbeitsplätze und Verkehrswege auf Straßenbaustellen, Beispiel Fräse mit Mitgängerbetrieb

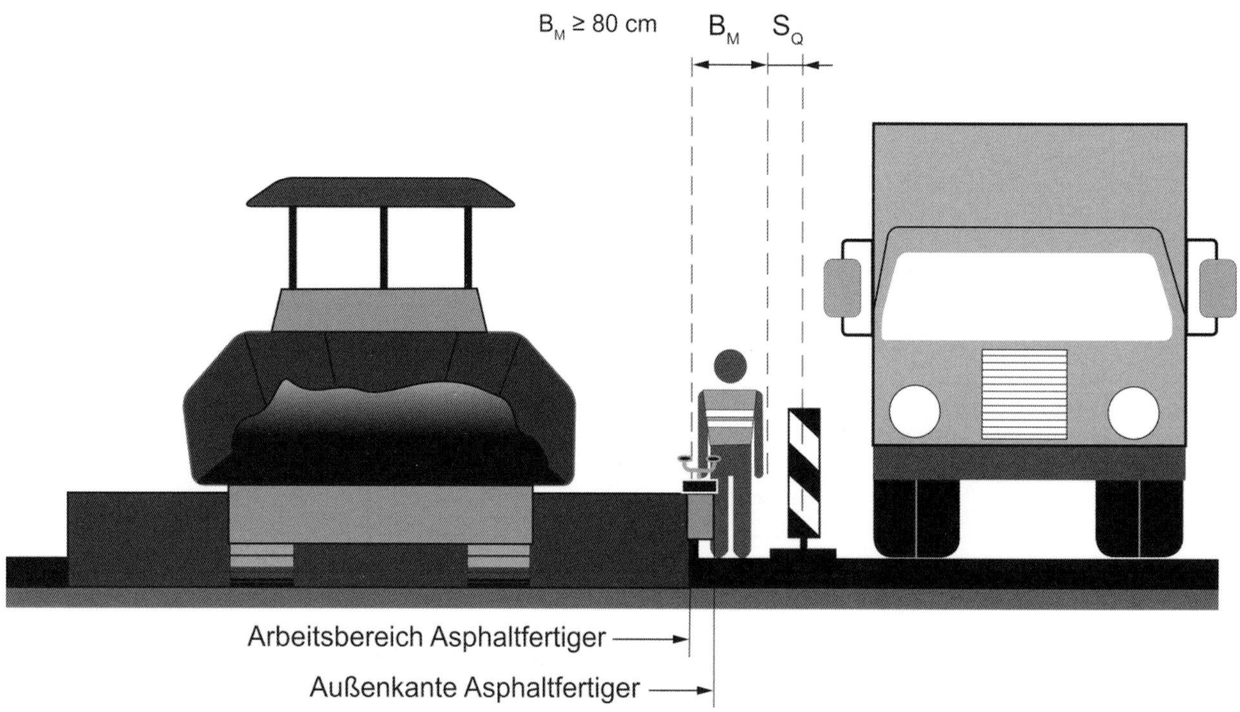

Abb. 3: Seitlicher Sicherheitsabstand (S_Q) und Mindestbreite (B_M) für Arbeitsplätze und Verkehrswege auf Straßenbaustellen, Beispiel Asphaltfertiger

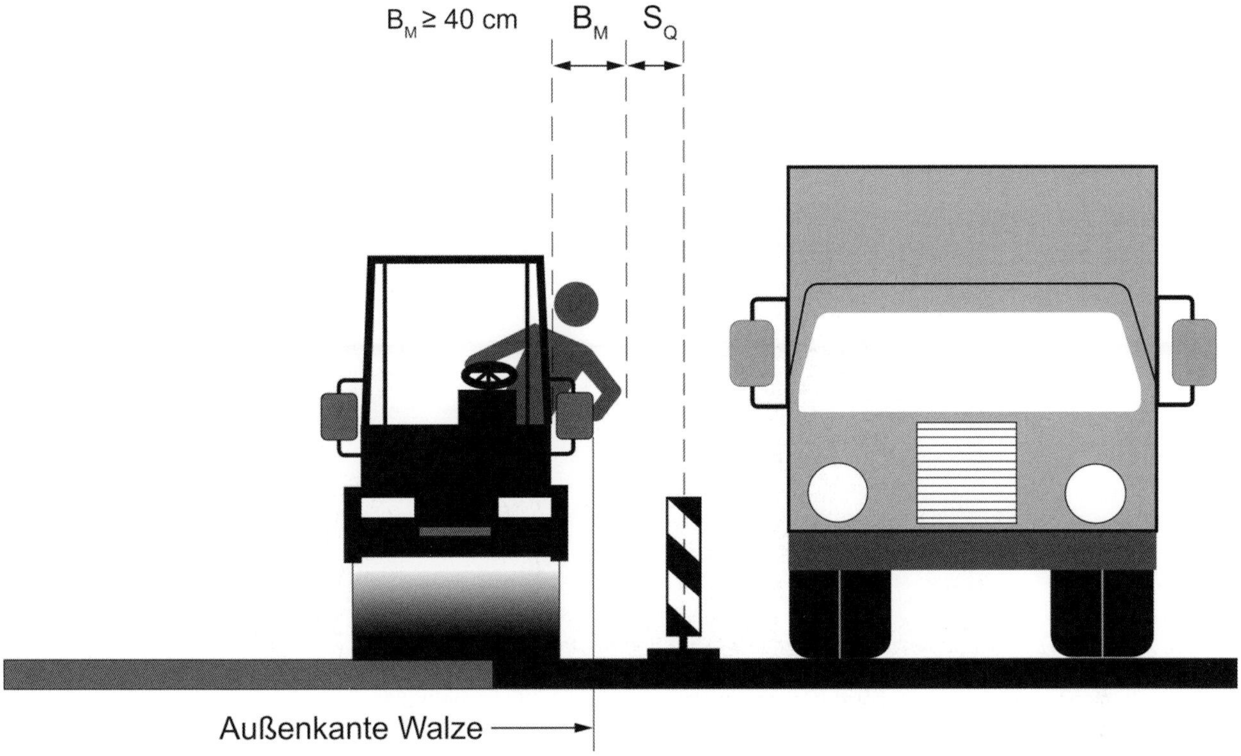

Abb. 4: Seitlicher Sicherheitsabstand (S_Q) und Mindestbreite (B_M) für Arbeitsplätze und Verkehrswege auf Straßenbaustellen, Beispiel Walze mit Überlappung im Bereich der Naht

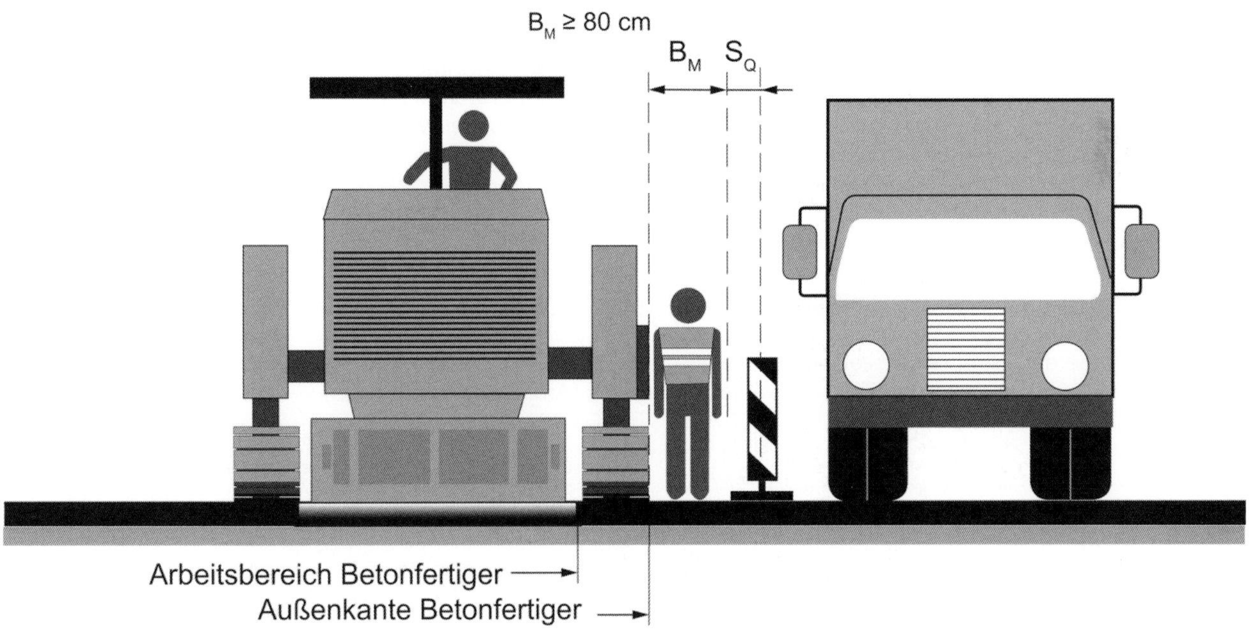

Abb. 5: Seitlicher Sicherheitsabstand (S_Q) und Mindestbreite (B_M) für Arbeitsplätze und Verkehrswege auf Straßenbaustellen, Beispiel Beton-/Gussasphaltfertiger mit überkragendem Kettenlaufwerk

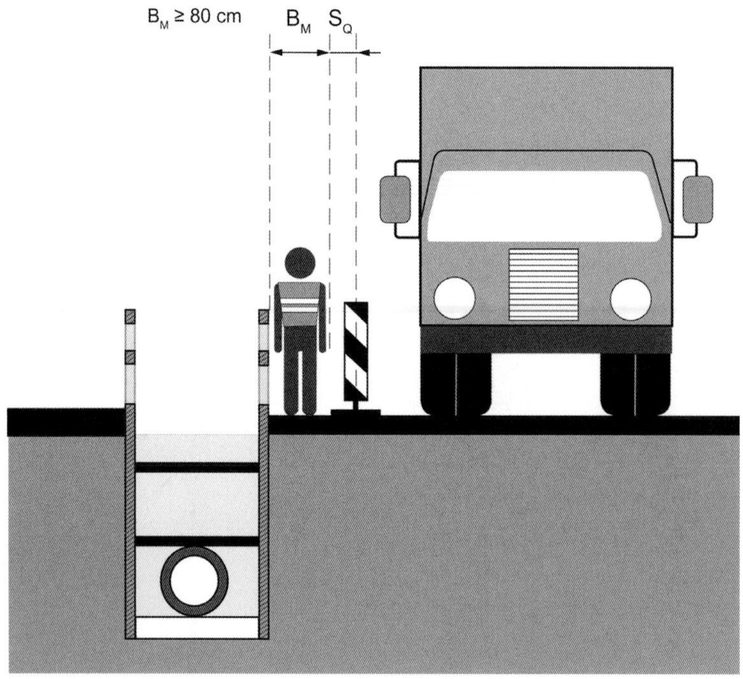

Abb. 6: Seitlicher Sicherheitsabstand (S_Q) und Mindestbreite (B_M) für Arbeitsplätze und Verkehrswege auf Straßenbaustellen, Beispiel Kanalgrabenherstellung

4.5 Sicherheitsabstand in Längsrichtung (S_L) von Arbeitsplätzen und Verkehrswegen auf Straßenbaustellen zum ankommenden Verkehr

(1) Für Arbeitsplätze und Verkehrswege auf Straßenbaustellen ist ein Sicherheitsabstand in Längsrichtung (S_L) zum ankommenden Verkehr vorzusehen. Damit wird z. B. die Gefährdung durch unbeabsichtigtes Hineinfahren in den abgesperrten Bereich der Baustelle berücksichtigt. In diesem Sicherheitsabstand (S_L) dürfen sich außer zum Auf- und Abbau der Verkehrseinrichtungen keine Arbeitsplätze oder Verkehrswege befinden.

(2) Beim Einsatz von Verkehrseinrichtungen, fahrbaren Absperrtafeln mit und ohne Zugfahrzeug, Leitschwellen, -borden oder -wänden sind Sicherheitsabstände (S_L) nach Tabelle 3 anzuwenden.

Hinweis:

Werden auf innerörtlichen Straßen bzw. auf Landstraßen andere Verkehrseinrichtungen (§ 43 StVO) oder bauliche Leitelemente zur Querabsperrung von Teilen der Fahrbahn eingesetzt, so beträgt S_L gegenüber dem ankommenden Verkehr innerorts 10 m, außerorts entspricht S_L der Länge des Verschwenkungsbereichs gemäß RSA.

Tabelle 3: Mindestmaße für Sicherheitsabstände in Längsrichtung (S_L)[a] zum ankommenden Verkehr

	Lage der (Straßenbaustelle (Arbeitsstelle) bzw. zulässige Höchstgeschwindigkeit außerhalb des Straßenbaustellenbereichs (Arbeitsstellenbereichs)		
Element	innerörtliche Straßen	Einbahnige Landstraßen und innerörtliche Straßen mit $V_{zul} > 50$ km/h	Autobahnen, autobahnähnliche Straßen und zweibahnige Landstraßen[b]
Fahrbare Absperrtafel mit Zugfahrzeug oder Sicherungsfahrzeug ≥ 10 t zulässige Gesamtmasse	3 m	10 m	75 m[c]
Fahrbare Absperrtafel mit Zugfahrzeug oder Sicherungsfahrzeug < 10 t bis ≥ 7,49 t zulässige Gesamtmasse	5 m	15 m	100 m[c]
Fahrbare Absperrtafel mit Zugfahrzeug oder Sicherungsfahrzeug < 7,49 t zulässige Gesamtmasse	7,5 m	20 m	nicht zulässig
Fahrbare Absperrtafel ohne Zugfahrzeug	15 m	40 m	

a Die genannten Sicherheitsabstände (S_L) sind im Sinne eines durch einen Anprall aufzehrbaren Bereiches als lichtes Maß zwischen Vorderkante der Absperrung (Sicherungs- bzw. Zugfahrzeug) und Arbeitsbereich zu verstehen, d. h. als Nettomaß.

b Auf Rampen (Verbindungsfahrbahnen in Knotenpunkten) können in Abhängigkeit von der Lage der Baustelle in der Rampe, der Rampenlänge und den tatsächlich gefahrenen Geschwindigkeiten kleinere Abstände in Betracht kommen, jedoch nicht unter 20 m.

c Bei beweglichen Straßenbaustellen (Arbeitsstellen) kann der Abstand auf 50 m reduziert werden.

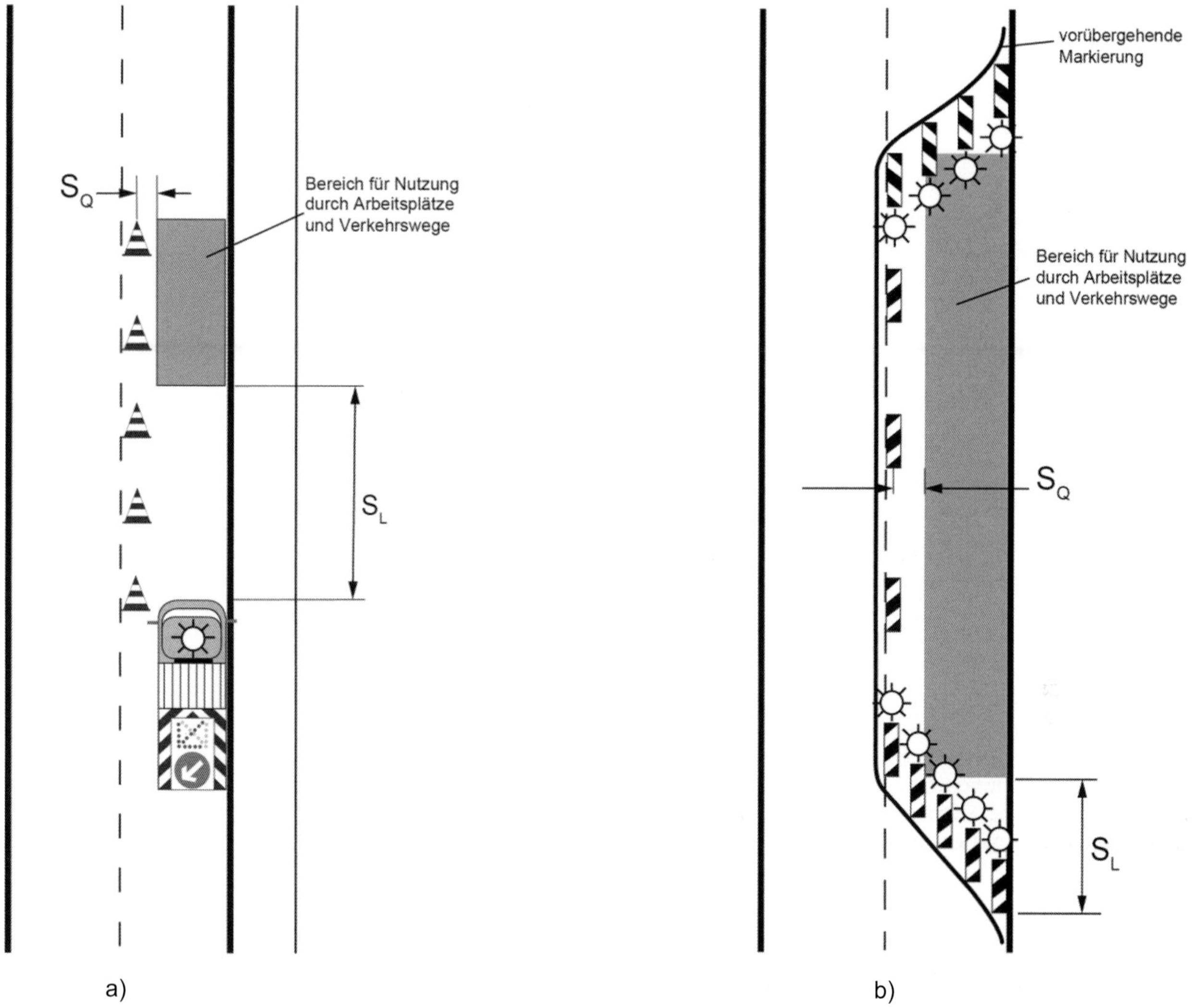

Abb. 7: Sicherheitsabstand (S_L) zum ankommenden Verkehr am Beispiel
a) fahrbare Absperrtafel mit Zugfahrzeug
b) mit Verschwenkungsbereich

(3) Bei Fahrzeug-Rückhaltesystemen entspricht das Maß des Sicherheitsabstandes (S_L) zum ankommenden Verkehr der Länge des Verschwenkungsbereiches (Verschwenkungsbereich entsprechend Verkehrszeichenplan der verkehrsrechtlichen Anordnung).

(4) Können die Mindestmaße aus Tabelle 3 nicht eingehalten werden, sind als Ergebnis einer Gefährdungsbeurteilung Maßnahmen festzulegen, die mindestens die gleiche Sicherheit und den gleichen Gesundheitsschutz für die Beschäftigten erreichen. Dabei sind die Kriterien aus Punkt 4.3 Absatz 3 zu berücksichtigen.

Geeignete Maßnahmen sind z. B.:

- Überwachung der tatsächlich gefahrenen Geschwindigkeit, z. B. durch polizeiliche Maßnahmen,
- Anzeige der tatsächlich gefahrenen Geschwindigkeit durch elektronische Messverfahren oder
- Zusätzliche Warneinrichtungen als Ankündigung (visuell wirkende Vorwarneinrichtungen, mechanisch wirkende Warnschwellen).

Hinweis:

Vor dem Beginn von Arbeiten, die sich auf den öffentlichen Straßenverkehr auswirken, ist eine verkehrsrechtliche Anordnung gemäß StVO einzuholen.

4.6 Ergänzende Maßnahmen

An Stellen, an denen Beschäftigte nicht ausreichend nach den Punkten 4.2 bis 4.5 vor den Gefährdungen des fließenden Verkehrs geschützt werden, z. B. im Bereich von Straßenkreuzungen oder für einzelne Tätigkeiten mit besonderem Platzbedarf, sind ergänzende Maßnahmen zur Minimierung der Gefährdung erforderlich, z. B. eine kurzzeitige Sperrung, Verkehrsbeschränkungen für Lkw. Auch der Einsatz von Polizei an diesen Stellen zur Lenkung und Leitung des öffentlichen Straßenverkehrs kann eine geeignete Maßnahme sein.

5 Betreiben von Arbeitsplätzen und Verkehrswegen auf Straßenbaustellen

5.1 Allgemeines

(1) Beim Betreiben von Arbeitsplätzen und Verkehrswegen auf Straßenbaustellen können sich im Grenzbereich zum Straßenverkehr Gefährdungen insbesondere durch:

- den vorbeifahrenden Straßenverkehr (z. B. Anprall, Sogwirkung),
- Ein- und Ausfahren des Baustellenverkehrs,
- Verkehrsdichte/-aufkommen (z. B. Lärm, Motoremissionen),
- Witterungseinflüsse (z. B. Glatteis, Sturm),
- Sichtverhältnisse (z. B. Nebel, Dunkelheit) oder
- unkontrolliert bewegte Teile (z. B. Splitt, Schotter)

ergeben.

Geeignete Schutzmaßnahmen, z. B. eine Ausgestaltung der Arbeitsplätze und Verkehrswege im Grenzbereich zum Straßenverkehr unter Berücksichtigung der in Punkt 4 beschriebenen Schutzmaßnahmen, sowie geeignete Warnkleidung (siehe z. B. DGUV Information 212-016), sind als Ergebnis der Gefährdungsbeurteilung festzulegen und umzusetzen.

Hinweis:

Bei Arbeiten im öffentlichen Straßenverkehr sind bei der Auswahl von Warnkleidung die Anforderungen der StVO, der Allgemeinen Verwaltungsvorschrift zur Straßenverkehrs-Ordnung (VwV-StVO) und der RSA zu berücksichtigen.

(2) Die Beschäftigten müssen unter Berücksichtigung von Punkt 5.1 Absatz 1 gefährdungsbezogen unterwiesen sein, insbesondere:

- hinsichtlich des Verhaltens auf Arbeitsplätzen auf Straßenbaustellen, z. B. beim Auf- und Abbau von Verkehrseinrichtungen,
- in die Benutzung der Verkehrswege auf Straßenbaustellen und der Zuwegungen zu den Arbeitsplätzen,
- zum Verhalten beim Einsatz von Arbeitsmitteln, z. B. Straßenfertiger, Kaltfräsen, Straßenwalzen, Trennschneidgeräte, Reinigungs- und Mähgeräte, Hubarbeitsbühnen,
- zum Verhalten im Bereich von Baustellenein- und -ausfahrten,
- zu Abmessungen und zum Einhalten von Sicherheitsabständen (SL, SQ) zum fließenden Verkehr,
- zu Abmessungen und zum Einhalten von Mindestbreiten (BM) von Arbeitsplätzen und Verkehrswegen auf Straßenbaustellen sowie
- zur Benutzung von geeigneter Persönlicher Schutzausrüstung, z. B. Warnkleidung (siehe z. B. DGUV Information 212-016).

(3) Arbeitsplätze und Verkehrswege auf Straßenbaustellen sind für die Dauer der Benutzung ausreichend zu beleuchten (siehe ASR A3.4 »Beleuchtung«).

Hinweis:

Vor dem Beginn von Arbeiten, die sich auf den öffentlichen Straßenverkehr auswirken, ist eine verkehrsrechtliche Anordnung gemäß StVO einzuholen. Dabei sind die Anforderungen der RSA zu berücksichtigen, z. B. durch Auswahl und Positionierung der Beleuchtung zur Vermeidung einer Blendung des fließenden Verkehrs.

5.2 Wirksamkeit getroffener Schutzmaßnahmen

(1) Die Schutzmaßnahmen sind je nach Dauer der Arbeiten sowie der betriebsbedingten und äußeren Einflüsse auf ihre ordnungsgemäße Umsetzung und Wirksamkeit zu überprüfen. Betriebsbedingte Einflüsse sind z. B. das Verlegen der Baustellenein- und -ausfahrten. Zu äußeren Einflüssen zählen z. B. Verschmutzung, Witterung und Vandalismus.

(2) Art, Umfang und Häufigkeit der Prüfung der ordnungsgemäßen Umsetzung und Wirksamkeit getroffener Schutzmaßnahmen (Erkennbarkeit, Standsicherheit und Positionierung der Verkehrseinrichtungen) sind im Rahmen der Gefährdungsbeurteilung festzulegen.

Hinweis:

Vor dem Beginn von Arbeiten, die sich auf den öffentlichen Straßenverkehr auswirken, ist bei der Prüfung der Wirksamkeit der getroffenen Schutzmaßnahmen die verkehrsrechtliche Anordnung gemäß StVO zu berücksichtigen.

5.3 Änderungen bei Abweichungen von der Planung

Ergibt sich eine von der Planung nach Punkt 4.1 Absatz 1 abweichende Situation für das Einrichten und Betreiben der Straßenbaustelle, sind die Schutzmaßnahmen nach Punkt 4 zu prüfen und gegebenenfalls anzupassen.

Hinweise:

1. *Vor dem Beginn von Arbeiten, die sich auf den öffentlichen Straßenverkehr auswirken, sind die aus den anzupassenden Schutzmaßnahmen resultierenden Verkehrssicherungsmaßnahmen mit der zuständigen Behörde abzustimmen. Für erforderliche Änderungen von Verkehrssicherungsmaßnahmen muss eine verkehrsrechtliche Anordnung gemäß StVO vorliegen.*
2. *Zur Aufrechterhaltung der Sicherheit und Ordnung des öffentlichen Straßenverkehrs kann gemäß StVO die Polizei bei Gefahr im Verzug vorläufige Maßnahmen treffen.*

Literaturhinweise

- Straßenverkehrs-Ordnung (StVO) einschließlich der Allgemeinen Verwaltungsvorschrift zur Straßenverkehrs-Ordnung (VwV-StVO)

- Richtlinien für die Sicherung von Arbeitsstellen an Straßen (RSA)
- Handlungshilfe für das Zusammenwirken von ASR A5.2 und RSA bei der Planung von Straßenbaustellen im Grenzbereich zum Straßenverkehr (BASt, Ausgabe 2020). Die Handlungshilfe sowie Informationen zur Erarbeitung und Einordnung sind auf der Homepage der Bundesanstalt für Straßenwesen verfügbar: https://www.bast.de/BASt_2017/DE/Publikationen/Fachveroeffentlichungen/Verkehrstechnik/Downloads/V-Handlungshilfe-ASR-RSA.html
- Zusätzliche Technische Vertragsbedingungen und Richtlinien für Sicherungsarbeiten an Arbeitsstellen an Straßen (ZTV-SA 97), bekannt gemacht als Allgemeines Rundschreiben Straßenbau des BMVBS, 12. August 1997
- Zusätzliche Technische Vertragsbedingungen und Richtlinien für passive Schutzeinrichtungen (ZTV-PS 98), bekannt gemacht als Allgemeines Rundschreiben Straßenbau des BMVBS, Ausgabe 1998
- Richtlinien für passiven Schutz an Straßen durch Fahrzeug-Rückhaltesysteme (RPS 2009)
- Einsatzfreigabeverfahren für Fahrzeug-Rückhaltesysteme Stand 01.10.2009
- Verordnung über Sicherheit und Gesundheitsschutz auf Baustellen (Baustellenverordnung – BaustellV)
- RAB 30 Regel zum Arbeitsschutz auf Baustellen – Geeigneter Koordinator
- RAB 31 Regel zum Arbeitsschutz auf Baustellen – Sicherheits- und Gesundheitsschutzplan - SiGePlan
- RAB 33 Regel zum Arbeitsschutz auf Baustellen – Allgemeine Grundsätze nach § 4 des Arbeitsschutzgesetzes bei Anwendung der Baustellenverordnung
- DGUV Vorschrift 38 Unfallverhütungsvorschrift Bauarbeiten, 1. Januar 1993 mit Durchführungsanweisungen vom Dezember 2010
- DGUV Regel 114-016 Straßenbetrieb, Straßenunterhalt 10/2011
- DGUV Regel 101-003 Umgang mit beweglichen Straßenbaumaschinen 09/2013
- DGUV Information 212-016 Warnkleidung 12/2010
- Normenreihe DIN EN 1317 Rückhaltesysteme an Straßen, Stand 11/2018
- Liste nach TL-Transportable Schutzeinrichtungen (TSE) der Bundesanstalt für Straßenwesen (BASt), 7. Februar 2017

3.2.20 ASR A6 »Bildschirmarbeit«

Ausgabe Juli 2024

(Gemeinsames Ministerialblatt 2024 Nr. 24, Seite 470)

Die Technischen Regeln für Arbeitsstätten (ASR) geben den Stand der Technik, Arbeitsmedizin und Hygiene sowie sonstige gesicherte wissenschaftliche Erkenntnisse für die Sicherheit und Gesundheit der Beschäftigten beim Einrichten und Betreiben von Arbeitsstätten wieder.

Sie werden vom **Ausschuss für Arbeitsstätten** ermittelt bzw. angepasst und vom Bundesministerium für Arbeit und Soziales im Gemeinsamen Ministerialblatt bekannt gemacht.

Diese ASR A6 konkretisiert im Rahmen ihres Anwendungsbereichs Anforderungen der Verordnung über Arbeitsstätten. Bei Einhaltung dieser Technischen Regel kann der Arbeitgeber davon ausgehen, dass die entsprechenden Anforderungen der Verordnung erfüllt sind. Wählt der Arbeitgeber eine andere Lösung, muss er damit mindestens die gleiche Sicherheit und den gleichen Schutz der Gesundheit für die Beschäftigten erreichen.

Inhalt

1 Zielstellung

(1) Diese ASR konkretisiert § 3a Absatz 1 und die in Nummer 6 des Anhangs der Arbeitsstättenverordnung (ArbStättV) genannten Anforderungen und Maßnahmen zur Gestaltung von Bildschirmarbeitsplätzen und Bildschirmgeräten sowie § 6 Absatz 1 ArbStättV zur Unterweisung der Beschäftigten. Sie konkretisiert darüber hinaus Nummer 3.3 Absatz 2 des Anhangs der ArbStättV, soweit es Sitzgelegenheiten an Bildschirmarbeitsplätzen betrifft.

(2) Diese ASR konkretisiert weiterhin § 1 Absatz 4 und § 2 Absatz 7 ArbStättV, soweit es Telearbeitsplätze betrifft.

(3) Mit dieser ASR wird das Ziel verfolgt, Gefährdungen bei der Bildschirmarbeit durch physische und psychische Belastung sowie insbesondere durch Belastung der Augen mit präventiven Maßnahmen zu verringern oder zu vermeiden.

2 Anwendungsbereich

(1) Diese ASR gilt für:

1. die ortsgebundene Verwendung von Bildschirmgeräten, einschließlich tragbarer Bildschirmgeräte, an Arbeitsplätzen in Arbeitsstätten (Bildschirmarbeitsplätze) sowie an Telearbeitsplätzen und
2. die regelmäßige ortsveränderliche Verwendung tragbarer Bildschirmgeräte innerhalb von Arbeitsstätten.

(2) Diese ASR gilt nicht für:

1. die nicht regelmäßige ortsveränderliche Verwendung tragbarer Bildschirmgeräte,
2. die Verwendung von Bildschirmgeräten außerhalb von Arbeitsstätten (z. B. beim Kunden, in Verkehrsmitteln, im Privatbereich) oder außerhalb von Telearbeitsplätzen,
3. Bedienerplätze von Maschinen oder Fahrerplätze von Fahrzeugen mit Bildschirmgeräten,
4. Rechenmaschinen, Registrierkassen oder andere Arbeitsmittel mit einer kleinen Daten- oder Messwertanzeigevorrichtung, die zur unmittelbaren Benutzung des Arbeitsmittels erforderlich ist und
5. Schreibmaschinen klassischer Bauart mit einem Display.

Hinweise:

1. *Bildschirmgeräte sind Arbeitsmittel nach der Betriebssicherheitsverordnung (BetrSichV) und müssen die Anforderungen der BetrSichV erfüllen.*
2. *Beim Einrichten und Betreiben von Bildschirmarbeitsplätzen und Telearbeitsplätzen sind neben den Anforderungen aus dieser ASR weitere Technische Regeln und Empfehlungen zu beachten, insbesondere:*
   a) *Empfehlungen zur Betriebssicherheit EmpfBS 1113 »Beschaffung von Arbeitsmitteln«,*
   b) *TRBS 1151 »Gefährdungen an der Schnittstelle Mensch – Arbeitsmittel – Ergonomische und menschliche Faktoren, Arbeitssystem –«,*
   c) *ASR V3 »Gefährdungsbeurteilung«,*
   d) *ASR A1.2 »Raumabmessungen und Bewegungsflächen«,*
   e) *ASR A3.4 »Beleuchtung und Sichtverbindung«,*
   f) *ASR A3.5 »Raumtemperatur«,*
   g) *ASR A3.6 »Lüftung« und*
   h) *ASR A3.7 »Lärm«.*
3. *Anforderungen für das barrierefreie Einrichten und Betreiben von Arbeitsstätten enthält die ASR V3a.2 »Barrierefreie Gestaltung von Arbeitsstätten«. Sofern erforderlich werden zusätzliche Anforderungen an die barrierefreie Gestaltung von Bildschirmarbeit zu einem späteren Zeitpunkt als Anhang in die ASR V3a.2 eingefügt.*
4. *Bei Tätigkeiten an Bildschirmgeräten sind die Verordnung zur arbeitsmedizinischen Vorsorge*

(ArbMedVV) und die für die Bildschirmarbeit einschlägigen Arbeitsmedizinischen Regeln (insbesondere AMR 13.4 »Tätigkeiten an Bildschirmgeräten«) zu beachten.

3 Begriffsbestimmungen

3.1 **Arbeitsräume** sind nach § 2 Absatz 3 ArbStättV Räume, in denen Arbeitsplätze innerhalb von Gebäuden dauerhaft eingerichtet sind. Dies sind alle vom Arbeitgeber zur Verfügung gestellten Räume, z. B. auch angemietete Büroflächen, Verkaufsräume, Produktions- oder Lagerräume.

3.2 **Arbeitsplätze** sind nach § 2 Absatz 4 ArbStättV Bereiche, in denen Beschäftigte im Rahmen ihrer Arbeit tätig sind.

3.3 **Bildschirmarbeitsplätze** sind nach § 2 Absatz 5 ArbStättV Arbeitsplätze, die sich in Arbeitsräumen befinden und die mit mindestens einem Bildschirmgerät, einer Arbeitsfläche sowie ggf. einem Arbeitsstuhl (Mobiliar) und sonstigen Arbeitsmitteln (z. B. Telefon) ausgestattet sind.

3.4 **Bildschirmgeräte** sind Funktionseinheiten, zu denen insbesondere Bildschirme zur Darstellung von visuellen Informationen, Einrichtungen zur Datenein- und -ausgabe, sonstige Steuerungs- und Kommunikationseinheiten (Rechner) sowie eine Software zur Steuerung und Umsetzung der Arbeitsaufgabe gehören.

3.5 **Bildschirmarbeit** im Sinne dieser Regel umfasst Tätigkeiten an Bildschirmgeräten, die durch die Mensch-Arbeitsmittel-Interaktion gekennzeichnet sind. Die Mensch-Arbeitsmittel-Interaktion umfasst die Aufnahme und Eingabe von Informationen (siehe die Abschnitte 3.14 und 3.15) mit Hilfe eines Bildschirmgerätes. Die Nutzung von handgehaltenen Geräten, z. B. Smartphones, zum Telefonieren gilt nicht als Bildschirmarbeit.

Hinweis:

Insbesondere durch die Körperhaltung bei Tastatureingaben entstehen, anders als bei der bloßen Aufnahme von Informationen am Bildschirm, zusätzlich zu Aspekten der Sehaufgabe besondere Belastungen, die gegebenenfalls Schutzmaßnahmen erforderlich machen. Die Sehaufgabe kann ebenfalls eine Belastung darstellen. Bei bestimmungsgemäßer Nutzung von geeigneten Bildschirmgeräten ist nicht von einer Gefährdung auszugehen. Beim ausschließlichen Lesen von Texten auf einem z. B. tragbaren Bildschirmgerät einschließlich des Umblätterns ist nicht von Bildschirmarbeit im Sinne dieser Regel auszugehen (reine Aufnahme von Informationen, keine Eingabe).

3.6 **Arbeitsfläche** im Sinne dieser Regel ist die Fläche auf dem Arbeitstisch zur Anordnung des Bildschirms, der Eingabemittel, des Schriftguts, sonstiger Arbeitsmittel und zum Auflegen der Handballen.

3.7 **Kleine Daten- und Messwertanzeigevorrichtungen** im Sinne dieser Regel sind Arbeitsmittel, welche eine nur wenige Zeilen umfassende Anzeige besitzen, auf der z. B. ein Betriebszustand, ein Messwert, ein Kommissionierauftrag oder ein Preis angezeigt wird. Diese Arbeitsmittel ermöglichen nur eine wenige Zeilen umfassende Datenerfassung und verwenden keine über die unmittelbare Funktion des Arbeitsmittels hinausgehende Software.

3.8 **Ortsgebundene Verwendung von Bildschirmgeräten** im Sinne dieser Regel ist das Betreiben von Geräten an dauerhaft eingerichteten Bildschirmarbeitsplätzen in Arbeitsräumen einer Arbeitsstätte oder im Privatbereich der Beschäftigten an Telearbeitsplätzen gemäß Abschnitt 3.12 dieser Regel bzw. § 2 Absatz 7 ArbStättV.

3.9 **Tragbare Bildschirmgeräte** (z. B. Tablets, Smartphones, Notebooks, mobile Kassensysteme, Logistikscanner und Datenbrillen) im Sinne dieser Regel sind Geräte zur Elektronischen Datenverarbeitung (EDV), die für eine ortsveränderliche Verwendung vorgesehen sind (z. B. Dokumentation, Durchführung von Analysen, Messungen, Bestell- oder Kassiervorgänge) oder bei Tätigkeiten im Bewegungsablauf genutzt werden (z. B. Tablets, Datenbrillen).

3.10 **Regelmäßige ortsveränderliche Verwendung von tragbaren Bildschirmgeräten** an Arbeitsplätzen liegt vor, wenn die Geräte für die am jeweiligen Arbeitsplatz üblicherweise vorgesehenen Tätigkeiten benötigt werden und folgende Nutzungsdauern überschritten werden:

1. bei abgelegter Verwendung (z. B. von Notebook) mehr als 2 Stunden ohne Unterbrechungen oder mehr als 3 Stunden am jeweiligen Tag mit Unterbrechungen,
2. bei handgehaltener Verwendung (z. B. von Smartphone) mehr als 1 Stunde am jeweiligen Tag; bei der Ermittlung der Nutzungsdauer der handgehaltenen Verwendung können Nutzungen von bis zu 5 Minuten Dauer unberücksichtigt bleiben, sofern anschließend eine Tätigkeit mit einer anderen Belastung folgt, deren Dauer die der vorausgegangenen handgehaltenen Nutzung des Bildschirmgerätes übersteigt,
3. bei kopfgetragener Verwendung (z. B. von Datenbrillen) oder anderer körpergetragener Verwendung (z. B. speziell geeigneter Geräte für den Einsatz unter ungünstigen Arbeitsumgebungsbedingungen) bei jeglicher Verwendung.

Hinweise:

1. *Die Vorgaben der BetrSichV gelten auch, wenn die Bildschirmgeräte nicht regelmäßig verwendet werden und somit nicht in den Anwendungsbereich der ArbStättV fallen.*
2. *Die Schwellenwerte beruhen auf Ergebnissen wissenschaftlicher Untersuchungen zur Vermeidung von Muskel-Skelett-Erkrankungen.*

3.11 **Dauerhaft eingerichtet** im Sinne dieser Regel bedeutet, dass eine unmittelbare Nutzung als Bildschirmarbeitsplatz möglich ist.

Hinweis:

In der Regel sind Bildschirmarbeitsplätze, die für die dauerhafte Nutzung vorgesehen sind, mit Geräten ausgestattet, die eine Trennung von Bildschirm und Eingabemittel (Tastatur) ermöglichen. Bei einem dauerhaft eingerichteten Bildschirmarbeitsplatz ist in der Regel eine Steuerungseinheit (Rechner) am Arbeitsplatz vorhanden.

Diese kann durch ein tragbares Bildschirmgerät ergänzt werden.

3.12 **Telearbeitsplätze** sind vom Arbeitgeber fest eingerichtete Bildschirmarbeitsplätze im Privatbereich der Beschäftigten, für die der Arbeitgeber eine mit den Beschäftigten vereinbarte wöchentliche Arbeitszeit und die Dauer der Einrichtung festgelegt hat (siehe § 2 Absatz 7 ArbStättV).

3.13 **Software** im Sinne dieser Regel ist ein Oberbegriff für ausführbare EDV-Programme und die zu diesen gehörenden Daten.

3.14 **Eingabemittel** sind Geräte zur Erfassung und Weitergabe von Informationen des Beschäftigten an eine Steuerungseinheit (Rechner). Die Benutzung kann haptisch, visuell und auditiv erfolgen. Eingabemittel können z. B. Tastatur, Maus, Finger-, Hand- und Fußschaltflächen, Touchscreen, Mikrofon, Aufnahmegeräte zur Gestensteuerung, Aufnahmegeräte zur Bewegungssteuerung, Zeigegeräte und Scanner sein.

3.15 **Ausgabemittel** sind Geräte zur Weitergabe von Informationen an den Benutzer einschließlich der Rückmeldungen zur Eingabe und zum Betriebszustand. Dies können z. B. Bildschirme, Datenprojektoren, Drucker, Lautsprecher, Headsets, Vibratoren und Braillezeilen sein.

3.16 Der **Reflexionsgrad** beschreibt, welcher Anteil des einfallenden Lichts von einer Fläche reflektiert wird. Er kann entweder gemessen oder mithilfe einer Reflexionsgradtafel ermittelt werden.

3.17 Die **Leuchtdichte** wird in Candela pro Quadratmeter (cd/m^2) gemessen und beschreibt den Helligkeitseindruck einer beleuchteten oder leuchtenden Fläche.

3.18 Die **Beleuchtungsstärke** ist ein Maß für das auf eine Fläche auftreffende Licht. Die Beleuchtungsstärke wird in Lux (lx) gemessen.

3.19 Der **UGR-Wert** (Unified Glare Rating) beschreibt das Ausmaß der psychologischen Blendung, welche ein unbehagliches Gefühl hervorruft. Sie wird hervorgerufen durch eine Beleuchtungsanlage an einem Beobachtungsort, z. B. am Arbeitsplatz. UGR-Werte hängen von den Eigenschaften der Leuchten (Leuchtdichte, Größe, Position im Gesichtsfeld) sowie von der Umgebungsleuchtdichte ab, auf die das Auge im Mittel adaptiert ist.

3.20 **Vorlagenhalter** im Sinne dieser Regel umfassen auch Manuskripthalter im Sinne der ArbStättV.

3.21 **Tastaturen** gibt es in unterschiedlichen Ausführungsformen. Volltastaturen setzen sich aus alphanumerischem Bereich, numerischem Bereich, Editierbereich und Funktionsbereich zusammen. Kompakttastaturen sind Tastaturen ohne numerischen Bereich (Ziffernblock rechte Seite Tastatur).

3.22 **Neutrale Haltung** im Sinne dieser Regel bezeichnet eine Körper- und Gelenkstellung, die ohne oder mit nur geringer Muskelanspannung ausführbar ist.

4 Belastung und Gefährdungen bei Tätigkeiten an Bildschirmgeräten

(1) Tätigkeit an Bildschirmgeräten kann die Augen durch andauernde Scharfstellung der Augen auf einen konstanten Sehabstand belasten und erfordert als Sehaufgabe im Nahbereich ein gutes Zusammenspiel beider Augen. Zeichenhöhe, Konturenschärfe und Kontrast sowie Blendung und Reflexion sind weitere Faktoren, welche für die Augenbelastung eine Rolle spielen.

(2) Physische Belastung kann als Haltungsarbeit, welche notwendig ist, um den Körper sowohl im Sitzen als auch im Stehen im Gleichgewicht zu halten, auftreten. Statische Haltungsarbeit wirkt sich z. B. als Bewegungsmangel negativ aus. Bei der ortsveränderlichen Verwendung von tragbaren Bildschirmgeräten müssen diese ggf. gehalten werden. Auch diese sogenannte Haltearbeit ist statische Arbeit, welche den Stütz- und Bewegungsapparat belastet. Bei der Mensch-Arbeitsmittel-Interaktion kann eine Belastung des Hand-Arm-Systems, einzelner Finger bzw. des Daumens durch sich gleichartig wiederholende Bewegungsabläufe entstehen.

(3) Eine psychische Belastung kann sich z. B. aus der Art der Tätigkeit, der Arbeitsorganisation, den Arbeitsmitteln sowie durch die Gestaltung der Informationsein- und -ausgabe, insbesondere auch der Software, ergeben.

(4) Eine Belastung aus der Arbeitsumgebung kann sich z. B. aus Beleuchtung, Lärm, räumlichen Bedingungen, Raumklima und Luftqualität ergeben. Diese Arbeitsumgebungsbedingungen können sich physisch und psychisch auswirken, die Gesundheit beeinträchtigen und die Aufgabenerledigung behindern.

(5) Aus der Belastung entsteht je nach Art, Dauer und Intensität eine Beanspruchung des Beschäftigten. Eine Beanspruchung kann zu förderlichen oder beeinträchtigenden Folgen führen, wobei letztgenannte sich negativ auf die Gesundheit auswirken können und als Gesundheitsgefährdung bezeichnet werden.

5 Allgemeine Pflichten des Arbeitgebers

5.1 Gefährdungsbeurteilung

(1) Nach § 3 ArbStättV hat der Arbeitgeber beim Einrichten und Betreiben der Arbeitsstätte die möglichen Gefährdungen der Beschäftigten an Bildschirmarbeitsplätzen und an Arbeitsplätzen mit ortsveränderlicher Verwendung von Bildschirmgeräten festzustellen und zu beurteilen, um die erforderlichen Maßnahmen für die Sicherheit und den Gesundheitsschutz abzuleiten und durchzuführen. Darüber hinaus ist auch zu ermitteln, ob Maßnahmen zur arbeitsmedizinischen Vorsorge anzubieten sind (z. B. Angebotsvorsorge gemäß Teil 4 Absatz 2 Nummer 1 des Anhangs der Verordnung zur arbeitsmedizinischen Vorsorge – ArbMedVV).

(2) Bei der Beurteilung der Auswirkungen auf den Beschäftigten und deren Zusammenwirken sind die nachfolgenden Bedingungen, unter Beachtung der Belastungsfaktoren (Abschnitt 4) und der Grundpflichten (Abschnitt 5), zu berücksichtigen:

1. Aufgabengestaltung (z. B. Sehaufgabe, Belastungswechsel (physisch, psychisch), Erholungszeit),

2. Arbeitsraum (z. B. Grundfläche, Bewegungsfläche),
3. Arbeitsplatz (z. B. Arbeitsfläche, Fuß- und Beinfreiraum, Sehabstände),
4. Arbeitsmittel (z. B. Bildschirmgeräte) sowie erforderliches Mobiliar (z. B. Sitzgelegenheit, Arbeitstisch),
5. Mensch-Arbeitsmittel-Interaktion (z. B. Benutzerfreundlichkeit/Softwareergonomie, Ein- und Ausgabemittel, Umgang mit Daten),
6. Arbeitsumgebung (z. B. Beleuchtung, Lärm, Klima),
7. Arbeitsorganisation (z. B. Arbeitszeitgestaltung, Nutzung von Arbeitsplätzen durch mehrere Beschäftigte, soziale Beziehungen, Nutzung unterschiedlicher Arbeitsplätze durch einen Beschäftigten) und
8. hygienische Aspekte bei der Nutzung von Bildschirmarbeitsplätzen und Bildschirmgeräten durch mehrere Beschäftigte (z. B. Desk Sharing).

(3) Vom Arbeitgeber ist zu prüfen, ob Bildschirmarbeitsplätze aufgabenangemessen gestaltet sowie auf die Fähigkeiten (z. B. Sehvermögen) und Körpermerkmale (z. B. Körpermaße und -kräfte) der Beschäftigten abgestimmt sind.

(4) Der Arbeitgeber hat zu prüfen, ob die Bildschirmgeräte für die ortsgebundene bzw. die Bildschirmgeräte für die ortsveränderliche Verwendung gemäß der zu verrichtenden Arbeitsaufgabe und den Arbeitsumgebungsbedingungen angemessen ausgewählt sind und ob sie unter der Berücksichtigung der Tätigkeiten sowie der Fähigkeiten und Körpermerkmale der Beschäftigten ergonomisch gestaltet sind.

(5) Die Anforderungen dieser ASR müssen beim Einrichten und bei jeder wesentlichen Änderung berücksichtigt werden.

Hinweis:

Zum Einrichten gehört in der Planungsphase die Auswahl von geeigneten Bildschirmgeräten und Mobiliar.

(6) In der Gefährdungsbeurteilung müssen alle vorhersehbaren Aufgaben und Arbeitsabläufe beim Betreiben von Bildschirmarbeitsplätzen und Bildschirmgeräten berücksichtigt werden. Dazu gehören z. B. Instandhaltung, erforderliche Prüfungen der Arbeitsmittel sowie Reinigung.

(7) Für besonders schutzbedürftige Beschäftigte mit aktiven oder passiven Körperhilfsmitteln (z. B. mit Herzschrittmacher) müssen die bei der Arbeitsaufgabe und durch die Arbeitsumgebungsbedingungen auftretenden elektromagnetischen Felder bewertet werden.

Hinweis:

Die Technischen Regeln zur Arbeitsschutzverordnung zu statischen und zeitveränderlichen elektrischen und magnetischen Feldern im Frequenzbereich bis 10 MHz (TREMF NF) und die Technischen Regeln zur Arbeitsschutzverordnung zu elektromagnetischen Feldern im Frequenzbereich von 100 kHz bis 300 GHz (TREMF HF) beschreiben dazu jeweils in Teil 1 Abschnitt 6.4 ein vereinfachtes Verfahren.

5.2 Unterweisung

(1) Die Beschäftigten sind vor Aufnahme der Tätigkeit mit Bildschirmgeräten und danach mindestens jährlich angemessen und ausreichend zu unterweisen. Die Unterweisungsinhalte umfassen entsprechend der Gefährdungsbeurteilung die physischen und psychischen Gefährdungs- und Belastungsfaktoren. Die Gefährdung hängt auch vom gesundheits- und sicherheitsgerechten Verhalten der Beschäftigten bei der Verwendung der Bildschirmgeräte ab. Dementsprechend hat der Arbeitgeber die Unterweisungen so zu gestalten (u. a. in verständlicher Form und Sprache), dass die Beschäftigten die durch die Gefährdungsbeurteilung ermittelten Gefährdungen und die Gründe für die getroffenen Maßnahmen des Arbeitsschutzes verstehen und verhaltensbezogene Anweisungen umsetzen können.

(2) Die Unterweisung beinhaltet mindestens:

1. die Einstellung der Arbeitsmittel und des Mobiliars auf die Körpermerkmale und Fähigkeiten der Beschäftigten (z. B. Tisch-, Stuhl-, Bildschirmanpassung und Software), insbesondere bei nicht persönlich zugeordneten Arbeitsplätzen,
2. bei Bedarf die Bereitstellung und Nutzung von Fußstützen und Vorlagehaltern,
3. die Anordnung der Arbeitsmittel,
4. die wechselnde Körperhaltung und
5. ggf. betriebliche Regelungen zu Tätigkeitsunterbrechungen.

(3) Die Unterweisung zur ortsveränderlichen Verwendung von tragbaren Bildschirmgeräten beinhaltet mindestens:

1. die Einnahme einer neutralen Körperhaltung,
2. die belastungsoptimierte Verwendung durch Begrenzung der Anwendungszeiten und Belastungswechsel,
3. Maßnahmen zur Vermeidung von Reflexionen und Blendungen,
4. die Einstellung der Arbeitsmittel einschließlich Software und des Mobiliars sowie
5. die sicherheitsgerechte Verwendung, insbesondere die zu vermeidende Verwendung während der Fortbewegung und in Gefahrenzonen.

(4) Soweit ein Telearbeitsplatz von den Arbeitsplätzen im Betrieb abweicht, hat der Arbeitgeber die Beschäftigten anhand der Gefährdungsbeurteilung über die bestimmungsgemäße Nutzung des Telearbeitsplatzes zu unterweisen. Dies umfasst sicherheits- und gesundheitsrelevante Aspekte, insbesondere:

1. die bestimmungsgemäße Verwendung der Arbeitsmittel,
2. die Ergonomie am Bildschirmarbeitsplatz und
3. Belastungswechsel (regelmäßige Unterbrechung der Bildschirmarbeit durch andere Tätigkeiten oder Erholungszeiten, siehe Abschnitt 5.3).

(5) Besonders schutzbedürftige Beschäftigte mit aktiven oder passiven Körperhilfsmitteln müssen über elektromagnetische Felder, die bei der Arbeitsaufgabe und durch die Arbeitsumgebungsbedingungen auftreten können, unterrichtet werden.

Hinweis:

Es hat sich bewährt, die Unterweisung nach den vorgenannten Absätzen dialog- und beteiligungsorientiert durchzuführen.

5.3 Unterbrechung der Tätigkeit am Bildschirmgerät

(1) Die Tätigkeit an Bildschirmgeräten soll regelmäßig durch andere, nicht bildschirmbezogene Tätigkeiten unterbrochen werden, um eine einseitige physische und psychische Belastung und einseitige Belastung bei der Seharbeit zu vermeiden.

(2) Ist dieser Tätigkeitswechsel nicht möglich, hat der Arbeitgeber eine Unterbrechung der täglichen Arbeit am Bildschirmgerät durch regelmäßige kurze Erholungszeiten zu ermöglichen. Erholungszeiten sind von der Art der vorausgegangenen Belastung der Beschäftigten abhängig und im Rahmen der Gefährdungsbeurteilung festzulegen. Mehrere kürzere Erholungszeiten sind wenigen längeren Erholungszeiten gleicher Gesamtdauer vorzuziehen. Erholungszeiten dürfen nicht zusammengelegt und zur Verkürzung der Gesamtarbeitszeit genutzt werden.

Hinweis:

Günstig ist, wenn in den Erholungszeiten Bewegungsübungen durchgeführt werden können. In der Praxis haben sich Erholungszeiten von ca. 5 Minuten pro Stunde ununterbrochener Bildschirmarbeit bewährt.

6 Gestaltungsanforderungen

Bildschirmarbeit umfasst Tätigkeiten an Bildschirmgeräten, die durch die Mensch-Arbeitsmittel-Interaktion gekennzeichnet sind. Bezogen auf die jeweiligen Arbeitsaufgaben und Arbeitsumgebungsbedingungen ergeben sich daraus Anforderungen an die Ein- und Ausgabe von Informationen. Bei der Gestaltung von Bildschirm- und Telearbeitsplätzen bestehen jeweils Anforderungen an die Arbeitsmittel (Hard- und Software) selbst, an die maßliche Arbeitsplatzgestaltung und an die Arbeitsumgebung. Werden tragbare Bildschirmgeräte für die ortsveränderliche Verwendung genutzt, müssen diese für die jeweiligen Arbeitsaufgaben und Arbeitsumgebungsbedingungen geeignet sein.

6.1 Allgemeine Anforderungen an Bildschirme und Bildschirmgeräte

6.1.1 Anforderungen an die Zeichendarstellung auf Bildschirmen und Bildschirmgeräten

(1) Bildschirme stellen die wesentliche Schnittstelle der Informationsweitergabe vom Bildschirmgerät an den Menschen dar. Für eine ergonomisch günstig gestaltete Belastungssituation bei der Tätigkeit mit Bildschirmen und Bildschirmgeräten, insbesondere für die Augen, müssen Text- und Grafikdarstellungen auf dem Bildschirm entsprechend der Arbeitsaufgabe und dem Sehabstand scharf und deutlich sowie ausreichend groß sein. Der Zeichen- und der Zeilenabstand müssen der Schriftart angemessen sein. Die Zeichenhöhe und der Zeilenabstand müssen auf dem Bildschirm ergonomisch in diesem Rahmen individuell eingestellt werden können.

(2) Eine gute Zeichenschärfe ist dann gegeben, wenn sie auf dem gesamten Bildschirm der Zeichenschärfe von gedruckten Zeichen möglichst nahekommt. Hierfür soll ein Bildschirm in der höchsten darstellbaren Auflösung (physikalischen Auflösung) betrieben werden.

Hinweise:

1. *Günstig ist es, wenn die Software die Informationsdarstellung automatisch an den jeweiligen Bildschirm mit seiner Größe und Auflösung anpasst (sogenanntes »Responsive Design«, dt. »Reagierendes Design«).*
2. *Auf einem LCD-Bildschirm ist die Darstellung technologisch bedingt nur dann optimal, wenn dieser in seiner physikalischen Auflösung betrieben wird.*
3. *Zeichen und Flächen, für die die gleiche Leuchtdichte vorgesehen ist, sollten keine störenden Leuchtdichteunterschiede aufweisen. Dies gilt auch innerhalb von Zeichen.*

6.1.2 Anforderungen an die Darstellungsqualität auf Bildschirmen und Bildschirmgeräten

Helligkeitsschwankungen der Text- oder Grafikdarstellung sowie Veränderungen von Zeichengestalt oder Zeichenort werden als sehr störend empfunden. Die Darstellung auf dem Bildschirm oder Bildschirmgerät muss daher verzerrungs- und flimmerfrei sein.

Hinweise:

1. *Flimmerfreiheit ist gegeben, wenn bei Betrachtung des Bildschirms aus den Augenwinkeln optisch kein Flimmern wahrnehmbar ist.*
2. *Störende Veränderungen von Zeichengestalt oder Zeichenort durch Bildgeometrie- oder Bildstabilitätsfehler sind bei Kathodenstrahlröhrenbildschirmen entweder gerätebedingt oder werden durch äußere elektrische oder magnetische Felder hervorgerufen. Bei LCD-Bildschirmen mit analoger Ansteuerung (VGA-Anschluss) beruhen diese Fehler meist auf einer schlechten Synchronisation zwischen Grafikkarte und Bildschirm sowie der Kabelausführung. Digitale Anschlussmöglichkeiten sind zu bevorzugen.*
3. *Bei einem Bildschirm mit Kathodenstrahlröhre ist in Positivdarstellung eine Bildwiederholfrequenz von mindestens 100 Hz zu empfehlen, 85 Hz sollten nicht unterschritten werden. Technologiebedingt bietet ein LCD-Bildschirm bei einer Bildwiederholfrequenz von 60 Hz in der Regel ein flimmerfreies Bild. Insbesondere im gedimmten Betrieb können jedoch durch die Art der Ansteuerung, z. B. mit Pulsweitenmodulation, auch bauartbedingt Flimmereffekte hervorgerufen werden.*

6.1.3 Zeichenhöhen

(1) Für die ortsgebundene Verwendung von Bildschirmgeräten sollen die Zeichenhöhen zur Darstellung des Arbeitsinhaltes in Abhängigkeit vom Sehabstand nach Tabelle 1 bzw. Abbildung 1 verwendet werden. Funktions- und Schaltflächen zur Programmsteuerung dürfen abweichend gestaltet werden, insbesondere, wenn grafische Elemente die Erkennbarkeit der Funktionalität unterstützen.

Tabelle 1: Empfohlene Zeichenhöhe in Abhängigkeit vom Sehabstand (Quellen: DGUV Information 215-410, DIN EN ISO 9241-303:2012-03)

Sehabstand (in mm)	Empfohlene Zeichenhöhe (in mm)
500	3,2 bis 4,5
600	3,9 bis 5,5
700	4,5 bis 6,4
800	5,2 bis 7,3

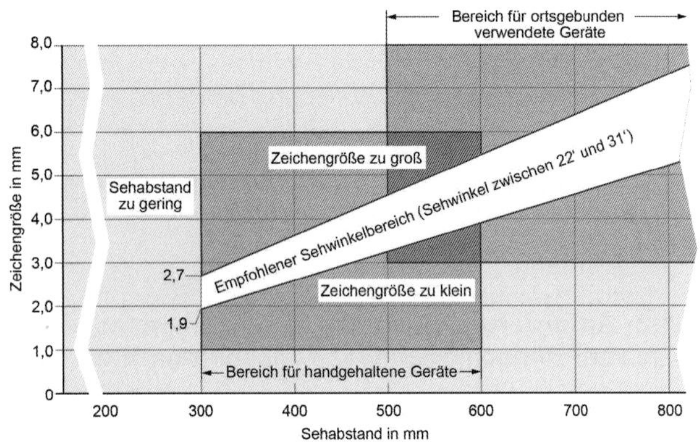

Abb. 1: Empfohlene Zeichenhöhe in Abhängigkeit vom Sehabstand, entsprechend einem Sehwinkel von 22 bis 31 Bogenminuten (in Anlehnung an: DIN EN ISO 9241-303:2012-03)

(2) Für größere Sehabstände an Bildschirmgeräten (z. B. in Leitwarten) gilt:
Mindestzeichenhöhe [mm] = Sehabstand [mm] / 155.

(3) Zu große Zeichen verhindern den Lesefluss, deshalb soll eingehalten werden:
Maximale Zeichenhöhe [mm] ≤ Sehabstand [mm] / 110.

(4) Besteht die Sehaufgabe überwiegend darin, den gesamten Bildschirminhalt auf einen Blick zu erfassen, z. B. in einer Leitwarte, können die in Tabelle 2 angegebenen Sehabstände zur Bewertung herangezogen werden. Ausschlaggebend ist die jeweilige Arbeitsaufgabe.

Hinweis:

Zur groben Abschätzung des Sehabstandes dient die Formel: Bildschirmdiagonale [mm] · 1,6.

Tabelle 2: Empfohlener Sehabstand in Abhängigkeit der Bildschirmdiagonale, wenn der gesamte Bildschirminhalt ohne Kopfbewegung erfasst werden soll (Quelle: DGUV Information 215-410)

LCD-Bildschirmdiagonale (in Zoll bzw. mm)	Sehabstand (in mm)
13/330	500
15/381	600
17/432	700
19/483	800
22/559	900
24/610	1000

(5) Die verwendete Software muss so eingestellt werden können, dass sie die vorhandene Hardware unterstützt und so die Zeichenschärfe gewahrt bleibt. Die Zeichenhöhen müssen im Nutzungskontext anpassbar sein. Des Weiteren soll im Rahmen der barrierefreien Gestaltung von Arbeitsstätten (siehe ASR V3a.2 »Barrierefreie Gestaltung von Arbeitsstätten«) eine Sehbehinderung ausgeglichen werden können (z. B. durch Vergrößerung von Zeichen). Durch eine solche Zeichenhöhenveränderung soll weder die Lesbarkeit von Zeichen durch An- oder Abschneiden der Ober- oder Unterlängen noch die Funktionalität der Anwendung durch Ausblenden wichtiger Bildschirminhalte eingeschränkt werden.

(6) Für tragbare Bildschirmgeräte, die handgehalten genutzt werden (z. B. Scanner im Logistikbereich oder Handterminals in der Gastronomie), sind unter Beachtung des Sehabstands Zeichenhöhen entsprechend Abbildung 1 erforderlich. Für solche handgehaltenen Geräte können Sehabstände zwischen 300 mm und 600 mm zur Bewertung herangezogen werden. Es handelt sich um den Bereich zwischen dem Nahpunkt für normalsichtige oder sehfehlerkorrigierte Augen von Erwachsenen und der maximalen Armlänge.

6.1.4 Helligkeit und Kontrast

(1) Helligkeit und Kontrast müssen eingestellt werden können.

Hinweis:

Eine einfache Einstellbarkeit und Anpassbarkeit der Helligkeit und des Kontrasts ist gegeben, wenn die Bedienelemente im Blickfeld des Beschäftigten liegen und leicht betätigt werden können.

(2) Je nach Tätigkeit sind unterschiedliche Betrachtungswinkel auf den Bildschirm bzw. mehrere Bildschirme notwendig (z. B. müssen mehrere Bildschirminhalte aus unterschiedlichen Positionen betrachtet werden können). Gegebenenfalls muss auch berücksichtigt werden, dass es unerwünscht ist, wenn andere Personen den Bildschirminhalt einsehen können. Bildschirm und Bildschirmgeräte sind geeignet, wenn die Darstellungen mit dem für die Tätigkeit vorgesehenen Betrachtungswinkel (z. B. schräg nach unten) gut erkennbar sind.

Hinweise:

1. *Wenn der Bildschirm so aufgestellt und beschaffen ist, dass sich Reflexionen und Spiegelungen auf der Bildschirmoberfläche nicht störend bemerkbar machen, sollte ein weiß dargestellter Hintergrund etwas heller sein als die Umgebung in Blickrichtung. Die Helligkeit eines Bildschirms ist gut eingestellt, wenn sie der Helligkeit eines weißen Blattes Papier entspricht, das auf dem beleuchteten Tisch liegt. Die Bildschirmhelligkeit sollte jedoch nicht so hoch sein, dass sich eine schwarz dargestellte Fläche aufhellt. Zur Beleuchtung und für Maßnahmen zur Vermeidung störender Reflexionen und Spiegelung siehe Abschnitt 6.3.14.*
2. *Es hat sich z. B. eine Leuchtdichte von 100 cd/m^2 bis 150 cd/m^2 bei einer Beleuchtungsstärke am Büroarbeitsplatz von ca. 500 lx bewährt, sofern keine zusätzlichen Filter (z. B. aufgrund von Anforderungen des Datenschutzes) angebracht werden.*
3. *Zur Vermeidung unerwünschter Einsichtnahme werden in der Praxis oft Sichtschutzfolien (Bildschirmfilter) verwendet. Hierdurch kann sich die Bildschirmhelligkeit reduzieren.*

(3) Kontraste auf dem Bildschirm sollen denjenigen von gedruckten Vorlagen möglichst nahekommen. Der Kontrast, z. B. als das Leuchtdichteverhältnis zwischen

Zeichenuntergrund und Zeichen, soll mindestens 4:1 betragen.

6.2 Softwareergonomie

(1) Software muss ergonomisch gestaltet und gebrauchstauglich sein, damit Beschäftigte ihre Arbeitsaufgaben effektiv, effizient und zufriedenstellend erledigen können.

(2) Aufgaben, die mithilfe von Software bearbeitet werden, müssen für die Beschäftigten ausführbar sein. Deshalb muss sichergestellt werden, dass die zur Aufgabenerfüllung erforderlichen Werkzeuge und Informationen durch die Software bereitgestellt werden. Auf unnötige Funktionen und Angaben soll dabei verzichtet werden.

(3) Software soll Informationen in einer zugänglichen, verständlichen und leserlichen Form bereitstellen.

(4) Software muss individualisierbar sein, damit deren Nutzung und die Darstellung von Informationen an die Bedarfe, Bedürfnisse und Fähigkeiten der Beschäftigten angepasst werden können.

(5) Die Anpassbarkeit von Software an Hardware (z. B. Bildschirme, Tastatur und Maus) und Arbeitsumgebungsbedingungen (z. B. Beleuchtung) muss gewährleistet sein.

(6) Software muss selbstbeschreibungsfähige Dialoge verwenden, d. h., Softwaredialoge müssen verständlich gestaltet sein und durch Rückmeldung unmittelbar oder auf Verlangen angemessene Erklärungen liefern. Software muss den Erwartungen der Beschäftigten entsprechen (Erwartungskonformität) und zum Nutzungskontext sowie zur Arbeitsaufgabe passen.

(7) Eine Übersicht relevanter Gestaltungskriterien ist in Abbildung 2 dargestellt. Diese sind bei der Auswahl von Software zu berücksichtigen.

Abb. 2: Hierarchie von Gestaltungskriterien in der Softwareergonomie (in Anlehnung an DGUV Information 215-450)

6.3 Ortsgebundene Verwendung von Bildschirmgeräten an Bildschirmarbeitsplätzen einschließlich Telearbeitsplätzen

6.3.1 Allgemeines

(1) Beim Einrichten und Betreiben von Bildschirmarbeitsplätzen kommt der Anpassung des Arbeitsplatzes mit seinen Arbeitsmitteln und Mobiliar an die jeweiligen Beschäftigten eine hohe Bedeutung zu. Angepasst werden müssen insbesondere:

1. die Arbeits- und Sitzhöhe an die jeweiligen Körpermaße, d. h., je nach Ausstattung müssen Stuhl, Tisch und eine gegebenenfalls erforderliche Fußstütze an die Körpermaße des jeweiligen Beschäftigten angepasst werden,
2. die Aufstellung des Bildschirms, so dass ein Sehabstand von mindestens 500 mm gegeben ist und die Sehachse näherungsweise senkrecht auf der Mitte der Bildschirmoberfläche steht,
3. die Zeichendarstellung auf dem Bildschirm in Abhängigkeit vom Sehabstand (siehe Abschnitt 6.1.3, Tabelle 1) und
4. die Anordnung der Eingabemittel (z. B. Maus, Tastatur), so dass der Unterarm waagerecht ausgerichtet ist und die Eingabemittel ohne Bewegungen des Oberarms betätigt werden können.

(2) Oberflächen, Kanten und Ecken an Arbeitsmitteln und Mobiliar (z. B. Tischplatten, Tastaturen) müssen durch Formgebung oder Bearbeitung so gestaltet sein, dass Verletzungen vermieden werden. Dies wird durch Entgraten, Umbördeln sowie Gestalten von Kanten und Ecken mit ausreichenden Radien erreicht. Sofern die Materialdicke es zulässt, ist für Kanten und Ecken, mit denen Beschäftigte bei ihrer Tätigkeit in Berührung kommen, mindestens ein Radius von 2 mm erforderlich.

Hinweis:

Zu empfehlen sind Radien von 3 mm oder mehr.

(3) Die Flächen von Arbeitsmitteln, mit denen Beschäftigte im Rahmen ihrer Tätigkeit in Berührung kommen, dürfen keine unzuträgliche Wärmeableitung zulassen. Sicherheitsrelevante Teile müssen aus Werkstoffen bestehen, die hinreichend alterungsbeständig sowie ausreichend gegen Korrosion geschützt sind.

Hinweis:

In den meisten Fällen sind Oberflächen von Arbeitsplatten, Sitzflächen, Armauflagen, Tastaturen und sonstigen Eingabemitteln aus Glas oder Metall ungeeignet.

6.3.2 Anforderungen an Bildschirme

(1) Bildschirme müssen ohne erhöhten Kraftaufwand höhenverstellbar sowie dreh- und neigbar sein, damit Beschäftigte eine neutrale Kopfhaltung einnehmen können (siehe Abbildung 3).

Hinweis:

An Arbeitsplätzen mit büroähnlichen Tätigkeiten soll auf eine Absenkbarkeit der Unterkante der Bildschirme möglichst bis auf die Tischoberfläche geachtet werden.

(2) Bildschirme und Bildschirmgeräte sollen im Blickfeld angeordnet sein (siehe Abbildung 3). Bildschirme sollen so aufgestellt werden, dass die Blicklinie ca. 30° bis 35° aus der Horizontalen nach unten geneigt ist. Die Blicklinie soll im Bereich der Bildschirmmitte in einem Winkel von ca. 90° auf die Bildschirmoberfläche auftreffen.

Hinweis:

Dies dient der Optimierung der Informationswahrnehmung sowie der Vermeidung erhöhter Augenbelastung durch Blicksprünge und Einstellung der Augenlinse (Akkommodation).

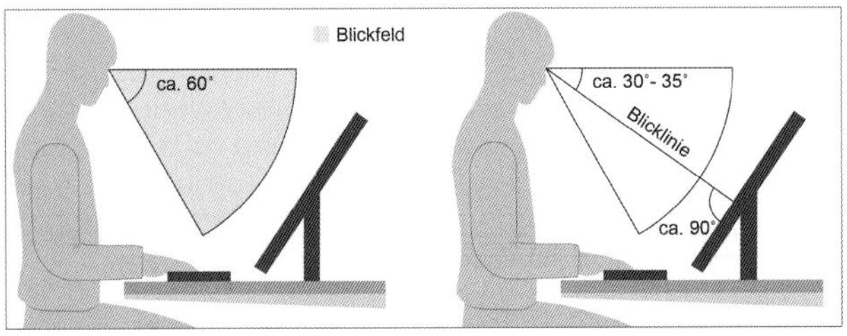

Abb. 3: Blickfeld und Blicklinie in einer neutralen Kopfhaltung (ohne Kopfbewegung, aber mit Augenbewegung)

(3) Bildschirmgröße und -form sind entsprechend der Arbeitsaufgabe und den damit erforderlichen Softwareanwendungen auszuwählen und bei Änderungen anzupassen. Für die Textverarbeitung, die Kalkulation kleiner Tabellen oder den E-Mail-Verkehr sind Bildschirme im Normalformat (z. B. Seitenverhältnis 4:3) mit einer Bildschirmdiagonale von mindestens 17 Zoll bzw. 432 mm (empfohlen mindestens 19 Zoll bzw. 483 mm) geeignet.

(4) Für die Arbeit mit mehreren geöffneten Softwareanwendungen bzw. sogenannten »Fenstern«, z. B. bei Bildbearbeitungen, umfangreichen Tabellenkalkulationen etc., sind zwei Bildschirme bzw. Bildschirme im Breitbildformat (z. B. Seitenverhältnis 16:9) zu bevorzugen, damit die Zeichenerkennung erhalten bleibt.

(5) Grundsätzlich sind an Bildschirmarbeitsplätzen Bildschirme mit entspiegelten (matten) Displays und matten Gehäuseoberflächen zu verwenden (für abweichende Fälle siehe Abschnitt 6.3.14, Absatz 12).

(6) Die Gehäusefarbe soll der wesentlich genutzten Hintergrundfarbe der Softwareanwendung und der Arbeitsumgebung angepasst sein.

Hinweis:

Das bedeutet bei Office-Software-Anwendungen mit schwarzen Zeichen auf hellem Grund demnach eine helle Gehäusefarbe im Sehbereich der Beschäftigten, ggf. auch eine helle Rückseite von Geräten z. B. bei gegenüberliegenden Arbeitsplätzen.

6.3.3 Mehrere Bildschirme oder Bildschirmgeräte am Arbeitsplatz

(1) Wenn die Arbeitsaufgabe es erfordert, dass mehrere Softwareanwendungen gleichzeitig geöffnet sein müssen, z. B. bei Bildbearbeitungen, umfangreichen Textanwendungen oder Tabellenkalkulationen, ist im Rahmen der Gefährdungsbeurteilung zu prüfen, ob ein großer Bildschirm oder mehrere Bildschirme nebeneinander notwendig sind. Bei der Verwendung von mehreren Bildschirmen oder Bildschirmgeräten nebeneinander sollen Darstellungsart (positiv/negativ), Auflösung und Helligkeit der Anzeige sowie Farbgebung der Bildschirmgehäuse aufeinander abgestimmt sein. Je nach Aufstellung der Bildschirme müssen diese für einen großen Betrachtungswinkel geeignet sein, damit Bildschirminhalte aus verschiedenen Betrachtungswinkeln gut erfasst werden können.

(2) Die Anordnung der Bildschirme im Blickfeld richtet sich nach der Häufigkeit ihrer Nutzung (siehe Abbildung 4). Erfordert die Aufgabe die wechselseitige Verwendung mehrerer Bildschirme (gleichberechtigte Nutzung, Abbildung 4 links), sind die Bildschirme im Blickfeld des Beschäftigten möglichst nahe nebeneinander aufzustellen, um übermäßige Kopf- und Augenbewegungen zu vermeiden. Zu allen Bildschirmen müssen annähernd gleiche Sehabstände eingehalten werden. Wird dagegen ein Bildschirm vorrangig genutzt, ist er zentral anzuordnen (Abbildung 4 rechts).

Hinweis:

Für die seitliche Sichtbarkeit von Inhalten auf LCD-Bildschirmen sind Displays mit TN-Anzeige ungeeignet; geeignet sind Bildschirme mit VA-, PVA- oder IPS-Anzeige (TN = Twisted Nematic, VA = Vertical Alignment Panel, PVA = Pattern Vertical Alignment, IPS = In-Plane-Switching).

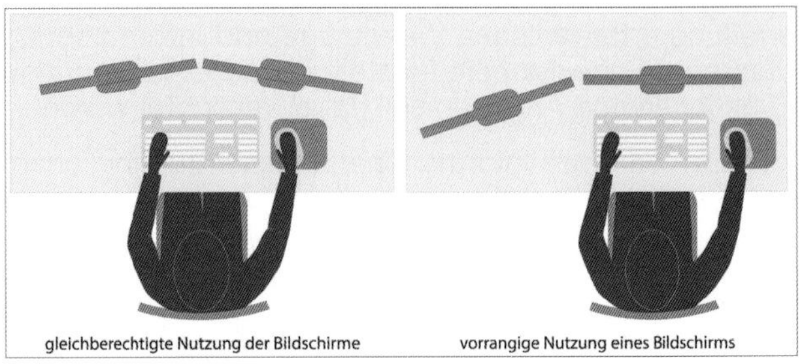

Abb. 4: Anordnung mehrerer Bildschirme

(3) Werden unterschiedliche Eingabemittel zur Nutzung der Bildschirme und Bildschirmgeräte benötigt, so müssen diese eindeutig zum entsprechenden Bildschirm zugeordnet werden können, z. B. durch Beschriftung, Gruppierung, farbliche Kennzeichnung.

6.3.4 Tragbare Bildschirmgeräte beim ortsgebundenen Einsatz

Werden tragbare Bildschirmgeräte ortsgebunden verwendet, sind für eine neutrale Körperhaltung und angemessene Sehbedingungen auf die Bildschirmoberfläche eine separate Tastatur und in Abhängigkeit von der zu verrichtenden Tätigkeit eine separate Maus notwendig. Durch den dadurch vergrößerten Sehabstand (siehe Abschnitt 6.1.3) ist in der Regel ein größerer, ggf. separater Bildschirm notwendig. Die Kopplung der Geräte kann z. B. mithilfe einer Dockingstation oder kabellos erfolgen. Weiterhin gelten die Anforderungen an dauerhaft eingerichtete Bildschirmarbeitsplätze, die in dieser ASR bzw. in Nummer 6.1 des Anhangs der ArbStättV formuliert sind.

6.3.5 Eingabemittel Tastatur

(1) Tastaturen müssen in neutraler Körperhaltung bedienbar sein, d. h. die Tastatur muss getrennt vom Bildschirm mittig vor dem Benutzer angeordnet werden können, wobei sich Tastatur, Handgelenk und Ellenbogen etwa auf einer Höhe befinden sollen. Dazu sind verschiebbare, möglichst flache Tastaturen erforderlich (Höhe der mittleren Tastenreihe < 20 mm), die beim Bedienen der Tasten nicht wegrutschen.

Hinweis:

Für Beschäftigte, die beim Schreiben das Zehnfingersystem anwenden, können zur Minderung akuter oder chronischer Beschwerden alternative Eingabemittel, z. B. geteilte oder dachförmig geneigte Tastaturen, sinnvoll sein.

(2) Die Tasten müssen eine hinreichende Kantenlänge von 12 mm bis 15 mm aufweisen und – bis auf die Leertaste – konkave oder ebene Tastenköpfe haben. Grundsätzlich sind im alphanumerischen Bereich der Tastatur

Tastenmittenabstände von 19 mm ±1 mm, in den anderen Bereichen mindestens 16 mm erforderlich. Wird die Tastatur mit Handschuhen oder unter Vibrationsbelastung bedient, sind Tastenmittenabstände von mehr als 19 mm notwendig. Bei Tastenmittenabständen ≤ 10 mm ist die Bedienung der Tastatur nur mit zusätzlichen Hilfsmitteln, z. B. Griffel oder Stift, möglich.

(3) Die Tastatur darf beim Auflegen der Hände nicht versehentlich aktiviert werden (hinreichender Anfangswiderstand). Die Tastatur soll die Tastenaktivierung auch bei hohen Eingabegeschwindigkeiten in der richtigen Reihenfolge erkennen und über einen angemessenen Prellschutz gegen unbeabsichtigte Mehrfachsignale verfügen. Bei Tastenbetätigung soll eine deutlich fühlbare Rückmeldung durch hinreichenden Tastenhub und Druckpunkt vorhanden sein.

Hinweise:

1. *Akustische Rückmeldungen sind nicht zu empfehlen.*

2. *Müssen aufgrund höherer Anforderungen an die Hygiene, die Staubdichtheit etc. Folientastaturen verwendet werden, ist die fühlbare Rückmeldung eingeschränkt. Das kann die Geschwindigkeit und Genauigkeit der Dateneingabe beeinflussen.*

(4) Die Beschriftung der Tastatur muss gut lesbar sein. Um Adaptationswechsel für das Auge zu minimieren, sollen Tastaturen mit matten Oberflächen und dunkle Schriftzeichen auf hellem Grund bevorzugt werden. Die Schriftzeichen müssen eine Mindestschrifthöhe von 2,9 mm aufweisen und über den gesamten Nutzungszeitraum der Tastatur lesbar sein.

(5) Wenn an Geschwindigkeit und Genauigkeit der Eingabe geringe Anforderungen gestellt werden, kann ein Tastenblock mit Griffel verwendet werden.

6.3.6 Eingabemittel Maus

Eine Maus ist ein Eingabemittel mit einer oder mehreren Tasten. Die Maus wird gleitend bewegt. Mit der Maus werden Positionsmarken auf der Anzeige bewegt und eine Reihe von Auswahlaktionen und Kommandos verrichtet. Mindestanforderungen an eine Maus sind in Anlehnung an die DIN EN ISO 9241-410:2012-12 nachfolgend aufgeführt:

1. die Benutzung einer Maus soll in neutraler Haltung von Unterarm, Handgelenk und Fingern erfolgen,
2. über die Form der Maus muss ihre Ausrichtung zum Bildschirm erkennbar sein,
3. die Form der Maus muss eine Bedienung in neutraler Haltung ermöglichen,
4. die Maus soll unabhängig von den Eigenschaften der Auflagefläche zuverlässig funktionieren und
5. bei Betätigung eines Schaltelements darf sich der Zeiger der Maus nicht bewegen.

6.3.7 Anordnung von Tastatur und Maus

Die Tastatur ist so im Greifraum anzuordnen, dass ohne Körperdrehung mit locker herabhängenden Oberarmen und waagerechten Unterarmen gearbeitet werden kann (siehe Abbildung 5). Die Flächen für die Maus befinden sich je nach Händigkeit der Benutzer unmittelbar rechts oder links neben der Tastatur.

Hinweis:

Ist tätigkeitsbedingt die Eingabe von Zahlen nur im geringen Umfang notwendig, wird die Verwendung einer Kompakttastatur empfohlen.

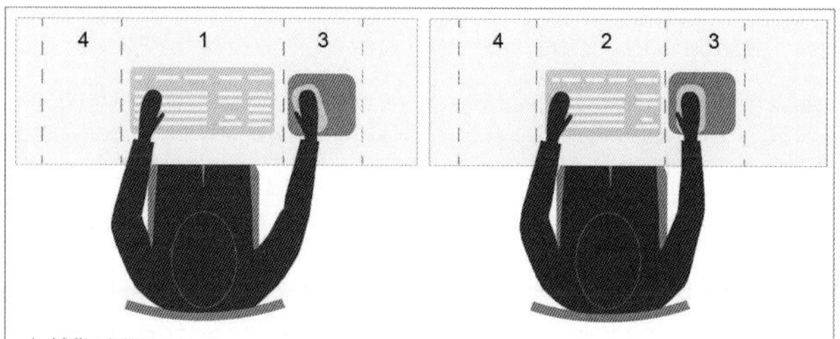

1 Volltastatur
2 Kompakttastatur
3 Bereich für die Mausnutzung mit der rechten Hand
4 Bereich für die Mausnutzung mit der linken Hand

Abb. 5: Anordnung von Maus und Tastatur im Greifraum (links mit Volltastatur, rechts mit Kompakttastatur, in Anlehnung an DGUV Information 215-410)

6.3.8 Alternative Eingabemittel

(1) Bei spezifischen Arbeitsaufgaben dürfen alternative Eingabemittel (z. B. Spracheingabe, Stift, Gestensteuerung, Vertikalmaus) eingesetzt werden, wenn dadurch die Arbeitsaufgaben leichter ausgeführt werden können und keine zusätzliche Belastung für die Beschäftigten entsteht.

Hinweise:

1. *Auch bei Beschwerden und Beeinträchtigungen bei der Benutzung herkömmlicher Eingabemittel können alternative Eingabemittel sinnvoll sein.*

2. *Weitere Informationen zu alternativen Eingabemitteln enthält die Broschüre VBG-Fachwissen »Alternative Eingabemittel an Bildschirmarbeitsplätzen«.*

(2) Alternative Eingabemittel müssen:

1. erwartungskonform, zuverlässig und störungsfrei funktionieren,
2. effektiv und effizient funktionieren,
3. gegen unbeabsichtigte Eingaben geschützt sein,
4. ohne übermäßige Abweichung von der neutralen Haltung und
5. konsistent funktionieren, d. h. sichere Rückmeldungen über erfolgreiche Eingaben abgeben (unmittelbar wahrnehmbar, leicht verständlich).

6.3.9 Raum für wechselnde Arbeitshaltungen und Bewegung

(1) Die Gestaltung eines Bildschirmarbeitsplatzes soll Bewegung ermöglichen. Ununterbrochene statische Belastung ist auf ein Minimum zu reduzieren. Dies kann z. B. durch mehrfachen Wechsel zwischen Sitzen und Stehen im arbeitstäglichen Verlauf erreicht werden.

(2) Ein Bildschirmarbeitsplatz ist vorzugsweise als Sitzarbeitsplatz oder Steh-/Sitzarbeitsplatz einzurichten. Beim Sitzen muss dynamisches Sitzen möglich sein, d. h. ein Arbeiten in vorderer, mittlerer und hinterer Sitzhaltung. Die mittlere Sitzhaltung entspricht dabei der sogenannten Referenzsitzhaltung (siehe Abschnitt 6.3.11).

Hinweise:

1. *Um einen dynamischen Wechsel zwischen sitzenden und stehenden Tätigkeiten zu erleichtern, werden höhenverstellbare Arbeitsflächen empfohlen.*
2. *Stufenlos höhenverstellbare Arbeitsflächen von 650 mm bis 1250 mm sind gegenüber den einstellbaren oder festen Arbeitsflächenhöhen vorzuziehen.*

(3) Für wechselnde Arbeitshaltungen und Ausgleichsbewegungen muss unmittelbar vor der Arbeitsfläche eine freie Bewegungsfläche von mindestens 1,50 m^2 zur Verfügung stehen, wobei Breite und Tiefe mindestens 1000 mm betragen müssen. Nebeneinander angeordnete Arbeitsplätze erfordern eine Breite der freien Bewegungsfläche von mindestens 1200 mm (siehe auch ASR A1.2 »Raumabmessungen und Bewegungsflächen«).

(4) Unter der an Sitzarbeitsplätzen und Steh-/Sitzarbeitsplätzen genutzten Arbeitsfläche muss ein bewegungsgerechter Beinraum zur Verfügung stehen. Der Beinraum in sitzender Position muss die Anforderungen nach Abbildung 6 über eine Breite von mindestens 850 mm erfüllen.

Hinweis:

Empfehlenswert ist ein freier Beinraum (Beinraumhöhe, -tiefe und -breite), der unter der gesamten genutzten Arbeitsfläche zur Verfügung steht.

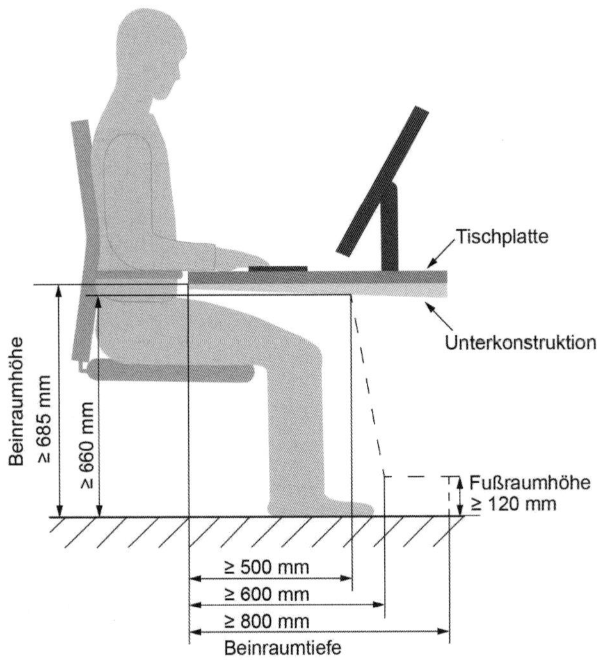

Abb. 6: Mindestanforderungen an den Beinraum am Sitzarbeitsplatz (beispielhaft abgebildet für Tischhöhe 740 mm ±20 mm)

(5) Ist tätigkeitsbedingt die Arbeit im Stehen zu verrichten, müssen die Beschäftigten im Arbeitsbereich zwischen unterschiedlichen Arbeitshaltungen wechseln können. Für diesen Fall sollen unterhalb der Arbeitsfläche ausreichend große Knie- und Fußräume vorhanden sein (siehe Abbildung 7).

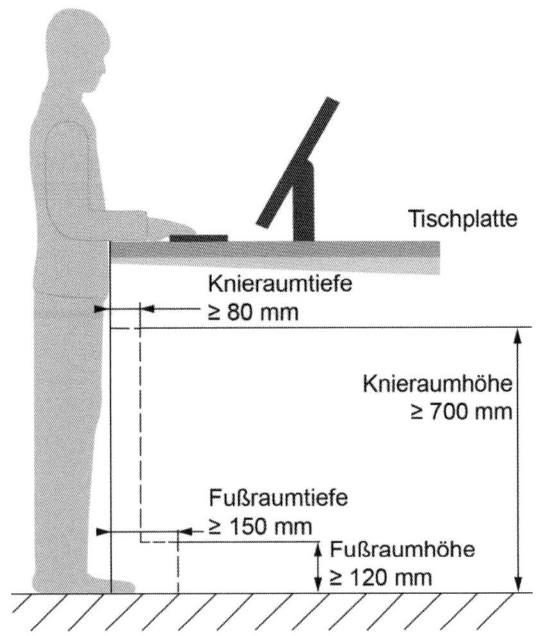

Abb. 7: Mindestmaße für den Fuß- und Knieraum am Steharbeitsplatz (beispielhaft abgebildet für Tischhöhe stehend 1050 mm ±20 mm; Maße aus der DIN EN 527-1:2011-08)

6.3.10 Arbeitsflächen

(1) Die Arbeitsflächen sind je nach Arbeitsaufgabe und den erforderlichen Arbeitsmitteln zu bemessen. Eine flexible Anordnung der Arbeitsmittel muss möglich sowie ausreichend Raum für deren Verwendung vorhanden sein. Unterschiedliche Körperhaltungen müssen ermöglicht werden.

(2) Für Büroarbeit und vergleichbare Tätigkeiten müssen neben den Flächen für Bildschirme, Bildschirmgeräte und Eingabemittel zusätzliche Flächen für Schriftgut und weitere Arbeitsmittel zur Verfügung stehen. Um eine flexible Anordnung aller Arbeitsmittel zu ermöglichen, muss die Arbeitsfläche mindestens 1600 mm breit und mindestens 800 mm tief sein. Bei Verwendung von nur einem Bildschirm, geringem Arbeitsmittelbedarf und wenig Schriftgut darf die Arbeitsflächenbreite auf 1200 mm verringert werden.

(3) Für sonstige Tätigkeiten, die nicht von Absatz 2 erfasst sind, müssen die Arbeitsflächen von Bildschirmarbeitsplätzen entsprechend den erforderlichen Arbeitsmitteln bemessen werden. Für eine flexible Anordnung der Arbeitsmittel sind sie mindestens 1200 mm breit und 800 mm tief zu gestalten. Bei geringem Arbeitsmittelbedarf (z. B. nur Bildschirmgerät und Tastatur) dürfen Arbeitsflächen, auf ein Mindestmaß von 800 mm x 800 mm reduziert werden. Die Anforderungen der ASR A1.2 »Raumabmessungen und Bewegungsflächen« bzgl. der Abstände und Bewegungsflächen sind einzuhalten.

Hinweis:

An Beratertresen, Bedientheken, Infoständen, Werkzeugausgabestellen u. ä., an denen im Stehen gearbeitet wird und neben der Bildschirmarbeit die Übergabe an Dritte (z. B. an Kunden) eine Rolle spielt, wird die Reichweite nach vorn zum begrenzenden Faktor. Eine reduzierte Arbeitsflächentiefe des Bildschirmarbeitsplatzes im Bereich der Übergabestelle von 800 mm auf 600 mm ist hier ausreichend.

6.3.11 Referenzsitzhaltung

Die Referenzsitzhaltung (Abbildung 8) muss für die Einstellung von Stuhl und Arbeitsfläche sowie die Anordnung der für die Bildschirmarbeit benötigten Arbeitsmittel auf der Arbeitsfläche (z. B. Bildschirm und Tastatur) eingenommen werden, um ergonomisch günstiges Arbeiten zu ermöglichen.

Hinweise:

1. *In der Referenzsitzhaltung sitzen Beschäftigte aufrecht auf dem Arbeitsstuhl und nutzen die gesamte Sitzfläche so, dass Kontakt zur Rückenlehne besteht. Die Füße stehen vollflächig auf dem Boden. Der Winkel zwischen Ober- und Unterschenkel sowie zwischen Oberschenkel und Becken beträgt etwa 90° oder etwas mehr. Der Winkel zwischen Unterarm und Oberarm beträgt etwa 90° oder mehr. Die Hände befinden sich in Ellenbogenhöhe und liegen in Verlängerung des Unterarms auf der flachen Tastatur, die Handballen auf der Arbeitsfläche. Die Unterarme liegen locker auf Arbeitsfläche oder Armlehne. Die Schultern sind weder hochgezogen noch nach vorne hängend. In natürlicher Kopfhaltung befindet sich der Bildschirm im Blickfeld. Die Blicklinie ist um ca. 30° bis 35° aus der Horizontalen nach unten geneigt und trifft im rechten Winkel auf die Mitte der Bildschirmoberfläche. Außer dem Winkel zwischen Ober- und Unterschenkel sowie zwischen Oberschenkel und Becken gelten diese Maße auch für eine Arbeitshaltung im Stehen.*
2. *Bei Bildschirmarbeit ist ein häufiger Haltungswechsel und Wechsel der Sitzposition anzustreben. Unter einem Wechsel der Sitzposition ist das Sitzen in vorderer, mittlerer und hinterer Sitzhaltung zu verstehen (dynamisches Sitzen).*
3. *Um unterschiedliche Körpermaße bei wechselnden Benutzern zu berücksichtigen (z. B. Desk Sharing) bieten sich mit geringem Kraftaufwand höhenverstellbare Arbeitstische und Arbeitsstühle zur Erreichung des Schutzziels an.*

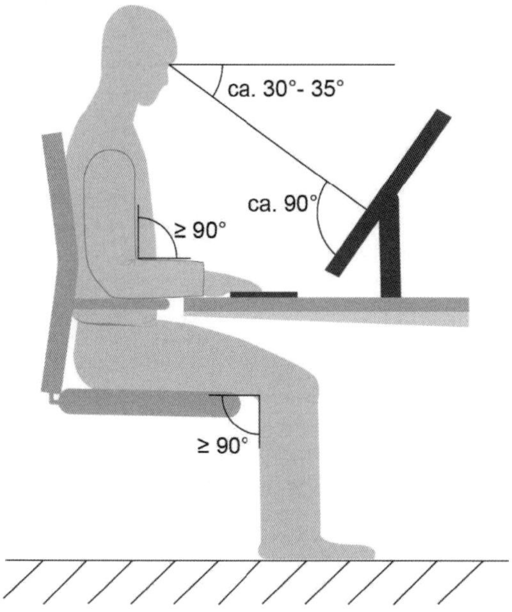

Abb. 8: Referenzsitzhaltung (Winkel zwischen Ober- und Unterschenkel sowie zwischen Ober- und Unterarm ≥ 90°)

6.3.12 Arbeitsstuhl

(1) Tätigkeiten am Bildschirmarbeitsplatz werden überwiegend im Sitzen ausgeführt (siehe Abschnitt 6.3.9). Für ein sicheres und ergonomisches Arbeiten ist ein geeigneter Arbeitsstuhl zur Verfügung zu stellen.

(2) Für Büroarbeit und vergleichbare Tätigkeiten am Bildschirmarbeitsplatz muss ein Büro-Arbeitsstuhl mit mindestens folgenden Eigenschaften zur Verfügung stehen:

1. das Oberteil des Stuhls besteht aus einer gepolsterten, atmungsaktiven Sitzfläche und Rückenlehne; die Rückenlehne kann auch aus netzähnlichem Material bestehen,
2. das Oberteil ist drehbar und so stufenlos höhenverstellbar, dass die Referenzsitzhaltung eingenommen werden kann (siehe Abbildung 8),
3. die Rückenlehne ist neigbar und unterstützt die natürliche Form der Wirbelsäule beim Wechsel zwischen vorderer, mittlerer und hinterer Sitzhaltung (dynamisches Sitzen) und ist auf das Benutzergewicht anpassbar,
4. der Stuhl verfügt über eine Sitzfläche, die gewährleistet, dass die Rückenlehne in ihrer Funktion genutzt werden kann, die Oberschenkel möglichst vollständig aufliegen und die Kniekehlen frei bleiben,
5. das Untergestell ist stabil und standsicher,
6. die Stuhlkonstruktion fängt das Körpergewicht beim Hinsetzen auch in der untersten Sitzposition federnd ab,
7. sofern Rollen vorhanden sind, müssen diese beim unbelasteten Stuhl ein unbeabsichtigtes Wegrollen verhindern und
8. verfügt ein Stuhl über Armauflagen, müssen diese auf Arbeitsflächenhöhe einstellbar sein.

(3) Für Tätigkeiten am Bildschirmarbeitsplatz in anderen Arbeitsumgebungen muss ein Arbeitsstuhl zur Verfügung stehen, der die Anforderungen an Büro-Arbeitsstühle nach den Nummern 2 bis 8 des Absatzes 2 erfüllt. Die Oberflächen von Sitzfläche und Rückenlehne müssen für die jeweiligen Arbeitsumgebungsbedingungen geeignet sein.

Hinweise zu den Absätzen 2 und 3 dieses Abschnitts:

1. *Fünfarmige Untergestelle gelten als standsicher. Die Beschaffenheit der 5 (baugleichen) Rollen richtet sich nach der Härte des Fußbodens, harte Rollen eignen sich für weiche Böden, weiche Rollen für harte Böden.*
2. *Armstützen an Arbeitsstühlen entlasten die Schulter- und Nackenmuskulatur.*
3. *Die Funktion der Einstellelemente soll eindeutig erkennbar sein. Die Einstellung soll ohne Hilfsmittel möglich sein.*
4. *Alternative Sitzmöbel (z. B. Sitzbälle, Pendelhocker) sind nur als temporäres Trainings- und Übungsgerät zu nutzen. Aufgrund erhöhter Unfallgefahr, rasch eintretender Ermüdung der Muskulatur und fehlender Einstellmöglichkeiten sind diese nicht als Arbeitsstuhl am Bildschirmarbeitsplatz geeignet.*
5. *Im Anhang (Tabelle 3) sind Maßempfehlungen für Arbeitsstühle aufgeführt.*

ASR A6

6.3.13 Vorlagenhalter und Fußstütze

(1) Wird ein Vorlagenhalter verwendet, ist sicherzustellen, dass dieser für die jeweiligen Vorlagen geeignet ist (Standsicherheit bzw. ausreichende Befestigung) und alle notwendigen Handhabungen ermöglicht. Eine Neigungseinstellung entsprechend derjenigen des Bildschirms muss möglich sein. Der Vorlagenhalter ist unmittelbar neben dem Bildschirm mit gleichem Sehabstand, gleicher Höhe und Neigung zu positionieren.

(2) Für die Arbeit an nicht höhenverstellbaren Tischen oder an Tischen mit nicht ausreichendem Verstellbereich ist die Sitzflächenhöhe des Arbeitsstuhles nach der vorgegebenen Armhaltung einzustellen. Ergibt sich nach der Einstellung der Sitzflächenhöhe am Arbeitsplatz, dass die Füße des Beschäftigten nicht ganzflächig auf dem Fußboden aufstehen, ist der notwendige Ausgleich mit einer Fußstütze herzustellen.

(3) Die Fußstütze muss hinsichtlich Ausführung und Festigkeit so beschaffen sein, dass die Verstelleinrichtungen leicht zu betätigen sind und sich nicht unbeabsichtigt verändern. Die Aufstellfläche für die Füße muss rutschhemmend ausgeführt sein.

(4) Die Aufstellfläche für die Füße muss mindestens 450 mm breit und 350 mm tief sein.

(5) Fußstützen müssen in Höhe und Neigung verstellbar sein. Die Neigung muss mindestens zwischen 5° und 15° stufenlos oder mindestens in 3 Stufen verstellbar sein. Die Höhe der Fußstütze bei Aufstellung auf dem Fußboden darf in der untersten Position an der Vorderkante höchstens 50 mm betragen und muss bis mindestens 110 mm verstellbar sein. Ein größerer Verstellbereich bis zu einer oberen Höhe von mindestens 150 mm ist zu bevorzugen. Die Verstellbarkeit der Höhe muss stufenlos oder in Schritten von maximal 15 mm möglich sein.

Hinweis:

Fußstützen nach den Absätzen 3 bis 5 sind nicht auf Dauer zur Erreichung einer ergonomischen Sitzhaltung zu empfehlen, da sie die freien Bewegungsmöglichkeiten im Beinraum einschränken können.

6.3.14 Beleuchtung

(1) Neben den Anforderungen an die Beleuchtung gemäß ASR A3.4 »Beleuchtung und Sichtverbindung« sind für Bildschirmarbeitsplätze zusätzlich die nachfolgenden Anforderungen zu berücksichtigen.

(2) Die Beleuchtung muss der Art der Arbeitsaufgabe entsprechen und an das Sehvermögen der Beschäftigten anpassbar sein. Das kann durch arbeitsplatzbezogene oder individuelle Beleuchtungslösungen erfolgen.

Hinweis:

Insbesondere ältere Beschäftigte benötigen in der Regel eine höhere Beleuchtungsstärke am Bildschirmarbeitsplatz. Es wird empfohlen, dies im Beleuchtungskonzept zu berücksichtigten, z. B. durch eine arbeitsflächenbezogene Beleuchtung mit einer zusätzlichen Arbeitsplatzleuchte oder durch die Bereitstellung von Leuchten mit individueller Anpassungsmöglichkeit.

(3) Bei Arbeiten an Bildschirmgeräten ist für eine geeignete Aufhellung der Raumbegrenzungsflächen zu sorgen. Dies wird durch eine entsprechende Farbgestaltung erreicht.

Hinweis:

An Bildschirmarbeitsplätzen sind Reflexionsgrade ausreichend, wenn sie in den folgenden Bereichen liegen:

1. Decken: 0,7 bis 0,9,

2. Wände: 0,5 bis 0,8,

3. Böden: 0,2 bis 0,4.

(4) Blendung an Bildschirmarbeitsplätzen ist zu vermeiden. Sie kann direkt durch Lichtquellen im Gesichtsfeld oder indirekt durch Spiegelung und Reflexion ausgelöst werden.

(5) Direktblendung durch künstliche Beleuchtung ist zu vermeiden. Dazu müssen Leuchten über eine für den Raum und die Bildschirmarbeit geeignete Blendungsbegrenzung verfügen (siehe Abbildung 9).

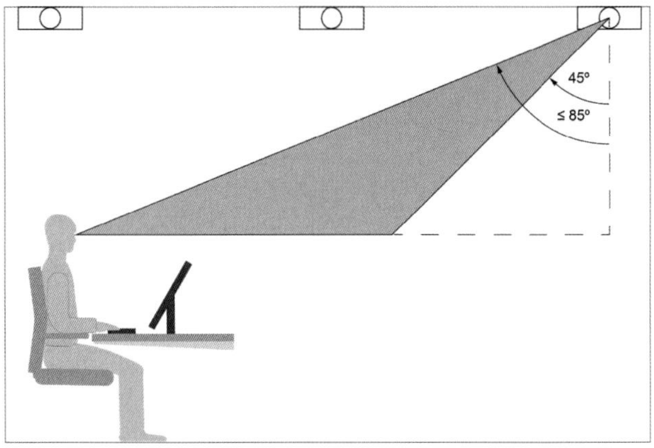

Abb. 9: Kritischer Bereich des Ausstrahlungswinkels einer Leuchte für psychologische Blendung

(6) Innerhalb des in der Abbildung 9 grau hinterlegten Ausstrahlungsbereichs ist bei zu hoher Leuchtdichte psychologische Blendung möglich. Dies soll durch Berücksichtigung der oberen UGR-Grenzwerte begrenzt werden. In der Praxis werden zur Planung und Überprüfung die UGR-Tabellen aus den Dokumentationsunterlagen der Leuchtenhersteller verwendet. Für den jeweiligen Leuchtentyp enthalten sie die UGR-Werte einer standardisierten Leuchtenanordnung für unterschiedliche Raumabmessungen, Reflexionsgrade der Raumbegrenzungsflächen und Ausrichtungen der Leuchtenlängsachsen. Beim Einrichten von z. B. Büroarbeitsplätzen eignen sich Leuchten mit einem UGR Wert ≤ 19.

(7) Direktblendung durch Tageslicht kann durch Fensterflächen entstehen, die viel heller als der Bildschirm sind. Ein angemessener Helligkeitsunterschied zwischen Bildschirm und Fensterfläche wird in der Regel erreicht:

1. wenn hinter dem Bildschirm in Blickrichtung keine Fensterfläche sichtbar ist,
2. wenn die Blickrichtung zum Bildschirm parallel zur Fensterfront verläuft,
3. wenn bei Fensteranordnung über Eck die in Blickrichtung hinter dem Bildschirm sichtbaren Fensterflächen über einen blickdicht einstellbaren Blendschutz verfügen.

(8) Indirektblendung an Bildschirmarbeitsplätzen entsteht als Reflexion von Lichtquellen auf dem Bildschirm. Diese kann auch durch hell beleuchtete Flächen bzw. Oberflächen der Arbeitsumgebung entstehen. Zur Vermeidung von Indirektblendung sind:

1. entspiegelte Bildschirme zu verwenden (siehe Abschnitt 6.3.2, Absatz 5),
2. bei künstlicher Beleuchtung Leuchten bzw. Arbeitsplätze möglichst so anzuordnen, dass das Licht von oben schräg seitlich auf den Arbeitsplatz einfällt (siehe Abbildung 10).

Abb. 10: Beispielhafte Anordnung von Leuchten bzw. Arbeitsplätzen für einen geeigneten Lichteinfall am Bildschirmarbeitsplatz

(9) Um störenden Einfall von Tageslicht zu vermeiden, der zu Direkt- oder Indirektblendung am Bildschirmarbeitsplatz führt, sind die betreffenden Fenster und Dachoberlichter mit verstellbaren Blendschutzvorrichtungen auszustatten. Die Blendschutzvorrichtungen müssen so eingestellt werden können, dass die Sichtverbindung nach außen nicht dauerhaft und möglichst nur teilweise unterbrochen wird.

Hinweis:

Eine teilweise Unterbrechung der Sichtverbindung kann z. B. durch Blendschutzvorrichtungen mit verstellbaren Lamellen in Cut-off-Stellung erreicht werden. Hierdurch wird erreicht, dass eine Blendung durch die Sonne vermieden, jedoch eine Sicht nach außen und der Einfall von Tageslicht weiterhin möglich sind. Teildurchsichtige Vorrichtungen, durch welche die Sonne zu erkennen ist, sind allein als Blendschutz ungeeignet. Die Steuerung der Blendschutzvorrichtung sollte arbeitsplatz- oder arbeitsbereichsbezogen vorgenommen werden können.

(10) Flächen, z. B. Wände oder Decken, sowie Oberflächen von Arbeitsmitteln und Mobiliar, z. B. Schränke oder Gehäuse, müssen so beschaffen sein, dass keine störenden Reflexionen auftreten.

(11) Um Spiegelungen zu vermeiden, sollen Flächen im Gesichtsfeld der Beschäftigten, insbesondere Oberflächen von Arbeitsflächen, Schränken oder Unterlagen, matt sein.

(12) In speziellen Anwendungsfällen, z. B. bei Bildschirmarbeit mit hohen Anforderungen an die Farbwiedergabe oder an feine Farb- und Kontrastunterscheidungen, können trotz der Verwendung entspiegelter Displays weitere Maßnahmen zur Vermeidung von Reflexionen auf dem Display notwendig sein. Wenn in Ausnahmefällen nicht entspiegelte Displays erforderlich sind, z. B. bei Tätigkeiten, die eine Beurteilung dunkler Farben erfordern, können ebenfalls weitere Maßnahmen zur Vermeidung von Reflexionen auf dem Display notwendig sein. Maßnahmen zur Vermeidung von Reflexionen auf dem Bildschirm für spezielle Anwendungs- und Ausnahmefälle sind z. B.:

1. der Einsatz einer Indirektbeleuchtung,
2. eine Begrenzung des Ausstrahlwinkels der Leuchten, so dass die leuchtende Fläche der Leuchte nicht mehr als Spiegelbild auf der Bildschirmoberfläche zu sehen ist,
3. eine Abschirmung einzelner Bildschirmarbeitsplätze,
4. blickdichte Blendschutzvorrichtungen mit einer geringen Lichtdurchlässigkeit,
5. die Anpassung der Beleuchtungsstärke,
6. die Verwendung von Bildschirmen, die eine hohe Leuchtdichte erzeugen und
7. geringe Reflexionsgrade von Flächen, welche sich im Bildschirm spiegeln.

Hinweis:

Dies kann z. B. Arbeitsplätze in der Film- und Fernsehproduktion, spezielle Bildbearbeitung oder die Softproof-Farbabmusterung in der Druckindustrie betreffen.

6.3.15 Wärmebelastung

Die im Raum eingesetzten Arbeitsmittel dürfen nicht zu einer erhöhten, gesundheitlich unzuträglichen Wärmebelastung führen. Zur Beurteilung der Wärmebelastung siehe ASR A3.5 »Raumtemperatur«, Abschnitt 4.2 Absatz 3.

6.4 Ergänzende Anforderungen an die Gestaltung von Telearbeitsplätzen

Für Telearbeit gelten nach § 1 Absatz 4 ArbStättV folgende Teile der Arbeitsstättenverordnung:

1. Gefährdungsbeurteilung nach § 3 ArbStättV bei der erstmaligen Beurteilung der Arbeitsbedingungen und des Arbeitsplatzes,
2. Unterweisung der Beschäftigten nach § 6 ArbStättV und
3. Anforderungen an Bildschirmarbeitsplätze, Bildschirme und Bildschirmgeräte nach Nummer 6 des Anhangs ArbStättV.

6.4.1 Ausstattung des Telearbeitsplatzes

(1) Die Ausstattung des Telearbeitsplatzes beinhaltet:

1. Arbeitsmittel (z. B. Bildschirmgeräte) einschließlich Kommunikationseinrichtungen (z. B. Telefon, Internetverbindung),
2. Mobiliar (z. B. Arbeitsstuhl, Arbeitstisch) und
3. geeignete künstliche Beleuchtung.

(2) Die benötigte Ausstattung ist durch den Arbeitgeber oder eine von ihm beauftragte Person bereitzustellen und zu installieren. Wird vom Beschäftigten geeignete Ausstattung freiwillig selbst zur Verfügung gestellt, kann diese für die Einrichtung eines Telearbeitsplatzes genutzt werden. In Bezug auf Arbeitsmittel ist dies nur zulässig, soweit der Arbeitgeber deren Verwendung ausdrücklich gestattet hat (siehe § 5 Absatz 4 BetrSichV).

6.4.2 Vereinbarung zwischen Arbeitgeber und Beschäftigten nach § 2 Absatz 7 ArbStättV

(1) Die Bedingungen der Telearbeit sind arbeitsvertraglich oder im Rahmen einer Vereinbarung festzulegen. Die Vereinbarung kann im Rahmen eines Arbeitsvertrages, einer Betriebs-, Dienst- oder sonstigen Vereinbarung getroffen werden und soll in schriftlicher Form erfolgen.

(2) Inhalte der Vereinbarung müssen mindestens sein:

1. die wöchentliche Arbeitszeit der Telearbeit,
2. der Zeitraum der Telearbeit (mögliche Befristung) und
3. die Bereitstellung von Mobiliar, Arbeitsmitteln und Kommunikationseinrichtungen.

Hinweise:

1. *Darüber hinaus kann die Vereinbarung weitere Regelungen enthalten, z. B. zu Zutrittsrechten, Aufwandsentschädigungen, Haftungsfragen und zum Datenschutz.*
2. *Für Beschäftigte in Telearbeit gelten grundsätzlich alle gesetzlichen, betrieblichen bzw. dienstlichen und individualrechtlichen Regelungen unverändert fort. Bestehende arbeitsrechtliche Vereinbarungen müssen konform zu den Besonderheiten der Telearbeit sein.*

6.4.3 Gefährdungsbeurteilung

(1) Bei der erstmaligen Einrichtung eines Telearbeitsplatzes ist eine Gefährdungsbeurteilung nach § 3 ArbStättV durchzuführen, soweit der Telearbeitsplatz von dem im Betrieb abweicht.

(2) Der Arbeitgeber hat bei der Beurteilung der Gefährdungen an einem Telearbeitsplatz die Eigenart von Telearbeitsplätzen in den Privaträumen der Beschäftigten zu berücksichtigen. Dabei sind auch Arbeitszeit und Arbeitsorganisation der Telearbeit und die damit verbundene psychische Belastung, die z. B. durch soziale Isolation, Lage und Dauer der Arbeits- und Pausenzeiten bzw. Erreichbarkeit entstehen kann, zu berücksichtigen.

(3) Der Arbeitgeber hat im Rahmen der Gefährdungsbeurteilung gemäß § 3 ArbStättV sicherzustellen, dass von den Beschäftigten ggf. freiwillig bereitgestellte Arbeitsmittel einschließlich Kommunikationseinrichtungen und des für die Telearbeit genutzten Mobiliar den sicherheitstechnischen und ergonomischen Anforderungen entsprechen.

(4) Die für die Gefährdungsbeurteilung erforderlichen Informationen kann der Arbeitgeber entweder über eine Besichtigung, wenn der Beschäftigte zustimmt, oder über konkrete Erfragung (z. B. mit Fotodokumentation, Skizzen, Checklisten) des Telearbeitsplatzes erhalten. Zutrittsrechte können z. B. im Rahmen der Vereinbarung nach Abschnitt 6.4.2 gestaltet werden.

6.5 Regelmäßige ortsveränderliche Verwendung von tragbaren Bildschirmgeräten

Hinweis:

Tragbare Bildschirmgeräte sind Arbeitsmittel nach der BetrSichV und müssen die Anforderungen der BetrSichV erfüllen. Diese Vorgaben gelten auch, wenn die Geräte nicht regelmäßig verwendet werden und somit nicht in den Anwendungsbereich der ArbStättV fallen. Die BetrSichV beinhaltet ebenfalls Anforderungen an Softwareergonomie.

6.5.1 Allgemeine Anforderungen

(1) Größe, Form und Gewicht tragbarer Bildschirmgeräte müssen der Arbeitsaufgabe und den Arbeitsumgebungsbedingungen entsprechend angemessen gestaltet sein. Tragbare Bildschirmgeräte können bei der Nutzung abgelegt oder getragen werden. Im Ergebnis einer Gefährdungsbeurteilung sind erforderlichenfalls Halte- und Tragevorrichtungen vom Arbeitgeber zur Verfügung zu stellen.

(2) Um negative Beanspruchungsfolgen zu vermeiden, dürfen tragbare Bildschirmgeräte ohne Trennung zwischen Bildschirm und externem Eingabemittel (wie separater Tastatur oder Maus) oder mit Eingabe direkt auf dem Bildschirm (mit Bildschirmtastatur, z. B. bei Tablets, Convertibles) nur an Arbeitsplätzen betrieben werden, an denen die Geräte nur kurzzeitig verwendet werden (z. B. Notebook in einer Besprechung) oder an denen die Arbeitsaufgaben mit keinen anderen Bildschirmgeräten ausgeführt werden können (z. B. Handscanner in der Logistik).

(3) Die kurzzeitige Verwendung darf grundsätzlich nur wenige Zeilen umfassende alphanumerische Eingaben oder einzelne Steuerbefehle beinhalten.

(4) Bei umfangreicheren alphanumerischen Eingaben sind tragbare Bildschirmgeräte mit integrierter Tastatur (z. B. Notebook) abgelegt zu nutzen (siehe Abschnitt 6.5.2).

Hinweise:

1. *Unter integrierter Tastatur ist eine hardwareseitige Integration in das Gerät zu verstehen. Die Eingabe direkt auf dem Bildschirm (Bildschirmtastatur) zählt nicht dazu.*
2. *Durch die Verwendung einer separaten Tastatur kann eine räumliche Trennung von Tastatur und Bildschirm und dadurch eine neutrale Körperhaltung bei angemessenem Sehabstand erreicht werden.*

(5) Die Bildschirmgröße von tragbaren Bildschirmgeräten mit integrierter Tastatur ist entsprechend der Arbeitsaufgabe auszuwählen.

Hinweise:

1. *Für einen Sehabstand von z. B. 500 mm ist eine Zeichenhöhe von mindestens 3,2 mm zu empfehlen (siehe Abschnitt 6.1.3).*
2. *Bei umfangreicheren Texteingaben oder Tabellenkalkulationen werden Geräte mit einer Bildschirmdiagonale von mindestens 15 Zoll (381 mm) empfohlen.*

(6) Bildschirmgeräte mit Eingabe direkt auf dem Bildschirm, Bildschirmtastatur (z. B. bei Tablets, Convertibles) dürfen grundsätzlich nicht für umfangreiche alphanumerische Eingaben verwendet werden. Hierfür ist eine separate Tastatur gemäß Abschnitt 6.3.5 oder ein externes Eingabemittel (z. B. Griffel oder Stift für handschriftliche Eingaben) einzusetzen. Ausnahmen bestehen lediglich für Arbeitsplätze, an denen die Arbeitsaufgaben mit keinen anderen Bildschirmgeräten ausgeführt werden können.

Hinweis:

Durch die Verwendung einer separaten Tastatur kann eine räumliche Trennung von Tastatur und Bildschirm und dadurch eine neutrale Körperhaltung bei angemessenem Sehabstand erreicht werden.

(7) Die Leuchtdichte des Bildschirms tragbarer Bildschirmgeräte muss ausreichend bemessen und über die Helligkeitseinstellung an die Arbeitsumgebungsbedingungen anpassbar sein. Der Kontrast der Text- und Grafikdarstellungen auf dem Bildschirm muss von den Beschäftigten einfach eingestellt werden können.

(8) Soweit die tragbaren Bildschirmgeräte bei Tätigkeiten im Freien verwendet werden, muss die Leuchtdichte des Bildschirms mindestens 400 cd/m^2 betragen.

Hinweis:

Beim Einsatz unter ungünstigen Umgebungsbedingungen, z. B. starken Vibrationen, extremen Temperaturen und Nässe, sollten entsprechend robuste Bildschirmgeräte verwendet werden, die z. B. explosionsgeschützt, wasserdicht, staubgeschützt, hitze- bzw. kältebeständig und gut zu reinigen sind.

(9) Bedingt die Tätigkeit der Beschäftigten das Tragen von Schutzkleidung (z. B. Handschuhe, Kopfbedeckung), ist dies bei der Auswahl und Verwendung von Bildschirmgeräten zu berücksichtigen.

(10) Alternative Eingabemittel sind unter Berücksichtigung der Arbeitsaufgabe, Software und Arbeitsumgebungsbedingungen auszuwählen. Alternative Eingabemittel dürfen zu keiner erhöhten Belastung der Beschäftigten führen.

Hinweise:

1. *Für Freihandeingaben sowie zum schnellen Zeigen, Ziehen und Auswählen kann der Einsatz von Touchscreens ggf. mit Stift günstig sein.*
2. *Spracheingabe oder Gestensteuerung können beim Einsatz tragbarer Bildschirmgeräte zum Einsatz kommen, sofern die Arbeitsaufgabe eine freihändige bzw. berührungslose Benutzung des Gerätes ermöglicht.*

(11) Alternative Eingabemittel für tragbare Bildschirmgeräte müssen:

1. erwartungskonform, zuverlässig und störungsfrei funktionieren,
2. effektiv und effizient funktionieren,
3. gegen unbeabsichtigte Eingaben geschützt sein,
4. ohne übermäßige Abweichung von der neutralen Körperhaltung benutzbar sein und
5. konsistent funktionieren, d. h. sichere Rückmeldungen über erfolgreiche Eingaben abgeben (unmittelbar wahrnehmbar, leicht verständlich).

(12) Das Gewicht tragbarer Bildschirmgeräte mit Tastatur ist möglichst gering zu halten, es soll 2,0 kg nicht überschreiten.

Hinweis:

Für besondere Anwendungsfälle können tragbare Bildschirmgeräte mit höherem Gewicht notwendig sein.

6.5.2 Anforderungen an tragbare Bildschirmgeräte, die abgelegt genutzt werden

(1) Bei umfangreichen alphanumerischen Eingaben sind die tragbaren Bildschirmgeräte mit einer Trennung zwischen Bildschirm und externen Eingabemitteln (z. B. separater Tastatur und Maus) zu betreiben. Im Rahmen der Gefährdungsbeurteilung ist zu prüfen, ob der entsprechende Arbeitsplatz so eingerichtet werden kann, dass eine unmittelbare Nutzung als Bildschirmarbeitsplatz möglich ist und die Anforderungen des Abschnittes 6.3 für ortsgebundene Verwendung eingehalten werden können.

(2) Auch bei ortsgebundener Verwendung tragbarer Bildschirmgeräte an Arbeitsplätzen gelten die Anforderungen der Abschnitte 6.1 und 6.2.

(3) Ausnahmen von Absatz 1 bestehen lediglich für Arbeitsplätze, an denen die Arbeitsaufgaben mit keinen anderen Bildschirmgeräten ausgeführt werden können.

(4) Tragbare Bildschirmgeräte, die abgelegt auf einer Arbeitsfläche verwendet werden, müssen so betrieben werden, dass der Beschäftigte nicht geblendet wird und der Bildschirm frei von störenden Reflexionen ist. Geräte mit entspiegeltem Bildschirm sind gegenüber dem Einsatz von Entspiegelungsfolien vorzuziehen.

6.5.3 Anforderungen an tragbare Bildschirmgeräte, die handgehalten genutzt werden

(1) Handgehaltene Bildschirmgeräte müssen so gestaltet sein, dass sie körpernah gehalten und getragen werden können.

(2) Das Gewicht tragbarer Bildschirmgeräte (z. B. Tablets und Handscanner), die mitgeführt und handgehalten genutzt werden, soll möglichst gering sein und 0,5 kg nicht überschreiten.

Hinweis:

Für besondere Anwendungsfälle können tragbare Bildschirmgeräte mit höherem Gewicht notwendig sein.

(3) Für tragbare Bildschirmgeräte, die handgehalten genutzt werden (z. B. Scanner im Logistikbereich oder Handterminals in der Gastronomie), sind unter Beachtung des Sehabstands Zeichenhöhen entsprechend Abbildung 1 erforderlich. Für solche handgehaltenen Geräte können Sehabstände zwischen 300 mm und 600 mm zur Bewertung herangezogen werden (siehe Abschnitt 6.1.3).

(4) Die Bildschirmgeräte müssen mit Eingabemitteln ausgestattet sein, die zuverlässig Eingaben ermöglichen. Dies kann durch Eingabehilfsmittel (z. B. Eingabestift) unterstützt werden. Die Eingaben sollen fehlertolerant erfolgen können.

Hinweis:

Bei der Bedienung der Bildschirmtastatur mit dem Daumen arbeitet das Daumengrundgelenk mit hoher Frequenz in Gelenkendstellungen. Die Nutzung von Bildschirmgeräten mittlerer Größe ermöglicht die Eingabe mit beiden Daumen, wodurch diese Belastung deutlich reduziert werden kann.

(5) Bei umfangreichen alphanumerischen Eingaben sind handgehaltene Bildschirmgeräte – soweit technisch möglich – mit einer Trennung zwischen Bildschirm und externem Eingabemittel (z. B. Stift) auszurüsten. Im Rahmen der Gefährdungsbeurteilung ist zu prüfen, ob der entsprechende Arbeitsplatz so eingerichtet werden

kann, dass eine unmittelbare Nutzung als Bildschirmarbeitsplatz möglich ist und die Anforderungen des Abschnitts 6.3 für ortsgebundene Verwendung eingehalten werden können.

(6) Auch bei ortsgebundener Verwendung tragbarer Bildschirmgeräte an Arbeitsplätzen gelten die Anforderungen der Abschnitte 6.1 und 6.2.

(7) Die handgehalten verwendeten Bildschirmgeräte müssen so betrieben werden, dass der Beschäftigte nicht geblendet wird und der Bildschirm frei von störenden Reflexionen ist. Geräte mit entspiegeltem Bildschirm sind gegenüber dem Einsatz von Entspiegelungsfolien vorzuziehen.

6.5.4 Anforderungen an tragbare Bildschirmgeräte, die körpergetragen genutzt werden

(1) Tragbare Bildschirmgeräte, die mehr als 1 kg wiegen und körpergetragen genutzt werden müssen, dürfen nicht ohne Tragevorrichtung verwendet werden (z. B. Notebooks). Tragevorrichtungen sollen folgende Eigenschaften aufweisen:

1. gleichmäßige Gewichtsverteilung, z. B. durch Abstützung auf Schultern, Bauch und Hüfte und
2. stufenlose Einstellbarkeit der Tragevorrichtung, um eine Anpassung an die individuellen Körpermaße und ergonomisches Tragen zu gewährleisten.

Hinweise:

1. *Handgehaltene Geräte gelten nicht als körpergetragen.*
2. *Bügelsysteme besitzen im Vergleich zu Gurthalterungen zumeist einen größeren Tragekomfort. Beide Systeme ermöglichen das Variieren des Sehabstandes und der Kopfneigung sowie eine gute Bedienbarkeit.*

(2) Körpergetragene Bildschirmgeräte in Tragevorrichtungen dürfen nicht für Büroarbeiten und vergleichbare Tätigkeiten eingesetzt werden.

(3) Die Arbeit mit körpergetragenen Bildschirmgeräten in Tragevorrichtungen ist so zu organisieren, dass sie für umfangreiche alphanumerische Eingaben abgelegt genutzt werden.

(4) Die Bildschirmgröße von körpergetragenen Bildschirmgeräten mit Tastatur in Tragevorrichtungen ist auf die Arbeitsaufgabe abzustimmen. Die erforderliche Mindestzeichenhöhe der Anzeige dieser Bildschirmgeräte richtet sich nach dem Sehabstand und beträgt z. B. 3,2 mm bei einem Sehabstand von 500 mm (siehe Tabelle 1 in Abschnitt 6.1.3).

Hinweis:

Es wird empfohlen, eine Bildschirmdiagonale von 10 Zoll (254 mm) nicht zu unterschreiten.

(5) Ein körpergetragenes Bildschirmgerät darf die Sicht auf den nahen Bewegungsbereich nicht verdecken. Zum Fortbewegen muss es vorübergehend aus dem Blickfeld herausgenommen werden können (z. B. durch Wegklappen).

6.5.5 Anforderungen an tragbare Bildschirmgeräte, die kopfgetragen genutzt werden

(1) Die Passform kopfgetragener Bildschirmgeräte ist auf die Benutzer abzustimmen und soll individualisiert werden können (z. B. für Augmented Reality (AR)-Brillen: Nasenbeinauflage, Bügelknick, einstellbare Platzierung der Anzeige zum Auge; für Virtual Reality (VR)-Brillen: Passung der Auflagefläche für Gesichtsform, Einstellung für den Augenabstand). Die tägliche Tragedauer ist mittels Gefährdungsbeurteilung zu ermitteln und entsprechend den Herstellerangaben zu begrenzen.

(2) Kopfgetragene Bildschirmgeräte müssen über folgende Eigenschaften verfügen:

1. das Gesamtgewicht muss möglichst gering und auf dem Kopf ausgeglichen verteilt sein,
2. eine natürliche Kopfhaltung und Kopfbewegung dürfen nicht beeinträchtigt werden und
3. das kopfgetragene Bildschirmgerät (z. B. AR- oder VR-Brille) muss beim Tragen während der Aufgabenbearbeitung gegen Herabfallen gesichert sein.

(3) Bei AR-Brillen sind Reflexionen und Blendung durch geeignete Maßnahmen zu vermeiden (z. B. Abschattung). Informationen müssen auf dem Bildschirm so dargestellt werden, dass sie sich an die wechselnden Arbeitsumgebungsbedingungen (z. B. variierende Hintergründe) anpassen oder daran ausrichten lassen. Hierzu muss an AR-Brillen ein ausreichend hoher Kontrast einstellbar sein.

(4) Eine Wärmeableitung weg vom Kopf nach außen muss gewährleistet werden, um einen Wärmestau zu vermeiden. Es darf keine unangenehme Kontakttemperatur vorhanden sein.

(5) Wesentliche Basisfunktionen für die Steuerung von kopfgetragenen Bildschirmgeräten (z. B. »an«, »aus«, »bestätigen«) sollen auch über Tasteneingaben möglich sein. Texteingaben sind zu vermeiden.

Hinweis:

Da an kopfgetragenen Bildschirmgeräten eine externe Tastatur fehlt, ist die Eingabe von Texten nur durch alternative Eingabeformen (z. B. Spracheingabe, Gestensteuerung) möglich.

(6) Das Erkennen von Gefahrensituationen und Gefahrenbereichen muss beim Benutzen kopfgetragener Bildschirmgeräte stets gewährleistet sein. Durch die Benutzung von kopfgetragenen Bildschirmgeräten dürfen keine Unfallgefahren, z. B. durch ein eingeschränktes Sichtfeld, entstehen.

(7) Ein kopfgetragenes Bildschirmgerät darf die Sicht auf den nahen Bewegungsbereich nicht verdecken, dazu muss es erforderlichenfalls aus dem Sichtfeld herausgenommen werden können (z. B. durch Wegklappen).

(8) Die Benutzung eines kopfgetragenen Bildschirmgeräts muss auch in Kombination mit Sehhilfen (z. B. Kontaktlinsen, Brillen) möglich sein.

Anhang

Empfehlungen für Arbeitsstühle

Bildschirmarbeit kann ganz oder teilweise im Sitzen verrichtet werden. Für die Ausstattung der Arbeitsplätze werden Arbeitsstühle empfohlen, welche sich auf die Körpermaße der Beschäftigten einstellen lassen und somit ergonomisch günstige Arbeitshaltungen ermöglichen. Folgende in Tabelle 3 aufgeführte Maße werden empfohlen.

Tabelle 3: Maßempfehlungen für Arbeitsstühle (Quelle: DGUV Regel 115-401)

Anforderung	**Ausprägung**
Sitzhöhe	< 400 mm bis 530 mm
Verstellbereich Sitzhöhe	> 120 mm
Sitztiefe	370 mm bis 470 mm
Sitzbreite	> 450 mm
Lordosenstütze	Abstützpunkt verstellbar im Bereich 170 mm bis 230 mm über Sitzfläche
Oberkante der Rückenlehne über der Sitzfläche	> 450 mm
Rückenlehnenbreite	> 400 mm
Rückenlehnenneigung	verstellbar, mehr als 15°

Hinweis:

Die Veränderungen der Körpermaße und -proportionen durch den demografischen Wandel sind bei den empfohlenen Maßen berücksichtigt und gehen über die Anforderungen in der DIN EN 1335-1:2020-07 hinaus.

Literaturhinweise

Technische Regeln und Empfehlungen

ASR V3	Gefährdungsbeurteilung
ASR V3a.2	Barrierefreie Gestaltung von Arbeitsstätten
ASR A1.2	Raumabmessungen und Bewegungsflächen
ASR A3.4	Beleuchtung und Sichtverbindung
ASR A3.5	Raumtemperatur
ASR A3.6	Lüftung
ASR A3.7	Lärm
TRBS 1151	Gefährdungen an der Schnittstelle Mensch – Arbeitsmittel – Ergonomische und menschliche Faktoren, Arbeitssystem
EmpfBS 1113	Beschaffung von Arbeitsmitteln

Regeln und Informationen der Unfallversicherungsträger

DGUV Regel 115-401	Branche Bürobetriebe (Stand Mai 2018)
DGUV Information 215-410	Bildschirm- und Büroarbeitsplätze – Leitfaden für die Gestaltung (Stand Juli 2019)
DGUV Information 215-450	Softwareergonomie (Stand April 2021)
VBG-Fachwissen	Alternative Eingabemittel an Bildschirmarbeitsplätzen (Stand: Juli 2022)

Im Text aufgeführte Normen

DIN EN 527-1:2011-08	Büromöbel – Büro-Arbeitstische – Teil 1: Maße
DIN EN 1335-1:2020-07	Büromöbel – Büro-Arbeitsstuhl – Teil 1: Maße – Bestimmung der Maße
DIN EN ISO 9241-303:2012-03	Ergonomie der Mensch-System-Interaktion – Teil 303: Anforderungen an elektronische optische Anzeigen
DIN EN ISO 9241-410:2012-12	Ergonomie der Mensch-System-Interaktion – Teil 410: Gestaltungskriterien für physikalische Eingabegeräte

Normen, Rechtsvorschriften und Literatur

Normen

DIN 18040-1: 2010-10 Barrierefreies Bauen – Planungsgrundlagen – Teil 1: Öffentlich zugängliche Gebäude

DIN EN 12464-1:2021-11 Licht und Beleuchtung – Beleuchtung von Arbeitsstätten, Teil 1: Arbeitsstätten in Innenräumen

Rechtsvorschriften

Arbeitsschutzgesetz (ArbSchG): Gesetz über die Durchführung von Maßnahmen des Arbeitsschutzes zur Verbesserung der Sicherheit und des Gesundheitsschutzes der Beschäftigten bei der Arbeit. BGBl. I S. 1246, zuletzt geändert durch Art. 32 G v. 15.07.2024 I Nr. 236

Arbeitsstättenverordnung (ArbStättV): Verordnung über Arbeitsstätten vom 12. August 2004 (BGBl. I S. 2179), zuletzt geändert durch Artikel 10 des Gesetzes vom 27. März 2024 (BGBl. 2024 I Nr. 109)

Arbeitsschutzverordnung zu künstlicher optischer Strahlung (OStrV): Verordnung zum Schutz der Beschäftigten vor Gefährdungen durch künstliche optische Strahlung (Arbeitsschutzverordnung zu künstlicher optischer Strahlung – OStrV). BGBl. I vom Juli 2010, zuletzt geändert durch Artikel 5 Absatz 6 der Verordnung vom 18. Oktober 2017

Baustellenverordnung (BaustellV): Verordnung über Sicherheit und Gesundheitsschutz auf Baustellen. BGBl. I S. 1283, zuletzt geändert durch Artikel 1 der Verordnung vom 19. Dezember 2022, BGBl. 2023 I Nr. 1

Betriebssicherheitsverordnung (BetrSichV): Verordnung über Sicherheit und Gesundheitsschutz bei der Verwendung von Arbeitsmitteln. BGBl. I S. 49, zuletzt geändert durch Artikel 7 des Gesetzes vom 27. Juli 2021, BGBl. I S. 3146

Biostoffverordnung (BioStoffV): Verordnung über Sicherheit und Gesundheitsschutz bei Tätigkeiten mit Biologischen Arbeitsstoffen. BGBl. I S. 2514, zuletzt geändert durch Artikel 3 der Verordnung vom 2. Dezember 2024, BGBl. 2024 I Nr. 384

[Bauproduktenverordnung]: Verordnung (EU) Nr. 305/2011 des Europäischen Parlaments und des Rates vom 9. März 2011 zur Festlegung harmonisierter Bedingungen für die Vermarktung von Bauprodukten und zur Aufhebung der Richtlinie 89/106/EWG des Rates

EuGH Urteil C-100/13 vom 16.10.2014: Europäische Bauproduktenverordnung VO 305/2011/EU (ABl. L 88 vom 4. April 2011, S. 5–43), deren Anhang I als Leitbild gilt (EuGH C-100/13 vom 16.10.2014)

[Europäische Richtlinie RL 89/654/EWG]: Richtlinie 89/654/EWG des Rates vom 30. November 1989 über Mindestvorschriften für Sicherheit und Gesundheitsschutz in Arbeitsstätten (Erste Einzelrichtlinie im Sinne des Artikels 16 Absatz 1 der Richtlinie 89/391/EWG)

[Europäische Richtlinie 92/58/EWG]: Richtlinie 92/58/EWG des Rates vom 24. Juni 1992 über Mindestvorschriften über die Sicherheits- und Gesundheitsschutzkennzeichnung am Arbeitsplatz (Neunte Einzelrichtlinie im Sinne von Artikel 16 Absatz 1 der Richtlinie 89/391/EWG)

[Europäische Richtlinie 92/57/EWG, Anhang IV]: Anhang IV Teil A und B der Richtlinie 92/57/EWG des Rates vom 24. Juni 1992 über die auf zeitlich begrenzte oder ortsveränderliche Baustellen anzuwendenden Mindestvorschriften für Sicherheit und Gesundheitsschutz (Achte Einzelrichtlinie im Sinne des Artikels 16 Absatz 1 der Richtlinie 89/391/EWG)

[Europäische Richtlinie 90/270/EWG]: Europäische Richtlinie 90/270/EWG des Rates vom 29. Mai 1990 über die Mindestvorschriften bezüglich der Sicherheit und des Gesundheitsschutzes bei der Arbeit an (Fünfte Einzelrichtlinie im Sinne von Artikel 16 Absatz 1 der Richtlinie 89/391/EWG)

Gefahrstoffverordnung (GefStoffV): Verordnung zum Schutz vor Gefahrstoffen (Gefahrstoffverordnung – GefStoffV). BGBl. I, S. 1643, zuletzt geändert durch Artikel 1 der Verordnung vom 2. Dezember 2024

Gebäudeenergiegesetz (GEG): Gesetz zur Einsparung von Energie und zur Nutzung erneuerbarer Energien zur Wärme- und Kälteerzeugung in Gebäuden. BGBl. I, 8. August 2020, zuletzt geändert durch Artikel 1 des Gesetzes vom 16.10.2023, BGBl. I Nr. 280

Grundgesetz (GG): Grundgesetz für die Bundesrepublik Deutschland. Nichtamtliches Inhaltsverzeichnis. BGBl. S. 1 vom 23. Mai 1949, zuletzt geändert durch Artikel 1 des Gesetzes zur Änderung des Grundgesetzes (Artikel 82) vom 19. Dezember 2022

GMBl Nr. 9-11/2022: Gemeinsames Ministerialblatt Nr. 9-11/2022 vom 18.03.2022, S. 198–256

Lärm- und Vibrations-Arbeitsschutzverordnung (Lärm-VibrationsArbSchV): Verordnung zum Schutz der Beschäftigten vor Gefährdungen durch Lärm und Vibrationen. BGBl. I S. 261, zuletzt geändert durch Artikel 3 der Verordnung vom 21. Juli 2021

Musterbauordnung (MBO): Musterbauordnung. Fassung November 2002, zuletzt geändert durch Beschluss der Bauministerkonferenz vom 23./24.11.2023

Muster-Industriebau-Richtlinie (MIndBauRL): Muster-Richtlinie über den baulichen Brandschutz im Industriebau (Muster-Industriebau-Richtlinie – MIndBauRL). Fassung vom Juli 2014

Regelwerksreihe der BAuA – Bundesanstalt für Arbeitsschutz und Arbeitsmedizin

ASR A1.2: Technische Regel für Arbeitsstätten „Raumabmessungen und Bewegungsflächen". GMBl 2013, S. 910, zuletzt geändert GMBl 2022, S. 24.

ASR A1.3: Technische Regel für Arbeitsstätten „Sicherheits- und Gesundheitsschutzkennzeichnung". GMBl 2013, S. 334, zuletzt geändert GMBl 2022, S. 242.

ASR A1.5: Technische Regel für Arbeitsstätten „Fußböden". GMBl 2022, S. 199.

ASR A1.6: Technische Regel für Arbeitsstätten „Fenster, Oberlichter, lichtdurchlässige Wände". GMBl 2012, S. 5, zuletzt geändert GMBl 2022, S. 244.

ASR A1.7: Technische Regel für Arbeitsstätten „Türen und Tore". GMBl 2009, S. 1619, zuletzt geändert GMBl 2022, S. 244.

ASR A1.8: Technische Regel für Arbeitsstätten „Verkehrswege". GMBl 2022, S. 214, zuletzt geändert GMBl 2024, S. 412.

ASR A2.1: Technische Regel für Arbeitsstätten „Schutz vor Absturz und herabfallenden Gegenständen, Betreten von Gefahrenbereichen". GMBl 2012, S. 1220, zuletzt geändert GMBl 2022, S. 245.

ASR A2.3: Technische Regel für Arbeitsstätten „Fluchtwege und Notausgänge". GMBl 2022, S. 227, zuletzt geändert GMBl 2024, S. 913.

ASR A3.4: Technische Regel für Arbeitsstätten „Beleuchtung und Sichtverbindung". GMBl 2023, S. 679.

ASR A3.5: Technische Regel für Arbeitsstätten „Raumtemperatur". GMBl 2010, S. 751, zuletzt geändert GMBl 2022, S. 198.

ASR A3.6: Technische Regel für Arbeitsstätten „Lüftung". GMBl 2012, S. 92, zuletzt geändert GMBl 2018, S. 474.

ASR A3.7: Technische Regel für Arbeitsstätten „Lärm". GMBl 2021, S. 543.

ASR A4.1: Technische Regel für Arbeitsstätten „Sanitärräume". GMBl 2013, S. 919, zuletzt geändert GMBl 2022, S. 212.

ASR A4.2: Technische Regel für Arbeitsstätten „Pausen- und Bereitschaftsräume". GMBl 2012, S. 660, zuletzt geändert GMBl 2022, S. 251.

ASR A4.4: Technische Regel für Arbeitsstätten „Unterkünfte". GMBl 2010, S. 751, zuletzt geändert GMBl 2024, S. 914.

ASR A5.2: Technische Regel für Arbeitsstätten „Anforderungen an Arbeitsplätze und Verkehrswege auf Baustellen im Grenzbereich zum Straßenverkehr – Straßenbaustellen". GMBl 2018, S. 1150, zuletzt geändert GMBl 2022, S. 252.

ASR A6: Technische Regel für Arbeitsstätten „Bildschirmarbeit". GMBl 2024, S. 470.

ASR V3: Technische Regel für Arbeitsstätten „Gefährdungsbeurteilung". GMBl 2017, S. 390.

ASR V3a.2: Technische Regel für Arbeitsstätten „Barrierefreie Gestaltung von Arbeitsstätten". GMBl 2012, S. 663, zuletzt geändert GMBl 2023, S. 652.

Gemeinsame Bekanntmachung ASR Flucht- und Verkehrswege: Neufassung, Änderung und Aufhebung von ASR zum Themenkomplex Flucht- und Verkehrswege. GMBl 2022, S. 197–256.

RAB 10: Begriffsbestimmungen (Konkretisierung von Begriffen der BaustellV). Regel zum Arbeitsschutz auf Baustellen: BArbBl. 3/2004, S. 42 ff.

RAB 32: Unterlage für spätere Arbeiten (Konkretisierung zu § 3 Abs. 2 Nr. 3 BaustellV). Regel zum Arbeitsschutz auf Baustellen: BArbBl. 6/2003, S. 73 ff.

TRBA 100: Technische Regel für Biologische Arbeitsstoffe „Schutzmaßnahmen für Tätigkeiten mit biologischen Arbeitsstoffen in Laboratorien". GMBl Nr. 51/52 vom 17. Oktober 2013, letzte Änderung GMBl 2018, S. 263.

TRBA 250: Technische Regel für Biologische Arbeitsstoffe „Biologische Arbeitsstoffe im Gesundheitswesen und in der Wohlfahrtspflege". GMBl 2014, Nr. 10/11, S. 206, letzte Änderung GMBl 2018, S. 259.

TRBS 2121: Technische Regel für Betriebssicherheit „Gefährdung von Beschäftigten durch Absturz – Allgemeine Anforderungen". GMBl 2018, S. 741.

TRBS 2121 Teil 2: Technische Regel für Betriebssicherheit „Gefährdung von Beschäftigten bei der Verwendung von Leitern". GMBl 2018, S. 1171.

TRGS 201: Technische Regel für Gefahrstoffe „Einstufung und Kennzeichnung bei Tätigkeiten mit Gefahrstoffen". GMBl 2017, Nr. 12, S. 218–228, geändert und ergänzt: GMBl 2018, S. 234–235.

TRGS 500: Technische Regel für Gefahrstoffe „Schutzmaßnahmen". GMBl Nr. 66/67 2019, S. 1330–1366, zuletzt geändert GMBl 2020, S. 88.

TRGS 526: Technische Regel für Gefahrstoffe „Laboratorien". GMBl 2008, S. 295–314.

TRLV Lärm Teil 3: Technische Regel zur Lärm- und Vibrations-Arbeitsschutzverordnung „Lärmschutzmaßnahmen". GMBl 2017, S. 615.

TROS IOS Teil 3: Technische Regel zur Arbeitsschutzverordnung zu künstlicher optischer Strahlung „Maßnahmen zum Schutz vor Gefährdungen durch inkohärente optische Strahlung". GMBl 2013, S. 1349, korrigiert: GMBl 2014, S. 630.

Literatur

Bleyer, Tobias; Bentz, Isabell: Tödliche Arbeitsunfälle – Absturzunfälle. Dortmund, Bundesanstalt für Arbeitsschutz und Arbeitsmedizin, 2023

Jakobiak, Roman: Ermittlung von Beurteilungswerten für Lichtschächte zur Versorgung von Arbeitsräumen mit ausreichendem Tageslicht – Kurzbericht. Dortmund, Bundesanstalt für Arbeitsschutz und Arbeitsmedizin, 2024

BAuA – Bundesanstalt für Arbeitsschutz und Arbeitsmedizin: Funktionelle, sichere und nutzerfreundliche Treppen. Dortmund, 3. Auflage 2013. Internet: www.baua.de/dok/669136 [Zugriff: 18.12.2024]

BG BAU (Berufsgenossenschaft der Bauwirtschaft): Dacharbeiten. Arbeitsplätze und Absturzsicherungen. Baustein – Arbeitsverfahren C 345 Stand 07/2021. Internet: https://www.bgbau.de/service/angebote/medien-center-suche/medium/dach arbeiten-arbeitsplaetze-und-absturzsicherungen [Zugriff: 15.12.2024]

Gabriel, S.; Bux, K.: Zusammenwirken von Arbeitsstättenrecht und Bauordnungsrecht. Ein Rechtsgutachten, Bericht kompakt, 1. Auflage. Dortmund, Bundesanstalt für Arbeitsschutz und Arbeitsmedizin, 2019

Kittelmann, Marlies; Adolph, Lars; Michel, Alexandra; Packroff, Rolf; Schütte, Martin; Sommer, Sabine: Handbuch Gefährdungsbeurteilung – Teil 2: Gefährdungsfaktoren, Dortmund, Bundesanstalt für Arbeitsschutz und Arbeitsmedizin (BAuA), 2024

Kneidl, Angelika; Könnecke, Rainer: Fachgutachten zu Fluchtwegen in Arbeitsstätten – Einfluss von Wegbreite, Treppen, Türen und Einengungen auf die Entfluchtung. Dortmund, Bundesanstalt für Arbeitsschutz und Arbeitsmedizin, 2., überarbeitete Auflage, 2020

Kothe, W.: Rechtsgutachten zum Zusammenwirken von Arbeitsstättenrecht und Bauordnungsrecht, 1. Aufl. Dortmund, Bundesanstalt für Arbeitsschutz und Arbeitsmedizin, 2018

LASI: LV 40 Leitlinien für Arbeitsstättenverordnung. 2. Aufl., Länderausschuss für Arbeitsschutz und Sicherheitstechnik (LASI), 2020

Otto, Jens; Maiwald, Patrick; Schmauer, Martin: Machbarkeitsstudie für BIM-basierte Planungshilfen für Arbeitsstätten. Dortmund, Bundesanstalt für Arbeitsschutz und Arbeitsmedizin, 2021

Wojtysiak, Andreas; Dammann, Anna: Das Regelwerk zur Arbeitsstättenbeleuchtung. Fachbeitrag ARP 11/2023, Arbeitsschutz in Recht und Praxis, 2023

Internetveröffentlichungen

Arbeitsstättenrichtlinien: BAuA – Regelwerk – Technische Regeln für Arbeitsstätten (ASR) – Bundesanstalt für Arbeitsschutz und Arbeitsmedizin [Zugriff: 15.12.2024]

Prozessschritte der Gefährdungsbeurteilung: BAuA – Prozessschritte der Gefährdungsbeurteilung – Bundesanstalt für Arbeitsschutz und Arbeitsmedizin [Zugriff: 15.12.2024]

Weiterführende Websites

Fluchtwege in Arbeitsstätten: https://www.baua.de/DE/Themen/Arbeitsgestaltung/Arbeitsstaetten/Fluchtwege/Fluchtwege.html

FAQs Baustellenverordnung: BAuA – Antworten auf häufig gestellte Fragen zur Baustellenverordnung (FAQ) – Baustellenverordnung – Antworten auf häufige Fragen (FAQ) – Bundesanstalt für Arbeitsschutz und Arbeitsmedizin

FAQs Einrichten und Betreiben von Sanitärräumen in Arbeitsstätten: BAuA – Antworten auf häufig gestellte Fragen (FAQs) – Antworten auf häufig gestellte Fragen (FAQs) beim Einrichten und Betreiben von Sanitärräumen in Arbeitsstätten – Bundesanstalt für Arbeitsschutz und Arbeitsmedizin

Erkenntnisse des Ausschusses für Arbeitsstätten (ASTA) zur Definition des Begriffes „Arbeitsplatz" in den Technischen Regeln für Arbeitsstätten (ASR), Beschluss des ASTA vom 23.11.2023: GMBl 2024, S. 18: BAuA – Regelwerk – Erkenntnisse des Ausschusses für Arbeitsstätten (ASTA) zur Definition des Begriffes „Arbeitsplatz" in den Technischen Regeln für Arbeitsstätten (ASR) – Bundesanstalt für Arbeitsschutz und Arbeitsmedizin

Weitere Maßnahmen zum Klima am Arbeitsplatz: www.baua.de/DE/Themen/Arbeitsgestaltung/Physikalische-Faktoren/Klima-am-Arbeitsplatz/Sommertipps

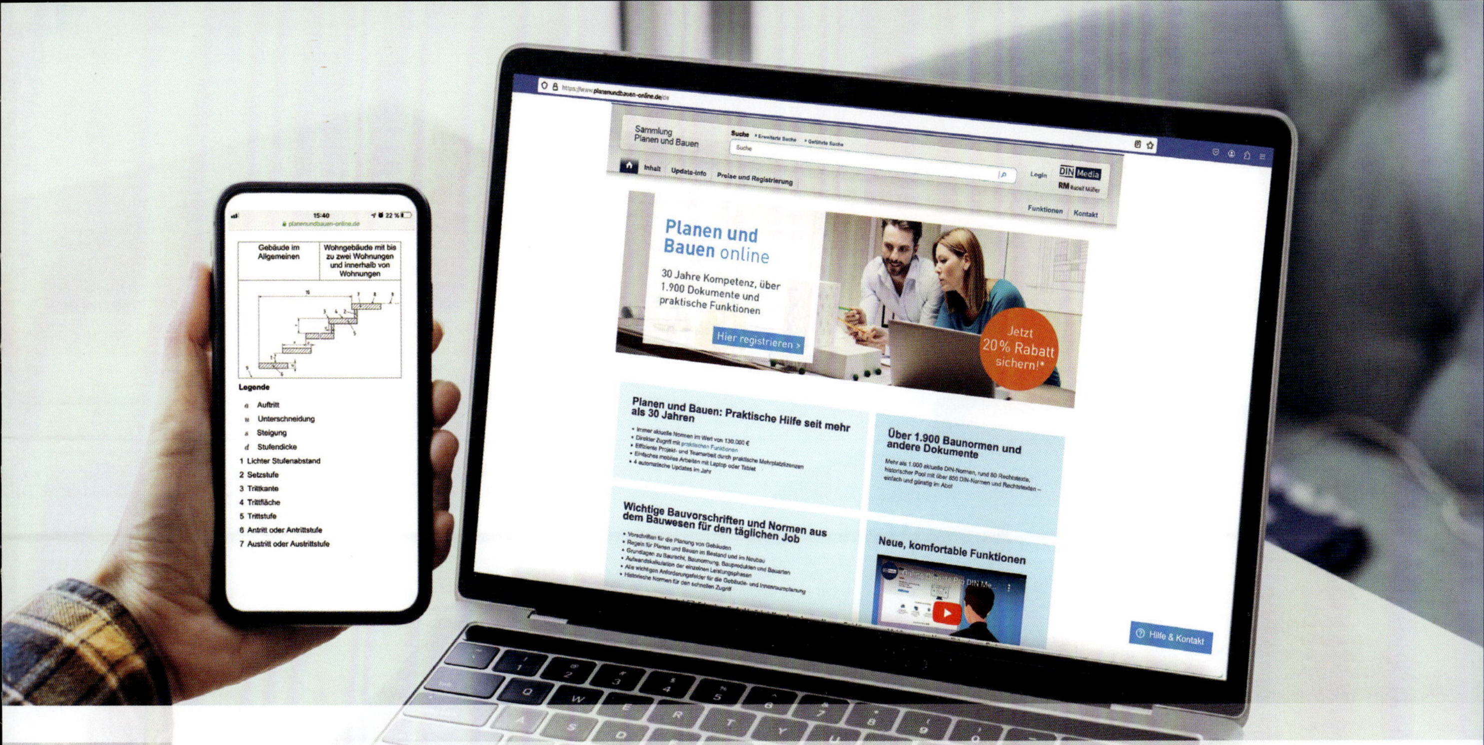

Planen und Bauen online

DIN-Normen und Bauvorschriften jederzeit verfügbar!

„Planen und Bauen online" unterstützt Architekten und Planer im Büro und unterwegs bei der täglichen Arbeit.

Zum Inhalt:

Die Webseite hält über 1.900 Bauvorschriften, darunter über 1.000 aktuelle DIN-Normen, rund 80 Rechtstexte und über 850 historische Dokumente für Sie bereit.

Finden Sie die wichtigsten DIN Normen für Ihre Planung, Entwurf und die Ausführung schnell und übersichtlich.

Ihre Vorteile:

- Zeit und Geld sparen: Vorschriften und Normen im Wert von über € 130.000,-
- Online überall und auf jedem Gerät abrufbar

Jetzt abonnieren unter: www.planenundbauen-online.de

DIN Media

RM Rudolf Müller

besser planen. besser bauen. besser handeln.

Sicher und effizient: Fehlerfreie Ausschreibungen zu erstellen war noch nie so einfach!

Neu!
Jetzt auch mit Updateservice

Uwe Morell
Herausgeber

Ihre Vorteile

Eine fehlerfreie Ausschreibung gewährleistet **Kostensicherheit** und sorgt für einen reibungslosen Bauablauf. Mit **über 8.200 praxisnahen Positionstexten** aus über 35 Leistungsbereichen erstellen Sie Leistungsverzeichnisse im Handumdrehen. Dank anschaulicher Visualisierungen und **marktgerechten Baupreisen** behalten Sie den Überblick und vermeiden kostspielige Fehler.

LV-Texte im Bild 2025
Als DVD oder Download erhältlich.
ISBN 978-3-481-04828-0.
Mit Updateservice ISBN 978-3-481-04901-0.

Jetzt bestellen unter
www.baufachmedien.de/ausschreiben

LV-Texte Außenanlagen und Freianlagen
Leistungspositionen mit ZTV.

LV-Texte Außenanlagen und Freianlagen

Rund 2.000 praxisorientierte Positionstexte – davon 900 Positionen für Freianlagen und 1.100 Positionen aus angrenzenden Gewerken. Sie enthalten sowohl Kurz- als auch Langtexte sowie marktgerechte Baupreise.

Baupreise online
Leistungspositionen mit regelmäßig geprüften Baupreisen.

Baupreise online

Die Datenbank stellt Ihnen regelmäßig geprüfte Baupreise angepasst nach Preisregion, Bauzeitpunkt und Vergabeart zur Verfügung. Somit haben Sie eine wertvolle Hilfe für eine lückenlose Baukostenplanung zur Hand.

5602

DREPLUS

RM Rudolf Müller
besser planen. besser bauen. besser handeln.